Matthias Blübaum / Karsten Müller / Matthias Krallmann

Schachtraining mit Matthias Blübaum

Sein Weg zum Europameistertitel

Joachim Beyer Verlag

ISBN 978-3-95920-160-5

1. Auflage 2022

Ein Imprint des Schachverlag Ullrich, Zur Wallfahrtskirche 5, 97483 Eltmann

Herausgeber: Robert Ullrich

Bildnachweis Inhalt:
Georgios Souleidis (S. 9, 99, 105, 207), Hartmut Metz (S. 13, 20, 121, 198, 205), Matthias Krallmann (S. 31), Wolfgang Reker (S. 83), Karl-Ernst Blübaum (S. 84 oben), Frank Müller (S. 84 unten)
Umschlag: Adobe Stock (Nataliya, Rustamank)

Inhaltsverzeichnis

Zeichenerklärung

!	ein sehr guter Zug
!!	ein ausgezeichneter Zug
?	ein schwacher Zug
??	ein grober Fehler
!?	ein beachtenswerter Zug
?!	ein Zug von zweifelhaftem Wert
+−	Weiß hat entscheidenden Vorteil
−+	Schwarz hat entscheidenden Vorteil
±	Weiß steht besser
∓	Schwarz steht besser
⩲	Weiß steht etwas besser
⩱	Schwarz steht etwas besser
=	ausgeglichen
∞	unklar, mit beiderseitigen Chancen
↑	mit Initiative
→	mit Angriff
Δ	mit der Idee
x	schlägt
+	Schach
#	matt

Vorwort

Matthias Blübaum – Primus inter Pares

Matthias Blübaum ist in gleich mehrfacher Hinsicht der „Erste unter Gleichen“, oder wenn man so will: der „König unter den Prinzen“. (Zur „Prinzengruppe“ des Deutschen Schachbunds siehe Seite 14.)

Er war der Erste aus dieser Elitegruppe, der eine Goldmedaille gewann, denn 2015 gehörte er zu der Jugendmannschaft, die bei der Europameisterschaft im polnischen Karpacz den ersten Platz belegte. Übrigens mit dem damals zehnjährigen Vincent Keymer an seiner Seite.

Er war der Erste, dem der Sieg beim „Grenke Open“ 2016 gelang. Matthias triumphierte in Karlsruhe und qualifizierte sich für die „Classics“ 2017.

Dort war er dann der Erste, der Weltmeister Magnus Carlsen gegenübersaß und ihm ein Remis abtrotzte!

Er war der Erste, der den Gipfel der deutschen Rangliste erklomm. Im Oktober 2020 erreichte er den Platz an der Sonne und läutete somit die Wachablösung bei den deutschen Männern ein.

Und nun ist er der Erste, der ein hochkarätiges Buch publiziert, in dem er zusammen mit seinem Trainer Matthias Krallmann allerlei Schlaglichter auf seine noch junge Karriere wirft. Das Buch ist nach den wichtigsten trainingstheoretischen Aspekten strukturiert, sauber gegliedert und handwerklich gut gemacht.

Im ersten Abschnitt stellen Matthias Blübaum und Matthias Krallmann uns gemeinsame Analysen vor. Dabei handelt es sich um die Hauptarbeit eines klassischen Trainer-Schüler-Duos. Warum dieser Zug? Warum jener nicht? Welcher Plan steckt dahinter? Wie war der Zeitverbrauch? – Am Rande wird uns auch die Schachfamilie Blübaum vorgestellt. Kleine Anekdoten und größere Schlachten auf dem Brett folgen einander in friedlicher Koexistenz.

Für den zweiten Abschnitt ist ein besonderer Clou gelungen: Der Endspiel-Guru, Dr. Karsten Müller, seziert ausgewählte Endspiele von Matthias Blübaum und hängt ein Dutzend Aufgaben zum selber lösen an. Ein doppelter Genuss für den Leser!

Im nächsten Abschnitt wird ein Blick in die Schatzkammer eines jeden Großmeisters gewährt, nämlich in Matthias Blübaums Eröffnungs-Repertoire. Matthias Krallmann merkt an, dass selbst Exweltmeister Khalifman das komplette und in sich geschlossene Repertoire von Matthias lobte. Ich stelle die Frage: „Was hätte mit e4/e5 aus Matthias noch werden können?“

Es folgen von Matthias Blübaum selbst kommentierte Partien gegen die Topstars der Szene. Das Kapitel ist zum Zunge schnalzen!

Zum Abschluss muss der Leser noch einmal selbst ran. Der große Taktiktest lädt zum Knobeln und Berechnen ein. Die Begründung für die Punktevergabe nach Dworezki/Lutz fand ich interessant. Als Trainer bin ich eher ein Anhänger des 2016 verstorbenen russischen Elite-Trainers, als Spieler verstehe ich den Schachpraktiker Christopher Lutz bestens.

Matthias Krallmann und Matthias Blübaum liefern keine leichte Kost! Typisch ostwestfälisch, arbeitsintensiv, anstrengend, ehrlich und gerade – das Portrait des Schacharbeiters, des Schachgroßmeisters, des Schachpraktikers Matthias Blübaum. Der Weg zur Nummer Eins in Deutschland ist kein Sprint, sondern ein Marathon!

Ernest Hemingway schrieb einst: „Ein klassisches Werk ist ein Buch, das die Leute loben, aber nie lesen." – In diesem Sinne hoffe ich für das Autorenduo, dass das Buch kein Klassiker wird, sondern dass es eifrig gelesen, bearbeitet und studiert werden möge!

Bernd Vökler

Apolda, Januar 2022

I) Matthias Blübaums Partien

In den folgenden 66 Partien und Partiefragmenten werden alle wichtigen Themen behandelt, die in praktischen Partien anzutreffen sind – z.B. Königsangriff (u.a. in den Partien 4–8), Materialopfer (Partien 15–19), Leichtfigurenkampf (Partien 24–30), Figurenaktivität (Partien 37–39), Bauernführung (Partien 45–47), Kombinationen (Fragmente 52–59) und Endspiele (Fragmente 60–66). Da diese Themenbereiche jedoch nie isoliert auftreten, sondern stets mehr oder weniger ineinandergreifen, wurde auf eine strenge Trennung und entsprechende Zuordnung der Partien verzichtet.

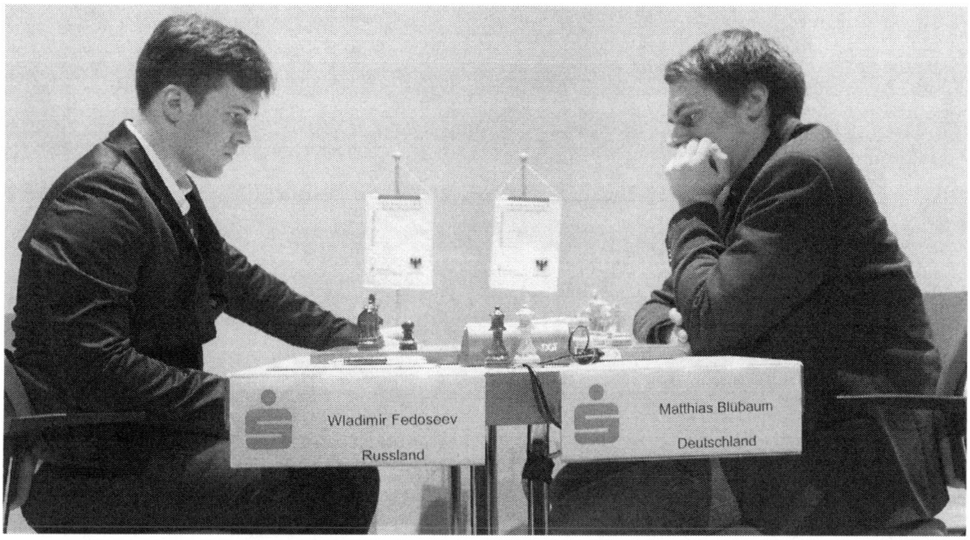

Matthias Blübaum – Wladimir Fedoseev

1

Matthias Blübaum (2438)

Wladimir Fedosejew (2509)

Jugend-WM Maribor 2012 (A90)

Kommentar - Matthias Krallmann

1.d4 d5 2.c4 e6 3.♘f3 c6 4.g3 ♗d6 5.♗g2 f5 6.0–0 ♘f6 7.♕c2 0–0 8.♘c3 ♘e4 9.♖b1 b6 10.b4 ♗b7 11.c5 ♗e7 12.♘e5 ♘d7 13.♗f4

13.♘xe4 ♘xe5 14.♘d2 ♘f7 15.♘f3±; 13...fxe4 14.♘xd7 ♕xd7 15.♗f4 ♗f6 16.♗d6±

13...♘xe5 14.♗xe5 ♘g5 15.♗f4 ♘f7 16.♖fd1 ♕d7 17.♘a4 ♗d8 18.f3 g5 19.♗c1 ♘h8 20.e4 ♘g6 21.e5 ♗a6 22.♘b2 f4 23.♘d3 ♗c4 24.a4 ♗e7 25.♘b2 ♗a6 26.♘d3

Matthias wiederholt in ausgeglichener Stellung die Züge, aber Fedosejew, der bereits Großmeister ist und 70 Elopunkte mehr hat, spielt auf Gewinn.

26...♖ac8 27.♖e1 ♔h8 28.♗d2 ♗c4 29.♘b2 g4 30.♘xc4 gxf3 31.♗xf3 fxg3 32.♗g4 dxc4 33.♕xc4 ♖cd8

Nach 33...gxh2+?! 34.♔h1 wird der König vom gegnerischen Bauern gut beschützt.

34.♖e4 ♖f2 35.♗e3?

35.♗c3 ♗h4 36.hxg3 ♗xg3 37.♗e1 ♖f4=

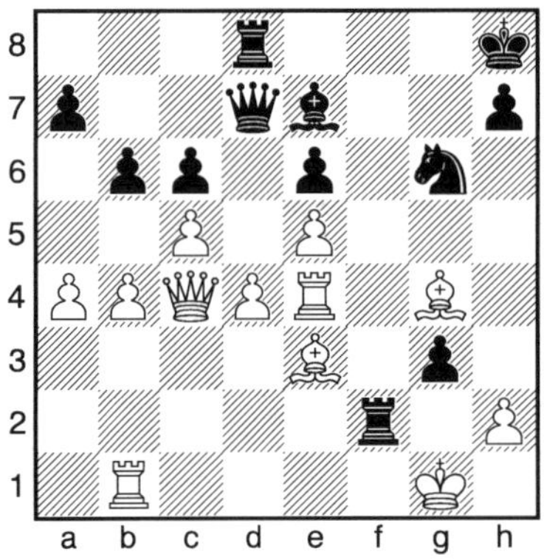

35...♖xh2

Beide Spieler übersehen bei knapper Bedenkzeit eine taktische Finesse: 35...♕d5! 36.♕xd5 cxd5 37.hxg3 ♖ff8 38.♖f4 ♘xf4 39.♗xf4 ♖xf4 40.gxf4 ♖g8∓.

36.♗xe6 ♕e8 37.♖g4? (37.♖f1=)

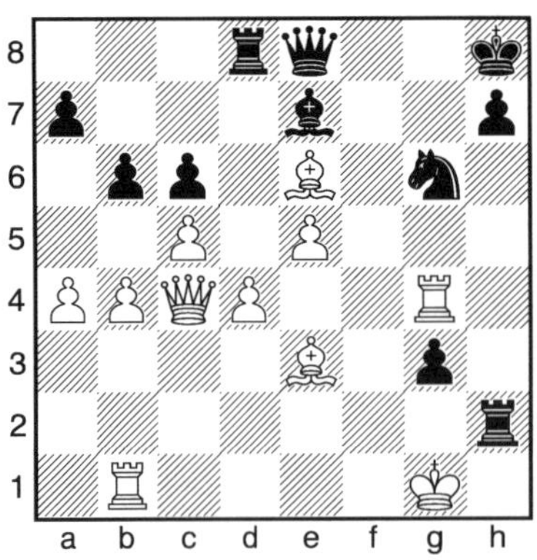

37...♘f4?

Ein weiteres Mal kommt es in hochkomplexer Situation zu wechselseitigen Fehlern.

37...♘xe5 38.dxe5 ♕h5 39.♕e4 ♖hd2 40.♖h4 ♗xh4 41.♗g4 ♕f7 42.e6 ♕f6 43.cxb6 axb6 44.♖f1 ♖f2∓

38.♗f7 ♘e2+ 39.♔f1 ♕d7 40.e6 ♕c8

40...♕c7 41.♕xe2 ♖xe2 42.♔xe2 ♗f6 43.♖g1 h5 44.♖4xg3+−

41.♖e1 (41.♖b2+−) **41...♖f8**

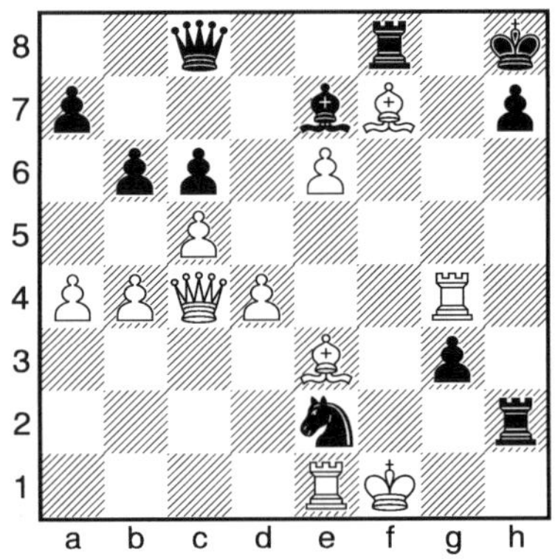

42.d5!

Nach diesem endgültigen Ausheber geht wegen der Drohung ♗d4+ gar nichts mehr.

42...♖xf7+ 43.exf7 ♕f5+

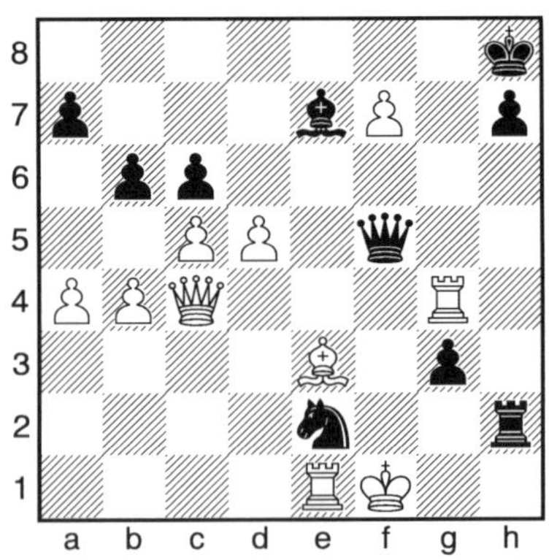

44.♕f4! ♕xf4+ (44...♘xf4?? 45.♖g8#) **45.♖xf4 g2+ 46.♔xe2 g1♕+ 47.♔d1 1–0**

Eine sehr starke Leistung gegen einen sehr guten Gegner, der später in die erweiterte Weltspitze vorstieß. Fünf Jahre später trafen die beiden Kontrahenten beim Großmeisterturnier in Dortmund erneut aufeinander – und wieder siegte der Außenseiter.

Matthias Blübaum – ein Porträt

Matthias wurde am 18.4.1997 in der westfälischen Kleinstadt Lemgo geboren. Das Schachspiel erlernte er von seinem Vater, der ein starker Spieler ist und früher mehrmals Ostwestfalenmeister war. Matthias hat drei ältere Schwestern, von denen zwei ebenfalls Schach spielen. Sicherlich hat er von dieser Familienkonstellation sehr profitiert und hatte in seiner Kindheit immer stärkere Spielpartnerinnen zur Verfügung. Bereits 2005, im Alter von acht Jahren, begann für ihn das systematische Training.

Matthias hat in der Grundschule eine Klasse übersprungen und mit 17 Jahren sein Abitur gemacht. Seine Leistungskurse waren Mathematik und Physik, in seiner Jugend spielte er Schlagzeug. Matthias studiert Mathematik an der Universität Bielefeld.

Von April 2011 bis März 2012 schaffte Matthias das Kunststück, in weniger als einem Jahr die drei nötigen Normen für den Titel des Internationalen Meisters zu erspielen, und war danach der jüngste deutsche Spieler, der diesen Titel trug. Eineinhalb Jahre benötigte er, um die drei erforderlichen Großmeisternormen zu erzielen. Im November 2014 schaffte er die letzte bei den „Offenen Bayerischen Meisterschaften". Er war Mitglied der sogenannten „Prinzengruppe" des Deutschen Schachbundes (siehe weiter unten) und legte in der Saison 2014/2015 ein „Schachjahr" ein.

Der erste Schachverein von Matthias war der SV Lemgo. Bereits 2011 wechselte er zu Hansa Dortmund und bekam dort seine ersten Bundesligaeinsätze. Danach spielte er fünf Jahre lang sehr erfolgreich für den SV Werder Bremen in der höchsten deutschen Spielklasse und wechselte schließlich 2017 zu den Schachfreunden Deizisau, bei denen er auch z.Z. aktiv ist. Außerdem spielt Matthias in verschiedenen Ländern für dortige Clubs, in Frankreich für Mulhouse Philidor, in den Niederlanden für den Groninger Club SISSA, in Polen für KszSTILON Gorzów Wielkopolski und für den SK Sparkasse Jenbach in Österreich.

Der größte Erfolg im Jugendbereich war für Matthias der Gewinn der Bronzemedaille bei der U20 Weltmeisterschaft 2015 in Khanty-Mansiysk. Mit der deutschen Jugendnationalmannschaft gewann er im gleichen Jahr die Goldmedaille bei der Europameisterschaft.

Bei den Erwachsenen siegte Matthias bei vier wichtigen Turnieren: dem Grenke Open 2016 in Deizisau und im gleichen Jahr auch beim Großmeisterturnier im schweizerischen Bad Ragaz sowie beim Open im dänischen Helsingor. 2020 gewann er beim German Masters in Magdeburg.

Turnierhärte holte sich Matthias durch die dreimalige Teilnahme beim Aeroflot-Open 2015, 2016 und 2018 in Moskau. Außerdem spielte er beim Qatar Masters 2015, beim Sharjah Masters 2017 und beim Tata Steel Turnier 2018 in der B-Gruppe.

Seit 2014 kommt Matthias Blübaum regelmäßig in der deutschen Nationalmannschaft zum Einsatz. Sein größter Erfolg war hier die Teilnahme an der Schacholympiade in Baku 2016, wo er das beste Ergebnis in der deutschen Mannschaft erzielte. Zwei Jahre später trat er für Deutschland bei der Schacholympiade in Batumi an.

Beim Fide–World–Cup 2017 in Tiflis schied er erst nach hartem Kampf gegen den Top–Ten–Spieler Wesley So im Tiebreak aus.

Die stärksten Turniere, an denen Matthias bisher teilnahm, waren die Grenke Chess Classics 2017 und 2018 und das Großmeisterturnier in Dortmund 2017. Beim Grenke Classics 2018 remisierte er gegen Carlsen, Caruana, Vachier–Lagrave und Aronian und gewann gegen Anand.

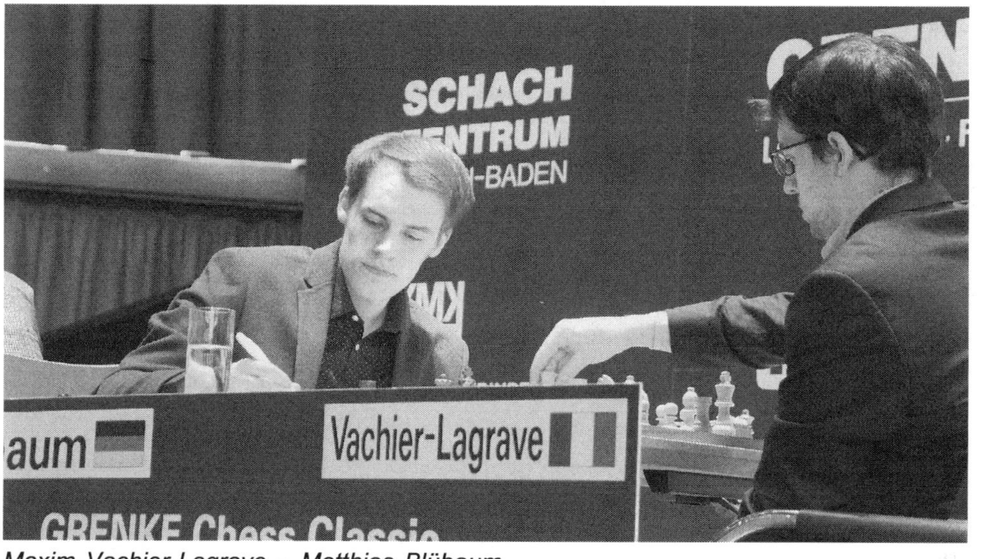

Maxim Vachier-Lagrave – Matthias Blübaum

Im November 2020 erreichte Matthias Blübaum mit 2672 Elopunkten die bisher höchste Zahl im klassischen Schach. Im Blitzschach beträgt seine Elozahl seit dem Sommer vergangenen Jahres 2685 Punkte.

Im April 2021 gewann Matthias mit seinem Club Schachfreunde Deizisau überraschend den erstmals online ausgetragenen Europapokal.

Matthias Blübaum und die „Prinzengruppe"

Von 2010 bis 2015 war Matthias Blübaum Mitglied der „Prinzengruppe" des Deutschen Schachbundes, die von Bundesnachwuchstrainer IM Bernd Vökler ins Leben gerufen worden war. Außerdem waren in dieser Gruppe Hanna Marie Klek, Filiz Osmanodja, Alexander Donchenko, Rasmus Svane, Jonas Lampert und Dennis Wagner. In diesen Jahren absolvierten die jungen Schachspieler/innen zu bestimmten Themen allerlei Lehrgänge mit sehr starken und international bekannten Spielern.

So wurde der russische Eröffnungsspezialist Alexander Khalifman engagiert und die „Prinzen bzw. Prinzessinnen" konnten ihm Fragen zu ihrem Eröffnungsrepertoire stellen. Matthias bereitete eine umfangreiche Liste mit seinen „Eröffnungen" und möglichen Schwächen darin vor. Khalifman schaute sich die Liste an und Matthias staunte nicht schlecht, als Khalifman sagte, sein Eröffnungsrepertoire sei gut so und er solle es einfach beibehalten, dann würde er schon Erfolg haben.

Beim Lehrgang mit dem niederländischen Studienspezialisten Yochanan Afek mussten die Teilnehmer/innen natürlich zahlreiche Studien lösen.

Der ungarische ehemalige Weltmeisterkandidat Zoltan Ribli thematisierte bestimmte Eröffnungen.

Der deutsche Nationalspieler Daniel Fridman zeigte den Schachtalenten seine eigenen, ohne Computer erstellten Analysen.

Das Training mit Igor Khenkin fand Matthias Blübaum am niveauvollsten.

2

Matthias Blübaum (2433)
Predrag Nikolic (2638)
Bundesliga 2013 (A90)

Kommentar – Matthias Krallmann

1.d4 e6 2.c4 d5 3.♘f3 c6 4.g3 f5 5.♗g2 ♘f6 6.0–0 ♗d6 7.♕c2 0–0 8.♘c3 ♗d7 9.♖b1

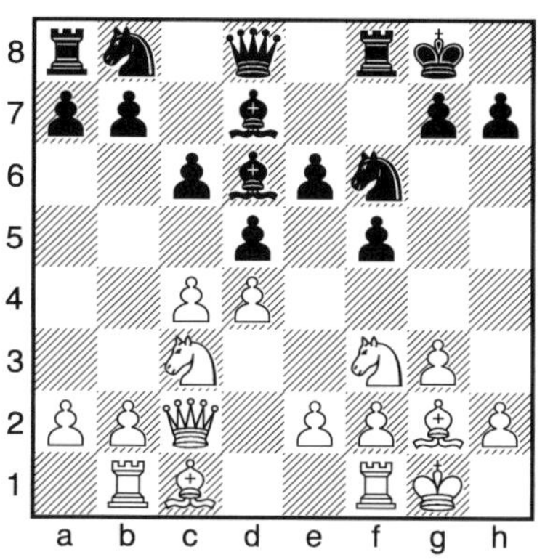

Mit einer schlauen Zugfolge in den ersten Zügen ist Schwarz den ♗g5-Systemen von Matthias aus dem Weg gegangen. Doch gegen den Stonewall-Aufbau hat dieser mit dem ♖b1-System eine aggressive Fortsetzung in seinem Repertoire, mit der er bereits Erfahrungen bei der Jugend-WM sammeln konnte. Weiß will mit b2-b4-b5 den Punkt c6 angreifen, um den gegnerischen Damenflügel zu schwächen.

9...a5 10.c5 ♗c7 11.♘a4

11.♗g5 h6 12.♗f4 ♗xf4 13.gxf4 ♗e8 14.♘e5±

11...♗e8 12.♕b3 ♖a7 13.♗f4 ♗xf4 14.gxf4 ♗h5

14...♘bd7

– 15.♕e3 ♘g4 16.♕d2 ♗h5=

– 15.♔h1 ♗h5 16.♕e3 ♗xf3 17.♗xf3=

15.♕e3 ♗xf3 16.♗xf3

Der Bauernraub 16.♕xe6+ ist zu riskant, denn nach beispielsweise 16...♔h8 17.exf3 ♘bd7 bekommt Schwarz sehr gutes Gegenspiel.

Übrigens kostet 17.♗xf3 nach 17...♘e4 18.♗xe4 ♖f6 die Dame – und nach 18.♘b6 ♘d2 eine Qualität.

16...♘e4?!

Schwarz ist seinen schlechten Läufer losgeworden und nach 16.♕e7 oder 16...♕e8 wäre die Stellung ungefähr ausgeglichen. Aber Nikolic hat 200 Elopunkte mehr und spielt auf Verwicklungen.

17.♗xe4 dxe4 18.f3 exf3 19.♖xf3

Hier hätte Weiß den rückständigen Bauern gewinnen können: 19.♕xe6+ ♔h8 20.e3 ♖f6 21.♕c4 ♖g6+ 22.♔h1 ♘d7 23.♖xf3 ♕e7 24.♕c2±.

19...♖e8 20.♘b6 ♘d7 21.♘c4 ♘f6 22.♘d6 ♖e7 23.♖g3 ♖a8 24.h3 b5

24...♘e8 25.♕e5 (25.♘xe8 ♕xe8=) 25...♘xd6 26.cxd6 ♖f7 27.♕xe6 ♕f8 28.d5 ♖d8 (28...♖e8? 29.♖d1!±) 29.♕xc6 ♖xd6 30.♕e5 ♖xc6=

25.♔h2 ♘d5 26.♕e5 ♕f8 27.♖f1 a4 28.a3 ♖d8 29.♖f2 ♔h8

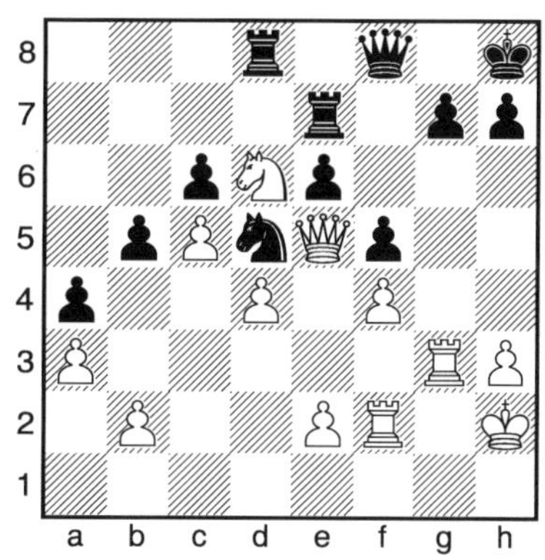

Die jetzt folgende Entscheidung gegen einen deutlich stärkeren Gegner ist mutig, zumal der auf f4 entstehende Einzelbauer Gegenspiel gestattet.

30.e4!? fxe4 31.♕xe4 ♕f6 32.♖g5 ♖f8 33.♔g3 g6 34.h4 ♖g7 35.♖e5 ♘e7 36.♖h2

36.♖xe6 ♘f5+ 37.♔g2 ♕xd4 38.♕xd4 ♘xd4=

36...♘f5+ 37.♔f2 ♖e7

37...♖d7 38.♖xe6 ♕xd4+ 39.♕xd4+ ♘xd4 40.♖e5 ♘f5∓

38.♘xf5 gxf5?

38...exf5 39.♕e3 ♖xe5 (39...♖fe8 40.h5±) 40.♕xe5 ♕e6 41.♕d3 ♖f7=

39.♕xc6 ♖g8 40.h5 ♕h6 41.♕f3 ♖g4 42.♔e2 ♖eg7?

42...♖xf4 43.♕a8+ ♔g7 44.♖g2+ ♔f6 45.♕d8 ♕xh5+ 46.♔d2 ♖g4 47.♖ge2±

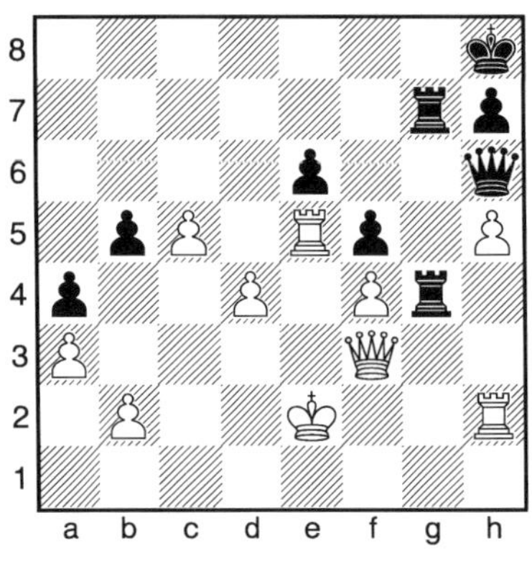

43.d5!

Ein klassischer Bauerndurchbruch, um die lange Diagonale freizulegen und auf Matt zu spielen. Gegen Fedosejew gewann Matthias seine Stonewall-Partie mit dem gleichen Motiv.

43...♖xf4

43...exd5 44.♕c3! ♕c6 45.h6+-; 44...♔g8 45.♖e8+ ♔f7 46.♕e5+-

44.♖xe6 ♖xf3 45.♖xh6 ♖b3 46.♔d1 b4 47.♖e6

47.♖b6 bxa3 48.bxa3 wäre genauer gewesen.

47...♖g1+ 48.♖e1 ♖g4 49.axb4 a3 50.♖e8+ ♔g7 51.bxa3 ♖xa3 52.d6 ♖xb4 53.♖d2 ♖a1+ 54.♔e2 ♖h4 55.♔f3 ♖h3+ 56.♔g2 ♖ah1 57.♖f2 1-0

3

Matthias Blübaum (2510)

Michael Feygin (2512)

Bundesliga 2014 (B38)

Kommentar - Matthias Krallmann

1.d4 ♘f6 2.c4 g6 3.♘c3 ♗g7 4.e4 d6 5.♘f3 0-0 6.♗e2 c5 7.0-0 cxd4 8.♘xd4 ♘c6 9.♗e3 ♗d7 10.♘c2

Weiß hat dank seines Maroczy-Aufbaus mehr Raum zur Verfügung und möchte keine Figuren tauschen, da dies die Aufgabe des Schwarzen erleichtern würde.

10...♗e6 11.f4 ♕c8 12.h3

In Saric - Hausrath (Biel 2013) geschah 12.♕d2, worauf Schwarz (ein Vereinskamerad Feygins) mittels 12...♘g4 ein Leichtfigurenpaar abtauschen konnte.

12...♘a5 13.b3 b5

Schwarz strebt nach Aktivität, um nicht langsam zusammengeschoben zu werden, doch dieser Vorstoß führt zu leichtem weißem Vorteil.

14.♘xb5 ♘xe4 15.♗d4 ♘g3 16.♖e1 ♘xe2+ 17.♖xe2

Nachdem Schwarz für einen Springer den weißfeldrigen gegnerischen Läufer bekommen hat, tauscht Weiß folgerichtig die schwarzfeldrigen Läufer. Danach ist sein zentralisierter Springer stärker als der Läufer, der sogar zum Angriffsobjekt wird. Außerdem laboriert Schwarz an der Schwäche des e-Bauern.

17...♘c6 18.♗xg7 ♔xg7 19.♘bd4 ♘d8 20.♕d2 ♕c5 21.♔h2 ♖b8 22.♖ae1

22.f5 ♗xf5 23.♘xf5+ ♕xf5 24.♖xe7 ♖b7 25.♖ae1 ♖xe7 26.♖xe7±

22...♖b7

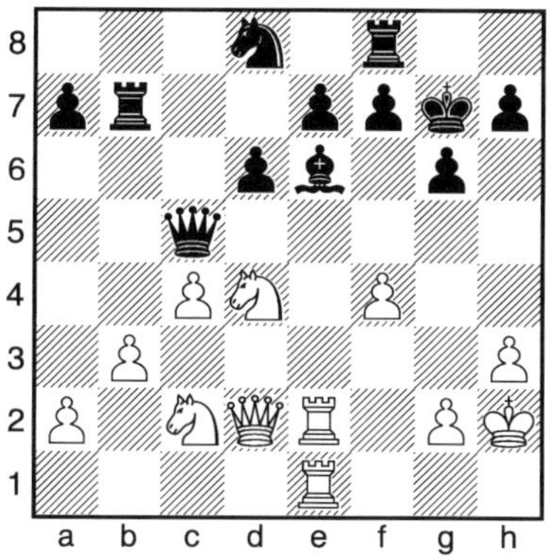

23.g4

Hier führen schon mehrere Wege nach Rom.

23.♘xe6+

– 23...fxe6 24.♘d4 d5 25.♖xe6 dxc4 26.♖c1+–

– 23...♘xe6 24.♖xe6 fxe6 25.♘d4 ♖f6 26.♘xe6+ ♖xe6 27.♖xe6±

23...♔g8

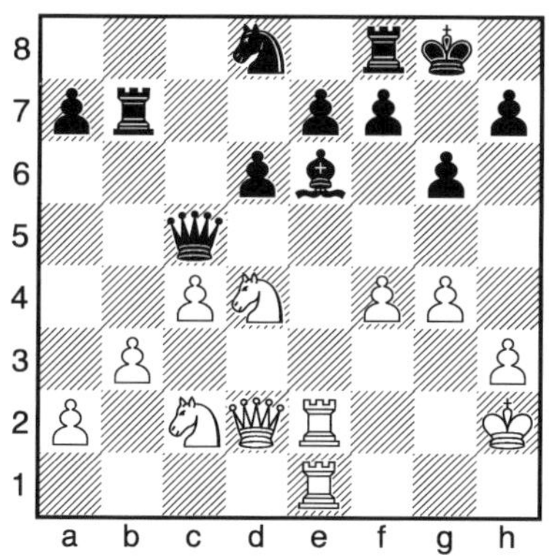

24.f5!

Schwarz ist bereits überspielt und nach dem folgenden Bauernverlust ist der Rest eine Frage der Technik.

24...♗c8

24...gxf5 25.gxf5 ♗xf5 26.♘xf5 ♕xf5 27.♖g2+ ♔h8 28.♕h6 ♖g8 29.♖xg8+ ♔xg8 30.♖g1+ +–

25.♖xe7 ♖xe7 26.♖xe7 d5 27.♕b4 ♕xb4 28.♘xb4 dxc4 29.bxc4 gxf5 30.gxf5 ♘b7 31.♖c7 ♘d6 32.♘d5 ♔g7 33.♘e6+ ♗xe6 34.fxe6 ♖e8 35.e7 a5 36.♖d7 ♘f5 37.♖d8 1–0

Ein mit verblüffender Leichtigkeit herausgespielter Sieg!

4

Matthias Blübaum (2521)
Arkadij Naiditsch (2715)

Chess Classic Baden-Baden 2014 (E15)

Kommentar – Matthias Krallmann

1.d4 ♘f6 2.c4 e6 3.♘f3 b6 4.g3 ♗a6 5.b3 d5 6.♗g2 ♘bd7 7.0–0 c5 8.cxd5 ♘xd5 9.♗b2 cxd4 10.♘xd4 ♖c8?!

10...♘7f6 11.♘c3 ♖c8 12.♘xd5 ♘xd5 13.a4 ♗b4

(13...♗e7 14.♘b5±; 13...♗b7 14.♕d3 a6 15.♖fd1±)

14.♘b5 ♗c3 15.♗xc3 ♘xc3 16.♕xd8+ ♔xd8 17.♘xa7 ♖c7 18.♘c6+ ♔d7 19.b4±

11.♗xd5!

Weiß gibt einen Fianchetto-Läufer für den gegnerischen Zentralspringer – und somit für *die* Figur, die die schwarze Stellung zusammenhält. Weiß ist besser entwickelt und geht mit deutlichem Vorteil aus der Eröffnung hervor, zumal Schwarz auch nicht zur Rochade kommt.

11...exd5 12.♘f5 ♘f6 13.♕d4 ♖c6 14.♘a3

Die Springerentwicklung zum Zentrum hin mit 14.♘c3 ist natürlicher. Nach beispielsweise 14...♗c8 15.♕e5+ ♖e6 16.♕f4 kann Schwarz sich nicht entwickeln und Weiß steht praktisch auf Gewinn. Allerdings wollte Matthias wohl die Diagonale des Fianchetto-Läufers nicht verstellen.

14...♗c8 15.♕e3+ ♖e6 16.♕g5 ♖g8 17.♘b5 ♖xe2

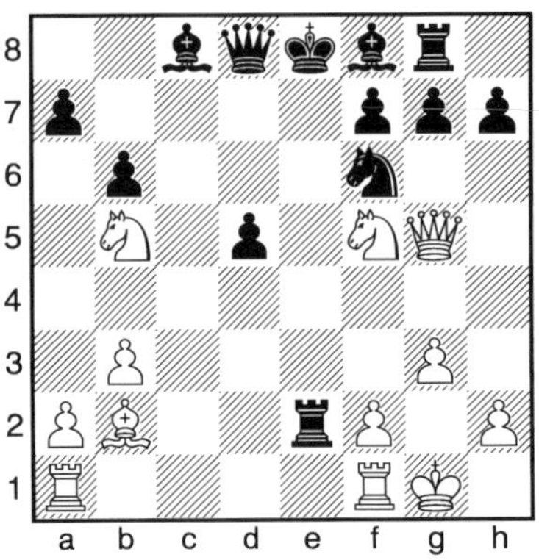

18.♖ac1!

Angesichts der Drohung ♖xc8 nebst ♘d6+ mit Damengewinn kann Weiß den Angriff auf seinen Läufer ignorieren.

18...♗e6 19.♕f4 ♘e4 20.♘c7+ ♔d7

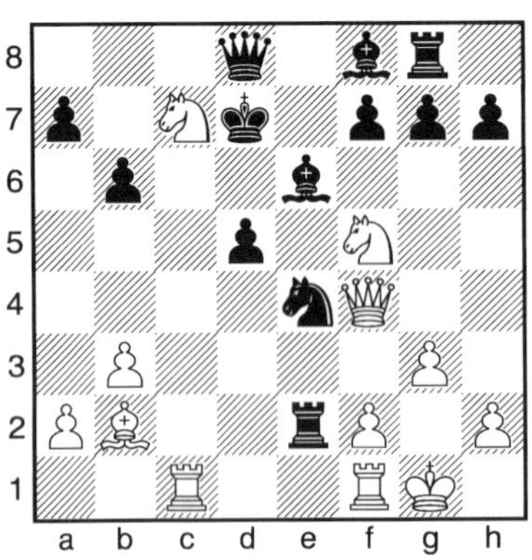

Schwarz wurde überspielt und Weiß steht total auf Gewinn, aber bekanntlich ist nichts schwieriger, als eine gewonnene Partie zu gewinnen. Man kann wohl sicher davon ausgehen, dass Matthias einen der beiden in der nächsten Anmerkung genannten Gewinnzüge beim Training gefunden hätte, aber in der Aufregung der Wettkampfsituation greift er fehl.

21.♘xe6?

1) 21.♘xd5

a) 21...♗c5 22.♖fd1 ♔c8 23.♘de7+ +−

b) 21...♗xd5 22.♖fd1 ♖d2 23.♖xd2 ♘xd2 24.♕a4+ ♔e6 25.♘d4+ ♔d6 26.♕b4+ ♔d7 27.♕b5+ ♔e7 28.♗a3+ +−

2) Nach Aktivierung der letzten passiven Figur mit 21.♖fd1 geht der schwarze König hoffnungslos im Angriff unter.

a) 21...♘xf2 22.♘xd5 ♘h3+ 23.♔f1 ♘xf4 24.♘f6# bzw. 23...♖f2+ 24.♕xf2 ♘xf2 25.♘f6#

b) 21...♕b8 22.♘xd5 ♖e1+ 23.♔g2 ♗d6 24.♘c3+−

21...fxe6 22.♘d4?!

22.♕e5 ♗c5 23.♘d4 ♗xd4 24.♕xd4=

22...♖xb2?

Hier verpasst Arkadij seine beste Chance in dieser Partie, aber ein Springerrückzug wie 22...♘g5! ist leicht zu übersehen. Dieser greift gleichzeitig an (♘h3+ mit Damengewinn) und verteidigt (Feld f7) und nach z.B. 23.♔g2 ♗d6 24.♘xe2 ♗xf4 25.♘xf4 ♕e7 hätte Weiß nur Minimalvorteil.

23.♕f7+ ♕e7 24.♕xg8 ♘f6 25.♕h8 ♕f7 26.♘c6 ♘g4?

26...♕g8 27.♘e5+ ♔d8 28.♕xg8 ♘xg8 29.♖c6±

27.h3!

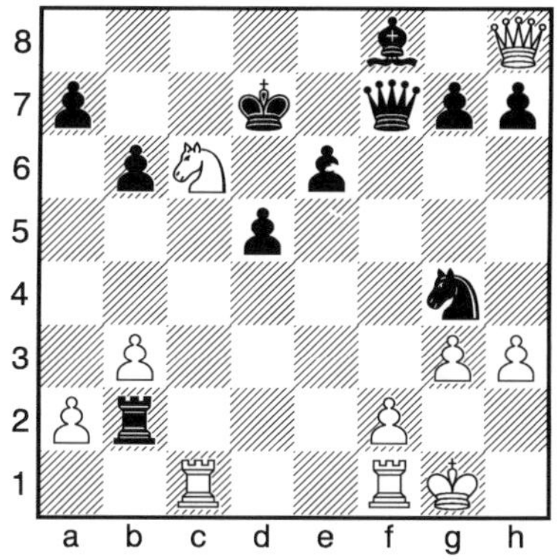

Jetzt ist Weiß wieder klar im Vorteil und lässt sich diesen auch nicht mehr aus der Hand nehmen. Die völlig unterschiedliche Königssicherheit führt zur Entscheidung.

27...♗c5 28.♖xc5 bxc5 29.♘b8+ ♔c7 30.hxg4

30.♘a6+ ♔b6 31.♕c8 ♘xf2 (31...♖c2 32.hxg4+-) 32.♕xc5+ ♔xa6 33.♕a3+ ♔b6 34.♕xb2 ♘xh3+ 35.♔g2+-

30...♔b7 31.♕d8 ♕c7 32.♕e8 ♕xb8 33.♕b5+ ♔a8 34.♕xc5 ♕e8 35.♖c1 ♕d7 36.♕f8+ ♔b7 37.♕b4+ ♔a8 38.♕a3 ♖d2

38...♖e2 39.♕a6+-

39.♕f8+ 1-0

Ein verdienter Sieg trotz eines kleinen Wacklers. Bisher hatte Matthias gegen Arkadij Naiditsch zweimal mit Schwarz verloren. Mit 17 Jahren einen Spieler mit über 2700 Elo zu besiegen ist eine großartige Leistung.

5

Matthias Blübaum (2565)

Dimitri Kollars (2410)

Bad Zwischenahn 2015 (D48)

Kommentar – Matthias Krallmann

1.d4 d5 2.c4 c6 3.♘c3 ♘f6 4.e3 e6 5.♘f3 ♘bd7 6.♗d3 dxc4 7.♗xc4 b5 8.♗d3 ♗b7 9.0–0 a6 10.e4 c5 11.d5 c4 12.♗c2 ♕c7 13.♕xe6 fxe6 14.♘e2 e5 15.♘g3 ♗c5 16.b3 c3 17.a3

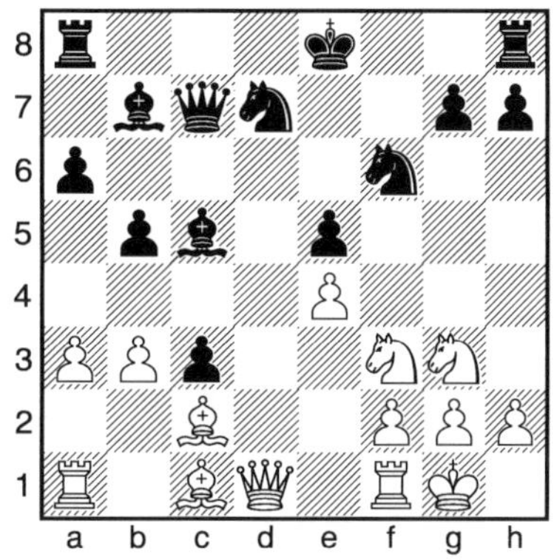

Die Meraner Variante ist weit ausanalysiert und auch diese Stellung kam bereits mehrfach vor.

17...♗a7?!

Der Verhinderung bzw. Erschwerung von b3–b4 kommt eine zentrale Rolle zu, weil der momentan passive weißfeldrige Läufer nur auf der Diagonale a2–g8 aktiv werden kann.

1) 17...b4 18.♘g5 ♕c6 19.axb4 ♗xb4 20.♗a3 ♗xa3 21.♖xa3 h6 22.♘f3 0–0 23.b4 ♕c7 24.♕b1 ♖ac8 25.♘e2 ♔h8 26.♖xc3 1–0 (53), Eljanow (2755) – Gelfand (2739), Moskau 2010 (CBM 139)

2) 17...a5 18.♘g5 0–0–0 19.b4 axb4 20.axb4 ♗xb4 21.♗e3 ♗c5 22.♘e6 ♕b6 23.♘xc5 ♘xc5 24.♕e2 ♕c6 25.♖fb1

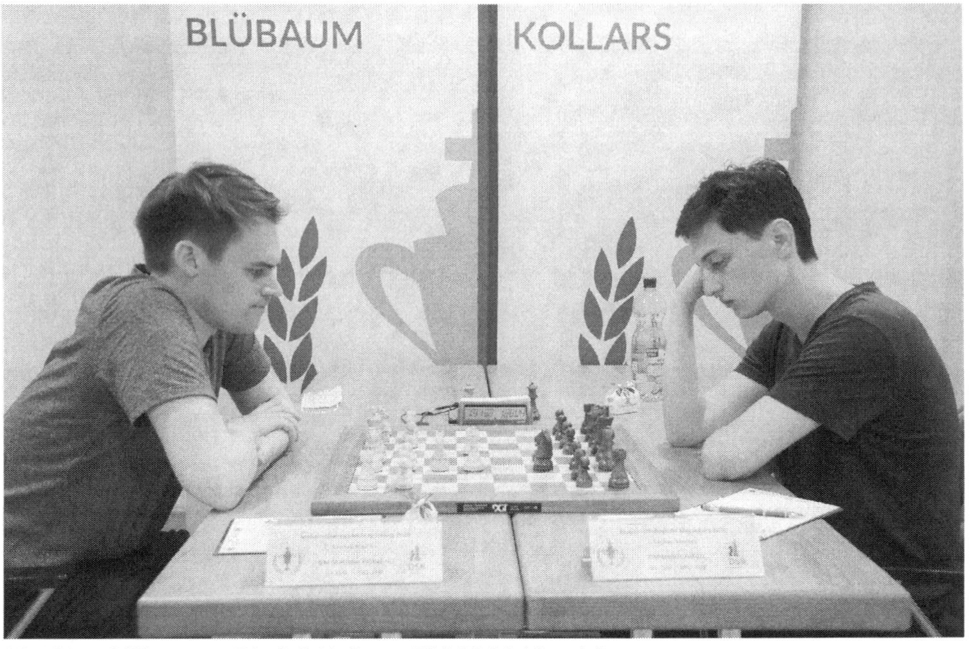

Matthias Blübaum – Dimitrij Kollars, DM 2020 Magdeburg

♘e6 26.♘f5 ♖d7 27.♖xb5 ♘d4 28.♘xd4 exd4 29.♗f4 ♖dd8 30.♖a7 ♖d7 31.♖a8+ 1–0, Bosiocic (2580) – Bukawschin (2517), Moskau 2012 (CBM 147)

18.b4 h6 19.♘f5 0–0?

19...0–0–0 20.♕e2 ♘b6 21.♗e3 ♔b8 22.♖fc1 ♕c4=

20.♘3h4 ♔h7 21.♕f3 ♕c6?

21...♖f7 22.♖d1±

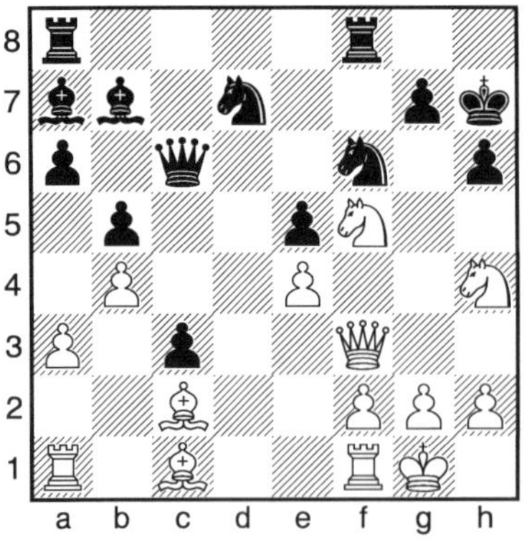

22.♘g6

Statt dieser positionellen Fortsetzung gab es hier bereits eine taktische Lösung.

22.♕g3 ♘e8 23.♖d1

– 23...♖d8 24.♗g5 hxg5 25.♕xg5+–

– 23...♗c8 24.♗b3 ♖b8 25.♖a2+–

22...♖fe8 23.♘ge7 ♕e6 24.♘d5 ♖ac8 25.♕g3 g6 26.♘xh6?!

26.♗xh6

– 26...♘h5 27.♕h3 gxf5 28.♗e3 ♗xe3 29.fxe3+–

– 26...♗xd5 27.exd5 ♘xd5 28.♘g7 ♘f4 29.♔h1 ♕e7 30.♗xf4 ♕xg7 31.♕h4+ ♔g8 32.♗b3+ ♖c4 33.♗xc4+ bxc4 34.♗e3+–

26...♘xd5?!

Bei diesem Austausch von Fehlern geht Dimitri an seiner besten Chance in dieser Partie vorbei – nämlich 26...♘xe4

27.♗xe4 ♗xd5 28.♗c2 ♗b3 29.♗e4 ♗d5=.

27.exd5 ♗xd5 28.♘g4 ♖h8 29.♗e3 ♗b8 30.♖ad1 ♖cf8

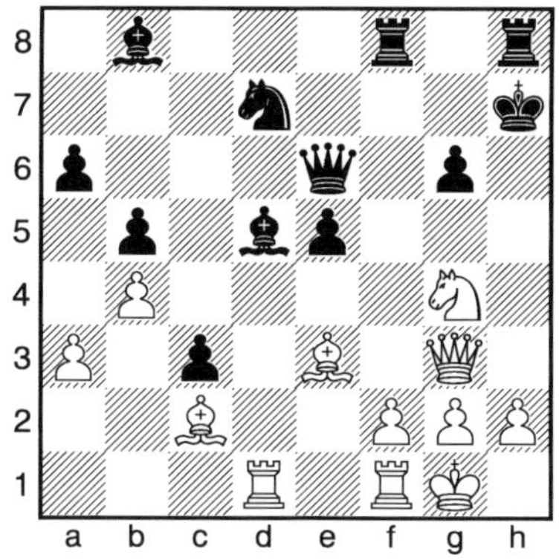

31.♖xd5!+− ♕xd5 32.♖d1 ♕e6 33.♕h3+ ♔g7 34.♗h6+ ♖xh6 35.♕xh6+ ♔g8 36.♖xd7 ♕xd7 37.♗b3+ 1−0

Der Triumph des weißfeldrigen Läufers!

6

Robert Ruck (2586)

Matthias Blübaum (2565)

Bundesliga 2015 (D45)

Kommentar − Matthias Krallmann

1.♘f3 d5 2.d4 ♘f6 3.c4 c6 4.♘c3 e6 5.e3 ♘bd7 6.♕c2 ♗d6 7.b3 0−0 8.♗b2 e5 9.♗e2 e4 10.♘d2 ♘b8 11.h3 ♘a6 12.a3 ♘c7 13.b4 ♘fe8

Als Französisch-Experte spielt Matthias hier die Vorstoßvariante gegen 'Französisch im Anzug'. Er weiß, dass man den f-Bauern mobilisieren muss, um Angriffschancen zu erhalten.

13...♖e8 14.b5 ♗f5 15.cxd5 cxd5 16.♕b3 ♗e6 17.a4 ♘d7 18.♗a3 ♗xa3 19.♕xa3 ♕g5 20.♕d6 ♖ec8 21.♕g3 ♕xg3 22.fxg3 1/2−1/2 (29), Bischoff (2500) − Buhmann (2580), Saarbrücken 2013 (CBM 156 Extra)

14.g3 f5 15.h4 ♘f6 16.♘b3 dxc4 17.♗xc4+ ♗e6 (17...♘cd5) **18.♗e2 ♖b8 19.♘a5 ♘cd5 20.♘c4 ♘xc3 21.♗xc3 ♗c7 22.♖b1 ♕e8 23.a4 ♘g4 24.b5 ♕g6 25.♖g1 ♔h8 26.bxc6 ♗xc4 27.♗xc4**

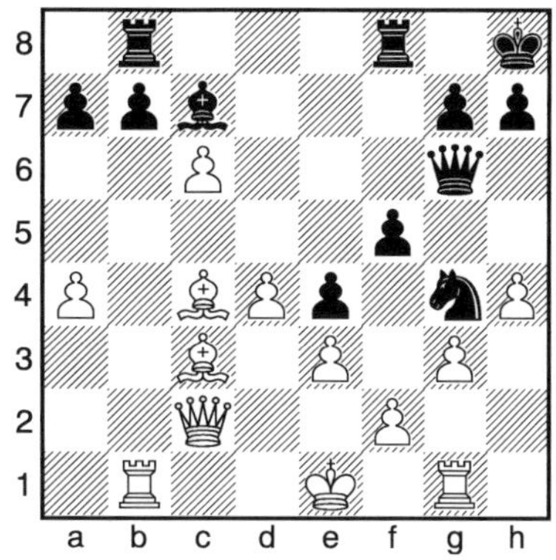

27...f4

Objekiv falsch − aber subjektiv richtig. (27...bxc6 28.♖xb8 ♖xb8 29.♗e2=)

In extrem komplizierter Stellung und in Zeitnot muss Weiß sich Sorgen um seinen in der Mitte gestrandeten König machen. IM Souleidis schreibt auf *schachbundesliga.de*, Matthias habe Glück gehabt. Doch wer die Partie live gesehen hat und die Reaktionen der Spieler beobachten konnte, muss zu dem Schluss gelangen, dass dies nicht so war. Vielmehr ist es Schwarz nämlich gelungen, seinen Gegner bei wenig Bedenkzeit vor große Probleme zu stellen.

28.h5

28.gxf4?? ♘xe3!−+; 28.exf4? e3! 29.♕xg6 exf2+ 30.♔f1 fxg1♕+ 31.♔xg1 hxg6∓

28...♕xc6

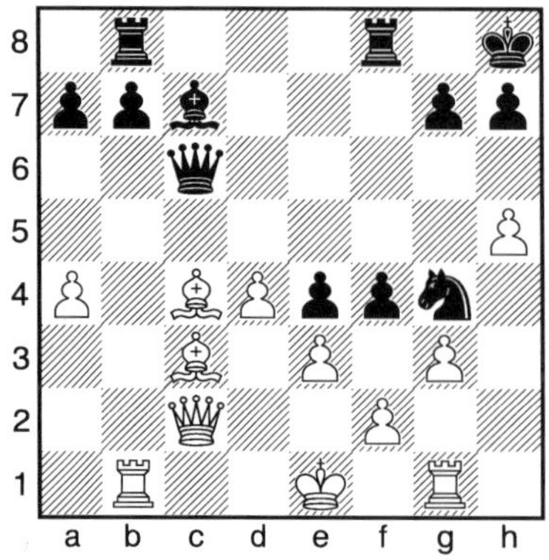

29.♗b5??

Ein Computer findet 29.d5! ♕h6 (29...♕xc4?? 30.♗xg7+) 30.gxf4 ♘f6 31.♗e2+−, aber für einen Menschen in Zeitnot ist es schwierig, angesichts des Angrifffs auf den eigenen König kühlen Kopf zu bewahren.

29...fxe3∓ 30.f4?

Weiß versucht verzweifelt, die Stellung wieder zu schließen.

– 30.♗xc6 exf2+ 31.♕xf2 ♖xf2 32.♗d7 ♖f3 33.♗xg4 ♖xc3∓

– 30.f3 ♕f6 31.♕xe4 ♕xf3 32.♕xf3 ♖xf3∓

30...♕d5 31.♕e2

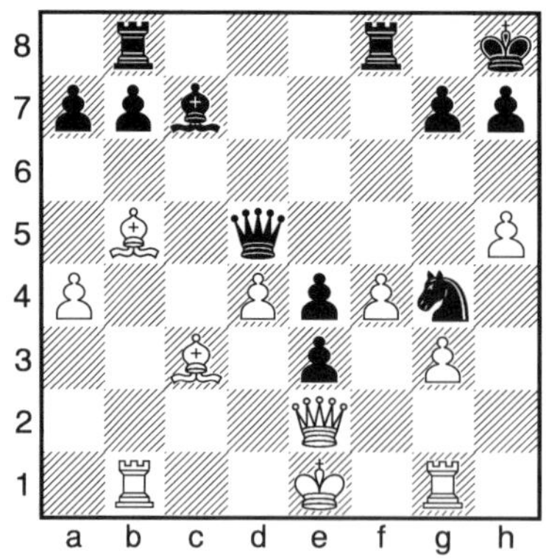

31.♗e2 ♕xh5 32.♕xe4 ♖xf4 33.♖b5 ♖xe4 34.♖xh5 ♘f6 35.♖f5 ♗b6 36.♗d3 ♗xd4−+

31...♘f2?

31...♕f5 32.h6 ♘xh6 33.♕xe3 ♘g4 34.♕e2 ♖bc8−+

32.♕xe3?!

32.h6 ♘d3+ 33.♗xd3 exd3 34.hxg7+ ♔xg7 35.♕xd3=

32...♘d3+ 33.♗xd3 exd3 34.♕xd3 ♖be8+ 35.♔d2 ♗a5 36.h6 gxh6 37.♔d1

Der Wanderkönig wird nun auf sehenswerte Weise zur Strecke gebracht.

37...♗xc3 38.♕xc3 ♖c8 39.♕d2

39.♕d3 wäre zäher gewesen.

39...♖c4 40.♖b5 ♕f3+ 41.♔e1

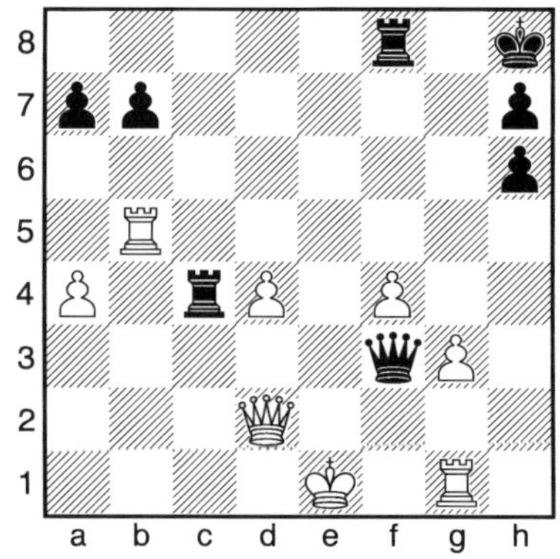

41...♖fc8 0−1

Matthias hat als Schwarzer mit viel Mut konsequent auf Angriff gespielt und ist dafür belohnt worden.

7
Matthias Blübaum (2530)
Sarah Hoolt (2332)
Bundesliga 2015 (E10)

Kommentar – Matthias Krallmann

1.d4 ♘f6 2.c4 e6 3.♘f3 c5 4.d5 b5

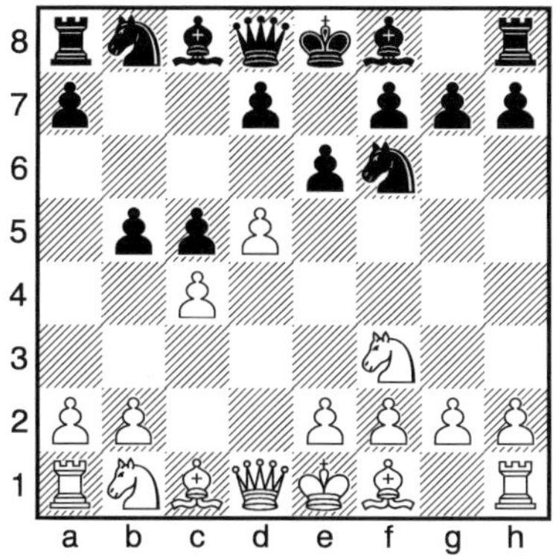

Das Blumenfeld-Gambit gilt als nicht ganz vollwertige Eröffnung, und entsprechend ist es keine gute Idee, so etwas gegen Matthias zu spielen.

5.e4!

Eine moderne Spielweise, die Matthias mit anderen 'Schachprinzen' analysiert hatte.

5...♘xe4 6.♗d3 ♘d6

6...♘f6 7.♕xe6 fxe6 8.cxb5 a6 9.♘c3 ♗e7 10.0–0 ♗b7 11.♗g5 axb5 12.♘xb5 0–0 13.♖e1 ♘c6 14.a4 ♘b4 15.♗b1 ♖a6 16.♘e5 d6 17.♘d3 ♘xd3 18.♕xd3 d5 19.♗xf6 ♗xf6 20.♕xh7+ ♔f7 21.♖a2± ♕b8 1–0 (42), Brunello (2569) – Sorensen (2426), Dänemark 2012 (EXT 2013)

7.cxb5 ♗b7 (7...a6) **8.♘c3 a6 9.b6 ♗e7**

9...♕xb6 10.0–0 ♗e7 11.♖e1 (11.♕e2 0–0 12.♗f4 ♘b5) 11...c4 12.♗c2 0–0 13.♘g5 h6 14.♘h7 ♖e8 15.♕g4→

10.0–0 exd5 11.♗f4 0–0

11...♕xb6 12.♖e1 ♘c8 13.♘a4 ♕a5 14.♘g5+–; 13...♕c6 14.♖c1±

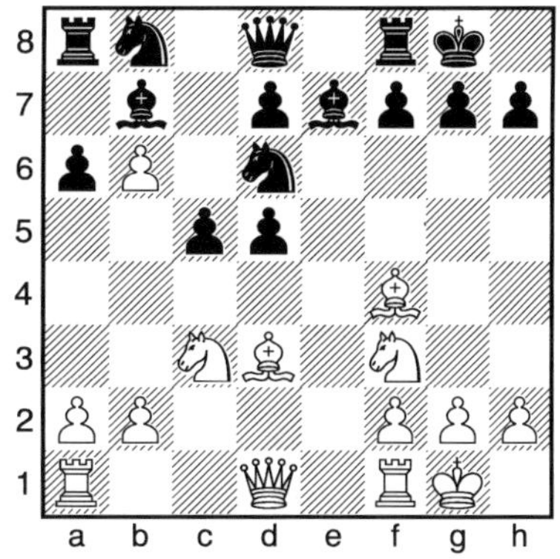

12.♘xd5! ♗xd5 13.♗xh7+ ♔xh7 14.♕xd5 ♕xb6 15.♖ae1+–

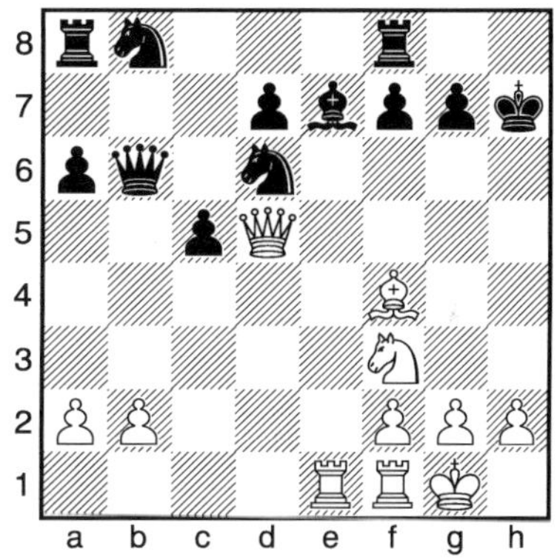

15...♘c8N

Der erste neue Zug. Die folgende Vorgängerpartie sowie eine weitere Variante verdeutlichen jedoch, dass es sich insgesamt um eine Eröffnungskatastrophe handelt.

1) 15...♘c6 16.♗xd6 ♗f6 17.♗xc5 ♕b5 18.♕e4+ g6 19.♗xf8+– 1–0 (29), Iskusnykh (2478) – Moisejenko (2474), Wladiwostok 2014

2) 15...♕c6 16.♕d3+ ♔g8 17.♖xe7 ♘c8

18.♖e3 ♕f6 19.♗e5 ♕g6 20.♕c3 f6 21.♕xc5+−

16.♕xa8 ♘c6 17.♘e5 ♘xe5 18.♗xe5 ♗f6 19.♕f3 ♗xe5 20.♖xe5 ♕xb2 21.♖xc5 ♔g8 22.♕c3 1−0

Solche Kurzpartien sieht man in der Bundesliga selten.

8

Sipke Ernst (2527)

Matthias Blübaum (2590)

Bundesliga 2016 (E08)

Kommentar − Matthias Krallmann

1.c4 e6 2.♘f3 d5 3.d4 ♘f6 4.g3 ♗b4+ 5.♗d2 ♗e7 6.♗g2 0−0 7.0−0 c6 8.♕c2 ♘bd7 9.♖d1 b6 10.♗f4 ♗b7 11.♘e5 ♘h5 12.♗c1 ♘hf6 13.♗f4

13.cxd5 cxd5 14.♘c6 ♗xc6 15.♕xc6 ♖c8 16.♕b5 ♘e8 17.♘c3 ♘d6 18.♕d3 ♘f6 19.f3 ♘c4 20.b3 ♘a5 21.♗b2 ♘c6 22.♔h1 ♕d7 23.e3 ♖fd8 24.♖ac1 ♕e8 25.a3 ♘a5 26.♘b1 ♖xc1 27.♖xc1 ♖c8 28.♖xc8 ♕xc8 29.♘d2 h5 30.♔g1 ♕c7 31.e4 dxe4 32.fxe4 h4 33.b4 ♘c6 34.♕c3 hxg3 35.e5 gxh2+ 36.♔xh2 ♘d5 37.♗xd5 exd5 38.b5 ♕c8 39.bxc6 ♗g5 40.♘f3 ♗f4+ 41.♔g2 1−0, Nyback (2603) − Nisipeanu (2665), Deutschland 2015 (CBM 165)

Natürlich kannte Matthias diese Partie, da er Katalanisch seinerzeit bereits mit beiden Farben spielte.

13...♘h5 14.♗c1 ♘hf6 15.♘c3

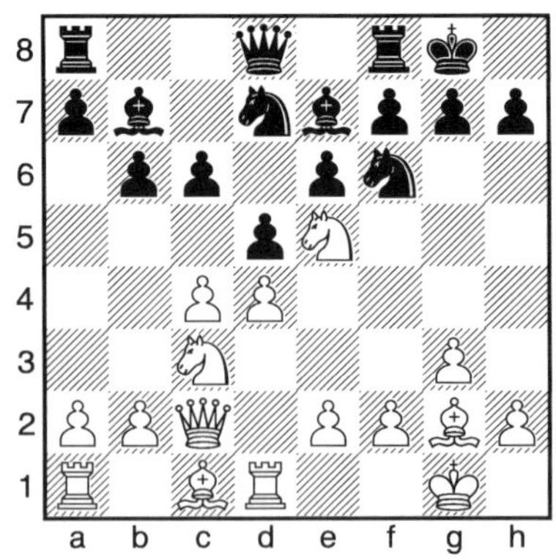

Sipke Ernst will mit Weiß natürlich nicht so schnell durch Zugwiederholung re−

misieren, wählt jedoch eine fragwürdige Variante.

15...♘xe5 16.♕xe5 ♘g4 17.♗f4?!

17.e4 ♗c5

(17...d4!? 18.♘e2 c5 19.f4 ♕d7∓)

18.exd5 cxd5

(18...♘xf2 19.♘a4 ♘xd1+ 20.♘xc5 bxc5 21.d6=)

19.♘e4 dxe4 20.♖xd8 ♖axd8 21.♗g5 ♖d3 22.♖f1 h6 23.♗f4 ♖fd8 24.b4 ♗xf2+ 25.♖xf2 e3 26.♖e2 ♗xg2 27.♔xg2 ♖d2 28.♔f3 ♖xc2 29.♖xc2 ♖d2 30.♖c3 h5 31.h3 ♖f2+ 32.♔e4 e2 33.♗d2 ♘h6 34.♔e3 ♖h2 35.c5 bxc5 36.bxc5 ♘f5+ 37.♔d3 ♖xh3 38.♔xe2 ♖xg3 39.♖c1 ♘d4+ 0–1, Shabalov (2506) – Sargissian (2684), Wheeling 2014 (CBM 160 Extra)

17...g5 18.♗f3 ♘xf2 19.♔xf2 gxf4 20.gxf4 ♗c5+ 21.♔g2 ♕h4

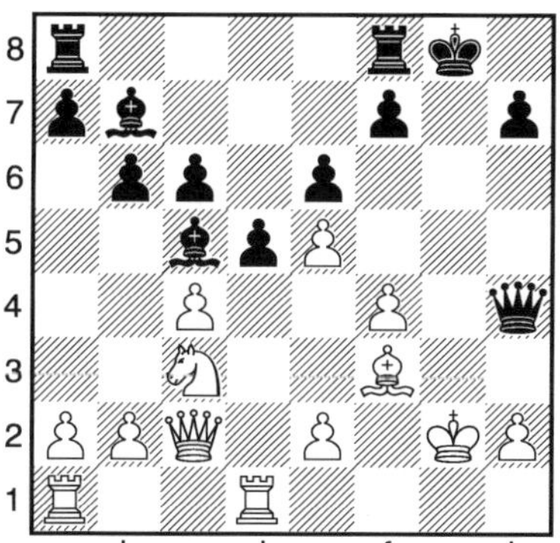

Aufgrund der geschwächten weißen Bauernstruktur und des schutzlosen gegnerischen Königs steht Schwarz hier bereits deutlich besser.

22.cxd5 cxd5 23.e4 d4 24.♘a4

24.♘e2 ♗a6 25.♕d2 ♔h8 26.♔h1 d3 27.♘g1 ♖g8 28.♖ac1 ♖g7 29.b4 ♗f2 30.♘h3 ♗d4 31.♗g2 ♖ag8–+

24...♕xf4 25.♘xc5 bxc5 26.b4

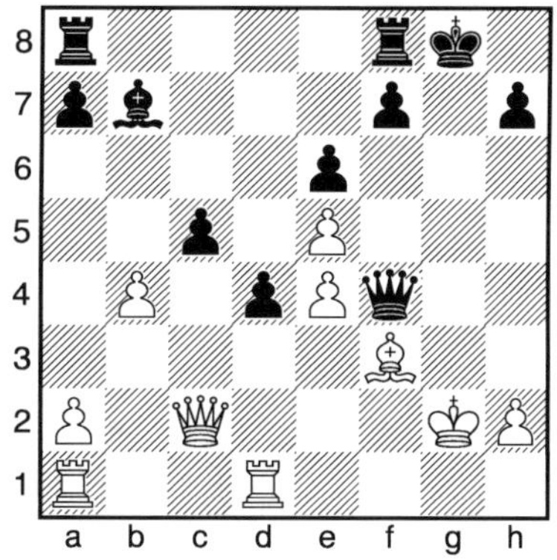

26...♔h8!

Das leitet den Schlussangriff gegen den weißen König ein.

27.♕e2 f5 28.exf6 ♖xf6 29.♖f1 c4

Auch 29...♗a6 30.♕xa6? ♖g8+ 31.♔h1 ♕xh2+ 32.♔xh2 ♖h6+ 33.♗h5 ♖xh5# wäre hübsch gewesen.

30.♔h1 ♕e5 31.♗g2 ♖h6

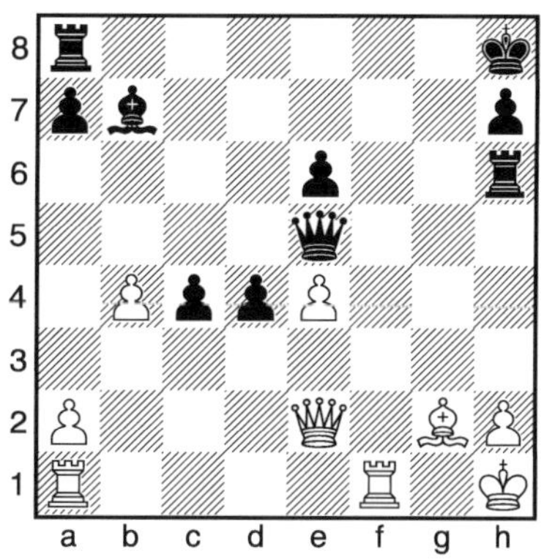

32.h3 ♗xe4 33.♗xe4 ♖xh3+ 34.♔g1 ♖g8+ 35.♔f2 ♕g3#

9

Tigran Gharamian (2627)

Matthias Blübaum (2628)

Bundesliga 2016 (C11)

Kommentar – Matthias Krallmann

1.e4 e6 2.d4 d5 3.♘c3 ♘f6 4.e5 ♘fd7 5.f4 c5 6.♘f3 ♗e7 7.♗e3 0–0 8.♕d2 b6 9.♘d1 a5 10.c3 ♗a6

10...a4 11.♗d3 ♗a6 12.♗xa6 ♖xa6 13.0–0 ♖a8 14.f5 exf5 15.♕c2 g6 16.♗h6 ♖e8 17.♘e3 ♘f8 18.g4 f4 19.♘f5 ♘e6 20.♘d6 ♗xd6 21.exd6 ♘c6 22.♖ae1 ♕xd6 23.♘e5 cxd4 0–1, Pirrot (2373) – Blübaum, M. (2530), Bad Wiessee 2014 (EXT 2015)

11.♗xa6 ♘xa6 12.♕e2

12.0–0 b5 13.♗f2 ♘b6 14.♘e3 ♘c4 15.♕e2 ♕d7 16.♗h4 ♘xe3 17.♗xe7 ♘xf1 18.♗xf8 ♘xh2 19.♗xc5 ♘xf3+ 20.♕xf3 ♘xc5 21.♕xc5 a4 0–1 (35), Souleidis (2420) – Svane (2477), Hamburg 2014 (CBM 159 Extra)

12...♘db8 13.0–0 ♕d7 14.♗f2 ♘c6 15.♘e3 b5 16.♖ad1

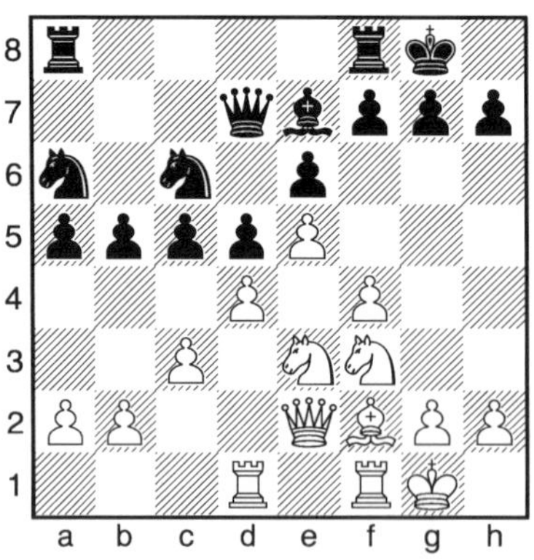

Diese Stellung wurde während der Live-Kommentierung im Weserstadion diskutiert. Karl-Ernst Blübaum, der Vater von Matthias und selbst ein starker Spieler, meinte, der letzte weiße Zug stelle die Drohung 17.f5 auf, weil Schwarz dann nicht exf5 spielen könne, da nach 18. dxc5 der Bauer auf d5 zweimal bedroht sei. Ich selbst schlug 16...c4 nebst b4 vor. Matthias spielte 16...cxd4, womit er aber nach der Partie nicht mehr zufrieden war, da dies seiner Meinung nach zu früh die Spannung auflöst und das Gegenspiel am Damenflügel zu langsam ist.

16...cxd4 17.cxd4 a4 18.h4 ♘c7

18...♘a5 (18...h6) 19.h5

1) 19...♘c4 20.h6 g6 21.♘g4

a) Nach 21...♔h8 22.b3 axb3 23.axb3 ♘a5 24.♗h4 ♗xh4 25.♘xh4 ♘xb3 26.♘f6 ♕c7 27.f5 hat Weiß Angriff.

b) Und nach 21...a3 22.b3 ♘b2 23.♖a1 ♘b4 24.♗h4 ♖ac8 25.♗xe7 ♕xe7 26.♘f6+ ♔h8 27.♘g5 ist der weiße Angriff gefährlicher.

2) 19...h6 20.f5 exf5 21.♗h4 ♘c4 22.♗xe7 ♘xe3 23.♗xf8 ♘xf1 24.♖xf1 ♖xf8 25.♘h4 mit Königsangriff.

19.♘g4 ♔h8 20.♖c1 Tac8 21.h5 h6 22.♕d2 ♘a8 23.♗h4

Moderne Computerprogramme möchten hier eine Figur opfern, aber für einen Menschen sind die langen Varianten extrem schwer zu berechnen; z.B. 23.♘xh6 ♗b4 24.♕e3 gxh6 25.♗h4 ♘e7∞.

23...♘b6? (23...♗xh4 24.♘xh4=)

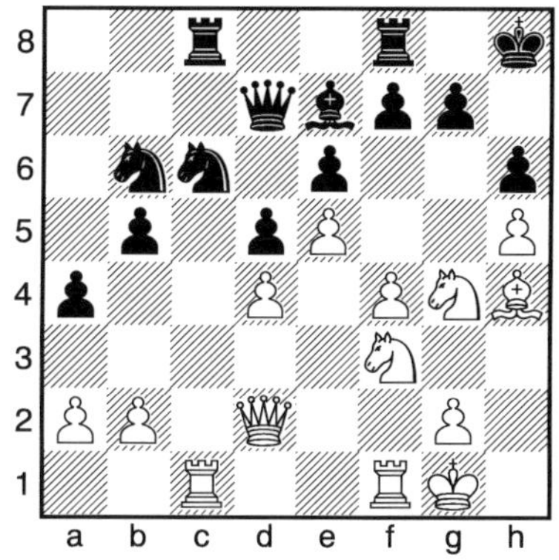

24.b3?

Hier verpasst Weiß die Chance 24.♗f6!. Der Computer zeigt klaren Vorteil für Weiß an, aber die folgenden Varianten geben nicht unbedingt das an, was zwei Menschen am Brett in Zeitnot denken.

1) 24...♘c4 25.♖xc4 dxc4 26.f5 ♔h7 27.♗xg7 ♗g5 28.♗xf8 ♗xd2 29.♘f6+ +–

2) 24...♗b4 25.♕e3 (25.♕d3 ♗e7 26.♕e3→) 25...♘e7 26.♘xh6

a) 26...♖xc1 27.♖xc1 ♘c4 28.♖xc4 bxc4 29.f5 gxf6 30.exf6 ♕e8 31.fxe6 fxe6 32.♕g5+–

b) 26...gxf6 27.f5 ♔h7 28.♖xc8 ♘bxc8 29.♘h4 mit gewinnversprechendem Angriff.

24...axb3 25.axb3 ♗xh4 26.♘xh4 ♕e7 27.♕f2?

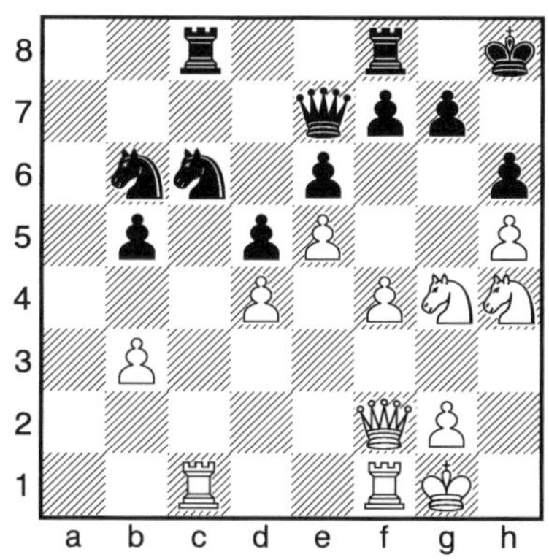

Nach diesem Fehler kippt die Partie und Schwarz kommt in Vorteil.

27.♘f3 ♕b4 28.♕e3 ♘e7 29.♕d3 ♘f5 30.♔h2±

27...♘xd4 28.g3

28.♖xc8 ♘xc8 29.♕xd4 ♕xh4 30.f5 exf5 31.♖xf5 ♘e7 32.♕b4 ♖c8 33.♖xf7 d4∓

28...♘xb3 29.♖b1 ♘c5 30.♖xb5 ♘c4 31.♔h2 ♘e4

Nach der Partie bezeichnete Matthias e4 als das Traumfeld für seinen Springer. Tatsächlich kommt es jetzt ganz bitter für Gharamian, denn seine Springer stehen abseits und seine Stellung wird im Wirbel der gegnerischen Figuren auseinandergenommen.

32.♕g2 ♘cd2 33.♖e1 ♖c2 34.♔h3 ♖fc8 35.♖e2 ♘c3

Bei knapper Bedenkzeit sammelt Schwarz sicherheitshalber Material ein.

35...♕a3–+; 35...♖2c3–+

36.♖xd2 ♖xd2 37.♕xd2 ♘xb5 38.♕d3 ♕b4 39.f5 ♕c4 40.♕d1 ♘c3 41.♕a1 ♘e4 0–1

Als nun auch noch der zweite Springer, der zwischenzeitlich über a8 manövriert wurde, das Zentralfeld e4 erreichte, hatte Weiß genug gesehen.

10

Matthias Blübaum (2618)
Allan Stig Rasmussen (2504)
Elsinore 2016 (A80)

Kommentar – Matthias Krallmann

1.d4 f5 2.♗g5

Das ist Matthias' Lieblingszug gegen die Holländische Verteidigung, und häufig behandelt er diese Stellungen mit langer Rochade.

2...g6

2...h6 3.♗h4 g5 4.e3 ♘f6 5.♗g3 d6 6.♘c3 e6 7.h4 ♖g8 8.hxg5 hxg5 9.f3 ♕e7 10.♕d2 ♘c6 11.0–0–0⩲ 0–1 (82), Blübaum, M. (2588) – Vallejo Pons (2684), Berlin 2015

3.♘c3 ♗g7 4.e3 ♘c6 5.♗c4 h6 6.♗h4 ♘f6 7.♗b3

7.♗xf6 ♗xf6 8.♘ge2 e5 9.♗b3 d6 10.a3 ♗d7 11.♕d2 ♘e7 12.0–0–0 c6 13.♕xe5 dxe5 14.♕d6 (14.♘a4±) 14...♘c8 1/2–1/2 (22), Blübaum, M. (2633) – Relange (2464), Drancy 2016

7...e6 8.♘ge2 g5 9.♗g3 d6 10.f3 ♕e7 11.a3 ♗d7 12.♕d2 0–0–0 13.0–0–0 ♗e8 14.e4 fxe4 15.fxe4

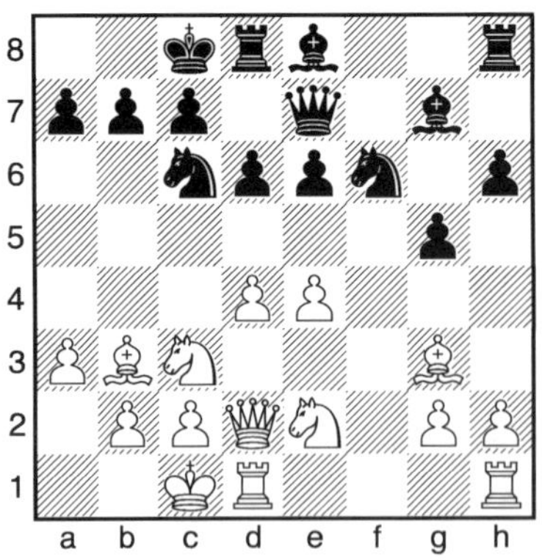

15...d5?!

Bis zu diesem Zeitpunkt hat Rasmussen gut gespielt und die Stellung befindet sich im Gleichgewicht, aber jetzt begeht er einen strategischen Fehler. Das weiße Vollzentrum ist etwas instabil und hätte weiter unter Druck gesetzt werden müssen.

15...♗g6

– 16.d5 exd5 17.exd5 ♘a5 18.♗a2 ♘e4 19.♘xe4 ♕xe4 20.♘c3 ♕g4=

– 16.♕e3 ♘g4 17.♕g1 a6 18.h3 ♘f6 19.♕e3 ♖hf8 20.♖hf1 d5 21.exd5 ♘xd5 22.♗xd5 exd5 23.♕xe7 ♘xe7=

16.exd5 exd5 17.♖he1 ♕d7 18.♗e5 ♗f7 19.♖f1

19.♗a4 ♔b8 20.h4±

19...♘xe5 20.♕xe5 ♘g4 21.♕d4

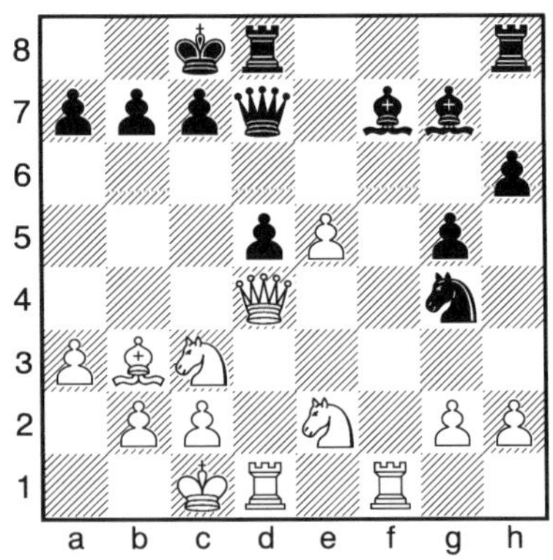

21...♗xe5?

Nach diesem Fehler stürzt Weiß sich auf den gegnerischen König.

21...♔b8 22.♖xf7 ♕xf7 23.♕xg4 c6 24.e6 ♕c7∞

22.♕xa7± c6 23.♘a4 ♕e7 24.♘d4 ♗e8 25.♘b6+ ♔c7

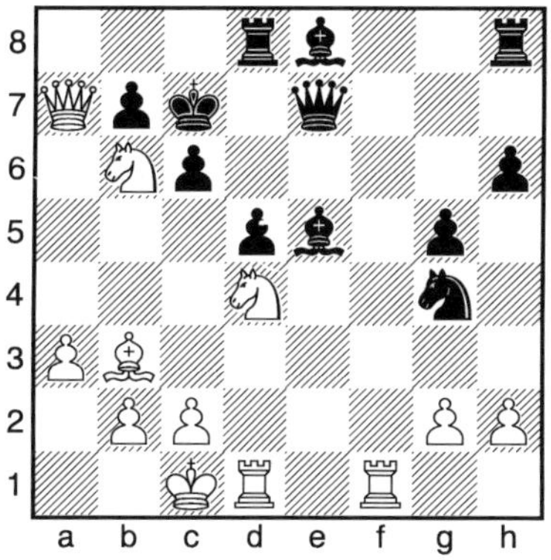

Hier führen bereits zwei Fortsetzungen zum Gewinn.

26.♘b5+

26.♕a5 ♔b8 27.♘b5 cxb5 28.♗xd5 ♗d4 29.♕a8+ ♔c7 30.♕xb7+ ♔d6 31.♖xd4+−

26...cxb5 27.♘xd5+ ♖xd5 28.♗xd5 ♔c8 29.♖fe1 1−0

11

Alexander Donchenko (2657)

Matthias Blübaum (2647)

Magdeburg 2020 (C11)

Kommentar − Matthias Krallmann

1.e4 e6 2.d4 d5 3.♘c3 ♘f6 4.e5 ♘fd7 5.f4 c5 6.♘f3 ♘c6 7.♗e3 ♖b8 8.♕d2 ♕a5 9.a3 b5 10.♖a2 c4?

In einem Interview nach der Partie brandmarkte Matthias diesen Zug als Fehler, da er Weiß freie Hand für seinen Angriff lässt.

10...a6 11.♕xc5 b4 12.axb4 ♕xb4 13.♗xa6 ♗xc5=

11.f5 ♘b6 12.b4

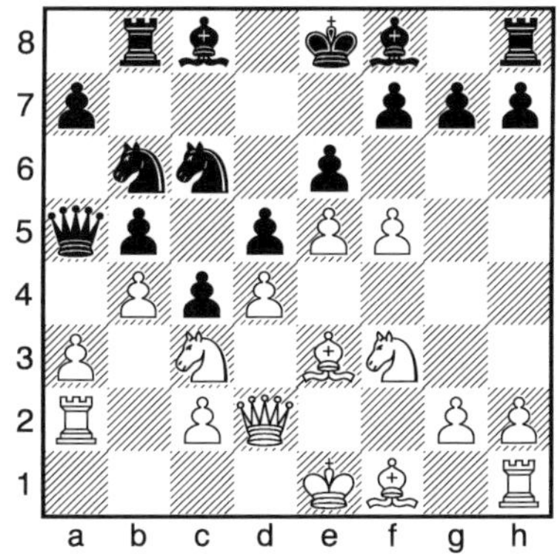

12...♕a6N

12...cxb3?! 13.cxb3 b4 14.axb4 ♕xb4 15.♗b5 ♗d7 16.fxe6 fxe6 17.0−0± ♗e7 1/2−1/2 (33), Timoschenko (2566) − Mellado Trivino (2394), Andorra 2007

13.fxe6 ♗xe6 14.♘g5 ♗e7 15.♗e2 0−0 16.0−0 ♘d7 17.♖aa1 ♗xg5 18.♗xg5 ♕b6 19.♗e3 f6 20.♗f3 ♘e7 21.a4 a6 22.axb5 axb5 23.exf6 ♘xf6 24.♖a5 ♕c6 25.♗f4 ♖b7 26.♗e5 ♘g6 27.♗xf6 ♖xf6 28.♖a8+

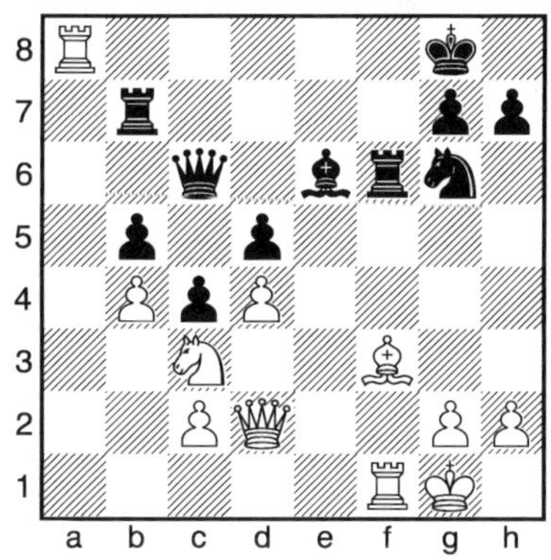

28...♘f8

28...♖f8 29.♖fa1 ♖bf7 30.♖1a6 ♕xa8 31.♖xa8 ♖xa8 32.♕e1±

29.♕g5 ♖bf7 30.♖b8 h6 31.♕g3 ♔h7 32.♖xb5 ♘g6 33.♕b8?

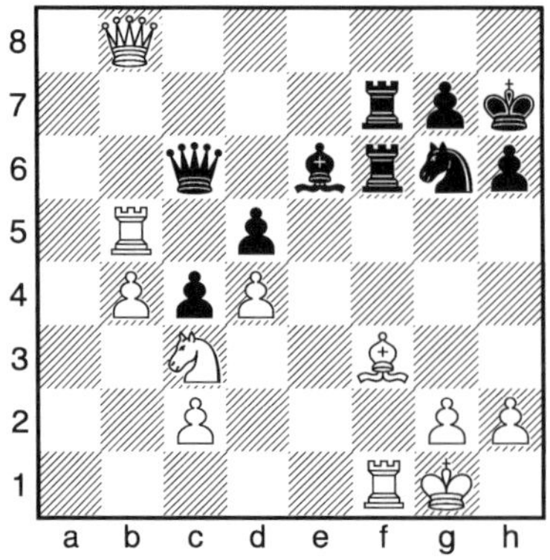

Nach diesem unbedachten Zug entgleitet Alexander Donchenko die Partie.

33.♖c5 ♕d7 34.b5 ♘f4 35.♘e2 ♗g4=

33...♗g4!

Schwarz hat ein Übergewicht an Figuren auf dem Königsflügel und inszeniert dort einen starken Angriff.

33...♘h4 34.♖b6 ♕d7 35.♕g3 ♕a7!–+

34.♘xd5?

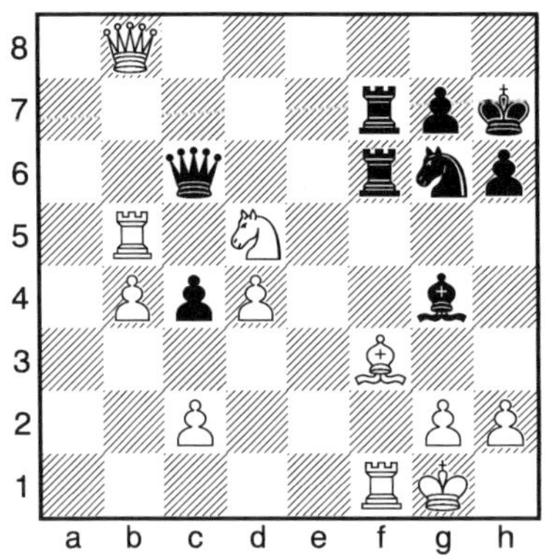

34.♖b6 ♕xb6 35.♕xb6 ♖xb6 36.♗xg4 ♖xf1+ 37.♔xf1 ♘e7 38.♗f3 ♘f5∓

34...♖xf3! 35.gxf3 ♗xf3 36.♖c5 ♕e6 37.♕g3 ♗xd5 38.♖xf7 ♕xf7 39.♖c7 ♕f5 40.c3 ♕f6 41.h3 ♘h4 42.♖d7 ♘f3+ 43.♔h1 ♗e4 0–1

Zehn Jahre Bundesliga

Im Sommer 2011 wechselte Matthias Blübaum von seinem fünftklassigen Heimatklub SK Lemgo zu Hansa Dortmund und spielte dort bereits als 14-Jähriger in der Schachbundesliga. Er kam neunmal am 8. Brett zum Einsatz und erzielte fünfzig Prozent der Punkte. Hansa Dortmund stieg ab und Matthias hatte Angebote von fünf verschiedenen Bundesligaklubs. Er entschied sich für Werder Bremen.

Seine erste Partie für Bremen spielte Matthias im Oktober 2012 – und die letzte Partie am 1. Mai 2017 war ein überzeugender Schwarzsieg bei der Endrunde in Berlin. Dazwischen lagen insgesamt 70 Einsätze für Bremen in der 1. und 2. Bundesliga sowie im Europacup. Welcher Wettbewerb oder welche Liga auch immer – Matthias erzielte in fünf Jahren mit einer nahezu unheimlichen Konstanz beinahe immer zwei Drittel bis drei Viertel der Punkte. Seine Devise „mit Weiß gewinnen – mit Schwarz remis“ spiegelt sich auch in seinen Ergebnissen wieder. Seine größte Stärke ist, dass Matthias stets objektiv die Stellung beurteilt und nahezu nie auf Chance spielt. In fünf Saisons erspielte er dreimal eine Großmeisternorm in der Bundesliga. 2012/2013 war es noch eine Kombinationsnorm aus den Partien in der 1. und 2. Bundesliga. Die dritte Norm war nicht mehr erforderlich, weil Matthias den Titel schon in anderen Turnieren sichergestellt hatte.

Es fällt auf, dass Matthias von seinen Turnierpartien für Werder Bremen nur neun verloren hat. Allein zwei dieser Niederlagen musste er beim Europacup gegen stärkste

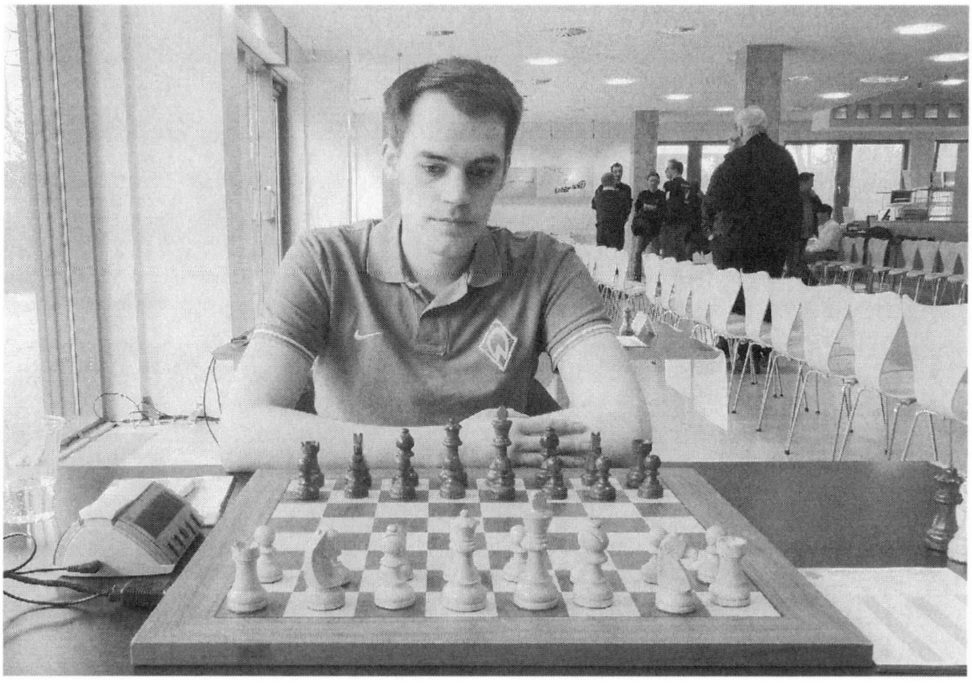

Matthias Blübaum vor einer Bundesligapartie in Hamburg

Konkurrenz einstecken. Die Gegner hießen Peter Swidler und Pentala Harikrishna. In den fünf Jahren in Bremen war Matthias durchschnittlich in jedem Jahr ein Brett nach oben geklettert und doch noch nicht ganz oben angekommen.

Bei seinem neuen Klub, den Schachfreunden Deizisau, agierte er dann in der Saison 2017/2018 zum ersten Mal am Spitzenbrett. Allerdings waren die Ergebnisse etwas unter den Erwartungen. Sowohl in seiner ersten als auch in seiner zweiten Saison schaffte er nur jeweils ein Resultat von „minus 1". Auf der anderen Seite bekam er natürlich am ersten und zweiten Brett sehr starke Gegner, gegen die er oft Remis spielte. Seine Kontrahenten waren u.a. Viswanathan Anand, Baadur Jobava und Richard Rapport und damit die begehrten Gegner der Kategorie „Elo 2700 plus". In den letzten beiden durch die Pandemie beeinträchtigten Saisons wurde er wieder zwei oder drei Bretter tiefer eingesetzt und erzielte mit jeweils „plus 2" zufriedenstellende Resultate.

Spätestens mit dem sensationellen Sieg beim Online-Europapokal scheint er endgültig bei den Schachfreunden Deizisau angekommen zu sein. Hier zahlte sich die Strategie der Vereinsführung, auf junge, hungrige Spieler zu setzen, bestens aus. Die junge Generation mit Matthias Blübaum, Alexander Donchenko, Vincent Keymer und Dimitri Kollars war im Verbund mit dem erfahrenen Georg Meyer im Online-Schnellschach besonders stark und triumphierte über höher eingeschätzte Mannschaften, nicht zuletzt über den deutschen Serienmeister OSG Baden-Baden.

12

Matthias Blübaum (2641)
Lucas Van Foreest (2531)
Bundesliga 2020 (D02)

Kommentar – Matthias Krallmann

1.d4 ♘f6 2.♘f3 d5 3.♗f4 c5 4.e3 ♘c6 5.♘bd2 e6 6.c3 ♘h5 7.♗g5 f6 8.♗h4 g6 9.♗d3 cxd4 10.cxd4 ♗e7 11.0–0 0–0 12.♖c1 ♗d7

12...♕b6 13.♘b3 a5 14.a4 ♘g7=

13.a3 ♘g7 14.♘b3

14.b4 ♕e8 15.b5 ♘d8 (15...♘a5!?) 16.♕b3±

14...♘f5 15.♗xf5 gxf5

15...exf5 16.♘c5 b6 17.♘a6 f4 18.exf4 ♖c8 19.♗g3±

16.♘c5 ♗xc5 17.♖xc5

17.♕xc5 ♘e7 18.♕b3 ♗c6 19.♘d4 ♕d7 20.f4±

17...b6

Dies treibt den Turm nur auf ein besseres Feld.

18.♖c3 ♘a5?

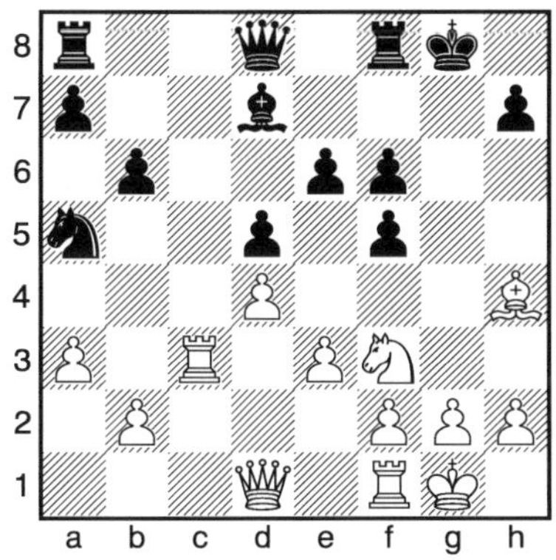

19.♘e5

Der Computer findet die sofortige Widerlegung der schwarzen Dezentralisierung – nämlich 19.e4! mit der möglichen Folge 19...fxe4 20.♘e5 ♕e7 21.♖g3+ ♔h8 22.♕c1 ♗e8 23.♕h6 ♘c4 24.♖c1 ♖c8 25.♖cc3 a6 26.♖g6 ♘xe5 27.♗xf6+ ♖xf6 28.♖xf6 ♘f7 29.♖xf7 ♗xf7 30.♖xc8+ +–.

19...♗b5?

19...♖c8 20.♘xd7 ♕xd7 21.♖xc8 ♕xc8 22.h3±

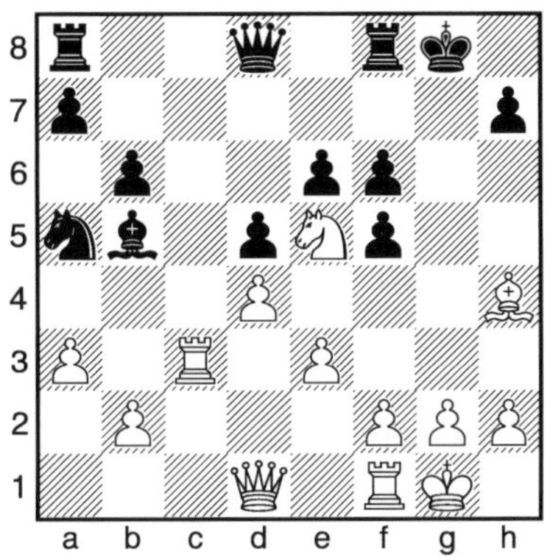

20.e4!

Der menschliche Spieler braucht einen Zug länger, aber dann erkennt auch er die Idee.

20...♕e7

20...♗xf1 21.♖g3+ ♔h8 22.♕c1 ♗e2 23.♘g6+ +–

21.♖g3+ ♔h8 22.♕h5 ♗e8 23.♕h6 ♘c6

23...fxe4 24.♖g6+–; 23...♘c4 24.♘xc4

24.♘xc6 ♗xc6 25.e5 1–0

Ein überfallartiger Angriff führte zu einer schönen Kurzpartie.

13

Jure Skoberne (2566)

Matthias Blübaum (2645)

Bundesliga Österreich 2020 (D02)

Kommentar – Matthias Krallmann

1.d4 ♘f6 2.♘f3 d5 3.♗f4 c5 4.e3 ♘c6 5.♘bd2 cxd4 6.exd4 ♕b6 7.♘b3 ♗f5 8.a4 a6 9.a5 ♕d8 10.♗e2 e6 11.♘e5

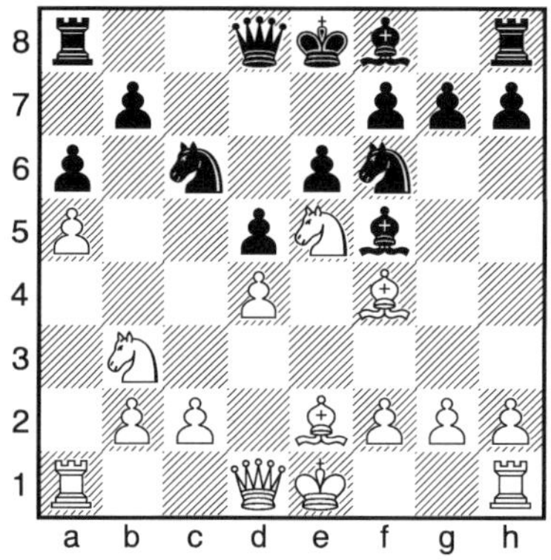

Matthias spielt in letzter Zeit selbst die Londoner Variante. Es zeigt sich auch in dieser Partie, dass es nicht einfach ist, gegen die eigenen Systeme anzukämpfen.

11...♘d7

11...♘b4 12.♘d3 ♖c8 13.c3 (13.♘xb4 ♗xb4+ 14.c3 0–0=) 13...♘xd3+ 14.♗xd3 ♗xd3 15.♕xd3 ♗e7 wäre ein sicherer Weg zum Ausgleich gewesen.

12.♘xc6 bxc6 13.0–0 ♗e7 14.c4 dxc4

14...0–0 15.cxd5

– 15...cxd5 16.♖c1 ♗b4 17.♖c6±

– 15...exd5 16.♖c1 ♕c8 17.♘d2 ♕b7 18.♕b3 ♕xb3 19.♘xb3 ♖fc8 20.g4 ♗e4 21.♗g3±

15.♗xc4 0–0 16.♕f3 ♕c8 17.♖fc1 ♕b7 18.♖a2 ♖fc8 19.h3 h6 20.♕g3 ♔h8 21.♗d6 ♗xd6 22.♕xd6 ♗e4 23.♕f4

23.♘d2!?

23...♗d5

23...c5!? 24.f3 ♗d5 25.♕xc5 ♘xc5 26.♘xc5 ♖xc5 27.♗xd5 ♖xc1+ 28.♕xc1 ♕xd5=

24.♘d2 ♘f6 25.b3

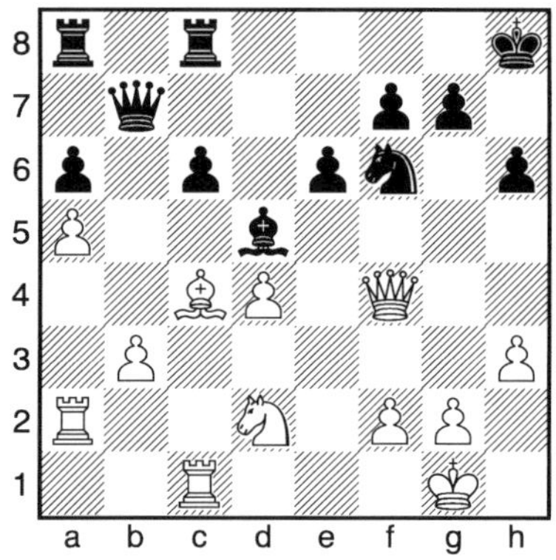

25...c5!

Nach diesem thematischen Befreiungszug steht Schwarz aufgrund der weißen Schwäche auf b3 bereits etwas angenehmer.

26.♗f1 cxd4 27.♖xc8+ ♖xc8 28.♕xd4 ♘d7 29.♖a1 e5 30.♕b2?!

Nach dieser unnötigen Dezentralisation der Dame leitet Schwarz ein Druckspiel gegen den Punkt g2 ein.

30.♕e3!

– 30...♖c6 31.♖d1 ♕c7 32.♘f3 ♗e6 33.b4±; 31...♖g6 32.g3±

– 30...♖c5 31.♖d1 ♖xa5 32.♘c4 ♗xc4 33.♗xc4 ♘b6 34.♗xf7 ♕xf7 35.♕xb6 ♖a2=

30...♖c6 31.♖e1 ♖g6 32.g3??

Ein krasser Fehler für einen Großmeister!

32.f3

– 32...♗xf3 33.♘xf3 ♕xf3 34.♕c2 ♕g3 35.♖d1=

– 32...♕a7+ 33.♔h1 ♕f2 34.♕c1 (34.♖b1 f5∓) 34...♖c6=

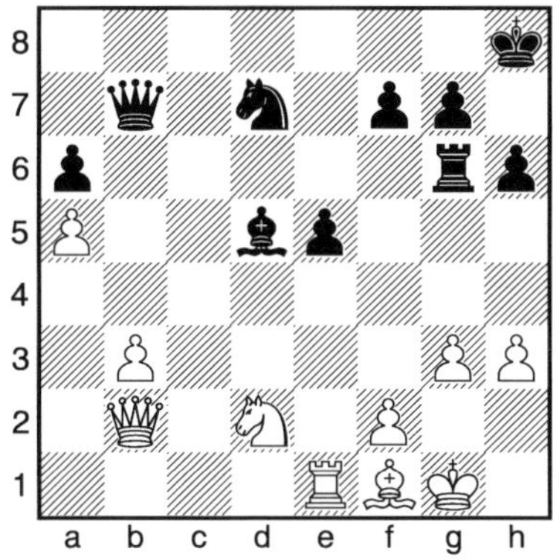

32...♖xg3+ 33.♔h2

33.fxg3 ♕a7+ 34.♔h2 ♕f2+ ist eigentlich ganz einfach, aber solche langen Damenzüge werden in der Vorausberechnung oft übersehen.

33...♖g6 34.♕c3 e4 35.♖c1 ♔h7 36.♕c7 ♕b4 37.♘c4 ♗xc4 0–1

14

Matthias Blübaum (2510)

Mads Andersen (2476)

Bundesliga 2013 (D45)

Kommentar – Matthias Krallmann

1.d4 d5 2.c4 c6 3.♘c3 ♘f6 4.e3 e6 5.♘f3 a6 6.♕c2 c5 7.cxd5 exd5 8.♗e2 ♗e6 9.0–0 ♘c6 10.♖d1 ♘b4 11.♕b1 ♕c8 12.♗d2 ♗f5 13.♕c1 c4

13...♘c2 14.♖b1 ♘b4

1) 15.a3 cxd4 16.exd4 ♗xb1 17.♕xb1 ♘c6 18.♗g5 ♗e7 19.♗xf6 ♗xf6 20.♘xd5±

2) 15.♕xc5 ♗xb1 16.♕xb1

a) 16...♕xc5 17.a3 ♘c6 18.e4 dxe4 19.♘xe4 ♘xe4 20.♕xe4+ ♗e7 21.♗c3±

b) 16...♗xc5 17.♘a4 ♕c6 18.♘xc5 ♕xc5 19.♗c3 ♘c6 20.♗xf6 gxf6 21.♕f5 mit sehr schöner Kompensation für die geopferte Qualität

14.a3 ♘d3 15.♗xd3 ♗xd3 16.♘e5 ♗g6

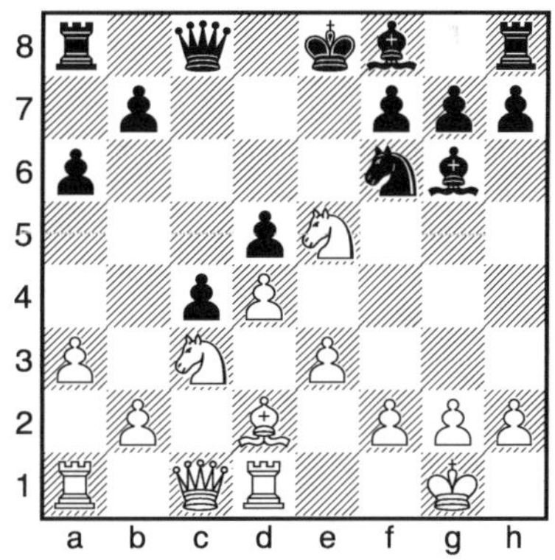

Weiß ist besser entwickelt und öffnet deswegen unter Bauernopfer die Stellung. 17.♘a4 nebst ♗b4 war die positionelle Alternative.

17.e4 dxe4 18.♘a4 ♕e6 19.♘xc4 b5?

19...♗e7 20.♘c5 ♕c6 21.♘a5 ♕d5 22.♘axb7±

20.♘cb6 ♖d8 21.d5 ♘xd5 22.♗a5 ♗e7

22...bxa4 23.♘xd5 ♖xd5 24.♖xd5 ♕xd5 25.♕c8+ ♔e7 26.♗b4+ ♔f6 27.♗xf8 ♕d4 28.♕xa6+ mit starkem Angriff.

23.♘c5

23.♘xd5 ♖xd5 24.♖xd5 ♕xd5 25.♕c8+ ♗d8 26.♘c3 ♕d7 27.♕xa6 e3 28.fxe3 0–0 29.♖d1 ♗d3 30.♗xd8 ♖xd8 31.♘xb5+–

23...♕c6 24.♘xa6 ♕xc1 25.♖axc1

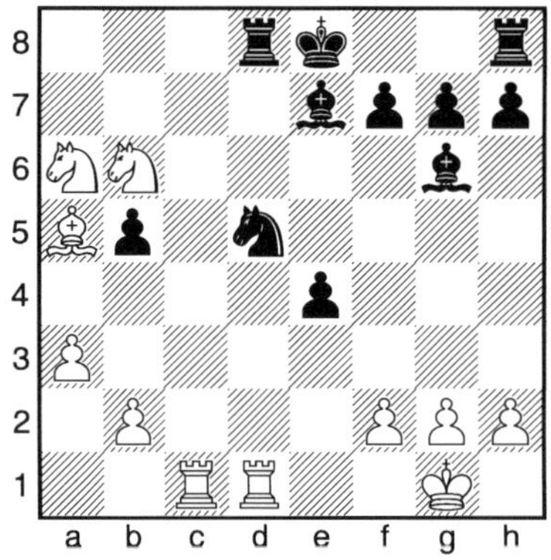

Weiß hat den geopferten Bauern zurückgewonnen und ein klar besseres Endspiel erreicht. Schwarz hat immer noch große Schwierigkeiten, seinen Turm auf h8 zu entwickeln.

25...♘f4

Nach 25...♘xb6 26.♘c7+ ♔f8 27.♖xd8+ ♗xd8 28.♗xb6 ♔e7 29.♗c5+ ♔f6 30.♘xb5 garantieren die beiden Freibauern klaren Vorteil.

26.♖xd8+

26.♘c7+ ♔f8 27.♘d7+ ♔g8 28.♘d5 hätte viel schneller gewonnen. So wäre z.B. 28...♘e2+? 29. ♔f1 ♘xc1 30.♘xe7# ein hübscher Abschluss gewesen.

26...♗xd8 27.♖c8 ♘e6 28.♘b8 f5 29.♘c6 ♖f8 30.♘e5 f4

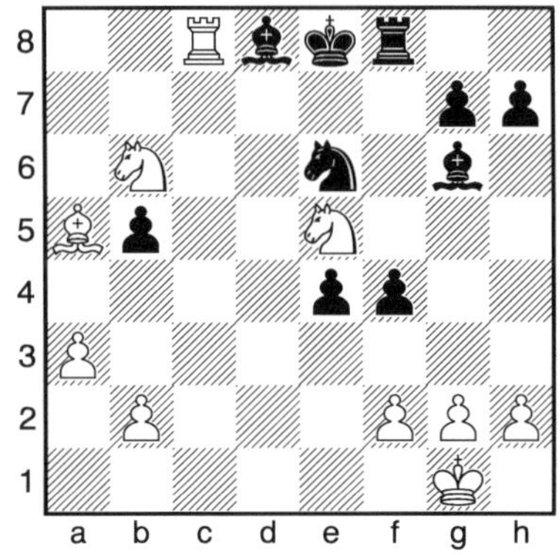

31.♘d5

Schwarz ist überspielt, die beiden zentralisierten Springer dominieren die Stellung und Schwarz verliert eine Figur.

31...♖f5 32.♘c7+ ♔e7 33.♗b4+ ♔f6 34.♘d7+ ♔f7 35.♘xe6 ♗e7 36.♘d8+ ♗xd8 37.♖xd8 ♖d5 38.h3 e3 39.fxe3 fxe3 40.♖f8+ ♔e6 41.♘c5+ ♔e5 42.♖f1 ♗c2 43.♖e1 ♔f4 44.♘e6+ ♔e4 45.♗c5 ♖d3 46.♗a7 ♖d1 47.♖xd1 ♗xd1 48.♘xg7 ♗b3 49.♘h5 ♔d3 50.♘f4+ ♔d2 51.♗d4 e2 52.♗c3+ ♔e3 53.♘h5 ♗f7 54.♘f6 h5 55.♗e1 ♗g6 56.♘d5+ 1–0

Bronzemedaille für Matthias Blübaum bei der Jugend-WM 2015 (U20)

Am 1. September um 6 Uhr morgens machte sich Matthias Blübaum aus dem ostwestfälischen Lemgo auf den Weg ins 3700 Kilometer entfernte westsibirische Khanty-Mansiysk. Die Jugendweltmeisterschaft (U20) lag vor ihm: 13 Runden an 14 Tagen gegen die besten Nachwuchsspieler der Welt. Wer sich hier durchsetzt, kann sich berechtigte Hoffnungen machen, später in die Elite der Welt vorzustoßen. Auch Spasski, Karpow, Kasparow, Kramnik und Anand waren U20-Weltmeister.

Matthias startete zunächst allein, in Berlin stieß Filiz Osmanodja zu ihm. Der Deutsche Schachbund nominierte seine beiden stärksten Vertreter in der Jahrgangsklasse der „Unterzwanzigjährigen", aber er konnte ihnen lediglich die Reisekosten erstatten. Das Angebot des DSB, Nationaltrainer Dorian Rogozenko mitzuschicken, wenn Matthias und Filiz die entstehenden Reisekosten für ihn übernehmen würden, wurde von beiden abgelehnt.

Zum Vergleich: Der Schweizerische Schachverband schickte GM Artur Jussupow als Trainer mit nach Khanty-Mansiysk, obwohl die Schweizer keinen Medaillenkandidaten aufbieten konnten. Der Niederländer Jorden van Foreest wurde von GM Loek van Wely betreut. Zumindest moralisch unterstützten sich Filiz und Matthias gegenseitig. Sie kennen sich schon seit Jahren von vielen Turnieren und kommen gut miteinander aus. Am spielfreien Tag erkundeten sie gemeinsam Khanty Mansiysk.

Unbeeindruckt von dem Vorteil seiner Konkurrenten, die von starken Spielern auf ihre Partien vorbereitet wurden, legte Matthias einen guten Start hin. Er gewann mit Weiß gegen den rumänischen FM Mihai-Eugen Bida (Elo 2394) und spielte mit Schwarz gegen IM Noel Studer (Elo 2422) aus der Schweiz remis. Lag es an der Vorbereitung des deutschen Ex-Nationalspielers Jussupow, der den Schweizer betreut, dass Matthias sich nicht durchsetzen konnte? Danach gewann der Bremer Bundesligaspieler als Anziehender gegen den indischen IM Shardul Gagare (Elo 2469) und schloss zur Tabellenspitze auf.

In der vierten Runde erfolgte jedoch der erste Rückschlag: Matthias verlor mit Schwarz gegen GM Mikhail Antipow aus Russland. Nun musste die Schlagzahl erhöht werden. Matthias erledigte die Aufgabe mit zwei aufeinanderfolgenden Siegen gegen IM Quentin Loiseau (Elo 2419) aus Frankreich und IM Guiseppe Leiva (Elo 2400) aus Peru und notierte bei 4,5 aus 6. Es folgten drei ausgekämpfte Remisen gegen die Großmeister Benjamin Bok (Elo 2586) aus den Niederlanden, Karen Grigoyan (Elo 2609) aus Armenien und Ulvi Bajarani (2535) aus Aserbaidschan.

In seiner Schwarzpartie gegen den leicht favorisierten Armenier ließ Matthias eine Chance aus, als er ein angebotenes Qualitätsopfer nicht annahm, weil er zu viel Gegenspiel befürchtete. Später konnte er sich selbst nicht mehr erklären, warum er die gegnerische Initiative so hoch bewertet hatte. In der zehnten Runde gewann der Werderaner mit Schwarz gegen den indischen IM Ganesan Akash (Elo 2382) und war mit sieben Punkten am Spitzenbrett angelangt.

Endlich kam es zum Aufeinandertreffen mit dem großen Favoriten und souveränen Spitzenreiter GM Jan-Krzysztof Duda (Elo 2645) aus Polen, der zu diesem Zeitpunkt mit einem ganzen Punkt vorne lag. Matthias spielte eine mutige Gambitvariante, aber Duda wehrte alle Versuche, Komplikationen heraufzubeschwören, ab und die Partie endete mit Dauerschach. Damit war der Kampf um die Goldmedaille praktisch verloren, aber es gab noch eine Silber- oder eine Bronzemedaille zu gewinnen.

In der vorletzten Runde remisierte Matthias mit Schwarz gegen den vietnamesischen IM Tran Tuan Minh (Elo 2417) und in der letzten Runde kam es zum Showdown. Um sicher Bronze zu gewinnen, musste Matthias mit Weiß seinen türkischen Gegner IM Cemil Can Ali Marandi (Elo 2422) besiegen, da er andernfalls von seinen Konkurrenten noch nach Wertung hätte überholt werden können. Er schaffte den „Sieg auf Bestellung" mit verblüffender Leichtigkeit. Bereits nach 31 Zügen war die Partie als erste aus der Spitzengruppe entschieden.

Insgesamt erzielte Matthias in dreizehn harten Runden sechs Siege und sechs Unentschieden und musste nur eine Niederlage gegen den „Überraschungs-Weltmeister" Mikhail Antipow hinnehmen, der den großen Favoriten Jan-Krzysztof Duda nach Wertung noch hauchdünn abfing. Matthias erspielte eine Eloleistung von 2621 und nahm somit einen zweiten Anlauf auf die 2600er Grenze.

15

Giuseppe Leiva (2400)

Matthias Blübaum (2580)

Khanty-Mansiysk 2015 (A50)

Kommentar - Matthias Krallmann

1.♘f3 ♘f6 2.c4 b6 3.g3 ♗b7 4.♗g2 g6 5.d4 ♗g7 6.0–0 0–0 7.♕c2 c5 8.d5 b5

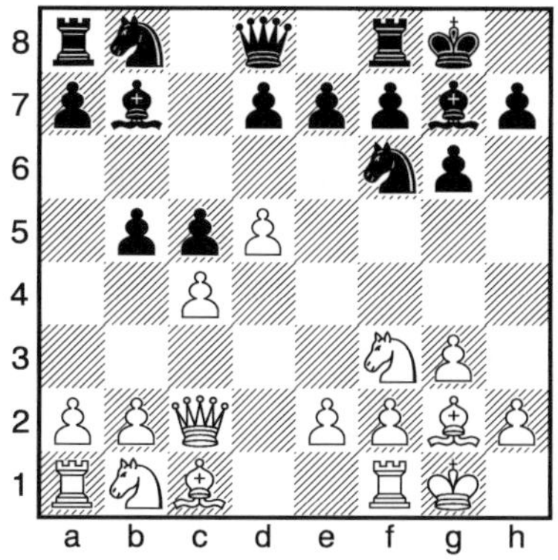

Matthias wählt eine aggressive Eröffnungsbehandlung, denn nach seiner Niederlage in der vierten Runde brauchte er einen Schwarzsieg, um wieder zur Spitze aufschließen zu können. Dies ist kein leichtes Unterfangen gegen einen Spieler mit 2400 Elo und deshalb müssen Verwicklungen her.

9.e4

9.cxb5 ♕b6 10.e4 ♕xb5 11.♘c3 ♕b6 12.♗g5±

9...bxc4 10.♘bd2

10.♘fd2 e6 11.♘c3 exd5 12.exd5 ♘a6 13.a3 d6 14.♘xc4 ♘c7 15.♖d1 ♗a6 16.♕a4 ♗xc4 17.♕xc4 ♖b8 18.b4 1/2–1/2 (41), Kortschnoi – Boleslawski, Leningrad 1956

10...e6 11.♕xe6 fxe6 12.e5 ♘g4 13.♘e4?

13.♕xc4 ♘xe5 14.♘xe5 ♗xg2 15.♔xg2 ♗xe5 16.♘b3 ♕c8=

13...♘a6

– 13...♗d5 14.♘c3 (14.♗f4 ♘c6∓) 14...♗xf3 15.♗xf3 ♖xf3 16.♕e4 ♘c6 17.♕xf3 ♘gxe5∓

– 13...♘xe5 14.♘xe5 ♗xe5 15.♘xc5 ♗xg2 16.♔xg2 ♕c8 17.♕xc4 ♖f5 18.♕e4 ♘c6=

14.♕xc4

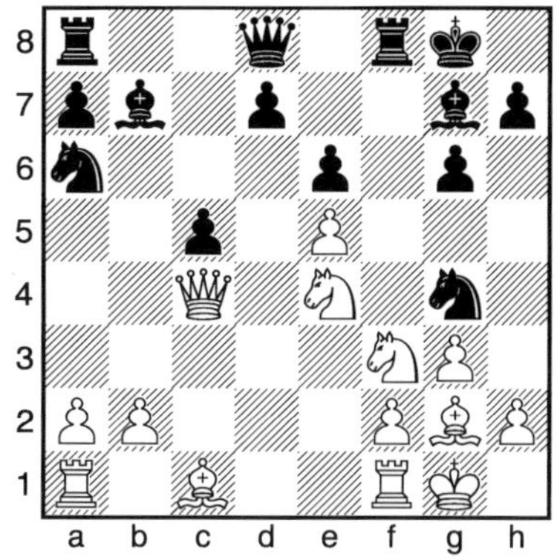

Die Stellung ist ungefähr ausgeglichen. Wie aber kann man gegen einen nominell unterlegenen Spieler auf Gewinn spielen? Ein positionelles Qualitätsopfer ist eine gute Möglichkeit, um Ungleichgewichte zu schaffen.

14...♖xf3! 15.♗xf3 ♘xe5 16.♕e2 ♘xf3+ 17.♕xf3 ♕b6 18.♕g4 ♘b4

Der Springer macht sich auf die Reise zu seinem Traumziel d4.

19.♗g5 ♘c2 20.♖ad1 ♘d4 21.♗f6

21.♗e7 h5 22.♕xg6 ♘f3+ 23.♔h1 ♘e5 24.♕xh5 ♗xe4+ 25.f3 ♗c6∓

21...♖f8 22.♗xg7

22.♗xd4 ♗xd4 23.♖d2 ♕a5 24.♘c3 ♕b6

– 25.♘e4 e5 26.♕h4 ♖f7∓

– Eine originelle Verteidigung gegen die

furchterregende Batterie auf der Diagonale h1–a8 besteht in 25.h4 ♕c6 26.♕h3, aber Weiß ist zu passiv und Schwarz steht auch hier besser.

22...♔xg7 23.f3 ♕c6 24.♘xc5??

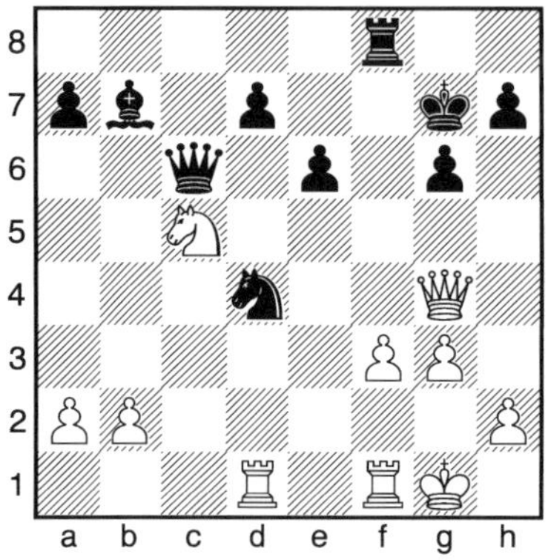

Der Peruaner hat offensichtlich keine Geduld, eine etwas schlechtere Position zu verteidigen, und begeht Harakiri.

1) 24.♘d2 ♕b5 25.♕g5 ♗xf3 26.♖de1 ♖f5 27.♕e7+ ♖f7 28.♕d6

a) 28...♘e2+ 29.♖xe2 ♕xe2 30.♘xf3 ♖xf3 31.♕e7+ =

b) 28...♔g8 29.♖f2 ♘e2+ 30.♖exe2 ♗xe2 31.a4 ♕xb2 32.♖xf7 ♔xf7 33.♕xd7+ =

2) 24.b4 ♕d5 25.♔g2 cxb4 26.♘c5 ♕xf3+ 27.♖xf3 ♗xf3+ 28.♕xf3 ♘xf3 29.♖xd7+ ♔h6∓

24...♘xf3+ 25.♖xf3 ♕xc5+ 0–1

16

Matthias Blübaum (2642)
Romain Edouard (2628)

Europapokal chess24.com 2016 (D20)

Kommentar – Matthias Krallmann

1.d4 d5 2.c4 dxc4 3.e4 ♘f6 4.e5 ♘d5 5.♗xc4 ♘b6 6.♗d3 ♘c6 7.♗e3 ♘b4 8.♗e4 f5 9.a3 ♘4d5 10.♗xd5 ♘xd5 11.♘c3 ♘xc3N

– Wenige Monate zuvor spielte Johan-Sebastian Christiansen gegen Matthias an dieser Stelle 11...♘xe3.

– Eine weitere Möglichkeit ist 11...♗e6 12.♘ge2 c6 13.h4 ♘xc3 14.bxc3 ♗c4 15.♘f4 ♕a5 16.f3 e6 17.♔f2 ♗e7 18.♕c2 0–0 19.h5 c5 20.♖hd1 cxd4 21.cxd4 ♖ac8 22.♕b2 ♗d5 23.♗d2 ♕a4 24.♘xd5 exd5 25.♖dc1 ♖xc1 26.♖xc1 ♗xa3 27.♖a1 ♗xb2 28.♖xa4 ♖c8 29.♖b4 1/2–1/2 (43), Drejew (2662) Aleksejenko (2480), St. Petersburg 2014. (CBM 162 Extra)

12.bxc3 ♕d5 13.♘f3 ♕c4 14.♕c2 e6 15.♘d2 ♕c6 16.0–0 b6 17.f3 ♖g8 18.c4 g5 19.♘b3 ♖g6 20.♖fc1 ♕d7 21.d5! exd5

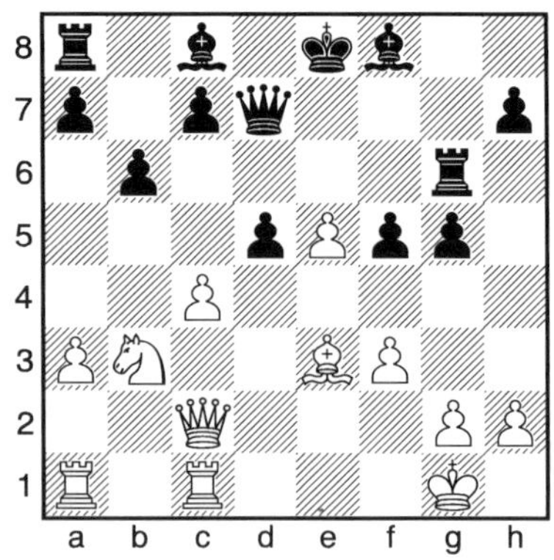

22.e6!

Ein mutiges doppeltes Bauernopfer, um Angriffslinien gegen den im Zentrum verbliebenen König zu öffnen. Romain Edouard hat die Partie für *chessbase* analysiert. Er hält 22.e6 für fragwürdig und schreibt, Weiß hätte besser 22.cxd5 ♕xd5 23.♖d1 ♕c6 24.♕d3 ♕d7 25.♕c4 ♕c6= spielen sollen.

22...♖xe6

Nach 22...♕xe6 23.♖e1 ♔f7 steht Schwarz laut Edouard besser, aber der weiße Angriff ist noch nicht vorbei, wie ein Blick auf zwei Beispielvarianten zeigt.

– 24.♘d4 ♕d7 25.cxd5 ♕xd5 26.♕xc7+ ♔g8 27.♗f2 ♕f7 28.♕xf7+ ♔xf7 29.♖ac1 ♖d6∓

– 24.♗c5 ♗xc5+ 25.♘xc5 ♕c6 26.♘d3 ♔g8 27.♔h1→

23.♖e1 ♗g7?

23...c5 24.cxd5 ♕xd5 25.♖ad1 ♕e5! 26.♗xg5 ♕xe1+ 27.♖xe1 ♖xe1+ 28.♔f2 ♖e6 29.g4? (Edouard)

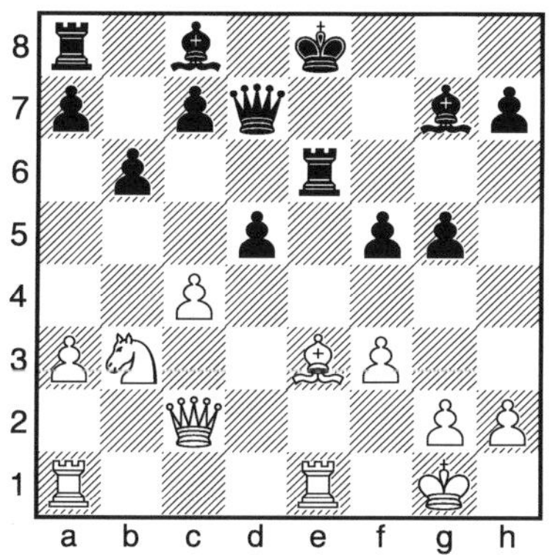

24.♖ad1?

24.cxd5! ♕xd5 25.♖ad1 ♕e5 26.♘d4+–; 25...♕c6 26.♕xf5 ♖e5 27.♕xh7 ♔f7 28.♖d8+–

24...♕e7 25.♕d2 f4?!

25...dxc4! 26.♘d4 c3 27.♕d3 ♗xd4 28.♕xd4 ♔f7 29.♕h8 ♔g6 mit entscheidendem Vorteil (laut Edouard).

26.♗f2 ♔f7 27.♕xd5 c6 28.♕d3 h6

28...c5

– 29.♕xh7 ♕f6 30.♕d3 ♖xe1+ 31.♖xe1 ♗e6 mit Vorteil für Schwarz.

– 29.h4 ♖xe1+ 30.♖xe1 ♗e6 31.♕xh7 ♖h8 32.♕e4= (Edouard)

29.c5 ♖xe1+ 30.♖xe1 ♗e6?

30...♕d7 31.♕e4 ♗a6=

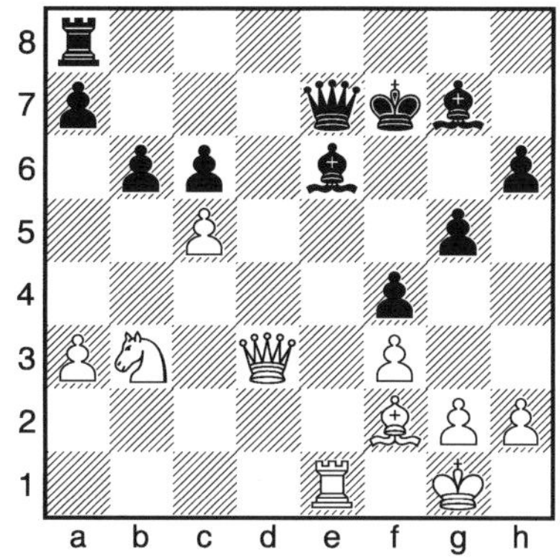

31.♘d4+– ♖d8 32.♕h7 ♖h8 33.♕b1 ♗xd4 34.♗xd4 ♖d8

34...♖g8 35.cxb6 axb6 36.♕h7+ ♔e8 37.♕xh6 ♔d7 38.♗xb6+–

35.♕h7+ ♔e8 36.♕xh6 ♔d7 37.cxb6 axb6 38.♗xb6 ♖f8 39.♔h1 ♖f5 40.h3 c5 41.♕h8 ♖d5 42.♕a8 ♕d6 43.♗a5 ♔e7 44.♗c7 ♕d7 45.♕g8 c4 46.♕g7+ ♔e8 47.♕g8+ ♔e7 48.♕g7+ ♔e8 49.♕g6+ ♔e7 50.♗e5 ♖d1 51.♗f6+ ♔f8 52.♕h6+ 1–0

17

Matthias Blübaum (2632)

Ahmad Asgarizadeh (2410)

Sharjah UEA 2017 (E21)

Kommentar – Matthias Krallmann

1.d4 ♘f6 2.c4 e6 3.♘c3 ♗b4 4.♘f3 b6 5.♕c2 ♗b7 6.a3 ♗xc3+ 7.♕xc3 d5 8.♗g5 dxc4 9.♕xc4 0–0 10.♖c1 c6 11.e4 h6 12.♗h4 g5

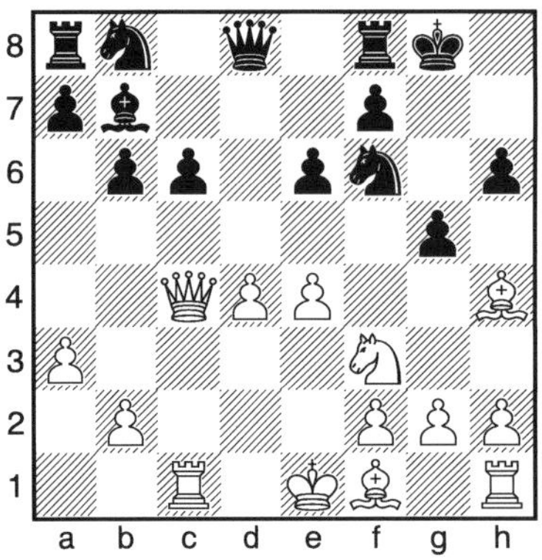

13.♘xg5! hxg5?!

Dieser natürlich erscheinende Zug ist bereits eine Ungenauigkeit.

1) 13...♘xe4 14.♘f3 ♕d5 15.♕d3 ♗a6 16.♕e3 ♗xf1 17.♔xf1 ♔h7 18.♘e5±

2) 13...♗a6

a) 14.♘xe6 ♕e7 15.♕c2 ♕xe6 16.♗xa6 ♘xa6 17.0–0?

b) 14.♕a4 ♗xf1 15.♖xf1 ♘xe4 16.♘f3 ♕d5 17.♔e2±

14.♗xg5

Die Stellung ist für Schwarz viel schwieriger zu spielen und tatsächlich wird er nur noch zehn Züge überleben.

14...♗a6 15.♕a4 ♗xf1

15...b5 16.♕d1 ♕a5+ 17.♖c3 ♘bd7 18.b4 ♕c7 19.♖g3+–; 17...♘xe4 18.♗h6+–

16.♖xf1 ♕c7 17.♗xf6 ♕f4 18.♖c3 ♕xf6

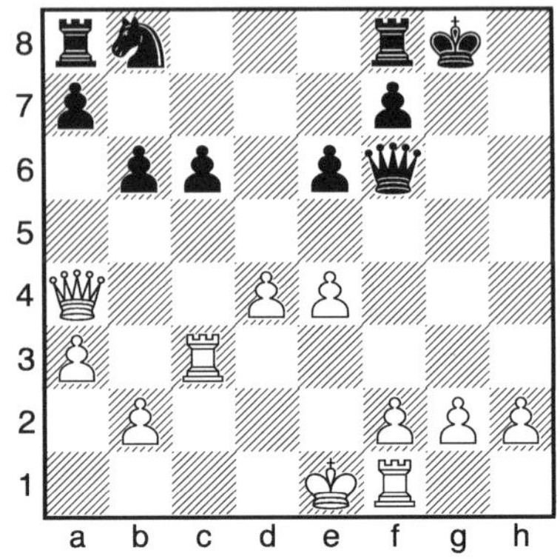

Hier steht Weiß bereits auf Gewinn und es gibt schon mehrere Wege nach Rom.

19.♖g3+

19.♖f3 ♕e7 20.♖g3+ ♔h7 21.♕d1 ♕f6 22.♕g4 ♕g6 23.♕f4+–

19...♔h7 20.♕d1 ♘d7

20...♕f4 21.♖g4

– 21...♕h6 22.g3 ♕f6 23.♖h4+ ♔g7 24.e5+–

– 21...♕f6 22.e5 ♕f5 23.g3 ♘d7 24.♖f4+–

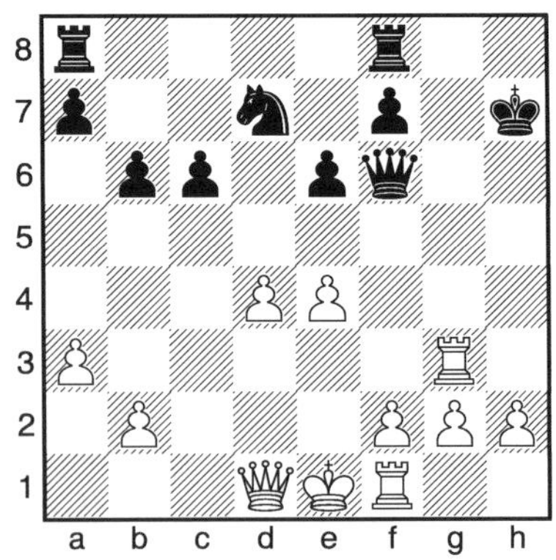

21.♖f3! ♕d8 22.♖h3+ ♔g6

22...♔g7 23.♕g4+ ♔f6 24.♕h4+

23.♕h5+ 1–0

Das Schachjahr

Beginnend am 1.7.2014 absolvierten Matthias Blübaum und Dennis Wagner gemeinsam ein „Schachjahr". Nachdem beide bereits mit 17 Jahren ihr Abitur in der Tasche hatten, nahmen sie sich vor dem geplanten Studium ein Jahr Zeit, um an der Verbesserung ihrer schachlichen Fähigkeiten und der Vergrößerung ihres Schachwissens zu arbeiten. In dieser Zeit nahmen sie an acht Lehrgängen teil, die der Deutsche Schachbund organisiert hatte. Ein Training mit dem im Ruhrgebiet lebenden russischen Eröffnungsspezialisten Konstantin Landa machte den Auftakt. Gemeinsam mit dessen Landsmann Jewgeni Romanow gab es gleich mehrere Trainingssessions.

Der deutsche Nationalspieler Liviu-Dieter Nisipeanu berichtete in einem Wochenendlehrgang aus dem Alltag eines Schachprofis. Einen Höhepunkt stellte das Training mit dem Weltklassetrainer Rustam Kasimdzhanov dar.

In der Saison 2014/2015 hat Matthias 13 Turniere und mit seinen Partien in der Bundesliga insgesamt über 120 Turnierpartien gespielt. Er nahm im Sommer an zwei Open in Bad Gleichenberg und Pardubice teil. Danach folgten zwei geschlossene Großmeisterturniere in Lüneburg und Baden-Baden. Nach der Jugendweltmeisterschaft in Südafrika erspielte Matthias beim Open in Bad Wiessee seine letzte Großmeisternorm. Das Jahr ging zu Ende mit dem dritten Platz bei der Deutschen Meisterschaft in Verden an der Aller und einem Turnier in London. 2015 begann mit dem Nord-West-Cup in Bad Zwischenahn. Danach ging es zum Open in Cappelle La Grande und dann zum Aeroflot-Open in Moskau. Das Schachjahr endete mit Turnieren in Metz und im ungarischen Zalakaros.

Zu Beginn des Schachjahres im Juli 2014 betrug Matthias Blübaums Elozahl 2510, im Juni 2015 genau 2600. Das Erreichen der wichtigen Elogrenze von 2600 war ein Ziel, welches er sich selbst für dieses Jahr gesetzt hatte.

18

Matthias Blübaum (2510)

Arik Braun (2564)

Bundesliga 2013 (E14)

Kommentar – Matthias Krallmann

1.d4 ♘f6 2.c4 e6 3.♘f3 ♗b4+

Gegen die Bogo-Indische Verteidigung hatte Matthias früher 4.♗d2 gespielt, aber sein Eröffnungsrepertoire wurde ständig breiter.

4.♘bd2 b6 5.a3 ♗xd2+

Beim Bremer Großmeisterturnier spielte Vlastimil Babula gegen Matthias die Variante mit 5...♗e7 und ging schnell unter. Arik Braun überlässt Weiß stattdessen das Läuferpaar und setzt dafür auf schnelle Entwicklung.

6.♕xd2 ♗b7 7.e3 0–0 8.♗e2 d6 9.0–0 ♘bd7 10.b4 ♘e4 11.♕c2 c5 12.♗b2 ♖c8 13.♖fd1 d5 14.♕xc5 bxc5 15.cxd5 ♗xd5 16.b5

16.♗a6! ♖c7 17.♖ac1 c4 18.♕e2

– 18...♘b6 19.♗e5 ♖d7 20.♗b5 ♖b7 21.a4±

– 18...♘b8 19.♗b5 a6 20.♗a4 c3 21.♗a1 ♘d7 22.♗c2±

16...c4 17.♗d4 ♘dc5 18.♖ab1 ♘b3 19.♘e5 ♘d6

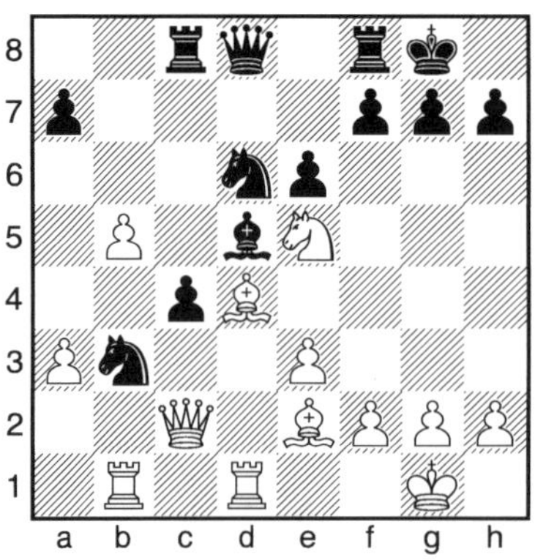

20.a4

Bei diesem mutigen Qualitätsopfer besteht die Kompensation in dem starken Springerfeld auf c6 und der besseren Figurenkoordination.

20.♗c3 ♕g5 21.♘f3 ♕h6 22.♗b4 ♘c5 23.a4 ♖fd8 24.♘d2 ♕g5 25.♗f3±

20...♗e4 21.♕b2 ♗xb1?!

21...♘xd4 22.♕xd4 ♗xb1 23.♖xb1 ♕b6 24.♕xb6 axb6 25.♘c6 ♖a8 26.♖b4 c3 wäre besser gewesen.

22.♕xb1 ♘xd4 23.♖xd4 c3

Wenn Schwarz mit dem Manöver ♘d6–f5–e7 konsequent auf Abtausch des starken Springers c6 gespielt hätte, wäre die Partie vielleicht remis ausgegangen; z.B. 23...♕c7 24.♘c6 ♘f5 25.♖xc4 ♘e7 26.♗f3 ♘xc6 27.♕c1 ♖fd8 28.bxc6?.

24.♘c6 ♕d7 25.♕d3 ♕c7 26.♗d1

26.♕xc3 ♘f5 27.♖c4 ♘d6 28.♖g4 g6 (28...f6 29.♗f3 ♔h8 30.h4±) 29.♕b4±

26...♘f5?

Nach diesem Fehler kommt Weiß klar in Vorteil und lässt ihn sich auch nicht mehr aus der Hand nehmen.

26...♖fd8 27.♗c2 g6 28.h4 h5 29.g3±

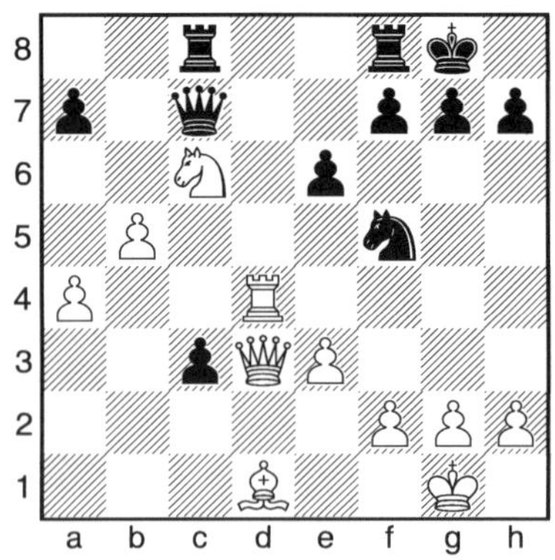

27.♖d7

Dieser Zug ist höchst plausibel und hält den Vorteil fest.

Allerdings hätte 27.♗c2 schneller gewonnen.

- 27...h5 28.♖d7 ♕b6 29.♘e7+ +-

- 27...g6 28.♖d7 ♕b6 29.♕xc3 ♖c7 30.a5 ♕b7 31.♘e7+ +-

27...♕b6 28.e4

28.g4

- 28...♘h4 29.♘e7+ ♔h8 30.♘xc8 ♖xc8 31.♖xf7+-

- 28...♖xc6 29.bxc6 ♘xe3 30.♕xe3 ♕xc6 31.♕d3+-

28...♘h6 29.♕xc3 ♔h8 30.♗e2 ♖c7 31.a5 ♕b7 32.♖xc7 ♕xc7 33.♕c5 ♖a8 34.g3 f6 35.b6 axb6 36.axb6 ♕b7 37.♘a5 ♕xe4 38.b7 ♕b1+ 39.♗f1 ♖g8 40.♕c8 ♘g4 41.♘c6 ♘xh2 42.♔xh2 ♕xf1

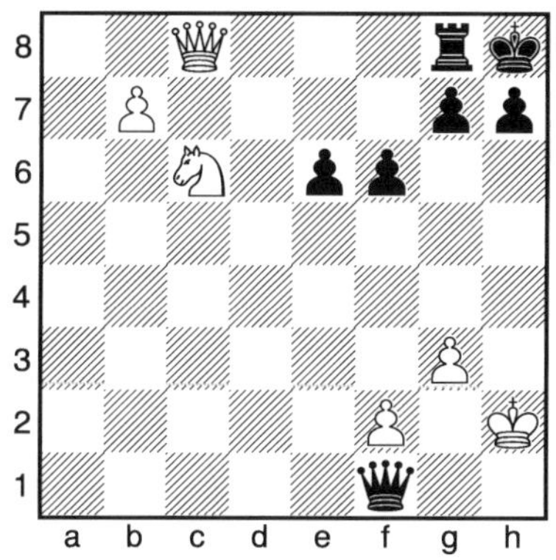

Die weiße Konzeption hat sich durchgesetzt: Der Springer auf c6 war im Verbund mit dem Freibauern auf der b-Linie stärker als ein Turm.

43.♕xg8+ ♔xg8 44.b8♕+ ♔f7 45.♕c7+ ♔g8 46.♕d8+ ♔f7 47.♕d7+ ♔g6 48.♘e7+ ♔h6 49.♕d4 ♕b5 50.♕e3+ ♕g5 51.♕xe6 g6 52.♕f7 ♕h5+ 53.♔g2 ♔g5 54.f4+ 1-0

Weiß setzt in zwei Zügen matt. Eine gute Partie gegen einen starken Gegner.

19

Matthias Blübaum (2510)

Hannes Rau (2458)

Bundesliga 2014 (E11)

Kommentar
Matthias Blübaum (M.B.)
Matthias Krallmann (M.K.)

1.d4 ♘f6 2.c4 e6 3.♘f3 ♗b4+ 4.♘bd2 b6 5.a3 ♗xd2+ 6.♕xd2

M.K.: Das ist Matthias' Spezialwaffe gegen Bogo-Indisch. Mit der gleichen Variante gewann er ein paar Monate vorher in der Bundesliga gegen GM Arik Braun, wo er allerdings mit 7.e3 fortsetzte (siehe Seite 44). Diesmal fianchettiert er den Königsläufer, denn da die Gegner sich vorbereiten, ist es wichtig, immer etwas zu variieren.

6...♗b7 7.g3 0-0 8.♗g2 d6 9.0-0 ♘bd7 10.b4 a5 11.♗b2

M.B.: 11.b5!?

11...♗e4

M.B.: 11...axb4 12.axb4 b5 13.c5 ♗e4 14.♘h4 ♗xg2 15.♘xg2 ♕e7 16.f3±

12.b5N

12.♗h3 axb4 13.axb4 b5 14.c5 ♗xf3 15.exf3 ♘d5 16.♖fe1 c6 17.f4 ♕c7 18.f5 exf5 19.♗xf5 ♘7f6 20.♗c3 g6 21.♗c2 ♕d7 22.♔g2 ♖ae8 1/2-1/2 (43), Milanovic (2491) - Radlovacki (2423), Kragujevac 2013 (CBM 156 Extra)

12...a4

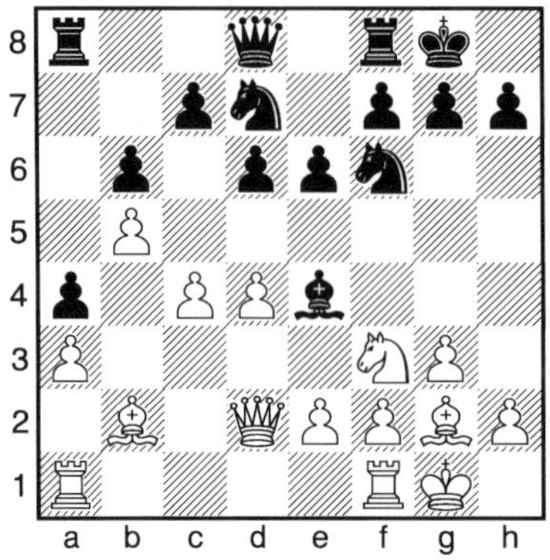

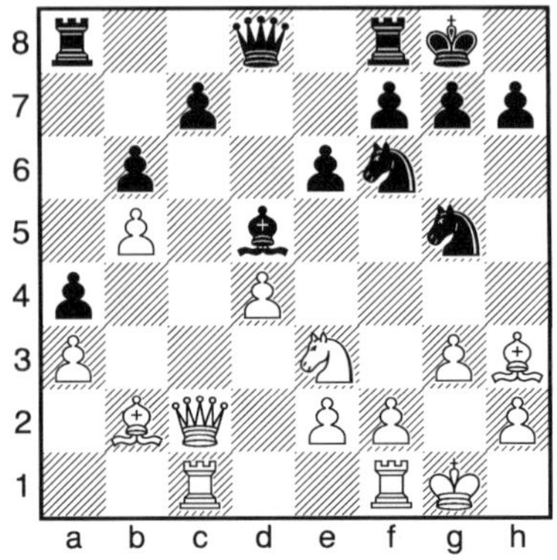

13.♗h3

M.K.: *Stockfish 12* gibt an dieser Stelle als besten Zug 13.♘h4 an, was natürlich den Abtausch der weißfeldrigen Läufer nach sich ziehen würde. Matthias möchte sich sein Läuferpaar jedoch noch nicht halbieren lassen. Seine Idee besteht darin, mit ♘e1, f3 und e4 Raum zu gewinnen und die Stellung für eben dieses Läuferpaar zu öffnen.

13...d5 14.♘e5 dxc4 15.♘xc4 ♗d5 16.♕c2

16.♕d3! (M. B.)

1) 16...♗e4 17.♕c3 ♗d5 18.♖ac1

2) 16...♘e4 17.♖ac1

a) 17...♘g5 18.♗g2 ♗xg2 19.♔xg2 f5 20.f3±

b) 17...♗xc4 18.♖xc4 ♘d6 19.♖b4 ♘f6 20.♕c2±

16...♘e4 17.♘e3 ♘df6 18.♖ac1

18.♘xd5 exd5 19.♗c3 ♘xc3 20.♕xc3 ♘e4 21.♕d3±

18...♘g5

So erzwingt Schwarz den Abtausch der Läufer, musste zu diesem Zweck allerdings den Springer auf das ungewöhnliche Feld g5 ziehen.

18...♖a5 19.♘xd5

– 19...exd5 20.♕d3 ♘d6 21.♗c3 ♖xb5 22.♗b4 ♘c4 23.♗xf8 ♖b3 24.♖c3 ♕xf8 25.♖a1 ♖b2=

– 19...♕xd5 20.♕xc7 (20.f3 ♘d6 21.e4 ♕h5) 20...♖xb5 21.♖c2 ♖b3 22.♗g2 ♕b5 23.♗c1 h6=

19.♗g2 ♗xg2 20.♔xg2 ♘d5 21.♘xd5 exd5

21...♕xd5+ 22.f3 e5 (22...♕xb5? 23.h4+–) 23.h4 ♘e6 24.e4 ♕xb5 25.d5 ♘c5 26.♗xe5 ♖fc8 (26...♘d3? 27.♖b1 ♕a6 28.♗xc7+–) 27.♕c4 ist einen Hauch besser für Weiß.

22.h4 ♘e4

M.B.: 22...♘e6 ist viel besser; z.B. 23.♕c6 ♖e8 24.e3 ♖e7 25.♗c3 ♘f4+ 26.exf4 ♖e6 27.♕b7 ♖b8 28.♕a7 ♖a8=.

23.♕xc7

23.♗c3 ♖e8 24.♗b4 ♖a7 25.f3 ♘d6 26.♕d3 ♘c4 27.e4±

23...♘d2 24.♖fd1 ♘c4

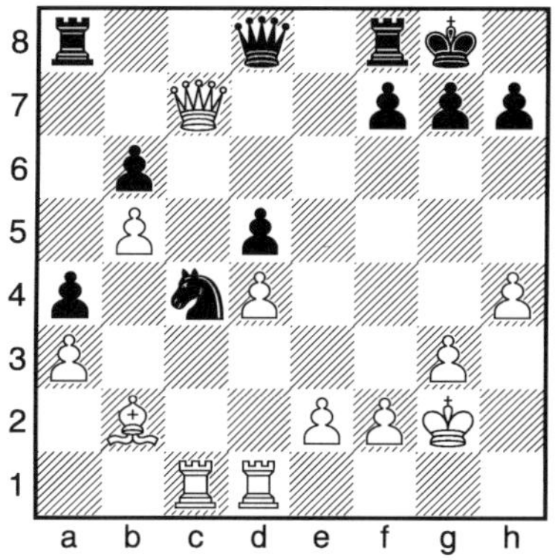

25.♖xc4

M.K.: Dieses Qualitätsopfer ist die einzige Möglichkkeit, wenn man gewinnen will. Matthias war sich während der Partie sicher, dass es gute praktische Chancen bietet. Vor allen Dingen gibt es keine Alternative: Wenn Weiß den Springer nicht schlägt, ist er auf c4 stärker als der passive Läufer auf b2, der nur die Bauern auf a3 und d4 deckt.

25.♕xd8 ♖fxd8 26.♖b1 ♖e8 27.e3 ♖ac8=

25...♕xc4 26.♕xc4 ♖c8 27.♕d3 ♕d5+

27...f5 28.d5 ♕d7 29.d6

1) 29...f4 30.♕d5+ ♖f7 31.f3 ♖c2 (31...fxg3? 32.♖c1±) 32.♖d2 ♖xd2 33.♕xd2 ♕xb5 34.gxf4 ♕f5 35.♗e5±

2) 29...♖c5 30.♗d4 ♖d5 (30...♖xb5? 31.♖c1) 31.♕c4 ♕f7 32.e3 ♖xd6 33.♖c1 ♕d5+ 34.♕xd5+ ♖xd5 35.♖c7 ♖f7 36.♖c8+ ♖f8 37.♖c7=

28.e4 ♕c4?!

28...♕b3 29.♕xb3 axb3 30.♖d3 f5 31.e5 ♖fd8 32.♖xb3 ♔f7=

29.d5 ♕xd3 30.♖xd3 ♖c5 31.♗c3 ♖d8

Hier bot Hannes Rau Remis an, aber Weiß steht besser.

31...♖xb5

1) 32.♗b4 ♖xb4 33.axb4 ♖a8 34.♖d2 ♔f8 35.♔f3 ♔e7 36.♔e3 ♖c8 37.b5 ♖c1 38.♔d4 ♖b1 39.♔c4 ♖e1 40.♖d4 h5 41.♔c3±

2) 32.♖d4 ♖b3 33.♗b4 ♖d8 34.♗e7 ♖d7 35.♖xa4 f5 36.e5 ♖xe7 37.♖a8+ ♔f7 38.e6+ ♔f6 39.d6 ♖xe6 40.d7 ♖d6 41.d8♕+ ♖xd8 42.♖xd8=

32.♗b4 ♖xb5±

32...♖c2 33.♔f3 f6 34.♔e3 ♔f7 35.♖c3 ♖xc3+ 36.♗xc3 ist ebenfalls klar besser für Weiß.

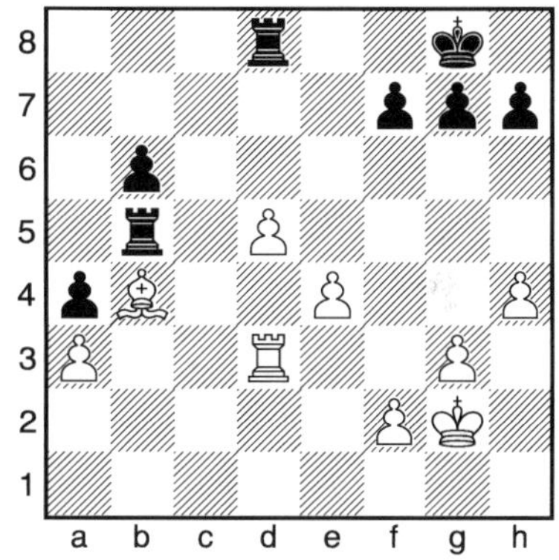

M.K.: Auf diesem Feld ist der Turm gefangen und kann sein Gefängnis nur verlassen, indem er sich gegen den Läufer opfert. Dieses Motiv nutzt Matthias für seine Gewinnführung.

33.♖d4 f6 34.♖c4 ♖d7 35.♔f1 ♔f7 36.♔e2 ♖a7 37.♔d3 f5 38.f3 fxe4+ 39.fxe4 ♖d7 40.♔c3 ♔g6 41.♖c6+ ♔f7 42.♔c4

M.B.: Weiß gewinnt die geopferte Qualität zurück und das Turmendspiel ist leicht gewonnen.

42...♖xb4+ 43.♔xb4 ♖e7 44.♖e6 1–0

20

Matthias Blübaum (2605)
Anton Korobow (2713)

Moskau 2016 (D17)

Kommentar – Matthias Blübaum

1.d4 d5 2.c4 c6 3.♘f3 ♘f6 4.♘c3 dxc4 5.a4 ♗f5 6.♘e5 ♘bd7 7.♘xc4 ♘b6 8.♘e5 a5 9.e3

Zwar hatte ich mir diese Variante nicht in der Vorbereitung auf meinen Gegner angesehen, wohl jedoch schon einmal allgemein.

9...e6?!

Dies gilt als zweifelhaft, da die folgenden Komplikationen einfach gut für Weiß sein sollten.

Vernünftige Alternativen sind 9...h6, um dem Läufer das Feld h7 zu räumen, oder auch 9...g6.

10.g4 ♗g6 11.h4

Nun zeigt sich die eigentliche Idee von 9.e3: Schwarz bekommt Probleme mit seinem weißfeldrigen Läufer.

11...♗d6

Auch wenn die Partiestellung sehr gut für Weiß aussieht, ist es schwer, einen anderen Zug für Schwarz zu empfehlen.

12.h5 ♗e4 13.f3 ♗xe5 14.♕xe5!?

Dies scheint deutlich interessanter als 14.fxe4 zu sein, denn nun gerät Schwarz forciert in ein schwer zu haltendes Endspiel.

14...♕xd1+ 15.♘xd1 ♗xf3 16.exf6 ♗xh1

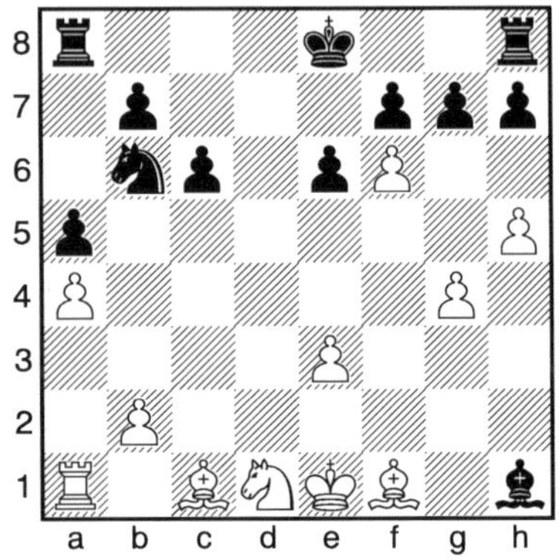

17.fxg7

17.♘f2? wäre zu langsam, da Schwarz seinen Läufer geben könnte; z.B. 17...g6 18.♘xh1 gxh5 19.gxh5 ♘d5=.

17...♖g8 18.h6 ♗e4

Bis hierhin war fast alles forciert und auch der Textzug wirkt sehr logisch, um den Punkt h7 gedeckt zu halten.

19.♘f2 ♗g6 20.e4

Nun bräuchte Schwarz einen guten Verteidigungsplan, nur dass ein solcher sehr schwer zu finden ist, da die schwarzen Figuren unkoordiniert sind und eigentlich immer ein Turm den Bauern auf g7 aufhalten muss.

20...♘d7 21.♗e3

Der Plan, sich mit langer Rochade zu Ende zu entwickeln, um danach mit ♗e2, g5 nebst ♘g4 fortzufahren, sah sehr logisch aus.

21...f6 22.0–0–0 ♘e5 23.♗d4

Dieser Zug sah mir am einfachsten aus, obwohl Pläne mit g4–g5 sicherlich auch sehr gut gewesen wären.

23...♖d8

23...♔f7 hilft angesichts von 24.♗e2 auch nicht viel, da Schwarz früher oder später sowieso ♖d8 spielen wird.

24.♗xe5 ♖xd1+ 25.♔xd1 fxe5 26.g5+–

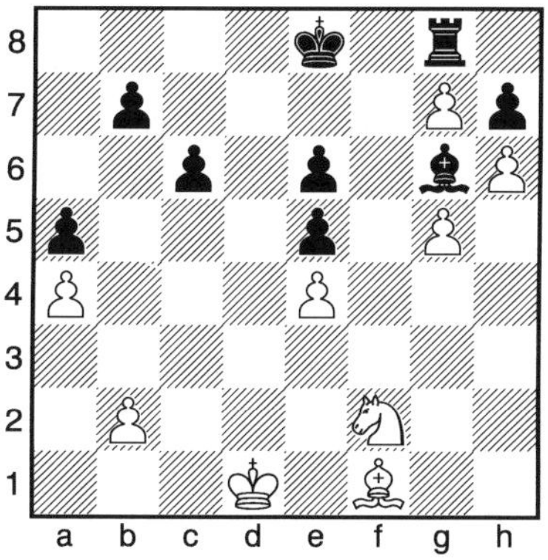

Diese Stellung schätzte ich als komplett gewonnen ein, da Schwarz das Erscheinen meines Springers auf f6 nicht verhindern kann.

26...♔f7 27.♗e2

Mein Plan war nun ♗f3 nebst ♘g4–f6, um keinerlei Gegenspiel zuzulassen.

27...♖d8+ 28.♔c1 b5

28...♔e7 hilft auch nicht; z.B. 29.♘g4 ♗h5 30.♘xe5!

(30.♘f6?! gewinnt vermutlich auch, macht die Partie aber wieder technisch komplizierter; z.B. 30...♗xe2 31.g6 ♔xf6 32.gxh7 ♔f7! 33.h8♕ ♖g8 und für den Gewinn muss Weiß noch hart arbeiten.)

30...♗f7 (30...♗xe2 31.g6+–) 31.♘xf7 ♔xf7 32.♗g4 Δ♗xe6 gefolgt von g6 entscheidet die Partie.

29.♗f3 bxa4 30.♘g4 c5 31.♘f6

Nachdem der Springer sein Traumfeld auf f6 erreicht hat, dominiert er die schwarzen Figuren dermaßen, dass Schwarz nur noch mit dem Turm auf der 8. Reihe pendeln kann.

31...c4 32.♔c2 ♖b8 33.♔c3 1–0

Weiß gewinnt einfach den Bauern auf c4 und bringt dann beispielsweise den Läufer nach e8, wogegen Schwarz komplett hilflos ist.

21

Matthias Blübaum (2628)

Noel Studer (2438)

Bad Ragaz 2016 (D53)

Kommentar – Matthias Krallmann

1.d4 e6 2.c4 ♘f6 3.♘f3 d5 4.♘c3 ♘bd7 5.♗g5 h6 6.♗h4 ♗e7 7.♕c2 0–0 8.cxd5 exd5 9.e3 ♘b6

Ein ungewöhnlicher Zug statt der Hauptfortsetzungen 9...c6, 9...b6 und 9...♖e8.

10.♗d3 ♗e6 11.0–0 ♖c8 12.♘d2N ♖e8 13.♘b3 ♘c4 14.♗xf6

14.♘c5 ♗xc5 15.♕xc5

– 15...♘e5 16.f4 ♘xd3 17.♕xd3 c6 18.f5±

– 15...g5 16.♗g3 ♕e7 17.e4±

14...♗xf6 15.♗xc4 dxc4 16.♘c5 ♗d5 17.♕f5 ♗c6 18.♘5e4 ♗e7 19.a4 a6 20.a5 ♗b4 21.♘d2 ♖e6 22.♖fd1 ♖f6

22...♖g6 23.f3 ♗d7 24.♕c2 ♗b5

23.♕h3 ♖g6 24.e4 ♗d7

24...b5 25.axb6 cxb6 26.♖xa6 b5 27.♖a7 ♗d6=

25.♕e3 ♗g4 26.♖dc1

26.f3 ♗h3 27.g3± bzw. 26...♗e6 27.♘e2 ♖g5 28.e5 c6 29.♘e4±

26...♖d6 27.d5 b5 28.b3

28.axb6 cxb6 29.♖xa6 ♗c5 30.♕g3 ♖g6∓

28...cxb3 29.♘xb3 c5

29...c6 30.h3 ♗d7 31.e5 ♗xc3 32.exd6 ♗xa1 33.♖xa1 cxd5∓

30.h3 ♗d7 31.♘a2 ♗a3

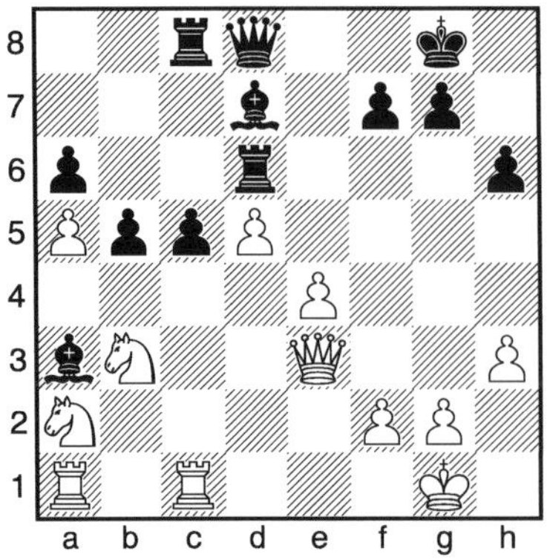

In komplizierter Stellung bringt Matthias ein positionelles Qualitätsopfer – ein strategisches Mittel, dessen er sich sehr häufig bedient und das er ausgezeichnet beherrscht.

32.♘xc5 ♗xc1 33.♘xc1 f5?!

– 33...♖c7 34.♘1d3 ♗c8 35.♘b4?

– 33...♗c6 34.♕xc6 ♖d1+ 35.♔h2 ♖xc6?

34.f3

34.♘b7 ♕e7 35.♘xd6 ♕xd6 36.♘d3 fxe4 37.♕xe4 ♖e8 38.♕d4±

34...♖g6?

34...♕e7! 35.♘1d3 (35.♕d4 fxe4 36.fxe4 ♖g6–+) 35...fxe4 36.fxe4 ♖xd5 37.♘xa6 ♗f5∓

35.♘1d3 ♕h4?

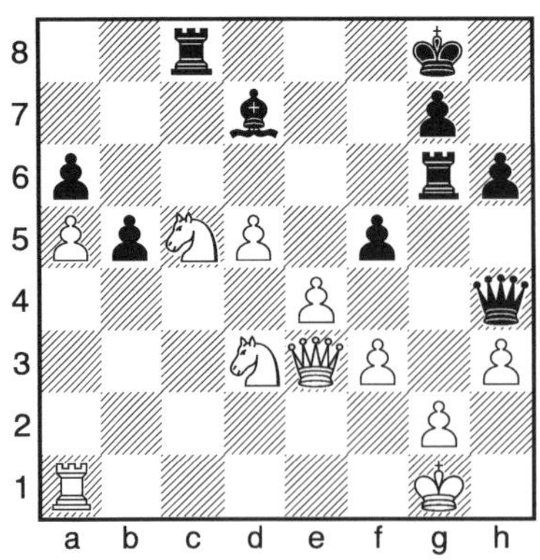

35...fxe4 36.♘e5 ♕e8 37.♘cxd7 ♖c2 38.g4 exf3 39.♕xf3 ♖d6 40.♖f1±

36.♘f4+– ♖g3?

Nachdem Schwarz mehrere Fehler hintereinander gemacht hat, steht Weiß klar auf Gewinn.

36...♖d6 37.e5 ♕e7 38.♘b7+–

37.♘xd7 ♖c2 38.♖c1 ♖xf3

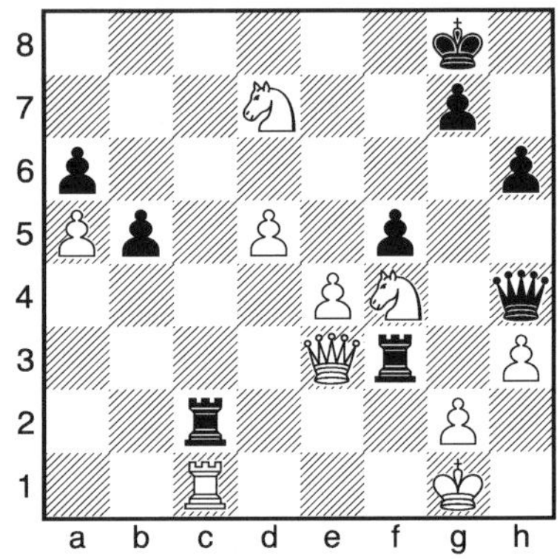

39.♖xc2

Ein Damenopfer zum Abschluss, obwohl einfach 39.gxf3 ♕g3+ 40.♔f1 ♖xc1+ 41.♕xc1 ♕xf3+ 42.♔g1+– auch gewonnen hätte.

39...♖xe3 40.♖c8+ ♔f7 41.♖f8+ ♔e7 42.♘g6+ ♔xd7 43.♘xh4 fxe4 44.♖f7+ ♔e8 45.♖a7 ♖d3 46.♖xa6 ♖xd5 47.♖e6+ 1–0

22

Matthias Blübaum (2626)
Tarvo Seeman (2407)

Baku Schach-Olympiade 2016 (E90)

Kommentar
Matthias Blübaum (M.B.)
Matthias Krallmann (M.K.)

1.d4 ♘f6 2.c4 g6 3.♘c3 ♗g7 4.e4 d6 5.h3 0-0 6.♗e3 e5 7.d5 ♘a6 8.♘f3 ♗d7 9.g4 c6 10.♘d2 cxd5

10...♘c7 11.♗e2 cxd5 12.cxd5 b5 13.a3 a5 14.b4 h5 15.bxa5 ♖xa5 (15...hxg4 16.hxg4 ♖xa5) 16.gxh5 ♘xh5 17.♗xh5 gxh5 18.♖g1 Weiß steht aktiver, 1-0 (43), Babujian (2512) – Ipatow (2635), Al Ain 2013 (CBM 158 Extra)

11.cxd5 ♕b8 12.a3 ♖c8 13.♗e2 ♘c5 14.a4 ♖c7 15.♔f1 ♕d8 16.♔g2 ♘e8 17.♘b5 ♖cc8 18.b4 ♗xb5

18...♘xa4 19.♖xa4 a6 20.♘a3 ♗xa4 21.♕xa4+-

19.axb5

M.K.: Nachdem Schwarz ohne Not seinen guten Läufer abgegeben hat, hat Weiß das angenehmere Spiel.

19...♘d7 20.♖a3

M.K.: Weiß startet eine Umgruppierung, die mit der Verdopplung der Türme auf der a-Linie zwecks Druckaufbau gegen den schwachen a-Bauern beendet werden soll.

20...♗f6 21.♘f3

21.♕a1?! ♗g5=

21...♗e7 22.♗d3 ♘g7 23.♕e2

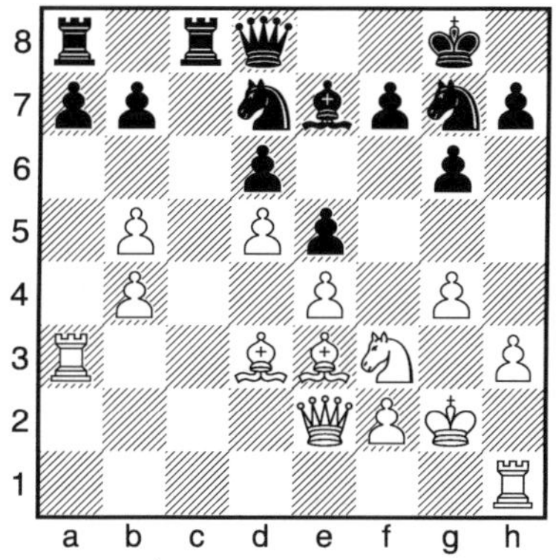

23...h5?!

M.B.: Diese Verteidigung sieht sehr passiv aus, aber die schwarze Stellung ist fest und es ist für Weiß nicht leicht, Fortschritte zu erzielen.

23...b6 24.♖ha1 ♖c7

24.g5?!

M.K.: Die letzte Runde eines anstrengenden Turniers fordert ihren Tribut. Unverständlicherweise lässt Matthias sich von seinem bereits gefassten Plan abbringen und stellt ♖ha1 zurück.

Man sehe: 24.♖ha1 hxg4 25.hxg4 ♘f6 26.♘d2 ♘h7 27.♖xa7 ♗g5 28.b6 mit klarem Vorteil für Weiß.

24...h4?!

M.B.: Weiß beherrscht viel mehr Raum, hat aber noch nichts Konkretes erreicht.

24...b6 25.♖ha1 ♖c7

25.♖ha1 ♘h5 26.♖xa7

M.B.: Nun hat Weiß einen Mehrbauern, aber dieser ist nicht einfach zu verwerten.

26.♕d2 ♘f4+ 27.♗xf4 exf4 28.♕xf4 ♘e5 29.♘xe5 dxe5 30.♕xh4 ♗xg5 31.♕g4

26...♖ab8?!

M.B.: Auch hier steht Weiß vor Problemen bei der Verwertung des Mehrbauern.

26...♘f4+ 27.♗xf4 exf4 28.♖xa8 ♖xa8 29.♖xa8 ♕xa8

– 30.♕d2 ♘e5 31.♘xe5 dxe5 32.♕c3 ♗d6

– 30.♘xh4 ♗xg5 31.♘f3 ♗f6 32.♕d2 ♕a3 33.♗e2 ♗c3 34.♕xf4 ♕xb4 35.♘g5 ♘f6

27.♕d2 ♘f4+ 28.♗xf4 exf4 29.♕xf4 ♘e5 30.♘xe5 dxe5 31.♕xe5 ♗xg5 32.♖1a2 ♗f6 33.♕f4 ♕e7?

33...♗g5 34.♕g4 ♗e7 35.b6 ♔g7 36.♕f4 ♗g5=

34.♖c2 ♗e5 35.♖xc8+ ♖xc8

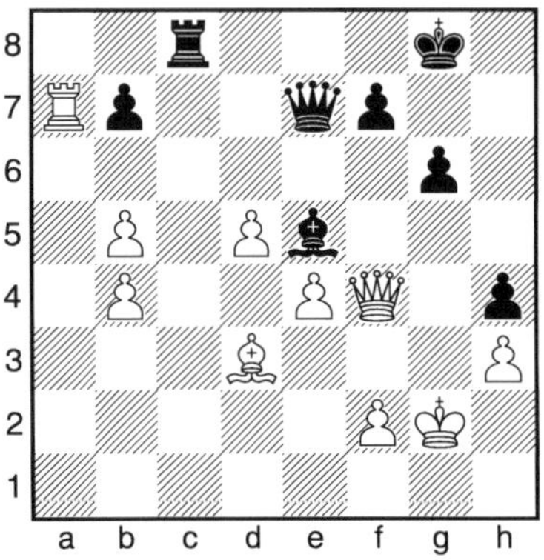

36.♖xb7!

M.B.: Weiß opfert die Qualität, um den starken gegnerischen Blockadeläufer loszuwerden.

Nach 36.♕e3 ♖c3 37.♖a1 ♕f6 38.♖d1 ♖b3 39.♕f3 ♕g5+ 40.♕g4 ♕f6 könnte Schwarz sich trotz der beiden Minusbauern behaupten.

36...♕xb7 37.♕xe5 ♕b6 38.♕b2 ♕d6 39.♕d4 ♕f4 40.b6 ♕g5+ 41.♔f3 ♕h5+ 42.♔g2 ♕g5+ 43.♔f3 ♕h5+ 44.♔e3 ♕g5+ 45.♔e2 ♕h5+ 46.f3 ♕g5 47.b7 ♖b8

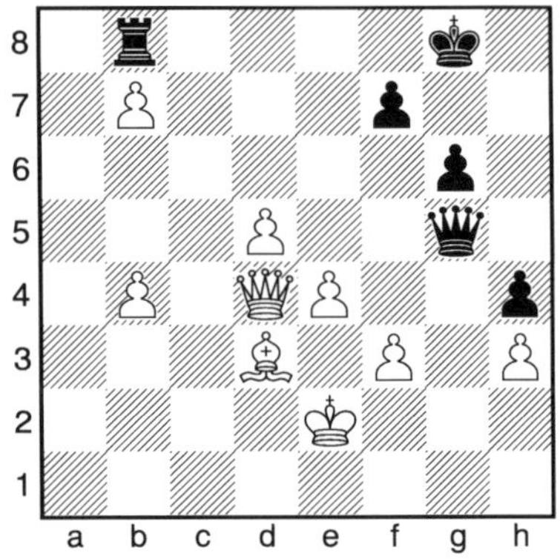

48.♕a7?

M.B.: Mit diesem Zug statt 48...♕c5 habe ich meine Gewinnstellung eingestellt.

48.♕c5 ♕g2+ 49.♔e3

I) 49...♕g5+ 50.♔d4 ♕f6+ 51.e5 ♕f4+ 52.♗e4 ♕d2+ 53.♔c4 ♕a2+ 54.♔c3 ♕a1+ 55.♔b3 ♕xe5 56.d6 ♕e6+ 57.♔a3+–

II) 49...♔g7

A) 50.♕c7 ♕g1+ 51.♔d2 ♕a7 52.♗a6 ♕f2+ 53.♔c3 ♕e3+ 54.♔c2 ♕f2+ 55.♔b3 ♕xf3+ 56.♕c3+ ♕xc3+ 57.♔xc3 ♔f6 58.♔d4 g5 59.e5+ ♔g6 60.d6 g4 61.hxg4 h3 62.♗d3+ ♔g5 63.♗e4 und am Ende setzen sich die weißen Freibauern durch.

B) 50.♕c3+ ♔h6 51.♕c7 ♕g1+ 52.♔d2 ♕f2+

1) 53.♗e2 ♕d4+ 54.♔c2 ♕a7 55.♕xf7 ♖xb7 56.♕f4+ ♔g7=

2) 53.♔c3 ♕e1+ 54.♔b3 ♕e3

a) 55.♕xb8 ♕xd3+ 56.♔a4 ♕a6+ =

b) 55.♔c2 ♕f2+ 56.♔d1 ♕xf3+

48...♕g2+ 49.♔e1 ♕g3+ 50.♔d2 ♕f4+ 51.♔e2 ♕c7 52.♗a6 ♕c2+ 53.♔e3 ♕c1+ 54.♔f2 ♕c2+ 55.♔g1 ♕c1+ 56.♔g2 ♕d2+ 57.♔f1 ♕c1+ 58.♔e2 ♕c2+ 59.♔e3 ♕c1+?

M.B.: Jetzt sollte die Stellung objektiv ausgeglichen sein. Sicherlich wäre es für mich sehr schwierig geworden zu gewinnen, allerdings hätte immer noch alles Mögliche passieren können, da wir in dieser Phase beide nur noch etwa 30 Sekunden hatten.

59...♕c3+ 60.♔f2 ♕b2+ 61.♗e2 ♕e5

60.♔d3+− ♕d1+ 61.♔c4 ♕f1+ 62.♔b3 ♕d1+ 63.♔b2 ♕d2+ 64.♔a3 ♕c3+ 65.♔a4 ♕c7

65...♕a1+ 66.♔b5 ♕f1+ 67.♔c6 ♕c1+ 68.♔d7

66.♕c5 ♕h2 67.♔a5 ♔g7

67...♕xh3 68.♕c8+

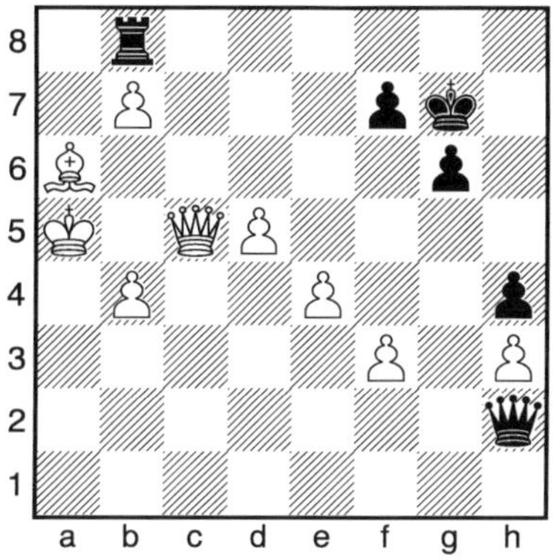

68.♔b6

M.K.: Der aktive König bringt die Entscheidung.

68...♕xh3 69.♕c7 ♖xb7+ 70.♗xb7 ♕xf3 71.d6 h3 72.e5 ♕f4 1−0

M.K.: Dieser Sieg in einer wahren Kampfpartie hatte weitreichende Folgen für das Gesamtklassement. Die USA gewannen dadurch die Goldmedaille, da sie nunmehr gegenüber der Ukraine die bessere Feinwertung aufwiesen. Matthias wunderte sich zwar über Zuschauer aus dem US-Team, ahnte aber nicht, welche Bedeutung diese Partie für sie hatte.

23

Pawel Teclaf (2454)
Matthias Blübaum (2647)

Warschau 2020 (C07)

Kommentar − Matthias Krallmann

1.e4 e6 2.d4 d5 3.♘d2 c5 4.♘gf3 cxd4 5.♘xd4 ♘f6 6.exd5 ♘xd5 7.♘2f3 ♗b4+ 8.♗d2 0−0 9.♗xb4 ♘xb4 10.c3 ♘d5 11.♗c4 b6 12.0−0 ♗b7 13.♖e1

13.♕d2 ♕c7 14.♗b3 ♘d7 15.♖fe1 ♘c5 16.♗c2 ♕f4 17.♖ad1 ♖fd8 18.♕e2 ♖ac8 1/2−1/2 (54), Gorbanovsky (2378) − Mateuta (2520), Calimanesti 2014

13...♘c6 14.♘xc6 ♗xc6 15.♕d4 ♘f6 16.♕f4 b5 17.♘d4

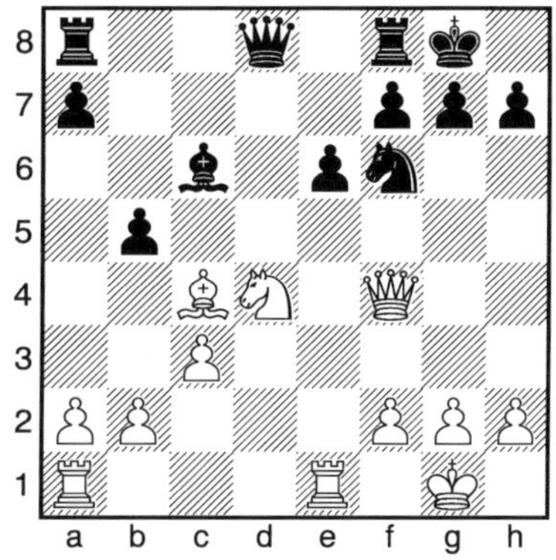

17...♗xg2!?

So wird die weiße Königsfestung nachhaltig demoliert. Objektiv steht Weiß zwar nach wie vor gut, aber die Position ist für Schwarz viel leichter zu spielen.

− 17...bxc4 18.♘xc6 ♕b6 19.♕xc4 ♕xb2 20.♕b3±

− 17...♘d5 18.♘xc6 ♘xf4 19.♘xd8 bxc4 20.♘c6±

18.♗xe6 ♗b7 19.♗b3 ♘h5 20.♕e5?

20.♕g4 ♘f6 (20...g6 21.♖e5) 21.♕g5

♘e4 22.♕xb5 ♕h4 23.f3 ♕f2+ 24.♔h1 ♘d6 25.♕e2 ♕h4 26.♕e7 ♕f4 27.♕e5 ♗xf3+ 28.♘xf3 ♕xf3+=

20...♕h4 21.f3

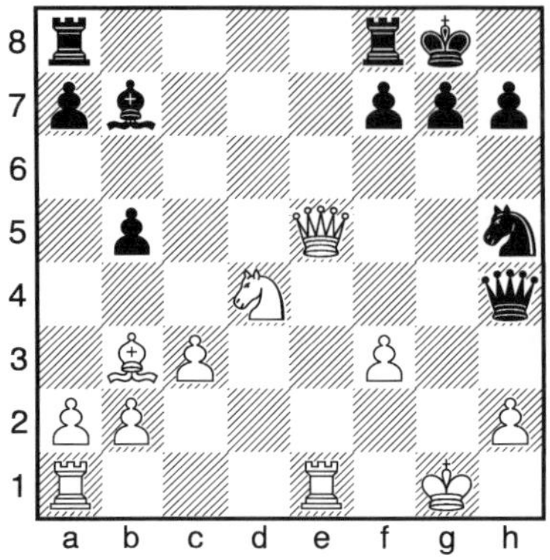

21...♗xf3

21...♘f4 22.♕xg7+ ♔xg7 23.♘f5+ ♔f6 24.♘xh4 ♖g8+ 25.♔f1 ♖ad8 26.♖ad1 ♔g5∓

22.♘xf3 ♕g4+ 23.♔f2 ♘f4 24.♕xb5 ♖ad8

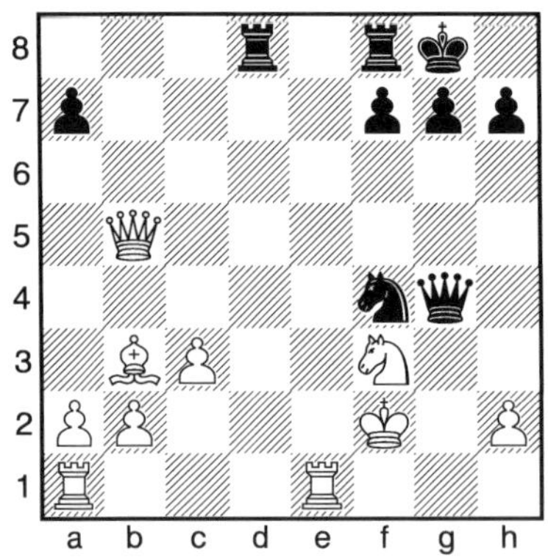

In dieser Stellung gibt es eine studienartige Verteidigung für Weiß, die jedoch für einen menschlichen Spieler sehr schwer am Brett zu finden ist.

25.♘d4?

25.♖e3! ♕g2+ 26.♔e1 ♖d3! 27.♕e5! ♕h1+ 28.♔f2 ♕g2+ =

25...♕g2+ 26.♔e3 g5 27.♖g1 ♖fe8+ 28.♗e6 ♖xe6+ 29.♘xe6 ♕d2+ 30.♔f3 ♖d3+ 31.♔g4 h5+ 32.♔f5 ♖d5+ 0–1

24

Matthias Blübaum (2530)
Markus Stangl (2438)
Bundesliga 2014 (D30)
Kommentar
Matthias Blübaum (M.B.)
Matthias Krallmann (M.K.)

1.d4 d5 2.c4 e6 3.♘f3 c6 4.♕c2

M.K.: Markus Stangl hatte in dieser Saison bisher noch nicht gespielt und Matthias hatte sich nicht auf ihn vorbereitet. Deshalb sehen wir diesen etwas aus der Mode gekommenen Zug. Kramnik hat früher mehrere Male so gespielt und der bescheiden anmutende Zug enthält durchaus Gift. Am sichersten ist es nun, mit 4...♘f6 Übergänge in Hauptsysteme anzustreben. Aber Stangl gibt das Zentrum auf, um Raum am Damenflügel zu gewinnen.

4...dxc4 5.♕xc4 b5 6.♕c2 ♗b7 7.e4 ♘d7 8.♗d3 a6 9.a4 h6?!

M.B.: Dieser merkwürdige Zug läuft auf Zeitverlust hinaus.

9...b4 10.♗g5 ♘gf6 11.0–0 h6 12.♗xf6 ♕xf6 13.♘bd2 ♕d8 14.a5 ♗e7 15.♖fd1 0–0 16.♘c4 c5 17.d5 exd5 18.exd5 ♔h8 19.d6 1–0 (48), Cramling, P. (2481) – Cox (2411), England 2012 (EXT 2013)

10.0–0 ♘gf6 11.♘bd2 ♖c8 12.♕b1

M.B.: Weiß droht nun, den Gegner mit 13.b4 völlig einzuschnüren.

12...b4

12...♗b4 13.e5 ♘d5 14.♘e4 0–0 15.♗d2 ♗xd2 16.♘fxd2± (M.B.)

13.♘c4 ♗e7 14.♗f4 ♘b8?

M.K.: Solch ein passiver Zug muss einfach schlecht sein.

14...c5

I) 15.♕xc5 ♘xc5 16.♖d1 0–0 17.b3 ♘xd3 18.♖xd3 ♕e8∞

II) 15.♗d6 cxd4 16.e5 ♘h5 17.♕d1 (17.♘xd4 ♘f4 18.f3 ♗d5∓) 17...0–0 18.♗xe7 ♕xe7 19.♖e1 ♘f4 20.♘d6 ♘c5=

III) 15.♘d6+? ♗xd6 16.♗xd6 c4∓

IV) 15.d5

M.K.: Diesen Zug hatte Matthias auf die kritische Fortsetzung 14...c5 geplant.

15...exd5 16.exd5

A) 16...♘xd5 17.♘d6+ ♗xd6 18.♗xd6 ♘f8 19.♖e1+ ♘e6 20.♖xe6+ fxe6 21.♗g6+ ♔d7 22.♘e5+±

B) 16...♗xd5

1) 17.♕c2 ♗xf3 18.gxf3 0–0 19.♖ad1?

2) 17.♘d6+ ♗xd6 18.♗xd6 ♘f8

a) 19.♗e5 c4 20.♗f5 ♘e6 21.♖d1 ♖c5 22.♗xe6 fxe6 23.♕g6+ ♔f8 24.♖d4+–

b) 19.♖e1+?! ♘e6

c) 19.♗g3 c4 20.♗f5 ♘e6 21.♖d1 0–0 22.♗h4 ♘f4

d) 19.♗xa6 ♖c6 20.♗xf8 ♔xf8 21.♗b5 ♗xf3 22.gxf3 ♖d6 23.♖d1±

15.a5 ♘h5 16.♗e3

M.K.: 16.♗e5! war Matthias in der Partie nicht so klar. Mit Computerunterstützung findet man, dass Schwarz hier bereits am Abgrund steht; z.B. 16...f6 (16...♘d7 17.♘d6+ ♗xd6 18.♗xd6±; 16...0–0 17.♘b6+–)

17.♗g3 ♘xg3 18.hxg3 ♘d7 19.e5 0–0 und nun der in der Vorausberechnung schwer zu sehende Gewinnzug 20.♕a2!.

16...c5

16...♘d7 17.♘fe5 ♘hf6 18.♘xd7 ♘xd7 19.♗f4

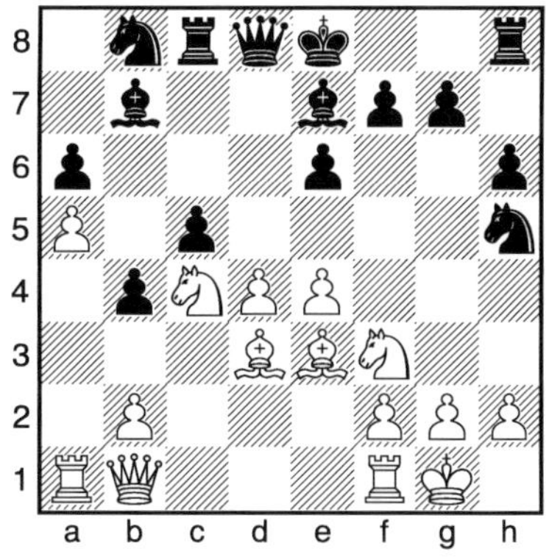

17.d5

17.♖d1 wäre viel einfacher gewesen und hätte zu klarem Vorteil geführt. Weiß opfert nun einen Bauern und Schwarz erhält ein paar Chancen. Da der Mehrbauer durch den starken Springer auf c4 blockiert ist, ist er jedoch praktisch bedeutungslos. (M.B.)

17.♘b6 cxd4 18.♘xd4±

17...exd5 18.exd5 ♗xd5 19.♗e2

19.♘b6 ♗xf3 20.♘xc8 ♕xc8 21.gxf3 mit etwas Gegenspiel aufgrund der geschwächten weißen Königsstellung.

19...♘f6

19...♘d7 20.♘fe5 ♘xe5 21.♘xe5 ♘f6 22.♗xa6±

20.♖d1?

M.K.: Matthias gibt sich selbst ein Fragezeichen für diesen zögerlichen Zug, der es Schwarz erlaubt, eine harmonischere Aufstellung seiner Schwerfiguren zu realisieren.

20.♘b6 ♗e4 21.♕a2±; 20...♖c6 21.♖d1 ♖xb6 22.axb6 ♕xb6 23.♘h4±

20...♕c7 21.♘b6 ♖d8 22.♕f5 ♗e6

22...♗e4 23.♗f4 ♗d6 (23...♕xb6 24.♕xe4±) 24.♗xd6 ♕xd6

23.♖xd8+ ♕xd8 24.♕c2 ♕c7?!

24...0–0 25.♗xc5⩲ ♕c7 26.♖c1 b3 27.♕c3 ♘e4?

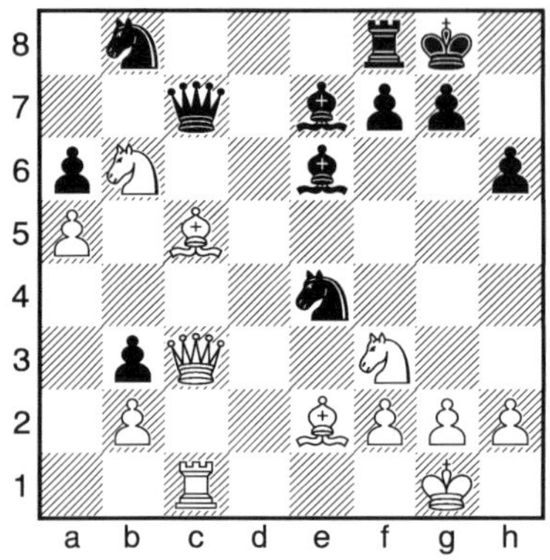

M.K.: Diesen Zug hatte Matthias während der Partie befürchtet, aber er trifft auf die schöne Widerlegung 28.♕xg7+! ♔xg7 29.♗d4+±.

25.♘d4 ♗g4

25...♘g4 26.♗xg4 ♗xg4 27.♘f5 ♗xf5 28.♕xf5

– 28...0–0 29.♘d5 ♕b7 30.♘xe7+ ♕xe7 31.♗xc5±

– 28...♘c6 29.♗xc5 0–0 30.♘d5 ♕b7 31.♘xe7+ ♘xe7 32.♕g4 ♖d8 33.♕xb4±

26.♘f5± ♗xf5 27.♕xf5

M.K.: Nachdem Weiß das Läuferpaar erobert hat, gibt es ein Spiel auf ein Tor.

27...0–0 28.♖d1 ♗d6

28...♖d8 29.♖xd8+ ♕xd8 30.♗xc5 g6 (30...♗xc5 31.♕xc5 ♕d2 32.♗f1±) 31.♗xe7 ♕xe7 32.♕c8+ ♔g7 33.♗f1±

29.g3 ♖e8 30.♘c4 ♗f8 31.♗f3 ♘bd7 32.♗f4 ♕c8 33.♔g2

M.B.: Um die Drohung 33...♘e5 aus dem Spiel zu nehmen.

33...♖e6?!

33...g6 34.♕h3 g5 35.♗c1 ♖e6 36.♕f5 ♗g7 37.♗e3±

34.b3 g6 35.♕d3 g5 36.♗c1 g4 37.♗e2

37.♗xg4 ♘xg4 38.♕xd7 ♕xd7 39.♖xd7 ♖e2 40.♔f3 ♖c2 41.♔xg4 ♖xc1∞

37...♕c6+ 38.♔g1 h5 39.♗f1 ♕e4?

39...♘e5 40.♘xe5 ♖xe5 41.♕c4

(41.♕xa6 ♕xa6 42.♗xa6 c4 43.♗xc4 ♖xa5 44.♗b2±)

41...♖e8

(41...♕f3 42.♖d8 ♖e1 43.♗h6 ♘e8 44.♗xf8 ♔xf8 45.♕xc5+ ♔g7 46.♕g5+ ♔f8 47.♕xh5 ♔e7 48.♕d5 ♕xd5 49.♖xd5±)

42.♕f4 ♕f3 43.♕xf3 gxf3 44.♗f4±

40.♕xe4 ♖xe4 41.♗b2 ♖e6 42.♗d3 ♖c6 43.♗f5 ♖c7

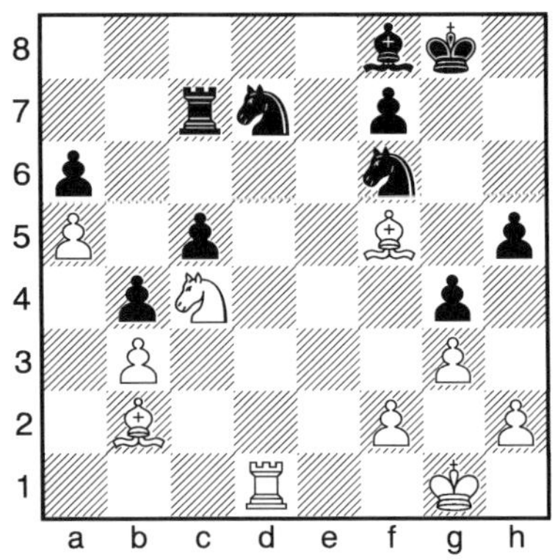

44.♘b6+–

M.K.: Triumph des Läuferpaars über die sich gegenseitig deckenden, aber auch voneinander abhängigen und deshalb hilflosen Springer.

44...♘xb6 45.axb6 ♖b7 46.♗xf6 ♖xb6 47.♗d8 ♖b8 48.♗c7 ♖b7 49.♗e5 ♖b5 50.♖d5 ♗e7 51.♗d3 ♖b6 52.♗c4 h4 53.♖d7 ♔f8 54.♖a7 f6 55.♗c7 ♖c6 56.♗d5 1–0

25

Matthias Blübaum (2642)
Kamil Miton (2612)
Bundesliga 2017 (E11)

Kommentar – Matthias Krallmann

1.d4 ♘f6 2.c4 e6 3.♘f3 ♗b4+ 4.♘bd2 b6 5.a3 ♗xd2+ 6.♕xd2 ♗a6 7.e3 d5 8.b3 c5 9.♗b2 ♘bd7 10.♗d3 dxc4 11.bxc4 ♗b7 12.♕e2 0–0 13.0–0 ♕c7

Nach längerem Überlegen ein neuer Zug, der einen neuen Plan einleitet.

14.♘d2N

14.♖fe1 ♖fd8 15.♖ad1 ♘f8 16.♘e5 ♘g6 17.♘xg6 hxg6 18.f3 ♖ac8 1/2–1/2 (31), Gagare (2469) – Duda (2645), ♔hanty-Mansiysk 2015 (EXT 2016)

14...cxd4 15.exd4 ♕f4

15...♖fd8 16.♖fe1 ♘f8 17.a4 ♘g6 18.♕e3 ♗c6 19.♘f1±

16.♕e3 ♕h4

Schwarz überführt seine Dame zum Königsflügel, wo sie auf den ersten Blick nicht schlecht steht.

17.a4 a5

17...♘g4 18.♕f4 g5 19.♕g3 (19.♕d6 ♘de5) 19...♕xg3 20.hxg3 ♘gf6 21.f3 ♖ac8 22.a5

18.f3 ♖fe8

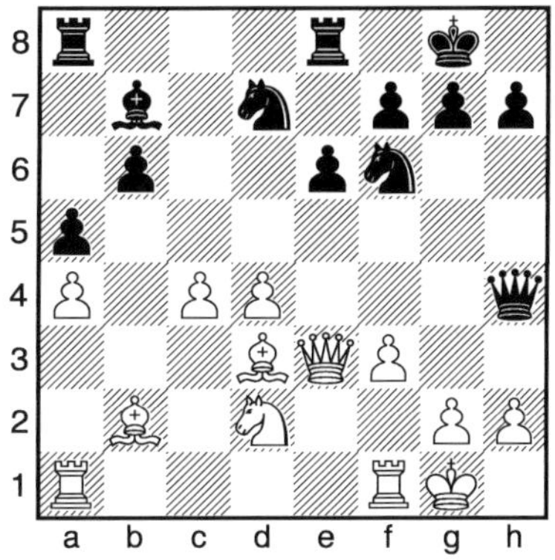

19.♗a3!

Mit diesem schönen Manöver deckt Weiß die Schattenseiten des schwarzen Damenausflugs auf. Der Damenläufer wird zum Königsflügel überführt und die schwarze Dame gerät in Gefahr.

19...♖ac8 20.♗d6 ♗c6 21.♖fe1 h6 22.g3 ♕g5 23.♗f4 ♕h5 24.♕f2 e5

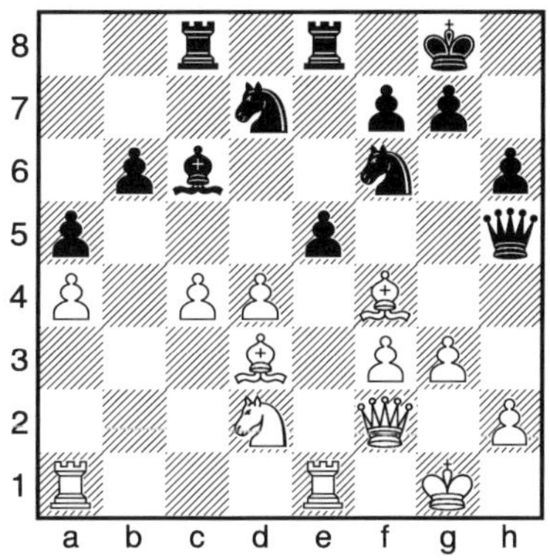

25.g4

Mit der folgenden Abwicklung gewinnt Weiß eine Figur, aber Schwarz erhält mit drei Bauern ein ausreichendes Äquivalent.

25...♘xg4 26.fxg4 ♕xg4+ 27.♗g3 exd4 28.♕f5 ♖xe1+ 29.♖xe1 ♕xf5 30.♗xf5 ♖a8 31.♘b3

31.♗c7 ♗xa4 32.♖e7 ♘f6 33.♗xb6±

31...d3 32.♖a1 ♖e8 33.♘d4 ♗e4 34.♗xd7 ♖d8

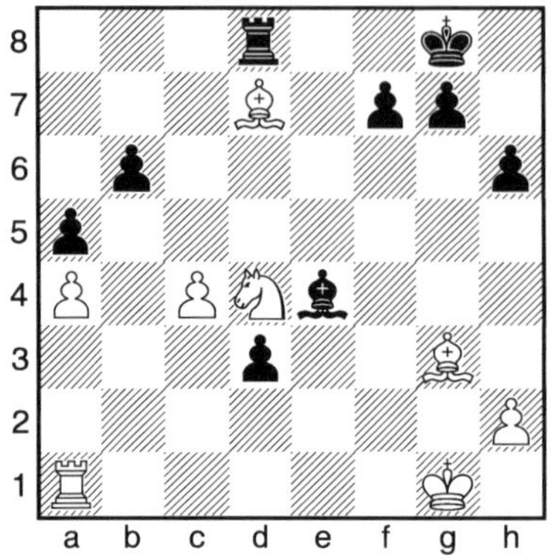

35.♗c7?

Mit zwei Läufern ist die Gewinnführung viel einfacher als mit Läufer und Springer; z.B. 35.♗b5 ♖xd4 36.♗e5 ♖d8 37.♗c7 ♖d4 38.♗xb6 ♖d6 39.♗xa5+–.

35...♖xd7 36.♗xb6 ♖d6 37.♗c5 ♖g6+ 38.♔f2 ♖g2+ 39.♔e3 f5 40.♗d6 g5 41.c5 ♔h7 42.c6 ♔g6 43.c7 ♗b7 44.♔xd3 f4 45.♖b1 ♗a6+ 46.♔e4 ♔h5 47.♖b6 ♗c8 48.♖b8 ♗h3 49.♘f5 ♖e2+ 1–0

Eine theoretische Neuerung, ein interessantes Manöver und gute Technik – alles in allem erneut eine starke Leistung.

26

Pepe Cuenca Jimenez (2476)
Matthias Blübaum (2510)
Bundesliga 2014 (C13)

Kommentar – Matthias Krallmann

1.e4 e6 2.d4 d5 3.♘c3 ♘f6 4.♗g5 dxe4 5.♘xe4 ♗e7 6.♗xf6 ♗xf6 7.♘f3 ♘d7 8.♗d3 c5 9.♕d2

Weiß scheint hier bereits „aus dem Buch" zu sein, denn der Textzug wurde erst nach langem Nachdenken gespielt. Zwei Jahre später hatte Matthias diese Stellung gegen einen hochkarätigen Gegner auf dem Brett und erreichte ein sicheres Remis.

9.♘xf6+ ♘xf6 10.♕xc5 ♕a5+ 11.♕d2 ♕xc5 12.0–0–0 ♗d7 13.♖he1 ♗c6 14.♘e5 0–0 15.f4 ♖ad8 16.g3 ♗e4 17.♕e3 ♕xe3+ 18.♖xe3 ♗xd3 19.♖exd3 ♖xd3 20.♖xd3 ♖c8 21.c4 h5 22.♔d2 ♔f8 23.b4 ♔e7 24.♖d4 ♖c7 25.♔c3 ♘g4 26.♘f3 f6 27.c5 a5 28.a3 1/2–1/2, Vallejo Pons (2677) – Blübaum (2605), Moskau 2016

9...cxd4 10.♕b4?!

10.♘xf6+ ♘xf6 11.♕b4

10...♗e7 11.♕xd4 ♕a5+

11...♘f6 12.♗b5+ ♗d7 13.♗xd7+ ♕xd7 14.♕xd7+ ♘xd7 15.0–0–0 ♘f6 16.♖he1 ♖c8 17.♘e5= 1–0 (62), Velimirovic (2490) – Marjanovic (2425), Tivat 1994 (CBM)

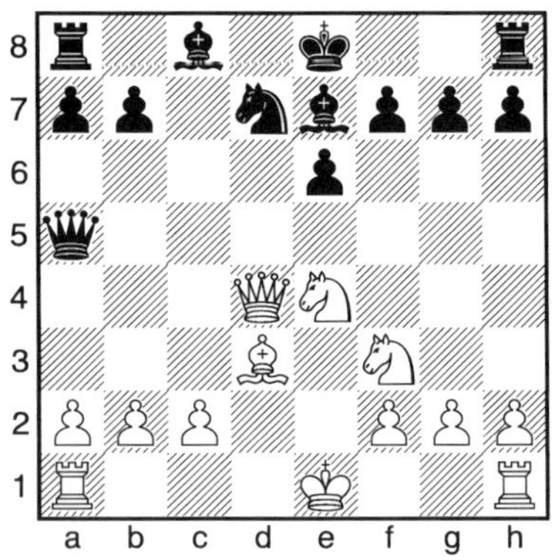

Dieser Plan ist stärker als der von Marjanovic. Schwarz rückt das Läuferpaar in der Folge nicht wieder heraus. Der Springer d7 strebt nicht nach f6, sondern viel besser nach c5 oder e5.

12.c3 0–0 13.0–0 ♖d8 14.♕e3 ♘e5 15.♘xe5 ♕xe5 16.♖ad1

Bei ungleich verteilten Bauernmehrheiten auf beiden Flügeln ist der Läufer dem Springer überlegen. Um dieses Endspiel zu erreichen, muss man allerdings noch einige Figuren abtauschen und darf bei all dem nie die Kontrolle über die Stellung verlieren.

16...♗d7

16...f5 17.♘g3 ♕xe3 18.fxe3 ♗g5 (18...♗c5 19.♘xf5 ♖xd3 20.♘h6+ gxh6 21.♖xd3=) 19.e4 g6 20.exf5 exf5 21.♖fe1 ♔g7∓

17.♕e2 ♗a4 18.♗c2 ♗b5 19.c4 ♗c6 20.♘c3 ♗f6 21.♕xe5 ♗xe5 22.♖xd8+ ♖xd8 23.♖d1

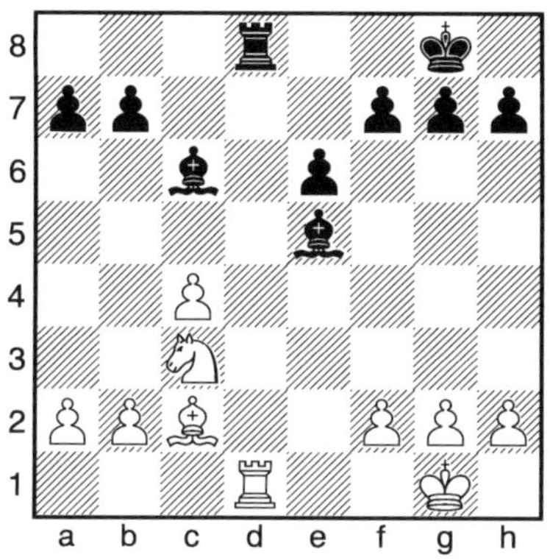

Matthias war sich nicht sicher, ob das reine Endspiel 'Läuferpaar gegen Läufer und Springer' gewonnen ist und behält zuerst noch ein Turmpaar auf dem Brett.

23...♖c8

23...♖xd1+ 24.♘xd1 f5 25.b4 a6 26.a4 ♔f7 27.b5 ♗d7 28.♘e3 ♔e7 29.g3 g5 30.♔f1 ♔d6 31.♔e2 ♔c5∓

24.♖d3 g6 25.♗d1 a6 26.a4 ♔f8 27.b3 ♔e7 28.♗f3 ♗xf3 29.♖xf3

Weiß hat es geschafft, einen Läufer abzutauschen, aber Turm und Läufer arbeiten hier besser zusammen als Turm und Springer.

29...♖d8 30.♔f1 ♖d2 31.♘e4 ♖d1+ 32.♔e2 ♖g1 33.g3 ♗d4 34.♘d2

34.♘g5 f6 35.♖d3 ♗c5 36.♘e4 ♗b4∓

34...♖g2

34...e5 35.♘f1 f5 36.♘e3 ♔d6∓

35.h4 ♖g1 36.♖d3 ♗c5 37.♘e4 ♗b4 38.♖d1 ♖xd1 39.♔xd1 f5

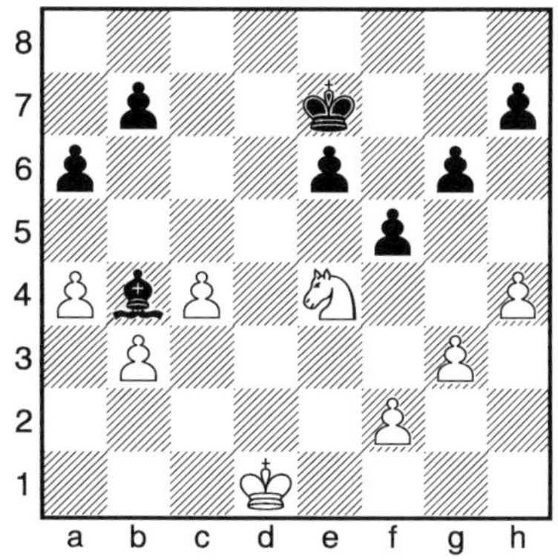

Nach einigen Umwegen ist also ein klassische Endspiel entstanden: Läufer gegen Springer mit unterschiedlichen Bauernmehrheiten auf den Flügeln. – Schwarz steht deutlich besser, aber die weiße Stellung ist zäh.

40.♘g5 h6 41.♘f3 ♔d6 42.♔e2 e5 43.h5 gxh5 44.♘h4 ♔e6 45.♘g2 ♗e7 46.f4 ♗d6 47.fxe5 ♗xe5 48.♔f3 a5 49.♘e3 ♗f6 50.♘d5 h4 51.gxh4 ♗xh4 52.b4 ♗e1 53.♘f4+ ♔d6 54.c5+ ♔c6 55.bxa5 ♗xa5 56.♘e6 ♔d5 57.♘g7 f4 58.♔xf4 ♔xc5 59.♔e4 ♗d2 60.♘f5 ♗g5 61.♔d3 b6 62.♔c3 ♔d5 63.♔d3 h5 64.♔e2 ♔e5 65.♘g7 h4 66.♔f3 ♗f6 67.♘e8 ♗d8 68.♔g4 ♔d5 69.♘g7 ♗f6

In der damaligen Saison gab es eine neue Bedenkzeitregelung in der 1. Bundesliga. Im Gegensatz zu den vorigen Jahren entfiel die zweite Zeitkontrolle und es gab keine zusätzlichen 15 Minuten wie früher. Schwarz musste hier durchschnittlich alle 30 Sekunden ziehen, was in dieser Stellung selbstredend sehr schwierig war

70.♘e8?

Nach 70.♘h5 ♗e7 71.♘f4+ ♔c4 72.♔h3 ♗d6 73.♘e6 ♗g3 74.♘f8 ♔d5 75.♘d7 ♔c6 rettet Weiß sich, indem er mit 76.♘xb6= den Springer für den b-Bauern opfert. Der verbliebene h-Bauer gewinnt nicht, da der schwarzfeldrige Läufer den weißen König nicht von dem weißen Eckfeld vertreiben kann.

70...♗e5

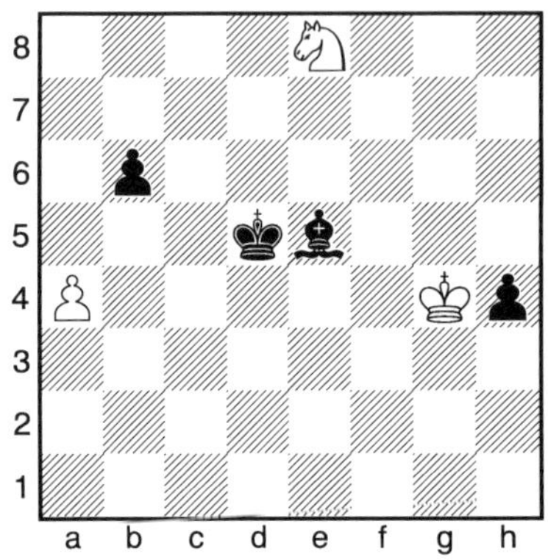

Der zentralisierte Läufer dominiert den Randspringer und Schwarz gewinnt.

71.♔xh4 ♔e6 72.♔g5 ♔d7! 73.♔g6

73.♔f5 ♗h8 74.♘f6+ ♗xf6 75.♔xf6 ♔d6 76.♔f5 ♔c5 77.♔e5 ♔b4–+

73...♔xe8 74.♔f5 ♗c3 0–1

Ein am Ende etwas glücklicher aber dennoch verdienter Sieg, weil Schwarz in der gesamten Partie am Drücker war und Weiß ständig um Ausgleich kämpfen musste.

27

Twan Burg (2509)
Matthias Blübaum (2595)

Bundesliga 2016 (C07)

Kommentar – Matthias Blübaum

1.e4 e6 2.d4 d5 3.♘d2 c5 4.exd5 ♕xd5 5.♘gf3 cxd4 6.♗c4 ♕d6 7.0–0 ♘f6 8.♘b3 ♘c6 9.♘bxd4 ♘xd4 10.♘xd4 ♗e7

Ich entschied mich für einen sehr soliden Aufbau, da ich mich nicht auf meinen Gegner vorbereitet hatte und einer Vorbereitung seinerseits ausweichen wollte.

11.c3 ♕c7 12.♕e2 a6 13.♗g5 0–0 14.♖fe1 ♖e8 15.♗b3 ♘d5 16.♗xe7 ♘xe7 17.♖ad1 ♘g6 18.g3

18.♘f5 ♗d7 19.♘d6 ♖e7 20.♕e3 1/2–1/2, Ivkov – Bronstein, Leningrad 1957 (MCL)

18...♗d7 19.h4

Der Plan, mit g3 und h4 meinen Springer auf g6 einzuschränken, ist zwar logisch, schwächt jedoch auch den weißen König.

19...h6 20.♘f3 ♗b5 21.♕e3 ♖ad8 22.♗c2 ♘f8 23.♘d4 ♗d7 24.♗e4 ♗c8 25.♘b3 b6 26.♕f3 ♘d7 27.♘d4

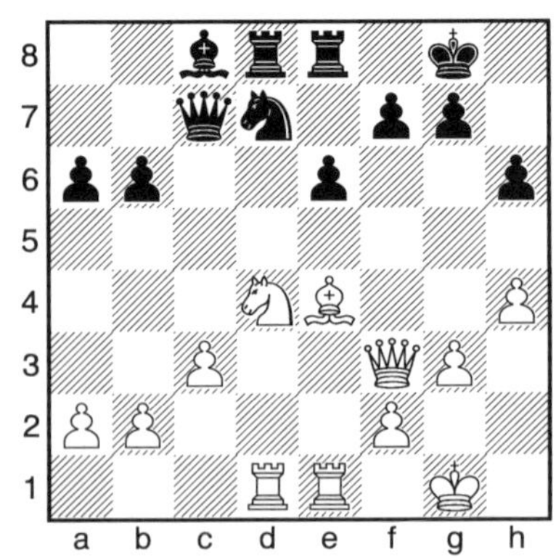

Ab nun sah ich Chancen, meinen Springer gegen den Läufer abzutauschen, da es Weiß schwerfällt, den Läufer auf der Diagonale zu halten.

27...♘f6 28.♗c6 ♖f8 29.♘c2 ♘g4 30.♗a8 ♗d7 31.♕xg4 ♖xa8

Für die Engine ist die weiße Stellung noch komplett in Ordnung, aber am Brett fand ich meine Stellung bereits angenehmer zu spielen.

32.♖d4 ♗c6 33.♖ed1 ♕b7

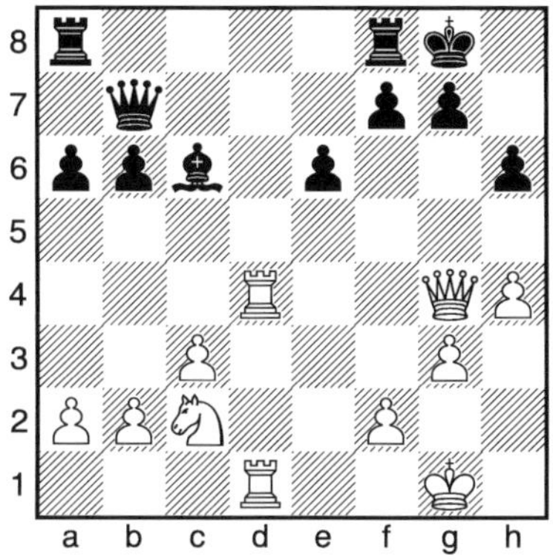

In dieser Situation stellte Twan Burg seine Dame nach f4, hielt sie im letzten Moment fest und stellte sie wieder zurück nach g4. Dann überlegte er erneut und spielte anders.

34.♕h3

34.♕f4 ♗h1 35.♘e3 e5 36.♕xe5 ♖ae8 37.♕f5 Δ♕h3 habe ich während der Partie überhaupt nicht gesehen.

37...♖xe3 38.♕h3

1) 38...♗f3 39.fxe3 ♗xd1 40.♖xd1 ♕f3 41.♖e1 ♕d5 42.♖a1 ♕d2 43.♕g2 ♕xe3+ 44.♕f2

2) 38...♖e2 39.♕xh1 ♕xh1+ 40.♔xh1 ♖xb2 41.♖1d2 ♖xd2 42.♖xd2 ♖c8 43.♖d6 ♖xc3 44.♖xb6 ♖a3 45.♖b8+ ♔h7 46.♖b2

Diese Variante zeigt, dass Weiß sich nach 34.♕f4 vielleicht gerade noch hätte halten können. Allerdings hat Schwarz auch hier die besseren praktischen Chancen.

34...♗f3 35.♖1d2 e5 36.♖d6 f5 37.♕f1 ♕e4

Ab hier habe ich auf die Zeitnot meines Gegners gespielt und versucht, ihm vor dem 40. Zug noch Probleme zu stellen.

38.♕e1?!

Nach 38.♘e1!? muss Schwarz aufpassen, nicht in leichten Nachteil zu geraten.

38...♕g4 39.♔h2 f4 40.♕xe5??

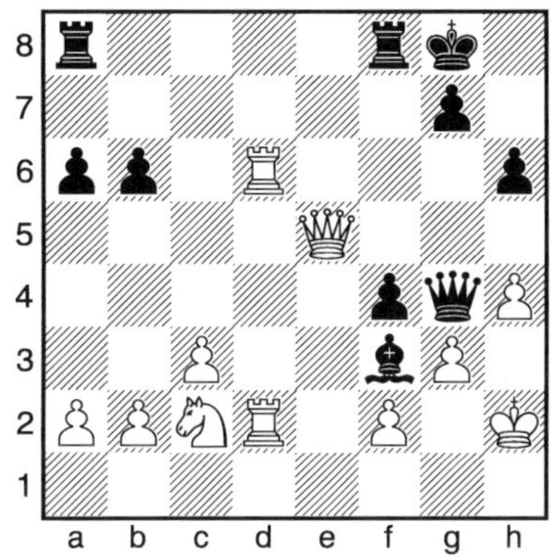

Der entscheidende Fehler im letzten Zug vor der Zeitkontrolle. Schwarz aktiviert seine letzte schlafende Figur mit Tempo und der schwarze Angriff auf den gegnerischen König ist nicht mehr abzuwehren.

Zwar ist auch 40.♘b4 a5 41.♘d5 ♖ae8 42.♘c7 ♖e7 43.♘d5 ♗xd5 44.♖2xd5 e4 45.♖d8 e3 besser für Schwarz, aber deutlich zäher.

40...♖ae8 41.♕d4 ♗e4 42.♕c4+ ♔h8 43.♘d4

Dieser Zug hat mich überrascht, denn ich hatte nur mit 43.♕e2 gerechnet; z.B. 43...♗f3 44.♕d3 ♗b7

(Nach 44...♗e2 45.♕d4 ♔h7! ist Weiß hilflos.)

45.♖xb6 ♗e4 46.♕e2 fxg3+ 47.fxg3 ♖f3 48.♕e1 ♗c6 49.♕g1 ♖d3 50.♖f2 ♖e2 51.♖xc6 ♖dd2−+.

43...fxg3+ 44.fxg3 ♖f3−+ 45.♘xf3 ♕xf3 46.♔h3 ♕h1+ 47.♔g4 ♕f3+

47...h5+ 48.♔g5 ♕f3 hätte sogar noch schneller mattgesetzt.

48.♔h3 h5 49.♖h6+ gxh6 50.♕d4+ ♔g8 51.♕c4+ ♕f7 52.♕xa6 ♗b7 53.♕d3 ♖e1 54.♕d8+ ♔h7 55.♖d7 ♖h1#

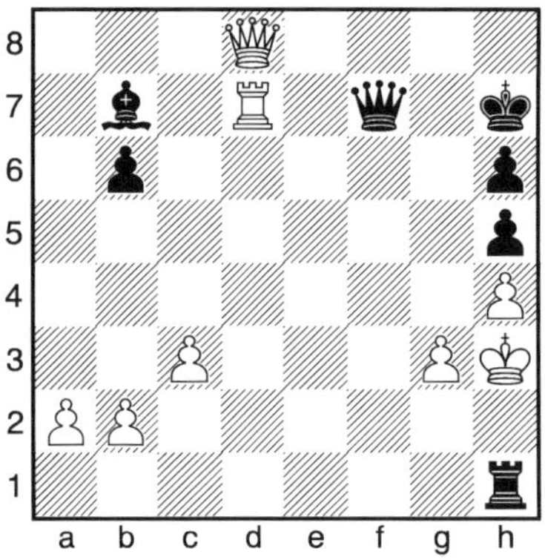

Sympathischerweise erlaubt Twan Burg noch die Mattsetzung mit dem Zug ♖h1, der auch in vielen Varianten, die hinter den Kulissen blieben, das entscheidende Motiv war.

28

Martin Brüdigam (2403)

Matthias Blübaum (2634)

Bundesliga 2017 (C07)

Kommentar

Matthias Blübaum (M.B.)

Matthias Krallmann (M.K.)

1.e4 e6 2.d4 d5 3.♘d2 c5 4.exd5 ♕xd5 5.♕xc5 ♘f6 6.♘gf3 ♕xc5 7.♗d3 ♘bd7 8.0−0 ♕c7

M.K.: Eine kleine Zugumstellung mit großer Wirkung!

Der Hauptzug an dieser Stelle ist 8...♗e7 und nun beispielsweise:

1) 9.♘b3 ♕c7 10.♖e1 0−0 11.♗g5 b6 12.♘bd4 1−0 (25), Bauer (2635) − Borgo (2356), Zürich 2016

2) 9.♖e1 ♕c7 10.♘e4 b6 11.♘xf6+ ♘xf6 12.♘e5 0−0 13.♕f3 ♗b7 14.♕h3 ♖fd8 15.♗g5 ♖d5

a) 16.♘xf7 ♔xf7 17.♕xe6+ ♔f8 18.♗c4 ♖ad8 19.♗xd5 ♗xd5 20.♕e2±

b) 16.♗xf6 ♗xf6 17.♕xh7+ ♔f8=, Fridman, D. (2639) − Blübaum, M. (2537), Verden an der Aller 2014 (CBM 163 Extra)

9.♘b3

M.B.: Dieser Zug ist hier zu unflexibel, denn jetzt kann sich Schwarz mit ♗d6 viel aktiver aufstellen. Würde der Springer noch auf d2 stehen, ginge das nicht wegen ♘c4.

9.♕e2 ♗e7 10.♘e4 a6 11.c3 ♘xe4 12.♗xe4 ♘f6 13.♗d3 b6 14.♕e5 ♗d6 15.♕g5 ♖g8 16.♕h4 ♗b7 17.♗g5 0−0−0 18.♖ad1 h6 19.♗xf6 gxf6 20.♗e4=, Fedosejew (2670) − Kowalenko (2664), Liepaja 2016 (CBM 173 Extra)

9...♗d6 10.♕e2 0−0 11.♗g5 b6 12.♖ad1

♗b7 13.♘bd4 a6 14.♖fe1 ♖fe8 15.♗c4 b5 16.♗b3 ♘e4

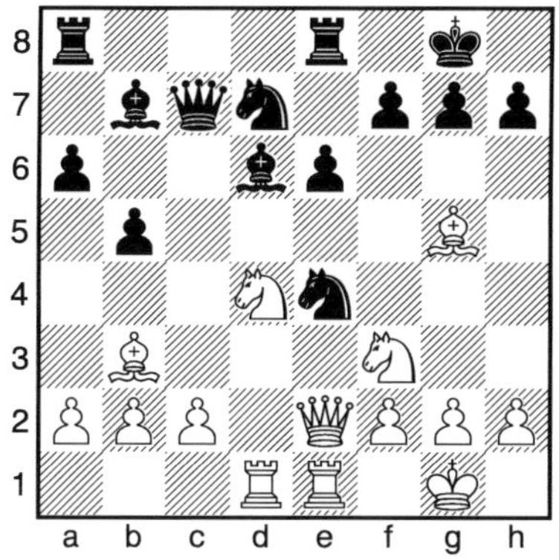

M.B.: Die weiße Damenflügelmehrheit ist blockiert und Schwarz steht angesichts seiner sehr harmonischen Figurenstellung bereits etwas angenehmer.

17.c3

M.K.: Weiß opfert einen Bauern, ohne ein entsprechendes Äquivalent zu bekommen.

17.♗h4 ♖ac8 18.c3 Sec5 19.♗c2 ♘f8 20.♗g3 ♗xg3 21.hxg3 ♗d5 22.a3 ♖ed8∓

17...♗xh2+

M.K.: Wie Brüdigam in der Analyse zugab. hatte er auf 17...♘xg5 18.♘xg5 ♗xh2+ 19.♔h1 ♘f8 20.♘xf7± gehofft. Matthias ging nicht darauf ein, denn es war für ihn selbstverständlich, zuerst auf h2 zu nehmen.

18.♘xh2 ♘xg5 19.♗c2 ♘f6 20.♘g4 ♘ge4 21.♖d3 ♕f4 22.♘xf6+ ♘xf6 23.♖g3 g6 24.♖d1 ♖ad8 25.♕e3 ♕xe3 26.♖xe3 ♘d5 27.♖ee1 ♘b6 28.♘b3 ♗d5 29.♘c5 ♖a8

M.K.: Matthias war nach der Partie unzufrieden, dass er seine Figuren so passiv aufgestellt hatte. Aber der Mehrbauer garantiert immer noch klaren Vorteil.

30.♗b3 ♖ec8 31.♘e4 ♔g7 32.g3 ♘c4 33.♗xc4

M.K.: Brüdigam war überzeugt, dass Schwarz hier 33...bxc4 hätte spielen sollen, um Druck auf b2 auszuüben. Andererseits stimmten Matthias und der Computer überein: Das ist egal, denn Schwarz steht sowieso deutlich besser.

33...♖xc4 34.♘d2 ♖c7 35.a3 ♖d8 36.♘b3 ♔f6 37.f4 g5 38.fxg5+ ♔xg5 39.♔f2 ♔f6 40.♖d2 ♖g8 41.♘c1 ♖g5 42.♘d3 ♖h5 43.♘f4 ♖h2+ 44.♔e3 ♖xd2 45.♔xd2 ♗b7 46.♘d3 ♔e7 47.b4 ♗d5 48.♖a1 ♖c8 49.a4 ♖g8 50.♘c5 ♖xg3 51.♘xa6

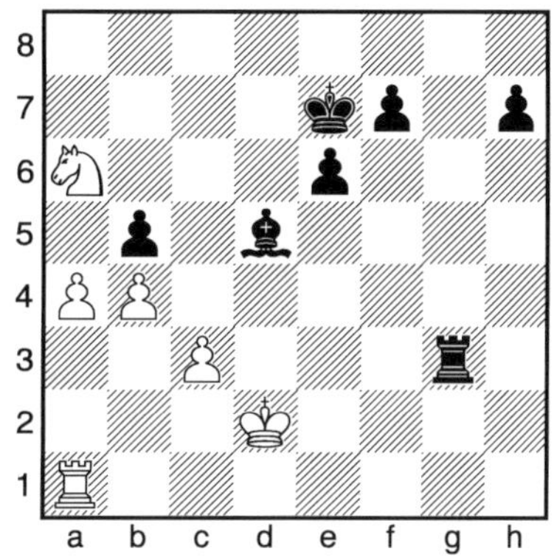

51...bxa4

M.K.: Während der Analyse intervenierte hier Matthias' Vater, der die Partie bereits mit einer Engine gecheckt hatte: 51...h5 gewinnt klar, denn nach 52.axb5 h4 53.♘c5 h3 54.♘d3 ♖g2+ 55.♔e3 h2 56.♘f2 f5–+ ist die Drohung f5–f4 nicht zu parieren.

52.♖xa4 ♖g2+ 53.♔d3 ♖g3+ 54.♔d2 ♗c4 55.♘c5 ♖g2+ 56.♔e3 e5

56...♖a2 57.♖a5 h5 58.♔f4 f5∓

57.♖a7+ ♔f6 58.♖c7 ♔f5 59.♘b7 ♖e2+ 60.♔f3 e4+ 61.♔g3 ♖e3+ 62.♔g2 ♗e6 63.♘d8 ♗b3 64.♘xf7 ♔f4

M.K.: Weiß hatte sich tapfer gewehrt und war dem Ausgleich wieder nahegekommen. Aber hier greift er fehl und die Partie ist entschieden.

65.♖c6?

65.♘d6 ♖g3+ 66.♔f1 h5∓

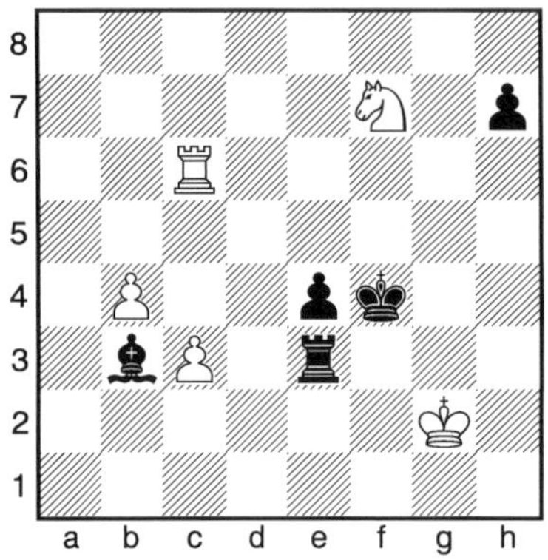

65...♖g3+ 66.♔f2

Das stellt den Springer ein.

66.♔h2 ♖f3 67.c4 ♖f2+ 68.♔h3 e3 69.♖f6+ ♔e4 70.♖e6+ ♔d4 71.♘d6 e2 72.♔g3 ♖f6−+

66...♖f3+ 0−1

29

Matthias Blübaum (2588)

Constantin Lupulescu (2626)

Medias 2015 (E16)

Kommentar − Matthias Blübaum

1.d4 ♘f6 2.c4 e6 3.♘f3 b6 4.g3 ♗b4+ 5.♗d2 ♗e7 6.♗g2 ♗b7 7.♘c3 c6

Diese Zugfolge war mir unbekannt. Nun sollte 8.e4 der kritische Zug sein, allerdings wollte ich nicht noch weiter in die Vorbereitung meines Gegners laufen. Später entdeckte ich, dass im letzten WM−Kampf so gespielt worden war (siehe nächste Anmerkung).

8.0−0

8.e4!? d5 9.exd5 cxd5 10.♘e5 0−0 11.0−0 ♘c6 12.cxd5 ♘xe5 13.d6 ♘c6 14.♕xe7 ♕xe7 15.♗g5 h6 16.d5 ♘a5 17.♗xf6 ♕xf6 18.♕xe6 ♕xe6 19.♖e1 ♕f6 20.♘d5 ♗xd5 21.♗xd5 Tad8 22.♕f3 ♕xb2 23.♖ad1 ♕f6 24.♕xf6 gxf6 25.♖e7 ♔g7 26.♖xa7 ♘c6 27.♖b7 ♘b4 28.♗b3 ♖xd1+ 29.♗xd1 ♘xa2 30.♖xb6 ♘c3 31.♗f3 f5 32.♔g2 ♖d8 33.♖c6 ♘e4 34.♗xe4 fxe4 35.♖c4 f5 36.g4 ♖d2 37.gxf5 e3 38.♖e4 ♖xf2+ 39.♔g3 ♖xf5 1/2−1/2, Anand (2792) − Carlsen (2863), Sotschi 2014 (EXT 2015)

8...0−0 9.♗f4 d5 10.♖c1 dxc4 11.♘e5 ♘d5 12.♘xc4 ♘xf4 13.gxf4 ♘d7 14.e3 ♕c7

Ich habe aus der Eröffnung nichts herausgeholt, da ich den Vorstoß c6−c5 langfristig nicht verhindern kann.

15.a3 ♖ad8 16.♕b3 a6 17.a4 b5 18.axb5 cxb5 19.♘e5 ♗xg2 20.♔xg2 ♕b7+ 21.f3 ♖c8 22.♘e4 ♘xe5 23.fxe5

Die Stellung befindet sich ungefähr im Gleichgewicht. Ich denke, dass mein Gegner die Stellung durch Turmtausch auf der offenen c−Linie vereinfachen wollte. Jedoch kann ich danach leichten Druck aufbauen.

23...♖xc1 (23...a5!?=) **24.♖xc1 ♖c8 25.♖xc8+ ♕xc8 26.♘c5 ♗d8**

Das nach 26...♗xc5 27.♕c3 entstehende Damenendspiel sollte zwar remis sein, ist aber für Schwarz schwieriger zu spielen.

27.♕c3 a5

27...h6 28.b4 ♕a8=

28.♘e4 ♕xc3 29.♘xc3 b4 30.♘a4

Das Endspiel ist zwar sicherlich immer noch haltbar, jedoch bereits unangenehm zu spielen. Die schwarze Bauernmehrheit am Damenflügel ist leicht blockierbar, während Weiß im Zentrum einen Freibauern bilden kann.

30...f6 31.exf6 ♗xf6 32.f4 g5 33.fxg5 ♗xg5

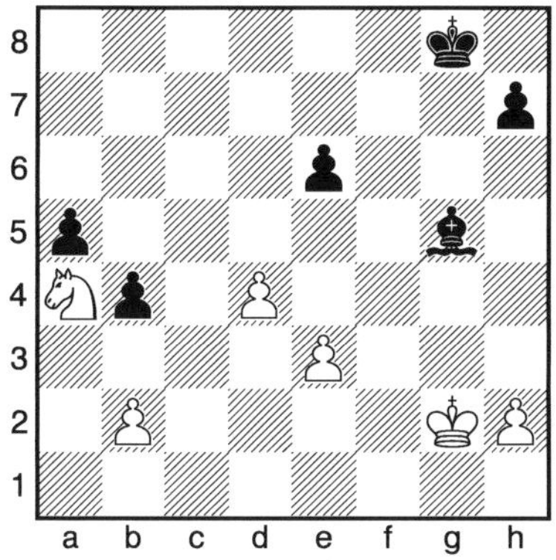

Schwarz hat zwei Bauernpaare getauscht, um seinem langschrittigen Läufer Raum zu verschaffen. Allerdings hat er nun zwei vereinzelte und einen rückständigen Bauern, die allesamt zur Schwäche neigen.

34.♔f3 ♔f7 35.b3 ♗d8 36.♘b2 ♔e7 37.h3 ♔d6 38.♔e4 ♗c7 39.♔d3 ♔e7 40.♔c4 ♔f6 41.♘d3 h5 42.e4 ♗h2 43.♘e1?!

Das ist vermutlich nicht der genaueste Zug, aber da meine Zeit knapp wurde, wollte ich erst einmal ein Wettrennen gegen den schwarzen h-Bauern verhindern.

43...♗c7 44.♘f3 ♗b8 45.♔b5 ♗c7 46.h4?

Dies vergibt den Gewinn, der vorher und auch hier noch möglich war – nämlich 46.♔c6 ♗g3 47.e5+ ♔f5 48.d5 exd5 49.♔xd5 h4 50.♘d4+ ♔g6 51.♘b5 ♔g5 52.♘d6 a4 (52...♔g6 53.♔e6 ♗f4 54.♘c4+-) 53.bxa4 b3 54.♘c4 ♔f5 55.♘e3+ ♔g6 56.♘d1 ♔f5 57.e6 ♔f6 58.a5 ♔e7 59.a6 ♗f2 60.♔c4 ♔xe6 61.♔xb3+-.

46...♗d8 47.♔c6 ♔f7?

Die Alternative 47...a4!? hatte ich übersehen, beziehungsweise die Idee ♔e7 in der Variante 48.bxa4 b3 49.♘d2 b2 50.♔b5 ♔e7! – und auf einmal kommt der König, um den a-Bauern aufzuhalten; z.B. 51.♔b4 ♗b6 52.♔b3 ♗xd4 53.♔c2 ♗f6 54.♘f3 ♗c3=.

48.♔d7 ♗b6

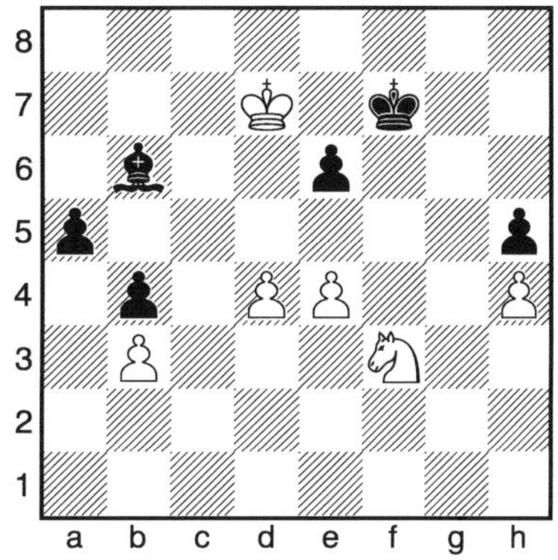

49.e5!

Nun ist die Stellung klar gewonnen, denn Schwarz ist im Zugzwang.

49...♔g6 (49...♗a7 50.d5) **50.♔xe6 a4 51.bxa4 b3 52.♘d2 b2 53.d5 ♗d8 54.♔d7 ♗xh4 55.e6 ♗g5 56.♘b1 h4 57.d6 h3 58.e7 1–0**

30
Matthias Blübaum (2514)
Vlastimil Babula (2571)
Bremen 2013 (E11)

Kommentar – Matthias Krallmann

1.d4 ♘f6 2.c4 e6 3.♘f3 ♗b4+ 4.♘bd2 0–0 5.a3 ♗e7 6.e4 d5 7.e5 ♘fd7 8.♗d3 c5 9.h4

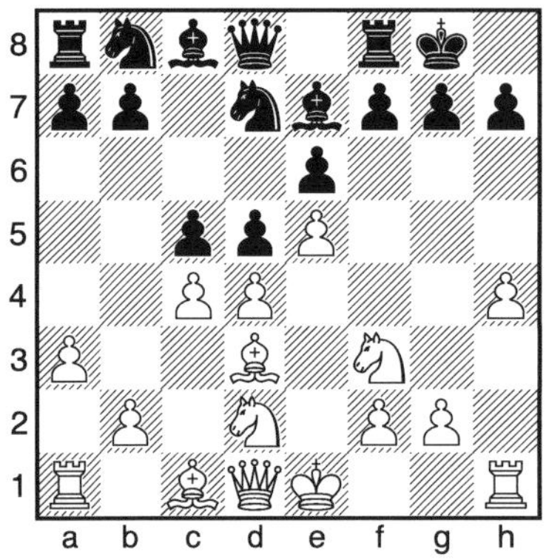

In dieser sehr aggressiven Aufstellung droht Weiß nun das klassische Läuferopfer auf h7. Doch Babula hatte bereits einmal mit Schwarz so gespielt und entsprechend ging es in der Eröffnung zügig weiter.

9...h6 10.♗b1 ♖e8

Schwarz bereitet die Überführung des Springers nach f8 vor, um sich gegen ein drohendes Matt auf h7 zuverlässig zu verteidigen. Computerprogramme wollen nun gern 11.♕c2 spielen, doch gegen diesen Aufbau konnte sich Babula in einer Partie gegen Ragger bereits einmal erfolgreich verteidigen. Also legt Matthias sich noch nicht fest, wohin er die Dame ziehen wird.

11.♕xc5 a5 12.0–0 ♘f8 13.h5 ♘bd7 14.♖e1 ♘xc5 15.♘d4 ♗g5?!

15...a4 16.♗c2 ♗d7 17.cxd5 exd5 18.♘b1 ♘fe6 19.♘c3±

16.♘b5 dxc4

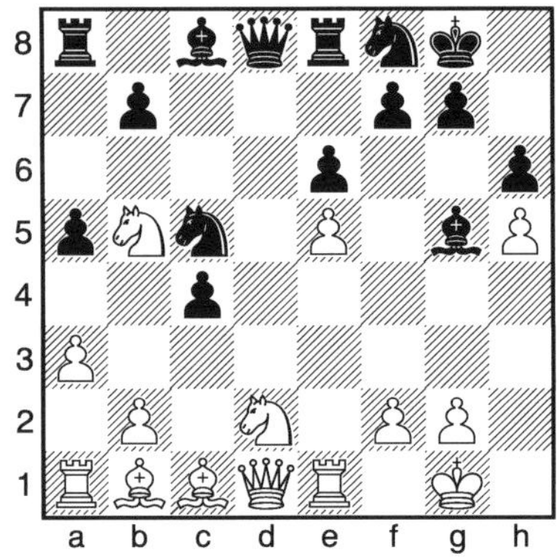

17.♘d6

Mit dem Zug ♗e7–g5 hat Schwarz die Kontrolle über d6 aufgegeben. In der Folge konnte Matthias einen Springer auf dieses Traumfeld bringen und sich somit dauerhaften Vorteil sichern.

17...♖e7 18.♕g4 ♖c7 19.♕xc4 b6 20.♕g4

20.♘f3 ♗xc1 21.♖xc1 ♗b7 22.♘xb7 ♖xb7 23.♗c2 a4 24.♖d1 ♖d7 25.♕f4±

20...f5 21.♕g3 ♗b7?!

21...♗a6 22.♘b3 ♗h4 23.♕h3 ♘b7 24.♗f4±

22.♗a2 b5 23.♘f3 ♗xc1 24.♖exc1

In dieser schwierigen Stellung lief Babula die Zeit davon und mit nur noch wenigen Minuten auf der Uhr musste er noch 16 Züge machen. Vielleicht erklärt dies den folgenden Einsteller.

24...♔h8??

Nach 24...♘e4 25.♕f4 ♘xd6 26.exd6 ♖xc1+ 27.♖xc1 ♖a6 28.♖d1 ♗xf3 29.gxf3 hat Weiß einen furchterregenden Freibauern auf d6 und steht deutlich besser, aber Schwarz kann noch kämpfen.

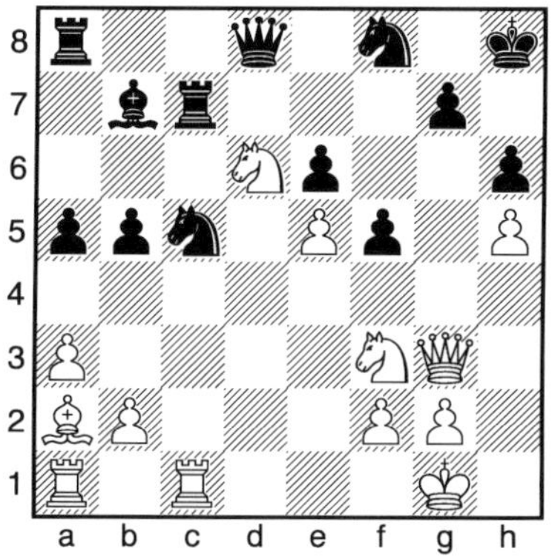

25.♖xc5 1–0

Der starke Springer bringt die Entscheidung, denn 25...♖xc5 scheitert offensichtlich an 26.♘f7+.

31

Matthias Blübaum (2518)

Tigran Harutyunian (2439)

Jugend-WM U18 2014 (A13)

Kommentar – Matthias Krallmann

1.c4

Seinerzeit wurde Matthias' Eröffnungsrepertoire immer breiter. Ursprünglich war er ein 1.d4-Spieler, aber zum Zeitpunkt dieser Partie hat er oft 1.♘f3 gespielt und nun also auch 1.c4.

1...e6 2.g3 d5 3.♗g2 ♘f6 4.♘f3 dxc4 5.♕a4+ ♘bd7 6.♕xc4 a6 7.♕c2 c5 8.♘c3 ♕c7 9.0–0 b6 10.d4 ♗b7 11.♗f4 ♗d6 12.♗xd6 ♕xd6 13.♖fd1 0–0 14.e4 ♕e7 15.♕e2 ♖fd8

15...b5 16.e5 ♘d5 17.♘xd5 ♗xd5 18.♕xc5 ♘xc5 19.♖ac1 ♖ac8 20.♕e3 ♕b7 21.♖xc5 ♖xc5 22.♕xc5 ♗xf3 23.♗xf3 ♕xf3 24.♖d6 ♕e4 25.♖xa6 ♕b1+ 26.♔g2 ♕e4+ 1/2–1/2 (29), Radjabow (2713) – Mamedyarow (2760), Shamkir 2014

16.♖ac1 b5 17.e5 ♘d5 18.♘e4

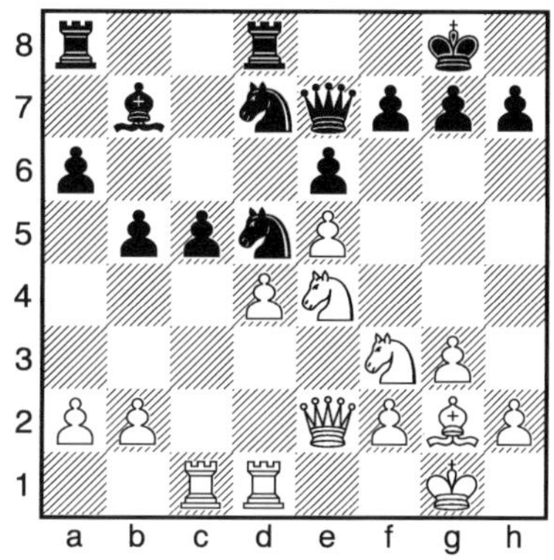

18...cxd4?!

18...c4 19.♘d6 ♗c6 20.a3±

19.♘xd4

Weiß hat aufgrund seiner aktiven Figuren Vorteil.

19...♖ab8

19...♘xe5? 20.♘c5 ♘c6 21.♘dxe6! fxe6 22.♘xb7+–

20.f4

Besser war 20.♘d6, denn auf 20...♗a8 folgt der schöne und nicht leicht vorherzusehende Sperrzug 21.♖c6! mit der möglichen Fortsetzung 21...♘7b6 22.♗xd5 ♘xd5 23.♖xa6+–.

20...♘7b6 21.♘d6

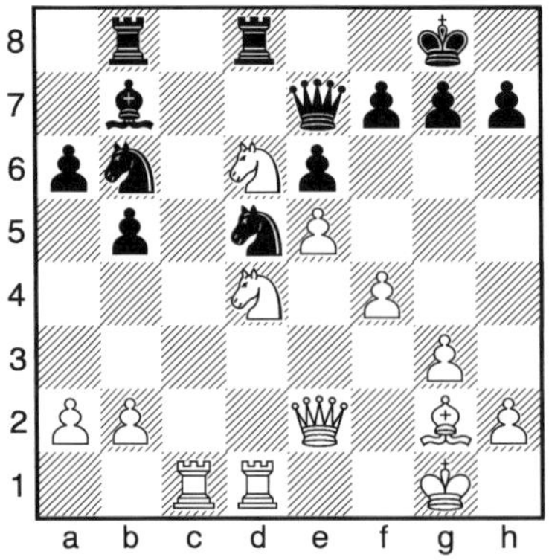

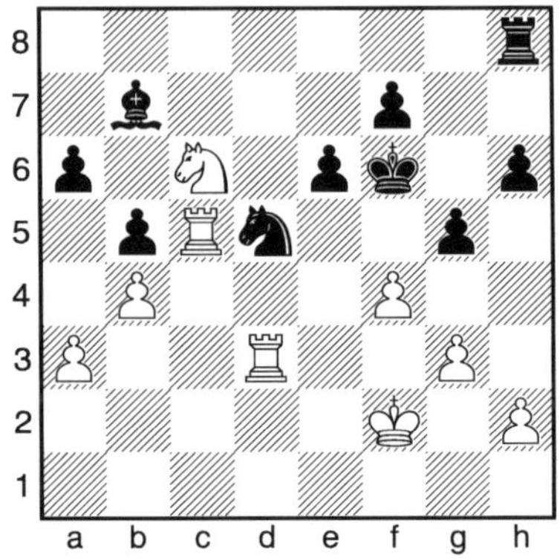

21...♖xd6

Dieses positionelle Qualitätsopfer ist die beste Chance.

21...♗a8 22.b3 ♘c8 23.♗xd5 ♗xd5 24.♘c6 ♗xc6 25.♖xc6±

22.exd6 ♕xd6 23.♘f3

23.f5

– 23...e5 24.♘b3 ♖d8 25.♘c5+–

– 23...♖e8 24.fxe6 fxe6 25.♗e4+–

23...♘c4 24.b3 ♕b6+ 25.♕f2 ♕xf2+

25...♘ce3 26.♖d3 ♘xg2 27.♕xb6 ♘xb6 28.♔xg2±

26.♔xf2 ♘ce3 27.♖d2 ♘xg2 28.♔xg2 h6 29.a3 g6

29...♘f6 30.♖d3 a5 31.♔g1 b4 32.axb4 axb4 33.♘e5 ♗d5 34.♔f1±

30.♖d3 ♔g7

30...b4

– Die Aufstellung 31.a4 ♘c3 32.♔f2 ♗d5 ist nur schwer zu knacken.

– 31.axb4 ♘xb4 32.♖d4 ♗d5 ist wesentlich zäher.

31.♔f2 ♖h8 32.♘d4 ♔f6 33.♖c5 ♖d8 34.♘c6 ♖h8 35.b4 g5

36.f5! ♔xf5?!

36...♗xc6 37.♖xc6 ♔xf5 38.♖f3+ ♔g6 39.♖xa6±

37.♖f3+ ♔e4 38.♖xf7+–

Der Rest fällt unter die sprichwörtliche Technik.

38...♗a8 39.♖c1 ♖c8 40.♖e1+ ♔d3 41.♖f3+ ♔d2 42.♖e2+ ♔d1 43.♖d3+ ♔c1 44.♔e1 ♘e3 45.♖c3+ ♔b1 46.♖exe3 ♖xc6 47.♖xc6 ♗xc6 48.♖xe6 ♗b7 49.♖b6 ♗c8 50.♖b8 ♗f5 51.♖a8 ♔b2 52.♖xa6 ♗c2 53.♔d2 h5 54.♖a5 ♗a4 55.♖xa4 1–0

32

Matthias Blübaum (2521)

Philipp Schlosser (2582)

Baden Baden 2014 (E15)

Kommentar – Matthias Krallmann

1.d4 ♘f6 2.c4 e6 3.♘f3

In seiner ersten Bundesliga-Partie gegen Philipp Schlosser hatte Matthias Katalanisch gespielt und sie endete remis. Diesmal wird es jedoch ein Damenindener.

3...b6 4.g3 ♗a6 5.b3 ♗b4+ 6.♗d2 ♗e7 7.♘c3 d5 8.cxd5 exd5 9.♗g2 0–0

10.0–0 ♗b7 11.♘e5 ♖e8 12.♖c1 ♘bd7 13.♖c2

1) 13.♘d3 a5 14.♗f4 c6 15.♖c2 ♘f8 16.♗g5 ♘e6 17.♗xf6 ♗xf6 18.e3 ♗a6 19.♕d2 ♕d6 20.♖fc1 ♖ab8 21.h4 g6 22.♘e2 ♖bc8 23.♘ef4 ♘xf4 24.♘xf4 ♗e7 25.♘d3 ♕e6 1/2 –1/2 (49), Gelfand (2773) – Karjakin (2776), Peking 2013 (CBM 156)

2) 13.♗g5 ♘f8 14.e3 c6 15.f4 ♖c8 16.♕f3 ♖c7 17.♖c2 h6 18.♗h4 ♘6h7 19.♗xe7 ♖cxe7 20.♘a4 ♕d6 21.♖fc1 ♖c7 22.♘c3 ♖ce7 23.♘d1 ♖c8 24.♘c3 ♘f6 25.♘b5 cxb5 26.♖xc8 ♗xc8 27.♖xc8 1–0 (49), Laznicka (2677) – Bologan (2672), Poikovsky 2013 (CBM 156)

13...a6 14.♗c1 ♗d6 15.♘c4 ♗f8 16.♗f4 h6 17.♘e5 ♗d6 18.♘d3

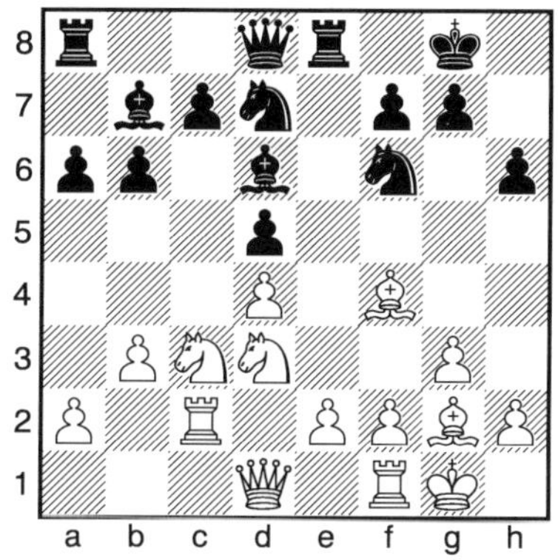

18...♘e4?!

In der Hoffnung, wichtige Zentralfelder zu kontrollieren, akzeptiert Schwarz einen Doppelbauern auf der d–Linie.

Nach 18...♗xf4 19.♘xf4 c6 20.♖e1 a5 21.♘a4 ♘b8 22.♘d3 ♗a6 23.♘e5 ♗b5 24.♘c3 ♗a6 25.e4 steht Weiß etwas bequemer, aber noch ist die schwarze Stellung fest.

19.♗xd6 cxd6 20.♘f4 ♘df6 21.e3 ♖c8 22.♕d3 ♘xc3 23.♖xc3 ♘e4 24.♖c2 ♖xc2 25.♕xc2 ♕e7 26.♖c1± g5?!

In dem Bemühen, aktiv zu spielen, lässt sich Schlosser dazu hinreißen, das Feld f5 zu schwächen.

27.♘d3

27.♘h5 ♕e6 28.h3 ♖c8 29.♕b2 f5 30.f3 ♘f6 31.♖xc8+ ♗xc8 32.♘xf6+ ♕xf6 33.♕c3±

27...♖c8 28.♕b2 a5 29.♖xc8+ ♗xc8 30.♕c2 ♗a6

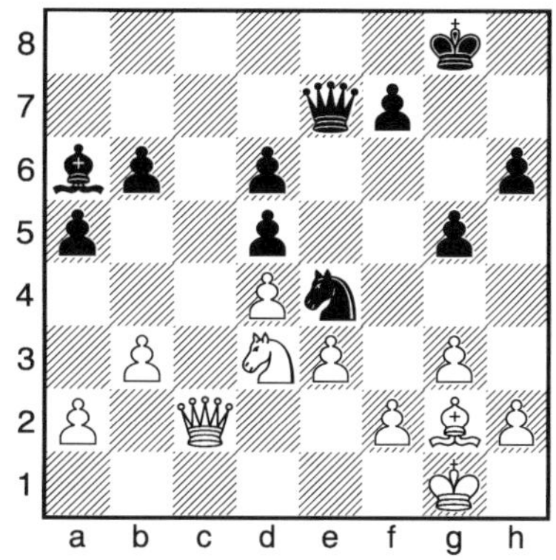

31.♘b2!

Der Springer macht sich auf den Weg nach e3, von wo er die beiden Schwachstellen d5 und f5 angreift. Zuvor muss allerdings noch f2–f3 und e3–e4 gespielt werden.

31...♕b7 32.a3 ♔g7 33.♘d1 ♗b5

33...g4 34.h3 h5 35.h4 ♕d7 36.♘b2 ♕f5 hätte den schwarzen Plan erschwert.

34.f3 ♘f6 35.e4

Ruhige Vorbereitungszüge halten einen kleinen Vorteil fest, aber im Hinblick auf die gegnerische Zeitnot forciert Weiß das Spiel. Denn während Schwarz nur noch gut eine Minute für die sechs Züge bis zur Zeitkontrolle hatte, verfügte er noch über gut sechs Minuten.

35...♕e7?!

35...♕c6 36.♕xc6 ♗xc6 37.♘c3 g4=

36.♘e3 ♗d7?

36...♕e6 37.h3 dxe4 38.fxe4 ♗d7 39.♘f5+ ♔f8 40.♕c7 ♘xe4 41.♕d8+ ♗e8 42.♗xe4 ♕xe4 43.♕xd6+ ♔g8 44.♘xh6+ ♔g7 45.♘g4±

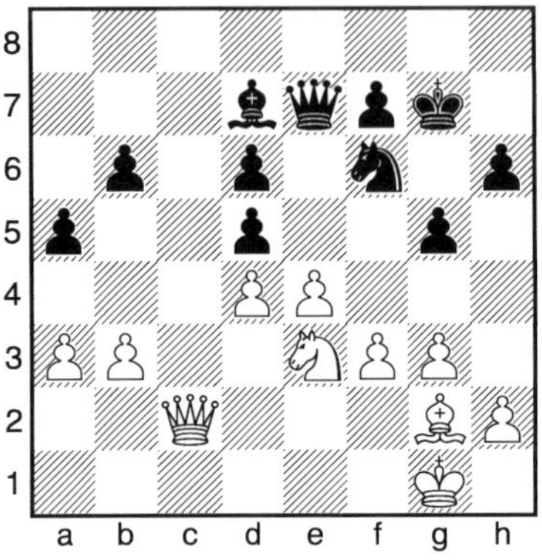

37.♕c7

Jetzt ist Matthias im Vorteil und verwertet diesen auch, obwohl Schwarz noch ein Remis hätte schaffen können (siehe Anmerkung zum 62. Zug).

37...♔f8 38.♕b8+

38.♕xb6 dxe4 39.fxe4 ♔g7 40.♕c7+− bzw. 39...♘xe4 40.♘d5 ♕e6 41.♗xe4 ♕xe4 42.♕xd6+ +− wäre klarer gewesen.

38...♔g7 39.♕xb6 dxe4 40.♕b7 ♕e8 41.fxe4 ♔g6 42.♘d5

42.♘c4 ♗c6 43.♕c7 ♘xe4 44.♘xd6 ♘xd6 45.♕xd6+ +−

42...♘xd5 43.♕xd5 ♕b8 44.h3 ♗e6 45.♕xa5 ♕xb3 46.♔h2 ♕b8 47.♕a6 ♔g7 48.♕c6 ♗b3 49.♕c3 ♗a4 50.e5 dxe5 51.♕xe5 ♕b3 52.♕d4 ♕xa3 53.e6+ ♔g6 54.exf7 ♔xf7 55.♗d5+ ♔e7 56.♕g7+ ♔d8 57.♕xh6 ♕b2+ 58.♗g2 ♕e5 59.h4 ♗e8 60.hxg5 ♔e7 61.♕h4 ♗g6 62.♕b4+ ♔e8?

Nach zäher Verteidigung hatte Schwarz hier noch eine große Remischance − nämlich 62...♕d6! 63.♕f4 ♕e6 64.♗f1 ♕f5.

63.♗c6+ ♔f7 64.♕f4+ ♔e6 65.♗d7+ ♔d6 66.♗h3 ♔d5 67.♕d2+ ♔c6 68.♗g2+ ♔c7 69.♕f4 ♔d6 70.♗f1 ♔d5 71.♗c4+ ♔d6 72.♔h3 1−0

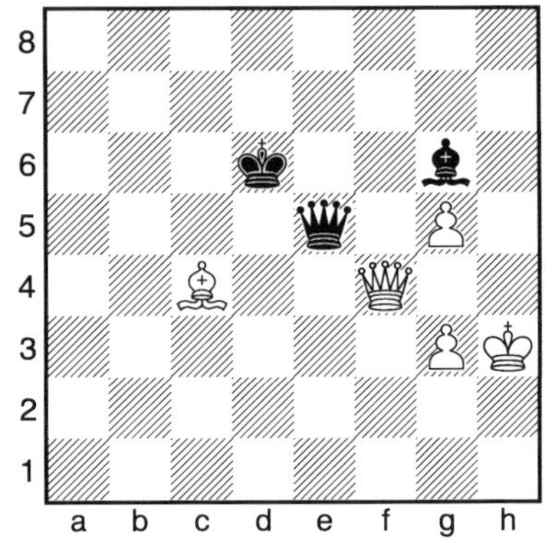

Eine ästhetische Gewinnführung. Schwarz ist im Zugzwang.

33

Imre Hera Jr. (2587)

Matthias Blübaum (2576)

Bundesliga 2015 (A13)

Kommentar

Matthias Blübaum (M.B.)

Matthias Krallmann (M.K.)

1.c4 e6

M.K.: Bis zum Zeitpunkt dieser Partie hatte Matthias auf 1.c4 vorwiegend 1...c6 gespielt, aber er erweiterte sein Eröffnungrepertoire kontinuierlich.

2.♘f3 d5 3.g3 ♘f6 4.♗g2 d4

M.K.: Schwarz nutzt die Gelegenheit, die Initiative zu übernehmen. Nach 4...c5 5.d4 hätte die Tarrasch−Verteidigung oder Katalanisch entstehen können, während die Sache in der Partie auf 'Modernes Benoni im Anzug' hinausläuft. Mit Weiß spielt Matthias sehr gerne gegen diese scharfe Eröffnung. Warum also soll man es nicht auch einmal mit einem Minustempo versuchen?

5.0–0 c5 6.e3 ♘c6 7.exd4 cxd4 8.d3 ♗d6 9.♘a3 e5

9...0–0 10.♘c2 e5 11.b4

10.♖e1

10.c5 ♗c7 (10...♗xc5 11.♘c4) 11.♖e1 0–0

10...0–0 11.c5

M.B.: Weiß nutzt sein Mehrtempo, um am Damenflügel aktiv zu werden.

11...♗c7 12.♗g5

12.♘c4 ♖e8 13.♗g5 h6 14.♗xf6 ♕xf6 15.♘fd2 ♗f5 16.♘e4 ♗xe4 17.♗xe4 ♕e7 18.♗xc6 bxc6 19.b4 ♕e6 20.f4 ♕d5 21.fxe5 a5 22.a3 axb4 23.axb4 ♖xa1 24.♕xa1 ♗xe5 25.♖e4 1/2–1/2 (42), Bofill Mas (2353) – Oms Pallisse (2475), Linares 2013 (CBM 156 Extra)

12...h6 13.♗xf6 ♕xf6 14.♘d2 ♗e6 15.♘ac4 ♕d8 16.♗xc6?!

M.B.: Das ist keine Abwicklung, mit der man realistische Chancen auf Vorteil hat. Ich war überrascht von diesem Zug und vermutete, Hera könnte in der folgenden Variante übersehen haben, dass der Bauer auf b2 hängt.

Weiß hätte die Figuren auf dem Brett lassen und versuchen sollen, etwas aus seinem leichten Entwicklungsvorsprung zu machen; z.B. 16.♖c1 ♗d5 17.a3

– 17...a5 18.♗xd5 ♕xd5 19.♕f3 ♕xf3 20.♘xf3 f6 21.♘fd2±

– 17...f6 18.♕g4 ♗xg2 19.♔xg2 ♕d5+ 20.♕f3 ♕xf3+ 21.♘xf3±

16...bxc6 17.♘xe5 ♗xe5 18.♖xe5 ♕b8

19.♖e2

19.♘f3

– 19...♗g4 20.♖e1 ♕xb2 21.♕d2 ♕xd2 22.♘xd2 ♗f5=

– 19...♕xb2 20.♖b1

– 20...♕xa2 21.♘xd4 ♗d5 22.♘f5 ♗f3

– 20...♕c3 21.♖c1 ♕b4 22.♖b1 ♕c3= (M.B.)

19...♕xb2 20.♘b3 ♕a3

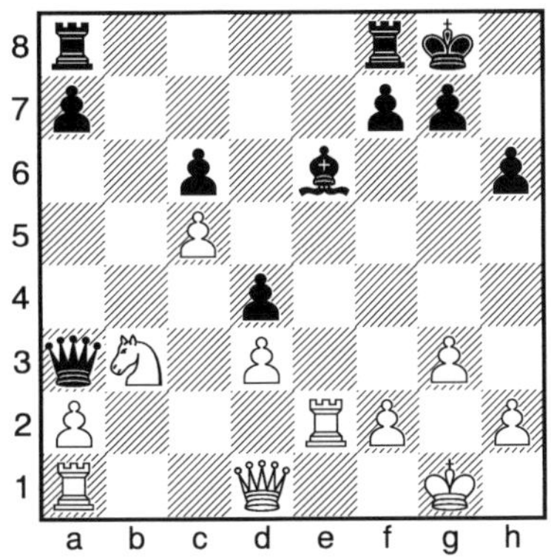

21.♘xd4?

M.K.: Matthias hatte den starken Zug 21.♖e4 in der Partie gesehen, war jedoch davon ausgegangen, dass er in dem entstehenden Schwerfigurenendspiel nur geringe Gewinnchancen gehabt hätte; z.B. 21...♗xb3 22.axb3 ♕xc5 23.♕c1

– 23...♕b6 24.♕c4 c5 25.♖a6 ♕b7 26.♖a5=

– 23...♕d5 24.♕c4 ♕xc4 25.bxc4 c5 26.♖e7 a5 27.♖c7=

M.B.: Hier sind alle weißen Schwerfiguren aktiv und Schwarz wird es sehr schwer haben, seinen Mehrbauern zu realisieren. Heras Lösung ist so nicht gut. Am Ende verliert er auch einen Bauern, aber er bekommt keine Kompensation.

21...♗g4 22.f3

M.K.: Weiß verband diesen Zug mit einem Remisangebot, aber natürlich lehnte Matthias ab, da er bereits besser steht.

22...♕xc5 23.fxg4

23.♖e4 ♗xf3 24.♕xf3 f5∓ (M.B.)

23...♕xd4+ 24.♖f2

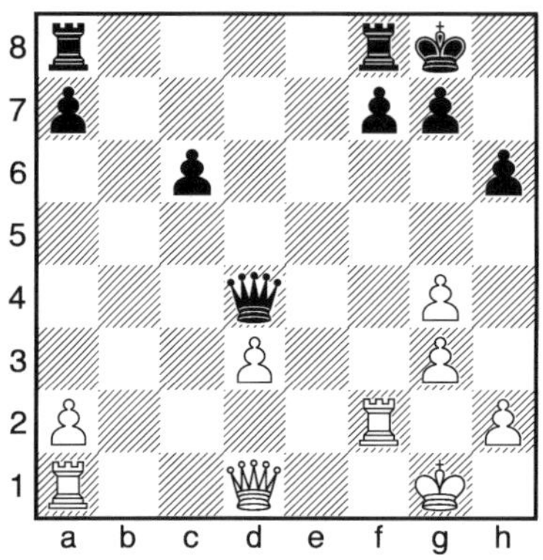

24...♖ab8!∓

M.B.: Mein erster Gedanke war 24...f5 25.gxf5 ♖xf5 26.♕b3+ ♔h8 27.♕b2 ♕xd3 28.♕c2=, aber das Doppelturmendspiel schätzte ich als remis ein.

25.♖c1 ♖b2 26.♖cc2 ♖xc2 27.♕xc2 ♕xg4 28.♕xc6 ♕d1+ 29.♔g2 ♕xd3

M.K.: Es ist gewiss nicht einfach, diesen Mehrbauern zu verwerten, aber Matthias ist in solchen technischen Stellungen sehr stark.

30.♕b7 a6 31.h4 ♕c4 32.♔h2 ♖e8 33.♕b3 ♕c7 34.♕f3 a5 35.♕d5?!

M.B.: Auch wenn Weiß sich abwartend verhält, wird er langsam aber sicher zusammengeschoben; z.B. 35.♔g2 a4 36.♔h2 ♕c4 37.♔g2 ♖e4 38.♔h2 ♕e6 39.♔g2 f6 Δ♕e5 und ♖e3 mit schwarzem Vorteil.

35...♖e3 36.♕g2 ♕e5 37.♖d2 ♖e4 38.♔h3 f5 39.♕f3 ♔h7 40.♖f2 ♔g6 41.♖g2 ♖e3 42.♕c6+ ♔h7

M.B.: Während der Partie hatte ich die Idee 42...♔h5, spielte dann aber doch einen solideren Zug.

43.h5 f4

M.B.: Bei dieser Bauernstruktur sind Damenendspiele in der Regel gewonnen, Turmendspiele hingegen meistens remis.

43...♕f4 44.♕g6+ ♔g8

– 45.♔h2 ♕f3 46.♖c2 ♖e2+ 47.♖xe2 ♕xe2+ 48.♔h3 ♕e4∓

– 45.♕e8+ ♖xe8 46.gxf4 ♖e4 47.♖f2 ♖a4∓

44.♕c2+ ♖e4

44...♔g8 45.♕c8+ ♔f7 46.♕d7+ ♔f8 47.♕d8+ ♕e8 48.♕d6+ ♔g8∓

45.g4 f3

45...♔h8 46.♕c8+ ♕e8 47.♕xe8+ ♖xe8 48.♖f2 ♖e3+ 49.♔h2 a4=

46.♖g3 ♕f4

46...♕e6 47.♕d3 f2 48.♔g2 ♕c4 49.♕xc4 ♖xc4 50.♔xf2 ♖c2+ 51.♔e1 ♖xa2 52.♔d1 ♖b2=

47.♕d3 f2 48.♔g2 ♔g8 49.♕d5+ ♔h7 50.♕d3 ♔g8 51.♕d8+

51.♕d5+ ♕f7 (51...♔f8 52.♕d8+ ♔f7 53.♕d5+) 52.♕xf7+ ♔xf7 53.♔xf2 ♖a4 54.a3 ♔f6=

51...♔f7 52.♖f3?

M.K.: Bei optimaler Verteidigung hätte Weiß noch ein Remis schaffen können: 52.♕d5+ ♔f8 (52...♔e7 53.♕c5+ ♔f6 54.♕f8+ ♔e6 55.♕e8+ =) 53.♕c5+ (53.♕d8+?? ♖e8–+) 53...♔g8 54.♕d5+ ♕f7 55.♕xf7+ ♔xf7 56.♖f3+ =

Aber wie es so oft der Fall ist, bricht der Verteidiger irgendwann zusammen.

52...♕xf3+ 53.♔xf3 f1♕+ 54.♔xe4 ♕e2+ 55.♔f4

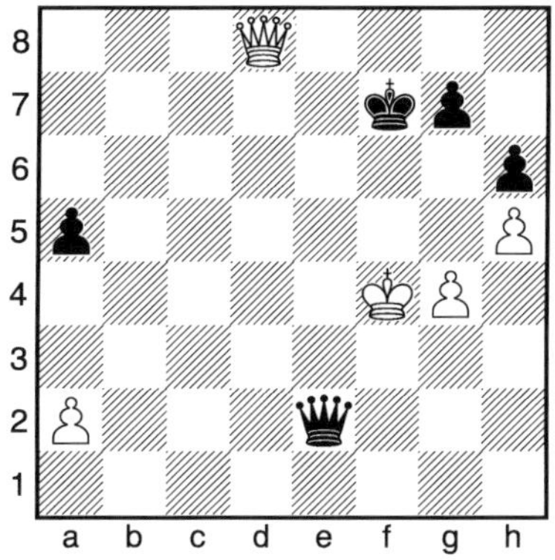

55...♕f2+!

M.K.: Dieses schlaue Zwischenschach hatte Weiß höchstwahrscheinlich übersehen. Sein König wird nun auf ungünstige Felder getrieben und er verliert die Möglichkeit, auf der Diagonale b1–h7 Schach zu bieten.

55...♕xa2 56.♕d7+ ♔g8 57.♕d8+ ♔h7 58.♕d3+ ♔h8 59.♕d8+ ♕g8 60.♕xa5=

56.♔e4

56.♔e5 ♕h2+!

56...♕xa2 57.♕d7+ ♔g8 58.♕c8+ ♔h7 59.♕a6?

59.♕f5+ ♔h8 60.♕c8+ ♕g8 61.♕c6 ♕d8∓

59...♕c2+ 60.♔f3 a4–+ 61.♔f4 ♕d2+ 62.♔f3 ♕c3+ 63.♔g2 ♕b2+ 64.♔g3 ♕b3+ 65.♔h4 a3 66.♕g6+ ♔h8 67.♕e8+ ♕g8 68.♕a4 a2 69.♔h3 ♕e6 70.♕a3 ♕d5 71.♕f8+ ♔h7 72.♕f1 ♕b3+ 73.♔h4 ♕b1 0–1

M.K.: Starke Technik!

34

Vladislav Nevednichy (2569)
Matthias Blübaum (2588)

Länderkampf Rumänien – Deutschland
Medias 2015 (C00)

Kommentar – Matthias Blübaum

1.e4 e6 2.d3 d5 3.♕e2 ♘c6 4.♘f3 d4!?

Durch diesen Vorstoß erhält Schwarz eine vernünftige Stellung. Außerdem gibt es dazu kaum Theorie.

5.c3

5.e5 ♕d5 6.c4 ♕a5+ 7.♗d2 ♕b6 8.♗c1 f6 9.exf6 ♗b4+ 10.♘bd2 ♘xf6 11.g3 ♗xd2+ 12.♘xd2 e5 13.♗g2 ♗g4 14.f3 ♗h5 15.0–0 0–0= 0–1 (42), Gopal (2550) – Vallejo Pons (2707), Caleta 2014 (CBM 159)

5...e5 6.g3 ♗g4 7.♘bd2 ♗e7 8.h3 ♗e6 9.♗g2 ♕d7 10.c4?!

Von dieser merkwürdigen Entscheidung war ich sehr überrascht, zumal ich eigentlich nur 10.cxd4 exd4 11.a3 a5= berechnet hatte.

10...a5 11.a3 ♖b8?!

11...h6!? sollte besser sein, da 12.♘xe5 ♘xe5 13.f4 ♘c6 14.f5 ♗d6∓ dann nicht so gut wäre (siehe nächste Anmerkung).

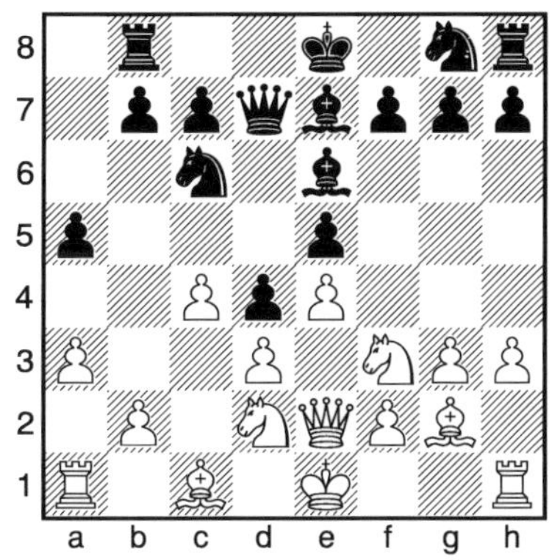

12.♕d1

12.♘xe5! habe ich zwar gesehen, aber die Stellung danach falsch eingeschätzt. Dieses Scheinopfer entlastet den unter Raumnachteil leidenden Weißen ein wenig, aber Schwarz hat auch hier die besseren Chancen; z.B. 13.f4 ♗d6 (13...♘c6 14.f5 ♕d6? 15.e5!) 14.fxe5 ♗xe5 15.♕f2 ♘e7 16.♘f3 ♘g6∓.

12...h6 13.♖b1?!

13.♘g1!? Δ13...♘f6 14.♘e2∓ wäre interessant gewesen, aber das habe ich während der Partie gar nicht gesehen.

13...♘f6

Nun steht Schwarz klar besser.

14.♕a4 0–0 15.♕b5 ♕d6 16.0–0 ♘d7 17.♘e1

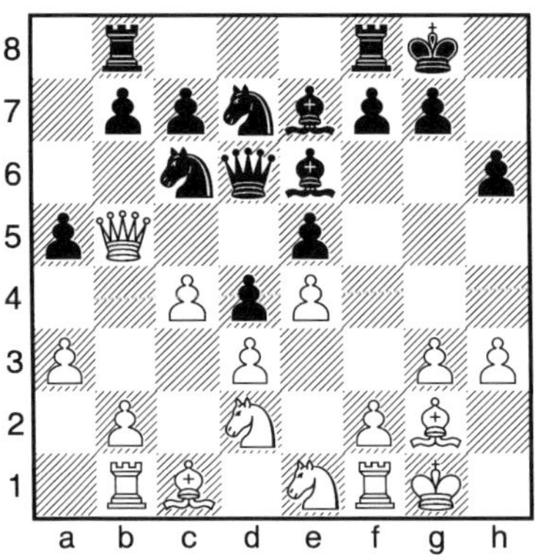

17...♘c5!

Die weiße Dame wird nun eingesperrt.

18.b4 axb4 19.axb4 ♘a6 20.c5 ♕d7 21.♔h2 ♖a8

21...b6! hätte sofort gewonnen, aber in der Partie habe ich darüber gar nicht nachgedacht: 22.♕xa6 ♖a8 23.♕b5 bxc5–+ nebst ♖fb8 und die Dame ist nicht mehr zu retten.

22.♘c4 ♖fb8 23.♗d2 ♕c8

In der Partie ärgerte ich mich, dass ich erst ♕c8 und dann ♕e8 gespielt habe, aber witzigerweise war dies wohl sogar genauer. Nach beispielsweise 23...♕e8 24.♘xe5! ♘xe5 25.♕xe8+ ♖xe8 26.f4∓ gewinnt Weiß die Figur zurück, aber zum Ausgleich reicht auch das nicht.

24.♘b2 ♕e8 25.♖a1

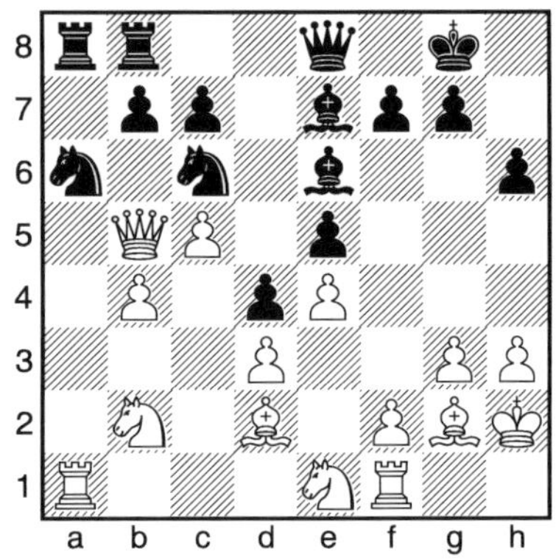

25...♘cxb4–+

Der Rest ist ziemlich einfach, da Schwarz ganze zwei Mehrbauern hat.

26.♕xe8+ ♖xe8 27.f4 ♘c6 28.♘f3 ♘xc5 29.fxe5 ♘b3 30.♖ab1 ♘xd2 31.♘xd2 ♘xe5 32.♘bc4 ♘xd3 33.♖xb7 ♖ec8 34.♖fb1 ♖a2 35.♔g1 ♗g5 36.♖d1 ♖c2 37.♗f1 ♗e3+ 38.♘xe3 dxe3 39.♗xd3 ♖xd2 40.♖xd2 exd2 41.♗e2 c5 42.♖b2 ♖d8 43.♗d1 c4 44.♖c2 ♖d3 0–1

35

Matthias Blübaum (2628)
Benjamin Gledura (2550)
Bad Ragaz 2016 (D80)

Kommentar – Matthias Krallmann

1.d4 ♘f6 2.c4 g6 3.♘c3 d5 4.♗g5 ♗g7 5.♗xf6

Das war seinerzeit Matthias' Variante gegen Grünfeld-Indisch. Wenige Wochen vorher hatte er damit in Moskau den starken Polen Dariusz Swiercz in Verlegenheit gebracht. Dieser war in Nachteil gekommen, hatte sich jedoch erfolgreich verteidigt.

5...♗xf6 6.cxd5 c5 7.♘f3 cxd4 8.♘xd4 ♕b6 9.♘b3 0–0 10.♕d2 ♗f5N

Der junge Benjamin Gledura, der beim Gibraltar-Open keinen Geringeren als Vishy Anand bezwungen hatte, bringt eine theoretische Neuerung.

1) 10...a5 11.♖d1 ♖d8 12.e4 a4 13.♘d4 ♘c6 14.♘db5 a3 15.♘xa3 ♖xa3 16.bxa3 ♘d4 17.♗d3 ♕c5 18.0–0 ♕xa3 19.♘b5 ♘xb5 20.♗xb5 h5 21.♕e2 ♗e5 22.f4 ♗g4 23.♕f2 ♗b8 24.♖d3 1–0 (39), Al Sayed (2520) – Darini (2501), Al Ain 2015 (CBM 167 Extra)

2) 10...♖d8 11.g3 a5 12.♗g2 a4 13.♘c1 a3 14.♖b1 axb2 15.♖xb2 ♕d4 16.♕xd4 ♗xd4 17.♖b3 ♘d7 18.e3 ♗g7 19.♘d3 ♘b6 20.♘b4 ♘c4 21.♘b1 ♗f5 22.e4 ♗d7 23.0–0 ♗a4 24.♖d3 ♘b2 25.♖d2 ♘c4 26.♖d3 ♘b2 27.♖d2 ♘c4 1/2–1/2, Boruchovsky (2517) – Greenfeld (2544), Tortoreto 2015 (CBM 166 Extra)

11.e3 ♘a6 12.♗xa6 ♕xa6 13.♘d4 ♗d3 14.0–0–0

Dieser Zug leitet eine forcierte Abwicklung in ein besseres Turmendspiel ein.

14...♗xd4 15.♕xd3 ♗xc3 16.♕xa6 ♗xb2+ 17.♔xb2 bxa6

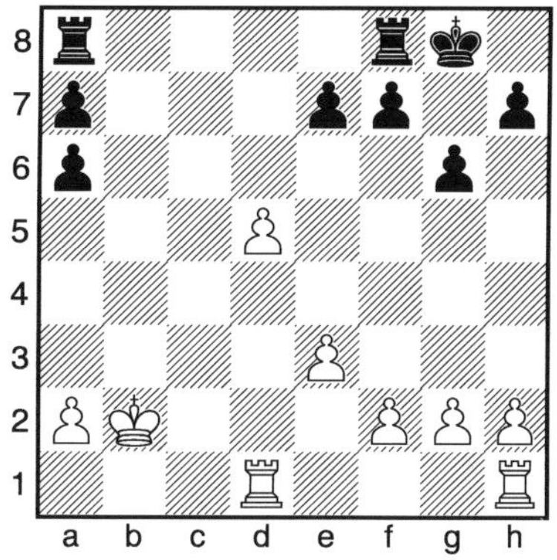

In diesem Endspiel verfügt Weiß über zwei Vorteile.

1. Er hat die bessere Bauernstruktur und kann in der d-Linie einen Freibauern bilden.

2. Er verfügt über die leicht aktiveren Figuren. Vor allem wird auch die Aktivität des Königs im weiteren Verlauf noch eine wichtige Rolle spielen.

18.♖d3 ♖ab8+ 19.♖b3 ♖b6 20.e4 f5

20...♖d8 21.♖c1 f5 22.f3 fxe4 23.fxe4 e6 24.♖c5±

21.e5 ♖d8 22.♖d1 ♔f7 23.♖dd3 ♖b5 24.♖xb5 axb5 25.♔c3 a5 26.♔d4 b4 27.a3 ♖c8 28.axb4 axb4 29.♖b3 ♖c2 30.f4 ♖xg2 31.♖xb4

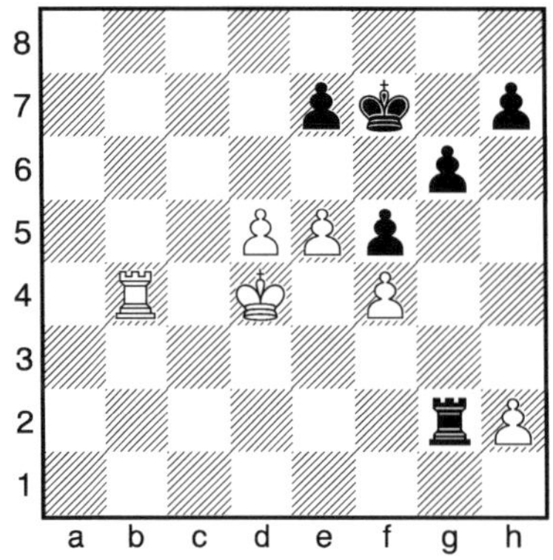

31...♖d2+?

31...g5

– 32.♔e3 gxf4+ 33.♖xf4 ♖xh2 34.♖xf5+ ♔e8=

– 32.fxg5 ♖xg5 33.♖b8 ♖g4+ 34.♔c5 ♖e4 35.e6+ ♔f6 36.♖f8+ ♔e5 37.♖f7 ♖e2 38.♔c6 ♖xh2 39.♖xe7 ♖c2+ 40.♔d7 ♖c5=

32.♔c4 ♖c2+ 33.♔d3 ♖c7

33...♖c8 34.♖b7 ♔e8 35.♔d4 ♖a8 36.h4

– 36...♖a4+ 37.♔c5 ♖xf4 38.d6 exd6+ 39.♔xd6 ♖xh4 40.♔e6 ♔d8 41.♔f7+–

– Nach 36...h6 37.e6 ♖a4+ 38.♔c5 ♖a5+ 39.♔c6 ♖a8 40.♔c7 bringt der aktive König die Entscheidung.

34.♖a4

Matthias entscheidet sich fürs Lavieren, um Schwarz die unangenehme Aufgabe zu überlassen, seine passive Stellung zusammenzuhalten.

34.♖b8 ♔g7 35.e6 h6 36.♔d4 ♖a7 37.♖e8 g5 38.♔e5+–

34...h6 35.e6+ ♔f6?

35...♔g7 36.♖a8 g5 37.fxg5 hxg5 38.♔d4 ♖c1=

36.♖a8 g5 37.♖f8+ ♔g6 38.fxg5 hxg5 39.♖f7 ♖a7 40.♔d4 f4 41.♔e5 ♖b7 42.♔d4 ♖c7 43.h3?

43.d6 ♖c6 44.d7 ♖xe6 45.♖xe7 ♖xe7 46.d8♕+–

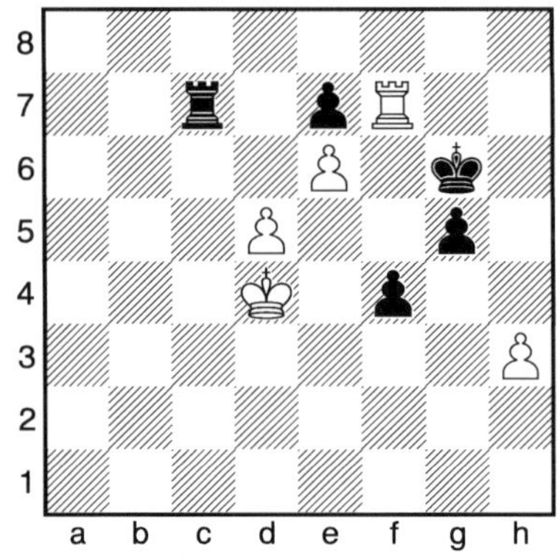

43...f3?

Erst nach diesem sinnlosen Zug ist die Partie für Schwarz endgültig verloren.

43...♖a7 44.♔c5 ♖c7+ 45.♔b6 ♖c4 46.♖xe7 f3 47.♖f7 ♖f4 48.♖xf4 gxf4 49.♔c7 ♔f6 50.♔d8 f2 51.e7 f1♕ 52.e8♕ f3 53.♕e6+ ♔g7 54.♕g4+ mit besserem Damenendspiel für Weiß.

44.♖xf3 ♖c1 45.♖f8 ♖h1 46.♔c4 ♖d1 47.♔c5 ♖c1+ 48.♔b6 ♖b1+ 49.♔c6 ♖d1 50.♖f3 ♖d2 51.♖f7 ♖c2+ 52.♔b5 ♖d2 53.♔c4 ♖c2+ 54.♔d3 ♖c5 55.♔d4 ♖c7 56.♔e5 ♖b7

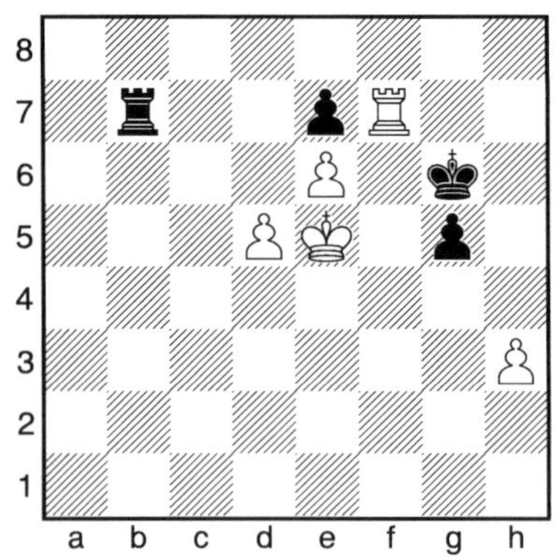

57.♖xe7! ♖xe7 58.d6 ♖a7 59.d7 ♖a8 60.e7 1–0

36

Matthias Blübaum (2632)
Arkadij Naiditsch (2700)
Europameisterschaft (Einzel)
Minsk 2017 (D35)

Kommentar – Matthias Krallmann

1.d4 ♘f6 2.c4 e6 3.♘c3 d5 4.cxd5 exd5 5.♗g5 c6 6.e3 ♗f5 7.♕f3 ♗g6 8.♗xf6 ♕xf6 9.♕xf6 gxf6 10.♘f3 ♘d7 11.♘h4 ♘b6 12.f4 h5N

12...f5 13.♗d3

1) 13...♗e7 14.♘xf5 ♗b4 15.0–0–0 ♗xf5 16.♗xf5 ♘c4 17.♗d3 ♗xc3 18.bxc3 h5 19.♗xc4 dxc4 20.d5 ♖c8 21.e4 h4 22.♖hf1 cxd5 23.♖xd5 ♖h6 24.♖f2 ♖c7 25.f5 f6 26.♔d2 ♖g7 27.♔e3 h3 28.g3 ♖xg3+ 29.hxg3 h2 30.♖fd2 1–0, Ju, W. (2568) – Pham (2335), Abu ♕habi 2016 (CBM 171 Extra)

2) 13...♘c4 14.♗xc4 dxc4

a) 15.a4± 1/2–1/2 (31), Williams (2439) – Hawkins (2563), London 2015

b) 15.♔f2 c5 16.♖hd1 ♖c8 17.♖ac1 ♗e7 18.♘f3 ♗h5 19.♘d5 b5 20.b3 cxb3 21.axb3 c4 22.bxc4 bxc4 23.♖a1 1–0 (48), Carlsen (2838) – Sharafiev (2433), chess.com INT 2017

13.♔f2 ♘c8

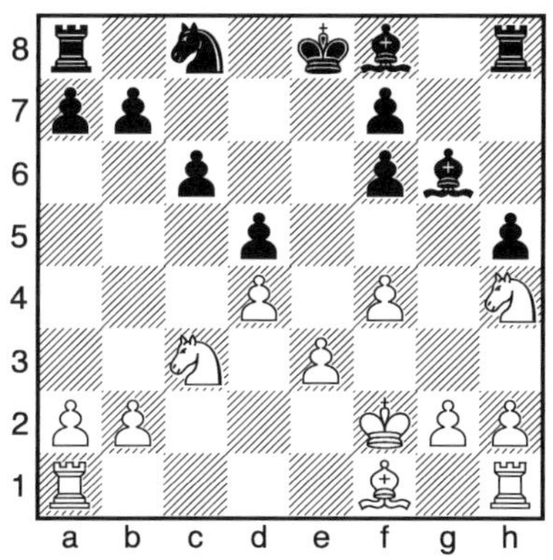

Nun droht Schwarz quasi, mit ♘c8–d6 das wichtige Feld f5 unter Kontrolle zu nehmen. Weiß muss also handeln und selbst f4–f5 spielen, um somit den ♗g6 langfristig vom Spiel auszuschließen.

14.f5! ♗h7 15.h3 ♘d6 16.g4

Computerprogramme realisieren hier noch nicht, dass Weiß klaren Vorteil hat, doch der ♗h7 ist nun mal dauerhaft ausgesperrt.

16...♔d7 17.♗d3 ♗h6 18.♘g2 ♖ae8 19.♔f3 ♖e7 20.♘f4 ♗g5 21.♖ae1 ♖he8 22.e4

Ein Computer würde die Stellung etwa folgendermaßen behandeln: 22.♘fxd5 cxd5 23.♘xd5 ♔c8 24.♘xe7+ ♖xe7 25.♖c1+ ♔b8 26.♖he1+–.

Allerdings will Matthias seinem namhaften Gegner keinerlei Schwindelchancen geben.

22...hxg4+ 23.hxg4 ♗xf5

Schwarz gibt eine Figur für zwei Bauern, was in der strategisch verlorenen Position noch seine beste praktische Chance ist.

24.gxf5 ♘xf5 25.♘g2 ♗d2?!

25...♘xd4+ 26.♔f2 dxe4 27.♘xe4 ♖e5

– 28.♘g3 ♖8e7 29.♖xe5 fxe5 30.♘e4 f6 31.♘xg5 fxg5 32.♔e3±

– 28.♖h7 ♖f5+ 29.♔g3 ♖f3+ 30.♔h2 ♖xd3 31.♘c5+ ♔d6 32.♘xd3 ♘f3+ 33.♔g3 ♘xe1 34.♘gxe1 c5 35.♘c2±

26.exf5 ♖xe1

26...♗xe1 scheitert an 27.♘xd5.

27.♘xe1 ♖xe1 28.♖xe1 ♗xe1 29.♔e3

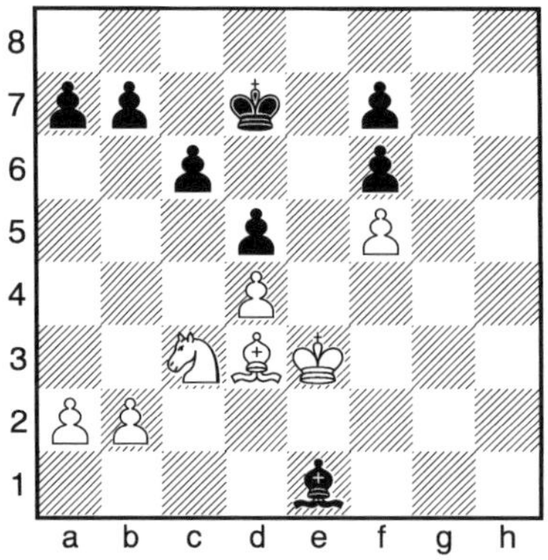

Dieses Endspiel ist für Matthias eine Frage der Technik.

29...a5 30.♘a4 ♔d6 31.♗e2 ♗g3 32.♘c5 b6 33.♘a4 b5 34.♘c5 ♔e7 35.a4 b4 36.♘b3 ♗c7 37.♔f3 1–0

37

Matthias Blübaum (2633)

Mladen Palac (2548)

Lieme 2018 (E11)

Kommentar

Matthias Blübaum (M.B.)

Matthias Krallmann (M.K.)

1.d4 ♘f6 2.c4 e6 3.g3 ♗b4+ 4.♗d2 ♗e7 5.♗g2 d5 6.♘f3 0–0 7.0–0 ♘bd7 8.♕c2 c6 9.♖d1 b6 10.b3 a5 11.♗c3 ♗b7 12.♘bd2 ♕c7 13.♖ac1 c5 14.♕xc5 bxc5 15.cxd5 exd5 16.♘e1 ♕b8

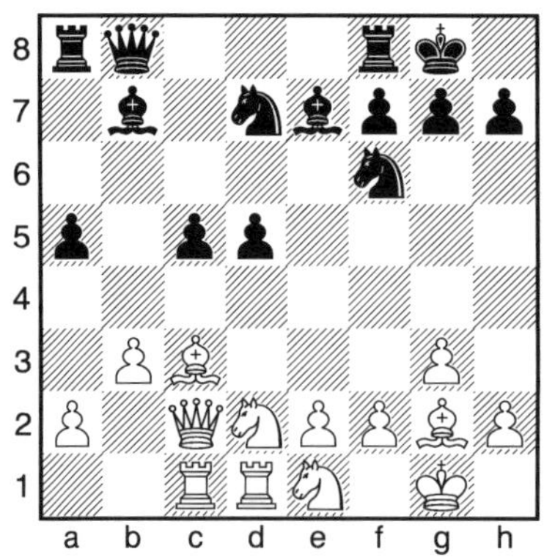

17.♗xf6

M.K.: Matthias verbessert damit eine eigene Vorläuferpartie.

17.e4 d4 18.♗b2 a4 19.♘d3 axb3 20.axb3 ♖c8 21.♖a1 ♗c6 22.♘c4? (22.♖xa8 ♕xa8 23.f3=) 22...♗xe4 23.♗xe4 ♘xe4 24.♕e2 ♖xa1 25.♖xa1 ♘df6 26.f3 ♘g5 27.♕xe7 ♖e8 28.♕xc5 ♘xf3+ 29.♔f2 ♘e4+ 30.♔xf3 ♘xc5 31.♘xc5 ♕c8 32.♘d3 ♕f5+ 33.♘f4 g5 34.♘d6 g4+ 35.♔g2 ♕c2+ 36.♔g1 ♕xb2 0–1 (36), Blübaum, M. (2600) – Babula (2552), Zillertal 2015

17...♘xf6 18.e4 ♖a7

18...♖d8 19.exd5 ♘xd5 20.♘e4 ♘b4 21.♕b1 ♖xd1 22.♖xd1 ♕c7=

19.exd5 ♘xd5 20.♘e4 ♘b6

20...♖c8 21.♕e2 ♖e8 22.♕g4±

21.♕b1 ♖c8 22.♗h3 ♖c6

M.B.: 22...♕e5 habe ich auch berechnet, da es interessant für Schwarz aussah; z.B. 23.♗xc8 (23.♘c3±) 23...♗xe4 24.♘d3 (24.f4? ♗xb1 25.fxe5 ♗xa2 26.♖c3 a4–+) 24...♕h5 25.♖e1 ♕f3 (25...♗a8 26.♘xc5!±) 26.♖xe4 ♕xe4 27.♖e1±.

23.♘c3 c4

23...a4 24.bxa4 ♖h6

(24...♘xa4 25.♘d5 ♗f8 26.♘f3 ♖b6 27.♘xb6 ♗xf3=)

25.♗g2 ♗xg2 26.♘xg2 ♕a8 27.♖e1 ♗f8 28.♕b5 ♖c6

(28...♘xa4? 29.♘xa4 ♖xa4 30.♖e8 ♖b4 31.♖xa8 ♖xb5 32.a4 M.K.: Weiß hat ein besseres Endspiel, da der schwarze c-Bauer nach ♘e3 nichts wert ist.)

29.♖e4 Weiß hat das angenehmere Spiel.

24.♗g2 ♖c8 25.bxc4 ♗xg2 26.♘xg2 ♖b7

M.B.: 26...♘xc4 27.♕xb8 ♖xb8 28.♘d5

♘e5= sah mir einfacher als der Textzug aus.

27.♕d3 ♘xc4 28.♘d5 ♘b2?

M.K.: Dieses taktische Versehen wird prompt bestraft.

28...♘e5 29.♖xc8+ ♕xc8 30.♕e4

(M.B.: Ich wusste noch nicht, ob ich in dieser Variante 30.♕e4 oder 30.♕f5!? gezogen hätte, was ebenfalls interessant aussah, nach 30...♕b8 allerdings auch nicht ausreicht; z.B. 31.♖c1 ♗f8 32.♘ge3.)

30...♕b8 31.♖e1 ♘g6 32.♘ge3 ♗f8 33.♘c4

M.K.: Die zentralisierten weißen Springer sorgen für leichten Vorteil.

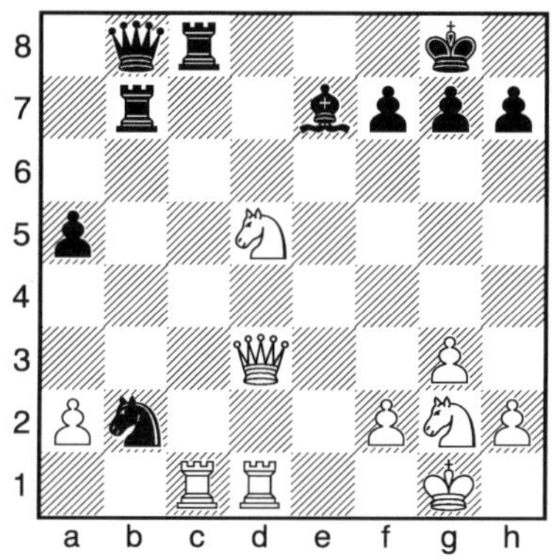

29.♖xc8+ ♕xc8 30.♘xe7+ ♖xe7 31.♕c3 1–0

38

Matthias Blübaum (2580)

Cemil Can Ali Marandi (2422)

Jugendweltmeisterschaft 2015 (D46)

Kommentar – Matthias Krallmann

1.♘f3 ♘f6 2.c4 c6 3.d4 d5 4.e3 e6 5.♗d3 ♘bd7 6.0–0 ♗d6 7.♘c3 dxc4 8.♗xc4 b5 9.♗b3 ♗b7 10.e4 e5

10...b4 11.e5 bxc3 12.exd6 ♕b8 (12...♘b6 13.bxc3 ♕xd6 14.♘e5±) 13.♗f4±

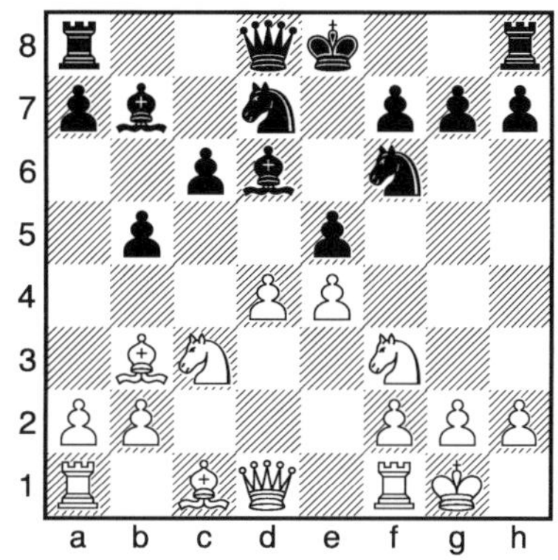

11.♘xe5

In der Meraner Variante der halbslawischen Verteidigung wählt Weiß einen einfachen aber nachhaltigen Plan: Er tauscht die schwarzfeldrigen Läufer, rückt im Zentrum mit f4 und e5 vor und bringt seinen Springer nach d6.

11...♘xe5 12.♗f4 ♕e7 13.♗xe5 ♗xe5 14.♘xe5 ♕xe5 15.f4 ♕c5+ 16.♔h1 ♖d8 17.♕f3 0–0 18.e5 ♘d5 19.♘e4 ♕e7

19...♕e3 20.♖ac1 ♕xf3 21.♖xf3 ♗a8 22.♘d6±

20.♕g3 ♔h8

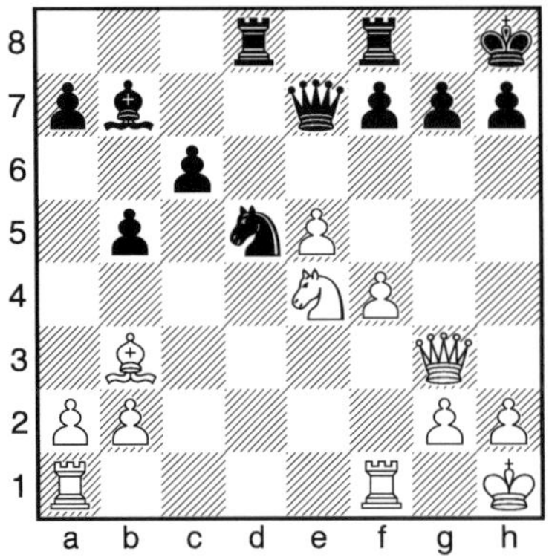

21.♘d6±

Der Plan ist ausgeführt und Weiß steht deutlich besser.

21...f5?

21...♖xd6 22.exd6 ♕xd6 23.♕d3±

22.♗xd5 cxd5 23.♕f2 d4

Ohne dieses Bauernopfer ist Schwarz angesichts seines schlechten Läufers positionell chancenlos.

24.♕xd4 g5 25.♖ad1 gxf4 26.♖xf4

26.e6+ ♔g8 27.♕xf4+–

26...♕g7

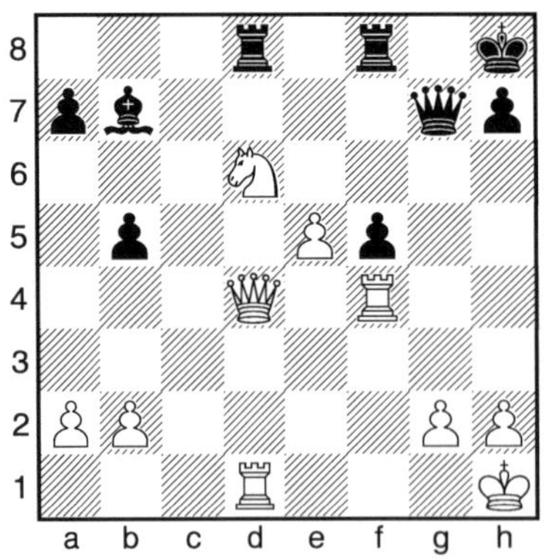

27.e6!

Mit dieser Schlussabwicklung gewinnt Weiß eine Qualität.

27...♗xg2+ 28.♔g1 ♖xd6 29.♕xg7+ ♔xg7 30.♖xd6 ♗e4 31.♖d7+ ♔g6 32.e7 ♖e8 33.♖xa7 1–0

Ein leichter Sieg dank eines klaren Plans.

39

Matthias Blübaum (2642)

Wladimir Fedosejew (2726)

Dortmund 2017 (D46)

Kommentar – Matthias Krallmann

Bei seinem ersten Auftritt beim Weltklasse-Turnier in Dortmund traf Matthias gleich in der zweiten Runde auf den Sieger des Aeroflot-Opens.

1.d4 d5 2.c4 c6 3.♘f3 ♘f6 4.♘c3 e6 5.e3 ♘bd7 6.♕c2

Gegen Halbslawisch spielte Matthias bisher vorwiegend die Meraner Variante mit 6.♗d3.

6...♗d6 7.♗d3 0–0 8.0–0 dxc4 9.♗xc4 e5 10.h3 ♕e7 11.♗b3

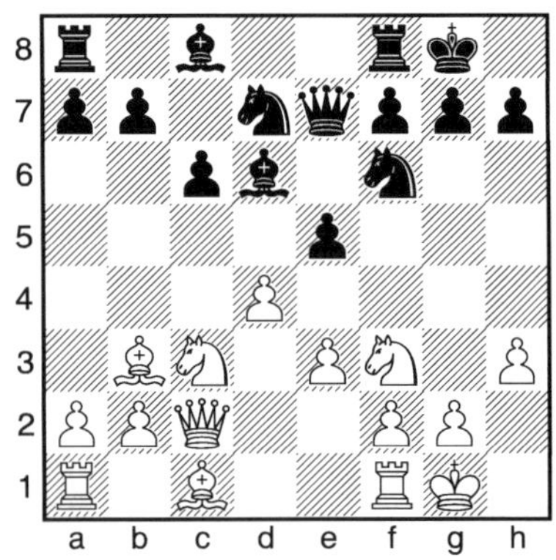

11...♘b6?!N

Überraschenderweise überlässt Fedosejew seinem Gegner das Läuferpaar.

1) 11...♗c7 (11...h6 12.♘h4) 12.♗d2 ♔h8 (12...h6 13.♘h4) 13.a3 a5 14.♖ad1 h6 15.♘h4 ♘b6 16.♕xe5 ♕xe5 17.f4 ♕h5 18.♗e1 ♕c5 19.♗f2 ♕e7 20.e4 ♗e6 21.♗xe6 ♕xe6 22.e5 ♘fd5 23.♘e2 ♖ad8 24.♘d4 ♕c8 1–0 (37), Gonda (2535) – Blübaum, M. (2510), Deutschland 2013

2) 11...b6 12.♖d1 ♗b7 13.e4 ♖ad8 14.♗g5 ♗b8 15.♕xe5 ♘xe5 16.♘d4 h6 17.♗e3 ♘g6 18.♘f5 ♕c7 19.e5 ♕xe5 20.♘xh6+ ♔h7 21.♖xd8 ♕h2+ 22.♔f1 ♗a6+ 23.♖d3 ♘e5 24.♖ad1 ♖d8 25.♘xf7 1–0 (29), Lenderman (2621) – Li (2535), Dayton 2016

12.♕xe5 ♗xe5 13.♘xe5 ♕xe5 14.e4 ♖e8 15.♖e1 ♘bd5 16.♗d2 ♘f4 17.♗xf4 ♕xf4 18.♖ad1 ♘d7?

18...♕e5 19.♕d2 ♘h5 (19...♗e6 20.♗xe6 fxe6 21.♕e3±) 20.♘e2 ♗e6 wäre laut Dejan Bojkov besser gewesen.

19.♖e3 ♕g5

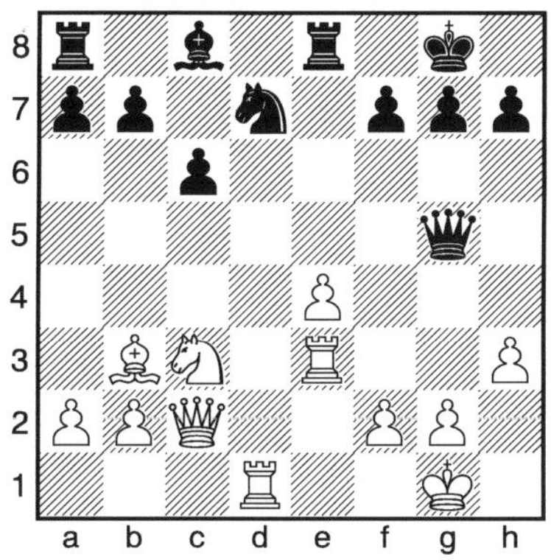

20.f4!

Weiß nutzt die Bauernmehrheit am Königsflügel zum Königsangriff.

20...♕e7 21.♕f2 ♘b6?!

21...♘f8 22.e5 ♗f5 23.g4 ♗e6 24.♘e4±

22.f5 a5?!

22...♕e5 23.♖ed3 h6 24.♖d8±

23.e5 a4 24.f6

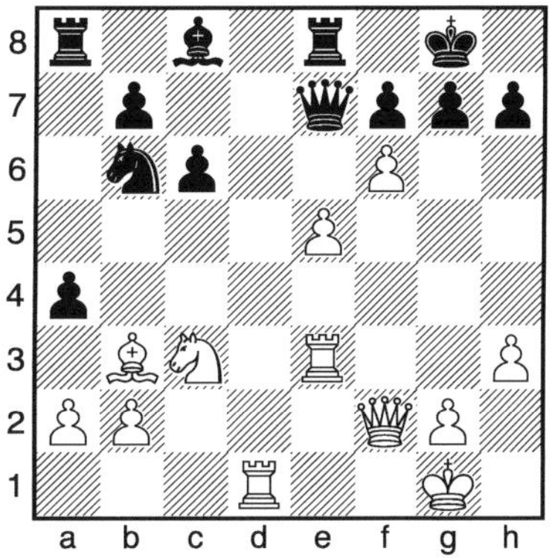

24...♕b4

Die Alternativen führen schnell zum Matt.

– 24...gxf6 25.exf6 ♕xe3 26.♕xe3 ♖xe3 27.♖d8+

– 24...♕f8 25.fxg7

– 25...♔xg7 26.♕f6+ ♔g8 27.♖g3+

– 25...♕e7 26.♘e4 ♘d7 27.♗xf7+ ♕xf7 28.♕xf7+ ♔xf7 29.♘d6+ +–

25.a3

Nach 25.♗xf7+ ♔xf7 26.fxg7+ ♔g8 27.♖f1 ♗e6 28.♖g3+– ist ♕f8+ nicht zu verhindern.

25...♕f8

25...♕xb3 26.♕g3 g6 27.♕g5+–

26.fxg7 ♕e7 27.♘e4

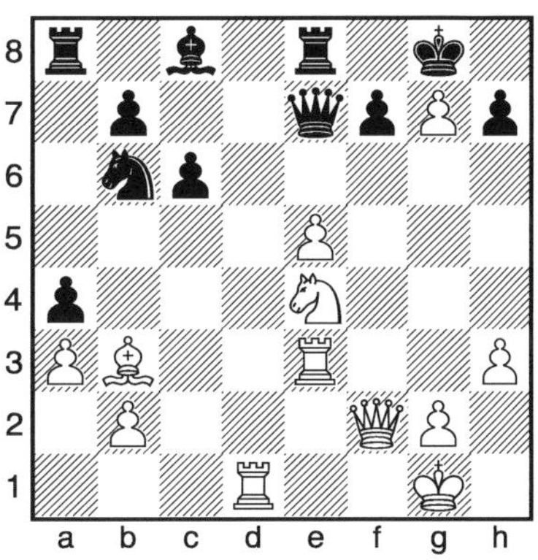

27...axb3 28.♘f6+ ♔xg7 29.♘xe8+

29.♖g3+ ♔h8 30.♕f4 ♕c5+ 31.♔h2 ♕f8 32.♕h4 ♗f5 33.♘xh7+−

29...♔h8

29...♕xe8 30.♕f6+ ♔f8 31.♕h6+ ♔g8 (31...♔e7 32.♕d6#) 32.♖g3+

30.♘c7 ♖b8 31.♖f3 ♕xc7 32.♖xf7 1–0

Eine starke Partie gegen einen russischen Spitzenspieler!

10 Jahre Schachtraining mit Matthias Blübaum – eine Bilanz

Gegen Ende des Sommers 2005 lud ich die NRW-Kadermitglieder zum ersten Training der neuen Saison an den Landesleistungsstützpunkt nach Herford ein. Ich trainierte dort schon mehr als zehn Jahre die besten Kinder und Jugendlichen aus Ostwestfalen/Lippe und diese Auftaktveranstaltung war für mich zur Routine geworden. Doch in diesem Sommer passierte etwas Außergewöhnliches.

Wie jedes Jahr begrüßte ich die jungen Schachspieler/innen und ihre Eltern und erklärte, wie das Training organisiert sei. Zunächst mussten die Teilnehmer in zwei Gruppen aufgeteilt werden. Ich sagte zu den Eltern ungefähr Folgendes: „Es ist ganz einfach. Wenn Ihr Kind zwischen 10 und 13 Jahren alt ist, trainiert es in die D1/D2 Gruppe und wenn Ihr Kind zwischen 14 und 17 Jahren alt ist, trainiert es in der D3/D4 Gruppe." Darauf meldete sich ein Vater und sagte: „Mein Sohn ist aber erst acht." Die anderen Kinder und Eltern staunten. Der Vater war mir gut bekannt. Es war Karl-Ernst Blübaum, ein starker Spieler und der Vater von Bettina und Johanna, die ich bereits früher trainiert hatte. Sein Sohn war mir in dem Gewimmel von etwa 30 Personen noch nicht aufgefallen. Matthias war verständlicherweise noch recht klein. Trotzdem hatte er für sein Alter schon eine beachtliche Spielstärke. Seine DWZ-Zahl betrug 1385. Nach zwei Jahren in der D1/D2 Gruppe, in denen hauptsächlich Taktiktraining und elementare Endspiele auf dem Trainingsplan standen, wurde Matthias in die D3/D4 Gruppe befördert. Auch hier hielt er problemlos

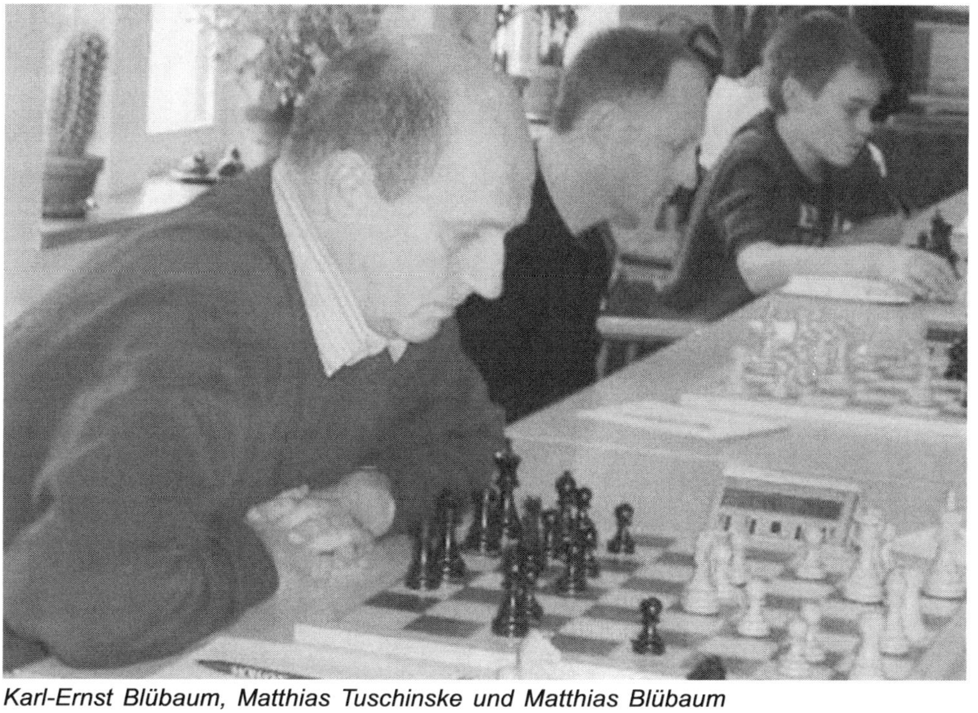

Karl-Ernst Blübaum, Matthias Tuschinske und Matthias Blübaum

mit. Im Alter von ungefähr 11 Jahren gewann er eine Trainingspartie gegen einen 17-Jährigen. Leider kam dieser danach nie wieder zum Training. Nach zwei weiteren Jahren in der stärkeren Gruppe, in denen Strategie und Partieanalysen auf dem Trainingsplan standen, bat mich Karl-Ernst Blübaum um ein Gespräch. Ob ich nicht Matthias Einzeltraining geben könne? Ich hatte eigentlich schon genug zu tun, aber natürlich war mir klar, dass ich hier in der ostwestfälischen Provinz ein besonderes Talent direkt vor der Nase hatte, einen Jungen, der es sehr weit bringen konnte. Dass es ihn bis zur deutschen Spitze führen würde, konnte ich damals noch nicht ahnen. Mein erstes Ziel war zu dieser Zeit, dass Matthias IM werden sollte. In ganz Ostwestfalen gab es zu diesem Zeitpunkt nur drei Internationale Meister.

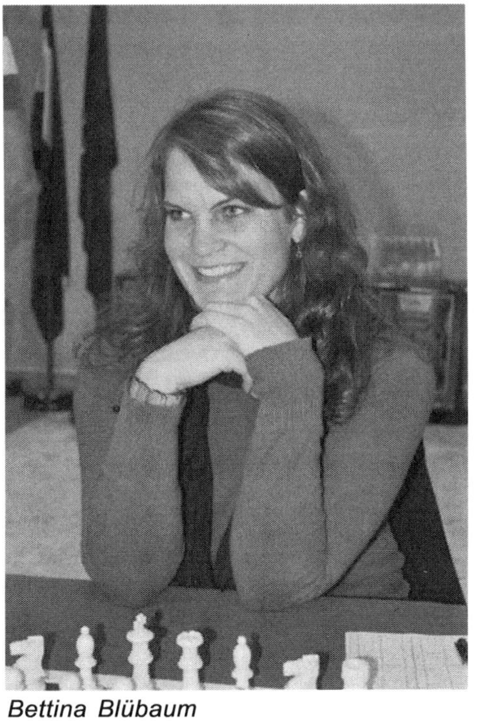

Bettina Blübaum

Im Spätsommer 2009 begannen dann meine Fahrten nach Lemgo. Wir vereinbarten fünf Stunden Einzeltraining alle vier Wochen, und damit wir beide das auch durchhielten, wurde der Samstag als Trainingstag festgelegt, wenn wir beide nicht durch die Schule erschöpft waren. Zunächst brauchte Matthias eine zuverlässige Waffe gegen 1.d4. In seiner Kindheit hatte er Wolga-Gambit gespielt und es gab in dieser Zeit gleich mehrere Varianten, die Schwarz das Leben schwer machten. Karl-Ernst Blübaum schlug die slawische Verteidigung vor. Ich war einverstanden, da mir die strukturellen Parallelen zur französischen Verteidigung, Matthias' Waffe gegen 1.e4, gefielen. Wenn man Französisch beherrscht, ist es relativ einfach Slawisch zu erlernen. Der weißfeldrige Läufer des Nachziehenden ist in beiden Er-

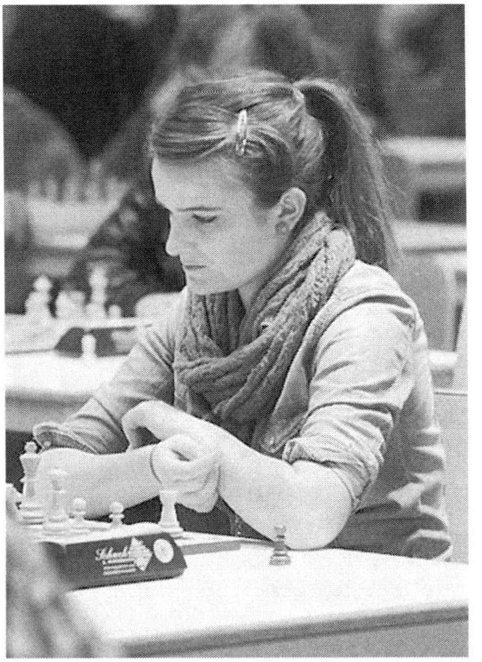

Johanna Blübaum

öffnungen die schlechteste Figur, aber in der slawischen Verteidigung ist es einfacher ihn abzutauschen. Der Bauernzug nach c5 ist in beiden Eröffnungen der wichtigste Hebel. Beide Eröffnungen gelten als sehr solide und sind nur äußerst schwierig im Sturm zu nehmen.

Im Jahr 2010 begannen wir damit Matthias' Weißrepertoire zu erweitern. Zuerst nahmen wir uns die Katalanische Eröffnung vor. Kein leichter Stoff, aber Matthias verstand auch komplizierte Abspiele und wandte sie mit großem Erfolg an. Zwischen April 2011 und März 2012 erzielte Matthias in Deizisau, Dortmund und bei der Deutschen Einzelmeisterschaft in Osterburg drei IM-Normen. Er war mittlerweile so stark geworden, dass ich ihm nicht nur Varianten zeigte, sondern ihn die entscheidenden Neuerungen und Verbesserungen selbst finden ließ. Seine Erfolgsquote war sehr hoch. Wir arbeiteten mit Hilfe eines Buches von Mikhaltschischin und Beljawski auch an komplizierten Endspielen, aber die Eröffnungen blieben Mittelpunkt des Trainings.

Im Sommer 2012 stand eine wichtige Entscheidung an. Ich hatte mittlerweile einen Vertrag als Trainer bei Werder Bremen unterschrieben. Matthias hatte Angebote von fünf verschiedenen Bundesligaclubs, aber letztendlich kam er mit mir zu Werder. Ich denke, nach drei erfolgreichen Jahren kann man konstatieren, dass es für alle Beteiligten die richtige Entscheidung war. Die Arbeit an den Eröffnungen wurde immer komplexer. Matthias' Gegner begannen sich auf seine erfolgreiche Waffe Katalanisch einzustellen. So nahm Matthias auch das Damengambit und Damenindisch ins Repertoire auf. Er spielte auch sehr erfolgreich gegen Eröffnungen, die von uns als nicht ganz vollwertig angesehen wurden, wie z.B. das Moderne Benoni, das Wolga-Gambit oder die Tarrasch-Verteidigung. Seine Waffe gegen Königsindisch hat Matthias völlig selbstständig entwickelt und verfeinert. Es gab auch einige Varianten, die ich vorgeschlagen habe, die Matthias jedoch nie gespielt hat, wie z.B. verschiedene neuere Systeme gegen Grünfeld-Indisch. Im Grunde ist er ein klassischer Spieler, der den Hauptvarianten vertraut.

Matthias schaffte das Kunststück, in jeder Saison in den Mannschaftskämpfen jeweils eine GM-Norm zu erzielen. Außerdem erspielte er noch GM-Normen in Bad Wiessee 2014, bei der Deutschen Einzelmeisterschaft in Verden 2014 und bei den Turnieren in Metz, Cappelle-La-Grande und Zalakaros 2015. Im Juni 2015 nahm Matthias die 2600-Elo-Hürde. Für mich war damit der Zeitpunkt gekommen, Adieu zu sagen. Karl-Ernst Blübaum fand beim Abschied nette Worte und meinte, dass die Elozahl nicht das entscheidende Kriterium für die Güte eines Trainers sei. Doch ich bin mir sicher, dass es richtig war, die Trainingsarbeit zu beenden. Matthias ist einfach viel zu stark für mich geworden. Ich werde weiterhin nach Lemgo fahren und ihm als Berater in vielen organisatorischen und turnierplanerischen Fragen zur Seite stehen, aber die besten Züge müssen ihm nun andere empfehlen.

Im Sommer 2005 hatte Matthias eine DWZ-Zahl von 1385, im Sommer 2015 2632. In diesen zehn Jahren habe ich ca. 600 Trainingsstunden mit ihm am Brett und am Computer verbracht. Ich kann mich an keine einzige erinnern, in der er keine Lust auf Schach gehabt hätte.

40

Matthias Blübaum (2514)

Tomi Nyback (2599)

Bremen 2013 (E01)

Kommentar – Matthias Krallmann

1.d4 d5 2.c4 e6 3.♘f3 ♘f6 4.g3 ♗b4+ 5.♗d2 ♗d6 6.♗g2 0–0 7.0–0 c6 8.b3 ♘bd7 9.♘c3 ♖e8 10.♕c2 dxc4 11.bxc4 e5 12.e3 exd4

12...♘f8 13.♕xe5 ♗xe5 14.♘xe5 ♖xe5 15.♘e2 ♖e8 16.♗b4 ♗d7 1/2–1/2, Meier G. – Ponomarjow, Sestao 2010. Nach 17.♖fd1 nebst ♗d6 steht Weiß besser.

13.exd4 ♘f8 14.♖fe1 ♖xe1+ 15.♖xe1 ♗c7 16.♕d3

16.d5

– 16...cxd5 17.♘xd5 ♘xd5 18.cxd5 ♗d7 19.♗g5±

– 16...h6 17.♘e4 ♘xe4 18.♕xe4 ♗d7 19.♘e5 cxd5 20.cxd5±

16...♗g4 17.♘e5 ♗h5 18.d5 cxd5

18...♘g6 19.♘f3

– 19...h6 20.h3 ♘f8 21.♕c2±

– 19...♗xf3 20.♕xf3 ♘e5 21.♕e2±

19.cxd5

19.♘xd5 ♘xd5 20.cxd5 ♘d7 21.♘xd7 ♕xd7 22.d6 ♕xd6 23.♕b5 ♕d8 24.♗g5 f6 25.♗e3 ♗e8 26.♕xb7±

19...♘8d7 20.♘c4 ♖c8

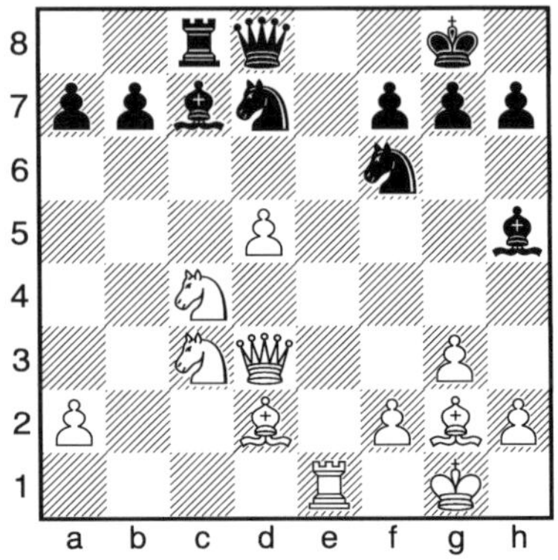

21.d6

Zu Beginn des Mittelspiels hat Weiß bereits deutlichen Vorteil herausgespielt, ohne dass Schwarz einen offensichtlichen Fehler gemacht hätte.

21...♗b8 22.♕d4 b6 23.♗b7 ♖c5 24.♘e4 ♘xe4 25.♕xe4 ♘f6 26.♕d4 ♗g4?!

26...♖xc4 27.♕xc4 ♗xd6 28.♗c3±

27.♗b4 ♖b5?!

27...♖xc4 28.♕xc4 ♗xd6 29.♕d4±

28.♗a3

Die beiden Läufer spielen den gegnerischen Turm schwindelig.

28...♕d7

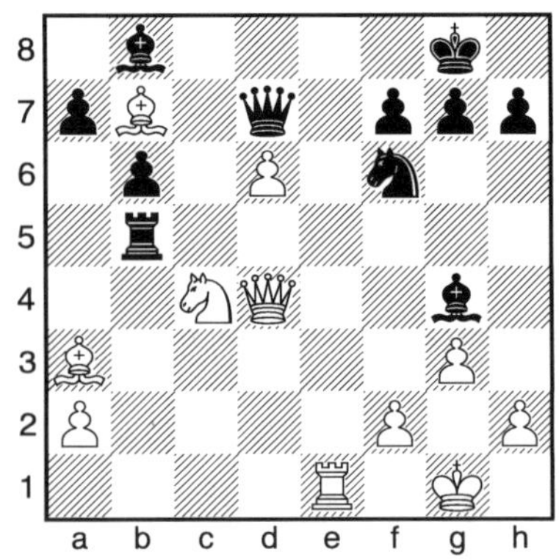

29.♘e5! ♕e6

29...♖xe5?? 30.♕xe5 ♕xb7 31.♕e8+ ♘xe8 32.♖xe8#

30.♗c6 ♖a5 31.♗b4 1–0

Neben ♗xa5 droht jetzt auch ♘xg4. Eine starke Partie von Matthias.

41

Matthias Blübaum (2618)
Johan–Sebastian Christiansen (2411)

Elsinore 2016 (D20)

Kommentar – Matthias Krallmann

1.d4 d5 2.c4 dxc4 3.e4 ♘f6 4.e5 ♘d5 5.♗xc4 ♘b6 6.♗d3 ♘c6 7.♗e3 ♘b4 8.♗e4 f5 9.a3 ♘4d5 10.♗xd5 ♘xd5 11.♘c3 ♘xe3

Romain Edouard spielte an dieser Stelle gegen Matthias das stärkere 11...♘xc3.

12.fxe3 g6 13.♘f3 ♗h6 14.♔f2 c6 15.♕b3 ♕b6 16.♕a2 f4 17.e4 ♗g4 18.♖hd1 0–0–0 19.♕c4 ♔b8 20.♘a4 ♕c7 21.♘c5 g5 22.♖d3 ♕c8 23.h3

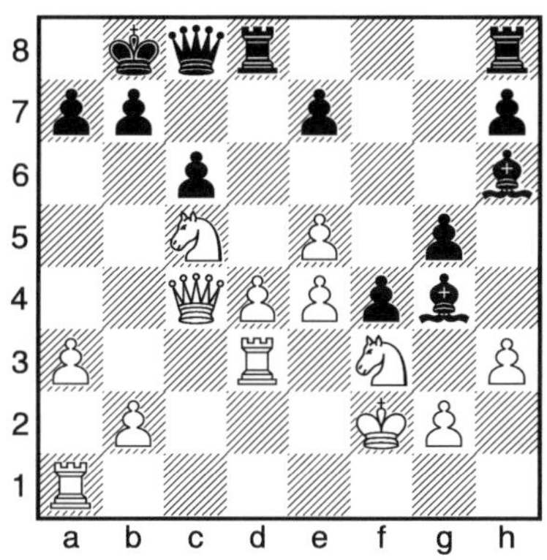

23...♗h5

23...♗xf3 24.♖xf3 ♔a8 25.♖c1 ♖hg8 26.♖b3 b5 27.♕e6±

24.e6

24.♖b3! b6 25.♖c1 ♔a8 26.♖xb6 axb6 27.♕a4+ ♔b8 28.♘a6+ ♔b7 29.♘b4 ♕a8 30.♕xc6+ ♔a7 31.♕xh6+–

24...♔a8

24...♗xf3 25.gxf3 ♔a8 26.♖b3 b6 27.♘d7 ♖xd7 28.exd7 ♕xd7 29.♖c3 ♗g7 30.e5 ♔b8±

25.♖b3 b5?

Das ist bereits der entscheidende Fehler, denn die schwarze Bauernstellung ist nun zu sehr geschwächt.

25...b6 26.♘d7 ♕c7 27.d5 ♗e8 28.♕xc6 ♗xd7 29.exd7 ♖xd7 30.♖c1±

26.♕b4+– ♗xf3 27.gxf3 ♗g7 28.e5 ♕c7

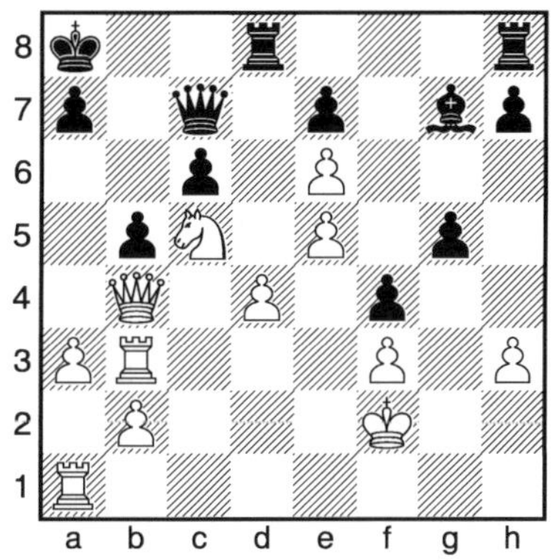

29.a4!

Jetzt verfügt Weiß über diesen entscheidenden Hebel.

29...♖b8 30.♘a6 ♕b6 31.♘xb8 ♖xb8 32.a5 ♕c7 33.♕c5 a6 34.♖c3 ♖c8 35.b4 h5 36.♖ac1 ♔b7 37.♔e2 ♕d8 38.d5 ♔a8 39.♕d4 g4 40.♖xc6 gxf3+ 41.♔xf3 ♖xc6 42.♖xc6 1–0

42

Matthias Blübaum (2530)
Mykhaylo Oleksiyenko (2618)
Bad Wiessee 2014 (E10)

Kommentar – Matthias Blübaum

1.d4 ♘f6 2.c4 e6 3.♘f3 c5 4.d5 b5 5.♗g5 b4 6.a3 h6 7.♗xf6

Dieses sofortige Nehmen schwächt wohl zu sehr die schwarzen Felder.

7.♗h4!? ist der normale Zug; z.B. 7...♗b7 8.♘bd2 exd5 9.cxd5 g5 10.♗g3 ♗xd5 11.e4 ♘xe4 12.♘xe4 ♗xe4 13.♗c4 ♗e7 14.axb4 0–0 15.bxc5 ♗xc5 16.♗d5 ♗xd5 17.♕xd5 ♗b4+ 18.♔f1 ♘c6 19.h4→ g4 1–0 (76), Simantsew (2473) – Krejci,(2521), Olomouc 2013 (CBM 155 Extra).

7...♕xf6 8.♕c2 ♘a6 9.e4

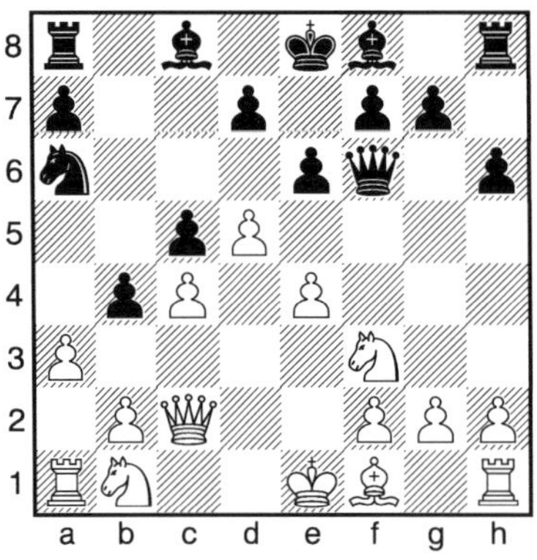

9...e5?!

Die Schließung der Stellung ist zwar gut für Schwarz, wenn er zu f5 kommt. Allerdings kann Weiß dies verhindern, indem er rechtzeitig den Läufer nach h3 stellt. Schwarz kann nicht vor der Rochade d6 spielen, da er ♕a4+ berücksichtigen muss.

9...♗d6 sollte die beste Spielweise sein, denn dann kann der Läufer nach e5 gehen und die schwarzfeldrigen Schwächen im weißen Lager werden deutlicher; z.B. 10.♗d3 0–0 11.0–0 ♖b8 12.♕e2 ♗e5 13.♘xe5 ♕xe5=.

10.♘bd2 g6 11.g3 ♗g7

11...d6? 12.♕a4+±

12.♗h3 0–0 13.0–0 ♖b8 14.♘e1

Dieser Springer gehört nach d3, von wo er f2–f4 unterstützt und den schwarzen Damenflügel angreift.

14.♘e1 ♕b6 15.♘d3 f5

Ein Versuch, f5 unter Bauernopfer sofort zu spielen.

Allerdings steht Schwarz auch andernfalls schlechter; z.B. 15...d6 16.♗xc8 ♖fxc8 17.axb4 ♘xb4 18.♘xb4 ♕xb4 19.b3⩲.

16.axb4 ♘xb4 17.♘xb4 ♕xb4 18.exf5 d6

Bezüglich der Alternative 18...gxf5 war ich der Ansicht, dass die Aktivität der weißen Figuren den Materialnachteil mehr als aufwiegt; z.B. 19.♗xf5 ♖xf5 20.♕xf5 ♕xd2 21.♖xa7±.

19.g4

19.♘e4!? ist genauer, denn nach ♕b6 kann man immer noch g4 spielen und das nach ♗xf5 entstehende Endspiel ist wohl noch besser für Weiß als das im Text folgende, welches ich während der Partie etwas überschätzt habe; z.B. 19...♗xf5 (19...♕b6 20.g4±) 20.♗xf5 gxf5 21.♘xd6 ♕xb2 22.♕xb2 ♖xb2 23.♖a5 e4 24.♖xc5±.

19...gxf5 20.gxf5 ♕xb2 21.♕xb2 ♖xb2 22.♘e4 ♗xf5 23.♗xf5 ♖xf5 24.♘xd6 ♖f4 25.♖xa7 e4

Ein Versuch, mittels ♗d4 aktives Gegenspiel gegen f2 aufzubauen.

Objektiv sollte dennoch 25...♗f8 (mit der Idee, den c4 Bauern zu gewinnen) stärker sein; z.B. 26.♘e8 ♖d2± (26...♖xc4? 27.♘f6+ ♔h8 28.♖h7#) und Schwarz hat gute Remischancen, da nicht klar ist, wie Weiß weiterkommen kann.

26.♖e7

26.♖e1 reicht nur zum Ausgleich, denn die zweite Reihe bietet Schwarz genügend Gegenspiel; z.B. 26...♖fxf2 27.♘xe4 ♖g2+ 28.♔f1 ♔h8 29.♖b1 ♖bc2=.

26...♖e2

Nach 26...♗f8 27.♖e8 ♖b6 28.♘xe4 wäre das vorübergehende Bauernopfer 28...♔f7 die beste Verteidigung gewesen. Schwarz gewinnt den Bauern früher oder später zurück und danach sollte das Gewinnpotential so stark reduziert sein, dass Weiß keine Gewinnchancen mehr hat, wie die beiden folgenden Beispielvarianten zeigen.

1) 29.♖e5 ♗g7 30.♖e6 ♖xe6 31.♕xe6+ ♔xe6 32.f3 ♔e5 33.♔f2 ♔d4 34.♖d1+ ♔xc4 35.♖c1+ ♔d4 36.♘xc5

2) Und auch 29.♖xf8+!? führt nach 29...♔xf8 30.♘xc5 ♖g6+ 31.♔h1 ♖xc4 32.♘d7+ ♔g7 33.♘e5 ♖d4 34.♘xg6 ♔xg6= nur zum Remis.

27.♔h1

Um die g-Linie für den Turm zu räumen.

27...♔h8?

Dieser Bock stellt in beidseitiger Zeitnot die Partie sofort ein.

Korrekt war 27...♗f6!, um anschließend mit ♗g5 die g-Linie unter Kontrolle zu bringen; z.B. 28.♖g1+ ♗g5 29.♖e6 ♔f8 30.♖a1 ♖fxf2 31.♖a8+ ♔g7 32.♖a7+ ♔g8 33.♖e8+ ♖f8 34.♖xf8+ ♔xf8 35.h4 ♗c1 und Schwarz hat immer noch gute Remischancen. (35...♗xh4? 36.♖a8+ ♔e7 37.♘f5+ +-)

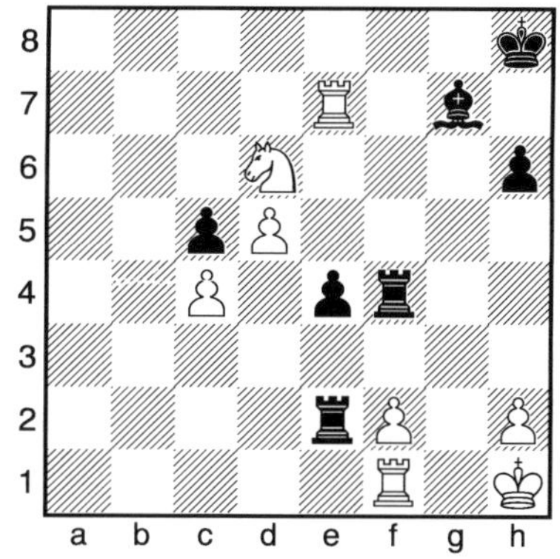

28.♖g1+-

Nun ist Schwarz wehrlos, denn ♘f7+ ist nicht mehr zu verhindern.

28...♗f8 29.♘f7+ ♔h7 30.♘g5+ ♔h8 31.♘f7+ ♔h7 32.♖b7 1-0

Nach 32...♖fxf2 33.♘e5+ ♔h8 34.♘g6+ ♔g8 35.♘f4+ verliert Schwarz die Qualität und später noch mehr, da der d-Freibauer zu stark ist.

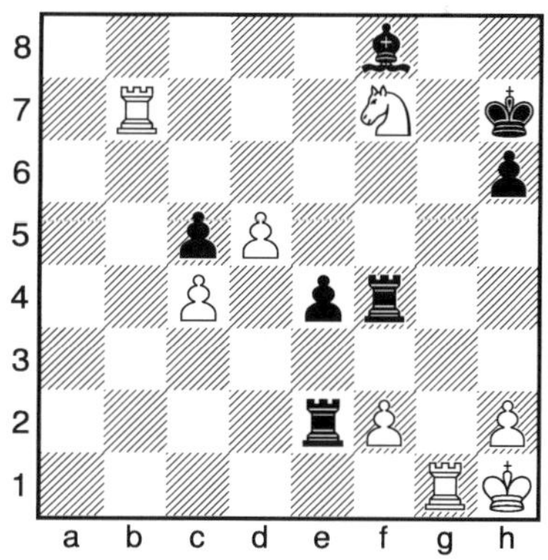

Karl-Ernst Blübaum im Gespräch mit Matthias Krallmann

Seit September 2020 ist Matthias Blübaum die Nummer 1 der deutschen Elo-Rangliste. In der Liste vom Februar 2021 musste er Alexander Donchenko den Vortritt lassen, eroberte den Platz an der Sonne aber im nächsten Monat zurück.

Die Erfolgsgeschichte von Matthias Blübaum ist ungewöhnlich, lässt sich aber doch erklären. Viele Faktoren kamen zusammen, die wichtigsten sind natürlich sein Talent und sein Trainingseifer. Unbestritten ist jedoch auch, dass sein Vater Karl-Ernst Blübaum einen großen Anteil am Aufstieg seines Sohnes hat.

M. K.: Karl-Ernst, wir haben uns 1984 kennengelernt, als wir zusammen die Ostwestfalenmeisterschaft in Bielefeld gespielt haben, du warst 24 und ich 21 Jahre alt. Ich erinnere mich, dass du mir bei der Analyse einer Hängepartie geholfen hast, die ich gegen einen deiner Konkurrenten hatte. Es hat geholfen, die Partie endete remis und du wurdest Co-Sieger. Wie ist deine Schachlaufbahn weiter verlaufen?

K.-E. B.: Durch Beruf und Familie habe ich mich ab 1985 nur noch wenig mit Schach beschäftigt. Dies änderte sich, als meine Tochter Bettina anfing, sich für Schach zu interessieren, und ich die Rolle des Jugendwarts beim Königsspringer Lemgo übernahm.

M. K.: In den neunziger Jahren hatten wir wieder mehr Kontakt, da deine älteste Tochter Bettina zum Schachtraining am Landesleistungsstützpunkt Herford kam, an dem ich mittlerweile als Trainer arbeitete. Bettina spielt heute für den Hamburger SK in der Frauen-Schachbundesliga. Kannst du etwas über ihre Schachleidenschaft erzählen? Hatte sie als „große Schwester" Einfluss auf den Schachanfänger Matthias?

K.-E. B.: Auf jeden Fall! Mit ihr hat das Thema Schach in unserer Familie neu begonnen.

M. K.: Auch deine 1993 geborene Tochter Johanna ist eine gute Spielerin. Sie hat sogar einmal gegen die spätere Weltmeisterin Hou Yifan gespielt und nur unglücklich verloren. Ab 2005 habe ich Johanna und den damals erst achtjährigen Matthias zusammen trainiert. Ich weiß noch, wie sie in den Pausen Zweiminuten-Partien spielten. Es waren dramatische Auseinandersetzungen voller taktischer Schläge. Waren die beiden in ihrer Kindheit Konkurrenten und hat diese Konkurrenz sie beflügelt oder ihnen eher geschadet?

K.-E. B.: Was mit Bettina begonnen hat, hat Johanna fortgesetzt. Sie ist durch Bettina früher als diese zum Schach gekommen und ich habe mit ihr intensiver trainiert. Die von dir angesprochene Partie gegen Hou Yifan war übrigens ihre erste Partie auf einem internationalen Turnier (Jugendweltmeisterschaft 2003). Von den Trainingsstunden mit Johanna hat auch der 4 Jahre jüngere Matthias profitiert, weil er mit Begeisterung mitgemacht hat. Hier wurde der Grundstein gelegt. Aufgrund der Altersunterschiede waren die drei eigentlich nie Konkurrenten. Deshalb konnten sie sich in Freundschaftspartien entspannt duellieren.

M. K.: In den ersten Jahren habe ich mit Matthias vor allen Dingen Taktiktraining gemacht. Das Buch „Zauberwelt der Kombination“ von Jakow Neistadt wurde nahezu komplett durchgearbeitet. Auch aus „Erfolgreich kombinieren“ von Volkhard Igney musste Matthias viele Aufgaben lösen. Kannst du dich noch daran erinnern, welche Taktikbücher du Matthias in seiner Kindheit zum Studium gegeben hast?

K.–E. B.: Wir haben verschiedene Quellen für Taktikaufgaben genutzt, an konkrete Taktikbücher kann ich mich nicht erinnern. Aus heutiger Sicht haben wir damals zu wenig Taktiktraining gemacht. Der Schwerpunkt unseres Trainings lag eher auf Eröffnungen und Endspielen.

M. K.: Als Matthias mit acht Jahren zum Training an den Stützpunkt kam, hatte er bereits ein Eröffnungsrepertoire: Mit Weiß spielte er 1.d4 wie sein Vater. Auch seine Schwarzwaffe gegen 1.e4 (Französisch) hast du ihm beigebracht. Mit welchen Eröffnungsbüchern hast du damals gearbeitet?

Warum hast du Matthias nicht die offenen Spiele gezeigt?

K.–E. B.: Da ich keinen Trainer hatte, wurden meine Eröffnungen durch einige wenige Bücher und meine Vorliebe für bestimmte Stellungstypen geprägt. Dazu gehörten nicht die offenen Spiele. Beim Training war es für mich naheliegend, das zu vermitteln, was ich selbst kannte.

Die Basis für unser Eröffnungsrepertoire waren nicht bestimmte Bücher, sondern eigene Analysen in Chessbase Datenbanken. Beim Aufbau dieser Analysen habe ich mich natürlich verschiedenster Quellen (Bücher, Partien und Zeitschriften) bedient und diese dann zusammengefasst und kommentiert.

M. K.: Erstaunlich fand ich, dass Matthias als Kind das Wolga-Gambit spielte, obwohl du eingefleischter Holländisch-Spieler bist. Wie kam es dazu?

K.–E. B.: Auf 1.d4 habe ich lange Zeit Königsindisch, Königsfianchetto und auch Wolga-Gambit gespielt, bevor ich zu Holländisch kam. Für das Training mit meinen Kindern habe ich mich für eine solide positionelle Eröffnung entschieden. Deshalb haben Bettina, Johanna und Matthias zuerst Wolga-Gambit gespielt.

M. K.: Matthias wurde 2009 in die „Prinzengruppe“ aufgenommen, die der Bundesnachwuchstrainer Bernd Vökler ins Leben gerufen hatte. Wie beurteilst du im Abstand dieses Projekt?

K.–E. B.: Ich glaube, dass die Prinzengruppe sich sehr positiv auf seine schachliche Entwicklung ausgewirkt hat. Das gemeinsame Trainieren bei Lehrgängen oder die Teilnahme an großen Turnieren hätte ohne die Prinzengruppe so nicht stattgefunden. Wichtig war, dass innerhalb der Gruppe bis zu den Eltern die Chemie stimmte und für ein gutes Umfeld gesorgt hat.

M. K.: Du hast Matthias auch zu Turnieren begleitet, z.B. zu den Jugendweltmeisterschaften 2010 in Porto Carras in Brasilien und 2015 in Durban in Südafrika. Wie sind deine Erinnerungen an diese Reisen und an Matthias' Turniere? Hast du ihm auch bei der Vorbereitung geholfen?

K.–E. B.: Die Jugendweltmeisterschaft in Porto Carras war das letzte Turnier, bei dem ich ihn vorbereitet habe. Danach hat er sich entweder selbst vorbereitet oder er hatte einen Trainer vom DSB. Die Rolle eines Begleiters bzw. Betreuers war für mich mit der WM in Durban dann auch zu Ende.

M. K.: Ein weiteres Projekt war das „Schachjahr“, welches Dennis Wagner und Matthias gemeinsam in der Saison 2014/2015 absolvierten. Hier waren die Eltern auch mit in die Planungen involviert. Wie sind deine Erfahrungen mit diesem Projekt?

K.–E. B.: Mit dem Schachjahr fand die „Prinzengruppe“ im Grunde eine Fortsetzung. Hier hatte Matthias zusammen mit Dennis Wagner die Möglichkeit, ein Jahr lang unter Profibedingungen zu trainieren und Turniere zu spielen. Dieses Projekt war wie auch die „Prinzengruppe“ eine Initiative des Bundesnachwuchstrainers Bernd Vökler, der damit einen großen Anteil an Matthias' Entwicklung hatte.

M. K.: Seinen Durchbruch schaffte Matthias durch den Sieg beim „Grenke Open 2016“, als er u.a. gegen Schirow gewann. Du warst auch vor Ort. Wie hast du dieses Turnier erlebt?

K.–E. B.: Mit der Umbenennung des „Neckar–Opens“ zum „Grenke Chess Open“ und der Verlegung nach Karlsruhe hat der Organisator Sven Noppes eines der schönsten und größten Schach–Events in Europa geschaffen, welches durch die Zusammenlegung mit den „Grenke Chess Classic“ noch eine ganz besondere Anziehungskraft erhält.

Als ich mich mit Matthias im Vorfeld über das Turnier unterhielt, waren seine Ziele und Erwartungen (ELO–Plus, Platzierung besser als Setzplatz) eher überschaubar.

Ein vorderer Platz oder gar der Sieg in diesem stark besetzten Turnier war kein Thema. Das änderte sich erst mit dem Sieg in der 8. Runde gegen Schirow. Danach war der Turniersieg in greifbare Nähe gerückt. Nach seinem Remis in der letzten Runde, musste die Buchholz–Wertung entscheiden, da es 6 punktgleiche Spieler auf Platz 1 gab. Mit der höchsten Buchholz–Zahl hatte er dann das notwendige Quäntchen Glück für den Turniersieg.

43

Alexey Schirow (2685)

Matthias Blübaum (2605)

GRENKE Chess Open

Karlsruhe 2016 (C02)

Kommentar

Matthias Blübaum (M.B.)

Matthias Krallmann (M.K.)

1.e4 e6 2.d4 d5 3.e5 c5 4.c3 ♕b6 5.♘f3 ♘c6 6.a3 f6

M.K.: Der sogenannte 'Spitzenhebel' greift die Bauernkette an vorderster Front an, derweil Nimzowitsch bekanntlich die Auffassung vertrat, eine Bauernkette sollte an der Basis angegriffen werden. Wie auch immer wurde Schirow von diesem Zug zu langem Nachdenken veranlasst.

7.b4 c4 8.♗f4

M.B.: Diese Eröffnung kannte ich nicht wirklich weit. Aufgrund der Doppelrunden gab es nur wenig Zeit zur Vorbereitung. Ich hatte mir nach 7...c4 hauptsächlich 8.♗e3 angesehen, worauf in einer Fernpartie 8...♕c7 folgte.

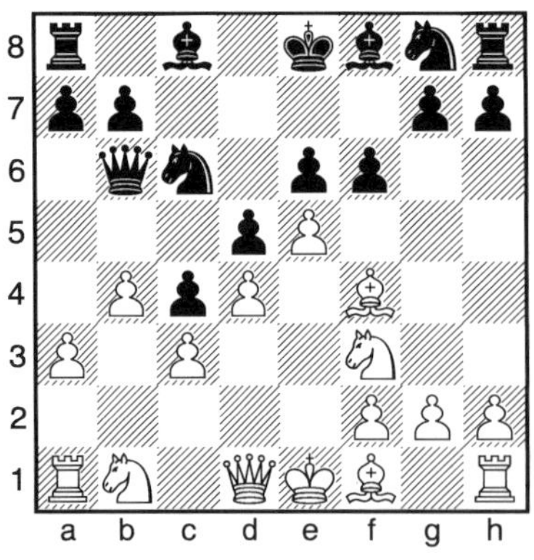

8...♘ge7

M.B.: Dies war der letzte Zug, der mir als Computerempfehlung bekannt war.

M.K.: Interessant ist, dass der berühmte britische Spieler C.H.O'D. Alexander (der im 2. Weltkrieg maßgeblich zur Entschlüsselung der deutschen 'Enigma-Maschine' beitrug) bereits eine Partie mit dieser Variante gespielt hat.

8...a5 9.♘bd2 ♘ge7 10.h4 ♘g6 11.♗e3 fxe5 12.h5 ♘ge7 13.♘xc4 dxc4 14.d5 ♘d4 15.♘xe5 Sef5 16.♘xc4 ♕c7 17.♗xd4 axb4 18.♗e5 ♕c5 19.cxb4 ♕xd5 20.♕xd5 exd5 21.♘b6 ♖xa3 22.♖xa3 ♗xb4+ 23.♔d1 ♗xa3 24.♘xc8 ♔f7 25.♖h3 ♗c5 26.♗d3 ♔e6 27.g4 ♘h6 28.♗xg7 ♘xg4 29.♖f3 ♖g8 30.♗f5+ ♔f7 31.h6 ♘xf2+ 32.♔c2 1–0, Alexander – Hooper, Hastings 1953 (EXT 1999)

9.h4

M.B.: Nach diesem Zug habe ich lange überlegt, da es sehr viele Möglichkeiten für Schwarz gibt und die Stellung generell sehr schwierig zu verstehen ist.

9...fxe5 10.♕xe5

10.♘xe5 a5 11.♘d2 ♘xe5 12.♗xe5 ♘c6

– 13.♘f3 axb4 14.axb4 ♖xa1 15.♕xa1 ♗xb4 16.cxb4 ♕xb4+ 17.♘d2 ♘xe5 18.♕xe5 c3 19.♘f3 c2+ 20.♘d2 0–0 mit schwarzem Vorteil.

– 13.♗e2 ♘xe5 14.♕xe5 ♗e7 15.♘f3 0–0 mit angenehmem Spiel für Schwarz.

10...a5 11.♘bd2 axb4 12.axb4 ♖xa1 13.♕xa1 ♘g6 14.♗g3 ♕c7

Schwarz zielt konsequent auf die Eroberung des schwachen Bauern e5 ab. Schirow stürzt sich seinem Naturell gemäß in Verwicklungen. (M.K.)

14...♗xb4 mit völlig unklaren Konsequenzen wäre hier ebenfalls möglich gewesen. Doch dieser Zug entspricht nicht Matthias' Stil.

15.b5

Auch nach 15.♕a8 h5 (15...♘gxe5 16.b5;

15...♘cxe5 16.h5; 15...b5 16.♗e2 d4) 16.♗e2 ♗e7 17.0–0 0–0 hat Schwarz bereits die etwas besseren Aussichten.

15...♘cxe5 16.♘xe5 ♘xe5 17.b6 ♕b8 18.♗xc4 ♗d6

18...♕xc4

1) 19.♘xc4 ♗d6 20.♕a4+ ♔e7 21.♘xd6 ♕xd6 22.♕e4 ♘d3+ 23.♔e2 ♕xb6 24.♕xd3 ♖d8=

2) 19.0–0 ♗d6 20.♘e4 0–0 21.♖d1 ♘f3+ 22.gxf3 ♗xg3 23.fxg3 ♕e5

(23...♖xf3?? 24.♖d8+ ♖f8 25.♕d1+–)

24.♕a2 ♖xf3 25.♕xc4 ♖xg3+ 26.♘xg3 ♕xg3+ 27.♔f1 ♕f3+ 28.♔e1 ♕e3+ 29.♕e2 ♕xc3+ 30.♔f2 ♕f6+ 31.♔g3 mit Vorteil für Weiß

19.♗b5+ ♗d7 20.♗xe5 ♗xe5 21.♕a4 ♗xb5 22.♕xb5+ ♔e7 23.0–0 ♕d6 24.c4 ♖c8 25.♖e1 ♖c5 26.♕b1 ♗c3

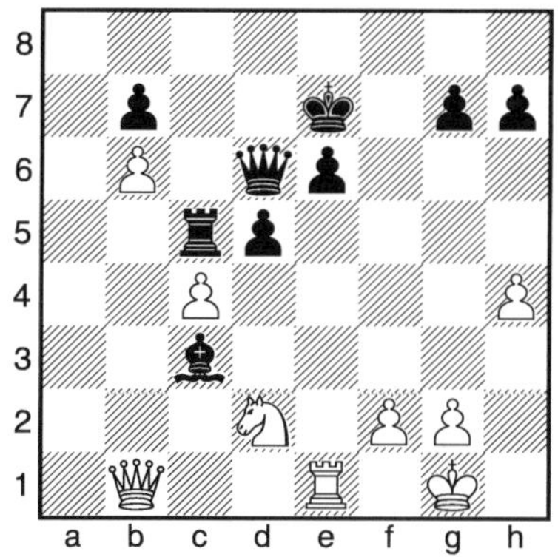

27.♕xh7!

M.B.: Hier hatten wir beide nur noch ein paar Minuten auf der Uhr.

Nach 27.♕d3 ♗xd2 28.♕xd2 ♖xc4 hat Schwarz einen gesunden Mehrbauern.

27...♗xd2 28.♕xg7+ ♔d8 29.♖a1 ♕e7 30.♕e5?

Der entscheidende Fehler!

30.♕h8+ ♔d7 31.♕b8 ♔c6 32.♕c8+ ♔xb6 33.♖b1+ ♔a7 34.♖xb7+ ♕xb7 35.♕xc5+ ♔b8 36.cxd5 ♕xd5 37.♕f8+

M.K.: Die Aufgabe, dem Dauerschach zu entkommen und gleichzeitig auf den Bauern h4 aufzupassen, ist wohl nicht zu bewältigen. Am wahrscheinlichsten ist ein Remisausgang.

M.B.: Ich habe in der Partie nicht gesehen, dass 30.♕h8+ nebst 31.♕b8 remis hält. Stattdessen hatte ich mit 30.♕d4 gerechnet, wonach ich 30...♗a5 spielen wollte. Die Stellung wäre kompliziert geblieben.

30...♖xc4

M.K.: Jetzt ist Schwarz klar im Vorteil. Weiß kann keine gefährlichen Drohungen gegen den König aufstellen und die Mehrfigur setzt sich durch.

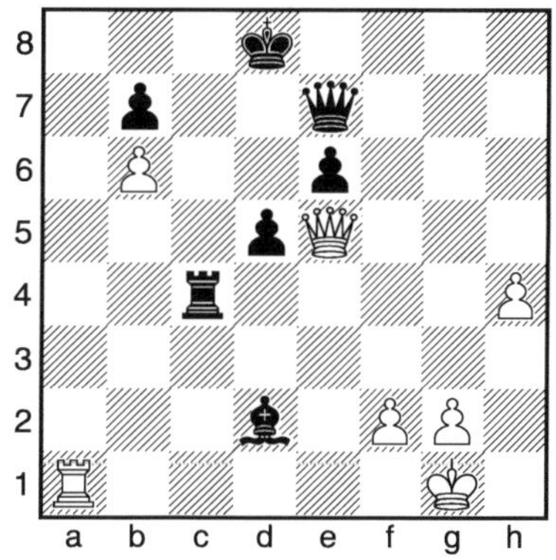

31.g3

31.♕b8+ ♖c8 32.♖a8 ♕d7 führt zu nichts

31...♗c3 32.♖a8+ ♔d7 33.♕e2 ♗d4 34.♖b8 ♔c6 35.h5 ♔xb6 36.h6 ♕c7 37.♖g8 ♖c2 38.♕xe6+ ♔a7 39.♕xd5 ♗xf2+ 40.♔f1 ♗b6 41.♖g7 ♖f2+ 0–1

M.K.: Beim Aeroflot-Open in Moskau hatte Matthias gegen Korobow gewonnen und somit gegen einen Spieler mit einer noch höheren Elozahl als Schirow.

Dennoch schätze ich diesen Sieg als noch bedeutender ein, schließlich hatte Matthias hier Schwarz und sein berühmter Gegner hatte bereits einmal gegen Anand im Finale einer K.O.-Weltmeisterschaft gestanden!

44

Matthias Blübaum (2530)
Alexander Berelowitsch (2549)
Bundesliga 2014 (D32)

Kommentar – Matthias Krallmann

1.d4 d5 2.c4 e6 3.♘c3 c5 4.cxd5 exd5 5.♘f3 ♘c6 6.dxc5

Eine ungewöhnliche Variante, denn normalerweile spielt Matthias das Hauptsystem mit g3, ♗g2 und 0–0. Mülheim hatte seine Aufstellung gegenüber der Freitagsrunde verändert. Matthias konnte nicht damit rechnen, dass er gegen Berelowitsch spielen musste und wollte deshalb den Gegner seinerseits mit dieser Nebenvariante überraschen.

6...d4 7.♘a4 ♗f5

Nach sehr langem Nachdenken gespielt.

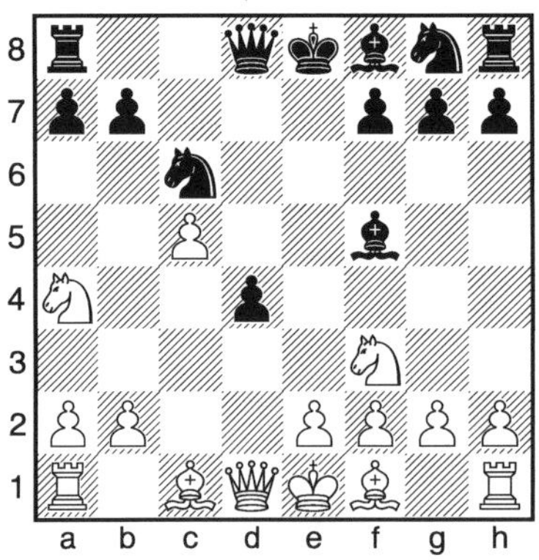

8.e4N

Nach ewigem Grübeln entkorkt Matthias eine theoretische Neuerung.

8.e3 d3 9.♕b3 ♘f6 10.♗d2 ♗e7 11.0–0–0 0–0 12.♕xb7 ♗e4 13.♕b3 ♖b8 14.♕c4 ♗d5 15.♕xd3 ♕c7 16.♕a6 ♗xc5 17.♘xc5 ♘b4 18.♗xb4 ♖xb4 19.♔b1 ♕xc5 20.♖c1 ♗e4+ 21.♗d3 ♕b6 22.♔a1 ♗xd3 23.♕xd3 ♖xb2 24.♖b1 ♖b8 25.♘d2 ♘g4 26.♕c3 ♖xb1+ 27.♖xb1 ♕d8 1/2 – 1/2 (43) Klimow (2507) – Potkin (2522), Togliatti 2003 (CBM 094 ext)

8...♗xe4 9.♗c4 ♗d5 10.♕e2+ ♗e7 11.0–0 ♘f6 12.♖d1 ♗xf3 13.♕xf3 0–0 14.♗b5 ♕a5 15.♗xc6 bxc6

Weiß hat etwas Vorteil herausgespielt, denn die Bauern c6 und d4 sind schwach.

16.b3 ♗xc5 17.♗b2 ♖ad8 18.♕xc6

18.♖ac1 ♗b6 19.♘xb6 axb6 20.♗xd4 ♖d6 21.♗c3 ♖xd1+ 22.♖xd1 ♕xa2 23.♗xf6 gxf6 24.g3±

18...♗d6

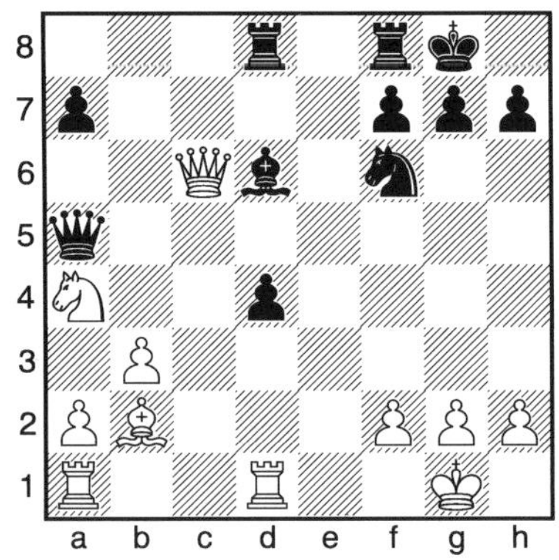

19.♖xd4?!

Matthias ist hier zu ungeduldig. Er vertraut darauf, dass seine Stellung das Läuferopfer verkraftet und vernachlässigt dabei, dass der Springer a4 am Rand nicht mitwirkt.

19.g3 ♘g4 20.♖xd4 ♕h5 21.♕g2±

19...♗xh2+ 20.♔xh2 ♕e5+ 21.f4

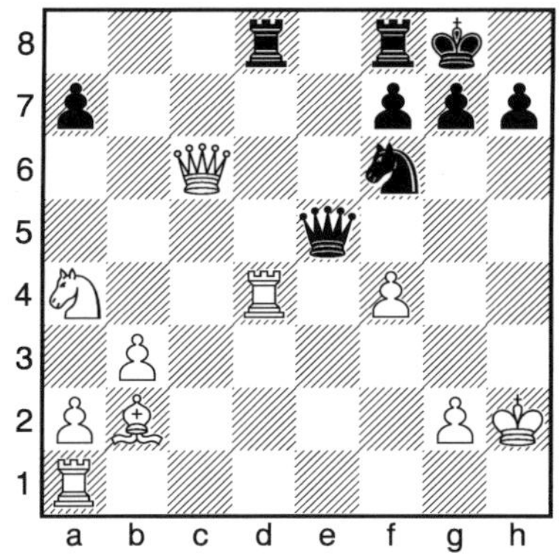

21...♕e3?

Die folgende Kombination funktioniert nicht. Weiß bleibt nach den Verwicklungen mit zwei Leichtfiguren gegen einen Turm und verwertet diesen Vorteil ohne Mühe.

21...♕h5+ 22.♔g1 ♘g4 23.♕f3 ♕h2+ 24.♔f1 ♕h4 25.♔e2 ♘h2 26.♕d3

(26.♖xd8 ♘xf3 27.♖xf8+ ♔xf8 28.♔xf3 h5∞

26...♖fe8+ 27.♔d2 ♖c8 28.♖c4 ♕f2+ 29.♔c3 ♖b8 Schwarz hat genügend Kompensation für die geopferte Figur.

22.♕f3 ♖xd4 23.♕xe3 ♘g4+ 24.♔g1 ♘xe3 25.♗xd4 ♘c2 26.♗b2 ♘xa1 27.♗xa1±

Bei der Vorteilsverwertung in solchen technischen Endspielen ist Matthias sehr stark.

27...♖d8 28.♗c3 f6 29.♔f2 ♖d3 30.♗e1 g5 31.♔e2 ♖d7 32.♗d2 h5 33.fxg5 fxg5 34.♘c5 ♖e7+ 35.♔d3 g4 36.♗g5 ♖f7 37.♗h4 ♔h7 38.♘e6 ♔g6 39.♔e4 ♖f1 40.♘f4+ ♔h6 41.♔f5 ♖a1 42.a4 ♖b1

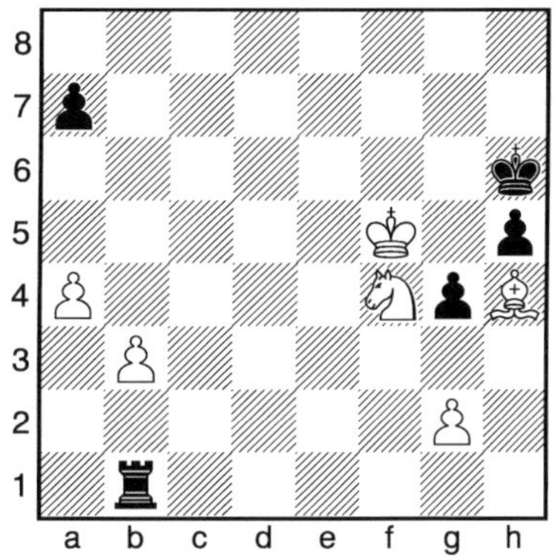

Nun ignoriert Weiß einfach die Tatsache, dass Schwarz noch einen Turm besitzt und setzt den gegnerischen König mit Läufer und Springer matt.

43.♗e7! ♖xb3 44.♗f8+ ♔h7 45.♘xh5 ♔g8 46.♗c5 a5 47.♔g6 g3 48.♘f6+ ♔h8 49.♘g4 ♖d3 50.♘e5 ♖d2 51.♘f7+ ♔g8 52.♗e7 ♖f2 53.♘h6+ ♔h8 54.♗f6+ ♖xf6+ 55.♔xf6 1–0

45

Matthias Blübaum (2631)
Viswanathan Anand (2776)
Deutschland 2018 (D21)

Kommentar
Matthias Blübaum (M.B.)
Matthias Krallmann (M.K.)

1.d4 d5 2.c4 e6 3.♘f3 dxc4

M.B.: Von dieser Zugfolge wurde ich überrascht. Normalerweise spiele ich gegen das angenommene Damengambit mit 3.e4, aber über diese Zugfolge muss ich in die e3–Systeme übergehen.

4.e3 b5 5.a4 b4 6.♗xc4 ♘f6 7.a5

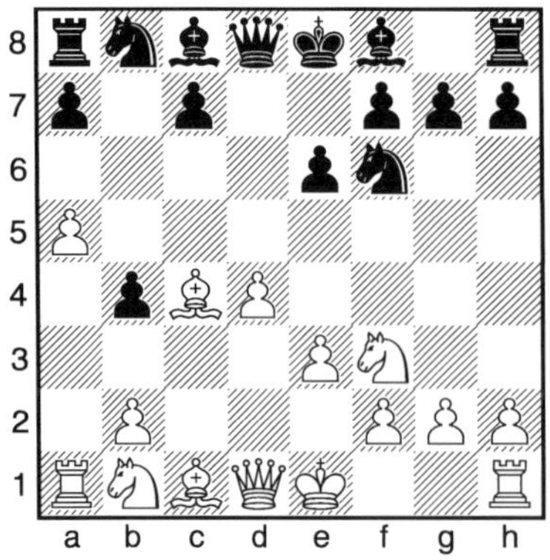

M.K.: Dieser prinzipielle Zug ist typisch für Matthias. Er begreift den vorgerückten Bauern b4 als Schwäche und nimmt ihm sofort die Möglichkeit der Bauernunterstützung.

7...a6 8.♘bd2 ♗b7 9.0–0 c5

M.B.: Ich konnte mich hier nicht mehr daran erinnern, was ich analysiert hatte. Für ♘b3 habe ich mich am Brett entschieden, aber wahrscheinlich ist ♖e1 mit der Idee, e4 vorzubereiten, kritischer.

10.♘b3 ♘bd7

M.K.: Anand spielt hier eine plausible theoretische Neuerung. In einer Vorläuferpartie wurde Schwarz nicht glücklich mit der Idee, gegen den d4–Isolani zu spielen.

10...cxd4 11.exd4 ♗d6 12.♕e2 0–0 13.♗g5 ♘bd7 14.♘e5 ♕c7 15.♗f4 ♘h5?

(15...♗xe5 16.♗xe5 ♘xe5 17.♕xe5 ♘d7 18.f4 ♘c5 war erforderlich.)

16.♕xh5 ♘xe5 17.♗xe5 ♕xc4 18.♗xd6 ♕xb3 19.♗xf8+– 1–0 (40) Spassov (2335) – Nabaty (2579), Warna 2013

11.♕xc5 ♘xc5 12.♘xc5 ♗xc5 13.♕a4+ ♕d7 14.♕xd7+ ♘xd7 15.♗d2 ♔e7 16.♖ac1 ♖hc8

16...♖ac8 17.♗e2 ♗d6 18.♘d4 ♖hd8 19.♖fd1 ♔e8 20.♗e1 ♗e7 21.f3 mit einem Hauch von Vorteil für Weiß. (M.K.)

17.♘d4 ♘e5 18.♗e2 ♗d6

18...♔e8 sieht seltsam aus, gibt dem Läufer aber ein sicheres Rückzugsfeld auf e7 und nimmt so ein taktisches Motiv aus der Stellung, das letztendlich die Partie entscheiden wird. Nach beispielsweise 19.♖fd1 ♗e7 20.f4 ♘c6 21.♘b3 ♘d8 22.♔f2 ♗d5 23.♘d4 ♘c6 24.♘xc6 ♗xc6 25.♗e1 ♗b7 sollte Schwarz das Endspiel trotz der Schwäche auf b4 halten können. (M.K.)

19.♖fd1

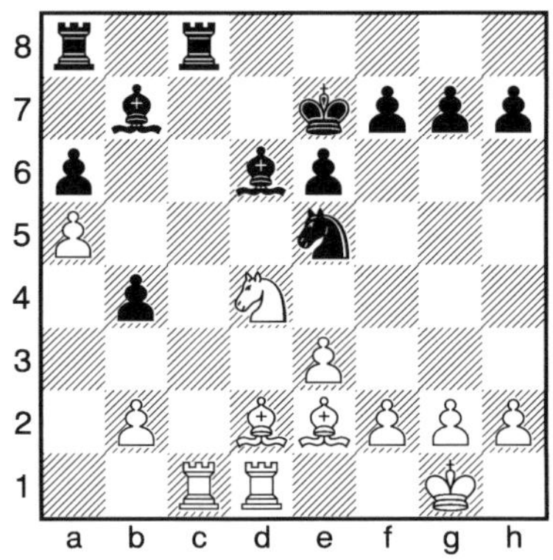

19...♗d5?

M.K.: Der Exweltmeister begeht einen Fehler! Vermutlich sah Anand in der folgenden Abwicklung keine Gefahr, aber Matthias hat weiter gerechnet.

M.B.: Ich habe 19...♘c6 erwartet, wonach die Stellung wahrscheinlich ins Remis verflacht. 19...♗d5 habe ich, bevor der Zug ausgeführt wurde, kaum berechnet, da ich dachte, dass es riskant ist und Schwarz mit ♘c6 eine sehr solide Alternative hat.

19...♘c6

1) 20.♘xc6+ ♖xc6 21.♖xc6 ♗xc6 22.♖c1 ♗b5 23.♗xb5 axb5 24.e4 ♔d7 25.♖a1 ♔c6=

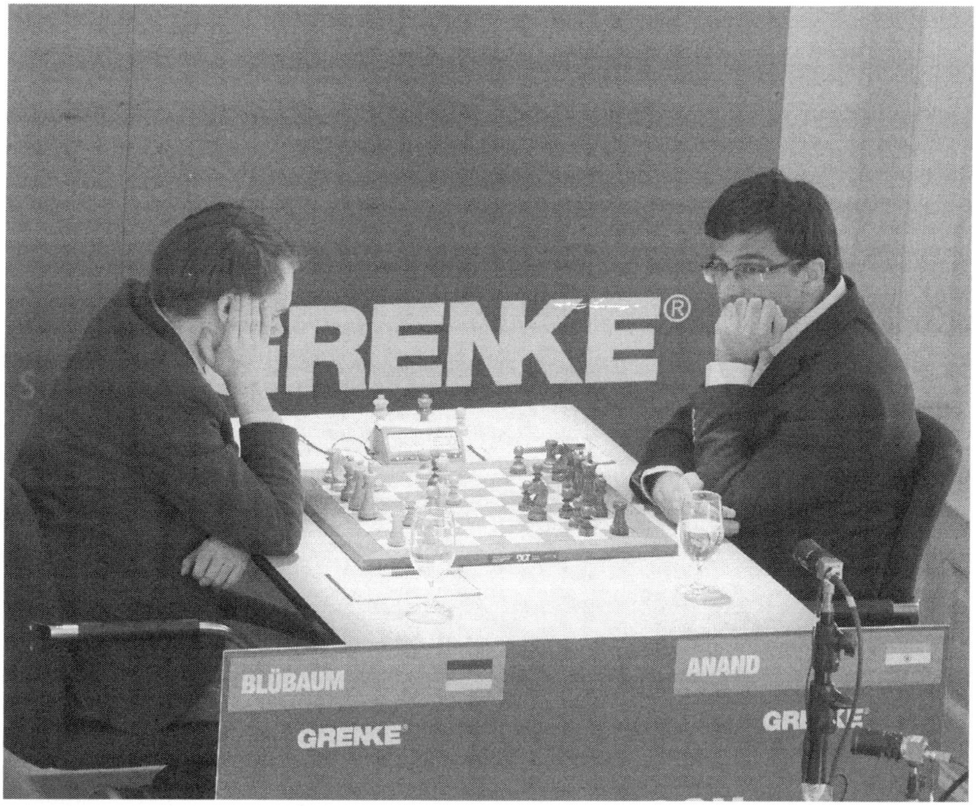

Matthias Blübaum – Viswanathan Anand, GCC 2018

2) 20.♘b3 ♘e5 21.f3 ♖xc1 22.♖xc1 ♖c8 23.e4 ♖xc1+ 24.♗xc1 ♘d7 M.K.: In diesem Leichtfigurenendspiel hat Weiß nur Minimalvorteil.

20.♖xc8 ♕xc8 21.♗xa6 ♖a8 22.♗f1

M.B.: 22.f4!? war mir völlig entgangen, da ich zu sehr auf die Idee mit ♗f1 und ♘b5 fokussiert war. Auch hier hätte Schwarz wohl Probleme gehabt.

– 22...♖xa6 23.fxe5 ♗xe5 24.♗xb4+ mit einem Mehrbauern.

– 22...♘d7 23.♗d3 ♖xa5 24.e4 mit Vorteil für Weiß.

22...♖xa5

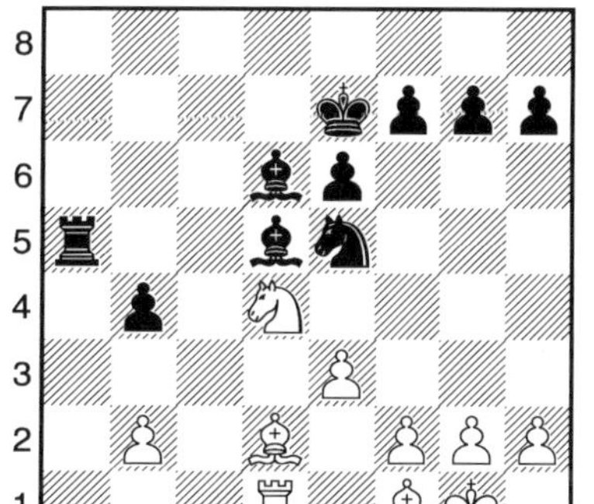

23.♘b5!

M.K.: Diesen Zug hatte Anand vermutlich übersehen, als er diese Abwicklung zuließ. Plötzlich steht Schwarz vor unlösbaren Problemen. Der schwarzfeldrige Läufer hat keine Felder mehr, auf denen er die Schwäche b4 decken kann.

23...♗c5 24.♖c1

M.B.: Als ich nach 19...♗d5 mit der Berechnung dieser Variante anfing, dachte ich, dass nun ♘d7 absolut forciert wäre. Allerdings hielt ich die Abwicklung nach ♘d7 auch hier noch für remis.

24...♖a2

Dieses Figurenopfer ist die beste Chance.

1) 24...♗c4? 25.♗xc4 ♘xc4

a) 26.♘d4 M.K.: Die Springergabel auf c6 entscheidet

b) M.B.: 26.♖xc4 mit der möglichen Folge 26...♖xb5 27.♖xc5 ♖xc5 28.♗xb4 ♔d6 29.♔f1+– habe ich in der Partie berechnet. 26.♘d4 hingegen habe ich gar nicht gesehen.

2) 24...♘d7 25.♖xc5 ♘xc5 26.♗xb4 ♖a1 27.♗xc5+ ♔d7

a) 28.♘a3 ♗e4 29.♘c4 ♖xf1+ 30.♔xf1 ♗d3+ mit nur leichtem Vorteil für Weiß.

b) M.B.: 28.♘d6! hatte ich leider in der Vorausberechnung übersehen. Irgendwie habe ich vergessen, dass nach dem Nehmen auf c5 der Springer ja nun auch das Feld d6 hat, um c4 zu überdecken. Ich denke aber, dass ich spätestens nach ♔d7 sofort gesehen hätte, dass ♘d6 ein legaler Zug ist, der die Partie sofort gewinnt.

25.♖xc5 ♖xb2

M.B.: 24...♖a2 hatte mich geschockt, und nun brauchte ich mehr oder weniger meine restliche Bedenkzeit, um diese Stellung zu verstehen. Die natürlichen Läuferrückzüge führen zu nichts, da Schwarz nach ♖b1 eine Figur nach c4 zu stellen droht. Dann muss Weiß bereits ein bisschen aufpassen. Von daher entschied ich mich dazu, noch einen Bauern abzugeben, aber dafür den starken Läufer auf d5 abzutauschen und Kontrolle über die erste Reihe zu bekommen.

26.e4 ♖xd2 27.exd5 exd5

27...♖xd5 28.♖c7+ ♖d7 29.♖c1 ♖d2 30.♖b1 ♘c6 31.♘c7 ♖d7 32.♘a6 ♖b7 33.♘c5 ♖b6 34.♘b3 Die technische Verwertung dauert noch etwas, aber auch hier sollte Weiß sich durchsetzen. (M.K.)

28.♖c1 b3 29.♖b1 b2

M.K.: Hier lässt Anand eine Chance aus, zäheren Widerstand zu leisten – nämlich 29...♘c4 30.♘c3 ♘a5 31.♗a6 ♔d6 32.♔f1 ♔c5 33.♔e1 ♖c2 34.♘e2 ♔b4 35.♗d3 ♖c8 36.♔d1±.

30.♘c3 ♘c4 31.♘xd5+ ♖xd5

M.B.: 31...♔d6!! hätte mich sehr überrascht und gäbe Schwarz tatsächlich noch einmal gute Überlebenschancen.

1) Denn das natürliche 32.♗xc4 reicht wohl nicht zum Gewinn. So hat Weiß nach 32...♖c2 nichts Besseres als 33.♖xb2 ♖xb2 34.♘e3 und dieses Endspiel sollte für Schwarz haltbar sein.

2) M.B.: 32.♘c3! reicht vermutlich zum Sieg, ist aber in Zeitnot nicht leicht zu berechnen; z.B. 32...♖c2 33.♖d1+ ♔c5 34.♘a4+ ♔b4 35.♗d3 ♖d2 36.♖xd2 ♘xd2 37.♘xb2 ♔c3 38.♗xh7 ♔xb2 39.♗g8.

32.♗xc4 ♖c5 33.♖e1+ ♔f6

M.K.: Es hätte auch nichts mehr genützt, mit dem König zum Freibauern zu laufen; z.B. 33...♔d6 34.♗a2 ♖c1 35.♔f1 ♔c5 36.♔e2 ♖c2+ 37.♔e3 ♔b4 38.♖d1 ♖c1 39.♖d3 b1♕ 40.♗xb1 ♖xb1 41.♖d7+–.

34.♗d3 ♖d5 35.♗b1

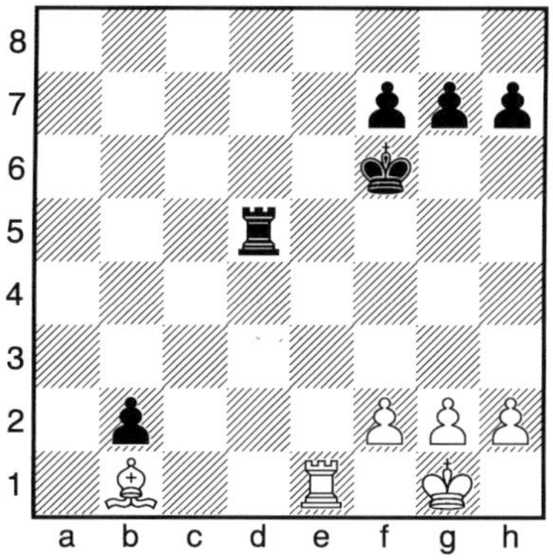

M.B.: Ab hier war ich mir endgültig sicher, dass die Stellung klar gewonnen sein sollte, und jetzt musste ich nur noch bis zur Zeitkontrolle überstehen.

35...h5 36.g3 g5 37.♔g2 g4 38.♖e2 ♖b5 39.♖e8 ♖d5 40.♖e2 ♖b5 41.h4 ♔g7 42.♖e7 ♖d5 43.♖b7 ♖d2 44.♗a2 ♔h6 45.♗xf7 1–0

M.K.: Der erste Sieg von Matthias Blübaum gegen einen Weltklassegroßmeister der Kategorie 2750 plus!

Interview mit Matthias Blübaum im Jahr 2017

Frage: Matthias, du hast für Ostern eine Einladung für die „Grenke Chess Classics" in Karlsruhe und Baden-Baden erhalten. Das Turnier ist mit Weltmeister Magnus Carlsen, Fabiano Caruana, Maxime Vachier-Lagrave und Levon Aronian fantastisch besetzt. Wie siehst du die Chancen in diesem Weltklassefeld?

M. B.: Gerade da es mein erstes Turnier dieser Stärke ist, wird es natürlich sehr schwer für mich und es fällt mir auch schwer, meine Chancen einzuschätzen. Ich werde einfach versuchen, so viele Punkte wie möglich zu erzielen.

Frage: Eine besondere Herausforderung ist natürlich deine erste Partie gegen Magnus Carlsen. Geht da ein Kindheitstraum in Erfüllung, gegen den Weltmeister zu spielen?

M. B.: Es ist auf jeden Fall etwas Besonderes für mich, gegen Magnus Carlsen zu spielen. Ich bin gespannt, wie die Partie läuft, und erhoffe mir dadurch zu sehen, wie groß der Spielstärkeunterschied ist.

Frage: Ist einer der Spieler, auf die du bei den „Chess Classics" triffst, früher einmal ein Vorbild für dich gewesen? Welcher der vier Topspieler gefällt dir von seinem Stil her am besten?

M. B.: Ich habe generell kein genaues Vorbild. Ich denke, jeder der vier Topspieler hat seine eigenen Stärken, und es fällt mir schwer zu sagen, wer mir vom Stil her am besten gefällt.

Frage: Das letzte Jahr verlief mit den Siegen bei den stark besetzten Open in Karlsruhe und Helsingör und der sehr guten Performance bei der Schacholympiade sehr erfolgreich. Allerdings hast du noch nie bei so einem stark besetzten Rundenturnier teilgenommen. Siehst du Unterschiede zwischen dem Spiel bei einem Open und einem geschlossenen Rundenturnier?

M. B.: Ich denke, dass zwischen einem Open und einem solchen Rundenturnier schon ein Unterschied liegt. Natürlich muss man immer gut Schach spielen, aber bei Open kommt es mehr darauf an, möglichst viele Punkte zu holen und viel gegen schwächere Spieler zu gewinnen, und bei diesem Rundenturnier wird es mehr darauf ankommen, solide zu spielen und zu versuchen, nicht zu verlieren.

Frage: Spieler mit einer Elozahl von über 2700 werden gemeinhin der Weltklasse zugeordnet. Du hast bisher gegen dreizehn „2700er" gespielt und vier Punkte aus diesen Partien geholt. Einem Sieg gegen Anton Korobow stehen sechs Niederlagen gegenüber. Wie bewertest du diese Bilanz?

M. B.: Offensichtlich sind Spieler mit einer Elo über 2700 sehr gut, aber ich war bei einigen dieser Partien selber noch deutlich schwächer, als ich es heute bin. Wenn ich selber mal eines Tages eine Elo von 2700 haben möchte, muss mein Score gegen solche Spieler sicherlich deutlich besser werden.

Frage: Die stärksten Spieler, gegen die du bisher angetreten bist, waren Maxime Vachier-Lagrave, Pentala Hariskrishna und Peter Swidler. Diese drei Partien gingen allesamt verloren. Hattest du den Eindruck, dass diese Gegner außergewöhnlich stark spielten?

M. B.: Aus meiner Sicht war mein Hauptproblem in diesen Partien der zu große Respekt vor meinen Gegnern, der mich dazu gebracht hat, nicht mein bestes Schach zu spielen. Ich hoffe, diesen Respekt vor dem Turnier abzulegen, aber auch dann wird es sicherlich trotzdem schwer für mich.

Frage: Wie bereitest du dich auf das Turnier vor?

M. B.: Ich versuche mein Eröffnungsrepertoire noch einmal genau anzusehen, da einige der Spieler sehr gut vorbereitet sind. Ansonsten versuche ich mich mental auf das Turnier einzustellen und einfach mein bestes Schach zu spielen.

Frage: Vor kurzem warst du in Moskau bei dem Aeroflot-Open aktiv und hast gegen den Weltklassemann Yanygi Yu problemlos remisiert. Spielst du noch ein weiteres „Vorbereitungsturnier", um in Form zu kommen?

M. B.: Ich spiele vom 23.3 bis 31.3 das 1. Sharjah Masters, ein stark besetztes Open in den Vereinigten Arabischen Emiraten.

Vielen Dank für das Gespräch!

46

Matthias Blübaum (2634)
Magnus Carlsen (2838)
Chess Classic Karlsruhe 2017 (E90)

Kommentar – Matthias Krallmann

Diese Partie gegen Carlsen war für Matthias ein Höhepunkt seiner bisherigen Spielerkarriere. Natürlich bin ich sehr stolz auf ihn, denn diese Partie ist gewissermaßen ja auch ein Höhepunkt meiner Arbeit als Trainer. Vor einigen Jahren hätte ich es nicht für möglich gehalten, dass ein Spieler, den ich zehn Jahre lang trainiert habe, in der Lage wäre, gegen den Weltmeister remis zu spielen.

1.d4 d6 2.♘f3 g6 3.c4 ♗g7 4.♘c3 ♘f6 5.e4 0–0 6.h3 ♘a6 7.♗e3 c5 8.♗e2 cxd4 9.♘xd4 ♘c5 10.♕c2 b6 11.0–0 ♗b7 12.♗f3 ♖c8

Diese Neuerung stellt eine klare Verbesserung dar.

13.♖ad1 ♕c7 14.b3 ♕b8 15.♖fe1 ♖fe8 16.♗c1 a6 17.♕e2 e6

Die Partie begann mit der Königsindischen Verteidigung, doch nun ist eine klassische Igel-Stellung auf dem Brett.

18.♗b2 ♖cd8

Hier hätte Carlsen bereits den thematischen Sprengungszug 18...d5 spielen können. Natürlich hat er das gesehen, aber vielleicht hatte er Angst, dass die Stellung danach verflachen würde; z.B. 19.exd5 exd5 20.♕f1 ♖xe1 21.♖xe1 dxc4 22.bxc4 ♖d8 23.♗xb7 ♕xb7 24.♖d1=.

19.♕c2 ♕a8

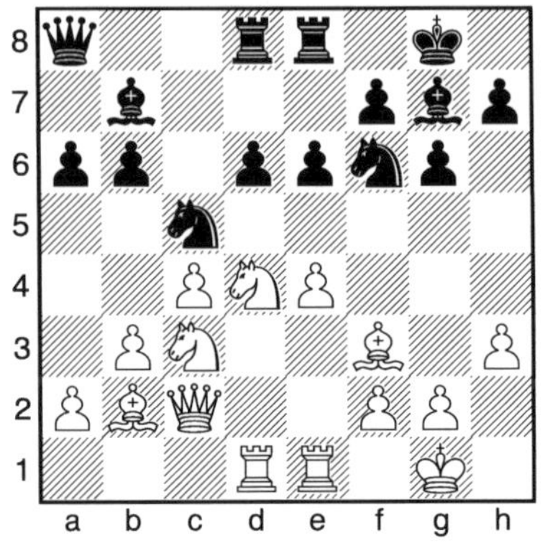

20.♕e2

Matthias zieht hin und her, was eigentlich gar nicht seine Art ist. Vor dem Turnier hatte ich mit ihm darüber gesprochen, mit welcher Einstellung er in diese Duelle mit den Topspielern gehen wollte. Seine Strategie war die, sich möglichst sicher aufzubauen und zu hoffen, dass die Cracks die Stellung überziehen, wenn sie dem Remis ausweichen wollen. Es ist allerdings sowieso schwer, in dieser Stellung etwas Besseres vorzuschlagen. Carlsen hat die optimale Igelstellung aufgebaut, in der jeder kleine Fehler des Weißen sofort zu einer schlechten Stellung führen kann.

20.b4 Scd7 21.♘b3 ♘e5 (21...♕b8) 22.♘a4 ♘fd7 23.♖xd6 ♗c6 24.♗xe5 ♘xe5 25.♘xb6 ♕b8 26.♖xd8 ♕xd8 27.c5 ♘xf3+ 28.gxf3 ♕g5+=

20...h5 21.♗a1 Scd7

21...d5

– 22.exd5 exd5 23.♕f1 ♖xe1 24.♖xe1=

– 22.e5 ♘fe4 23.♕e3 ♗xe5 24.b4 ♘d7 25.♗xe4 dxe4 26.♘xe4 ♗xe4 27.♕xe4 ♕xe4 28.♖xe4 ♖c8 29.f4 ♗g7 30.♘b3 ♖c7=

22.g3?!

22.♘c2

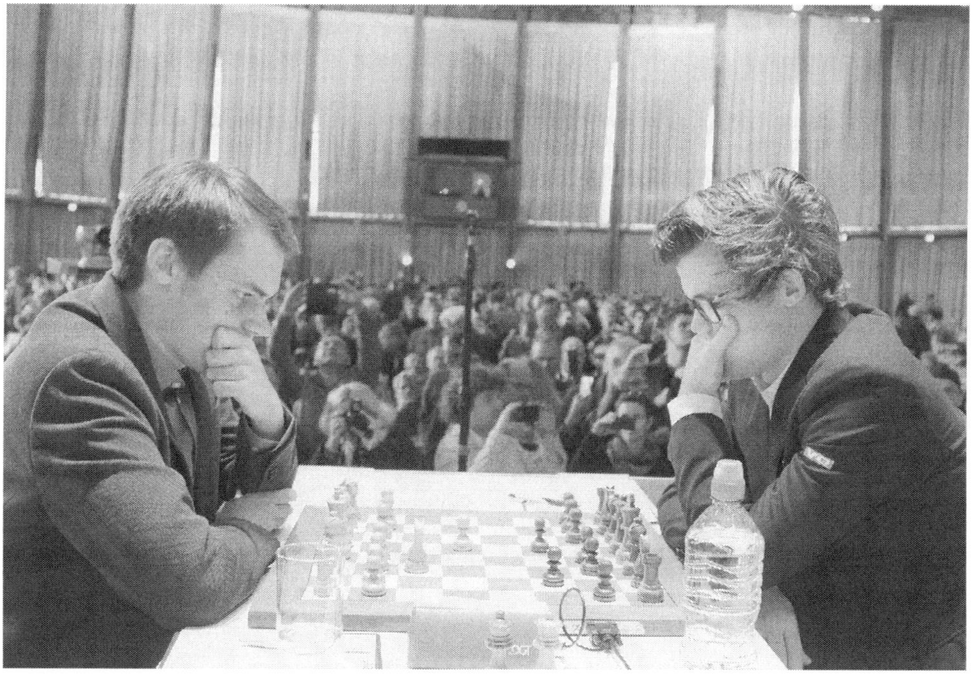

Matthias Blübaum – Magnus Carlsen, GCC 2017

– 22...♘e5 23.♘a4 ♘fd7 24.♖xd6 b5 25.cxb5 axb5 26.♕xb5 ♗c6 27.♕e2 ♕b8 28.♖dd1±

– 22...d5 23.exd5 exd5 24.♘e3 dxc4 25.♗xb7 ♕xb7 26.bxc4 ♕b8 27.♕d2 ♘e5=

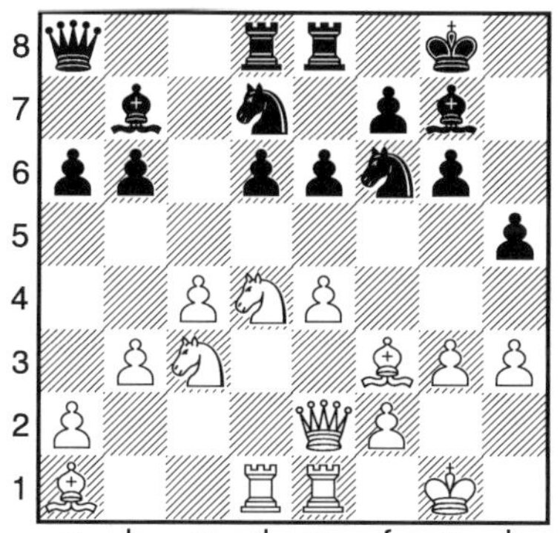

22...d5!

Eine einzige Ungenauigkeit – und sofort übernimmt der Weltmeister die Initiative!

23.♗g2

23.exd5 exd5 24.♕f1 dxc4 25.♗xb7 ♕xb7 26.♕xc4 ♘e5 27.♕f1 h4 28.♕g2 ♕c7∓

23...e5?!

Hier allerdings schießt Carlsen übers Ziel hinaus. Der einfache Generalabtausch auf e4 hätte zu leichtem schwarzem Vorteil geführt, da ein auf e5 auftauchender Springer Gabeldrohungen aufstellt.

1) 23...♘xe4 24.♘xe4 dxe4 25.♗xe4 ♗xe4 26.♕xe4 ♕xe4 27.♖xe4 ♘e5! 28.♖e3 ♖d6 29.♖c1 ♖ed8 30.♘c2 ♖d1+ 31.♖xd1 ♖xd1+ 32.♔g2 ♘xc4∓

2) Noch stärker ist 23...h4!, um das Feld

f4 für einen Springer freizukämpfen; z.B. 24.g4 e5 25.♘c2 dxe4

a) 26.b4 ♘f8 27.♕e3 b5 28.cxb5 axb5 29.♘xb5 ♕xa2∓

b) 26.♘xe4 26...♘xe4 27.♗xe4 ♗xe4 28.♕xe4 ♕xe4 29.♖xe4 ♘c5

– 30.♖ee1 ♘d3 31.♖f1 b5∓

– 30.♖xd8 ♖xd8 31.♖e2 ♖d1+ 32.♔g2 ♘d3∓

24.♘c2 dxe4 25.♘xe4 ♘xe4 26.♗xe4 ♗xe4 27.♕xe4 ♕xe4 28.♖xe4 ♘c5 29.♖ee1 ♘d3 30.♖e3 e4 31.♗xg7 ♔xg7 32.♘e1 ♘c5 33.♖xd8 ♖xd8

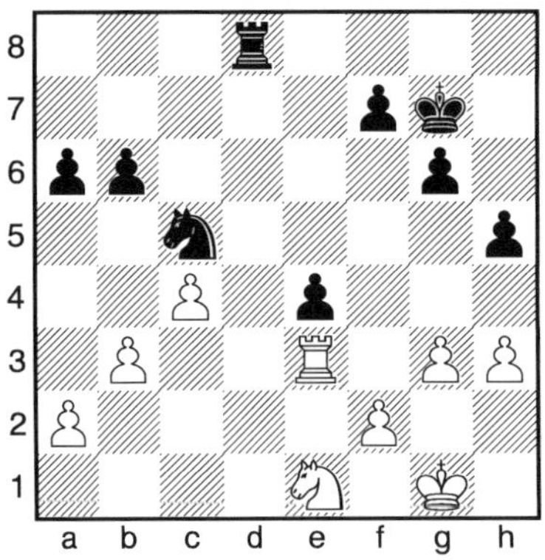

34.b4

Damit nimmt Weiß eine Zersplitterung seiner Bauernstellung in Kauf, aber die Aktivität seiner Figuren und das reduzierte Material geben ihm gute Remischancen.

34...♘d3 35.♖xe4 ♘xb4 36.a3 ♘c6

36...♘d3 37.♔g2 ♘b2 38.♘f3 a5∓

37.♘c2 ♖d1+ 38.♔g2 a5 39.♘e3 ♖a1 40.♘d5 ♖xa3

Die Zeitkontrolle ist geschafft und Matthias ist dem Remis nahe. Carlsen versucht noch sein typisches Manövrieren in einem leicht besseren Endspiel, doch Matthias verteidigt sich sicher.

41.♘xb6 ♖c3 42.♖e8 ♖b3 43.c5 ♖c3 44.♘a4 ♖c4 45.♖c8 ♘e5

45...♖xa4 46.♖xc6 ♖c4 47.♔f3 a4 48.♖a6=

46.♘b6 ♖c2 47.♘d5 a4 48.♘e3 ♖c3 49.♘d5 ♖c1 50.♖a8 ♖xc5 51.♘e3 ♘c4 52.♖xa4

Damit ist das Remis unterschriftsreif.

52...♘xe3+ 53.fxe3 ♖c2+ 54.♔f3 g5 55.♖a5 f6 56.e4 ♖c3+ 57.♔f2 ♖c2+ 58.♔f3 ♖c3+ 59.♔f2 ½–½

47

Matthias Blübaum (2660)
Anton Korobow (2688)
Bundesliga 2020 (D02)

Kommentar – Matthias Krallmann

1.d4 ♘f6 2.♘f3 d5 3.♗f4 ♗f5 4.c4 dxc4 5.e3 b5 6.a4 c6 7.axb5 cxb5 8.♘c3 e6 9.♘xb5 ♗b4+ 10.♘c3 ♘d5 11.♕a4+ ♘d7 12.♗xc4 0–0

12...♗xc3+ 13.bxc3 ♘xf4 14.exf4 0–0 15.♗e2 ♘b6 16.♕a3 ♕c7 17.♖c1±

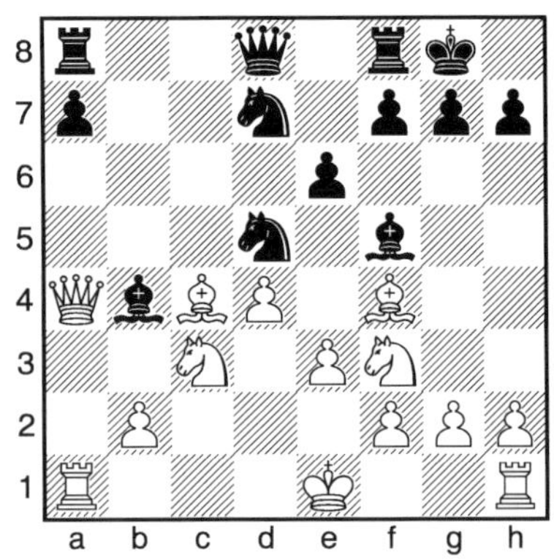

13.0–0

13.♗xd5! ♗xc3+ 14.bxc3 ♘b6 15.♕a6 ♕xd5 16.0–0±

13...♘7b6 14.♕b3 ♗xc3 15.♗xd5 ♕xd5 16.♕xc3 ♗e4 17.♘e1 ♖fc8 18.♕b4 ♗g6 19.f3 ♖c4 20.♕d2 ♕b5 21.♖f2 ♖b4 22.e4 f5 23.exf5 ♗xf5 24.♗d6 ♖b3

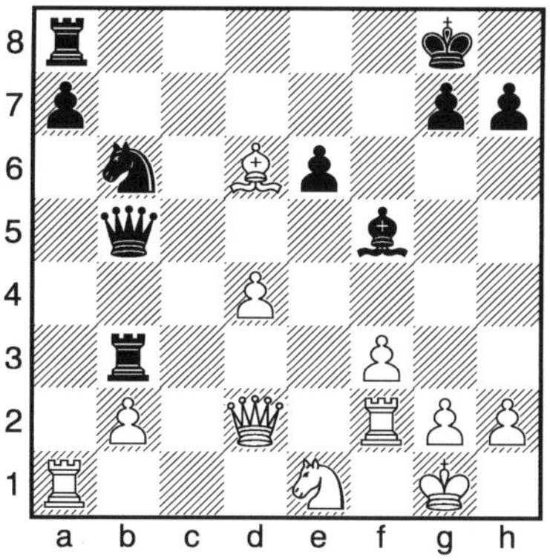

25.g4?!

Das ist zu ungestüm.

25.♖a5 ♕c6 26.♕d1 ♖b5 27.♖xb5 ♕xb5 28.♕e2 ♘c4 29.♗e5±

25...♘c4 26.♕f4 ♖xb2 27.♖a2 ♖xa2 28.♖xa2 ♘xd6 29.♕xd6 ♗g6 30.♕c5 ♕b7 31.♔f2 ♗f7?!

Korobow spielt hier für einen GM mit seinen Qualitäten erstaunlich passiv und kommt in Nachteil.

31...♕b8 32.♕e5 ♕xe5 33.♕xe5 a5=

32.♘d3 a6 33.♘e5 h6 34.♕d6 ♔h7 35.♖c2 ♗g8 36.♖c7 ♕b2+ 37.♔g3 ♕b1

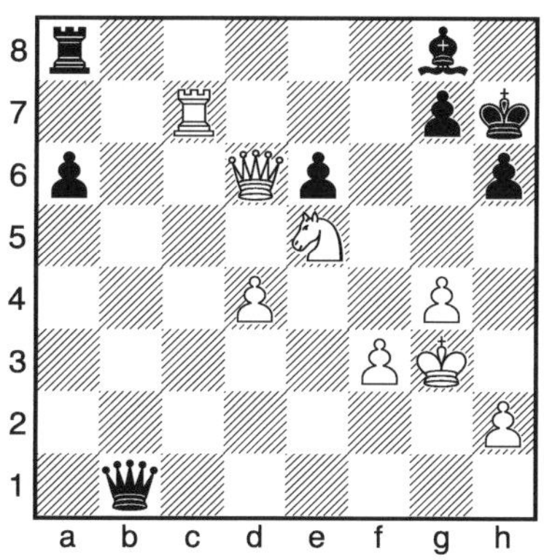

38.♖xg7+?

Hier übersieht Matthias die wunderschöne Wendung 38.♔h4!!, die an die berühmte Königswanderung aus der Partie Short – Timman (Tilburg 1991) erinnert; z.B. 38...♔h8 39.♖xg7 ♔xg7 40.♕e7+ ♔h8 41.♕f6+ ♔h7 42.♔h5!+–.

38...♔xg7 39.♕e7+ ♔h8 40.♕f6+ ♔h7 41.♕e7+ ½–½

41.♔h4 ♕b7 42.♕g6+ ♔h8 43.♕xh6+ ♗h7 44.♕f6+ ♔g8 45.♕xe6+ ♔g7 46.d5∞

48

Matthias Blübaum (2642)
Csaba Balogh (2621)
Bundesliga 2016 (A11)

Kommentar – Matthias Krallmann

1.♘f3 d5 2.g3 c6 3.♗g2 ♗f5 4.0–0 ♘f6 5.c4 e6 6.cxd5 exd5 7.d3 ♘a6 8.a3 ♗e7 9.♘bd2 ♘c7 10.♕c2 h6 11.b4 0–0 12.♘b3 ♘e6 13.♗b2 ♗h7 14.♖ad1 ♖c8 15.♘fd4 ♘xd4 16.♗xd4 ♘e8?!

Es war wohl dieser passive Zug, der Weiß zunächst in Vorteil brachte.

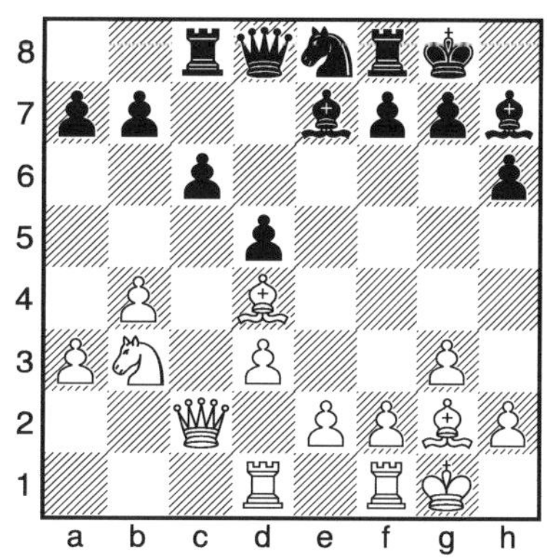

17.♗h3 ♖a8 18.♘c5 ♗xc5 19.bxc5 f6 20.♖b1

Schwarz hat jetzt eine bedenkliche Schwäche auf b7 und zusätzlich verfügt Weiß auch noch über das Läuferpaar.

20...♖b8 21.♖b4 ♔h8 22.♖fb1 ♖f7 23.♕a4 ♖e7 24.♗e3 g5 25.♕xa7 ♖a8 26.♕b6 ♖c7 27.♖4b3 ♖a4 28.♗c1 ♕e7

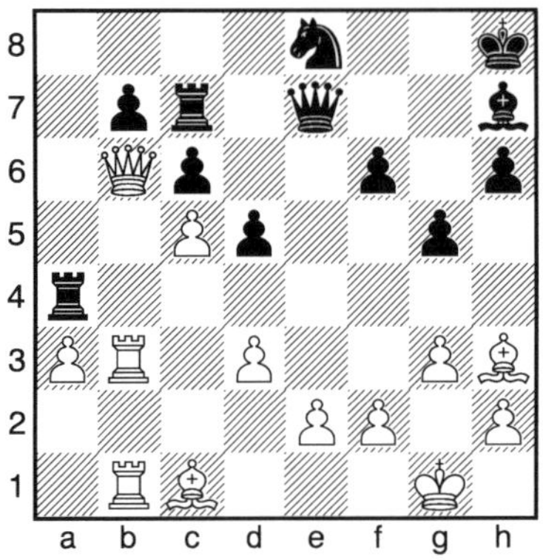

29.♔f1

29.♗b2! war hier eine aktivere Möglichkeit, den Punkt e2 (indirekt) zu verteidigen.

29...♘g7 30.♖c3

30.♗b2 war auch hier besser.

30...♗f5 31.♗g2 d4 32.♖c2 ♘e6 33.♕b3 ♖a8 34.♕b4 h5 35.♗b2 ♖d7 36.♖c4 ♖ad8

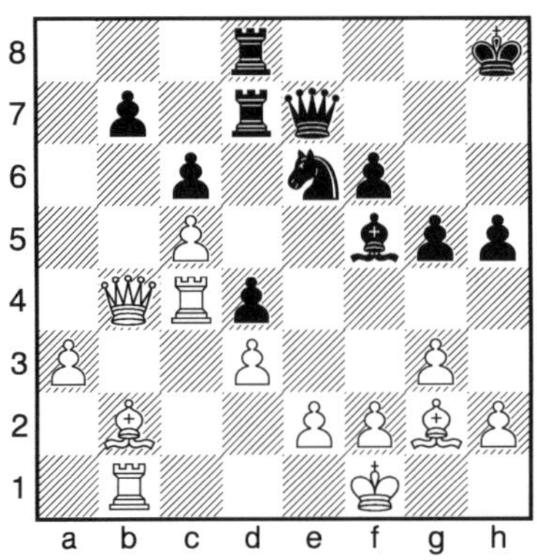

Selbst mit Computerunterstützung ist es gar nicht so einfach zu beurteilen, wo genau sich der weiße Vorteil verflüchtigt hat. Am Damenflügel ist die schwarze Stellung so fest, dass Weiß keinen Durchbruch organisieren kann. Am Königsflügel hingegen steht der weiße König ziemlich alleine und der schwarze Bauernvormarsch droht unversehens gefährlich zu werden. Der perfekt überdeckte Bauer d4 lähmt das weiße Spiel regelrecht. Die Lösung hätte eventuell darin bestehen können, zu irgendeinem Zeitpunkt ♖e1 und e2–e4 zu ziehen. Das hätte entweder den lähmenden Bauern d4 beseitigt oder dem Weißen zumindest bessere Möglichkeiten zur Verteidigung der Königsstellung verschafft. Die Drohung, die e-Linie zu öffnen, hätte Schwarz zudem erst einmal beschäftigt. Doch wie auch immer: eine komplizierte Stellung!

37.a4 h4 38.a5 hxg3 39.hxg3 ♕h7 40.♔e1?

Das ist der entscheidende Fehler. Jede Art von Aktivität wäre besser gewesen; z.B. a5–a6, ♖a1 oder ♖e1 nebst e4.

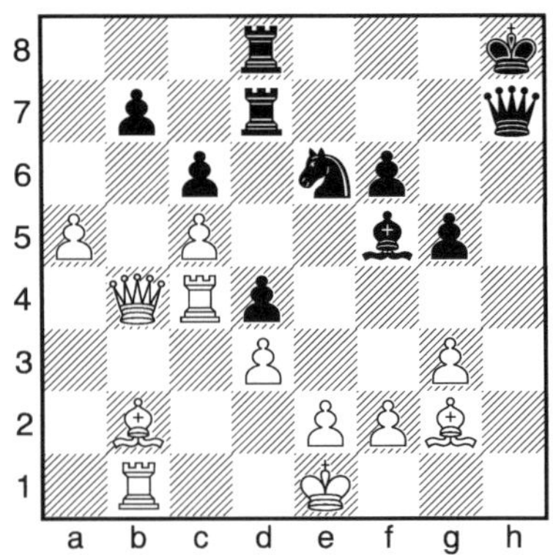

40...♕h2 41.♗f1 ♕g1 42.♖cc1 ♗xd3 43.exd3 ♖e8

Selbst unter Aufgabe des ♗f1 kann der weiße König nicht zum Damenflügel fliehen, denn dort stehen schlichtweg zu viele eigene Figuren im Weg.

44.♖d1 ♖d5 45.♖d2 ♘f4+ 46.♔d1 ♘xd3 47.♕a3

47.♖xd3 ♕xf1+ 48.♔c2 ♖e2+ 49.♖d2 d3+ 50.♔b3 ♕xb1

47...♕xf1+ 48.♔c2 ♘e1+ 49.♔b3 ♕b5+ 50.♔a2 ♖a8 51.♗c3 ♕c4+ 52.♕b3 ♕xc3 53.♕xc3 dxc3 54.♖xd5 ♖xa5+ 55.♔b3 cxd5 56.♖xe1 ♖xc5 0–1

Manchmal ist Schach einfach nur grausam...

49

Liviu Dieter Nisipeanu (2657)

Matthias Blübaum (2672)

Bad Wiessee 2020 (E24)

Kommentar – Matthias Krallmann

1.d4 ♘f6 2.c4 e6 3.♘c3 ♗b4 4.a3 ♗xc3+ 5.bxc3 d5 6.cxd5 exd5 7.e3 0–0 8.♗d3 ♘c6 9.♘e2 ♘a5N

9...♗g4 10.f3 ♗h5 11.♘f4± 1–0 (39), Netusil (2333) – Srba (2222) Prag 2005

10.0–0 c5 11.♕xc5 ♕c7 12.a4 ♗g4 13.f3 ♗d7 14.♘d4 ♖fe8 15.♗a3 ♖xe3

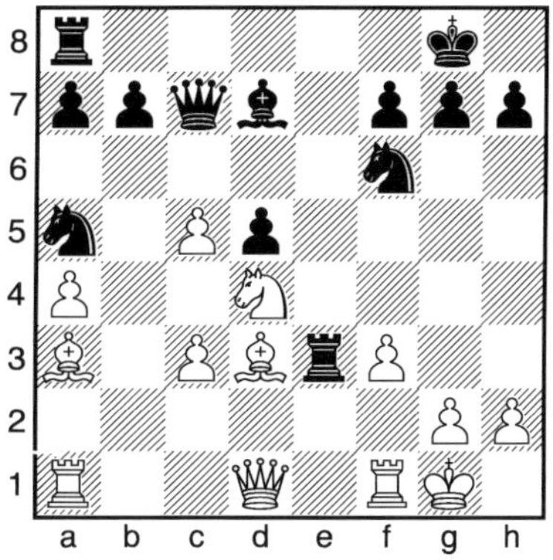

16.♗c1

16.♘b5 ♕e5 17.♗c1 ♘b3! 18.f4 ♕e7 19.♕xb3 ♖xd3 20.♘d6 ♘e4=

16...♖ee8 17.♗g5

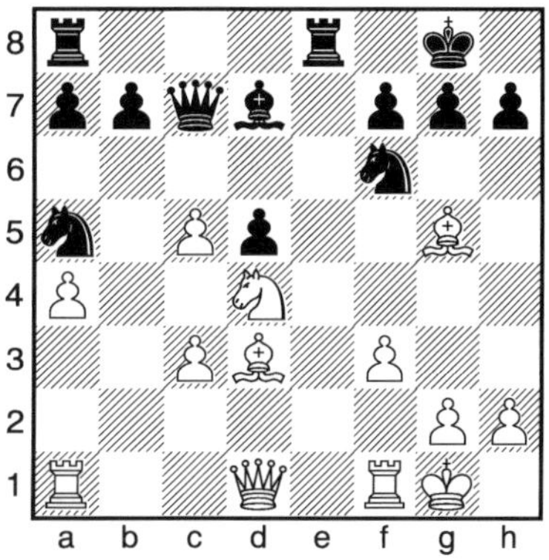

17...♕e5

17...♕xc5 18.♗xf6 gxf6 19.f4 ♖e3 20.♔h1 ♕xc3 21.♗f5 ♘b3 22.♕g4+ ♔h8 23.♕h5 ♗xf5 24.♘xf5 ♘xa1 25.♕xf7 ♖g8 26.♘xe3 ♕xe3 27.♕xf6+ ♖g7 28.♖xa1 ♕e4=

18.♕d2 ♘c4 19.♗xc4 dxc4 20.♖fb1 ♗c6 21.a5 ♕xc5 22.♗xf6 gxf6 23.♕h6 ♕d6 24.♖b4 ♖e5 25.♖xc4 ♗d7 26.♖b4 ♖c8 27.♕d2 ♖h5 28.g3 ♖c7 29.♖ab1 ♖xa5 30.♖xb7 ♖xb7 31.♖xb7 ♖a1+ 32.♔g2 ♕d5 33.♖b2 a5 34.♘e2 ♕xd2 35.♖xd2 ♗e6 36.♖d8+ ♔g7 37.♘f4 ♖a2+ 38.♔g1 f5 39.♘xe6+ fxe6 40.c4 1–0

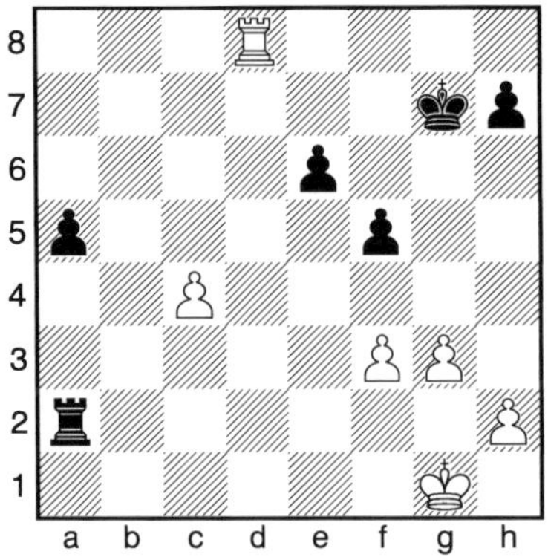

In dieser vollkommen ausgeglichenen Stellung, in der mehrere Züge wie z.B. ♔f6, a4 oder h5 problemlos remisieren, überschritt Schwarz die Zeit! Eine sehr ärgerliche Niederlage.

50

Matthias Blübaum

Lars Thiede

Deutsche Schnellschach-EM 2015

Kommentar – Matthias Krallmann

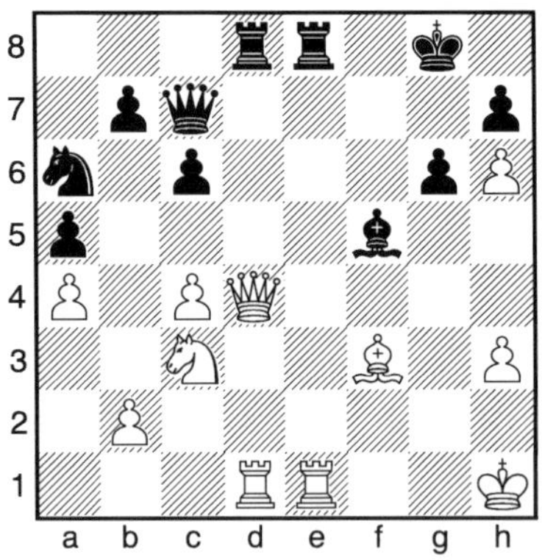

Nach einer Niederlage in der Runde zuvor gegen GM Dennis Wagner musste Matthias unbedingt gewinnen, um seine Chancen auf einen der ersten drei Plätze zu wahren. Diese Aufgabe erledigte er mit Bravour.

34.♘d5!!+–

Ein schöner Entscheidungszug, der das Prinzip 'alle Figuren müssen mitspielen' verdeutlicht.

34...♖xe1+

34...♖e6 35.♘f6+ ♔f7 36.♘d7 ♕xd7 37.♕g7+ ♔e8 38.♕g8+ ♔e7 39.♖xd7+ ♖xd7 40.♕xh7+ +–

35.♖xe1 cxd5 36.♗xd5+ ♖xd5

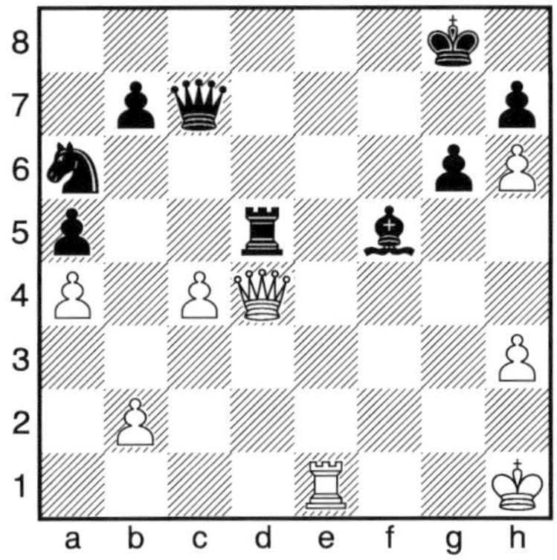

37.♕h8+!! ♔f7

Nach 37...♔xh8 38.♖e8# hat Schwarz Dame und zwei Figuren mehr, aber die einzig verbliebene weiße Figur setzt matt.

38.♕g7#

Eine ästhetische Schnellpartie.

51

Matthias Blübaum (2607)
Rasmus Svane (2531)
Dresden 2015

Kommentar – Matthias Krallmann

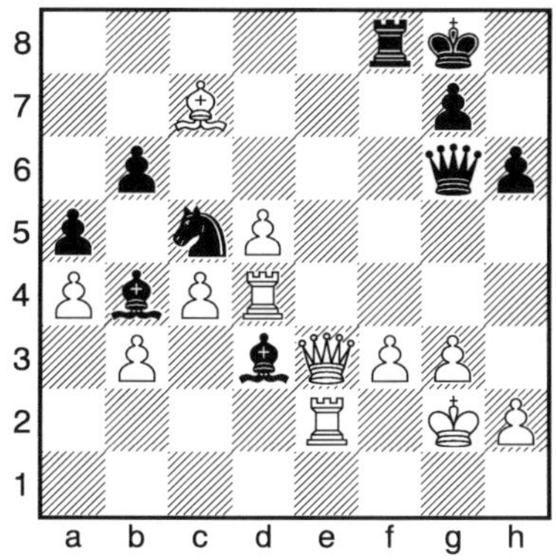

36.♖xd3?

Ein verfehltes Qualitätsopfer.

36.♖g4!

– 36...♕h5 37.♗d6 ♗xe2 38.♗xf8 ♔xf8 39.♖f4+ ♔g8 40.♕xe2±

– 36...♕f5 37.♖f4 ♕c8 38.♖xf8+ ♕xf8 39.♖f2±

36...♘xd3 37.♕e6+ ♕xe6 38.♖xe6 ♘e1+ 39.♔h3 ♘xf3 40.♖xb6 ♘d4 41.d6 ♖f7 42.♖b8+ ♔h7

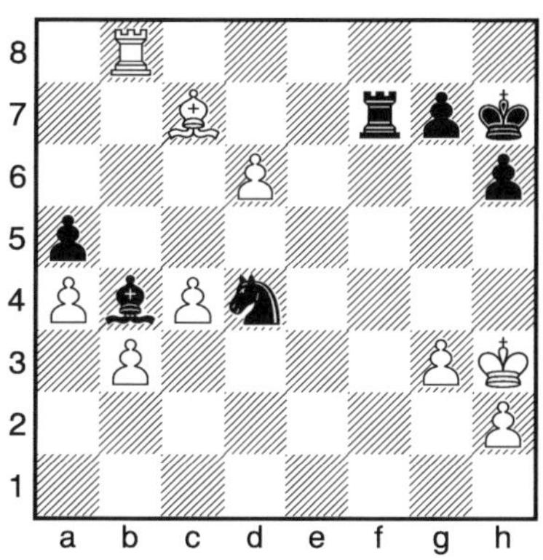

43.♔g4?

43.♗b6 ♗xd6 (43...♘xb3 44.♗xa5!=) 44.♖d8 ♘f5

– 45.♗xa5 g5 46.♗b6 ♗c7 47.♗xc7 ♖xc7 48.♔g4 ♘e3+ 49.♔f3±

– 45.c5 ♗c7 46.♖a8 ♗xb6 47.cxb6 ♘d4 48.♖xa5 ♖b7 49.♖d5 ♘xb3 50.a5 ♘xa5 51.♖xa5 ♖xb6=

43...♔g6 44.♖b6 h5+ 45.♔h3 ♔f5 46.♖b8 ♖d7 47.♖f8+ ♔e6 48.♖h8 g6 49.♖e8+ ♔f6 50.♖e3 ♘e6 51.g4 ♘xc7 52.♕xc7 ♖xc7 53.gxh5 ♖h7 54.♔g4 ♖xh5 0–1

Und Schwarz verwertete seinen materiellen Vorteil.

52

Matthias Blübaum (2580)
Shardul Gagare (2469)
Jugend-WM Khanty-Mansiysk 2015

Kommentar – Matthias Krallmann

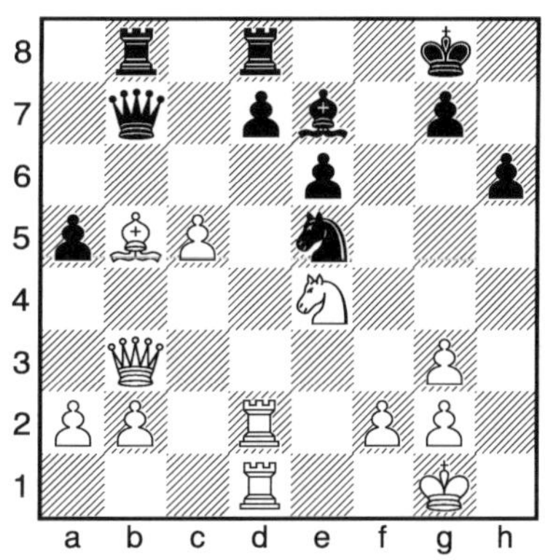

25.♖xd7!+– ♘xd7 26.♕xe6+ ♔h8 27.♗xd7 ♗f8 28.c6 ♕b6 29.♘g5 1–0

Es folgt die Mattsetzung mittels eines rückwärtigen Damenzuges – und die werden in der Vorausberechnung bekanntlich häufig übersehen.

53

Ganesan Akash (2382)
Matthias Blübaum (2580)
Jugend-WM Khanty-Mansiysk 2015

Kommentar – Matthias Krallmann

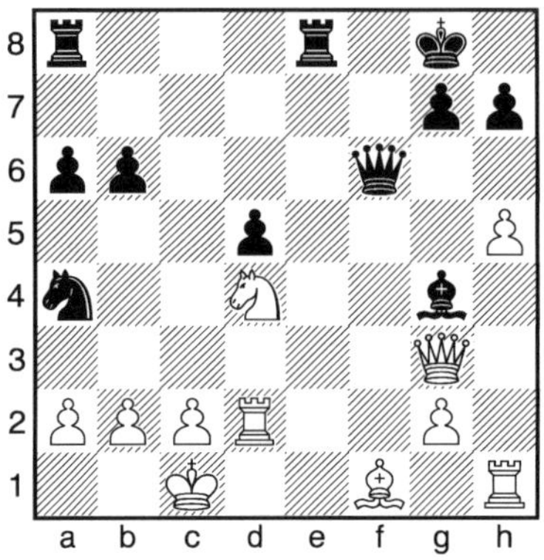

24...♕f4!

Ein schönes Ablenkungsmotiv.

25.♕h4

25.♕xf4?? ♖e1+ 26.♖d1 ♖xd1#

25...♖e4! 26.♗d3

26.♘c6 ♕f6!–+; 26.♘b3 ♕e5! 27.c3 ♗f5–+

26...♖xd4

Mit diesem Figurengewinn sollte die Entscheidung bereits gefallen sein. Matthias machte sich das Leben selbst noch schwer, aber gewann letztlich im Endspiel.

54

Andrey Esipenko (2445)
Matthias Blübaum (2605)
Moskau 2016

Kommentar – Matthias Krallmann

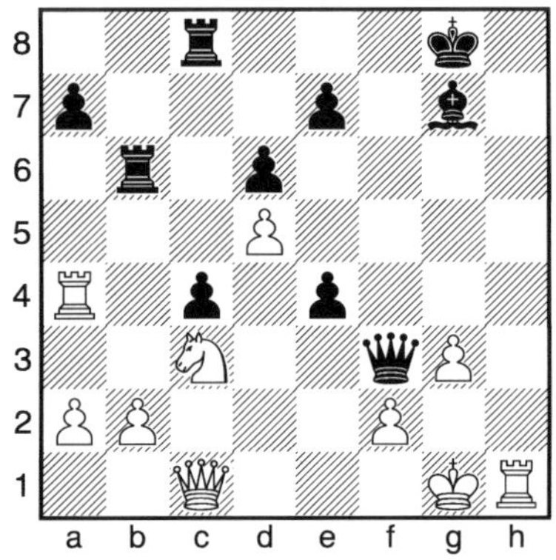

39.♘d1 e3!

Das Motiv der Überlastung. Der Springer auf d1 kann nicht b2, f2 und e3 gleichzeitig verteidigen.

40.♖xc4

40.♘xe3 ♖xb2 41.♖h2 ♖cb8 42.♘f1

– 42...c3 43.♕e3 ♕xe3 44.♘xe3 c2–+

– 42...♗d4 43.♕g5+ ♔f8 44.♕h6+ ♔e8 45.♕g6+ ♔d8 46.♕g8+ ♔c7 47.♖xc4+ ♔b7–+

40...♖f8 41.♕c2 e2 42.♕h7+ ♔f7 43.♖f4+

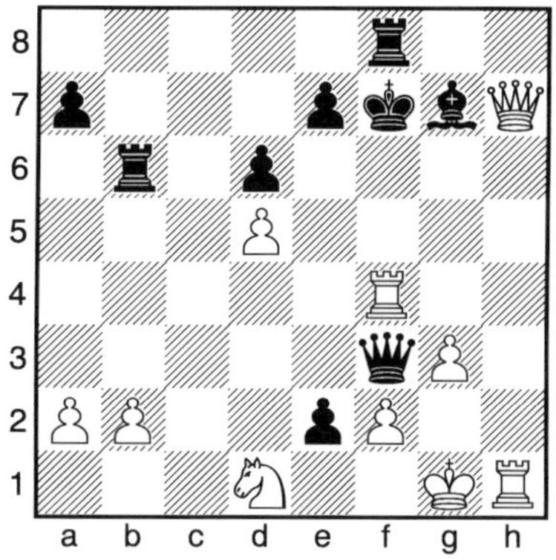

43...♔e8 44.♕g6+ ♔d8 0–1

55

Matthias Blübaum (2640)
Justin Joseph Sarkar (2415)
Stockholm 2016

Kommentar – Matthias Krallmann

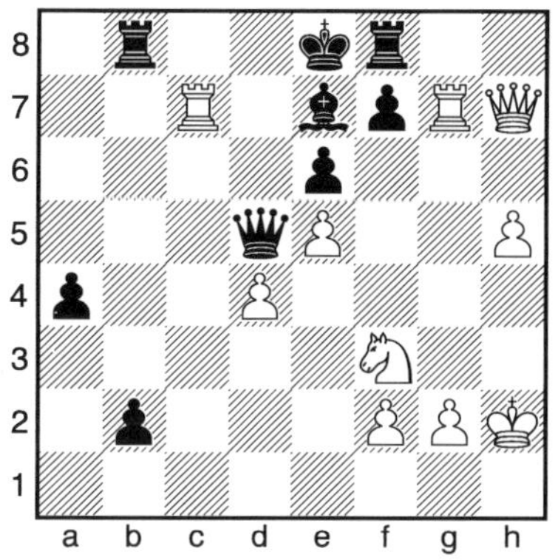

45.♖xe7+??

Das Qualitätsopfer ist hier der falsche Weg.

45.♖g8 b1♕ 46.♖xf8+ ♗xf8 47.♕xf7+ ♔d8 48.♖a7 ♖b7 (48...♕bb7 49.♕xf8+ ♔c7 50.♖xb7+ ♖xb7 51.h6+–) 49.♖a8+ ♖b8 50.♖a7=

45...♔xe7 46.♘g5 ♔d7 47.♖xf7+ ♖xf7 48.♕xf7+ ♔c6 49.♘xe6 ♖b7 50.♕f6 ♔b5 51.♕f5 ♔a5 52.♘f4 ♕f7 53.♕g5 ♕e7 0–1

56

Matthias Blübaum (2632)
Milos Pavlovic (2512)
Aeroflot Open Moskau 2017

Kommentar – Matthias Krallmann

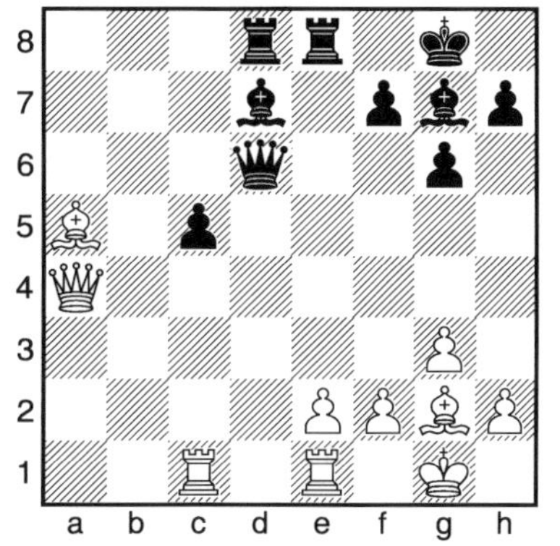

27.♕c4?

Dieser 'natürliche' Zug ist ein Fehler, nach dem Schwarz bei bestem Spiel hätte ausgleichen können.

Hingegen gewinnt der 'unnatürliche' Zug 27.♕d1!+– die Qualität. Merke: Diagonale Damenrückzüge werden häufig übersehen!

27...♖c8 28.♗b7

28.♖ed1 ♕e7 29.e3

28...♗e6 29.♕e4 ♖b8 30.♖ed1 ♕e7 31.♗c6 ♖ec8

31...♗b3 32.♕xe7 ♖xe7 33.♖d2 c4=

32.♗d7 und **1–0** nach weiteren 20 Zügen.

57

Matthias Blübaum (2647)
Bartlomiej Heberla (2566)
Warschau 2020

Kommentar – Matthias Krallmann

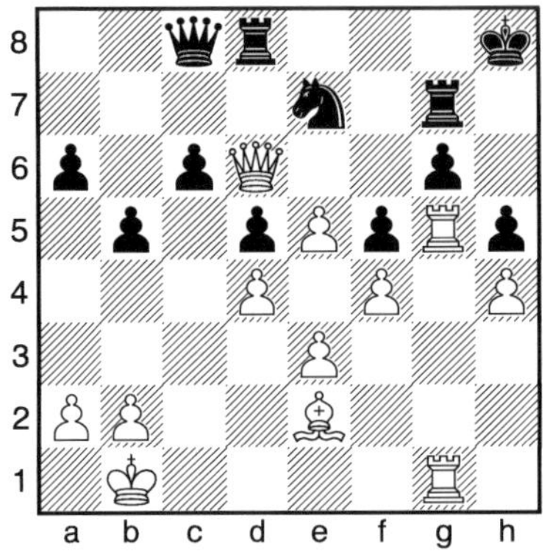

34.♖xh5+

Eine einfache, aber hübsche Schlusswendung.

34...♔g8 35.♕c5

35.♕f6 ♖f8 36.♕g5 ♖ff7 37.♖h6+–

35...gxh5 36.♖xg7+ ♔xg7 37.♕xe7+ ♔h8 38.♕f6+ ♔g8 39.♗xh5 1–0

58

Matthias Dann (2452)
Matthias Blübaum (2530)
Bundesliga 2015

Kommentar – Matthias Krallmann

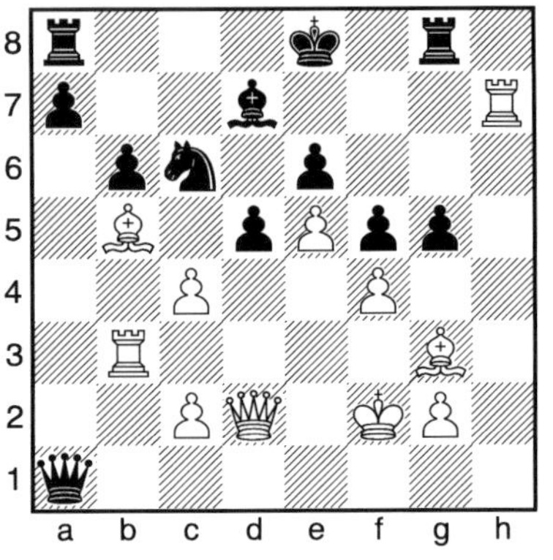

22...d4 23.fxg5?

Glück gehabt! Weiß übersieht eine relativ einfache Kombination und Matthias rettet einen halben Punkt.

23.♖xd7! ♔xd7 24.♕b4 ♖ad8 25.♕d6+ ♔c8 26.♕xc6+±

23...0–0–0 und ½–½ nach weiteren elf Zügen.

59

Mircea-Emilian Parligras (2587)
Matthias Blübaum (2586)
Medias 2015

Kommentar – Matthias Krallmann

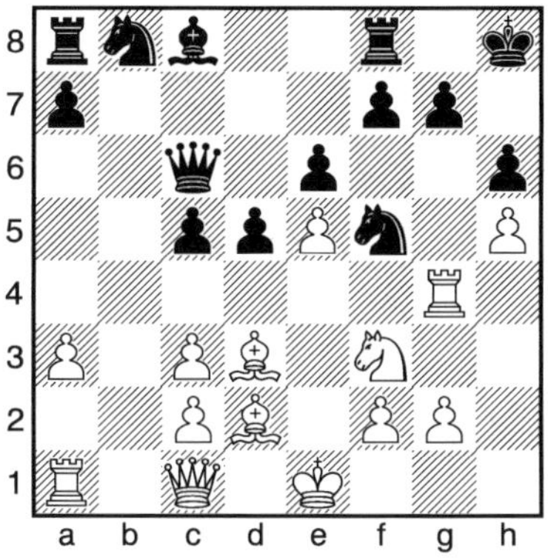

Der weiße Entwicklungsvorsprung ermöglicht eine überraschende Kombination.

16.♖xg7!! ♘xg7

16...♔xg7 17.♗xh6+ ♘xh6 18.♕g5+ ♔h8 19.♕xh6+ ♔g8 20.♕h7#

17.♗xh6 ♖g8

17...f5 18.exf6 ♖xf6 19.♕g5

– 19...♖xh6 20.♕xh6+ ♔g8 21.♘e5+–

– 19....♘xh5 20.♕xh5 e5 21.♗g5+ ♔g7 22.♕h7+ ♔f8 23.♕h8+ ♔e7 24.♕g7+ +–

18.♗g5 ♘xh5

18...♘e8 19.♗e7 ♖g7 20.♕h6+ ♔g8 21.♗h7+ ♔h8 22.♘g5 ♘d7 23.♗g6+ ♔g8 24.♗xf7+ ♖xf7 25.♕g6+ ♖g7 26.♕xe8+ ♘f8 27.♕xf8#

19.♗f6+ ♖g7 20.♕h6+ ♔g8 21.♕xh5 1–0

60

Olexandr Bortnyk (2505)
Matthias Blübaum (2521)
Aeroflot Open Moskau 2014

Kommentar – Matthias Krallmann

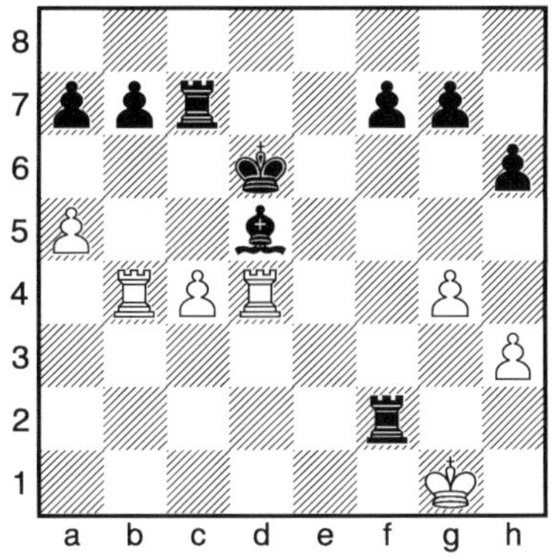

34...♖a2?

Hier übersieht Matthias einen wichtigen Zwischenzug und verdirbt die Partie zum Remis.

34...♔c5! 35.cxd5 (35.♔xf2? ♗e6–+) 35...♖c2 36.d6 ♖d7 37.♖e4 ♖xd6–+

35.♖xd5+ ♔c6 36.♖bb5 b6 37.axb6 axb6 38.♖b1 ♖e7?

Schwer zu sehen, aber auf der a-Linie steht der Turm besser als auf der e-Linie, da er die Schwäche auf b6 decken und gleichzeitig eventuell mit Schach aktiviert werden kann.

38...♖ca7 39.♖db5 ♖7a6 40.♖f1 f6 41.♖fb1 ♖c2–+

39.♖db5 ♖ee2 40.♖xb6+ ♔c5 41.♖6b3 ♖g2+ 42.♔h1 ♖h2+ 43.♔g1 ♖ag2+ 44.♔f1 ♖f2+ 45.♔g1 ♖hg2+ 46.♔h1 ♔xc4 47.♖b4+ ♔d5 48.♖b5+ ♔e6 49.♖b6+ ♔e7 50.♖e1+ ½–½

61

Matthias Blübaum (2521)

Atulya Shetty (2328)

Jugend–WM U18 Durban 2014

Kommentar – Matthias Krallmann

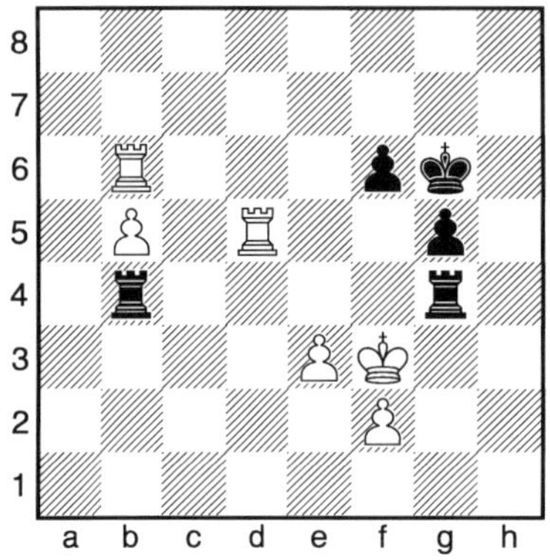

54...♖gc4?

Planlos gespielt, denn auf c4 hat der Turm keine Funktion.

54...♖g1!

– 55.♖dd6 g4+ 56.♔e2 ♖b2+ 57.♖d2 ♖b4=

– 55.e4 g4+ 56.♔f4 ♖e1 57.♔xg4 ♖exe4+ 58.♔f3 ♖f4+ 59.♔e3 ♖be4+ 60.♔d3 ♖b4=

55.♖dd6 ♖c5?

Schwarz verpasst die letzte Rettungschance 55...♔g7 56.♖xf6 ♖xb5 57.♖g6+ ♔h7 58.♖h6+ ♔g7 59.♖bg6+ ♔f7 60.♔g3±.

56.♖xf6+ +– ♔g7 57.♖g6+ ♔h7 58.♖h6+ ♔g7 59.♖bg6+ ♔f7 60.♖f6+ ♔g7 61.b6 ♖b2 62.♔g2 ♖e5 63.♔g3 ♖eb5 64.♖fg6+ ♔f7 65.♖c6 ♖f5 66.♖h7+ ♔g8 67.♖d7 ♖fxf2 68.♖c8+ ♖f8 69.♖xf8+ ♔xf8 70.b7 1–0

62

Juri Kriworuschko (2693)

Matthias Blübaum (2626)

Baku Schach–Olympiade 2016

Kommentar

Matthias Blübaum (M.B.)

Matthias Krallmann (M.K.)

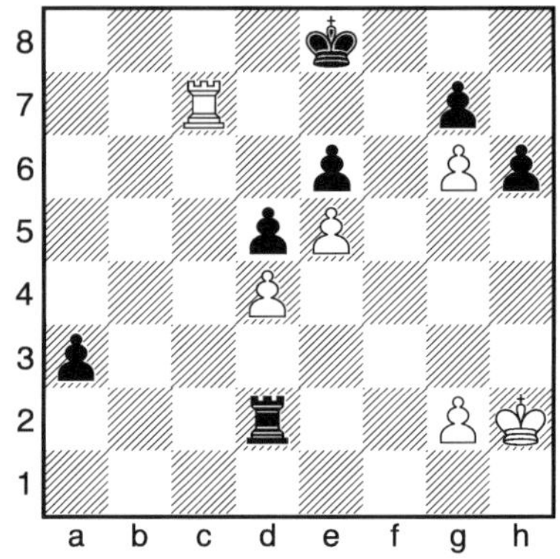

In einer Französischen Partie hatte Matthias seinen Gegner langsam, aber sicher am Damenflügel überspielt, während der ukrainische Topspieler am Königsflügel weniger Fortschritte machen konnte. Der Kandidat auf g6 ist der einzige weiße Trumpf, während Schwarz über einen Freibauern auf a3 verfügt – sowie über die Drohung, im Zentrum zwei weitere zu schaffen. (M.K.)

40.♖xg7

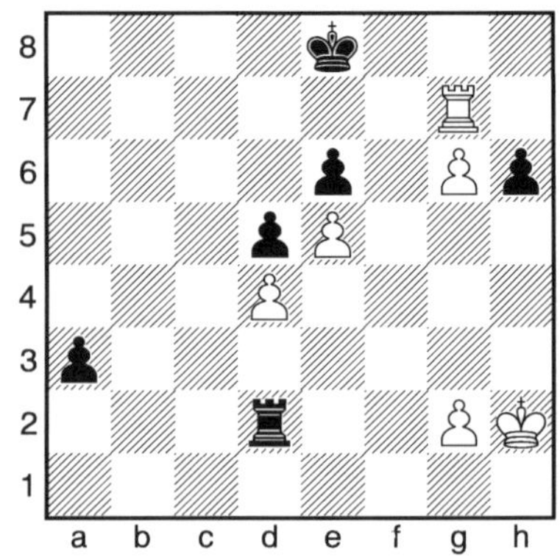

40...♔f8

M.B.: Wahrscheinlich ist die Partie nach 40...♖xd4 aus praktischer Sicht einfacher für Schwarz zu spielen. Allerdings fiel diese Entscheidung im 40. Zug gar nicht so leicht; z.B. 41.♖a7 ♖g4 42.♖a8+ ♔e7 43.♖xa3 ♖xg6 44.♖a7+ ♔e8 45.♖h7 ♔f8 46.♔h3 ♖g5 47.♖xh6 ♖xe5 48.♔g3 ♔g7 49.♖h4 ♖e3+ 50.♔f2 ♖b3 51.g4 ♖b8

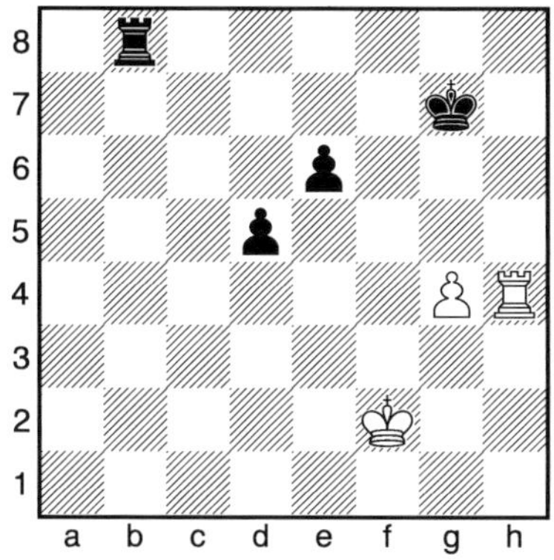

M.B.: Diese Stellung sollte für Schwarz gewonnen sein.

41.♖a7 ♖xd4 42.♖xa3 ♖e4 43.♖a7 ♖xe5 44.g7+ ♔g8 45.♖d7 ♖g5

M.B.: An dieser Stelle hätte ich forciert gewinnen können: 45...h5!

- 46.♔h3 ♖e4 47.g3 d4−+

- 46.♔g1 ♖f5 47.♖e7 e5−+

- 46.♔g3 ♖g5+ −+

- 46.g3 ♖e4 47.♔g2 ♖g4 48.♖e7 h4 49.♖xe6 ♖xg3+ 50.♔f2 (50.♔h2 ♔xg7−+) 50...♔xg7 51.♖e5 ♖d3

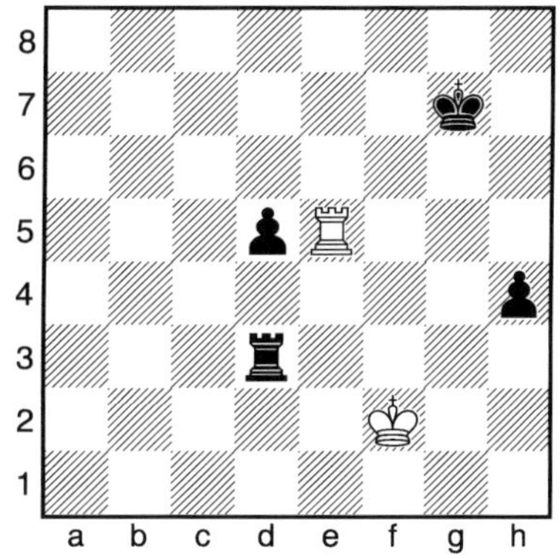

Und Schwarz gewinnt (siehe Tablebases).

46.♖e7 e5 47.♔g1 h5?!

Schwarz will Raum gewinnen und den Bauern g2 als Schwäche festlegen.

Konsequenter wäre es hier gewesen, die goldene Endspielregel 'Freibauern müssen laufen' zu beherzigen. (M.K.)

47...e4 48.♖d7 ♖e5 Der Turm gehört bekanntlich *hinter* den Freibauern. 49.♔f2 e3+ 50.♔e2 h5 51.g3 ♔h7

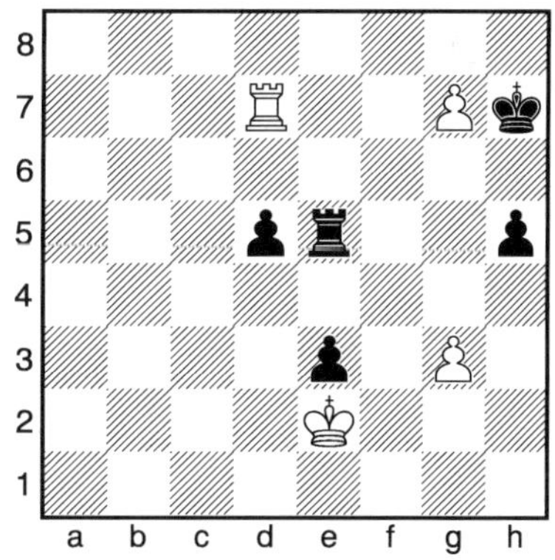

Jetzt ist Weiß im Zugzwang: Jeder Königs- oder Turmzug verschlechtert seine Position entscheidend. (M.K.)

52.♖a7 d4 53.♖d7 ♖e4 54.♔e1 e2 55.♖d5 ♔xg7 56.♖xh5 d3 57.♖d5 ♖e3 58.g4 ♖f3−+

48.♔f2 h4 49.♖d7 d4 50.♖e7 d3 51.♔f1 ♔h7 52.♔f2 ♔g8 53.♔f1 ♔h7 54.♔f2 d2 55.♖d7 ♖xg7 56.♖xd2 ♔g6 57.♖d8 ♔f5 58.♖h8 ♖g4 59.♔f3 ♖f4+ 60.♔e3 ♖e4+ 61.♔f3 ♖f4+ 62.♔e3 ♖a4 63.♖f8+ ♔e6 64.♖h8 ♖a3+ 65.♔e4 ♖a4+ 66.♔e3 ♔f6 67.♖f8+ ♔g6 68.♖e8 ♔f6 69.♖f8+ ♔g7 70.♖e8 ♖a3+ 71.♔e4 ♔f6 72.♖f8+ ♔g7 73.♖f5 ♖a2 74.♖xe5 ♖xg2 75.♖h5 ♖a2 76.♔f3 h3 77.♖xh3 ♖a3+ 78.♔g2 ♖xh3 79.♔xh3 ½–½

63

Matthias Blübaum (2626)
Michael Roiz (2605)

Baku Schach–Olympiade 2016

Kommentar – Matthias Krallmann

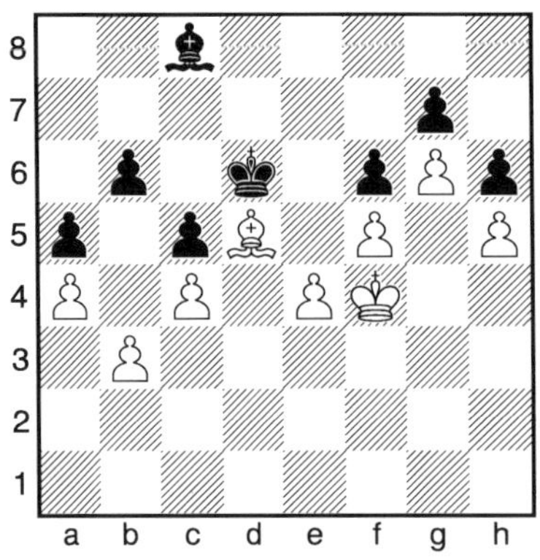

65.e5+!

Ein klassischer Bauerndurchbruch!

65...♔e7

65...fxe5+ 66.♔e4 ♗d7 67.f6 gxf6 68.g7+–

66.♔e4 ♗a6 67.♗a8 ♗c8 68.♗c6 1–0

64

Laurent Fressinet (2664)
Matthias Blübaum (2626)

Baku Schach–Olympiade 2016

Kommentar
Matthias Blübaum (M.B.)
Matthias Krallmann (M.K.)

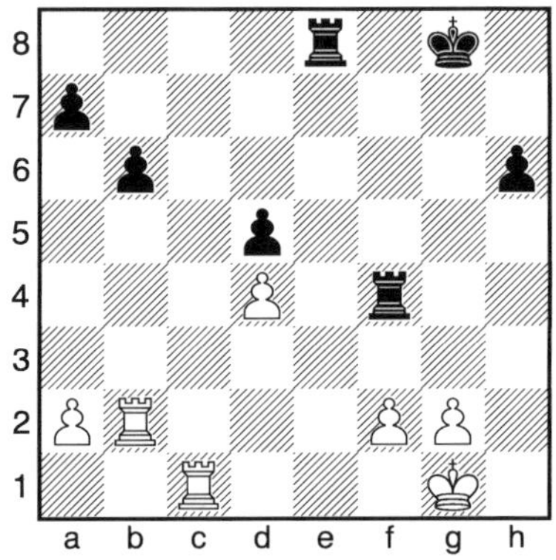

Nach einem Theorieduell in der Ragosin–Variante des Damengambits war dieses Turmendspiel entstanden. Die Stellung ist ausgeglichen. (M.K.)

28.♖d2 ♖ee4 29.♖cd1 ♔g7?!

29...h5 wäre besser gewesen. Die Idee ist, dass Schwarz nach 30.f3 ♖e3 31.♔f2 ♖a3 32.♔g3 immer ♖g4 mit Schach hat, um den weißen König wieder zurückzudrängen. (M.B.)

30.f3 ♖e3 31.♔f2 ♖a3 32.♔g3 ♖e4

32...♖f5 33.♖c1 h5 34.♖c7+ ♔g6

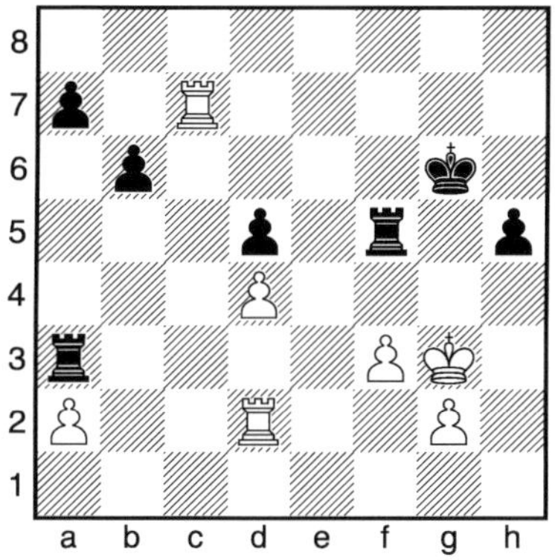

(M.B.) Dieser Aufbau scheint mir recht sicher zu sein.

33.♖c1 ♔f7 34.♖c8 ♖e1

34...♖e6 35.♖d8 ♖a5 36.♔g4 ♔g6 37.♖f2 ♔f6 38.♖c2 ♔g6 39.f4±

35.♔f4 ♖a1?

35...♖ae3 36.♖c7+ ♖e7

1) 37.♖dc2 a5 38.g4 ♔g7 39.♖2c6 a4 40.♖xe7+ ♖xe7 41.♖xb6 ♖e2 42.♔f5 mit besseren Chancen für Weiß.

2) 37.♖xe7+ ♔xe7 38.g4 ♖e6 39.♖c2 a5 40.a4 ♔d7 41.♔f5 ♖e3 42.f4 ♔d6 43.♔g6 ♖e4 (43...♖e6+ 44.♔g7) 44.♖f2 ♖xd4 45.♔xh6 und die beiden verbundenen Freibauern entscheiden die Partie. (M.K.)

36.♖c7+ ♔e8

(M.K.) Unglücklicherweise läuft Matthias hier in ein Mattnetz, aber die Stellung war bereits verloren.

36...♔f8 37.♖dc2 ♖a4 38.♖2c6 ♖e1 39.♖xh6+−

37.♖e2+ ♔d8 38.♖ee7 ♖3xa2 39.♖ed7+ ♔e8 40.♖h7 ♔d8 41.♖cd7+ ♔c8 42.♖df7 1–0

65

Peter Swidler (2745)

Matthias Blübaum (2642)

Europapokal chess24.com 2016

Kommentar – Matthias Krallmann

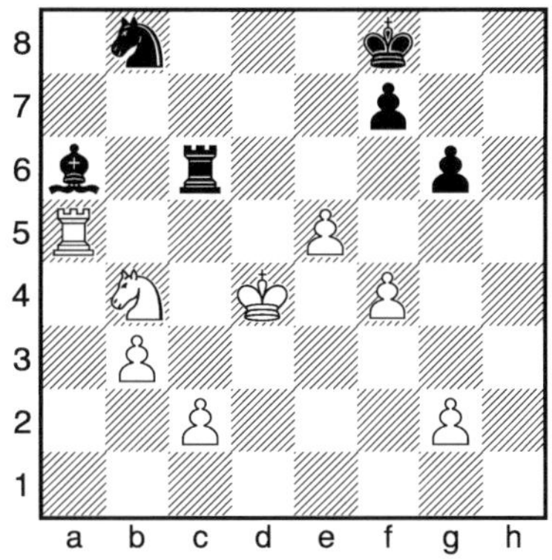

Ausgerechnet im letzten Zug vor der Zeitkontrolle musste Matthias hier eine studienartige Wendung finden, um das Gleichgewicht zu halten. Allerdings scheiterte er an dieser schwierigen Aufgabe, denn der von ihm gewählte 'offensichtlichere' Zug verliert glatt.

40...♖xc2?

Auch mit genügend Bedenkzeit ist der Rückzug 40...♖c8! schwer zu finden.

I) 41.♖xa6 ♘xa6 42.♘xa6 ♖xc2 43.b4 ♖xg2 44.b5 ♖b2 45.♔c5 ♔e7 46.♔c6 ♔d8 47.b6 ♔c8=

II) 41.♖c5 ♖d8+ 42.♖d5 ♖c8 43.♖d6 ♗b7 44.g3 ♔e7 45.c4 ♘c6+ 46.♘xc6+ ♗xc6=

III) 41.c4 ♗b7 42.g3 ♖d8+

A) 43.♔c5

1) 43...♗f3 44.♖b5 ♗h1 45.♘d5 ♖c8+ 46.♔d4 ♘c6+ =

2) 43...♗e4 44.♘d5 ♖c8+ 45.♔b6 ♘d7+ 46.♔b7 ♖c5 47.♖a8+ ♔g7 48.♖d8 ♘f8

49.♔b6 ♘e6 50.♖e8 ♗xd5 51.♖xe6 ♖xc4 52.♖d6 ♖b4+ =

B) 43.♔e3 ♔e8 44.♘d5 ♗xd5 45.cxd5 ♘d7

1) 46.♔d4 ♖b8 47.♔c4 ♖c8+ 48.♔b4 ♔e7 49.♖a7 ♖b8+ 50.♔c4 ♖c8+ 51.♔d4 ♖b8=

2) 46.b4 ♖b8 47.b5 ♘c5 48.d6 ♘b7 49.♖a3 ♘xd6 50.exd6 ♖xb5 51.♔e4 f5+ 52.♔d4 ♔d7 53.♖a7+ ♔xd6 54.♖a6+ ♔e7 55.♖xg6 ♖b4+ =

41.♘xa6 ♘xa6

41...♘c6+ 42.♔d3 ♖xg2 43.♖c5 ♘d8 44.b4

– 44...♖g3+ 45.♔e4 ♖b3 46.♖c4±

– 44...♘e6 45.♖c4 g5 46.fxg5 ♖xg5 47.♔e4±

42.♖xa6 ♖xg2 43.b4 ♖b2 44.♔c4 ♔e7 45.b5 ♖c2+ 46.♔b4 ♖b2+ 47.♔a5+–

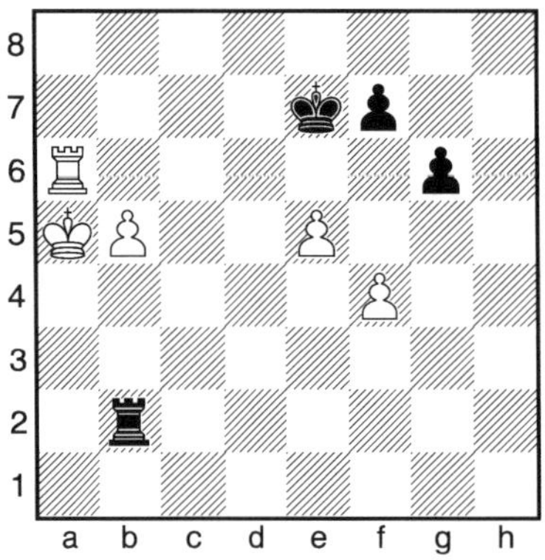

47...♖e2 48.♖c6 ♖a2+ 49.♔b6 ♖a4 50.♖f6 ♖e4 51.♔c7 g5 52.b6 gxf4 53.b7 ♖xe5 54.♖xf4 ♖b5 55.b8♕ ♖xb8 56.♔xb8 ♔e6 57.♔c7 f5 58.♖f1 ♔e5 59.♔d7 1–0

66

Daniel Fridman (2615)

Matthias Blübaum (2647)

German Masters Magdeburg 2020

Kommentar – Matthias Krallmann

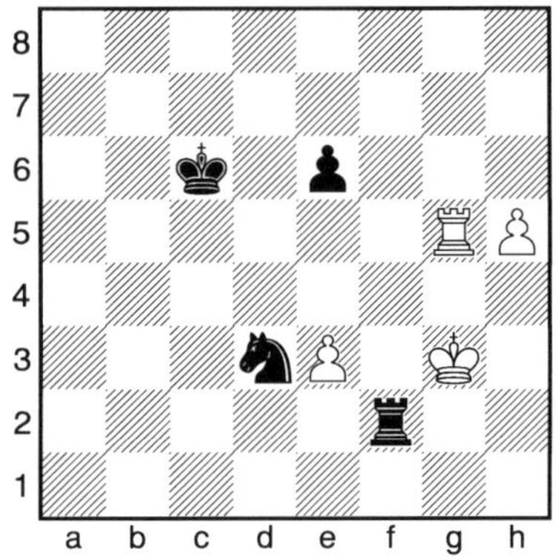

In dieser Stellung ist Fridman nah am Remis, aber nach dem folgenden Fehler lässt Matthias ihm keine Chance.

38.h6?

38.♖g6!

1) 38...♔d5 39.♖g4 e5 40.h6 ♖f8 41.h7 ♖h8 42.♖h4 ♘c5 43.♔g4 ♘d7 44.♔f5 ♘f8 45.♖h1=

2) 38...♔d6 39.♖g4

a) 39...e5 40.h6 ♖f8 41.h7 ♖h8 42.♖h4 ♔e7 43.♖h6 ♔f7 44.♔g4 ♔g7 45.♔g5 ♖xh7 46.♖xh7+ ♔xh7 47.♔f5=

b) 39...♔e7 40.♖d4 ♖d2 41.h6 ♔f7 42.♖d7+ ♔g8 43.e4 ♖d1 44.♖d6 e5 45.♖d5 ♔h7 46.♔f3=

38...♖f7 39.♖g7

39.♖h5 ♖h7 40.♔f3 ♔d6 41.♔e4 ♘c5+ 42.♔f4 ♘d7 43.♔g5 ♘e5 44.♖h1 ♔e7 45.♖h5 ♖h8 46.♔f4 ♘f7 47.h7 ♔f6 48.♖h2 e5+ 49.♔g4 ♔g6–+

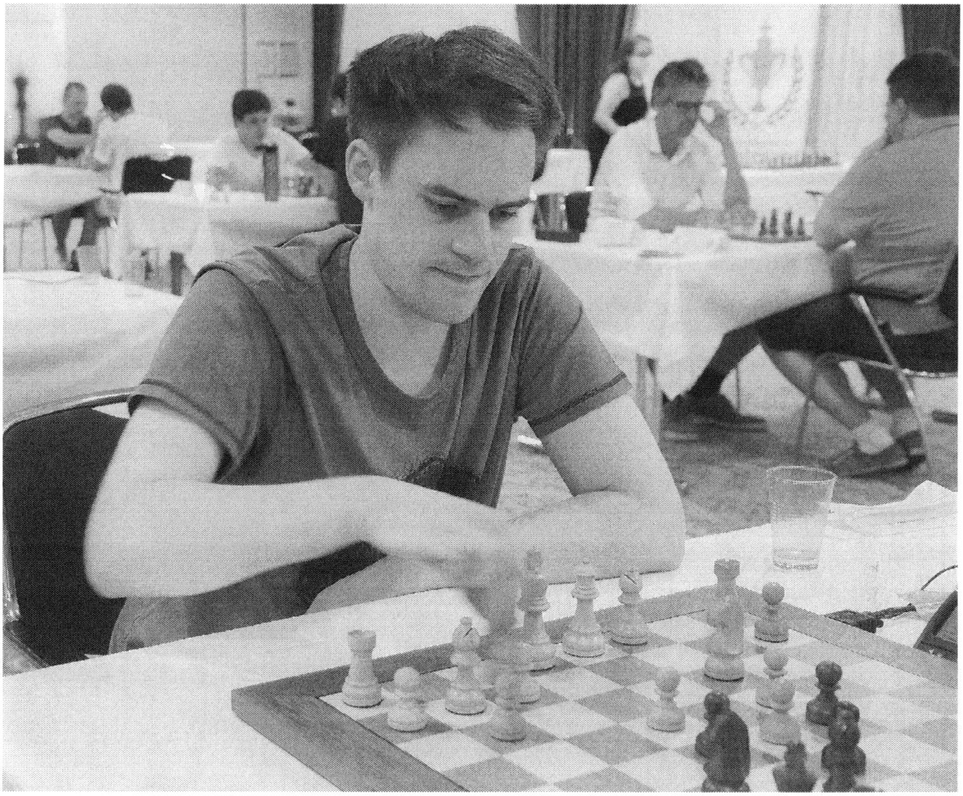

Matthias Blübaum, Magdeburg DM 2020

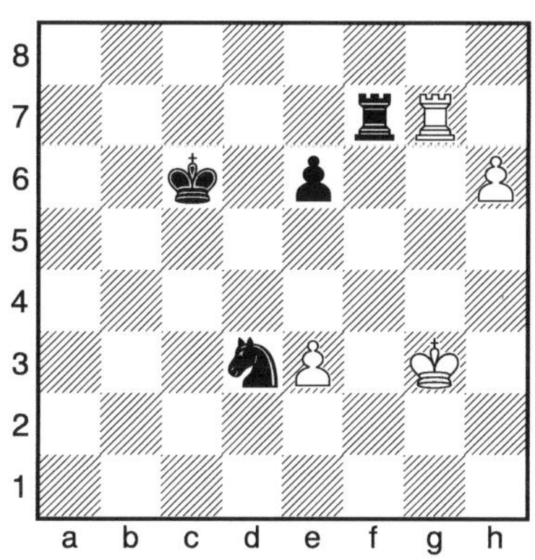

39...♘e5!

39...♖f6? 40.h7 ♖h6 41.♔g4 ♖h1 42.♔g5 ♘e5 43.♔f6=

40.♔h4 ♔d5 41.♔g5 ♖f5+ 42.♔h4 ♖f1 43.h7 ♖h1+ 44.♔g5 ♔d6 45.e4 ♘d7 46.♖f7 ♖h2 47.♔f4 ♖h4+ 48.♔g3 ♖h1 49.♔g2 ♖h6 50.♔g3 e5 51.♔g4 ♖xh7 0–1

II) Endspieltraining

GM Karsten Müller kommentiert Beispiele aus der Praxis von Matthias Blübaum

Matthias Blübaum hat auf seinem Weg zur deutschen Spitze so viele instruktive Endspiele bestritten, dass es sich lohnte, daraus einen kompakten Trainingskurs zu machen. Entsprechend habe ich das Beispiele nach Materialverteilung sortiert und die Länge eines jeden Abschnitts an der Anzahl der jeweils behandelten Beispiele ausgerichtet. Erwartungsgemäß kommen natürlich besonders viele Turmendspiele vor.

Schon mit 14 Jahren (allerdings bereits mit stolzen 2400 Elo-Punkten) hat Matthias außer der Analyse eigener Endspiele die *Endspiel Universität* von Mark Dworezki durchgearbeitet sowie (in Zusammenarbeit mit seinem damaligen Trainer Matthias Krallmann) *Winning Endgame Strategy* von Alexander Beljawski und Adrian Mikhaltschischin. Wir werden in der Folge sehen, dass sich dieses Endspieltraining bestens ausgezahlt hat.

A) Turm gegen Bauer

Selbst ein einziger Bauer hat hier oft noch erstaunlich gute Remischancen, wenn der angreifende König nicht zu dicht dran ist. Folgende Stellung sollte man als Grenzfall unbedingt kennen.

E01

Liviu-Dieter Nisipeanu (2683)
Matthias Blübaum (2642)
Dortmund 2017

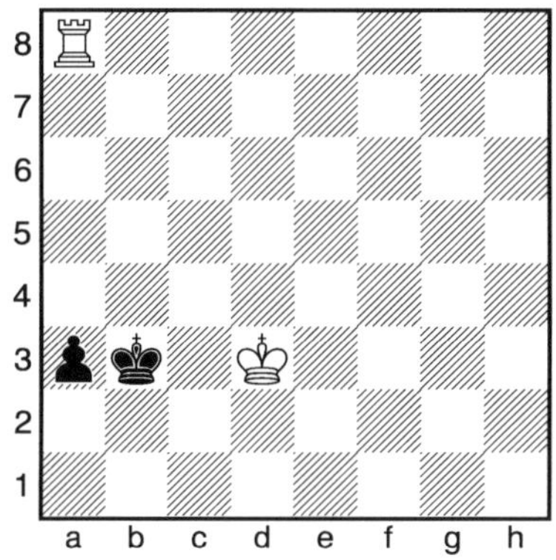

63...♔b2!

In der Tat muss nämlich zuerst der *König* voran!

Stattdessen wäre die Beherzigung des Mottos 'Kandidat voran!' mit 63...a2? ein (erstaunlich oft vorkommender) Fehlgriff, denn nach 64.♖b8+ ♔a3 65.♔c2! a1♘+ 66.♔c3 ♔a2 67.♖b7+- geht der Eckspringer wegen Zugzwang sofort wieder verloren.

64.♖b8+ ♔c1!

Noch ist es zu früh für die Konstruktion des Pattverstecks 64...♔a1? 65.♔c3 a2 wegen der pointierten Folge 66.♖d8 ♔b1 67.♖d1#.

65.♖a8 ♔b2 66.♔d2 a2 67.♖b8+ ♔a1!

Nun endlich kann und muss der König in die Ecke, denn 67...♔a3? scheitert an 68.♔c2 a1♘+ 69.♔c3+-.

68.♔c2 patt ½-½

Gegen gefährliche *verbundende* Freibauern muss ein Turm mitunter sogar hart ums Remis kämpfen.

E02

Paulius Pultinevicius(2519)
Matthias Blübaum (2647)
Krakau 2020

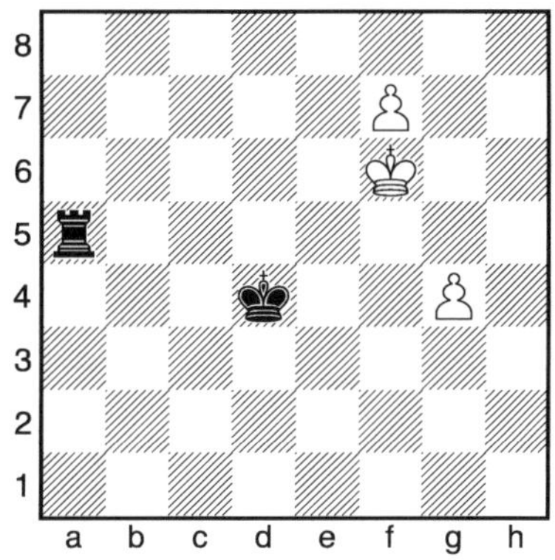

85...♖a6+!

Dieses Zwischenschach macht den Gegner schwach.

- Nicht jedoch 85...♖a8? 86.g5 ♔e4 87.g6 ♖a6+ 88.♔g7 ♖a7 89.♔g8 ♔f5 90.f8♕+ ♔xg6 91.♕d6+ ♔f5 92.♕c5+ +-.

- Und 85...♖a1? scheitert an 86.g5 ♖f1+ 87.♔g7 ♔e5 88.g6!+-.

86.♔f5

86.♔g7 ♖a8 87.f8♕ ♖xf8 88.♔xf8 ♔e5 89.♔g7 ♔f4=

86...♖a5+ 87.♔g6 ♖a6+

87...♖a8=

88.♔g5 ♖a5+ 89.♔h6 ♖a6+ 90.♔g7 ♖a8 91.g5 ♔e5 92.g6 ♔f5

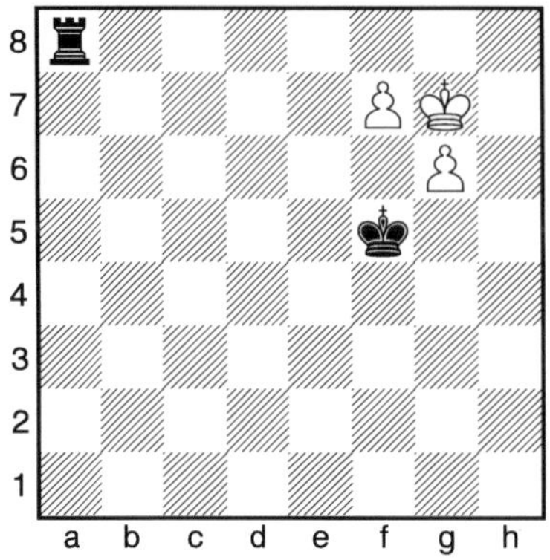

Nun ist eine Standard-Remisstellung entstanden.

93.f8♕+

93.♔h7 ♔f6 94.f8♕+ ♖xf8 95.g7 ♖f7 96.♔h8 ♖xg7 patt

93...♖xf8 94.♔xf8 ♔xg6 ½–½

B) Turmendspiele

Turmendspiele kommen am häufigsten vor und natürlich hat Matthias auch zu diesem klar vorherrschenden Endspielthema viele instruktive Beispiele beigesteuert.

B1) Theoretische Turmendspiele

In Turmendspielen gibt es eine ganze Reihe wichtiger Stellungen und Motive, die man kennen sollte. Und was diese Kenntnis anbetrifft, ist Matthias absolut sattelfest.

E03
Lukasz Jarmula (2350)
Matthias Blübaum (2580)
Bundesliga 2016

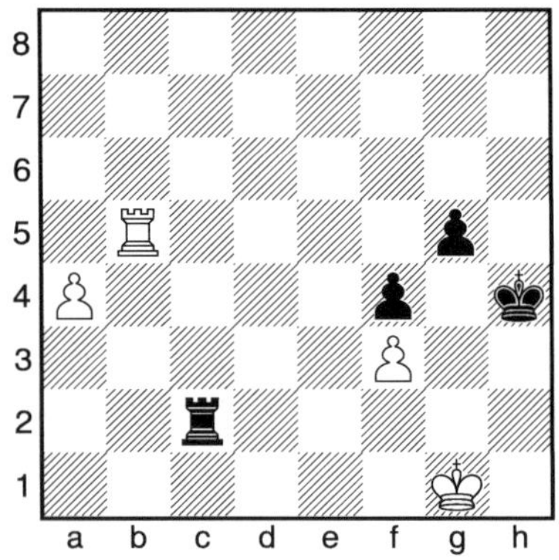

Hier gewinnt Schwarz durch die Anwendung eines typischen Kunstgriffs – der Bildung eines sogenannten 'Regenschirms'.

65...g4! 66.fxg4 ♔g3!

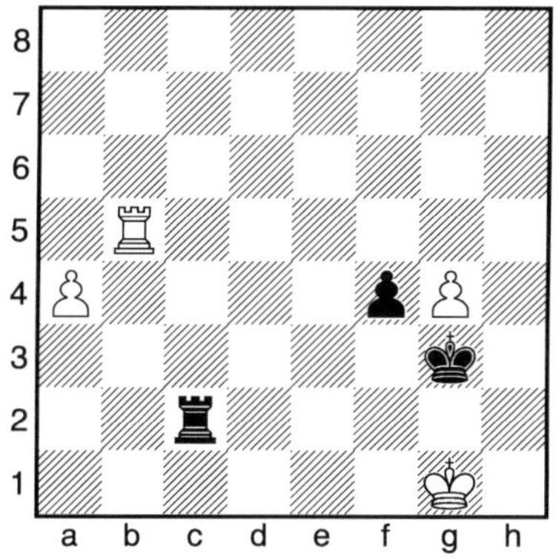

Nach dieser Pointe schützt der weiße Bauer g4 den gegnerischen König vor dem sonst möglichen 'Schachregen' des Turms.

Das stupid materialistische 66...♔xg4? kann z.B. mit der sogenannten *Philidorschen Verteidigungstechnik* 67.♖b3 f3 68.♖b8= beantwortet werden, denn in der Folge findet der schwarze König kein Versteck mehr vor dem besagten Schachregen. (Übrigens hält Schwarz damit sogar *ohne* den Bauern a4 remis!)

67.♖b1 f3 68.g5 ♖g2+ 69.♔f1 ♖h2 und **0–1** aufgrund von 70.♔g1 f2+ 71.♔f1 ♖h1+ 72.♔e2 ♖xb1–+.

Auch die folgende Gewinnführung gelingt Matthias tadellos.

E04

Matthias Blübaum (2660)

Zahar Efimenko (2602)

Bundesliga 2020

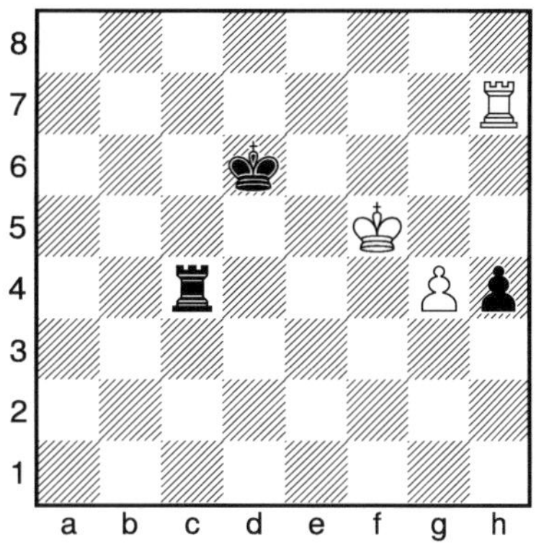

69.g5!

Hier gilt in der Tat das (weiter oben verfehlte) Motto 'Kandidat voran!'

Derweil scheitert der Bauerngewinn 69.♖xh4? an 69...♔e7 70.♔g6 ♖c6+ 71.♔g7 ♖c4!=.

69...♖c1 70.♖xh4 ♔e7 71.♔g6!

Natürlich nicht 71.♖h7+?, denn nach 71...♔f8! 72.♔f6 ♖c6+ hat Schwarz die nach Philidor benannte Remisstellung erreicht.

71...♖c6+

– Nach 71...♖g1 gewinnt Weiß mit 72.♖f4.

– Und nach 71...♔f8 72.♖h8+ ♔e7 73.♔g7 kann er früher oder später die *Lucena Stellung* einnehmen und durch den klassischen 'Brückenbau' gewinnen; z.B. 73...♖g1 74.g6 ♖g2 75.♖h1 ♖g3 76.♖e1+ ♔d7 77.♔f7 ♖f3+ 78.♔g8 ♖g3 79.g7 ♖h3

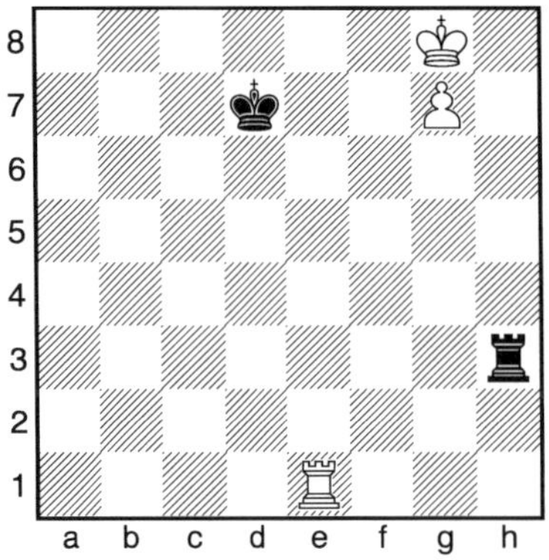

80.♖e4 Der erste Spatenstich für den Brückenbau! 80...♖h1 81.♔f7 ♖f1+ 82.♔g6 ♖g1+ 83.♔f6 ♖f1+ 84.♔g5 ♖g1+ 85.♖g4

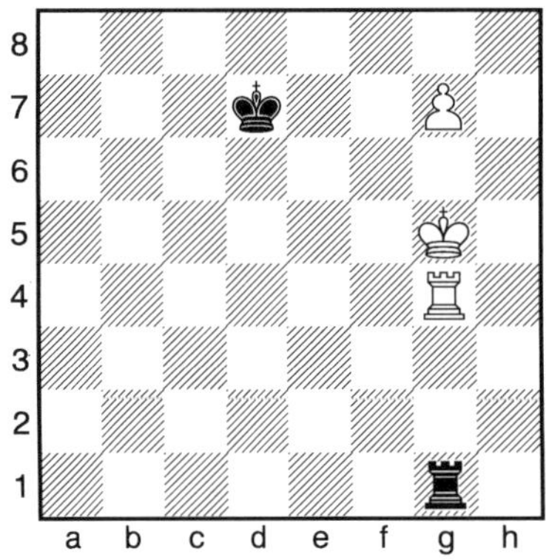

Nun ist die Brücke fertig, wobei König und Turm von Weiß die Mittelpfeiler bilden.

72.♔g7 ♖c7 73.♖e4+ ♔d6+ 74.♔h6 1–0

Im folgenden Fall setze ich etwas früher ein.

E05

Tobias Hirneise (2457)

Matthias Blübaum (2588)

Rapid–WM Berlin 2015

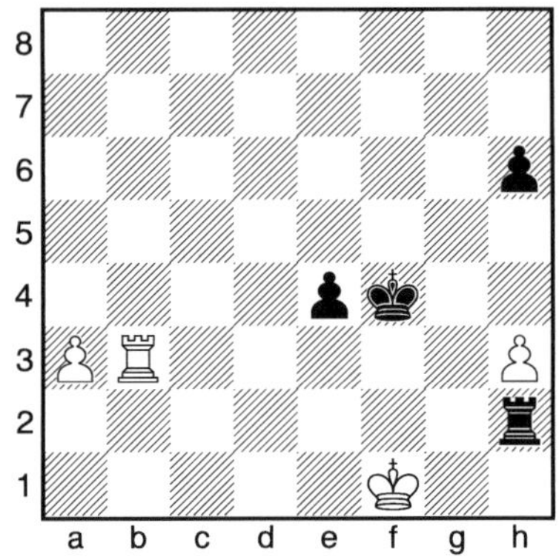

51...h5!

Der einzige Gewinnzug, denn die Alternativen wären übereilt.

– 51...e3? 52.♖b8 ♔g3 53.♖g8+ ♔xh3 54.♖e8=

– 51...♖a2? 52.h4 e3 53.♖b8 ♖xa3 54.♔e2 ♖a2+ 55.♔e1 ♔g4 56.♖e8 ♖a3 57.♔e2 ♔xh4 58.♔f3 h5 59.♖e5 ♖b3 60.♖a5=

52.♔g1

52.h4 scheitert an 52...♖xh4 53.a4 ♖h2 54.♖a3 e3 55.a5 ♔f3 56.♔g1 ♖g2+ 57.♔h1 ♖g4 58.a6 ♔f2–+.

52...♖a2 53.♔f1 h4 54.♖c3 e3 55.♖c8 ♔g3 56.♖e8 ♖xa3 57.♖g8+ ♔xh3 58.♔e2 ♔h2 59.♖h8 h3 60.♖g8 ♖b3 61.♖g7 ♔h1 62.♖g8 h2

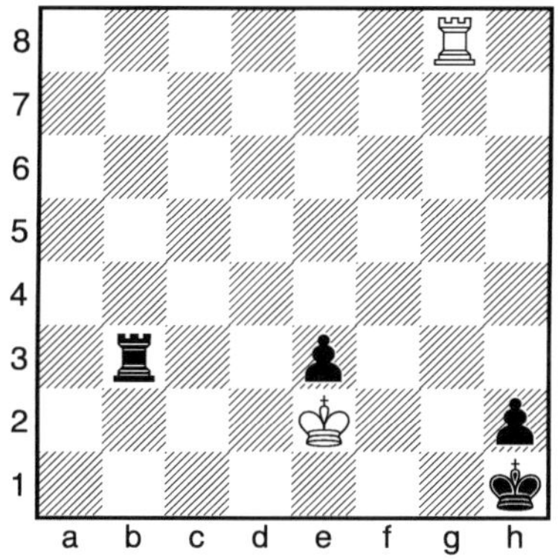

63.♖g7?!

Wie sich viel später im Duell ‘Dame gegen Turm’ zeigen wird, ist das ungenau. 63.♖g6!? ist viel zäher, denn nach 63...♖b1 64.♔xe3 ♖g1 65.♖a6 ♔g2 66.♖g6+ ♔f1 67.♖f6+ ♔e1 68.♖a6 ♖g3+ 69.♔f4 ♖f3+ 70.♔xf3 h1♕+ 71.♔e3 muss Schwarz mit Dame gegen Turm gewinnen, weil der Turm in diesem Fall nicht einfach durch eine Serie von Schachs erobert werden kann.

63...♖b1 64.♔f3 ♖f1+ 65.♔xe3 ♖g1 66.♖h7

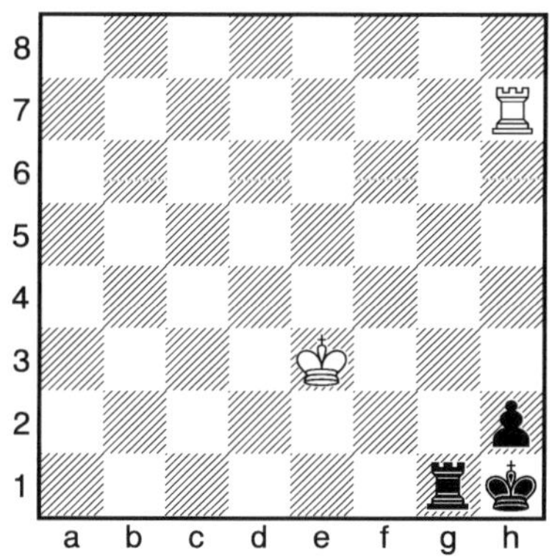

Nun ist ein weiteres theoretisches Turmendspiel erreicht, das in den allermeisten Lehrbüchern aufgeführt ist. Und erneut zeigt sich Matthias sattelfest.

66...♔g2 67.♖g7+ ♔f1

Der richtige Königsweg, denn 67...♔h3?! 68.♖h7+ ♔g3 69.♖g7+ ist eine Sackgasse.

68.♖f7+ ♔e1 69.♖a7

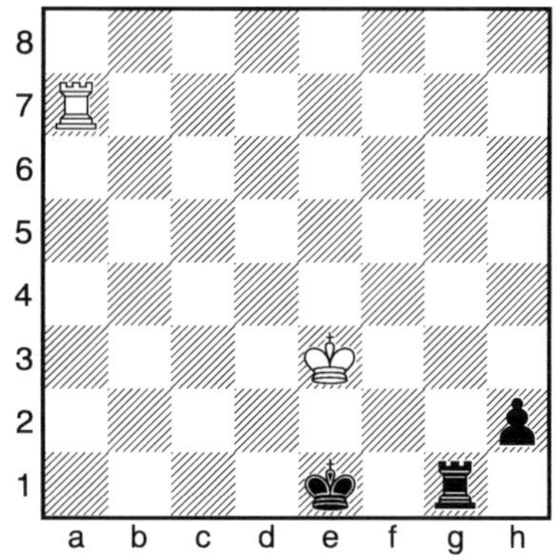

Nun folgt ein sehenswertes Finale.

69...♖g3+

69...♔d1? 70.♖a1+ ♔c2 71.♖a2+

70.♔f4 ♖f3+ 71.♔g4

Nach 71.♔xf3 (71.♔e4 ♖h3 72.♖a1+ ♔f2 73.♖a2+ ♔g3) 71...h1♕+ 72.♔f4 ♕f1+ 73.♔e5 ♕b5+ setzt sich die Dame zwischen König und Turm, welcher dann auch zügig verlorengeht: 74.♔e4 ♕c4+ 75.♔f3 ♕d3+ 76.♔g2 ♕f1+ 77.♔g3 ♕f2+.

71...♖f1 72.♖a1+ ♔f2 73.♖a2+ ♔g1 0–1

Im folgenden Beispiel bringt zum guten Schluss ein Zwischenschach die Entscheidung.

E06

Alexander Sergejew (2389)

Matthias Blübaum (2510)

Pardubice 2014

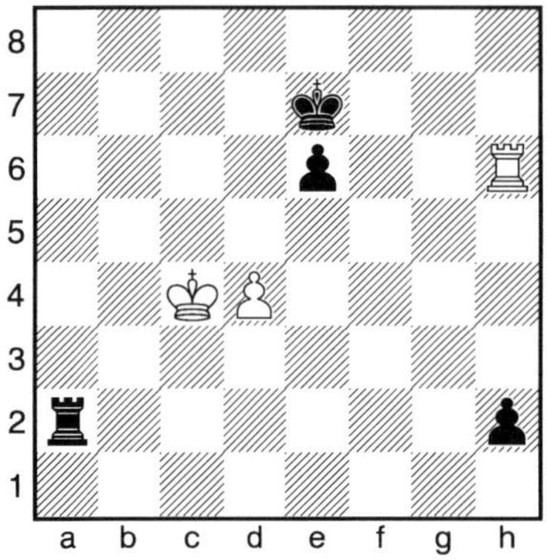

62...♔f7 63.d5

Auch nach 63.♔d3 ♔g7 64.♖h4 ♔g6 65.♔e4 ♔g5 66.♖h8 ♔g4 67.♔e5...

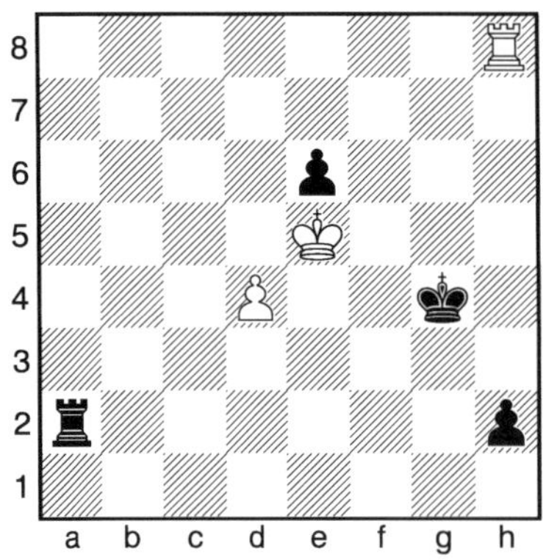

... stellt ein Zwischenschach den Gewinn sicher – nämlich 67...♖e2+ usw.

63...exd5+ 64.♔xd5 ♔g7 65.♖h3 ♔g6 66.♔e4

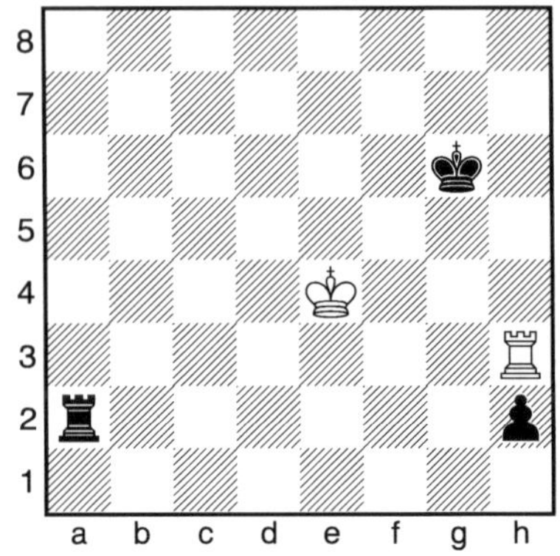

66...♖a4+!?

Dieses pointierte Zwischenschach gewinnt einfacher als die Alternative 66...♔g5 usw.

67.♔e5

67.♔f3 ♖a3+

67...♖a5+ 68.♔f4 ♖h5 0–1

Der Turm schwenkt in typischer Manier hinter den Freibauern und es ist aus.

Auch im folgenden Fall spielt ein Turmschach eine wichtige Rolle.

E07

Matthias Blübaum (2537)

Sebastian Siebrecht (2464)

Verden an der Aller 2014

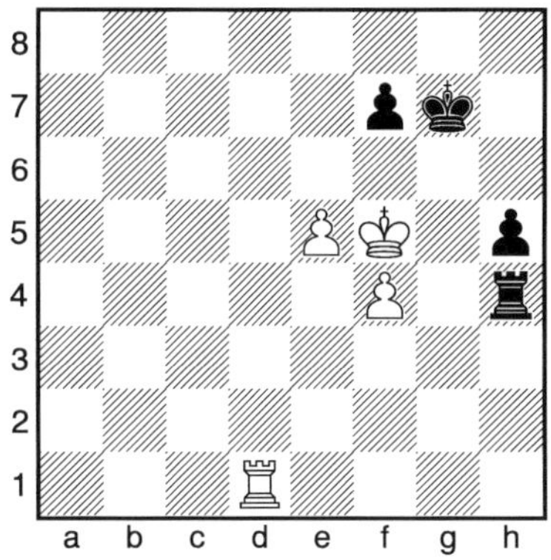

67.♖g1+!?

Das stellt Schwarz vor eine extrem schwierige Wahl.

Hingegen bringt 67.♖d7 ♔f8 Weiß nicht voran, denn nun kann 68.♔g5 mit 68...♖g4+ beantwortet werden.

67...♔f8?

Danach kann der weiße König entscheidend eindringen.

1) Verfehlt ist auch 67...♔h7? 68.♔g5 ♖h2 69.♔f6 ♔h6 70.f5 ♖e2 71.♖g8 ♔h7 72.♖g7+ ♔h6 73.♖xf7 h4 74.♖g7 ♔h5 75.♖g5+ ♔h6 76.e6 h3 77.♖g3+–.

2) Einzig richtig ist 67...♔h6! mit den möglichen Abspielen:

a) 68.♖g2 ♖h1 69.♔f6 ♖f1 70.f5 h4=

b) 68.♖g8 68...♔h7 69.♖g2 ♔h6 70.♖g1 ♖h2 71.♔f6 ♖f2 72.f5 h4 73.♖g8 ♔h5=

68.♔g5! ♖h2 69.♔f6 ♖a2 70.f5!

Natürlich nicht 70.♖b1? wegen 70...♖a6+ =.

70...h4 71.♖g4 ♖a6+

71...♖h2 72.♖a4 ♔g8 73.♖a8+ ♔h7 74.♔xf7 h3 75.e6 ♖f2 76.f6 h2 77.♖a1 ♖g2 78.♖h1+–

72.e6 fxe6 73.fxe6 ♖a7 74.♖b4 ♖a8 75.♖xh4 ♔g8 76.♖g4+ 1–0

B2) Praktische Turmendspiele

Diese haben eine hohe Remis-Tendenz, aber am Brett ist das natürlich viel schwieriger zu bewerkstelligen als mit Computerhilfe. In aller Regel ist Aktivität enorm wichtig, während rein passive Verteidigung oft zum Scheitern verurteilt ist.

E08

Matthias Blübaum (2530)

Jakov Loxine (2403)

Bundesliga 2015

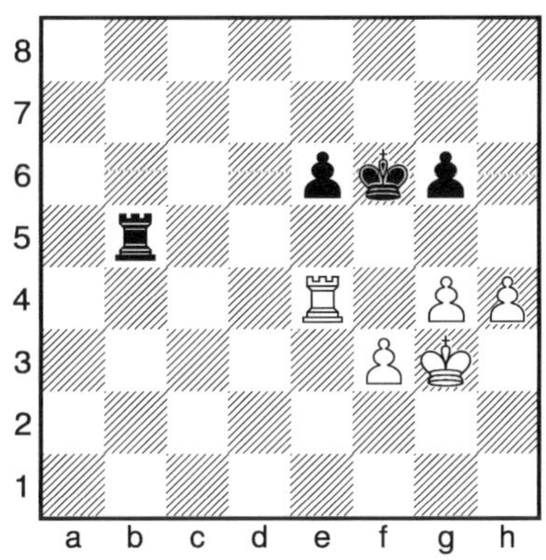

50.♖a4!?

Ein guter Gewinnversuch, derweil 50.g5+ mit 50...♔f7 51.♖f4+ ♔g7 52.♖f6 ♖b6= pariert wird.

50...♖b7

Ausnahmsweise ist dieser passive Zug gut.

Einfaches Abwarten mit 50...♖c5 geht allerdings auch; z.B. 51.♖a7 g5 52.hxg5+

– 52...♖xg5? scheitert an 53.f4 ♖b5 54.g5+ ♔g6 55.♖e7 ♔f5 56.♖f7+ ♔e4 57.♖f6 e5 58.fxe5 ♔xe5 59.♔g4+–

– 52...♔xg5 53.♖a6 ♔f6= (53...e5? 54.♖e6+–)

51.♔f4 ♖c7 52.♔e4 ♖b7 53.♔f4 ♖c7 54.g5+ ♔f7 55.♔g4

55.♔e5 kann mit 55...♖c5+ 56.♔d6 ♖d5+ 57.♔c6 ♖f5 beantwortet werden; z.B. 58.f4 ♖d5 59.♖a7+ ♔f8 60.♖d7 ♖f5 61.♔d6 ♖xf4 62.♔xe6 ♔g8= (62...♖xh4? 63.♔f6+–).

55...♔g7

Das aktive 55...♖c1 ist ebenfalls spielbar; z.B. 56.♖a7+ ♔f8 57.♔f4 ♖e1 58.h5 gxh5 59.g6 ♖g1 60.♖f7+ ♔g8 61.♖f6 ♔g7 62.♖xe6 ♖xg6=.

56.♖e4 ♖c6 57.♖f4 ♖c1 58.♖b4 ♖c7 59.♖b6

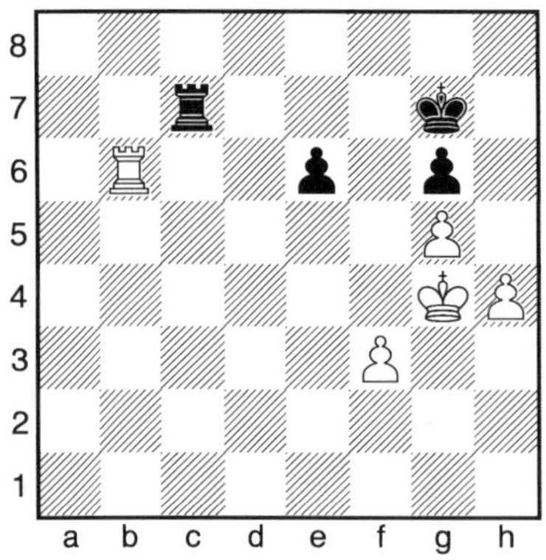

59...♖e7?

So passiv geht es nicht, was – wie ja bereits gesagt – durchaus typisch für Turmendspiele ist.

Nach der Aktivierung des Turms mit 59...♖c4+ 60.♔g3 ♔f7 (60...e5? 61.♖b5 e4 62.f4+–) 61.♖b7+ ♔f8 kann Weiß nicht gewinnen.

60.f4 ♔f7

60...e5 61.f5 gxf5+ 62.♔xf5 e4 63.♖b2! e3 64.♖e2 ♖e8

– 65.h5 ♖h8 66.h6+ ♔h7 67.♖xe3+–

– 65...♖e7 66.♔f4 ♖f7+ 67.♔xe3 ♖f5 68.♖g2+–

61.h5

Der Rammbock stößt das Tor für den König auf, denn dessen Eindringen ist hier wichtiger als das Gewinnpotenzial eines Bauern.

61...gxh5+

61...♔g7 62.hxg6

– 62...♔xg6 63.♖xe6+ ♖xe6 64.f5+ ♔f7 65.fxe6+ ♔xe6 66.♔h5 ♔f7 67.♔h6 ♔g8 68.♔g6+–

– 62...♖e8 63.♖b7+ ♔xg6 64.♖a7 Zugzwang! 64...♖b8 65.♖e7 ♖b6 66.♖xe6+ +–

62.♔xh5 ♔g7 63.g6 ♖e8 64.♔g5 ♔g8

Nach 64...♖e7 bringt 65.♖a6 Schwarz in tödlichen Zugzwang.

65.♖a6 ♔g7

65...e5 scheitert an 66.f5

(Natürlich nicht 66.fxe5?? ♖xe5+ 67.♔h6 ♖e8, denn gegen einen Springerbauern hält sogar passive Verteidigung.)

66...e4 67.f6+–

66.♖a7+ ♔g8 67.♔f6 ♖f8+ 68.♖f7 ♖xf7+

68...♖e8 69.g7+–

69.gxf7+ ♔f8 70.♔xe6 ♔g7 71.♔e7 1–0

Auch im folgenden Fall stellt Matthias gute Technik unter Beweis.

E09
Matthias Blübaum (2628)
Benjamin Gledura (2550)
Bad Ragaz 2016

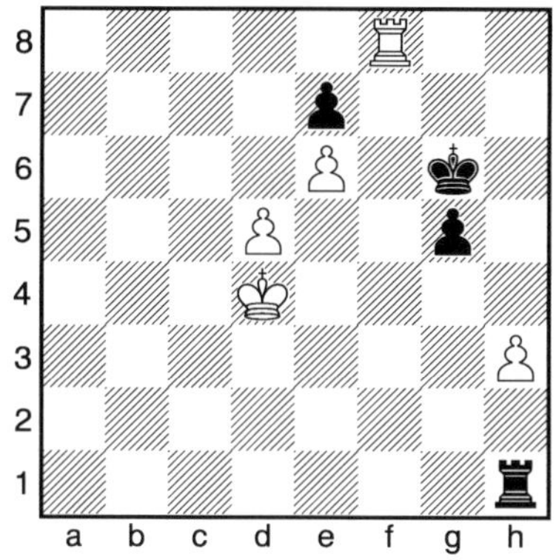

Weiß steht dank seiner Aktivität auf Gewinn.

46.♔c4!?

Das war mit 'gute Technik' gemeint (siehe Anmerkung zum 46. Zug von Schwarz).

– Nach 46.♔c5?! ♖xh3 wäre 47.d6? ein Fehler.

(47.♖f7 ist der einzige Gewinnzug.)

47...exd6+ 48.♔xd6 ♖d3+ 49.♔c7 ♖c3+ 50.♔d7 ♖d3+ 51.♔e8 ♖e3 52.e7 g4 53.♔d7 ♔g5=

– Auch 46.♖h8? wäre ein Fehler; z.B. 46...♖d1+ 47.♔c5 ♖c1+ 48.♔b6 ♔f6=.

46...♖d1

46...♖xh3 scheitert nun klar an 47.d6 exd6 (ohne Schach!) 48.e7 ♖e3 49.e8♕+ ♖xe8 50.♖xe8 g4 51.♔d3 ♔f5 52.♔e3+–.

47.♔c5 ♖c1+ 48.♔b6 ♖b1+

48...♔h5 49.d6+–

49.♔c6 ♖d1 50.♖f3 ♖d2 51.♖f7 ♖c2+

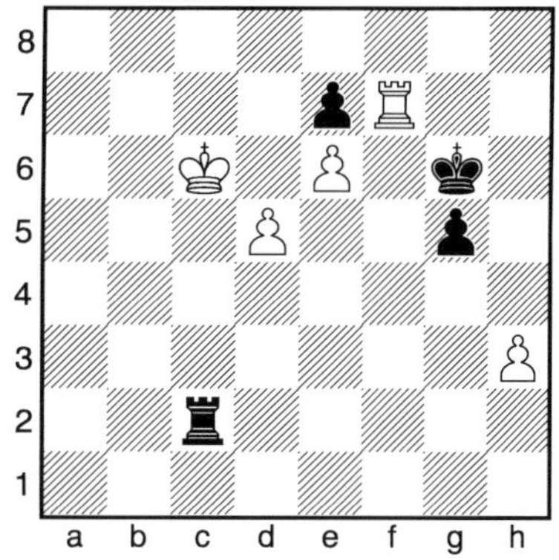

52.♔b5!?

Erneut gute Technik! Diese Königsrückkehr gewinnt sicherer als der technisch schlechtere Ansatz 52.♔d7?! ♖d2 53.♔xe7, obwohl auch dieser noch gewinnt; z.B. 53...♖xd5 54.♖f8 (54.♖f3? ♖a5=) 54...♖a5 55.♖g8+! ♔f5 56.♔f7+–.

52...♖d2

52...♖c3 53.♖xe7 ♖xh3 54.d6 ♔f6 55.♖e8+–

53.♔c4 ♖c2+ 54.♔d3 ♖c5

Das führt letztlich in fatale Passivität, obwohl auch das aktive 54...♖h2 nicht mehr hilft; z.B. 55.♖xe7 ♖xh3+ 56.♔e4 ♖h1 57.d6 ♖e1+ 58.♔d5 ♖d1+ 59.♔c6 ♔f6 60.♖e8 ♔e5 61.d7+–.

55.♔d4 ♖c7 56.♔e5 ♖b7

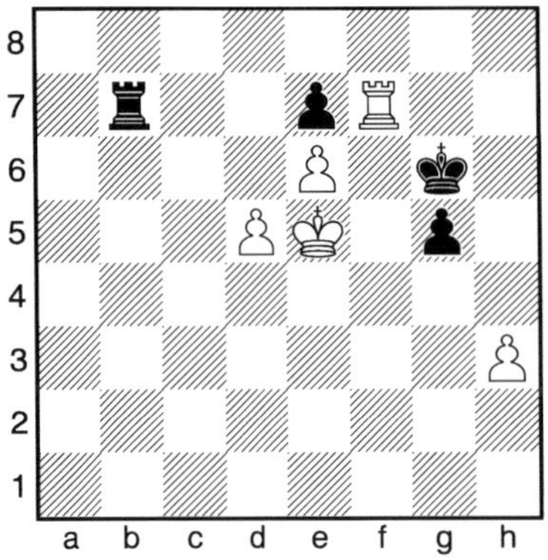

Nun folgt ein sehr schönes Finale.

57.♖xe7! ♖xe7 58.d6

Und die Bauern laufen durch.

58...♖a7 59.d7 ♖a8 60.e7 1–0

Auch die Verteidigung schlechter stehender Turmendspiele beherrscht Matthias perfekt.

E10

Matthias Blübaum (2433)

Atila Gajo Figura (2359)

Deutschland 2013

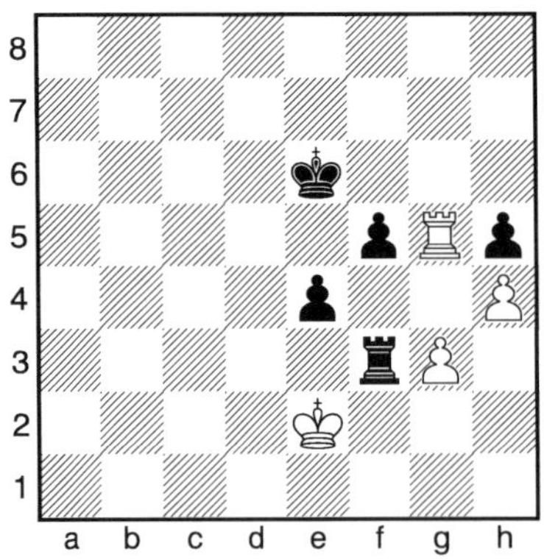

73.♖g8

Aktivität ist wie üblich das Gebot der Stunde.

Das direkte 73.♖xh5?? ♖xg3 74.♔f2 f4–+ verliert natürlich wegen des nicht zu bremsenden Freibauern–Duos.

73...f4 74.gxf4 ♖xf4 75.♔e3 ♖xh4 76.♖g5

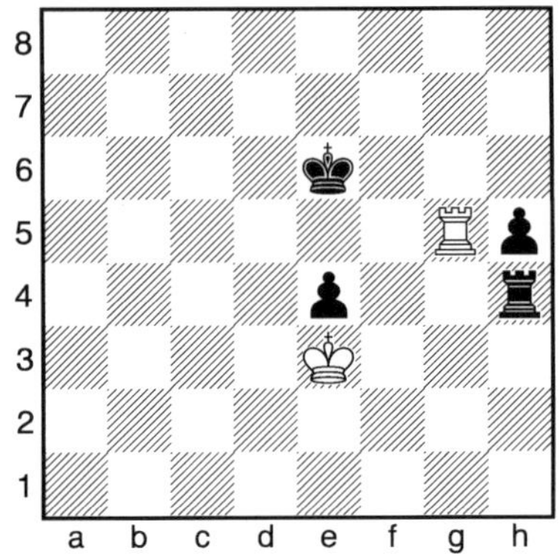

Die Abschneidung des schwarzen Königs und Anbindung des Turms an den h–Bauern sichert das Remis.

76...♔f6 77.♖a5 ♔g6 78.♖e5 ♖h1 79.♖xe4

Nicht jedoch 79.♔xe4?? ♖e1+ 80.♔f4 ♖xe5 81.♔xe5 ♔g5 82.♔e4 ♔g4 83.♔e3 ♔g3 84.♔e2 ♔g2–+.

79...h4

79...♖e1+ 80.♔f3 ♖xe4 81.♔xe4 ♔g5 82.♔f3=

80.♔f3 ♔f5 81.♖a4 ♖h3+ ½–½

B3) Doppelturm–Endspiele

Diese unterscheiden sich aufgrund einer Reihe von Faktoren von den einfachen Turmendspielen.

1. Das gegebene größere Mattpotenzial ermöglicht entsprechend häufiger einen Mattangriff.
2. Ein Mehrbauer bietet bessere Gewinnchancen, wenn er den eigenen König schützt.
3. Endspiele mit 4 Türmen auf dem Brett haben etwas mehr 'Mittelspiel–Charakter' als die meist technischen Endspiele mit nur einem Turm auf jeder Seite.
4. Isolierte Bauern sind noch schwächer als im einfachen Turmendspiel, weil in diesem Fall gleich *beide* Türme durch Deckungsaufgaben in Passivität geraten können.

Hinzu kommt oft auch die Schlüsselfrage: Ein Turmpaar tauschen – oder besser nicht?

Aber natürlich gibt es auch viele Gemeinsamkeiten. So ist beispielsweise auch hier in aller Regel *Aktivität* das oberste Gebot.

E11

Matthias Blübaum (2647)
Nino Batsiashvili (2457)
EU–ch Online 2020

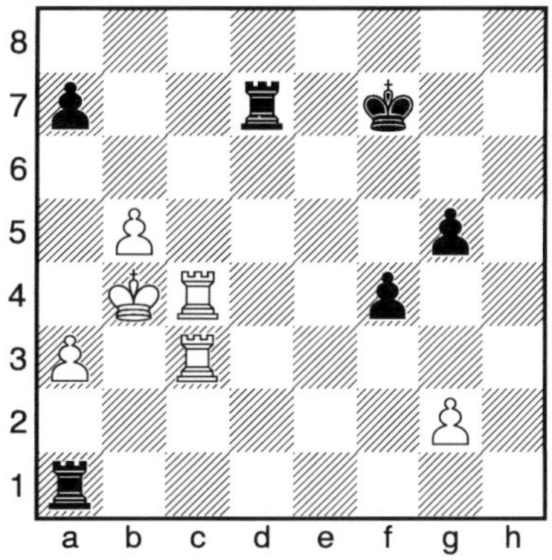

Weiß steht symbolisch besser, weil sein König etwas aktiver ist.

43.g3!?

Ein guter Gewinnversuch, denn dieser Hebel reduziert das schwarze Gegenspielpotenzial und öffnet Wege zum gegnerischen König.

43...♖f1 44.gxf4 ♖xf4?

Danach verliert Schwarz einfach einen Bauern.

44...gxf4 war angesagt, denn nach der möglichen Folge 45.♔a5 ♔g6 46.a4 ♔f5 47.♖c7 ♖fd1 48.♔a6 ♖xc7 49.♖xc7 f3 50.♔xa7 ♖a1 kann Weiß nicht mehr gewinnen.

45.♖xf4+ gxf4

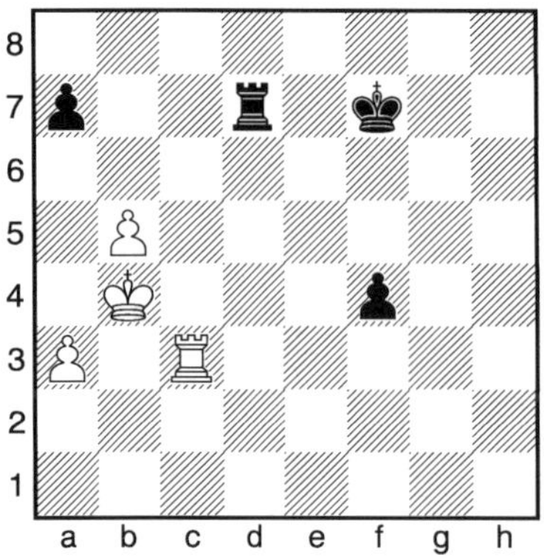

46.♖c4! ♔e6 47.♖xf4 ♖d3

47...♔d6 scheitert an 48.♖c4

(Nicht jedoch 48.♖d4+? ♔c7 49.♖xd7+ ♔xd7 50.♔a5 ♔c7 51.♔a6 ♔b8 52.a4 ♔a8 53.a5 ♔b8 54.b6 ♔a8=.)

48...♖c7 49.♖d4+ ♔e5 50.♖d8 ♔e6 51.♔a5+−

48.a4 ♔d6 49.♖f7 a6 50.♖f6+

Matthias wickelt in das sicher gewonnene Lehrbuchendspiel mit verbundenen Freibauern ab.

Allerdings gewinnt 50.bxa6 Δ50...♔c6 51.a7 ♖d8 52.♔a5 schneller.

50...♔c7 51.♖xa6 ♖d4+ 52.♔a5 ♔b7 53.♖g6 ♖d7 54.♔b4 ♖d4+ 55.♔b3 ♖f4 56.♖c6 ♖f3+ 57.♔b4 ♖f4+ 58.♖c4 ♖f1 59.♖h4 ♖b1+ 60.♔a5 ♖f1 61.♖h7+ ♔a8 62.♔a6 ♖f6+ 63.b6 ♖f8 64.a5 ♔b8 65.♖c7 ♖e8 66.♔b5 ♖e5+ 67.♖c5 ♖e8 68.a6 ♖h8 69.a7+ ♔b7 70.♖c7+ ♔a8 71.♔a6 ♖b8 72.axb8♕+ ♔xb8 73.♖c2 1–0

C) Leichtfiguren-Endspiele

Diesbezüglich gibt es eine ganze Reihe verschiedener Typen mit ganz eigenständigen Kennzeichen. Matthias ist jedoch in allen Bereichen zu Hause und kennt die wichtigsten Stellungen und Techniken.

C1) Springer gegen Bauern

Hier ist folgende Faustregel wichtig: Wenn der Springer *vor* einem Einzelbauern steht, kann er ihn alleine aufhalten – allerdings mit einer einzigen Ausnahme: ein Randbauer, der bereits auf der 7. Reihe steht. Steht dieser noch auf der 6. Reihe, kann er hingegen aufgehalten werden, wenn der Springer sich an den technischen Kniff hält, der als 'magisches Quadrat' bezeichnet wird. Und genau dieser technische Kniff wird im nächsten Beispiel von Matthias angewendet.

E12

Igor Khenkin (2632)

Matthias Blübaum (2407)

Osterburg 2012

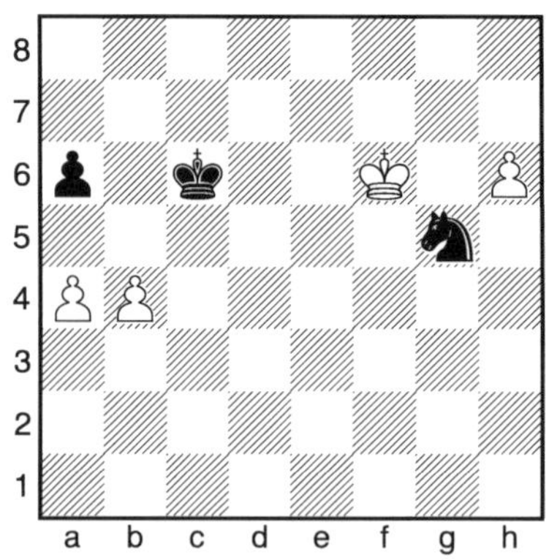

55...♘h7+!

Der Springer muss natürlich *vor* den Bauern, denn nach 55...♘e4+? 56.♔g6+- würde er dominiert und müsste der Geburt einer neuen Dame tatenlos zusehen.

56.♔g7 ♘g5 57.♔g6 ♘e6

Wegen dieser Remis-Pointe kann der Springer den Randbauern alleine aufhalten.

58.♔f7 ½-½

Das folgende Beispiel stellt gewissermaßen schon einen Übergang zu den Endspielen mit einem Springer auf beiden Seiten dar.

E13

Matthias Blübaum (2631)

Magnus Carlsen (2843)

Grenke Chess Classic 2018

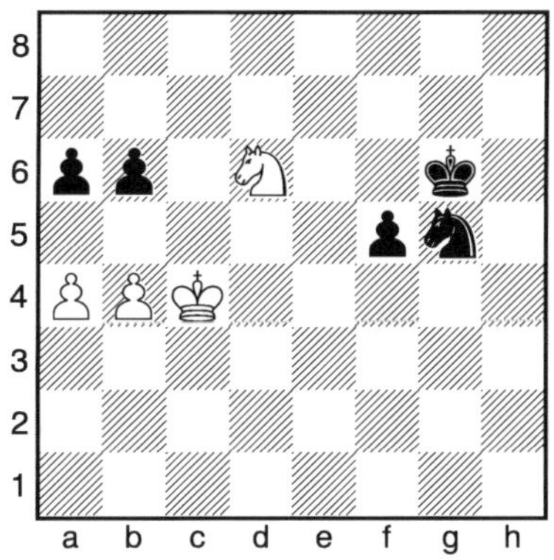

Keine andere Figur wird im reinen Endspiel so oft geopfert wie der Springer.

55.♘xf5!? ♔xf5 56.♔d5

Die Pointe der Verteidigung besteht in diesem sogenannten 'Bodycheck', mit dem der gegnerische König vom Ort des Geschehens ferngehalten wird. Schwarz kann nicht verhindern, dass seine letzten beiden Bauern eliminiert werden.

Am Rande sei bemerkt, dass auch 56.b5 remis hält.

56...♘f3 57.♔c6 b5 58.axb5 ♘d4+ 59.♔c5

Natürlich nicht 59.♔b6? axb5 60.♔c5 ♔e5-+.

59...♘xb5 60.♔b6 ½-½

C2) Springerendspiele

Botwinniks berühmte Faustregel 'Springerendspiele sind wie Bauernendspiele' beruht auf vier Faktoren.

1. Die Remis-Tendenz ist relativ gering.
2. Zugzwang spielt eine große Rolle, weil ein Springer (im Gegensatz zu allen anderen Figuren) kein 'Tempo verlieren' kann.
3. Entfernten Freibauern kommt oft entscheidende Bedeutung zu.
4. Die Aktivität des Königs ist enorm wichtig.

Es gibt jedoch auch Unterschiede zu Bauernendspielen – wie z.B. Springergabeln, Springeropfer und andere taktische Tricks. Auch wichtig ist die Kenntnis der für Springer typischen sogenannten 'Dominanzdistanzen', aber im gegebenen Rahmen kann selbstverständlich nicht auf all diese Punkte eingegangen werden.

zu Punkt 3) Entfernte Freibauern spielen eine große Rolle und bringen relativ gute Gewinnchancen mit sich.

Das ist eine klare Gemeinsamkeit mit Bauernendspielen, in denen entfernte

Freibauern allerdings *noch mehr* wert sind, weil sich ja stets der gegnerische *König* um sie kümmern muss, der entsprechend für keine anderen Aufgaben zur Verfügung steht.

E14

Tibor Kende Antal (2363)
Matthias Blübaum (2589)
EU-chT U18 Karpacz 2015

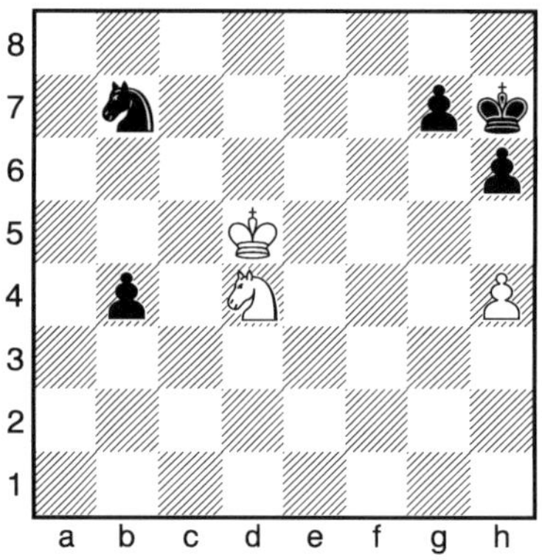

60...♘a5!?

Matthias sorgt dafür, dass der b-Bauer auf dem Brett bleibt.

– Die direkte Aktivierung des Königs mit 60...♔g6 gewinnt ebenfalls; z.B. 61.♔c4 ♔h5 62.♔xb4 ♘d6 (62...♔xh4? 63.♘f5+ ♔g5 64.♘xg7 ♔g6 65.♘e6=) 63.♔c5 ♘e8–+.

– Nicht jedoch das übereilte 60...g5? 61.hxg5 hxg5 62.♔c4 g4 63.♘e2=.

61.♘c2 b3 62.♘a3 ♔g6 63.♔c5 ♔h5 64.♔b4 ♔xh4

Nun kann der Springer sogar geopfert werden, weil der entfernte Freibauer die weißen Kräfte vom Königsflügel abgelenkt hat.

65.♔xa5 g5 66.♔b4 g4 67.♘c4 g3 0–1

Auch im folgenden Fall reicht der Materialvorteil zum Gewinn.

E15

Matthias Blübaum (2632)
Khantoli Rathnakaran (2383)
Sharjah Masters 2017

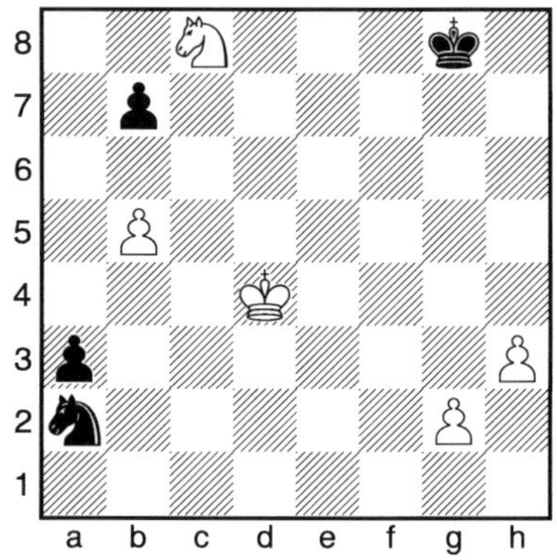

51.♘d6! ♘b4

Beide Randspringer setzen sich in Bewegung, aber das schwarze Gegenspiel ist nicht schnell genug.

52.♔c3 b6 53.♔b3 a2 54.♔b2 ♔g7

54...♘d5 55.♔xa2 ♘f4 56.♘c8 ♘xg2 57.♘xb6+–

55.♘c4 ♘d5 56.♔xa2 ♘c3+ 57.♔b3 ♘xb5 58.♘xb6 ♘d4+

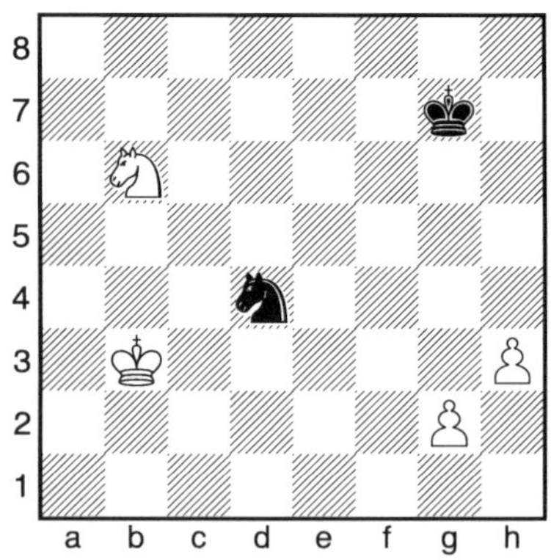

Dieses Endspiel ist grundsätzlich gewonnen, wenn der Verteidiger nicht ziemlich unmittelbar ein Remis erzwingen kann – und genau das kann er hier nicht.

59.♔c4!

Dieser und die beiden folgenden Züge von Weiß sind jeweils die einzigen, die den Gewinn sicherstellen.

59...♘e6 60.♘d5 ♔g6 61.♔d3 ♔g5 62.g3 ♘g7 63.♔e3 ♘f5+ 64.♔f2 ♘d4 65.♘e3

Gute Technik: Dem schwarzen König wird der Zutritt zu g4 verwehrt!

65...♔g6 66.♔g2 ♔f6 67.h4 ♔e5 68.♔h3 ♔e4 69.♘g2 ♔f5 70.g4+ ♔f6 71.♔g3 ♘e6 72.♘e3 ♔g6 73.♘d5 ♘d4 74.♔f4 ♘e2+ 75.♔e5 ♘g1 76.♔f4 ♘e2+ 77.♔e3 ♘g3 78.♘f4+ ♔f6 79.♔f3 ♘f1 80.♘d3 ♘d2+ 81.♔f4 ♘c4 82.h5 ♘d6 83.g5+ ♔g7 84.♔g4 ♘f7 85.♘f4 ♘d6 86.h6+ ♔h7 87.♔h5 ♘e4 88.g6+ ♔h8 89.♔g4 ♘f6+ 90.♔f5 ♘g8

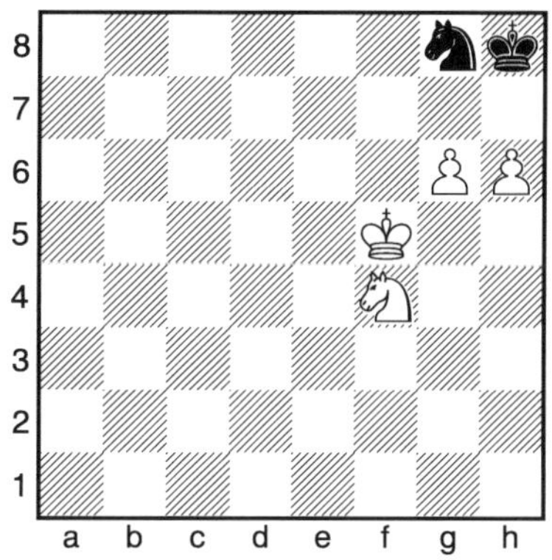

91.♔g5!

Und noch ein letztes Mal musste Weiß den einzigen Gewinnzug finden. So scheiterte nämlich 91.h7? an 91...♘e7+ 92.♔f6 ♘xg6 93.♔xg6 patt.

91...♘e7 92.♘h5 1–0

zu Punkt 4) Die Aktivität des Königs ist sehr wichtig und Springer können mitunter dominiert werden.

Im folgenden Fall ist der schwarze König so aktiv, dass er alles im Griff hat.

E16

Andrey Orlov (2535)

Matthias Blübaum (2513)

Dortmund 2013

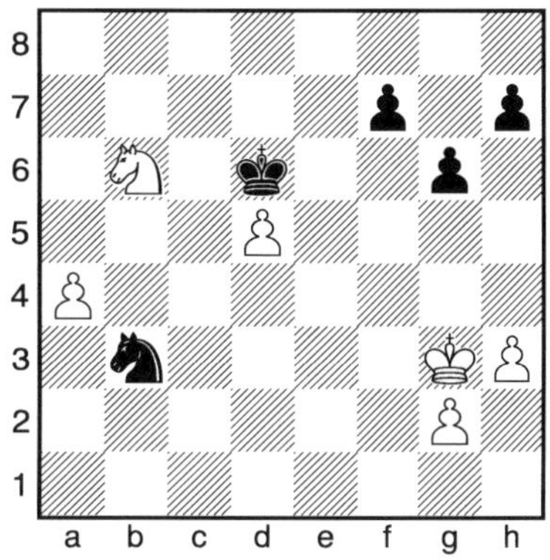

45...♔c5!

Der König bläst zur Treibjagd auf den gegnerischen Springer.

46.♘d7+ ♔xd5 47.♘f6+

47.♔f4 h6=

47...♔e6 48.♘xh7 ♘c5

48...f6? wäre wegen 49.♘f8+ ♔f7 50.♘d7+– verfrüht.

49.a5

49.♘g5+ ♔f6=

49...f6!

Danach wird der Springer alsbald in die ewigen Weidegründe umgesiedelt.

50.♘f8+ ♔f7

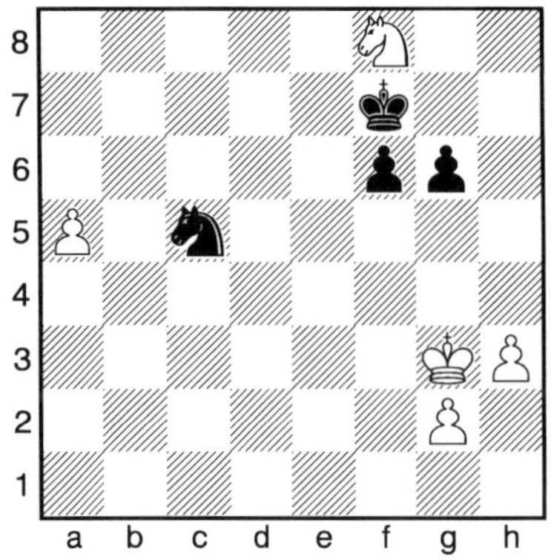

Der Springer ist gefangen und das Remis ist sicher.

51.♘xg6

51.a6 wird einfach mit 51...♘xa6= beantwortet.

Nicht jedoch mit 51...♔xf8??, denn nach 52.a7 ist gegen die Umwandlung des a-Bauern kein Kraut gewachsen.

51...♔xg6

Der schwarze Springer kontrolliert den a-Bauern – und der König den Königsflügel.

52.♔f4 f5 53.♔e5 ♔g5 54.g3 ♘a6 55.h4+ ♔g6 56.h5+ ♔xh5 57.♔xf5 ♔h6 58.♔f6 ♔h5 59.♔f5 ½–½

C3) Läufer und Bauern gegen Bauern

Im Normalfall gewinnt die Läuferpartei natürlich durch Einsatz von Zugzwang.

E17

Matthias Blübaum (1912)

Silvia Spiegelberg (1455)

GER–ch U12 Willingen 2008

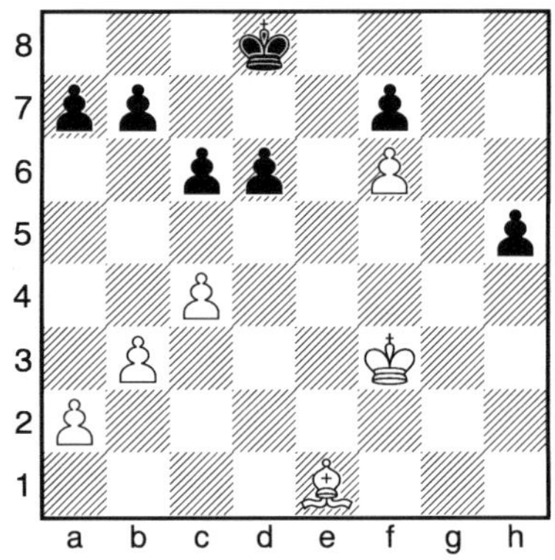

Hier bieten die beiden Bauern offenbar keine Kompensation für den Läufer.

35...d5

35...♔d7 36.♔f4 ♔e6 37.♔g5 b6 38.♗c3+–

36.cxd5 cxd5 37.♔f4 ♔d7 38.♔e5 ♔c6

38...d4 39.♔xd4 ♔e6 40.♗h4 ♔f5 41.♔d5 ♔g4 42.♗f2 ♔f5 43.♗xa7 ♔xf6 44.a4+–

39.b4 b6 40.a4 a6 41.♗f2

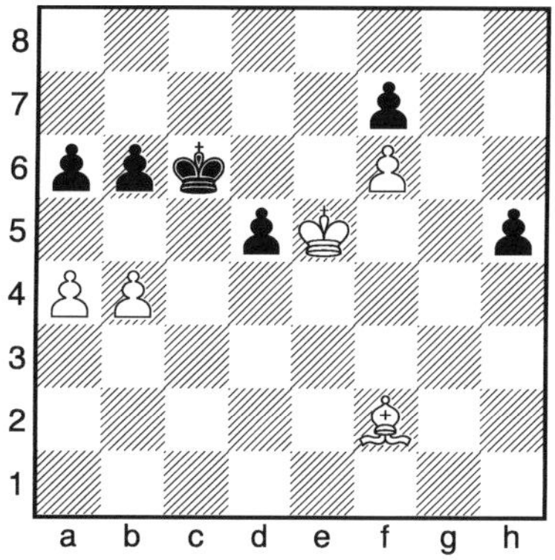

Schwarz ist in Zugzwang und muss ein Zugeständnis machen.

41...b5 42.a5

Nach Gewinn eines ersten Bauern geht es schnell zu Ende.

42...♔c7 43.♔xd5 ♔d7 44.♗g3 ♔c8 45.♔c6 ♔d8 1–0

Beim Spiel gegen Läufer ist Festungsbau immer ein wichtiges Thema. Besonders das bekannte Standardmotiv des 'falschen Randbauern' kommt in der Praxis oft vor.

E18

Markus Ragger (2694)
Matthias Blübaum (2641)
EU–Cup Novi Sad 2016

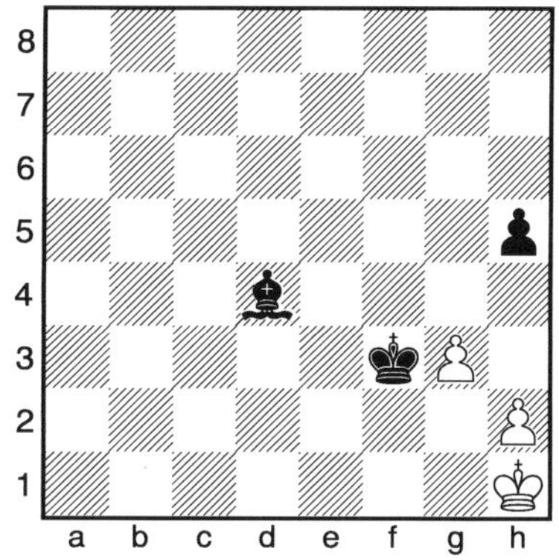

54.h3

Weiß braucht keine Bauern, um ein Remis zu erzwingen. Allerdings scheitert die Version, diese mit 54.g4?? abzuschaffen, selbstredend an 54...hxg4 55.h4 g3–+.

54...♔xg3 55.h4 ♔h3 patt ½–½

Und auch 55...♔xh4 führt zu nichts, denn nach 56.♔g2 ♔g4 57.♔h2 h4 58.♔g2 h3+ 59.♔h2 ♔h4 60.♔h1 entsteht das erwähnte Standardmotiv: Der weiße König kann nicht aus der sicheren Ecke vertrieben werden.

Natürlich gibt es auch Fälle, in denen die Seite mit den Bauern sogar gewinnen kann.

E19

Tigran Nalbandian (2456)

Matthias Blübaum (2329)

Dortmund 2011

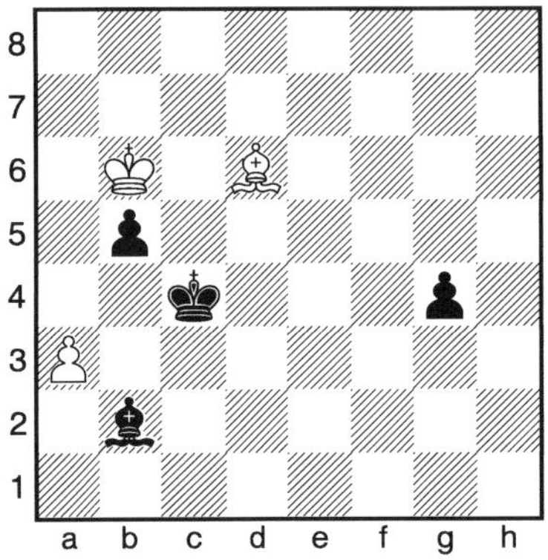

1) Mit **59...♗xa3!** wählte Matthias eine sehr elegante Lösung.

60.♗xa3 b4 61.♗c1 g3 0–1

2) Hingegen scheitert **59...g3?** an **60.♗xg3 ♗xa3 61.♗e1 ♗b4 62.♗f2! ♗c3 63.♗c5 ♗a5+ 64.♔c6.**

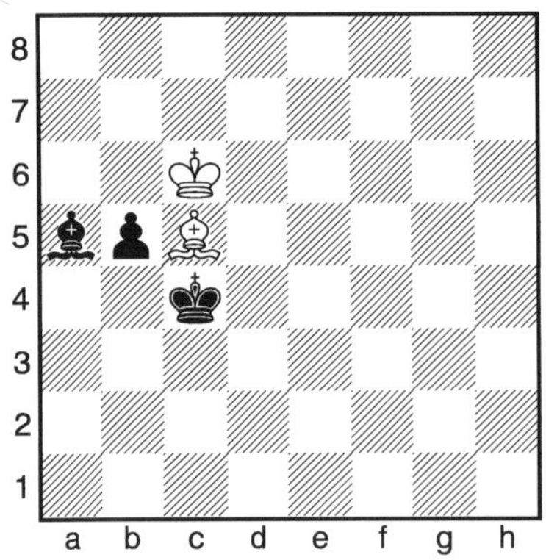

Nun hat Weiß eine Version der Remisstellung von Centurini erreicht, die in der Endspieltheorie eine bedeutende Rolle spielt. Da die beiden sogenannten Stopp-Diagonalen (a3–f8 und e1–a5) länger als 3 Felder sind, hält die Verteidigung stand.

C3) Endspiele mit gleichfarbigen Läufern

Bei diesen gibt es eine gewisse Remis-Tendenz, die aber längst nicht so stark ausgeprägt ist wie bei *ungleichfarbigen* Läufern. Die wichtigste theoretische Stellung mit Läufer und Bauer gegen Läufer ist die gerade in E19 gezeigte 'Centurini-Remisstellung'.

Auch beim folgenden Beispiel sollte der Verteidiger bei bestem Spiel eigentlich remisieren können.

E20

Matthias Blübaum (2191)

Uwe Buddensiek (2204)

Lieme 2010

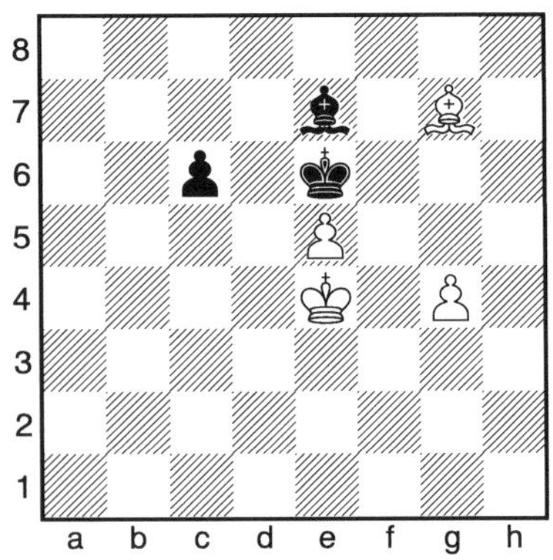

77.♗h6!? ♗a3 78.♗g5 ♗b2?

Statt dieses Zeitverlusts war Aktivität angesagt – also 78...c5 79.♗f6 c4 80.g5 c3 81.♔d3 (81.g6 c2 82.g7 ♔f7=) 81...♔f5 82.♔xc3 ♗c1 83.♔d4 ♗b2+ 84.♔d5 ♗xe5 85.♗xe5 ♔xg5=.

79.♗f6!

Das Motto ‘Aktivität’ gilt natürlich auch für den Angreifer, denn der passive Ansatz 79.♗f4? ♗c3 80.g5 ♗b4 81.g6 ♗f8 82.♗g5 ♗g7= reicht nicht zum Gewinn.

79...c5 80.g5 c4 81.g6 c3

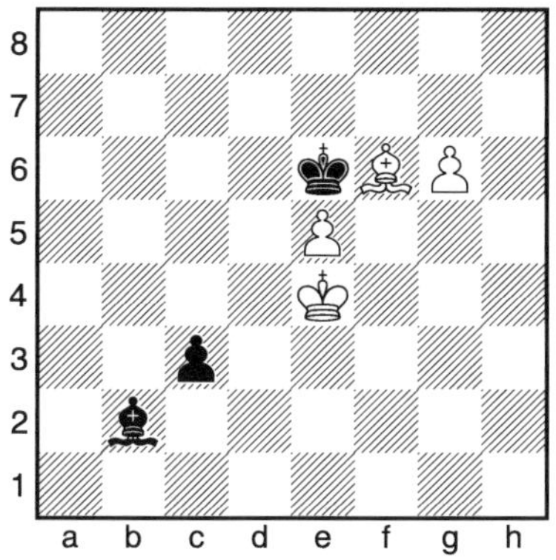

82.g7!?

Matthias gibt Gas, obwohl er mit 82.♔d3+− auch zunächst mal auf die Bremse treten könnte.

82...♔f7 83.e6+ und **1−0**, weil einer der weißen Bauern durchläuft.

In Bezug auf seine Bauern kann der Angreifer im Prinzip zwei grundverschiedene Strategien befolgen. Er kann diese entweder auf die Felderfarbe stellen, die von den Läufern *nicht* kontrolliert wird, was auch ‘Capablancas Regel’ genannt wird. Oder er kann sie auf die Felderfarbe der Läufer stellen, um den verteidigenden Läufer maximal einzuschränken – wie beispielsweise im folgenden Fall.

E21

Matthias Blübaum (2626)

Michael Roiz (2605)

Baku 2016

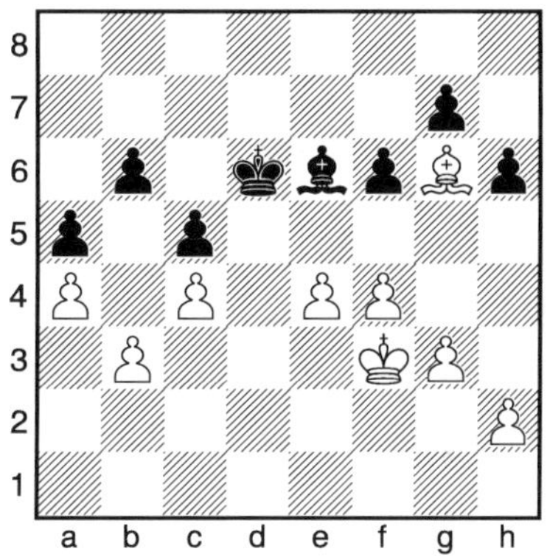

55.f5!

Hier besteht die richtige Strategie in der Restriktion des gegnerischen Läufers – also in der Einschränkung seiner Zugmöglichkeiten.

55...♗d7 56.♔f4 ♗c6 57.♗f7 ♗d7

57...♔e7 58.♗h5 ♔d6 59.h3 ♗b7 60.♗f7 ♔e7 61.♗d5 ♗c8 62.e5+−

58.g4 ♔e7 59.♗d5 ♔d6 60.h3 ♗e8 61.h4 ♗d7 62.g5 ♗e8

62...hxg5+ 63.hxg5 ♗e8 64.g6 ♗d7 65.e5+ +− ändert nichts Wesentliches.

63.g6 ♗d7 64.h5 ♗c8

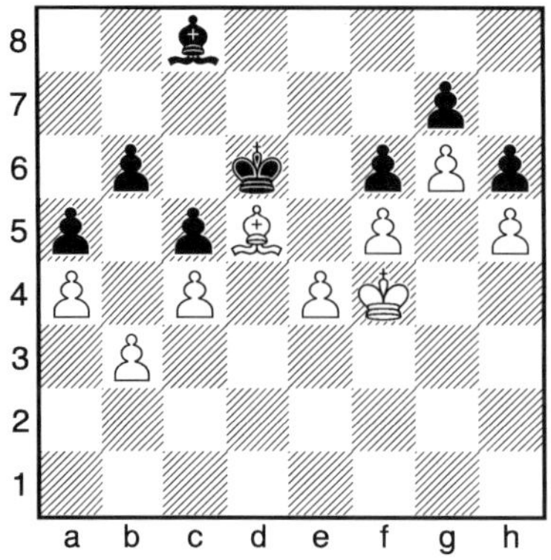

65.e5+!

Der entscheidende Dosenöffner, auf dessen Einsatz Matthias systematisch hingearbeitet hat. Bemerkenswert ist, dass der entscheidende Schlag bei *weiß*feldriger Dominanz oft *schwarz*feldrig ausgeführt wird.

65...♔e7

65...fxe5+ 66.♔e4 ♗a6 67.f6 gxf6 68.g7+−

66.♔e4 ♗a6 67.♗a8 ♗c8 68.♗c6 und **1−0**, denn der weiße König wird früher oder später eindringen.

− 68...♗a6 69.♔d5 ♗c8 70.e6 ♗a6 71.♗a8 ♗c8 72.♔c6+−

− 68...fxe5 69.♔xe5 ♗a6 70.♗g2 ♗c8 71.♗a8 ♗d7 (71...♗a6 72.♔d5+−) 72.♗b7 ♗e8 73.♗e4 ♗d7 74.♔d5 ♔f6 75.♔d6 ♗xf5 76.♗xf5 ♔xf5 77.♔e7 ♔g5 78.♔f7 ♔xh5 79.♔xg7 ♔g5 80.♔f7 h5 81.g7 h4 82.g8♕+ +−

Im folgenden Beispiel zeigt Matthias, dass er sich bei Bedarf auch bestens verteidigen kann.

E22

Matthieu Cornette (2548)

Matthias Blübaum (2530)

Bundesliga 2015

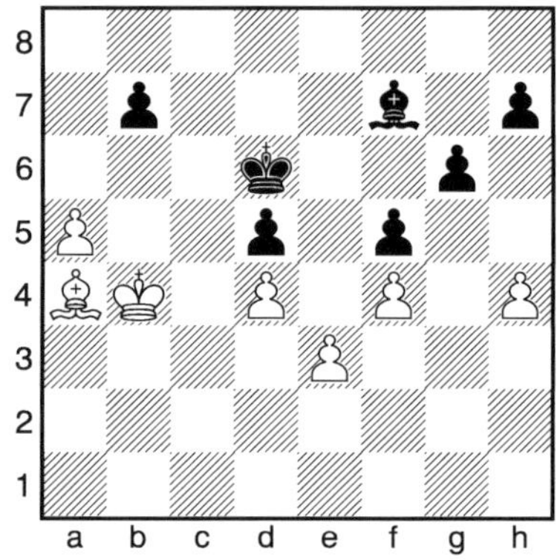

46.a6?

Weiß spielt diesen Trumpf zu früh aus.

Hingegen hätte 46.♗b5 auf lange Sicht gewonnen; z.B. 46...♗e6 47.♗d3 ♔c6 48.♗f1 ♗f7 49.a6 bxa6 50.♔a5

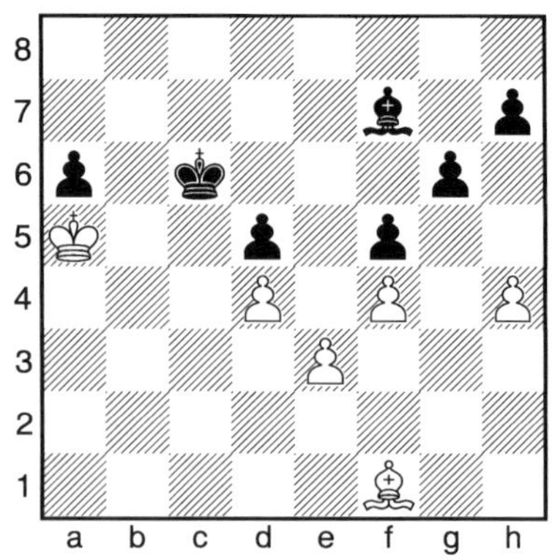

Und im Unterschied zur Partiefolge hat Schwarz nun kein Gegenspiel.

– 50...h6 51.♔xa6 ♗e6 52.♗b5+ ♔c7 53.♗e8+–

– 50...♔b7 51.♗xa6+ ♔c6 52.♗f1 ♗e6 53.♗b5+ ♔c7 54.♗e8 ♔d8 55.♗c6 ♔c7 56.♔b5 ♔d6 57.♔b6 ♗f7 58.♗a4 ♗e6 59.♔b7+–

46...bxa6 47.♔a5 ♔e7 48.♔xa6 ♔f6 49.♔b6

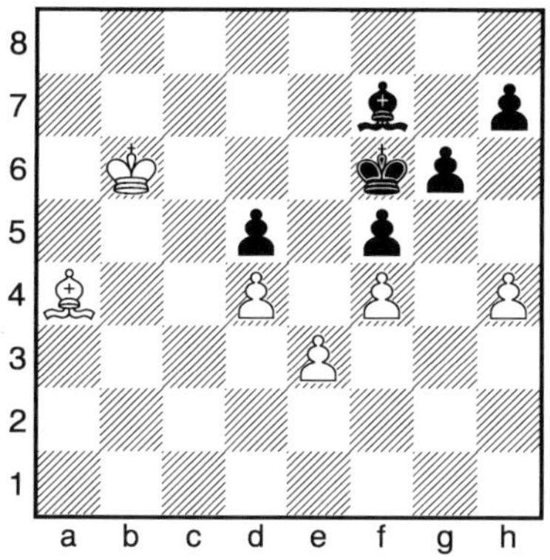

49...h6!

Der einzige Zug, denn ohne das Gegenspiel mit g6–g5 wäre Schwarz verloren.

So ist zum Beispiel 49...♔g7? 50.♔c5 ♔h6 51.♗c6 ♔h5 52.♗xd5 ♗e8 53.♗c6 ♗f7 54.d5+– zu langsam.

50.♔c5 g5 51.hxg5+ hxg5 52.fxg5+ ♔xg5 53.♗b3

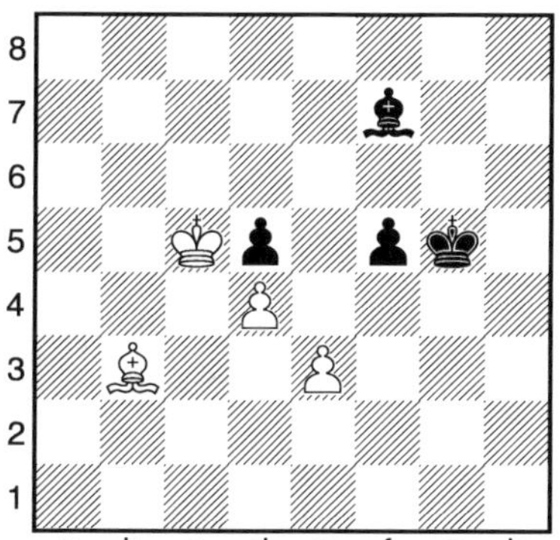

53...♔g4!?

Nun kommt das schwarze Gegenspiel genau rechtzeitig.

54.♗xd5 ♗xd5 55.♔xd5 ♔f3 56.♔e5 ♔xe3 57.♔xf5 ♔xd4 ½–½

C4) Endspiele mit ungleichfarbigen Läufern

Diese haben bekanntlich eine extrem hohe Remis–Tendenz, wobei Festungsbau das Hauptthema bildet. Hierbei gilt im Prinzip: Wenn sich der Verteidiger auf der Felderfarbe seines Läufers verschanzen kann, ist es oft total remis.

E23
Matthias Blübaum (2643)
Juri Kusubow (2636)
Batumi 2019

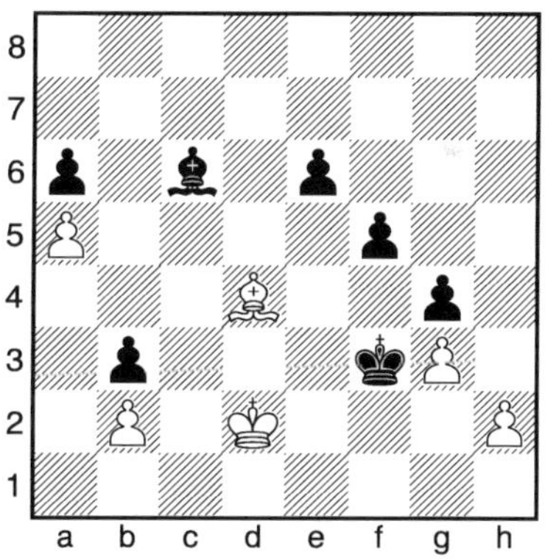

52.♗e5 ♔g2

Auch 52...♔e4 führt zu nichts; z.B. 53.♗c7 e5 54.♗b8 f4 55.gxf4 exf4 56.♔e2 f3+ 57.♔f2 ♔d3 58.♗e5=.

53.♔e3 ♔xh2 54.♔f2 ♗d5 ½–½

Doch nicht alle Festungen halten – und diesbezüglich denke man nur an Magnus Carlsens pointierte Aussage: Ich glaube nicht an Festungen!

Wie auch immer besteht ein Hauptmittel beim Kampf gegen eine Festung in der Bildung eines weiteren Freibauern – und sei es unter Bauernopfer!

E24

Benjamin Gledura (2500)

Matthias Blübaum (2589)

Karpacz 2015

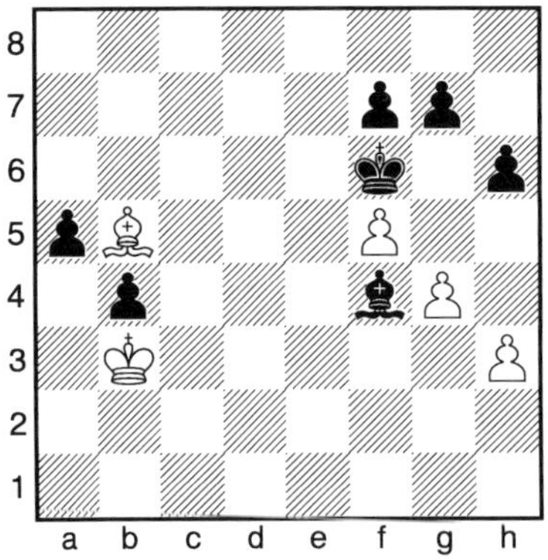

40...♔g5 41.♗c4 f6!

Ein Beweis guter Technik, denn die Existenz des f-Bauern bringt wertvolles Gewinnpotenzial mit sich.

Der direkte Ansatz 41...♔h4?! 42.♗xf7 ♔xh3 43.♗h5 gewinnt ebenfalls, allerdings nur studienartig und somit äußerst kompliziert: 43...♔h4 44.♔a4 ♗d6 45.♔b3 ♔g5 46.♔a4 ♔f4 47.♔b3 ♗e7 48.♔a4 ♗f6 49.♔b3 ♗c3 50.♔a4 g6 51.fxg6 ♗g7 52.♔b3 ♔e3 53.♔a4 ♔d4 54.♔b3 ♔d3–+.

42.♔a4 ♗c7 43.♗f7

43.♔b3 ♔h4 44.♗f1 ♔g3 45.♔a4 ♔f2 46.♗c4 ♔g2 47.h4 ♔g3 48.h5 ♔xg4–+

43...♔h4 44.♗h5

Auch 44.♗b3 macht nach 44...♔xh3 45.♗d1 ♔h4 46.♔b3 ♔g5 47.♔c4 h5 48.gxh5 ♔xf5–+ keinen Unterschied.

44...♔xh3 45.♔b3 ♔h4 46.♔a4 ♔g5 47.♔b3 ♗d6 48.♔a4 ♗f8 49.♔b3

49.♔xa5 b3 50.♗f7 b2 51.♗a2 ♔xg4–+

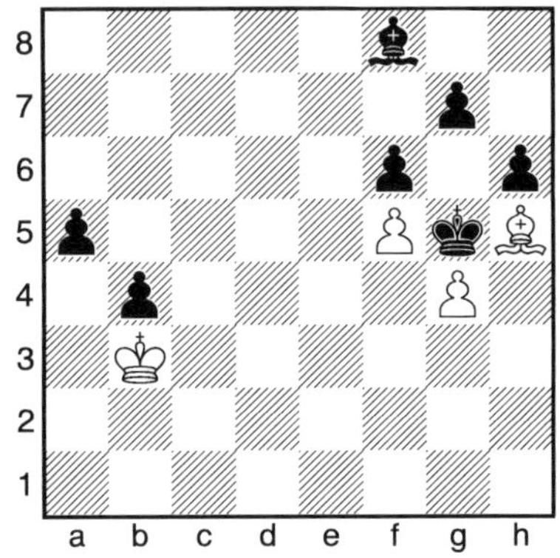

Nun folgt der Festungsknacker **49...g6!!** und sogleich **0–1**, denn nach 50.♗xg6 ♔xg4 bzw. 50.fxg6 f5 wird der entstehende schwarze Freibauer den Läufer kosten.

Im folgenden Fall beginne ich etwas früher.

E25
Matthias Blübaum (2403)
Batuhan Muhammed Dastan (2220)
WM U14 Caldas Novas 2011

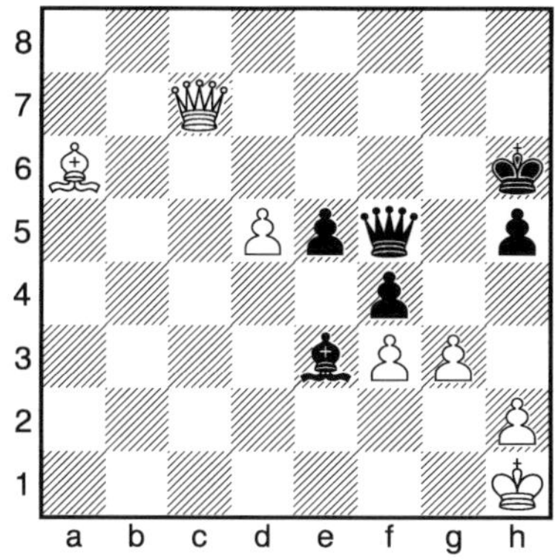

49.♔g2!?

Dieser prophylaktische Königszug ist ein guter Versuch, Schwarz vor Probleme zu stellen.

49...e4 50.♕d6+ ♔g7 51.♕e7+ ♔h6?

Hier ist der König zu weit weg vom Geschehen.

51...♔g6 rettet noch; z.B.

– 52.fxe4 f3+ 53.♔h1 ♕h3=

– 52.♕xe4 ♕xe4 53.fxe4 ♔f6 54.♔f3 fxg3 55.♔xg3 ♔e5 56.♔f3 ♗g5=

52.fxe4 ♕g5?

Hier hilft Schwarz die generelle Remis-Tendenz von Endspielen mit ungleichfarbigen Läufern nicht.

52...f3+ war weit zäher, auch wenn Weiß nach 53.♔h1 ♗g5 54.♕e8 ♕f6 55.♗f1 auf lange Sicht ebenfalls gewinnen sollte.

53.♕xg5+ ♔xg5 54.♔f3

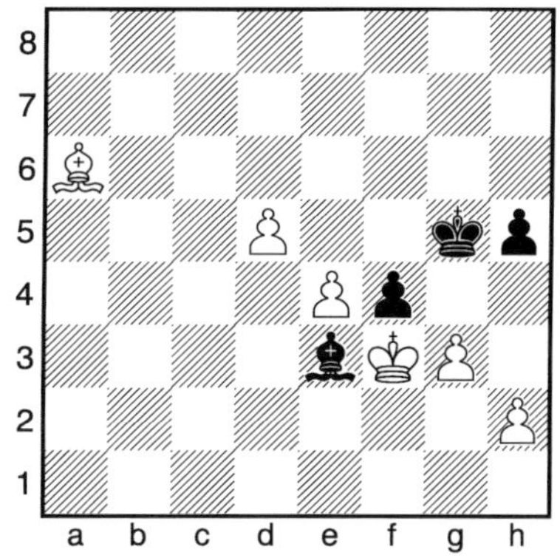

54...h4

54...fxg3 scheitert sehenswert an 55.h4+ ♔xh4 56.♔xe3 g2 57.♔f2 ♔h3 58.♔g1+–.

55.gxh4+ ♔f6

55...♔xh4 56.e5 ♔g5 57.♗d3 ♗d4 58.h4+ ♔xh4 59.♔xf4+–

56.h5 ♔g5

56...♗c5 57.♔xf4 ♗d6+ 58.♔g4 ♗xh2 59.h6 ♔g6 60.h7 ♗e5 61.♗d3 ♔xh7 62.♔f5 ♗g3 63.e5 ♔g7 64.d6 ♔f8 65.♔e6 ♗f4 66.♔d5 ♗g3 67.e6 ♗h4 68.♔c6 ♔e8 69.♔c7 ♗g3 70.♗g6+ +–

57.e5 ♔f5

57...♔xh5 58.d6 ♔g5 59.e6 ♔f6 60.e7 ♔f7 61.♗b5+–

58.h6 ♗d4

58...♔xe5 59.h7+–

59.e6 ♔f6 60.♔xf4 ♔e7 61.♔f5 ♗c5 62.♔g6 ♗b4 63.♗c4 1–0

C5) Endspiele mit Läufer gegen Springer

1) Der Läufer in der Vorhand

Es ist erstaunlich, dass zwei so unterschiedliche Figuren aus materieller Sicht im Allgemeinen ungefähr gleich stark sind. Auf größeren Brettern mit bespielsweise 10x10 Feldern dürfte der Läufer dem Springer in der Regel bereits erheblich überlegen sein und auch schon bei einem 8x8 Feld wird der Läufer überwiegend ganz leicht favorisiert. Allerdings kommt es hier sehr auf die konkreten Gegebenheiten der jeweiligen Stellung an, was ja gerade zu den unzähligen Dingen gehört, die den Reiz des Schachspiels ausmachen. Im folgenden Beispiel ist der Springer aber so sicher verschanzt, dass sein Besitzer remis halten kann.

E26
Matthias Blübaum (2407)
Hendrik Tabatt (2296)
Osterburg 2012

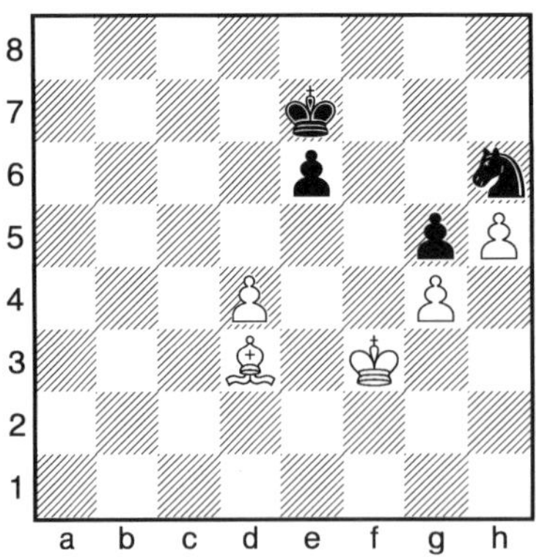

53.♗e2!?

Matthias bereitet die Königswanderung zum Damenflügel vor, die zwar nicht gewinnt, den Gegner jedoch vor knifflige Probleme stellt.

53...♔d6 54.♔e4 ♘g8 55.♗f3 ♘f6+ 56.♔d3 ♘g8 57.♔c4 ♘h6 58.♔b5 ♘g8 59.♔b6 ♘h6 60.♔b7 e5

60...♔d7 61.♗e2 ♘f7 62.♗b5+ ♔d6 63.♔c8 ♘h6 64.♗e2 e5= ist ebenfalls spielbar.

Nicht jedoch 64...♔d5? 65.♔d7 e5 66.♕xe5 ♔xe5 67.♔e7 ♔f4 68.♔f6 ♔e3 69.♔xg5+-.

61.d5 e4

61...♘g8 ist auch noch spielbar, aber nach 62.♔c8 ♘h6 63.♔d8 muss dann doch 63...e4 64.♗xe4 ♘xg4= folgen.

62.♗xe4 ♘xg4 63.♔c8 ♘h6 64.♔d8

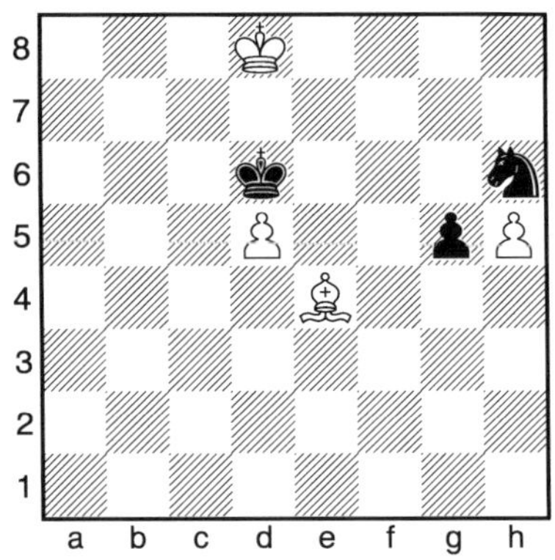

64...♔e5?

Nach diesem Fehler kann die Blockadelinie durchbrochen werden.

– 64...g4? ist wegen 65.♔e8 ♔e5 66.♗h1+- ebenfalls verkehrt.

– Zum Remis führte hingegen 64...♘g4 oder 64...♘g8 65.♔e8 ♘f6+ 66.♔f7 ♘xh5=.

65.♔e7 ♔xe4 66.d6 ♘f5+

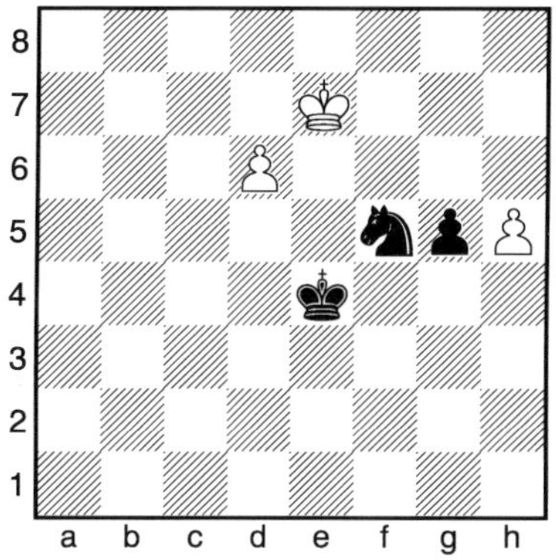

67.♔f6!

Nun kommt einer der beiden Bauern durch, was nach 67.♔e6? g4 68.d7 ♘d4+ 69.♔d6 ♘f5+ 70.♔c7 ♘d4= nicht der Fall gewesen wäre.

67...♘xd6 68.h6 g4 69.h7 ♔f3 70.h8♕ ♘e4+ 71.♔e5 ♘f2 72.♕a8+ 1–0

2) Der Springer in der Vorhand

Die Seite mit dem Springer will die Kontrolle erlangen, um genug Zeit für die Manöver dieser relativ langsamen Figur zu haben. Besonders gut ist es, wenn der Läufer keine Angriffsziele hat und die Seite mit dem Springer ein Powerplay auf der anderen Felderfarbe aufziehen kann.

E27
Matthias Blübaum (2529)
Cristhian Barros Rivadeneira (2243)
WM U16 Al Ain 2013

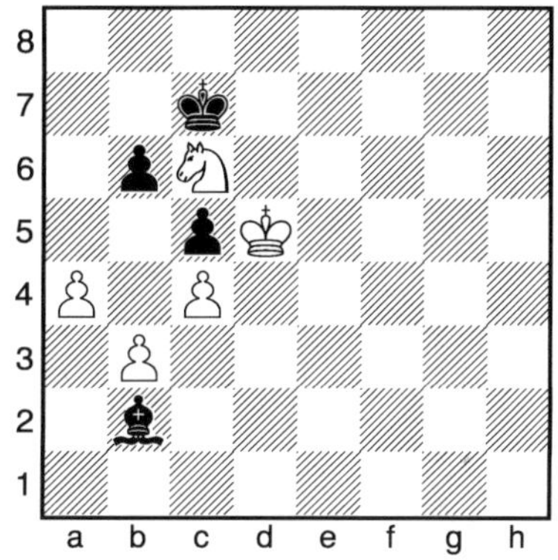

56.a5!

Die entscheidende Unterminierung, die, wie es bei weißfeldriger Dominanz oft der Fall ist, auf schwarzen Feldern erfolgt.

56...♔b7 57.axb6 ♔xb6

57...♗a3 58.♘e5 ♔xb6 59.♘d3! ♔a5 60.♔c6+–

58.♘e5 und **1–0** aufgrund von 58...♔a5 59.♘d3 ♗a3

– 60.♔c6 ♔a6 61.♘xc5+ ♔a5 62.♘d3+–

– Nicht jedoch gierig 60.♘xc5?, denn nach 60...♔b4= kommt Weiß nicht weiter.

Auch im folgenden Fall gewinnt ein typisches Powerplay auf einem bestimmten Felderkomplex.

E28

Matthias Blübaum (2051)

Alexander Volz (1650)

DEM U12 Willingen 2009

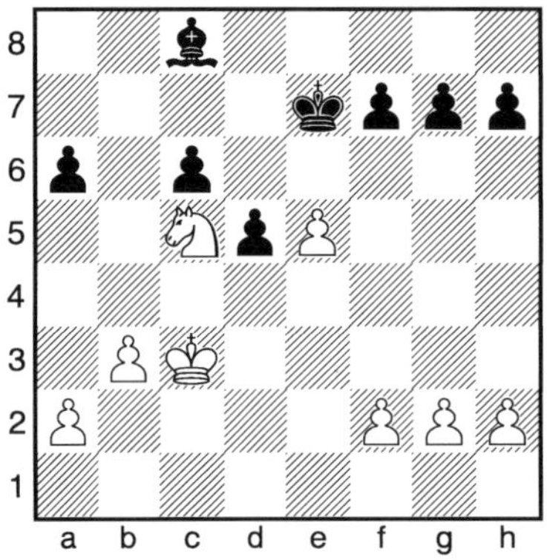

Weiß hat die volle Kontrolle und schwarzfeldrig alles im Griff, so dass er früher oder später gewinnen wird.

27.b4 f6

Wenn Schwarz sich mit Königszügen auf reines Abwarten verlegt, gelangt Weiß wie folgt ans Ziel: 27...♔d8 28.♔d4 ♔e7 29.a4 ♔d8 30.a5 ♔e7 31.f4 ♔d8 32.♘b3 ♔c7 33.♔c5 h5 34.♘d4 ♗d7 35.f5+−.

28.f4 fxe5 29.fxe5 h6 30.♔d4 ♔d8?!

30...g5 ist zäher, rettet aber auch nicht; z.B. 31.g3 ♔f7 32.a3 ♔e7 33.a4 ♔f7 34.g4 ♔e7 35.h3 ♔f7 36.e6+ ♔f6 37.a5 ♗xe6 38.♘xa6+−.

31.e6 ♔e7 32.♔e5

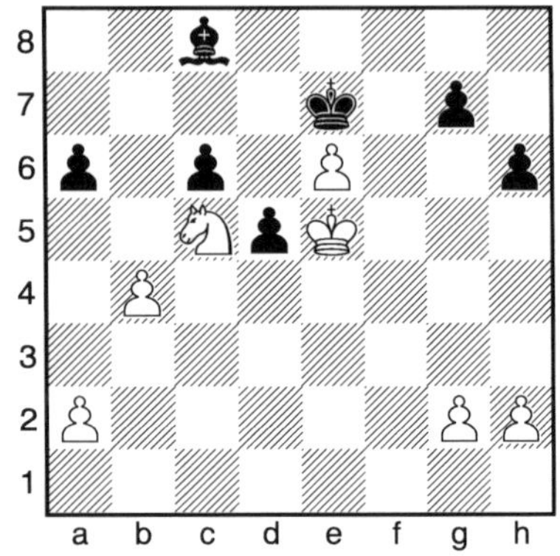

Schwarz wird nun früher oder später in tödlichen Zugzwang geraten.

32...g6 33.h4 g5 34.hxg5 hxg5 35.a4 g4 36.g3 d4 37.♔xd4 ♗xe6 38.♘xe6 ♔xe6 39.♔c5 ♔e5

Aktiv geht es nicht, aber der passive Ansatz 39...♔d7 40.♔b6+− ist ebenfalls verloren.

40.♔xc6 ♔e4 41.b5 axb5 42.axb5 ♔f3 43.b6 ♔xg3 44.b7 ♔f2 45.b8♕ g3 46.♕f4+ ♔g2 47.♔d5 1−0

Im letzten Beispiel dieser Kategorie hätte sich Schwarz noch auf studienartige Weise halten können.

E29

Matthias Blübaum (2588)

Constantin Lupulescu (2626)

Medias 2015

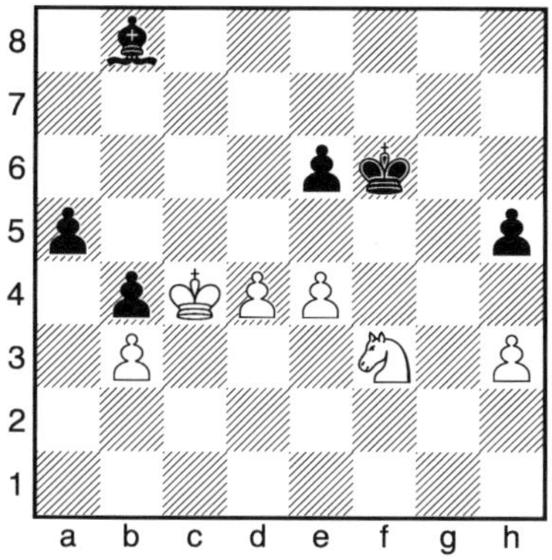

Zunächst dringt der weiße König ein.

51.♔b5 ♗c7 52.h4

Dieser Zug hat den Nachteil, dass der Läufer nun eventuell Gegenspiel gegen den h-Bauern aufziehen kann.

Aber auch 52.♔c6 gewinnt nicht; z.B. 52...♗f4 53.♘e1 ♗e3 54.d5 exd5 55.exd5 ♔e5 56.d6 ♔e4 57.♔b5 ♗g5 58.♔xa5 ♔d5 59.♘f3 ♗d8+ 60.♔xb4 ♔xd6=.

52...♗d8 53.♔c6 ♔f7

Auch direkt 53...a4 ist spielbar; z.B. 54.bxa4 b3 55.♘d2 b2 56.♔b5 ♔e7 57.♔c4 ♗a5 58.♘b1 ♗e1 59.a5 ♗xa5 60.♔b3 ♗e1 61.♔xb2 ♗xh4 62.♘d2=.

54.♔d7

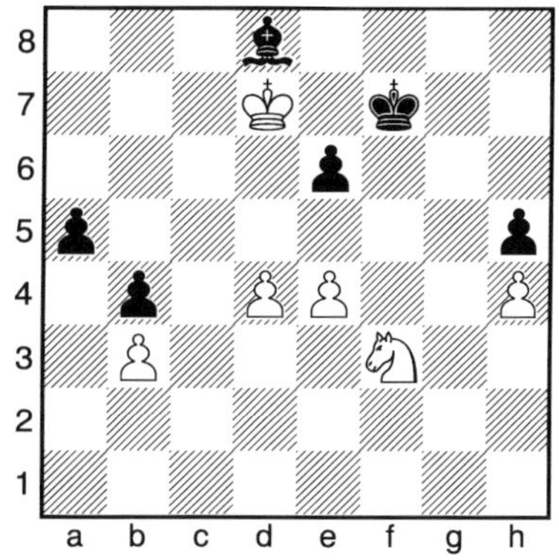

54...♗b6?

Danach hat Weiß stets die Nase vorn.

Die eingangs erwähnte 'studienartige Rettung' sah wie folgt aus: 54...♗e7

1) 55.d5 exd5 56.exd5 ♗xh4 57.♘xh4 a4 58.bxa4 b3 59.♘f3 b2 60.♘d2 h4 61.a5 h3 62.a6 h2 63.a7 h1♕ 64.a8♕ ♕h3+ =

2) 55.♘e5+ ♔f6 56.♔e8 ♗d6 57.♘d7+ ♔g7 58.e5 ♗c7 59.♘c5 ♗b6 60.♘xe6+ ♔h6

a) 61.♘c5 ♗xc5 62.♕xc5 a4 63.c6 axb3 64.c7 b2 65.c8♕ b1♕=

b) 61.♘f4 ♗xd4 62.♘d3 ♔g6 63.e6 ♔f5 64.e7 ♗f6 65.♔d7 ♗xe7 66.♔xe7 ♔g4 67.♔d6 ♔xh4 68.♘f4 ♔g4 69.♘xh5 ♔xh5 70.♔c5 a4 71.♔xb4=

55.e5 ♔g6

55...a4 56.d5+-

56.♔xe6 a4

Die Schaffung eines eigenen Freibauern ist die letzte Chance, aber der weiße e-Bauer ist zu schnell.

57.bxa4 b3 58.♘d2 b2 59.d5 ♗d8 60.♔d7 ♗xh4 61.e6 ♗g5 62.♘b1 h4 63.d6 h3 64.e7 1-0

D) Turm gegen Leichtfigur

D1) Turm gegen Läufer

Im reinen Endspiel ist der Turm dem Läufer in aller Regel buchstäblich turmhoch überlegen. Allerdings ist das bauernlose Endspiel normalerweise remis – es sei denn, der König des Verteidigers ist in einem Bereich eingesperrt, dessen Eckfeld mit der Farbe übereinstimmt, auf der der Läufer operiert. Dies wird im folgenden Beispiel veranschaulicht.

E30

Levon Aronian (2781)

Matthias Blübaum (2670)

Opera Euro Rapid 2021

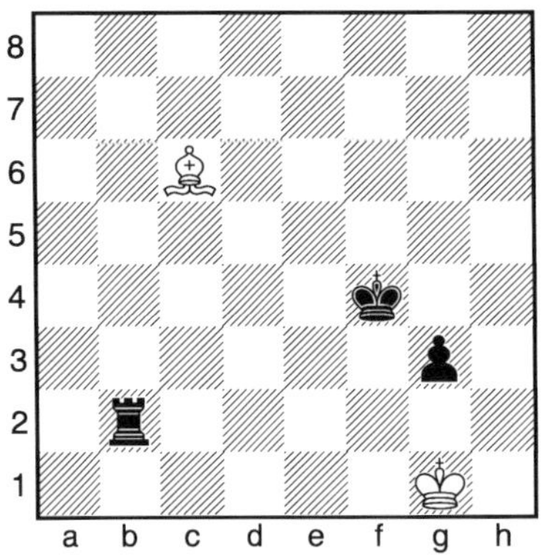

71...g2!

Matthias kennt das Gewinnverfahren, denn da der Bauer nur im Weg steht, muss er verschwinden.

72.♔h2 ♔e3 73.♔g1 ♔f4 74.♔h2 ♖f2!

Das ist nötig, damit der König in der Nähe des fatalen Eckfefdes h1 eingesperrt bleibt.

75.♗d5

75.♗xg2 ♔g4 76.♔g1 ♔g3–+

75...g1♕+ 76.♔xg1 ♔g3

Nicht jedoch 76...♖d2?, denn nach 77.♗c6 ♔g3 78.♔f1= entkommt der König aus der Gefahrenzone.

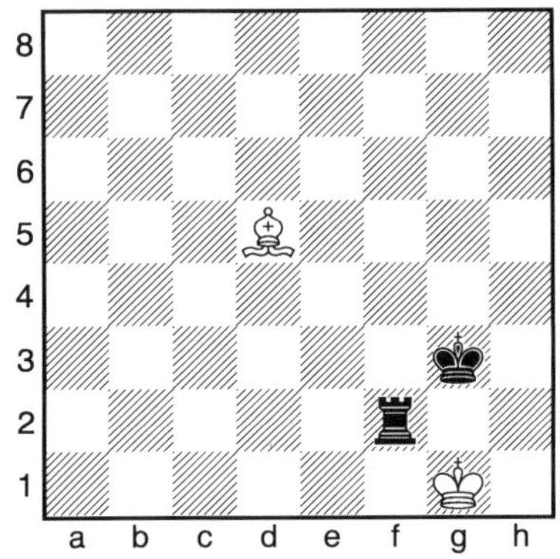

Die berühmten Studienkomponisten und Endspieltheoretiker Josef Kling und Bernhard Horwitz haben 1851 herausgefunden, dass die Seite mit dem Turm ganz unabhängig von der Läuferstellung gewinnt.

77.♗g8 ♖f6 78.♗h7 ♖f7 79.♗g8

79.♗g6 hilft auch nicht; z.B. 79...♖g7 80.♗f5 ♔f4+ bzw. 80.♗d3 ♖d7 81.♗e2 ♖a7–+

79...♖g7 und **0–1**, denn der Turm zwingt den Läufer, aus dem sicheren Windschatten der Könige herauszutreten; z.B. 80.♗d5 ♖d7 81.♗b3 ♖d3 82.♗c2 ♖c3 83.♗d1 ♖c1–+.

Im folgenden Beispiel sind die Dinge viel komplizierter.

E31
Matthias Blübaum (2407)
Niclas Huschenbeth (2509)
Osterburg 2012

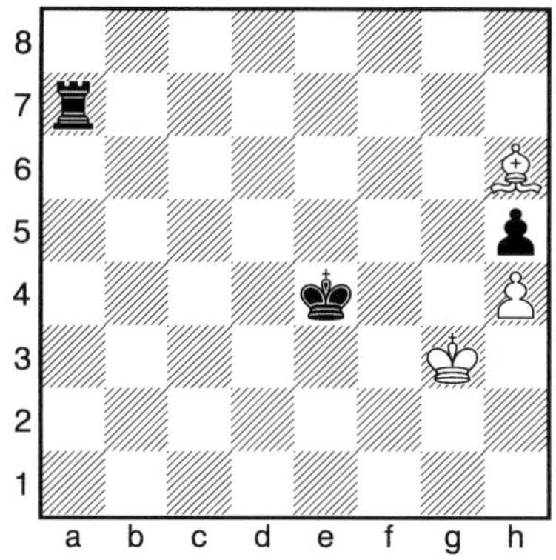

In dieser Stellung gibt es für den weißen König eine Remis- und eine Verlustzone.

113.♔f2!

Der König muss die Verlustzone in der 'Südostecke' g1–g3 und h1–h3 unverzüglich verlassen.

Der sowjetische Theoretiker Ilya Maiselis wies 1963 nach, dass 113.♗g5? verliert, weil der König nach 113...♖f7 in der Verlustzone eingesperrt ist; z.B. 114.♔g2 ♔d3 115.♔g3 ♔e2 116.♗h6 ♖f3+ 117.♔g2 ♖d3 118.♗f4 ♖d4 119.♔g3 ♖e4 120.♗c7 ♖g4+ 121.♔h3 ♔f3 122.♗e5 ♖e4 123.♗c3 ♖e3 124.♗d2 ♖d3 125.♗g5 ♖d1 126.♔h2 ♔g4 127.♔g2 ♖e1 128.♔f2 ♖e8 129.♔g1 ♖e2 130.♗d8 ♔h3 131.♔f1 ♖e8 132.♗g5 ♔g3

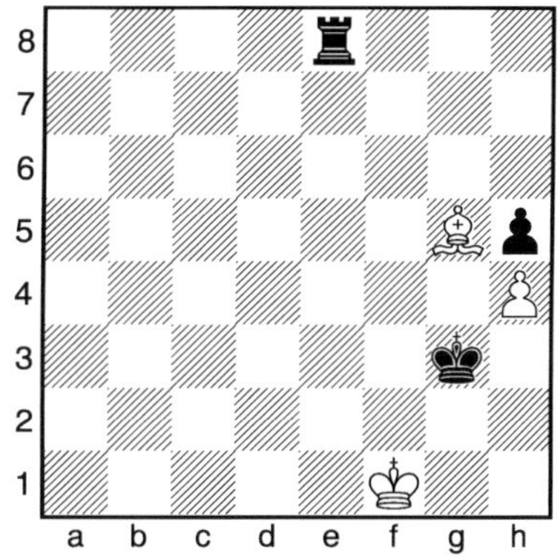

Und dank Zugzwang fällt der h–Bauer. Da dieser aber auf das sichere Eckfeld h1 zusteuert, ist immer noch Genauigkeit vonnöten; z.B. 133.♗d2 ♔xh4 134.♗b4 ♖e6 135.♔g1 ♔g3 136.♗a5 ♖e7

(Nicht jedoch 136...h4? 137.♗c7+ ♔h3 138.♗b8 ♖g6+ 139.♔f1= und die weiße Festung hält.)

137.♗b4 ♖d7 138.♗e1+ ♔g4 139.♗c3 ♖d5 140.♔g2

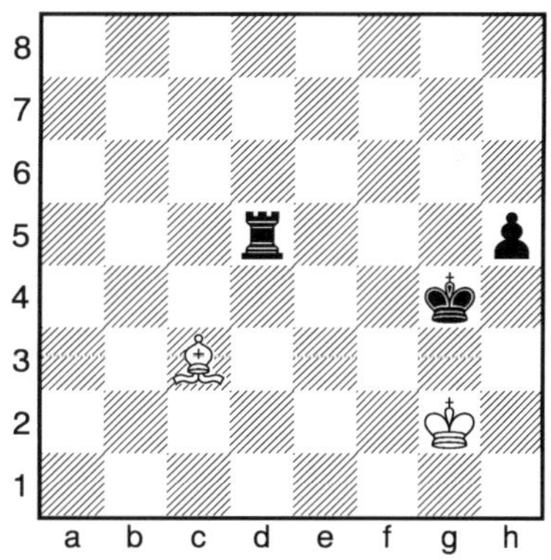

Erst jetzt darf der Bauer mit 140...h4 vorrücken, weil der Läufer angesichts der Dominanz durch den Turm nicht auf die entscheidende Diagonale b8–h2 gelangen kann; z.B. 141.♗b4 h3+ 142.♔h2 ♖d4 143.♗c3 ♖e4 144.♗a5 ♖e2+ 145.♔h1 h2 146.♗c7 ♔h3 147.♗g3 ♖d2 148.♗e1 ♖b2–+.

113...♔d3 114.♗g5 ♖f7+ 115.♔e1

Der einzige Remiszug.

115...♖f8 116.♗h6 ♖e8+ 117.♔f2 ♖e6 118.♗g5 ♔e4 119.♗d8?

So geht es allerdings nicht.

Ein Remiszug ist 119.♔e2=.

119...♖a6?

Nach diesem Gegenfehler ist für Matthias wieder alles im Lot.

Der einzige Gewinnzug 119...♔f4! führt nach 120.♗g5+ ♔g4 früher oder später zur oben angegebenen Zugzwangsituation.

120.♗g5 ♖b6 121.♔g2

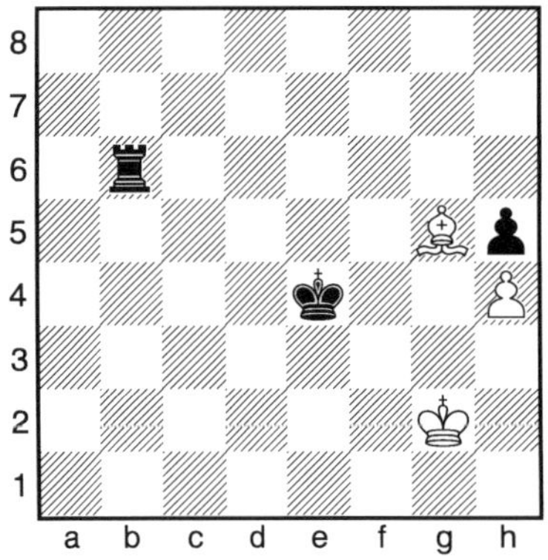

Dieser Zug ist hier möglich, weil der König nicht in der Verlustzone eingesperrt werden kann.

121...♖c6 122.♔f2 ♖c7 123.♗h6 ♖f7+ 124.♔e2 ♖f3 125.♗g5 ♖h3 126.♔f2 ♖h2+ 127.♔g3 ♖a2 128.♗h6!

Der einzige Remiszug.

128...♖a4 129.♗g5 ♔d3 130.♔f2 ♖a1 131.♗h6 ♖a2+ 132.♔f3 ♖a4 133.♗g5 ♖c4 134.♔f2 ♖a4 ½–½

Im folgenden Beispiel sitzt Matthias wieder auf der stärkeren Seite.

E32

Matthias Blübaum (2329)

Torsten Hansch (2174)

Dresden 2011

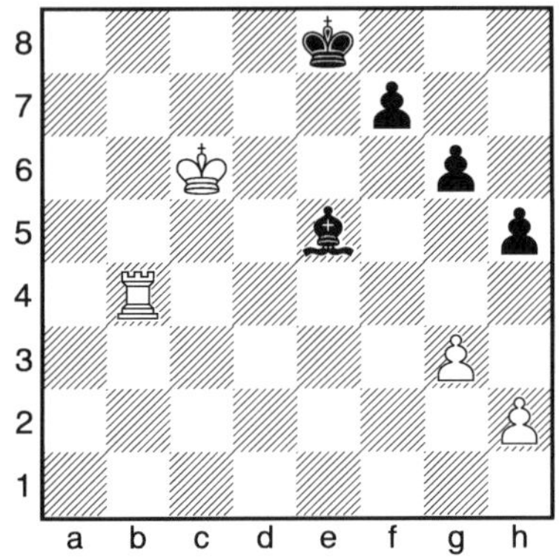

53.♖e4!?

Es ist von Vorteil, die Lockerung f7–f6 zu provozieren, weil danach ein weißfeldriges Powerplay aufgezogen werden kann. Angesichts des geringen Gewinnpotenzials sollte dies allerdings bei bester Verteidigung nicht zum Sieg ausreichen.

53...f6 54.♔d5 ♔f7 55.♖a4 g5

So geht es auch, obwohl es nun etwas brenzlig wird, zumal Weiß keine volle Dominanz erlangen darf.

Alternativ kann Schwarz auch einfach abwarten; z.B. 55...♗b2 56.♖a7+ ♔f8 57.♔e6 ♗e5 58.♖f7+ ♔g8 59.♖xf6 ♗xf6 60.♔xf6 ♔h7=.

56.♖a7+ ♔g6 57.♔e6 h4 58.gxh4 gxh4

58...♗xh2 ist ebenfalls spielbar; z.B. 59.h5+ ♔xh5 60.♖h7+ ♔g4 61.♖xh2 ♔f3 62.♔f5 g4 63.♖a2 g3 64.♖a3+ ♔f2 65.♔f4 g2 66.♖a2+ ♔f1 67.♔f3 g1♘+ =.

59.h3 ♗f4 60.♖a8

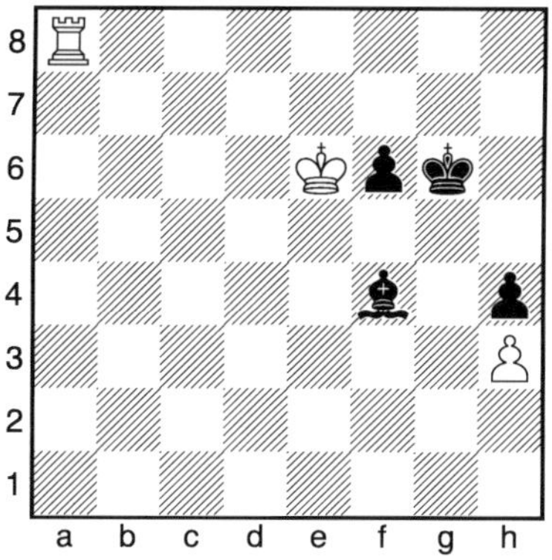

60...♗h6?

Erst das ist der entscheidende Fehler.

61.♖c8?

Leider verpasst Matthias die Gewinnchance 61.♖a4 mit der möglichen Folge 61...♗g5 62.♖g4 ♔g7 63.♔f5 ♔f7 64.♖a4 ♔g7 65.♖a7+ ♔g8 66.♔e6 ♔f8 67.♖h7 ♔g8 68.♖f7 ♔h8 69.♔f5 ♔g8 70.♔g6+–.

61...f5?

61...♗f4 62.♖g8+ ♔h7 63.♖g4 ♗e5 64.♖xh4+ ♔g6 65.♖g4+ ♔h7 66.♔f7 ♔h6 hält noch remis.

62.♖c5 f4 63.♖f5 ♗g5 64.♔e5 ♗d8

64...♗h6 65.♖f6+ ♔h5 66.♔f5 ♗g7 67.♖g6 ♗h6 68.♖g1 f3 69.♖f1+–

65.♔xf4

Der schwarze König ist in der Verlustzone rund ums Eckfeld h8 eingesperrt.

65...♗c7+ 66.♔g4 ♗g3 67.♖f1 ♔h6 68.♖f6+ ♔g7 69.♔g5 ♗e1 70.♖f3 ♗g3 71.♖f1 ♔h7 72.♖f7+ ♔g8 73.♔g6 ♗h2 74.♖f2 ♗g3 75.♖e2 ♔f8 76.♖e4 1–0

Schwarz ist in entscheidendem Zugzwang und verliert den h-Bauern. Danach ist der Gewinn relativ einfach, weil der weiße h-Bauer auf das für den schwarzen König gefährliche Eckfeld h8 zusteuert.

Im folgenden Beispiel sollte die Seite mit dem Läufer versuchen, schnell Klarheit zu schaffen.

E33
Merab Gagunaschwili (2592)
Matthias Blübaum (2511)
Legnica 2013

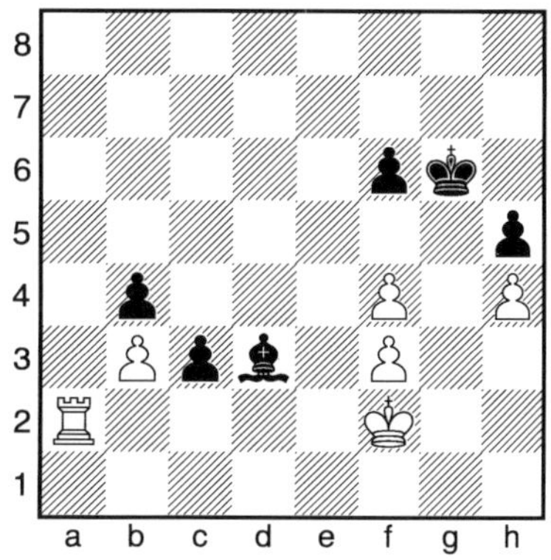

45...♗c4!?

Schwarz muss seine Trümpfe am Damenflügel ausspielen.

– 45...c2 46.♖a1 ♗c4= funktioniert analog.

– Nicht jedoch 45...♔f5? 46.♔e3 c2 47.♖a5+ ♔g6 48.♔d2 ♗f5 49.♖b5+–.

46.♔e3

Natürlich nicht 46.bxc4?? b3 47.f5+ ♔xf5 48.♖a5+ ♔g6 49.♖b5 c2–+.

46...♗xb3 47.f5+

Ein Trick, um den Turm schnell aktivieren zu können, aber die Stellung ist ohnehin nicht zu gewinnen.

47...♔h6

47...♔xf5 ist ebenfalls spielbar; z.B.

48.♖a5+ ♔e6 49.♖b5 ♗d5 50.♖xb4 c2 51.♔d2 ♗xf3=.

48.♖a1 ♗d5

48...♗c2 49.♔d4=

49.♔d3 ♗xf3 50.♖f1 ♗g4 51.♖f4 ♔g7 52.♖xb4 ♗xf5+ 53.♔xc3 ♔g6 54.♔d4 ♗g4 55.♔e4 ♗e2 56.♖b2 ♗g4 57.♖f2 ♗d1 58.♔d5 ♗g4 59.♔d6 ♔f7 60.♖f4 ♗h3 61.♖a4 ♗g4 62.♖a7+ ♔f8

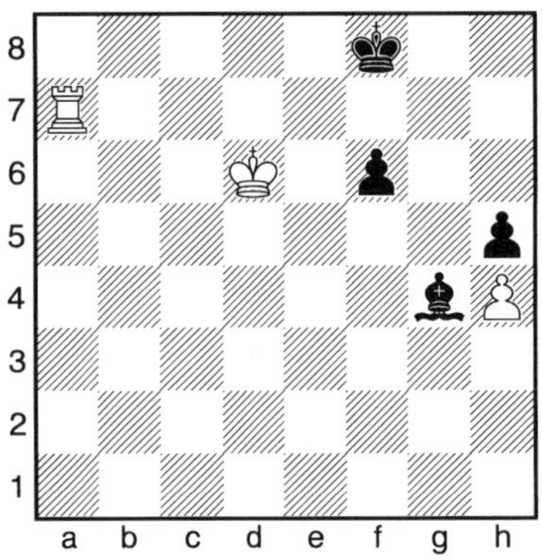

In dieser typischen Remisfestung ergänzt der Bauer f6 die Verteidigungskraft des weißfeldrigen Läufers, indem er die schwarzfeldrigen Zugänge bewacht.

63.♖h7 ♔g8 64.♖c7 ♔f8 65.♖a7 ♗f5 66.♖a5 ♗g4 67.♖a2 ♔f7 68.♖a5 ♔f8 69.♖a7 ♗f5 70.♖a4 ½–½

Verfügen beide Seiten über je einen weiteren Turm, so begünstigt dies in aller Regel die Läuferpartei, wie im nächsten Beispiel demonstriert wird.

E34

Matthias Blübaum (2510)

Hannes Rau (2458

Bundesliga 2014

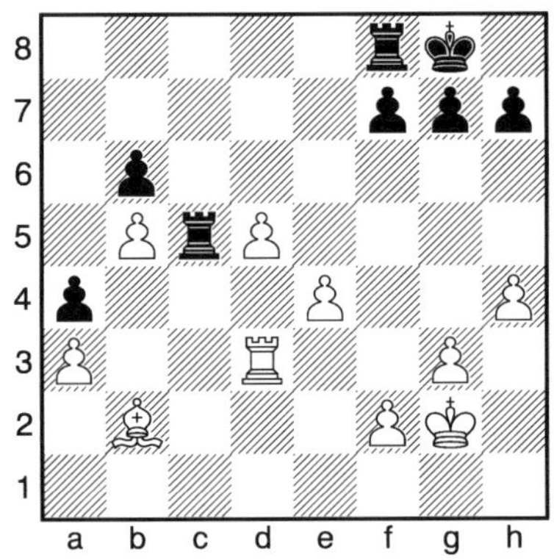

Weiß hat mehr als genug Kompensation für die Qualität.

31.♗c3! ♖d8?

Danach geht Schwarz sang und klanglos unter.

Nach der erzwungenen Antwort 31...f5! hätte die Partie folgenden Verlauf nehmen können: 32.♗b4 (32.e5 ♖d8 33.d6 ♔f7=) 32...fxe4 33.♖e3 ♖xd5 34.♗xf8 ♔xf8 35.♖xe4 ♖xb5 36.♖xa4 ♖b3 und bei genauer Verteidigung sollte Schwarz sich noch retten können.

32.♗b4 ♖xb5 33.♖d4

Gute Prophylaxe und Überdeckung.

33...f6 34.♖c4 ♖d7?!

34...h5 war zäher, rettet aber auch nicht; z.B. 35.f3 ♔f7 36.♔f2 ♖e8 37.♖c7+ ♔g6 38.♖a7 f5 39.d6

– 39...♔f6 40.♔e3 fxe4 41.fxe4 ♖d8 42.♖xa4 ♔e6 43.♖a7+–

– 39...♖xb4 40.axb4 fxe4 41.♖xa4 e3+ 42.♔e2 ♖d8 43.♖a3 ♖xd6 44.♖d3+–

35.♔f1 ♔f7 36.♔e2 ♖a7?!

Das verliert nur Zeit, weil die Idee eines Qualitätsopfers auf b4 leicht entschärft werden kann. Aber Schwarz ist ohnehin rettungslos verloren.

37.♔d3 f5 38.f3 fxe4+ 39.fxe4 ♖d7

39...♔f6 40.♔d4 ♔f7 41.♔c3 ♔f6 42.♖c6+ ♔f7 43.♔c4+–

40.♔c3 ♔g6 41.♖c6+ ♔f7 42.♔c4 ♖xb4+ 43.♔xb4 ♖e7 44.♖e6 1–0

D2) Turm gegen Springer

Auch einem Springer ist ein Turm in aller Regel turmhoch überlegen – und zwar ganz besonders dann, wenn an beiden Flügeln gespielt wird.

E35

Matthias Blübaum (2641)

Nicolai Getz (2434)

EU-Cup Novi Sad 2016

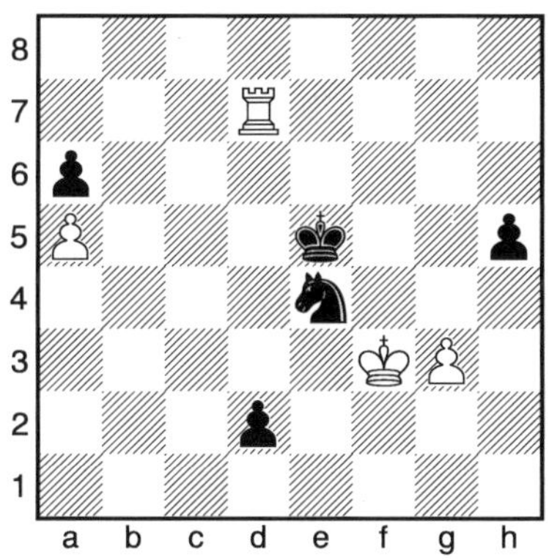

53.♖d8!?

Besonders im Kampf gegen einen Springer ist Zugzwang eine scharfe Endspielwaffe.

53...♘d6 54.♔e2 ♘e4

54...♘c4 55.♖h8+–

55.♖a8 ♘xg3+ 56.♔d1 ♔d6 57.♖xa6+ ♔c7

57...♔c5 scheitert an 58.♖h6+–.

58.♔xd2?! gewinnt auch, ist aber schlechte Technik; z.B. 58...♘e4+ 59.♔e2 ♔b4 60.♖e6! ♘c3+ 61.♔d3 ♘a4 62.♖e5 ♘c5+ 63.♔e3 h4 64.♔f3 h3 65.♔g3+–.

58.♖b6

58.♔xd2 gewinnt ebenfalls.

58...h4 59.♖b3 ♘e4 60.♖b4

60.♖e3 ist der andere Gewinnzug.

60...♘c5 61.♔xd2 h3 62.♔c3

Der König kommt zum entscheidenden Schauplatz am Damenflügel.

Verfehlt wäre das direkte 62.♖h4? ♘b3 + =.

62...h2 63.♖h4 ♔c6 64.♖xh2

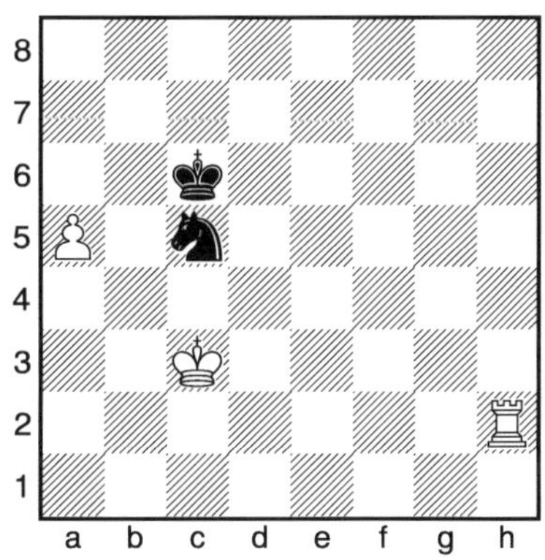

Mit Bauern an nur einem Flügel ist oft Vorsicht angesagt. Hier setzt sich Weiß allerdings recht einfach durch.

64...♘b7

64...♔b5 wird mit 65.♖h5+− beantwortet.

Hingegen würde 65.♖a2?! den Gewinn sehr erschweren; z.B. 65...♘a6 66.♖a3 ♘c5 67.♔d4 ♘a6 68.♔d5 ♘c7+ 69.♔d6 ♘a6 70.♔d7 ♔b4 71.♖a2 ♔b5 72.♔c8 ♘c5 73.♔c7 ♔a6 74.♔c6 ♘b3 75.♔d5 ♘c1 76.♖a3 ♘e2 77.♔c4 ♘f4 78.♖f3 ♘e2 79.♔b4 ♘d4 80.♖f6+ +−.

65.♖h6+ ♔c7 66.a6 ♘c5 67.♔c4 ♘e4 68.♖h7+ ♔b8 69.♔b5 ♘d6+ 70.♔c6 ♘c4 71.♖e7 ♘a5+ 72.♔b5 1–0

Im folgenden Beispiel setze ich wieder etwas früher ein.

E36

Matthias Blübaum (2529)

Bryan Hu (2176)

WM U16 Al Ain 2013

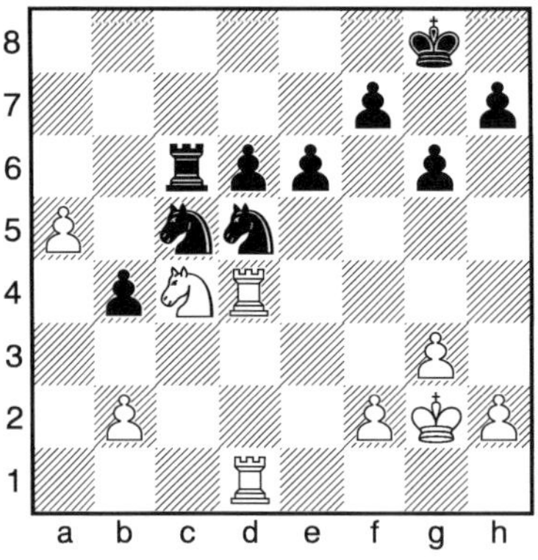

Mit **27.♘b6!** überwand Matthias das Bollwerk der fest verankerten gegnerischen Springer.

27...♘xb6 28.♖xd6 ♖xd6 29.♖xd6 ♘d5

29...♘ba4 rettet auch nicht, wie folgende Beispielvariante belegt: 30.b3 ♘c3 31.♖b6 ♘d5 32.♖c6 ♘d7 33.a6 ♔f8 34.a7 S7b6 35.a8♕+ ♘xa8 36.♖c8+ ♔e7 37.♖xa8 h5 38.♔f3 ♔d6 39.♔e4 ♘f6+ 40.♔d4 ♘g4 41.♖a6+ ♔e7 42.♖a7+ ♔f6 43.♖a4 ♘xf2 44.♖xb4 ♘g4 45.♖a4 ♘xh2 46.b4 ♔e7 47.♔c5 ♘f3 48.b5+−.

30.a6 ♘xa6

30...♘a4 31.a7 Sab6 32.♖d8+ +−

31.♖xa6

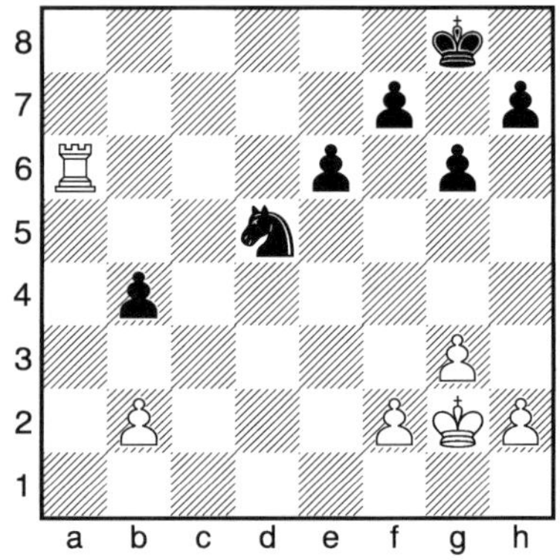

Da es noch Bauern auf beiden Flügeln gibt, ist der Gewinn der Turmpartei nur eine Frage der Zeit.

31...g5 32.♔f3 ♔g7 33.♖a7 ♔g6 34.♖b7 h6 35.♔e4 g4 36.♖b5 h5

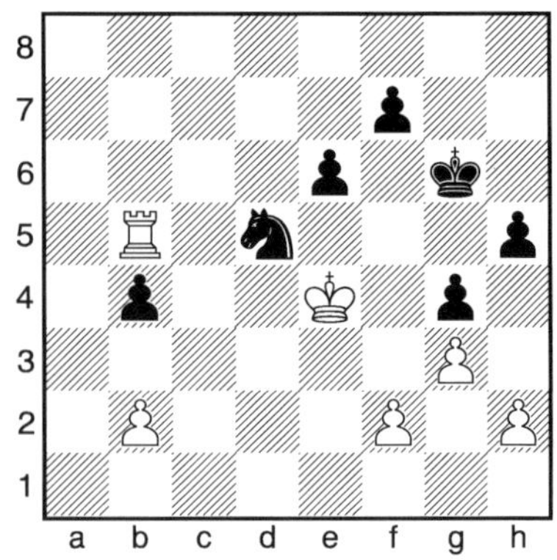

37.♖xd5!?

Bei dieser technisch sauberen Lösung

hat Matthias genau berechnet, dass sein b-Bauer schnell genug sein wird:

37...exd5+ 38.♔xd5 ♔f5 39.♔c4 ♔e4 40.♔xb4 ♔f3 41.♔c3 ♔xf2 42.b4 ♔g2 43.b5 ♔xh2 44.b6 ♔xg3

44...h4 45.gxh4 g3 46.b7 g2 47.b8♕+ ♔h3 48.♕a7+-

45.b7 h4 46.b8♕+

Und die Dame setzt sich natürlich mühelos gegen die Bauern durch.

46...♔h3 47.♕c8 ♔g3 48.♕c7+ ♔g2 49.♕f4 f5 50.♕xf5 g3 51.♕e4+ 1-0

E) Turm und Leichtfigur gegen Turm (und Leichtfigur)

E1) ♖+♘ gegen ♖

Hier hängt viel davon ab, wie Turm und Springer miteinander harmonieren. Im folgenden Beispiel ist der König der stärkeren Seite so weit weg, dass Weiß nicht gewinnen kann, obwohl der Gegner nur einen einzigen Bauern für die Figur hat.

E37

Pawel Tregubow (2586)

Matthias Blübaum (2642)

Bundesliga 2016

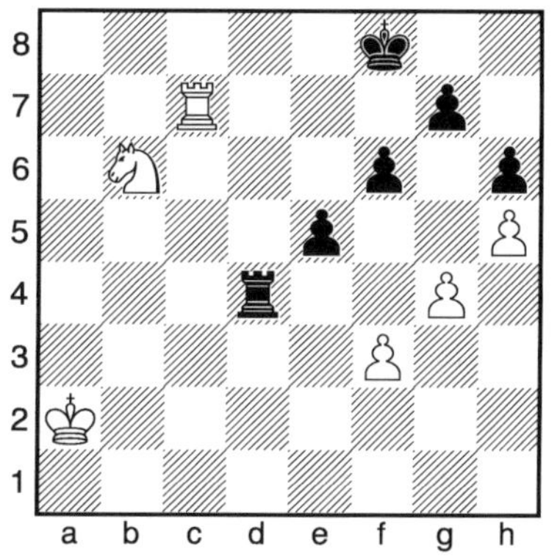

52...e4!

Das ist der richtige Hebel, derweil Weiß nach dem verfehlten Ansatz 52...f5? 53.gxf5 alles unter Kontrolle halten könnte; z.B. 53...♖f4 54.♘d7+ ♔e7 55.♘xe5+ ♔d6 56.♘g6 ♖xf5 57.♖xg7 ♖xf3 58.♖h7+-.

53.fxe4 ♖xe4 54.♖c4

Nach 54.♘d7+ ergibt sich folgendes Bild.

- Zunächst ist sogar 54...♔e7 mit der

möglichen Folge 55.♘c5+ ♔d6 56.♘xe4+ ♔xc7 57.♘g3 ♔d6 58.♘f5+ ♔e5 59.♘xg7 ♔f4= spielbar.

– Besser ist jedoch 54...♔g8 55.♘c5 ♖xg4 56.♘e6 g5 ...

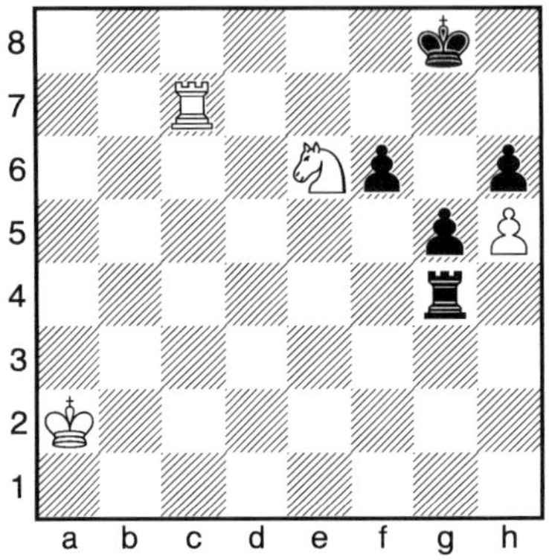

... denn die weißen Figuren finden nach wie vor zu keinem harmonischen Zusammenspiel; z.B. 57.♖g7+ ♔h8 58.♖g6 ♖h4 59.♖xh6+ ♔g8 60.♔b3 ♔f7 61.♘d8+ ♔g7 62.♖g6+ ♔h7 63.♘e6 ♖xh5=.

54...♖xc4 55.♘xc4 f5 56.gxf5 ♔e7 57.♔b3 ♔f6 58.♘e3 ♔g5

58...♔e5 59.♔c4 ♔e4 remisiert ebenfalls.

59.♔c4 ♔xh5 60.♔d5 ♔g5 61.♔e5 h5 62.♘d1 ♔g4 63.♘f2+ ♔f3 64.♘h3 h4 65.f6 ½–½

E2) ♖+♘ gegen ♖+♘

Hier lautet die wichtigste Faustregel: Eine leichte Initiative wiegt schwer, denn weder Türme noch Springer mögen Passivität!! – Aus diesem Grund muss Weiß auch im folgenden Beispiel sehr genau spielen.

E38
Matthias Blübaum (2634)
Fabiano Caruana (2817)
GRENKE Chess Classic 2017

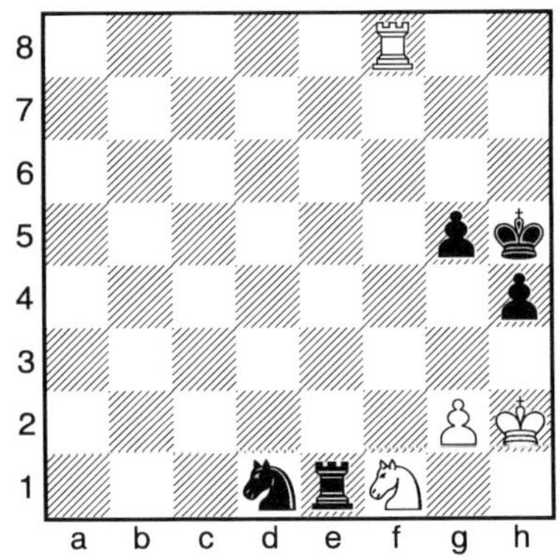

48.g3!?

Mit diesem starken und präzise berechneten Entlastungsmanöver stellt Matthias das Remis sicher.

48...♖e2+ 49.♔g1!

49.♔h3?? g4#; 49.♔h1? h3 50.♖h8+ ♔g4 51.♘h2+ ♔xg3 52.♘f1+ ♔f4 53.♖f8+ ♔g4 54.♘h2+ ♔h5 55.♖h8+ ♔g6 56.♖xh3 ♘f2+ –+

49...h3 50.♖h8+!

50.♘h2? ♖g2+ 51.♔h1 ♘f2+ –+

50...♔g4 51.♘h2+ ♔xg3 52.♘f1+ ♔g4 53.♘h2+ ♔f4 54.♖xh3 g4 55.♘xg4 ♔xg4 56.♖h8

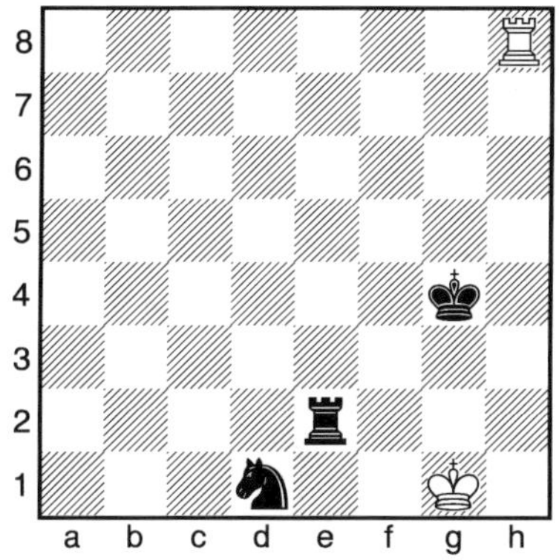

Im Unterschied zu dem bauernlosen Endspiel '♖+♗ gegen ♖' ist die Materialverteilung '♖+♘ gegen ♖' relativ leicht zu remisieren – und tatsächlich schafft Matthias das auch problemlos.

56...♘f2 57.♔f1 ♖c2 58.♔e1 ♔f3 59.♖f8+ ♔e3 60.♖e8+ ♘e4 61.♔d1 ♖h2 62.♔c1 ♔d4 63.♖d8+ ♔c4 64.♖c8+ ♘c5 65.♔d1 ♖g2 66.♔e1 ♔d4 67.♖d8+ ♔e3 68.♖e8+ ♘e4 69.♔d1 ♖g6 70.♔c2 ♖c6+ 71.♔b3 ♔d3 72.♖d8+ ♘d6 73.♖h8 ♖b6+ 74.♔a4 ♘c4 75.♖h3+ ♔d4 76.♖h4+ ♔d5 77.♖d4+ ♔c5 78.♖d5+ ♔c6 79.♖c5+ ♔xc5 ½–½

E3) ♖+♗ gegen ♖+♗ bei ungleichfarbigen Läufern

Anders als im reinen Endspiel mit ungleichfarbigen Läufern mit seiner ausgeprägten Remis-Tendenz, gilt beim Hinzukommem von Türmen die Faustregel aus dem Mittelspiel: Ungleichfarbige Läufer begünstigen den Angreifer!

E39

Matthias Blübaum (2672)
Thai Dai Van Nguyen (2571)
Bad Wiessee 2020

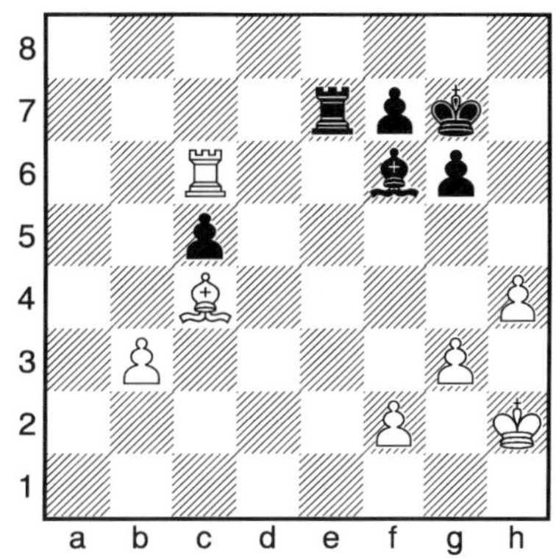

Mit **44.♔g2!** übte Matthias sich korrekter Weise in Geduld, denn das überstürzte Herangehen 44.♖xc5? ♗d4 45.♖g5 ♗xf2= ist klar remis.

44...♗d4 45.g4 ♖a7?

Das ist zu passiv, während Schwarz sich nach dem aktiven Ansatz 45...♖e4 vermutlich halten könnte.

46.f4

Weiß kann einen weiteren Angreifer heranführen, denn sein König braucht keinen Schutz und wird vielmehr bald selbst am Angriff teilnehmen. Dieses Phänomen macht übrigens einen typischen

Unterschied zwischen Angriffen im Endspiel bzw. im Mittelspiel aus.

46...♖e7 47.g5

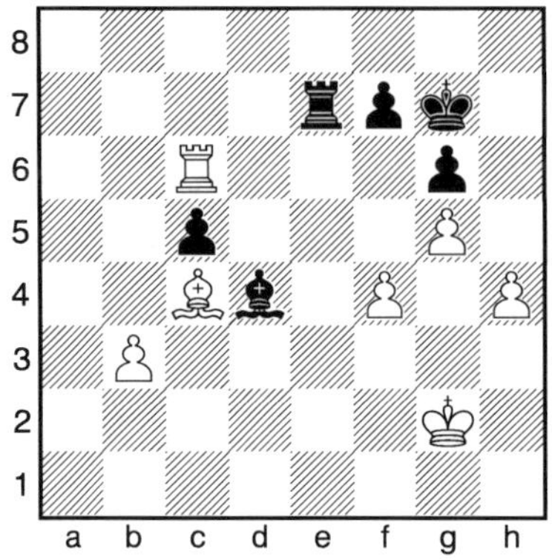

Die Bauern ergänzen die Angriffswirkung des Läufers, indem sie dem Gegner den Zutritt zu schwarzen Feldern verwehren.

47...♖e4?!

Dieser blinde Aktionismus hilft letztlich nur dem Gegner, obwohl Schwarz auch nach dem zäheren Ansatz 47...f6 und der Folge 48.♖a6 f5 49.♗e6 auf lange Sicht verlieren sollte.

48.♔f3 ♖e3+

Passive Verteidigung mit 48...♖e7 reicht wegen 49.♔g4 nicht aus; z.B. 49...♗e3 50.♖d6 ♔f8 51.f5 ♖e4+ 52.♔f3 gxf5 53.♖f6 ♖e7 54.g6 ♗d4 55.♖xf5 f6 56.h5 ♔g7 57.♖d5 ♔h6 58.♔f4 ♗e5+ 59.♔g4 ♗d4 60.b4+−.

49.♔g4 f5+

Schwarz versucht die Flucht nach vorn, denn erneut würde er nach der passiven Verteidigung mit 49...♖e7 schnell zusammenbrechen; z.B. 50.h5 gxh5+ 51.♔xh5 f6 52.f5 fxg5 53.♖g6+ ♔h7 54.f6 ♗xf6 55.♖xf6+−.

50.gxf6+ ♗xf6 51.♖xc5

Erst jetzt fährt Matthias die Ernte ein.

51...♖e1

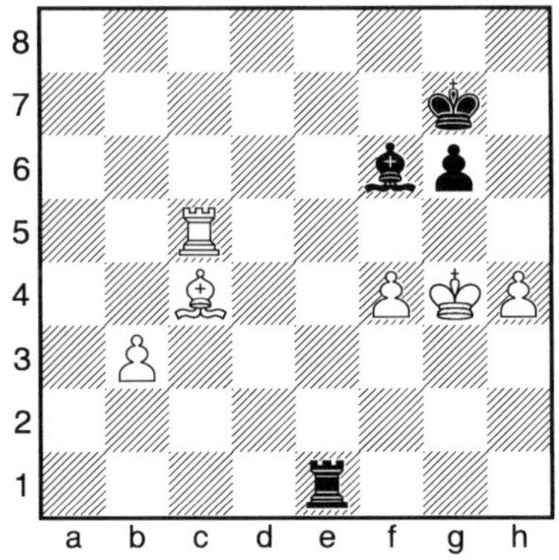

52.h5

Und als Zugabe gleich noch ein Beweis guter Technik, denn das Gewinnpotenzial des 'falschen' Randbauern ist im Vergleich zur Entstehung eines weiteren Freibauern auf der f-Linie sowieso verschwindend gering.

52...♖g1+ 53.♔f3 gxh5 54.♖xh5 ♖d1 55.♖d5 ♖xd5 56.♗xd5 ♗c3

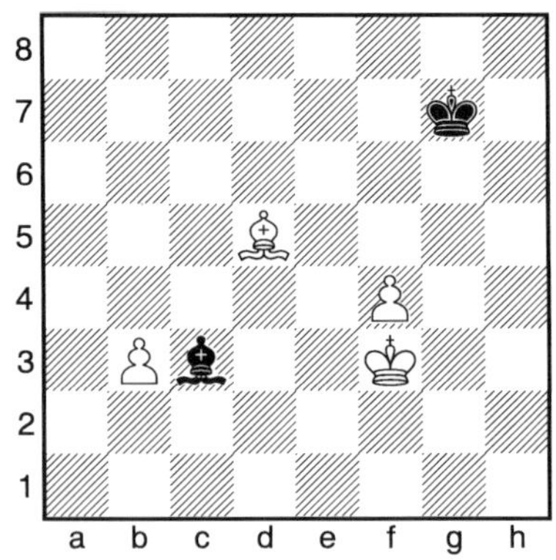

Dei beiden Freibauern sind mehr als zwei Linien voneinander entfernt und können nicht auf ein und derselben Diagonale gestoppt werden. Die entsprechende Faustregel sagt einen weißen Gewinn voraus und tatsächlich setzt Matthias diesen Beitrag der Theorie gut in die Praxis um.

57.♔e4 ♔f6 58.f5 ♔e7 59.♔d3 ♗f6 60.b4 ♔d6 61.♔e4 ♗c3 62.b5 ♔c5 63.♗c6 ♔d6 64.♗e8 ♔e7 65.♗c6 ♗a5 66.♔d5 ♗b6 67.♗b7 ♗f2 68.♗c8 ♔d8 69.f6 ♗h4 70.f7!

70.♔e6?? ♗xf6=

70...♔e7 71.♗e6 ♗f2 72.♔c6 ♗e3 73.♗c4 ♗f2 74.b6 ♗e1 75.♔b7 ♗f2 76.♔c7 1–0

E4) ♖+♗ gegen ♖+♘ mit dem Läufer im Vorteil

Dieses Endspiel wird als 'Fischer-Endspiel' bezeichnet, da der US-amerikanische Weltmeister zu diesem Thema viele lehrreiche Partiebeispiele beigetragen hat. Die folgenden Richtlinien mögen bei der Beurteilung helfen, ob die Läuferseite besser steht oder nicht.

1. Als Langschrittler arbeiten ♖+♗ oft besser zusammen als ♖+♘. Auch profitiert das erstgenannte Team häufig von einer offenen Stellung. Außerdem kann der Turm die teilweise 'Farbenblindheit' des Läufers gewissermaßen ausbügeln.
2. Gibt es Bauern nur auf einem Flügel, so ist dies häufig von Vorteil für die Seite mit dem eher langsamen Springer.
3. Fließende Bauernstrukturen favorisieren oft die Seite mit dem Läufer, weil diese dann entscheiden kann, wie die gegebene Struktur zwecks Einschränkung des Springers am besten genutzt werden kann. Hingegen können zerrissene Strukturen oder geschwächte Farbkomplexe angesichts sich bietender Vorposten dem Springer entgegenkommen.
4. Die Springerseite strebt stets nach Stellungskontrolle, damit der Springer genug Zeit für seine vergleichsweise behäbigen Manöver hat.
5. Ist die Läuferseite im Vorteil, wird sie häufig Zugzwang, Einschränkungsmethoden und Abtausche einsetzen, um Fortschritte zu erzielen. Entsprechend sollen die Bauern so platziert werden, dass sie den einfarbigen

Läufer ergänzen und den Springer weiter einschränken, ohne dem Läufer im Weg zu stehen.

All das demonstriert Matthias im folgenden Beispiel auf überzeugende Art und Weise.

E40

Matthias Blübaum (2670)

Andreas Heimann (2606)

Magdeburg 2021

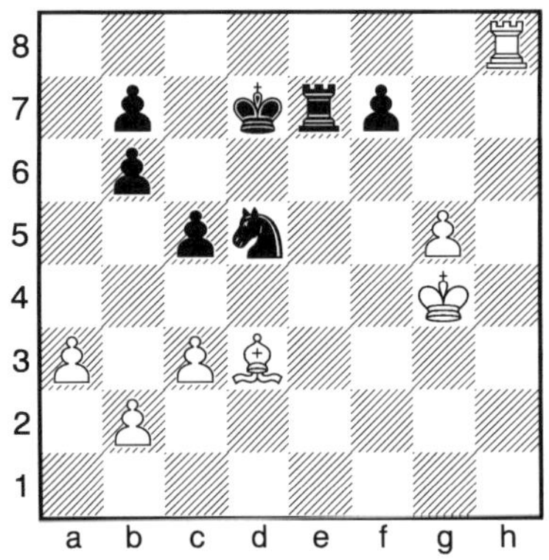

50.c4!

Hier ist es ausnahmsweise gut, den Bauern weißfeldrig festzulegen, denn als Konsequenz findet der Springer keine sinnvolle Aufgabe mehr.

50...♘e3+

50...♘c7 51.♗f5+ ♔d6 52.♖h6+ ♔e5 53.♖xb6 ♘e8 54.♖b3+−

51.♔f3!

Dieser äußerst starke Königsrückzug ist ein wahrer Albtraum für den Springer!

51...b5

Eine Verzweiflungstat in ohnehin verlorener Stellung, weil der Springer fast völlig dominiert wird.

51...♘d1 52.♗f5+ +−

52.cxb5 ♘d1

Auch 52...♘d5 bringt keine Rettung angesichts der möglichen Folge 53.♗e4 ♖e5 54.a4 ♖xg5 55.a5 c4 56.b6 ♘xb6 57.axb6 ♖b5 58.♖h6 ♖xb2 (58...♔c8 59.♖d6+−) 59.♗xb7+−.

53.♗f5+ ♔c7

Auf 53...♔d6 folgt 54.♖d8+ ♔e5 55.♖xd1 ♔xf5 56.♖d5+ ♔g6 57.♖xc5+−.

54.♖h2 ♔b6?!

Der König wählt den Weg ins Nirgendwo, aber Schwarz ist ohnehin verloren, wie zwei Beispielvarianten beweisen mögen.

− 54...♘e3 55.♗d3 c4 56.♗e4 ♘g4 57.♔xg4 ♖xe4+ 58.♔f5 ♖e1 59.♖f2 ♖e6 60.♖c2+−

− 54...c4 55.♖d2 ♘e3 56.♖d7+ ♖xd7 57.♗xd7 ♔xd7 58.♔xe3 ♔e6 59.♔d4 ♔f5 60.a4 ♔xg5 61.a5+−

55.♗e4 ♖d7

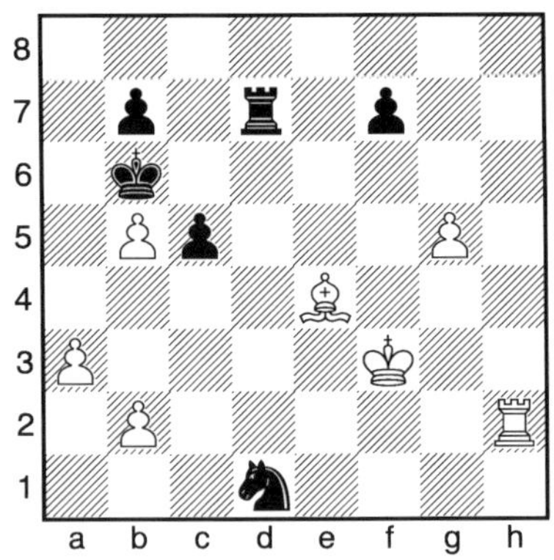

56.♖h7

Nun kann der Springer freigelassen werden, weil das weiße Spiel am Königsflügel schnell genug ist.

56...♖d2

56...♘xb2 scheitert an 57.g6 ♘c4 58.g7 ♖d8 59.♖h8+−.

57.♔g3

Starke Prophylaxe statt der Katastrophe 57.♖xf7?? ♖f2+ −+.

57...♖d4 58.♗f3 und **1−0** aufgrund von 58...♘e3 59.♖xf7+− bzw. 58...♘xb2 59.♖xf7 c4 60.g6 c3 61.g7 c2 62.g8♕ c1♕ 63.♖xb7+ +−.

Endspielaufgaben (EA)

(Lösungen ab Seite 167)

Springerzauber 1 (EA01)

EA01.01

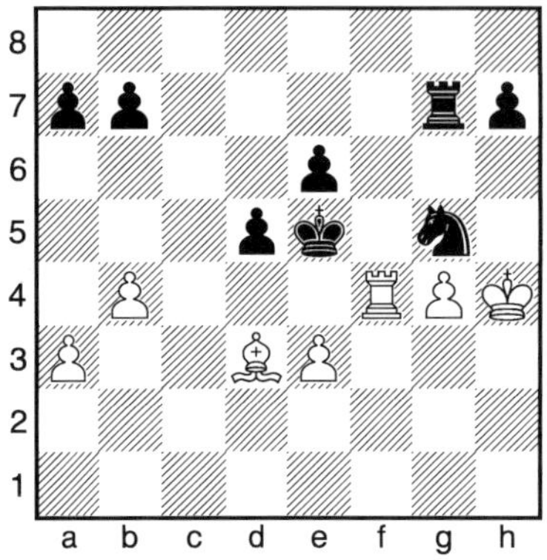

Wie gelangt Schwarz ans Ziel?

EA01.02

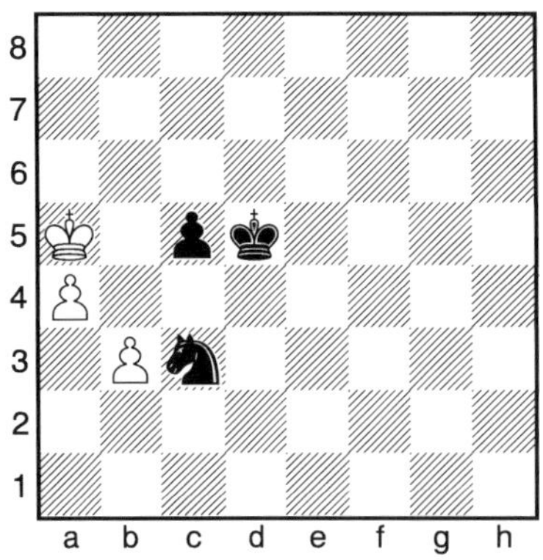

Finden Sie einen der beiden schwarzen Gewinnwege!

EA01.03

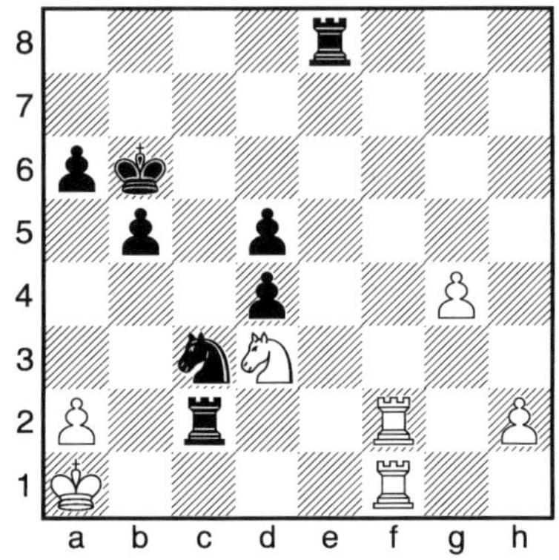

Welchen siegreichen taktischen Kniff hat Schwarz in petto?

EA01.04

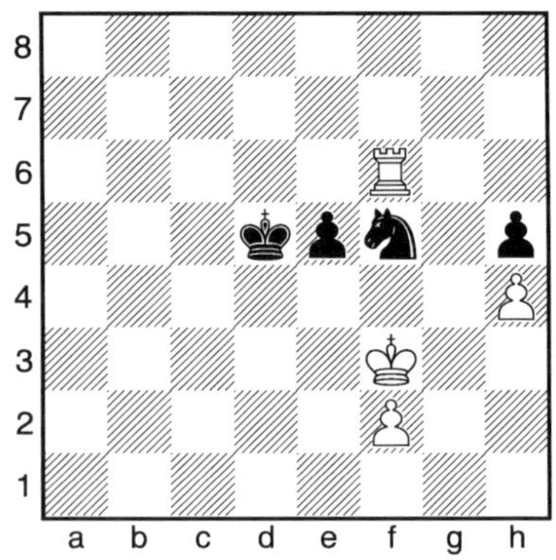

Wie gelingt Schwarz die Rettung?

Springerzauber 2 (EA02)

EA02.01

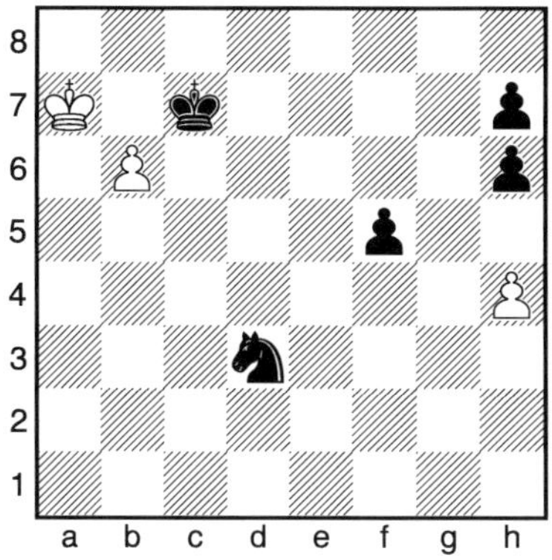

Wie gewinnt Schwarz?

EA02.02

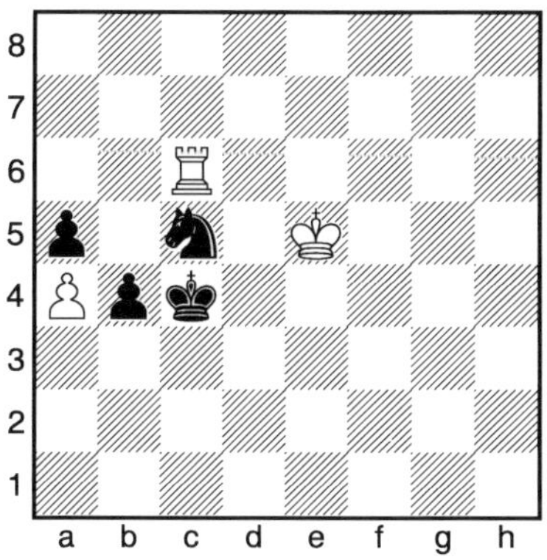

Wie gelingt Schwarz die Rettung?

EA02.03

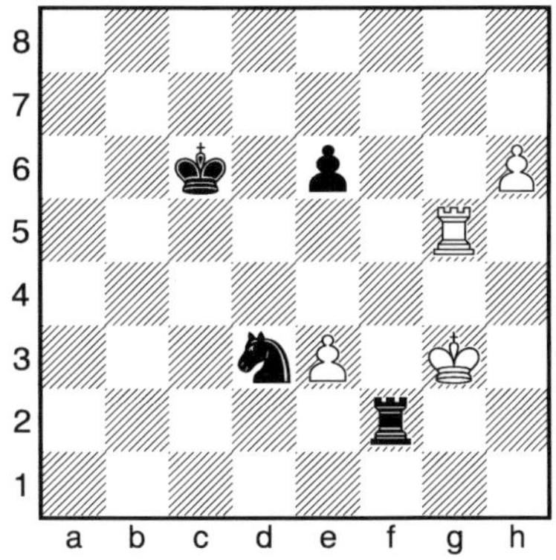

Schwarz fand den einzigen Gewinnzug.

Können Sie das auch?

EA02.04

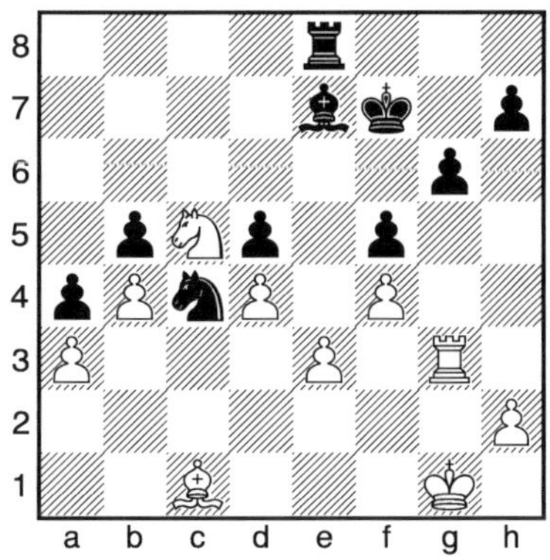

Wie gelangt Schwarz ans Ziel?

Aktive Könige und lahme Springer (EA03)

EA03.01

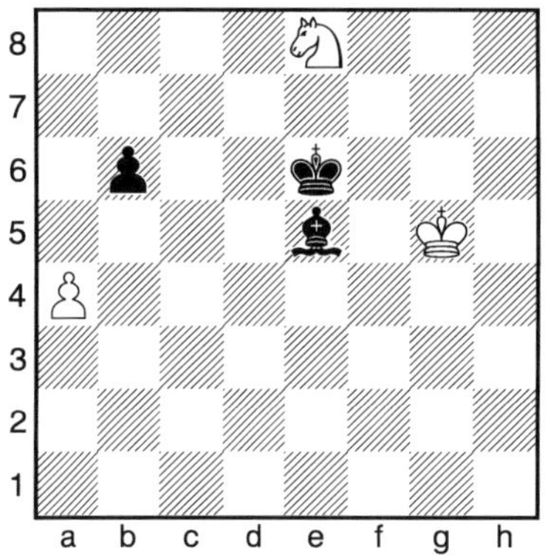

Ist es beliebig, auf welche Art Schwarz den Springer einfängt?

EA03.02

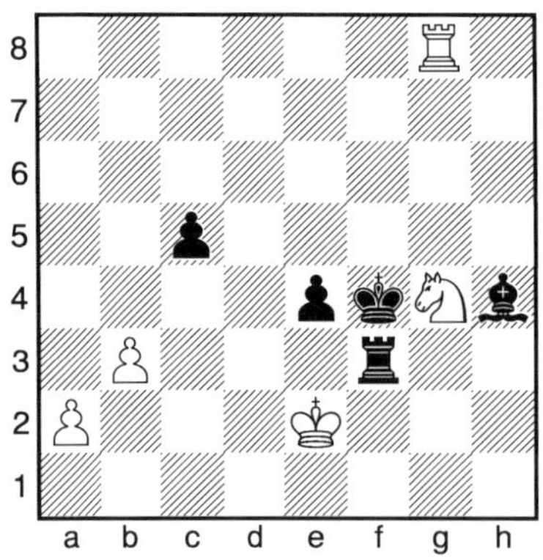

Wie kann Schwarz den Springer einfangen?

EA03.03

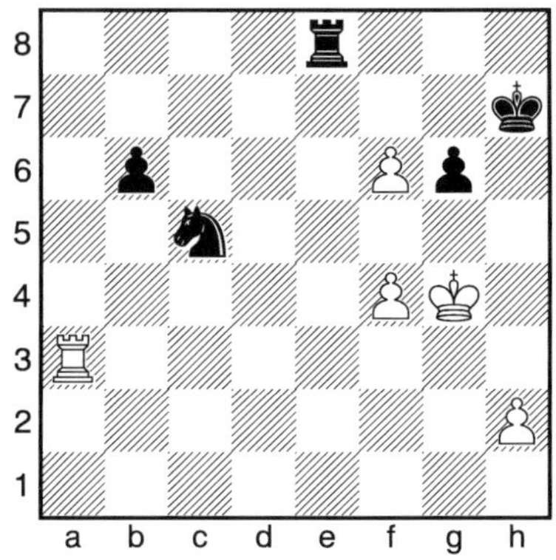

Wie rettete Weiß sich ins Remis?

EA03.04

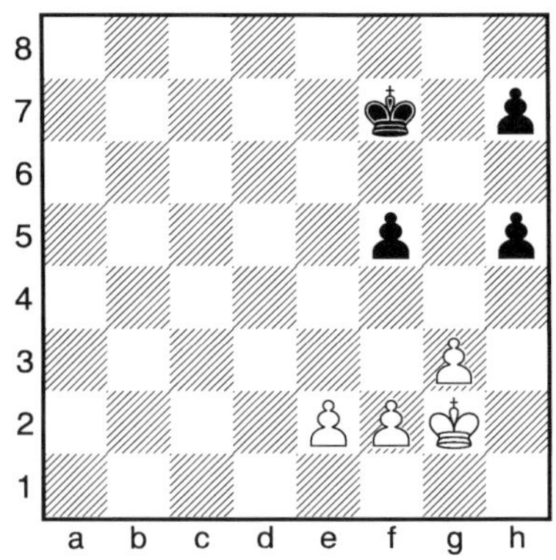

Wie gewinnt Weiß dieses Bauernendspiel?

Lösungen der Endspielaufgaben

EA01.01

Nach **43...d4!** erweist sich die taktisch abgesicherte Unterminierung des Turmstützpunkts f4 als entscheidend.

44.♔h5

44.♖xd4 ♘f3+ –+

44...♛xe3 45.♖c4 ♖d7 46.♗f1 0–1, Abdusattorov (2429) – M. Blübaum (2632), Moskau 2017

EA01.02

Da sich ein Springer bei der Vorteilsverwertung oft schwertut, ist auch im vorliegenden Fall Vorsicht geboten.

Nach **62...♔c6** ist der weiße König eingesperrt.

62...♔d6 gewinnt ebenfalls; z.B. 63.♔b6 (63.b4 c4 64.b5 ♘d5 65.b6 ♔c6–+) 63...♘xa4+ 64.bxa4 c4 65.a5 c3 66.a6 c2 67.a7 c1♛ 68.a8♛

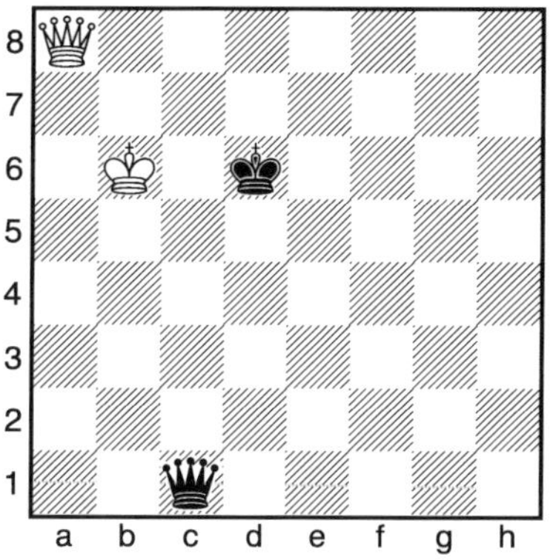

Nun folgt eine Gewinntechnik, die in der Endspieltheorie als 'Polerios Eckenspiel' bezeichnet wird – und zwar 68...♛b2+ 69.♔a6 ♛a3+ 70.♔b7 ♛b4+ 71.♔a6 ♛a4+ 72.♔b7 ♛b5+ 73.♔c8 ♛d7+ 74.♔b8 ♛c7# bzw. 73.♔a7 ♔c7–+.

63.b4

63.♔a6 ♘xa4 64.bxa4 c4–+

63...c4 64.b5+ ♔c5

64...♔d5? 65.b6 ♘e2 66.b7 ♘d4 67.♔b6 ♘c6 68.a5 c3 69.a6 c2 70.a7 c1♛ 71.b8♛=

65.b6 ♘d5 66.b7 ♘e7

66...♘b4 67.b8♘ c3 68.♘d7+ ♔d5 69.♘b6+ ♔d4 70.♔xb4 c2–+

67.b8♘

67.b8♕ ♘c6+−+

67...c3 68.♘a6+ ♔d6 und **0−1**, denn der König dominiert den Springer nach beispielsweise 69.♘b4 ♘c6+ 70.♘xc6 c2−+ bzw. 70... ♔xc6 71.♔b4 c2−+, Amin (2699) – M. Blübaum (2643), Isle of Man 2019.

EA01.03

Mit dem Überlastungsmotiv **35...♖f8!!** bewies Matthias die Richtgkeit der Faustregel: Im Endspiel mit Türmen und Springern wiegt eine leichte Initiative oft schwer!

Zwar ist der Textzug (mit der Drohung 36...♖xa2+) nicht der einzige Gewinnweg, aber sicher der schönste und effektivste.

36.♖xc2

Diese Antwort ist erzwungen, denn nach 36.♖f6+ (36.♖xf8? ♖xa2#) 36...♔a5 37.♖6f2 kann Schwarz den Angriff mit dem kollinearen Zug 37...♖f3!! entscheidend verstärken; z.B. 38.g5 ♖cxf2 39.♘xf2 d3 40.♔b2 d2−+.

36...♖xf1+ 37.♔b2

– 37.♖c1 verliert nach 37...♖f3 38.♘b2 ♖f2 39.h4 (39.a3 ♖xh2 40.g5 ♖g2−+) 39...b4 40.g5 d3 41.g6 (41.♘xd3 ♖xa2#) 41...d2 42.♖b1 ♘xb1 43.♔xb1 ♖h2 44.g7 ♖g2−+.

– Und 37.♘c1 scheitert an der trickreichen Umwandlung 37...d3 38.♖xc3 d2 39.♔b2 d1♕−+.

37...♖b1+ 38.♔a3 a5

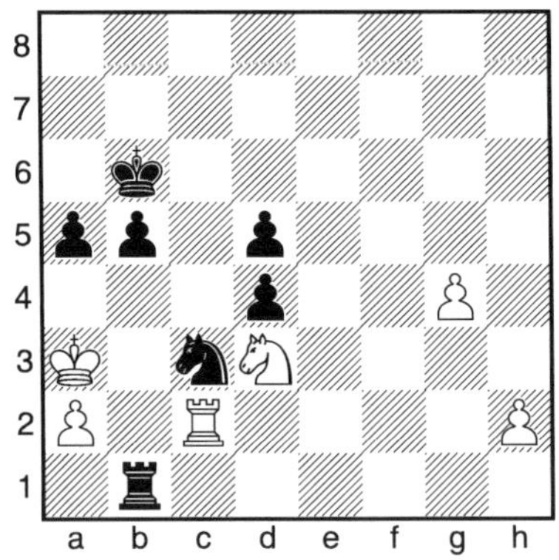

Mit diesem Zug schließt Schwarz das Mattnetz.

39.♖b2

Es gibt keinen Ausweg, denn 39.♘b2 scheitert an 39...b4+ 40.♔b3 ♘e4 41.g5 d3 42.g6 (42.♖g2 ♘c5#) 42...a4+ 43.♔xb4 dxc2 44.g7 c1♕ 45.g8♕ ♕xb2+ 46.♔xa4 ♕xa2#.

39...♖d1 40.♘f4 ♖f1 41.♘d3 ♖f3 0−1, Erker (2162) – M. Blübaum (2413), Schwäbisch Gmünd 2012

EA01.04

93...e4+

Natürlich nicht 93...♘xh4+? 94.♔g3+−.

94.♔f4

94.♔e2 ♘xh4 95.♖h6 ♘f5 96.♖xh5 ♔e5=

94...♘xh4 95.♖h6 ♘g2+ 96.♔g3 ♘e1 97.♖xh5+ ♔d4 98.♖h8 ♘d3

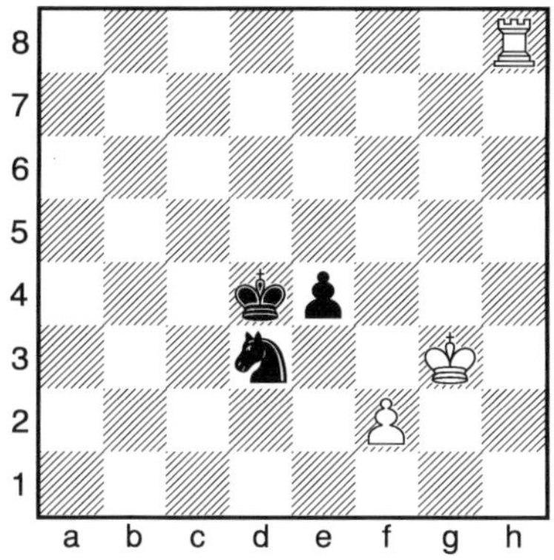

Nun ist die schwarze Festung uneinnehmbar.

99.♖e8 ♔d5 100.♖d8+ ♔c4!

100...♔e5? 101.f3 ♘f4 102.♖e8+ ♘e6 103.fxe4+−

101.♖c8+ ♔d4 102.♖a8 ♔d5 103.♖a2 ♔e5 104.♖e2 ♔d4 105.♖e3 ♘e5 106.♖e1 ♘d3 107.♖e2 ♔d5 108.♖e3 ♔d4 109.♔g2 ♘f4+ 110.♔f1 ♘d3 111.♖h3 ♘f4 112.♖h8 ♘d5 113.♖d8 ♔c4 114.♖d7 ♘f4 115.♖d1 ♘d3 116.♔e2 ♔d4 117.♖d2 ♔e5 118.♔e3 ♘f4 119.♖d8 ♘d5+ 120.♔d2 ♔d4 121.♖a8 e3+ ½–½, Vajda (2554) – M. Blübaum (2594), Zalakaros 2015

EA02.01

Der einzige Gewinnzug **41...♔d7!** ist hier sogar der einzige Zug, der nicht verliert!

41...♔c6? 42.b7+−

42.b7 ♘b4 43.♔b6

43.b8♕ ♘c6+−+; 43.b8♘+ ♔c7−+

43...♘c6 44.♔c5 ♔c7 0–1, Reipsch (2217) – M. Blübaum (2407), Osterburg 2012

EA02.02

55...b3 56.♔d6 ♔b4 57.♖b6+

57.♖xc5 ♔xa4! 58.♖c1 b2 59.♖h1 ♔b3=

57...♔c4 ½–½, Gordijewski (2622) – M. Blübaum (2640), Wijk aan Zee 2018

EA02.03

38...♖f7!

Der einzige Gewinnzug.

39.♖g7

39.♔h4 ♔d6

– 40.♔h5 ♘e5 41.♖g7 ♖f5+ –+

– 40.♖a5 ♘e5 41.e4 ♖f1 42.♔g5 ♖g1+ 43.♔h5 ♖g2 44.♖b5 ♘f7 45.h7 e5 46.♖b8 ♔e7 47.♖a8 ♔f6–+

39...♘e5 40.♔h4 ♔d5 41.♔g5 ♖f5+! 42.♔h4 ♖f1 43.h7 ♖h1+ 44.♔g5 ♔d6 45.e4 ♘d7 46.♖f7 ♖h2 Zugzwang!

47.♔f4 ♖h4+ 48.♔g3

48.♔g5 ♖h1 49.♖g7 ♘f8–+

48...♖h1 49.♔g2 ♖h6 50.♔g3 e5 51.♔g4 ♖xh7 0–1, D. Fridman (2615) – M. Blübaum (2647), Magdeburg 2020

EA02.04

41...♗xc5! 42.bxc5

42.dxc5 d4 43.♔f2 d3–+

42...♖b8 43.♖g2 b4 44.axb4 ♖xb4 45.♖c2 ♖b1 46.♔f2 ♔e6 47.♔e2 a3 0–1, Hazarabedian (1531) – M. Blübaum (2246), Aix les Bains 2011

EA03.01

Der Springer ist offenbar eingepfercht und kann abgeholt werden – allerdings nicht auf x-beliebige Weise!

72...♔d7!

Nur so! Denn 72...♔e7? scheitert an 73.♔f5 ♗b2 74.♘c7 ♔d6 75.♘b5+ ♔c5 76.♔e4 ♔b4 77.♔d3 ♔xa4 78.♔c4=.

73.♔g6

Die Alternative lautet 73.♘f6+ (73.♔f5 ♗c3–+) 73...♗xf6+ 74.♔xf6 ♔d6!

Ein Bodycheck hält den gegnerischen König auf Distanz!

75.♔f5 ♔c5

– 76.a5 bxa5 77.♔e4 ♔c4 78.♔e3 ♔c3 79.♔e2 a4 80.♔d1 ♔b2–+

– 76.♔e4 76...♔b4 77.♔d3 ♔xa4–+

Der König hat ein Schlüsselfeld erreicht und Schwarz gewinnt.

73...♔xe8 74.♔f5 ♗c3 0–1, Cuenca Jimenez (2476) – M. Blübaum (2530), Bundesliga 2014

EA03.02

46...♖g3! 47.♘h6 ♖xg8 48.♘xg8 ♗g5

Wie auch in anderen Beispielen pfercht der Läufer den Springer ein.

49.a4

49.a3 ♔e5 50.b4 c4 51.b5 c3 52.b6 ♔d6 53.♔d1 e3 54.a4 c2+ 55.♔xc2 e2 56.♘f6 e1♕−+

49...♔e5 50.♔f2 ♔d4 51.♔e2 e3 und **0−1** angesichts der möglichen Folge 52.a5 ♔d5 53.a6 ♔c6 54.♔f3 ♔b6 55.♔g4 e2−+, Hofene (2068) − M. Blübaum (2433), Senden 2012.

EA03.03

47.♖a7+ ♔h6 48.♖a3!

Die Pointe.

48...♔h7

48...g5 49.fxg5+ ♔g6 50.h4 ♖e4+ 51.♔g3=

49.♖a7+ ♔h6 ½−½, M. Blübaum (2640) − L'Ami (2634), Wijk aan Zee 2018

EA03.04

44.♔f3! ♔e6 45.♔f4 ♔f6 46.f3 h6 47.e4 fxe4 48.fxe4

48.♔xe4 gewinnt ebenfalls; z.B. 48...♔e6 49.f4 ♔f6 50.f5 ♔f7 51.♔e5 ♔e7 52.f6+ ♔e8 53.♔f4 Der Beginn eines siegreichen Dreiecksmanövers. 53...♔f8 54.♔e4 ♔e8 55.♔e5 ♔f7 56.♔f5+−

48...♔e6 49.e5 ♔e7 50.♔f5 ♔f7 51.e6+ ♔e7 52.♔e5 ♔e8

52...♔f8 53.♔f6 ♔e8 54.♔g6 ♔e7 55.♔xh5 ♔xe6 56.♔xh6 ♔f5 57.♔h5+−

53.♔f6 ♔f8 54.e7+ ♔e8 55.♔e6 1−0, M. Blübaum (2433) − Makhmutow (2387), WM U18 Maribor 2012

III) Matthias Blübaums Eröffnungsvarianten (EV)

Kommentar – Matthias Krallmann

EV 01

Markus Ragger (2694)

Matthias Blübaum (2641)

EU-Cup Novi Sad 2016 (C11)

1.e4 e6

Matthias Blübaum hat seit seiner frühen Kindheit die Französische Verteidigung gespielt. Der Name stammt von einer Fernpartie, die im Jahr 1842 zwischen den damaligen europäischen Schachzentren Paris und London gespielt wurde.

2.d4 d5 3.♘c3 ♘f6 4.e5

Dieser Bauernvorstoß wurde von Steinitz propagiert, der ihn in seiner Partie gegen Fleißig in Wien 1873 erstmals anwandte. Die Variante erhielt seinen Namen.

4...♘fd7 5.f4 c5 6.♘f3 ♘c6

Diese Position entstand bereits in der Partie Tschigorin – Maroczy im ersten Karlsbader Turnier 1907.

7.♗e3 ♗e7 8.♕d2

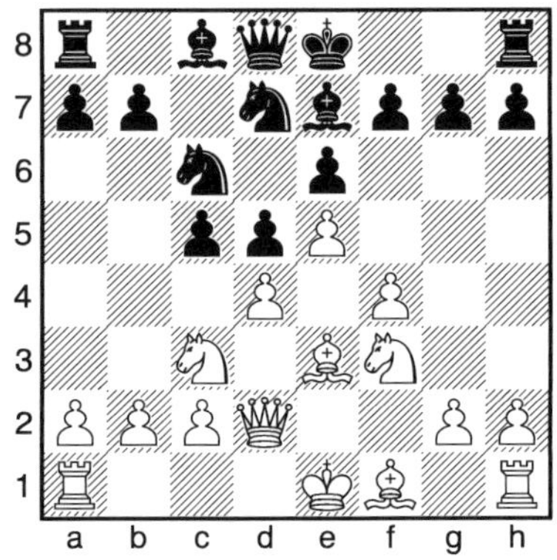

Dies ist in modernen Schachzeiten eine wichtige Stellung in der Steinitz-Variante. Im Jahr 2015 hat Matthias bei der Rapid- und Blitz-WM in Berlin hier dreimal kurz rochiert. Nach der Eröffnungsphase stand er jeweils durchaus zufriedenstellend, holte aber nur einen halben Punkt gegen sehr starke Gegner. Ab dem Jahr 2016 spielte Matthias hier stets 8...a6, was sofortiges Spiel am Damenflügel einleitet.

8...a6

8...0-0

1) 9.♗e2 b6 10.♘d1 cxd4 11.♘xd4 ♗b7 12.0–0 ♘c5 13.♘c3 ♖c8=

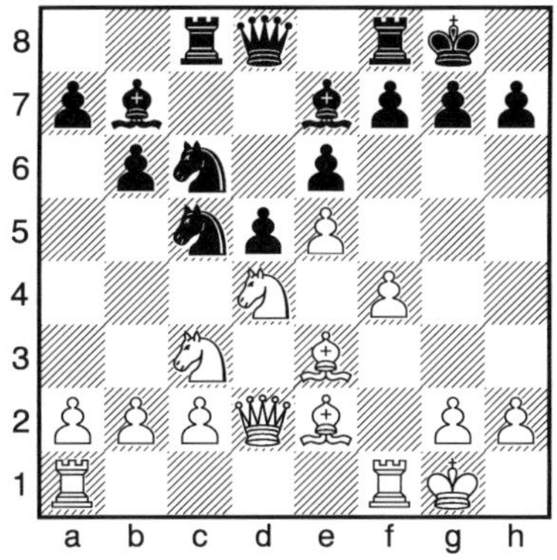

14.♖ad1 ♕d7 15.♘xc6 ♗xc6 16.♗d4 ♘e4 17.♘xe4 dxe4 18.♕e3 ♗d5 19.c3 ♖fd8 20.a3 ♕c6 21.♖d2 ♖d7 22.♖e1 ♖cd8 23.♗d1 ♗h4 24.g3 ♗e7 25.♗c2 ♗c5 26.♗xe4 ♗xe4 27.♕xe4 ♖d5 28.♔g2 ♕a8 29.♕f3 ♗xd4 30.cxd4 ♖xd4 31.♖xd4 ♕xf3+ 32.♔xf3 ♖xd4 33.♖c1 g6 34.♔e3 ♖d7 35.b4 ♔g7 36.b5 h6 37.h4 g5 38.h5 f6 39.♖c6 ♔f7 40.f5 ♖e7 41.fxe6+ ♖xe6 42.♖xe6 ♔xe6 43.exf6 ♔xf6 44.♔e4 g4 45.♔f4 ♔e6 46.♔xg4 ♔e5 47.♔f3 ♔f5 48.g4+ ♔e6 1–0, Aleksejew (2642) – Blübaum, M. (2588) Berlin 2015

2) 9.♕xc5 ♘xc5 10.0–0–0 a6 11.♕f2 b6

a) 12.♘d4 ♗b7 13.♘xc6 ♗xc6 14.♗d4 ♕c7 15.h4 ♖ab8 16.♖h3 ♗a8 17.g4 f6 18.♖e3 b5=

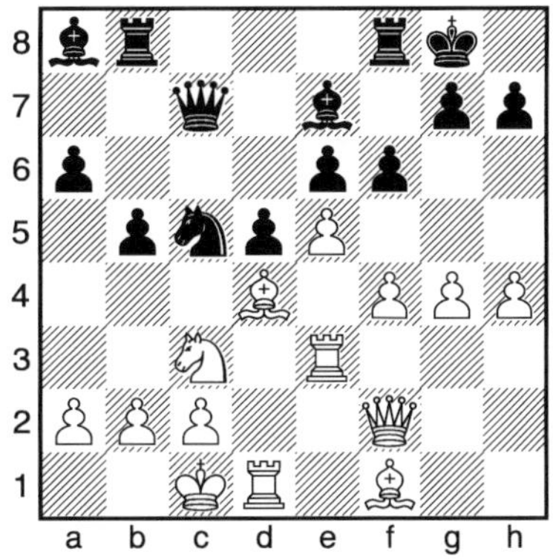

19.♔b1 b4 20.♘e2 ♘e4 21.♕h2 ♖fc8 22.♘c1 ♗c5 23.exf6 ♘xf6 24.♖xe6 ♘xg4 25.♕e2 ♗xd4 26.♖xd4 ♘f6 27.♗h3 ♖e8 28.♕xa6 ♘e4 29.♖xe8+ ♖xe8 30.♗e6+ ♔h8 31.f5 ♕e5 32.♕a4 ♖b8 33.♖xb4 ♖f8 34.♖d4 ♗c6 35.♖xe4 ♕c7 36.♕a3 ♖a8 37.♕c5 dxe4 38.b4 ♕b7 39.♘e2 e3 40.c3 ♗e4+ 41.♔b2 ♕a6 42.♕xe3 ♕a3+ 43.♔a1 ♖d8 44.♗b3 ♗xf5 45.♘d4 ♗g6 46.♘e6 ♖e8 47.♕d2 ♗f7 48.♘c7 ♗xb3 49.♘xe8 ♗xa2 50.♕xa2 ♕c1+ 51.♕b1 ♕a3+ 1/2–1/2, Almasi (2689) – Blübaum, M. (2588) Berlin 2015

b) 12.♔b1 ♕c7 13.♗d3 ♘xd3 14.cxd3 b5 15.♕g3 f5 16.♖c1 ♕d7=

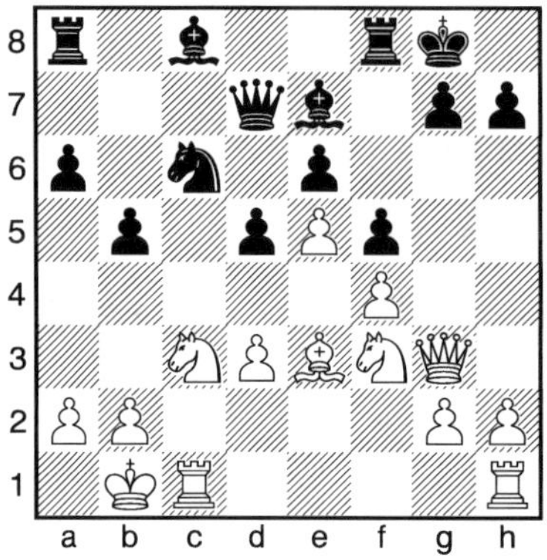

17.♘e2 d4 18.♘exd4 ♗b7 19.♕f2 ♘b4 20.♖hd1 a5 21.a3 ♘d5 22.♘b3 b4 23.♘c5 ♗xc5 24.♗xc5 ♖fc8 25.♕d4 ♗c6 26.h3 ♗a4 27.♖g1 ♖c6 28.g4 fxg4 29.hxg4 Tac8 30.f5 ♗b3 31.♕f2 bxa3 32.♗xa3 ♗c2+ 33.♔a1 ♕b7 34.♘d4 ♘b4 35.♘xc6 ♕xc6 36.♕d4 ♕a4 37.fxe6 ♕b3 38.♗xb4 axb4 39.♕a7 ♕d5 40.♖xc2 ♖a8 41.♕xa8+ ♕xa8+ 42.♔b1 b3 43.♖c5 ♕a2+ 44.♔c1 ♕a1+ 45.♔d2 ♕xb2+ 46.♔e3 ♔f8 47.♖f1+ ♔e7 48.♖f7+ ♔xe6 49.♖b7 ♕a1 50.♖b6+ ♔d7 51.♖cb5 ♕g1+ 52.♔d2 ♕f2+ 53.♔c3 ♕e1+ 54.♔xb3 ♕d1+ 55.♔c3 ♕xg4 56.♖d6+ ♔c7 57.d4 ♕f3+ 58.♔c4 ♕e2+ 59.♔c5 ♕c2+ 60.♔d5 ♕g2+ 61.♔e6 ♕g6+ 62.♔e7 ♕g5+ 63.♔f8 h5 64.♖c5+ ♔b7 65.e6 ♕f4+ 66.♔e7 ♕f6+ 67.♔d7 h4 68.e7 1–0, Ponomarjow (2710) – Blübaum, M. (2588) Berlin 2015

9.a3

Dies ist mittlerweile der Hauptzug in dieser Stellung. Daneben gibt es noch zwei plausible Alternativen, nämlich die solide Weitereintwicklung mit 9.♗e2 und das Schlagen aus dem Zentrum heraus 9.dxc5, um das Feld d4 mit Figuren zu besetzen.

1) 9.♗e2

(9.♗d3 Tscheparinow – Blübaum M. 2019)

9...0–0 10.0–0 b5 11.♘d1 b4 12.c3 a5 13.♗f2 f6 14.♘e3 fxe5 15.fxe5 ♗a6 16.♘c2

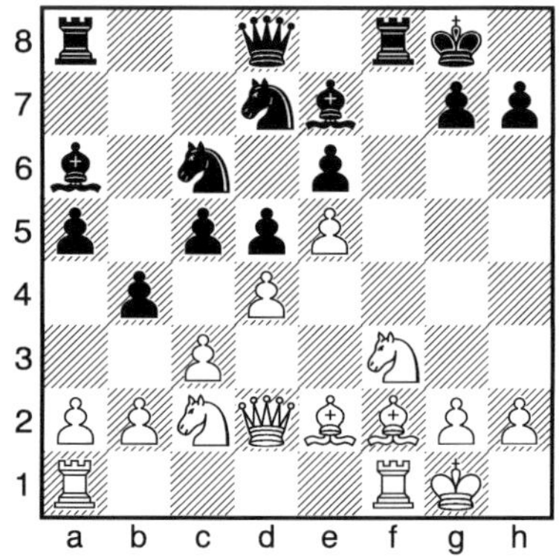

16...♕c8

(16...♗xe2 17.♕xe2 c4 18.♘d2 ♘b6 19.♕g4 ♕d7∓)

17.♗xa6 ♕xa6 18.♗e3 bxc3 19.bxc3 cxd4 20.cxd4 ♘b4 21.♗g5 ♗xg5 22.♘xg5 h6 23.♖xf8+ ♘xf8 24.♘f3 ♘xc2 25.♕xc2 ♖c8 26.♕d2 ♕b6 27.h4 ♖c4 28.h5 ♖b4 29.♔h2 ♖b2 30.♕e1 a4 31.♕c3 ♕b5 32.♘h4 ♕e2 33.♕f3 ♕xf3 34.♘xf3

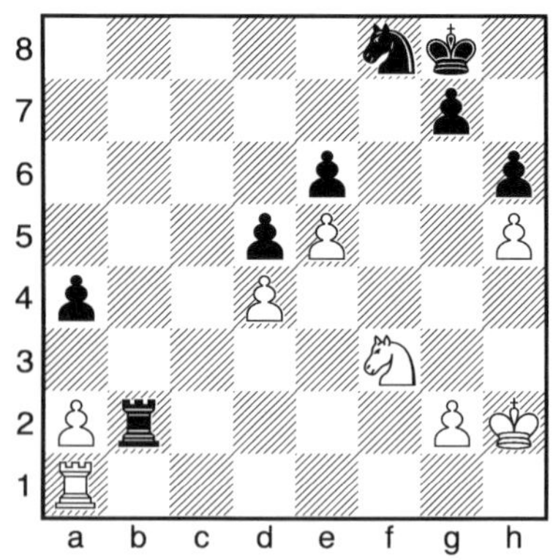

34...a3

(34...g6 35.a3 gxh5 36.♖c1 ♖b3 37.♖c8 ♖xa3 38.♘h4 ♖a1∓)

35.♘h4 ♔f7 36.♖c1 ♖xa2 37.♖c7+ ♔e8 38.♘g6 ♘xg6 39.hxg6 ♖d2 40.♖xg7 ♔f8 41.♖a7 ♖xd4 42.♖xa3 ♖e4 43.♖a7 ♖xe5 44.g7+ ♔g8 45.♖d7 ♖g5 46.♖e7 e5 47.♔g1 h5 48.♔f2 h4 49.♖d7 d4 50.♖e7 d3 51.♔f1 ♔h7 52.♔f2 ♔g8 53.♔f1 ♔h7 54.♔f2 d2 55.♖d7 ♖xg7 56.♖xd2 ♔g6 57.♖d8 ♔f5 58.♖h8 ♖g4 59.♔f3 ♖f4+ 60.♔e3 ♖e4+ 61.♔f3 ♖f4+ 62.♔e3 ♖a4 63.♖f8+ ♔e6 64.♖h8 ♖a3+ 65.♔e4 ♖a4+ 66.♔e3 ♔f6 67.♖f8+ ♔g6 68.♖e8 ♔f6 69.♖f8+ ♔g7 70.♖e8 ♖a3+ 71.♔e4 ♔f6 72.♖f8+ ♔g7 73.♖f5 ♖a2 74.♖xe5 ♖xg2 75.♖h5 ♖a2 76.♔f3 h3 77.♖xh3 ♖a3+ 78.♔g2 ♖xh3 79.♔xh3 1/2–1/2, Kryworuschko (2693) – Blübaum, M. (2626) Baku 2016

2) 9.dxc5 ♘xc5 10.0–0–0 ♕a5 11.♔b1 b5 12.♘d4 ♘xd4 13.♗xd4 b4 14.♘e2 ♖b8 15.♘c1 ♕c7 16.g4 a5 17.♗g2 0–0 18.♕f2 ♗a6 19.f5 ♖fc8 20.♖he1 a4 21.f6 ♗f8 22.b3 a3 23.♖e3 ♖b6 24.fxg7 ♗xg7 25.g5 ♖c6 26.♖d2 ♘d7 27.♖h3 ♘f8 28.♖e3 ♘g6 29.h4 ♘xe5 30.♗h3?

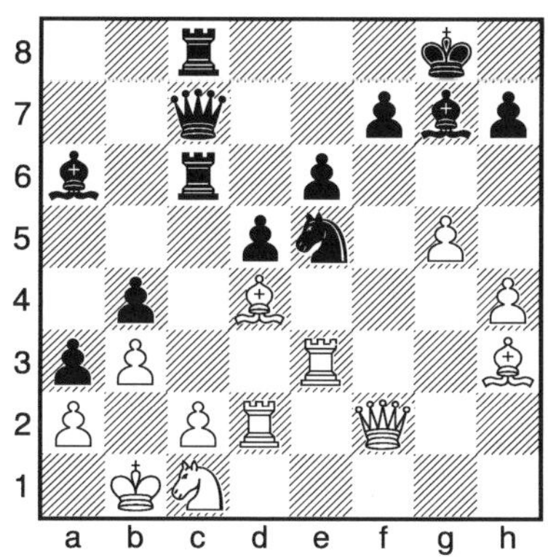

30...♘g4 31.♗xg4 ♗xd4 0–1, Borisowski (2297) – Blübaum, M. (2637) Riga 2018

9...0–0 10.♕xc5

10.♗e2 b5 11.♕xc5 ♘xc5 (11...♗xc5) 12.0–0 ♕c7 (12...♗b7) 13.♘d4 ♗b7 (13...♘e4 Espinosa – Blübaum M. 2020) 14.b4 ♘e4 (14...♘xd4) 15.♘xe4 dxe4 16.♘b3 ♖fd8 17.♕c3 (17.♕e1) 17...♖ac8 18.♖fd1?

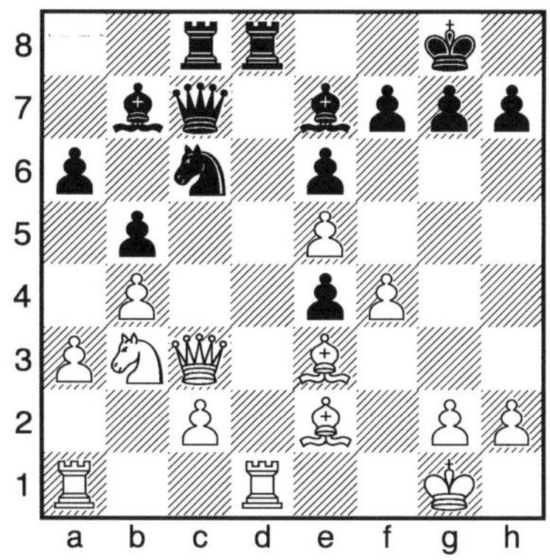

18...♘d4! 19.♕xc7 ♘xe2+ 20.♔f1 ♖xc7 21.♖xd8+ ♗xd8 22.♔xe2 ♖xc2+ 23.♗d2 e3 24.♔xe3 ♗xg2 25.♖c1 ♗b6+ 26.♘c5 ♖a2 27.♔e2 ♗d5 28.a4 ♗c4+ 29.♔e1 h5 30.a5 ♗xc5 31.bxc5 ♔f8 32.c6 ♔e8 33.♖d1 ♗d5 34.♗e3 ♖xh2 35.♖d2 ♖xd2 36.♗xd2 ♔d8 0–1, Santarius (2312) – Blübaum, M. (2640) Stockholm 2016

10...♘xc5 11.♕f2 (11.♗e2) **11...b6 12.b4 f6 13.bxc5 bxc5 14.♗xc5 ♕a5 15.♗d4 fxe5 16.♘xe5 ♘xd4 17.♕xd4 ♖xf4 18.♘c6 ♗c5 19.♕e5 ♗d6 20.♕xg7+ ♔xg7 21.♘xa5 ♗e5 22.♔d2 ♖f2+ 23.♔d3 ♗f4 24.♘e2**

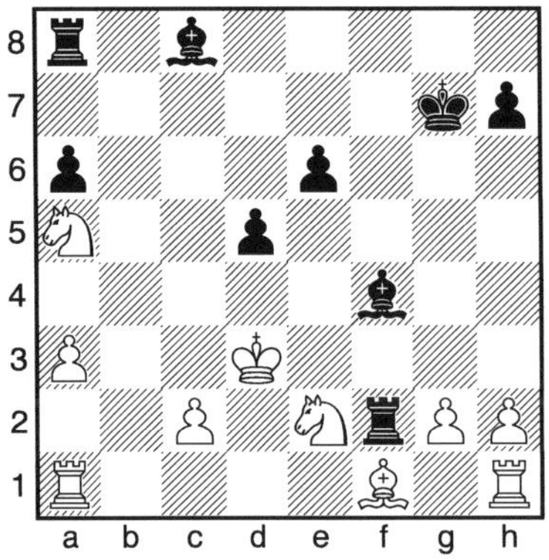

24...♗h6

24...♗g5 25.♘g3 ♗d7 26.♗e2 1/2–1/2 (26), Tari (2596) – Blübaum, M. (2632) Moskau 2017

25.c4 ♔g8 26.♖d1 ♗d7 27.♘c3 ♖c8 28.♗e2 ♖c5 29.cxd5 ♖xa5 30.♕xe6 ♗xe6 31.♖df1 ♖xf1 32.♖xf1 ♖xa3 33.♖f6

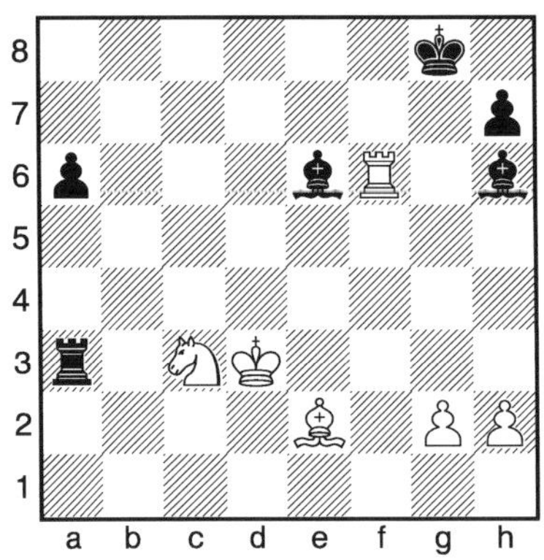

33...♖xc3+ 34.♔xc3 ♗g7 35.♗xa6 ♗xf6+ 36.♔d3 ♔g7 37.♔e4 ♗c3 38.♗e2 ♔f6 39.♔f3 ♗d5+ 40.♔f2 ♗d4+ 41.♔g3 ♗e5+ 42.♔f2 ♔g5 43.♔g1 ♗d4+ 44.♔h1 ♔f4 45.♗f3 ♗e6 46.♗c6 ♔e3 47.♗b7 ♗f5 48.♗c6 ♗d3 49.♗b7 h5 50.g3 ♔f2 51.♗c6 ♗e2 52.♗b7 ♗f3+ 53.♗xf3 ♔xf3 54.h3 ♔xg3 55.h4 ♔h3 ½–½

EV 02

Matthias Blübaum (2643)
Rainer Buhmann (2567)

Österreich 2017 (E04)

1.d4 d5 2.c4 e6 3.♘f3 ♘f6 4.g3

Die Katalanische Eröffnung erhielt ihren Namen, weil die erste Partie mit dieser Zugfolge 1929 in der katalanischen Hauptstadt Barcelona gespielt wurde. Man unterteilt sie in die geschlossene und die offene Variante. Als geschlossene Spielweise wird bezeichnet, wenn Schwarz nicht auf c4 schlägt und den Punkt d5 zu behaupten versucht. Offen behandelt Schwarz diese Position, indem er den Bauern c4 nimmt. Dies führt oft zu lebhaftem Spiel, denn es gibt ein dynamisches Gleichgewicht. Schwarz hat zunächst einen Bauern mehr und er versucht in einigen Varianten diesen Mehrbauern zu behaupten oder er nutzt die Zeit, die Weiß auf die Rückgewinnung aufwendet, für Gegenspiel. Weiß hat ein Übergewicht im Zentrum und beherrscht sehr oft die lange Diagonale h1–a8.

4...dxc4

Nach dem Zwischenschach 4...♗b4+ (früher oder später gefolgt von dxc4) entsteht eine Nebenvariante. Strategisch sind diese Varianten jedoch verwandt, weil auch hier der Kampf um die lange Diagonale h1–a8 eine wichtige Rolle spielt. 5.♘bd2

I) 5...dxc4 6.♗g2 a5 7.a3 ♗xd2+ 8.♕xd2 ♗d7 9.♘e5 ♗c6 10.♘xc6 ♘xc6

A) 11.♕c3 ♘xd4 12.♕xc4 0–0 13.♗f4

1) 13...c5 14.♗xb7 ♖a7 15.♗g2 ♘d5 16.♖d1 ♘xf4 17.gxf4 a4 18.♕xc5 ♖d7 19.e3 ♘b3 20.♖xd7 ♕xd7 21.♕b4=

2) 13...♘c6 14.♖d1 ♘d5 15.♗xd5 exd5

a) 16.♖xd5 ♕f6 17.0–0 ♕xb2 18.♗xc7 ♖ac8 19.♗d6 ♖fe8 20.e3 h6=

b) 16.♕xd5 ♕e7 17.♕c4 ♖fe8 18.♖d2 ♖ad8 19.♖xd8 ♖xd8 20.♗e3 ♕e5 21.♕c2 ♘d4 ½–½, Blübaum, M. (2560) – Wells (2468), London 2014

B) 11.e3 ♘d5 12.♕c2 ♘b6 13.b3 cxb3 14.♕xb3 0–0 15.0–0 ♕d7 16.♗b2 a4 17.♕c2 ♘a5 18.e4 ♘b3 19.♖ad1 ♖ad8 20.d5 exd5 21.exd5 ♖fe8 22.♕c3 f6 23.♕b4 ♕f7 24.d6 ♘c4 25.♗d5 1–0, Blübaum, M. (2643) – Santos Ruiz (2560) chess24.com INT 2019

II) 5...0–0 6.♗g2 dxc4 7.♕c2

A) 7...b5 8.a4 bxa4 9.0–0 ♗b7 10.♘xc4 ♘bd7 11.♘ce5

1) 11...♘b6

a) 12.♘c6 ♗xc6 13.♕xc6 ♕d6=

b) 12.♗g5 12...♗d5 13.e4 ♗b7 14.♖fc1±

2) 11...c5

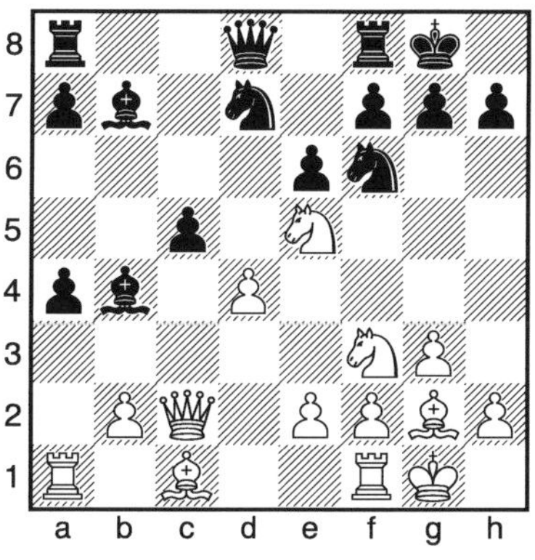

12.♘xd7 ♕xd7 13.♘e5 ♕c7 14.♗xb7 ♕xb7 15.♕xc5 ♖fc8 16.♘d3+– ♕b5 17.♗e3 ♘d5 18.♗d4 e5 19.♗xe5 ♗xc5 20.♕xa4 ♕xa4 21.♖xa4 ♗b6 22.e4 ♘e7 23.♗c3 ♖d8 24.♘f4 ♖ab8 25.♔g2 f6 26.♖e1 ♔f7 27.e5 ♘d5 28.♘xd5 ♖xd5 29.exf6 gxf6 30.♖f4 ♗d8 31.♖a1 a5 32.♖aa4 ♖bb5 33.♖ac4 ♖f5 34.♖xf5 ♖xf5 35.♖c6 h5 36.♖d6 ♗e7 37.♖d7 ♔e6 38.♖b7 ♗d8 39.♖b8 ♔d7 40.♖a8 ♖d5 41.♖a6 ♖f5 42.f4 h4 43.♔f3 hxg3 44.hxg3 ♔e8 45.g4 ♖b5 46.♗xf6 ♗xf6 47.♖xf6 ♖xb2 48.g5 a4 49.♖a6 ♖b3+ 50.♔g4 a3 51.g6 ♔f8 52.♔g5 ♔g7 53.♖a7+ ♔f8 54.f5 ♔g8 55.♖a8+ 1–0, Blübaum, M. (2580) – Bida (2394), Khanty-Mansiysk 2015

B) 7...c5 8.♕xc5 c3 9.bxc3 ♗xc5 10.♘b3 ♗d6 11.0–0 ♕e7?!

(11...e5 12.c4 ♕c7 13.♘h4 g6 14.♗g5 ♗e7=)

12.♘fd4 a6 13.♖b1

(13.c4 ♕c7 14.c5 ♗e7 15.♗d2±)

13...♕c7 14.c4 ♗d7 15.♗d2 ♘c6 16.♘xc6 ♗xc6 17.♗xc6 ♕xc6 18.♘a5 ♕e4 19.♕d3 b6 20.♖xb6

(20.♕xd6 bxa5 21.♕d3 ♕c6 22.♖fc1 ♖fd8 23.♕c2±)

20...♗c7 21.♖c6 ♖fc8 22.♖c1 ♕e5 23.♘b3 ♕h5 24.♕f3 ♕xf3 25.exf3 ♘d7 26.♗a5 ♗xa5 27.♘xa5 ♖xc6 28.♘xc6 ♔f8 29.♔f1 ♖c8 30.♘a5 ♘c5 31.♔e2 ♖b8 32.♖d1 ♔e8 33.♔e3 ♖b2 34.♖d2 ♖b1 35.♔d4 ♘d7 36.♘b3 g5 37.c5 ♘b8 38.♔c3 ♖h1 39.♖d6 ♖xh2 40.c6 ♘xc6 41.♖xc6 ♖xf2 42.♘d2 h5 43.♖xa6 ♔f8 44.a4 ♖g2 45.a5 h4 46.gxh4 gxh4 47.♖a8+ ♔g7 48.♖b8 ♖g5 49.♘c4 h3 50.♖b1 1–0, Blübaum, M. (2626) – Wakhidow (2583), Baku 2016

5.♗g2

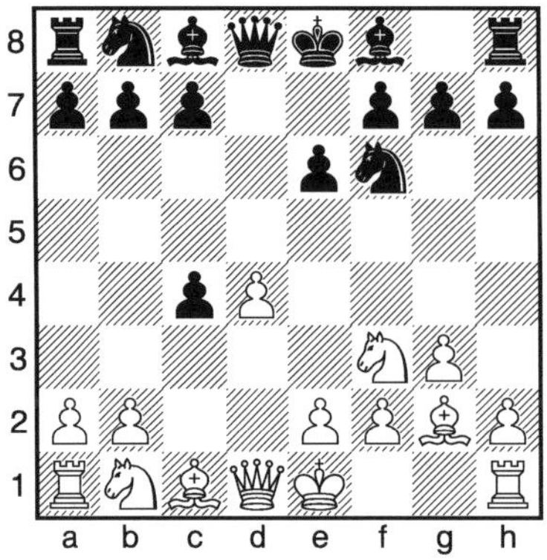

Matthias Blübaum hat in der offenen Variante eine sehr gute Bilanz. Er spielte vierzehn Partien und gewann von diesen acht und remisierte sechs. Die Variante passt gut zu seinem strategischen, auf langfristige Initiative ausgerichteten Stil.

5...c5

I) 5...♘c6 6.♕a4 ♗b4+ 7.♗d2 ♘d5 8.♗xb4 ♘dxb4 9.0–0 ♖b8 10.♘c3 a6 11.♘e5 0–0 12.♘xc6 ♘xc6 13.♗xc6 bxc6 14.♕xc4 ♕d6 15.b3 ♖b4 16.♘e4

A) 16...♖xc4 17.♘xd6 ♖xd4 18.♘c4 ♗d7 19.♖fc1 ♖d5 20.♖c2±

B) 16...♕xd4 17.♕xd4 ♖xd4 18.f3 e5 19.♔f2 ♖fd8 20.♖fc1 f6 21.♖c5 ♗b7 22.♖ac1 ♖8d5

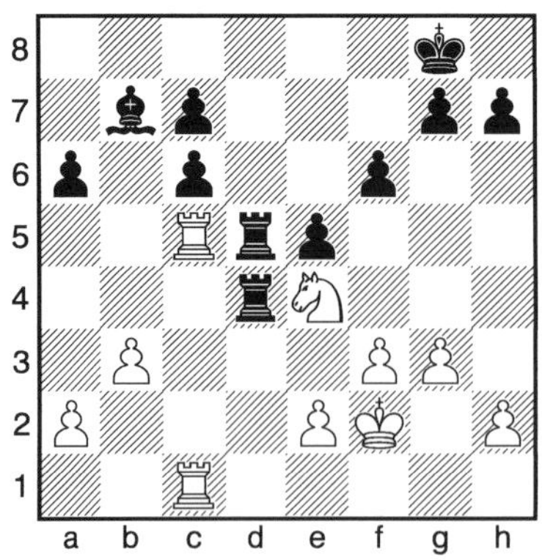

23.♔e3 (23.♔e1 ♔f7 24.♖5c2±) 23...♔f8 24.♖xd5 ♖xd5 25.♘c5 ♗c8 26.♘d3 ♗b7 27.♘b4 ♖d6 28.♖c5 ♔e7 29.♖a5 c5 30.♖xc5 ♔d7 31.♘d3 ♖b6 32.♖c4 ♔d6 33.h4 ♗d5 34.♖c5 ♖b5 35.♖c2 a5 36.♘b2 ♖b4 37.♘d3 ♖b5 38.♘b2 ♖b4 39.♘d3 1/2–1/2, Blübaum, M. (2642) – Lupulescu (2609), Deutschland 2016

II) 5...♗b4+ 6.♗d2

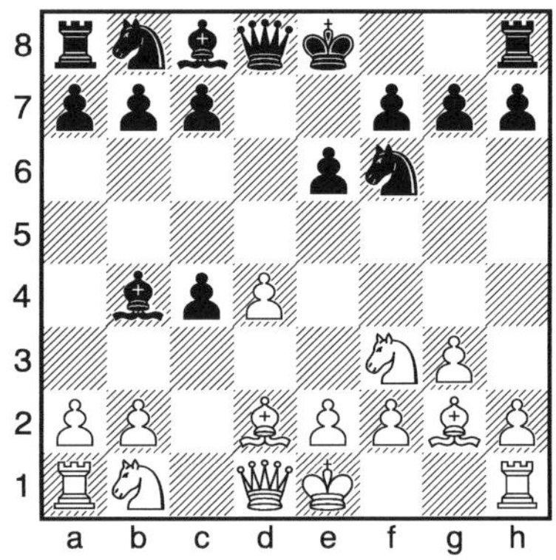

A) 6...c5

1) 7.♕c1 ♗xd2+ 8.♘bxd2 cxd4 9.♘xc4 ♘c6 10.0–0 0–0 11.♖d1 ♖b8 12.♕f4 ♘d5 13.♕d2 b5 14.♘ce5 ♘xe5 15.♘xe5 ♗b7 16.♕xd4±

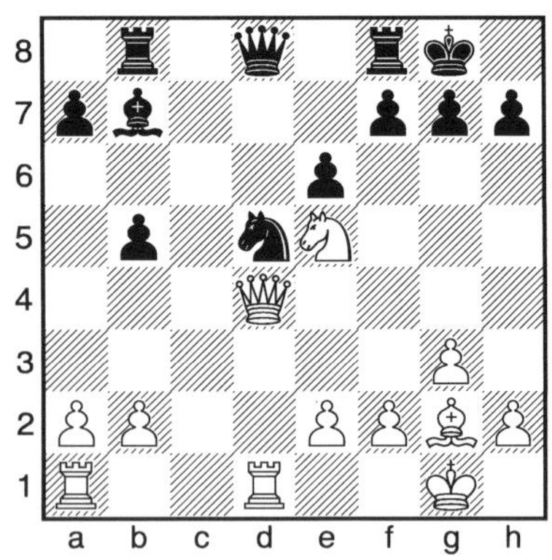

16...f6 17.♘f3 ♕b6 18.♕xb6 ♘xb6

19.♘d4 ♗xg2 20.♔xg2 ♘a4 21.♘xe6 ♖fe8 22.♘f4 ♘xb2 23.♖d7 ♖f8 24.♖c1 ♘c4 25.♖xa7 ♖f7 26.♖xf7 ♔xf7 27.a4 ♘d6 28.♖c7+ ♔g8 29.axb5 ♖xb5 30.♖d7 ♘e8 31.♘d5 ♔f8 32.e4 ♖b2 33.h4 ♖e2 34.♔f3 ♖e1 35.h5 ♖h1 36.♘f4 ♖a1 37.h6 g5 38.♘d5 ♔g8 39.♖e7 1–0, Blübaum, M. (2510) – Löw (2234), Bad Wiessee 2013

2) 7.♕xc5 ♗xc5 8.♕a4+ ♗d7 9.♕xc4 ♕b6 10.e3 ♗b5 11.♕b3 ♘bd7 12.♘c3 ♗c6 13.♕c2 ♗b4 14.0–0 0–0 15.a3 ♗xc3 16.♗xc3 ♗e4 17.♕e2±

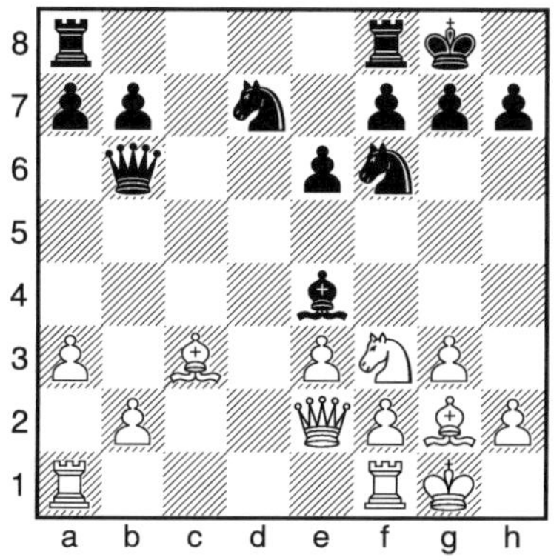

17...♖fc8 18.♖ac1 ♗d5 19.♘d2 ♗xg2 20.♔xg2 e5 21.e4 ♕e6 22.♖fd1 ♖c6 23.f3 ♖ac8 24.♘f1 ♘b6 25.♘e3 ♘a4 26.♘d5 ♘xc3 27.♖xc3 ♖xc3 28.♘xc3 ♕b6 29.♕f2 ♕xf2+ 30.♔xf2 ♔f8 31.♖d2 a6 32.♖d6 ♖c7 33.♔e3 ♔e8 34.a4 ♘d7 35.f4 exf4+ 36.gxf4 ♖c5 37.e5 g5 38.♘e4 gxf4+ 39.♔xf4 ♖c2 40.♖h6 ♖xb2 41.♖xh7 ♘f8 42.♘d6+ ♔d8 43.♖xf7 ♖f2+ 44.♔e4 ♖xf7 45.♘xf7+ ♔e7 46.♘d6 ♘d7 47.♘xb7 ♔e6 48.♘d8+ ♔e7 49.♘c6+ ♔e6 50.♘d4+ ♔e7 51.a5 ♘c5+ 52.♔d5 1–0, Blübaum, M. (2513) – Petzold, G. (2238), Dresden 2013

B) 6...a5 7.a3 ♗xd2+ 8.♘bxd2 b5 9.b3 cxb3 10.♕xb3 c6 11.0–0 0–0 12.♖fc1 ♗b7 13.♕b2 ♘d5 14.♘e5±

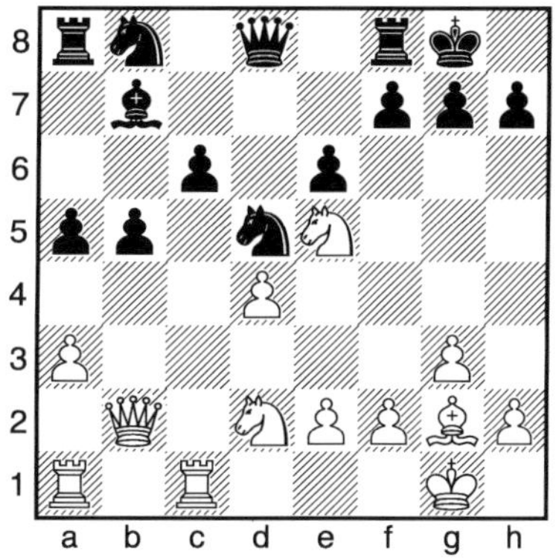

14...♕e7 15.♘b3 ♖d8 16.e3 ♖a7 17.♘c5 ♗a8 18.♖c2 a4 19.♖ac1 ♕e8 20.♘ed3 h6 21.h4 ♕e7 22.♗f3 ♕e8 23.♘b4 ♕e7 24.♘a2 ♕e8 25.♗g2 ♕e7 26.♘b4 ♕e8 27.♘cd3 ♕e7 28.♖c5 ♕e8 29.♕e2 ♘a6 30.♘xa6 ♖xa6 31.♕b2 ♖b6 32.♘b4 ♘xb4 33.♕xb4 ♕d7 34.f4 ♕e7 35.♗f3 ♕d6 36.g4 ♔f8 37.♔f2 ♔e7 38.♗d1 ♖a6 39.♗e2 ♖b6 40.♖g1 ♖bb8 41.♗f3 ♖d7 42.g5 hxg5 43.♖gxg5 g6 44.h5 gxh5 45.♖xh5 ♖g8 46.♖h7 ♔f8 47.♗h5 ♖g7 48.♖h8+ ♖g8 49.♖xg8+ ♔xg8 50.♖g5+ ♔f8 51.♕b1 f6 52.♖g3 ♕xa3 53.♕g6 ♕b2+ 54.♗e2 ♔e7 55.♕g7+ ♔d6 56.♕f8+ ♔c7 57.♕xa8 ♔b6 58.♖g8 ♖b7 59.♕d8+ ♔a6 60.♕d6 ♕c3 61.♖c8 ♔b6 62.♕d8+ ♔a6 63.♖a8+ ♖a7 64.♕c8+ ♔b6 65.♕b8+ 1–0, Blübaum, M. (2594) – Horvath, A. (2528), Zalakaros 2015

III) 5...a6

A) 6.0–0 ♘c6 7.a4 ♖b8 8.a5 b5 9.axb6 cxb6 10.♗f4 ♗d6 11.♘e5 ♘e7 12.♗c6+ ♔f8 13.♗g2 b5 14.e4 ♗b7 15.♖e1 ♗c7 16.♘c3 ♘g6 17.♘xg6+ hxg6 18.♕f3 ♖h5 19.♖ad1 ♕e7 20.g4 ♖h8 21.h3 ♘e8 22.♗xc7 ♕xc7 23.♕e3 ♖d8 24.f4 ♕b6 25.♔h2 ♘f6 26.♔g3 ♘g8 27.♕e2 ♕c7 28.h4 ♘e7 29.♕f2 f6 30.g5 ♔f7 31.♗h3 ♗c8 32.d5 exd5 33.♗xc8 ♕xc8 34.♘xd5

♖xh4 35.f5 ♖h5 36.gxf6 ♘xd5 37.♖xd5 ♕c7+ 38.♔g4 ♖xd5 39.exd5 ♖xf5 40.♕e3 ♕d7 41.♕e6+ ♕xe6 42.♕xe6+ ♔xf6 43.e7 ♖g5+ 44.♔f4 ♖f5+ 45.♔g4 ½–½, Blübaum, M. (2641) – Gavrilescu (2454), Deutschland 2020

B) 6.♘e5 ♗b4+ 7.♘c3 ♘d5 8.♗d2 ♘b6 9.e3 0–0 10.♕e2 ♘8d7 11.♘xc4 ♘xc4 12.♕xc4 ♗e7 13.0–0 e5 14.♘d5 ♗d6 15.♗a5 ♘b6 16.♗xb6 cxb6 17.♕xe5 ♗xe5 18.♕b4 ♗e6 19.♘xb6 ♖b8 20.♖ad1 ♕e8 21.b3 ♗f6 22.♘d5 ♕b5 23.♘xf6+ gxf6 24.♕c3 ♔g7 25.♖d4 ♖fc8 26.♕d2 ♕c5 27.♗d5 ♕c2 28.♗xe6 ♕xd2 29.♖xd2 fxe6 30.♖d7+ ♔g6 31.♖fd1 e5 32.♖1d6 ♖c6 33.♖xc6 bxc6 34.♖a7 ♖b6 35.♔f1 h5 36.♔e2 ♔f5 37.h3 ♔e6 38.♔d3 c5 39.♔c4 ♖d6 40.♔xc5 ♖d2 41.♖xa6+ ♔f7 42.b4 1–0, Blübaum, M. (2643) – L'Ami (2619), Batumi 2019

6.0–0 ♘c6 7.♕xc5

7.♕a4 ♗d7 8.♕xc4 cxd4 9.♘xd4 ♖c8 10.♘c3 ♘xd4 11.♕xd4 ♗c5 12.♕h4 h6 13.♗g5 0–0 14.♗xf6 ♕xf6 15.♕xf6 gxf6 16.♖fd1 ♖c7 17.♘e4 ♗e7 18.♘d6 ♖b8 19.♖d2 ♗c6 20.♖ad1 f5 21.♗xc6 ♖xc6 22.b3 b5 23.e4 ♖bb6 24.e5 ♔f8 25.♔g2 a6 26.g4 f6 27.gxf5 fxe5 28.♘e4 exf5 29.♘g3 ♖f6 30.♖d5 ♖be6 31.f4 exf4 32.♘xf5 ♖e2+ 33.♔f3 ♖xh2 34.♖e5 ♖h5 35.♔xf4 ♖f7 36.♔e4 ♖h2 37.♘xe7 ♖xe7 38.♖d8+ ♔f7 39.♖xe7+ ♔xe7 40.♖h8 ♔f6 41.a3 ♖h3 42.♔f4 ♔e6 43.♔g4 ♖xb3 44.♖xh6+ ♔e5 45.♖xa6 ♔e4 46.♖e6+ ♔d5 47.♖a6 ♖e3 48.♔f4 ♖e1 49.♔f3 ♖e8 50.♔f4 ♔d4 51.♖d6+ ♔c5 52.♖a6 ♖e1 53.♔f3 ♔c4 54.♔f4 ♖a1 55.♖c6+ ♔d4 56.♖d6+ ♔c5 57.♖a6 ♖a2 58.♔e4 ♔c4 59.♖c6+ ♔b3 60.♖b6 ½–½, Blübaum, M. (2618) – Melkumyan (2660) Batumi 2018

7...♕xd1 8.♖xd1 ♗xc5

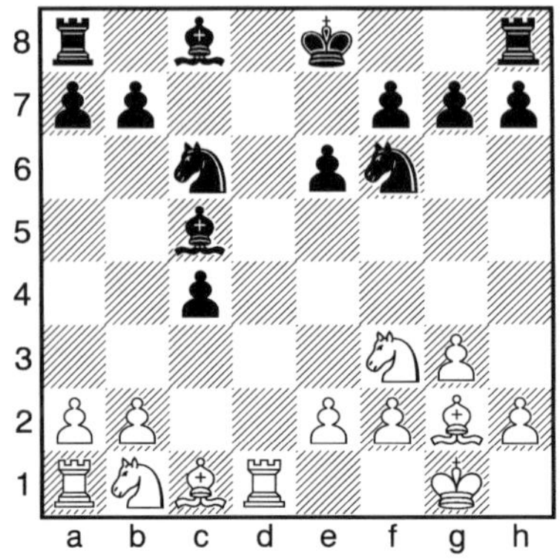

9.♘fd2

9.♘bd2 c3 10.bxc3 0–0

1) 11.♘b3 ♗e7 12.c4 ♗d7 13.♗b2 ♖fd8 14.♘fd4 ♖ac8 15.♘b5

a) 15...♗e8 16.c5 ♘b4 17.♘d6 ♗xd6 18.cxd6±

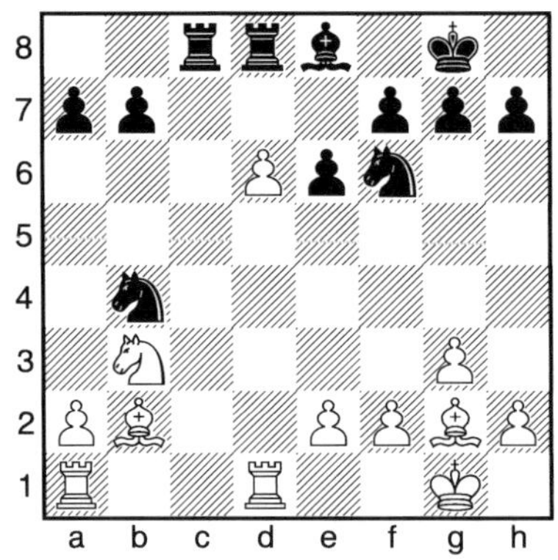

18...♗c6 19.a3 ♗xg2 20.axb4 ♗d5 21.♘c5 b6 22.♘a6 ♘e4 23.♘c7 ♘xd6 24.♘xd5 exd5 25.♖xa7 ♘c4 26.♗d4 h6 27.♖da1 ♖e8 28.e3 ♖e6 29.♖d7 ♘e5 30.♖xd5 ♘f3+ 31.♔g2 ♘xd4 32.♖xd4 ♖c2 33.♖f4 g5 34.♖f3 ♖c7 35.♖a6 ♔g7 36.♖f5 ♖c4 37.♖b5 ♖cc6 38.g4 ♖f6 39.♖a2 ♔g6 40.♖d2 ♖fe6 41.♔g3 ♖c4 42.h3 ♔g7 43.♖a2 ♖f6 44.♖b2 ♖e6 45.♖f5 ♔g6 46.b5 h5 47.♖d2 hxg4 48.hxg4 ♖b4

49.♖dd5 f6 50.♖d7 ♖b1 51.♖fd5 ♖e4 52.♔f3 ♖bb4 53.♖b7 ♖xg4 54.♖xb6 ♖gc4 55.♖dd6 ♖c5 56.♖xf6+ ♔g7 57.♖g6+ ♔h7 58.♖h6+ ♔g7 59.♖bg6+ ♔f7 60.♖f6+ ♔g7 61.b6 ♖b2 62.♔g2 ♖e5 63.♔g3 ♖eb5 64.♖fg6+ ♔f7 65.♖c6 ♖f5 66.♖h7+ ♔g8 67.♖d7 ♖fxf2 68.♖c8+ ♖f8 69.♖xf8+ ♔xf8 70.b7 1–0, Blübaum, M. (2521) – Shetty, (2328), Durban 2014

b) 15...b6 16.♘d6 ♗xd6 17.♖xd6 ♗e8 18.♖xd8 ♖xd8 19.♖c1 ♘b4 20.a3 ♘a6 21.♗b7 ♘c5 22.♘xc5 bxc5 23.♗e5±

2) 11.♘e1 ♗e7 12.♘c4 ♖d8 13.♗a3 ♗xa3 14.♘xa3 ♗d7 15.♖ab1 ♖ab8 16.♘b5 ♔f8 17.♘d3 ♗e8=

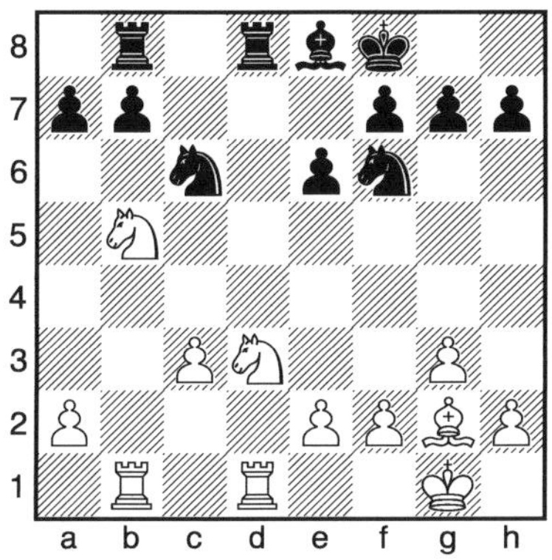

18.♘c5 ♖xd1+ 19.♖xd1 ♘a5 20.a4 ♗xb5 21.axb5 ♔e8 22.♖b1 b6 23.♘b3 ♘xb3 24.♖xb3 ♖c8 25.♖a3 ♖c7 26.♗c6+ ♔e7 27.f4 ♔d6 28.♖a4 ♔c5 29.c4 ♔d4 30.h3 ♔c3 31.♔f2 ♘d7 32.♖a1 ♘c5 33.♔e3 ♔b2 34.♖d1 a5

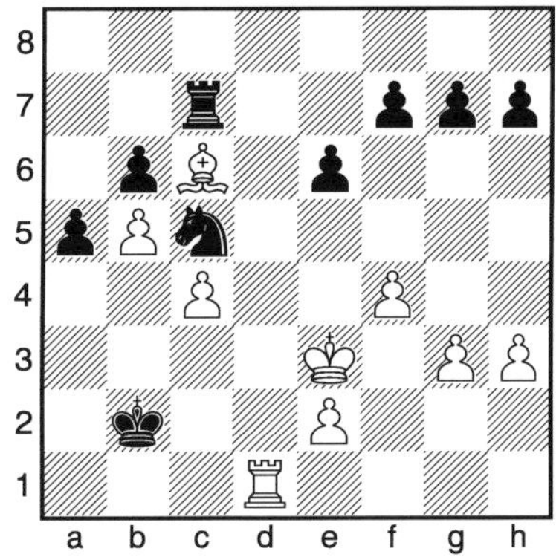

35.bxa6! ♖xc6 36.a7 ♖c8 37.♖d6 ♔c3 38.♖xb6 ♖a8 39.♖c6 ♔xc4 40.♖c7 f6 41.♖xg7 ♔d5 42.♖xh7 ♔d6 43.g4 ♘d7 44.h4 ♖xa7 45.g5 ♖a3+ 46.♔f2 fxg5 47.hxg5 ♘c5 48.e3 ♘e4+ 49.♔f3 ♘d2+ 50.♔e2 ♘e4 51.♔f3 ♘d2+ 52.♔e2 ♘e4 1/2–1/2, Blübaum, M. (2642) – Wojtaszek (2736), Dortmund 2017

9...♘a5 10.♘a3 ♗xa3 11.bxa3 ♘d5 12.♘e4 0–0 13.♗d2 b6 14.♖ac1 ♖b8 15.♘d6

15.♘c3 ♘xc3 16.♗xc3 ♗b7 17.♗xa5 bxa5 18.♗xb7 ♖xb7 19.♖xc4 ♖b2=

15...♖d8 16.e4 ♖xd6 17.exd5 f6=

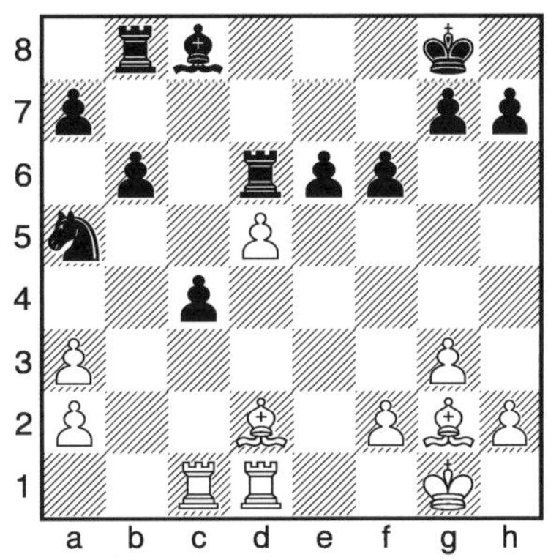

18.♖e1 ♗b7 19.♗xa5 bxa5 20.♕xe6 ♗xg2 21.♔xg2 ♖c6 22.♖e4 c3 23.♖e3

c2 24.♖e2 ♖bc8 25.e7 ♔f7 26.♖cxc2 ♖xc2 27.e8♕+ ♖xe8 28.♖xc2 ♖e4 29.♖c7+ ♔g6 30.♔f3 ♖a4 31.♖c3 ♔f5 32.h3 h5 33.♔e3 ♔e5 34.h4 ♔f5 35.♔f3 g6 36.♔g2 ♔e5 37.♖e3+ ♖e4 38.♖b3 ♔e6 39.♖b5 ♖a4 40.♖b3 ♖c4 41.♖b5 ♖a4 42.♖b3 ♔d5 43.♖f3 ♔e5 44.♖c3 a6 45.♔f1 ♔d5 46.♖f3 f5 47.♖b3 ♔e6 48.♔g2 f4 49.♔f3 fxg3 50.fxg3 ♔e5 51.♖e3+ ♔d5 52.♖d3+ ♔e5 53.♖e3+ ♔f5 54.♖c3 ♔e5 55.♖e3+ ♔d5 56.♖d3+ ♔e5 ½–½

EV 03

Wassili Iwantschuk (2710)

Matthias Blübaum (2590)

Qatar Masters Doha 2015 (D12)

1.c4 c6 2.♘f3 d5 3.e3 ♘f6 4.d4 ♗f5

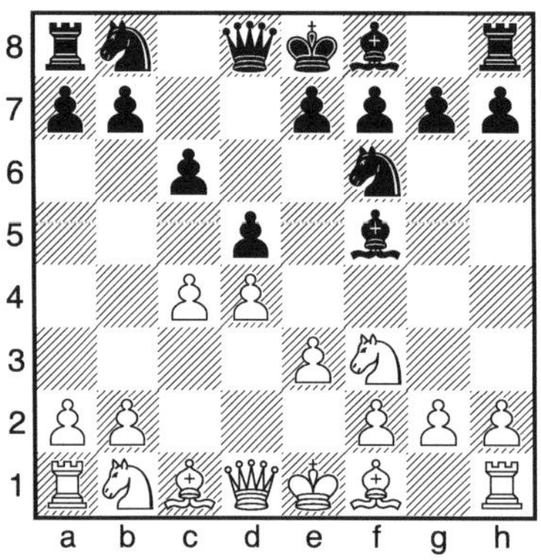

Matthias Blübaum spielte von 2010 bis 2015 und wieder ab 2018 durchaus erfolgreich die Slawische Verteidigung. Diese gilt als sehr sicher, aber etwas passiv. Besonders gut ist sie dafür geeignet, einem spielstarken, kreativen Gegner den Angriffsschwung zu nehmen. Aus diesem Grund wandte Vladimir Kramnik sie in seinem Weltmeisterschaftskampf 2006 gegen Topalov an. 2015 schaffte Matthias mit dieser Eröffnung gegen den zu diesem Zeitpunkt noch deutlich stärkeren und stets gefährlichen Vassily Ivanchuk ein Remis. Der Ukrainer wandte in dieser Partie den soliden Zug 4. e3 an. Anhand der eingefügten Vorgängerpartien kann man erkennen, dass Matthias bereits vor dieser Partie einige Erfahrungen mit dieser Variante gesammelt hatte, die es ihm ermöglichten ein sicheres Remis gegen diesen starken Gegner zu erzielen.

5.♘c3

In der Partie Vignesh (2360) – Blübaum, M. (2521), Durban 2014 (Jugend–WM U18) war das Gleichgewicht niemals gestört: 5.♗d3 ♗g6 6.0–0 e6 7.♘c3 ♘bd7 8.b3

(8.♕e2 ♘e4 9.♘d2 ♘xd2 10.♗xd2 ♘f6 11.cxd5 ♗xd3 12.♕xd3 ½–½, Worobjow (2567) – Blübaum, M. (2611), Zürich 2018)

8...♗d6 9.♗b2 ♕e7 10.♖e1 ♘e4 11.♕c2 ♘df6 12.♘e5 ♘xc3 13.♗xc3 ♗xe5 14.♕xe5 ♗xd3 15.♕xd3 ♘d7 16.♖ad1 0–0 17.e4 ♘b6 18.♕e3 dxc4 19.♗d4 ♘d7 20.bxc4 c5 21.♗b2 ♘b6 22.♕b3 Tad8 23.♗a3 ♕c7 24.♕b5 ♕xe5 25.♕xc5 ♕xc5 26.♗xc5 ♖xd1 27.♖xd1 ♖c8 28.♗xb6 axb6 29.g3 g5 30.♖d6 ♖xc4 31.♖xb6 ♖xe4 32.♖xb7 ♖a4 33.♖b2 ♖a3 34.♔f1 ♔g7 35.♖c2 f5 36.♖c7+ ♔g6 37.♖e7 ♖a6 38.♔g2 h6 39.h3 ♔f6 40.♖h7 ♔g6 41.♖e7 h5 42.♖e8 g4 43.h4 ♔f7 44.♖h8 ♔g6 45.♖g8+ ♔h7 46.♖e8 ♔g7 47.♖e7+ ♔f6 48.♖h7 ♔g6 49.♖e7 ♔f6 50.♖h7 ♔g6 1/2–1/2

5...e6 6.♘h4 ♗e4 7.f3 ♗g6 8.♕b3

1) 8.♗d2 ♗e7 9.♘xg6 hxg6 10.♕c2 a6 11.c5 ♘bd7 12.0–0–0 b6 13.cxb6 ♘xb6 14.♘a4 ♘fd7 15.♗a5 ♕c7 16.♔b1 ♕b7

17.♘xb6 ♘xb6 18.♖c1 ♖c8 19.♕b3 ♖b8 20.♗d3 0–0 21.h4 ♖fc8 22.h5 gxh5 23.♖xh5 g6 24.♖hh1 ♕a7 25.♕c2 ♔g7 26.g4 ♘d7 27.♖h3 c5 28.♖ch1 ♘f6 29.♕xc5 ♕xc5 30.♕h2 ♕xa5 31.♖h7+ ♔f8 32.♖h8+ ♘g8 33.♖xg8+ ♔xg8 34.♕h8#, Donchenko (2646) – Blübaum, M. (2647) Playchess.com INT 2020

2) 8.a3 ♘bd7 9.g3 ♕c7 10.♘xg6 hxg6 11.f4 dxc4 12.♗xc4 a6 13.♗f1 c5 14.♗g2 cxd4 15.exd4 ♘b6 16.♕f3 ♘bd5 17.0–0 ♗e7 18.g4 ♘xc3 19.bxc3 ♘d5 20.♗d2 g5 21.fxg5 ♕xh2+ 22.♔f2 ♕c7 23.a4 ♔d7 24.♖h1 ♕c4 25.♕e2 ♕c7 26.♕f3 ♕c4 27.♕e2 ♕c7 ½–½, Meister (2399) – Blübaum, M. (2510), Deutschland 2013

8...♕c7

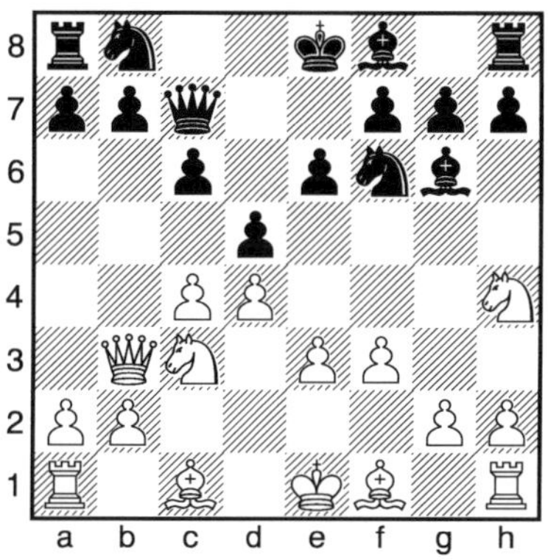

9.♗d2

In der Partie Predke (2491) – Blübaum, M. (2433), Maribor 2012 (Jugend-WM U18) musste der 15-jährige Matthias gegen einen älteren russischen Vertreter hart ums Remis kämpfen: 9.g3 ♗e7 10.cxd5 cxd5 11.e4 ♘c6 12.♗f4 ♕d7 13.♘xg6 hxg6 14.0–0–0 a6 15.♔b1 b5 16.exd5 exd5 17.h4 ♘a5 18.♕c2 ♕b7 19.♘a4 0–0

(19...bxa4? 20.♕xa4+ ♘c6 21.♖c1 ♖c8 22.♗xa6+–)

20.♘c5 ♕c6 21.h5 ♘xh5 22.♕h2 ♗d6 23.♘d3

(Nach 23.♗xd6! ♕xd6 24.f4 f5 25.♗e2 steht Schwarz am Abgrund.)

23...♗xf4 24.♘xf4 ♕f6 25.♘xh5 gxh5 26.♕xh5 ♕g6+ 27.♕xg6 fxg6 28.f4 ♘c4 29.♗d3 ♔f7 30.b3 ♘e3 31.♖c1 ♖ac8 32.♖he1 ♖xc1+ 33.♖xc1 ♖e8 34.♖c5 ♔f6 35.♔c1 ♖e6 36.♖c7 ♖e7 37.♖c6+ ♖e6 38.♖c7 ♖e7 39.♖c6+ ♖e6 40.♖c8 ♘f5 41.g4 ♘xd4 42.g5+ ♔f7 43.♖c7+ ♖e7 44.♗xg6+ ♔e6 45.♖xe7+ ♔xe7 46.♔d2 b4 47.♗d3 a5 48.♔e3 ♘e6 49.♗c2 ♔d6 50.♗b1 ♔e7 51.♗c2 ♔d6 52.♗b1 ♔e7 53.♗c2 1/2–1/2

9...♗e7 10.♘xg6

I) 10.cxd5 cxd5 11.♘xg6 hxg6 12.0–0–0 ♘c6 13.♔b1 ♘d7 14.♖c1 a6 15.g3 ♘a5 16.♕d1 ♘c4 17.e4 ♕b6 18.♗xc4 dxc4 19.♗f4 ♖c8 20.h4 ♕a5 21.e5 ♘b6 22.♗g5 ♗b4 23.♘e4 ♘d5 24.♖h2 b5 25.♗d2 ♖c6 26.♘d6+ ♖xd6 27.exd6 ♔d7 28.♗xb4 ♘xb4 29.b3 ♖c8 30.♕d2 ♕a3 31.bxc4 bxc4 32.♖c3 ♕a4 33.♕b2 ♕b5 34.♔a1 ♕a5 35.♖a3 ♕b5 36.d5 c3 37.♕xe6+ fxe6 38.♕c1 c2 39.♖d2 ♕e5+ 0–1, Rozum (2566) – Blübaum, M. (2647) Chess.com INT 2020

II) 10.g3

A) 10...♘bd7 11.cxd5 ♘xd5 12.♘xg6 hxg6 13.e4 ♘xc3 14.bxc3 0–0 15.♗e2 c5 16.♔f2 b6 17.f4 cxd4 18.cxd4 ♘f6 19.♗f3 ♖fd8 20.♗e3 ♕c6 21.♕d3 ♕a4 22.♖hc1 ♖ac8 23.♕b3 ♕a3 24.g4 ♗b4 25.g5 ♘e8 26.♖ab1 ♕xb3 27.axb3 ♘d6 28.♔e2

(28.♖xc8 ♖xc8 29.♖c1 ♖xc1 30.♗xc1=)

28...♘b5 29.♔d3?

(29.♔f2 ♗c3 30.♗e2 ♘a3 31.♗a6=)

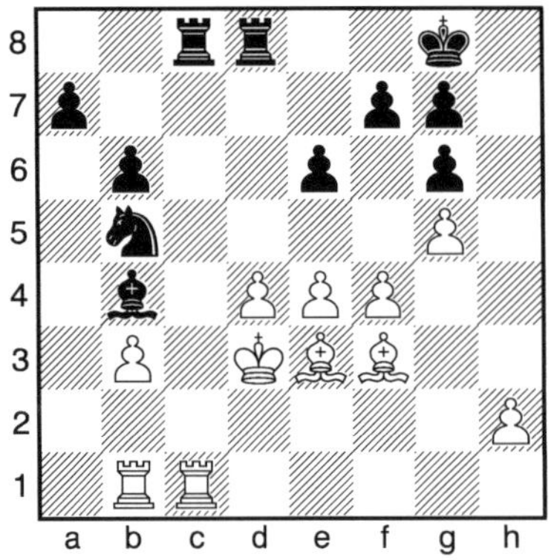

29...♗c3∓ 30.d5 exd5 31.exd5 ♘a3 32.♖xc3 ♘xb1 33.♖xc8 ♖xc8 34.d6 ♔f8 35.f5 gxf5 36.g6 fxg6 37.♗b7 ♖c3+ 38.♔d4 ♔e8 39.♗d2 ♘xd2 40.♔xc3 ♘e4+ 41.♔d4 ♘xd6 42.♗c6+ ♔e7 43.♔d5 g5 44.♔e5 g6 45.♔d5 f4 46.♔e5 ♘f7+ 47.♔e4 ♔f6 48.♗d7 ♘e5 49.♗c8 a5 50.♗a6 ♘d7 51.♔d5 ♘c5 52.♗c4 f3 53.♔d4 g4 54.♔e3 ♔e5 0–1, Sokratow (2208) – Blübaum, M. (2413) Schwäbisch Gmünd 2012

B) 10...0–0

1) 11.♖c1 dxc4 12.♗xc4 ♘bd7 13.0–0 e5 14.♘xg6 hxg6 15.d5 b5 16.♗e2 ♘c5 17.♕c2 cxd5 18.♘xb5 ♕d7 19.b4 ♘e6 20.♕c6 ♖fd8 21.a3 a6 22.♘c7 ♘xc7 23.♕xc7 ♕e8 24.♕xe5 ♖a7 25.♕d4 ♖aa8 26.♗c3 ♕a4 27.♗b2 ♖e8 28.♕d1 ♕d7 29.♗d4 ♗d6 30.♔g2 ♗e5 31.♖c3 ♖e6 32.♗xe5 ♖xe5 33.♕d4 ♖ae8 34.♗xa6 g5 35.h3 ♘h5 36.♗d3 ♕d6 37.f4 gxf4 38.exf4 ♖5e7 39.b5 g6 40.♖c6 ♕xa3 41.♕c3 ♕a8 42.g4 ♘g7 43.f5 gxf5 44.gxf5 ♖e3 45.♕d4 ♕a3 46.♖c3 ♕d6 47.♕f4 ♕f6 48.♖b3 ♔h8 49.♖f3 ♖e1 50.♖f1 ♘h5 51.♕f3 ♖g8+ 52.♔h2 ♕e5+ 53.♔h1 ♘g3+ 0–1, Erigaisi (2559) – Blübaum, M. (2647) Chess.com INT 2020

2) 11.♗e2 dxc4 12.♗xc4 ♘bd7 13.0–0 e5 14.♘xg6 hxg6 15.♕c2 exd4 16.exd4 ♘b6 17.♗b3 ♕d7 18.♗e3 ♘fd5 19.♗f2 Tae8 20.a3 ♗d6 21.♘e4 ♖e7 22.♖ae1 ♖fe8 23.♔g2 ♗b8 24.♕d3 ♕f5 25.♕d2 a5 26.♗c2 ♘c4 27.♕c1 ♕c8 28.b3 ♘d6 29.♕d2 ♕d8 30.♖e2 ♘f5 31.♖fe1 b6 32.b4 axb4 33.axb4 ♕d7 34.♗b3 ♘h4+ 35.gxh4 ♘f4+ 36.♔h1 ♕h3 37.♗g3 ♘xe2 38.♖xe2 ♗xg3 39.♘xg3 ♖xe2 40.♘xe2 ♕xf3+ 41.♔g1 ♖xe2 0–1, Kavutskiy (2391) – Blübaum, M. (2647) Chess.com INT 2020

C) 10...a6 11.♖c1 dxc4 12.♗xc4 b5 13.♗e2 c5 14.♕xc5 ♘bd7 15.♕d1 b4 16.♘a4 ♘xc5 17.♘xg6 hxg6 18.♕c2 ♘fd7 19.♗xb4 ♘d3+ 20.♗xd3 ♗xb4+ 21.♔e2 ♕a5 22.a3 ♗d6 23.b4 ♕h5 24.♘b6 ♕xh2+ 25.♖xh2 ♖xh2+ 26.♔d1 ♖xc2 27.♘xa8 ♖xc1+ 28.♔xc1 a5 29.♗b5 ♔d8 30.♗xd7 ♔xd7 31.♘b6+ ♔c6 32.♘c4 ♗xg3 33.♘xa5+ ♔b5 34.♔c2 ♗c7 35.♘b3 ½–½, Neubauer (2415) – Blübaum, M. (2428), Sibenik 2012

D) 10...♗h5 11.0–0–0

1) 11...a5 Die Einleitung zu einer turbulenten Auseinandersetzung der heutigen Nummer 1 und Nummer 2 der deutschen Elorangliste aus ihrer Jugendzeit als 14 bzw. 15–Jährige.

12.♗e2 a4 13.♘xa4? (13.♕c2) 13...♕xc4 14.♕b6

a) 14...♕c8 15.♘c5

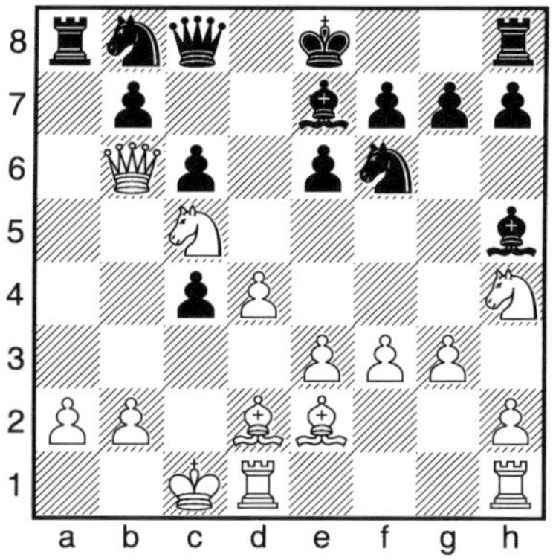

15...♘e4! 16.♕xb7 (16.♘xe4 ♘d7–+) 16...♕xb7 17.♘xb7 c3 18.♗e1 ♖xa2 19.♗d3 ♗xh4 20.♗xe4 cxb2+ 21.♔c2 f5 –+

b) 14...♕xb6? 15.♘xb6 ♖xa2 16.♔c2 g5 17.g4 ♗xg4 18.fxg4 gxh4 19.♗xc4 ♖a7 20.♘c8 ♖a4 21.♘b6 ♖a7 22.♘c8 ♖a8 23.♘xe7 ♔xe7 24.♗b4+ ♔e8 25.g5 ♘d5 26.♗d2 ♘d7 27.e4 ♘5b6 28.♖a1 ♖c8 29.♗e2 c5 30.d5 exd5 31.exd5 ♘xd5 32.♗g4 ♘b4+ 33.♔b3 ♘d3 34.♗c3 c4+ 35.♔c2 ♖g8 36.♗f6 ♘b4+ 37.♔d2 ♘xf6 38.♗xc8 ♖xg5 39.♗xb7 ♔f8 40.♖hg1 ♖b5 41.♖a8+ ♔e7 42.♖a7 ♔d6 43.♖f1 ♘g4 44.♖xf7 ♘d3 45.♔c3 ♘ge5 46.♖xh7 ♔c5 47.b4+ cxb3 48.♖c7+ ♔b6 49.♗e4 ♖c5+ 50.♖xc5 ♘xc5 51.♗b1 ♔xa7 52.♔d4 ♘ed7 53.♔d5 ♔b6 54.h3 ♔b5 55.♗f5 ♘b6+ 56.♔d4 ♔b4 57.♔e3 ♔c3 58.♔f4 ♘d3+ 59.♔g5 b2 0–1, Donchenko (2294) – Blübaum, M. (2413) playchess.com INT 2012

2) 11...♘fd7

In der folgenden Partie überspielte Matthias Blübaum seinen Gegner systematisch und schien einem klaren Sieg entgegenzusteuern. Doch kurz vor der Zeitkontrolle hatte er einen Blackout, der Weiß einen glücklichen Sieg bescherte. Dies ist die einzige Niederlage von Matthias Blübaum in einer Turnierpartie im sogenannten „Slow Slav".

12.♖g1 ♗xh4 13.gxh4 ♗xf3 14.♖e1 ♖g8 15.e4 dxe4 16.♘xe4 ♗xe4 17.♖xe4 ♘f6 18.♖f4 ♘bd7 19.♕a3 a6 20.♖g5 h6 21.♖g2 c5 22.♕xc5 0–0–0 23.♗e3 ♘e5 24.♕c3 ♘g6 25.♖d4 ♖xd4 26.♕xd4 ♖d8 27.♕c3 ♕c6 28.♖g1 ♘xh4 29.b4 ♕f3 30.♗d4 ♘e4 31.♕e3 ♖xd4 32.♕xd4 ♕f4+ 33.♔b2 ♘f3 34.♕xg7 ♕d2+ 35.♔a3 ♕c1+ 36.♔a4 ♘c3+ 37.♔a5 ♔b8 38.a4 ♕a3 39.b5

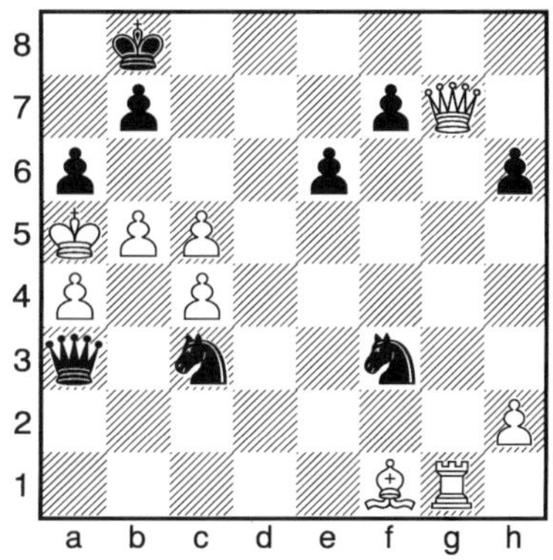

Schwarz steht komplett auf Gewinn. Gleich drei Züge hätten vermutlich zur sofortigen Aufgabe von Schwarz geführt. Allerdings gibt es auch einen Zug, der sofort verliert, und ausgerechnet den spielt Matthias hier.

39...♕xa4+

(– 39...♘xa4 40.♕f8+ ♔a7 41.♖g8 ♘xc5#

– 39...axb5 40.♕f8+ ♔a7 41.♖g8 ♕xa4#

– 39...♕xc5 40.♕xf7 axb5 41.♖g8+ ♔a7 42.cxb5 ♘d5 43.♕f8 b6#)

40.♔b6 1–0, Lötscher (2402) – Blübaum, M. (2431), Dortmund 2012

Matthias wollte in der Schlussstellung 40...♘d5+ spielen und übersah, dass nach 41.cxd5 der Läufer f1 das geplante Matt durch ♕xb5 verhindert.

10...hxg6 11.g3

11.0–0–0 dxc4 12.♕xc4 a6 13.g3 b5 14.♕d3 ♘bd7 15.e4 ♖d8 16.♕c2 c5 17.♗f4 ♕b6 18.d5 e5 19.♗e3 ♕b8 20.g4 c4 21.♕f2 ♗d6 22.g5 ♘h5 23.♗h3 ♕c7 24.♗xd7+ ♕xd7 25.♘e2 b4 26.♗c5 a5 27.♔b1 0–0 28.♔a1 a4 29.♖c1 ♕b5 30.♗xd6 ♖xd6 31.f4 a3 32.b3 cxb3 33.axb3 ♕d3 34.fxe5 ♖dd8 35.♘g3 ♕xb3 36.♘xh5 gxh5 37.♕d4 ♖b8 38.♖b1 ♕f3 39.♖hf1 ♕h3 40.♖fc1 b3 41.♖c3 ♕xh2 42.♖bxb3 ♖xb3 43.♖xb3 ♖c8 44.e6 fxe6 45.d6 ♖c1+ 46.♖b1

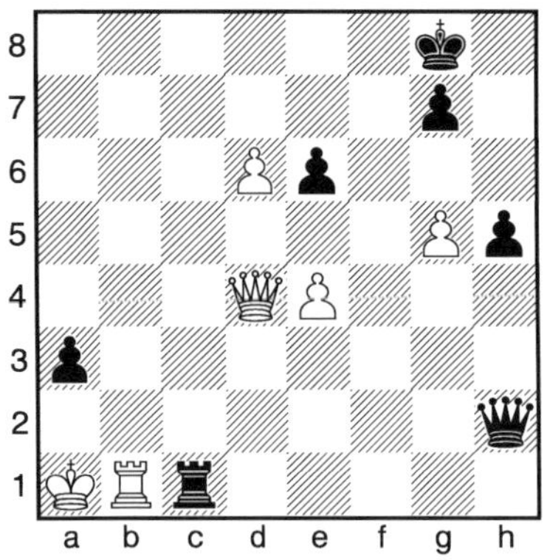

46...♕b2+ eine hübsche Abwicklung in ein gewonnenes Bauernendspiel.

(46...♖c2 hätte auch gewonnen.)

47.♕xb2 axb2+ 48.♔xb2 ♖xb1+ 49.♔xb1 ♔f8 0–1, Lampert (2188) – Blübaum, M. (2388), Bad Wiessee 2011

11...0–0

Diese Stellung kam bereits 2005 in einer Partie zwischen Inarkiev und Mchedlishvili vor. In den letzten fünfzehn Jahren wurden einige Partien aus dieser Position heraus gespielt und die schwarze Seite konnte sich trotz des weißen Läuferpaares durchaus erfolgreich verteidigen.

Eine weitere Trainingspartie zwischen zwei ehemaligen „Prinzen" und heutigen Mitgliedern der Nationalmannschaft: 11...♘bd7 12.♔f2 a6 13.♖c1 dxc4 14.♗xc4 b5 15.♗e2 c5 16.♕xc5 ♘xc5 17.♕c2 0–0 18.♖hd1 ♖fd8 19.♗e1 ♖xd1 20.♖xd1 ♖d8 21.♖xd8+ ♕xd8 22.♕d2 ♕c7 23.a3 Scd7 24.♔g2 ♘b6 25.♗f2 ♘c4 26.♕c2 ♕c6 27.e4 ♘a5 28.♕d2 ♘c4 29.♕c2 ♘a5 30.♕d2 ♘c4 31.♕c2 1/2–1/2, Svane (1941) – Blübaum, M. (2360), playchess.com INT 2011

12.♖c1

12.♔f2 ♘bd7 13.♖c1 dxc4 14.♗xc4 a6 15.♖hd1 e5 16.♕xe5 ♘xe5 17.♗e2 ♖ad8 18.♗e1 b5 19.♖xd8 ♖xd8 20.♖d1 ♖e8 21.e4 c5 22.♘d5 ♘xd5 23.♖xd5 c4 24.♕e3 ♘d7 25.♗c3 ♗c5 26.♗d4 ♗xd4 27.♕xd4 ♘f6 28.♖d6 ♖xe4 29.fxe4 ♕xd6 30.♕xd6 ♘xe4+ 31.♔e3 ♘xd6 32.♔d4 ♔f8 33.♔c5 ♔e7 34.♔b6 ♔d7 35.♗f3 g5 36.♔xa6 ♔c7 37.♔a5 f5 38.h4 gxh4 39.gxh4 f4 40.h5 ♘f5 41.♗e4 ♘d4 42.a4 bxa4 43.♔xa4 f3 44.♔b4 f2 45.♗g2 ♘c2+ 46.♔c3 ♘e3 47.♗h3 ♔d6 48.♔d4 f1♕ 49.♗xf1 ♘xf1 50.♔xc4 ♘g3 51.♔d4 ♘xh5 52.♔e4 ♘f6+ 53.♔f5 ♔c5 54.♔g6 ♘e8 0–1, Voit (2343) – Blübaum, M. (2647), Chess.com INT 2020

12...♕d7 13.♗e2 dxc4 14.♕xc4 ♖d8

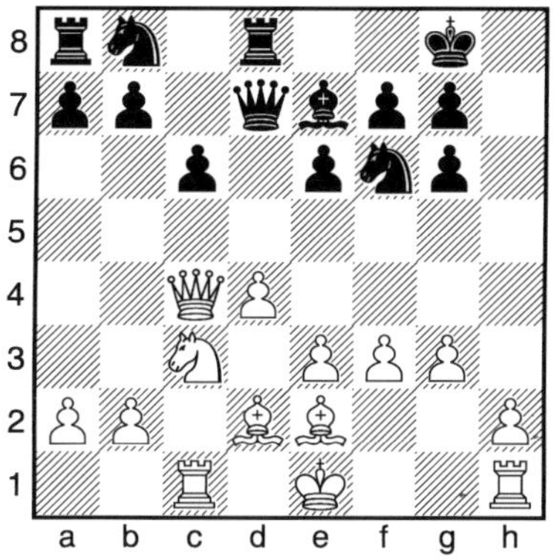

15.♖d1

15.♔f2 c5 16.♖hd1 cxd4 17.♕xd4 ♕xd4 18.exd4 ♘c6 19.♗e3 ♖ac8=

15...b5 16.♕b3 a6

16...a5 17.♕c2 ♕a7 18.♘e4 ♘xe4 19.♕xe4 c5 20.♗xb5 cxd4 21.0–0 ♗c5 22.♗c3=

17.a4 ♕a7

17...♕b7 18.♘e4 ♘xe4 19.fxe4 c5 20.d5 exd5 21.exd5 ♖d6 22.0–0 ♘d7=

18.♗d3?

18.0–0 c5 19.axb5 cxd4 20.b6 ♕b7 21.♘a4=

18...c5 19.axb5 cxd4 20.exd4

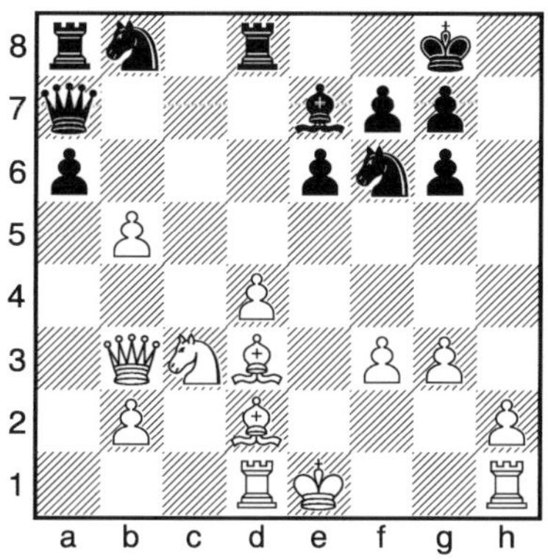

20...♕xd4

Hier hätte Schwarz mit einem positionellen Qualitätsopfer in Vorteil kommen können. Der Nachziehende erhält schönes Spiel auf den geschwächten schwarzen Feldern.

20...♖xd4! 21.♗e3 (21.♕c2 ♖d8∓) 21...♖e4 22.fxe4 ♕xe3+ 23.♗e2 ♘bd7 24.♖d3 ♕a7 25.♖d1 ♖b8 26.♕a4 ♘e5 27.♕d4 ♕xd4 28.♖xd4 axb5∓

21.♗f4 ♕b6 22.♕c4 ♖a7 23.bxa6 ♘xa6 24.♕b5 ♕xb5 25.♗xb5 ♘c7 26.♗c4 ♘cd5

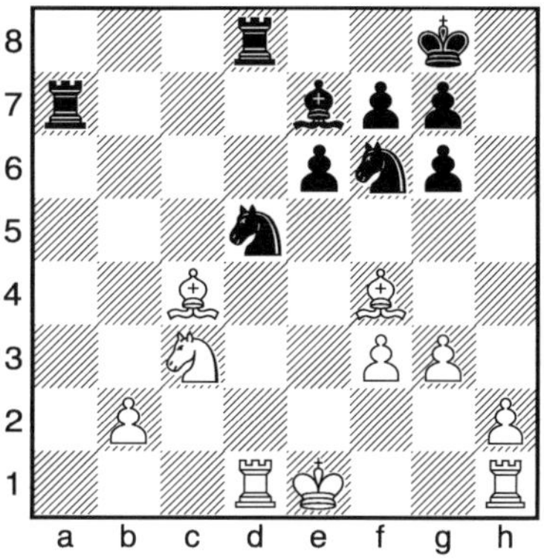

Schwarz steht zentralisiert und sicher. Iwantschuk muss bereits aufpassen, nicht in Nachteil zu kommen, und wickelt deshalb in ein remisliches Doppelturmendspiel ab.

27.♗xd5 ♘xd5 28.♘xd5 exd5 29.♗e5 ♗f6 30.♗xf6 gxf6 31.♔f2 ½–½

EV 04

Matthias Blübaum (2631)
Magnus Carlsen (2843)
Grenke Chess Classic 2018 (E92)

1.d4 ♘f6 2.c4 g6 3.♘c3 ♗g7 4.e4 d6 5.♘f3 0–0 6.♗e2 e5 7.♗e3 exd4 8.♘xd4 ♖e8 9.f3 c6 10.♗f2

10.♕d2

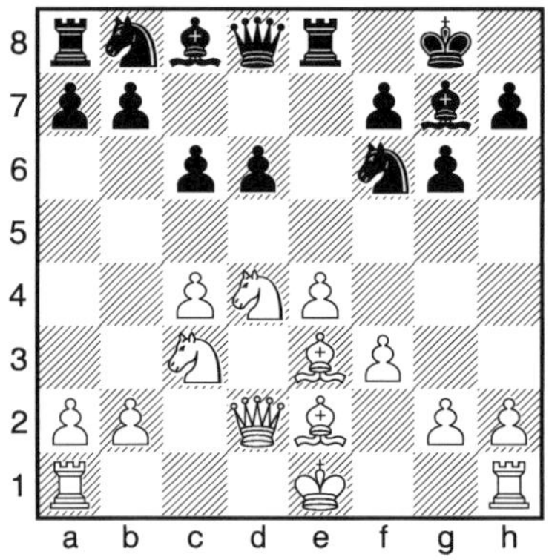

Dieser natürlich Entwicklungszug ist hier nicht die beste Wahl, wovon sich Matthias in seiner Jugend in zwei Partien überzeugen lassen musste.

10...d5 11.exd5 cxd5

1) 12.0–0–0 ♘c6 13.♖he1 dxc4?!

(13...♗d7 14.cxd5 ♘b4=)

14.♗xc4

(14.♘xc6 ♕xd2+ 15.♗xd2 bxc6 16.♗xc4±)

14...♘a5 15.♗f1 a6 16.b4 ♘c6 17.♘xc6 ♕xd2+ 18.♗xd2 bxc6 19.♗c4 ♗e6 20.♗xe6 fxe6 21.♘e4 ♘d5 22.♔c2 ♗f8 23.♖b1 ♖ec8 24.♔d3 ♗e7 25.♖ec1 ♔f7 26.a3 ♖ab8 27.♔e2 ♔e8 28.♗g5 ♗f8 29.♗d2 ♔d7 30.♖a1 ♗e7 31.♖a2 ♖b7 32.♖ac2 ♖b5 33.♖c4 ♘b6 34.♖4c3 ♘d5 35.♖3c2 ♖b7 36.♔f2 ♖b5 37.♖c4 ♘b6 38.♖4c2 ♘d5 39.h3 ♖b7 40.♘c5+ ♗xc5+ 41.♖xc5 ♖b5 42.♖5c4 ♔d6 43.♔g3 ♖b7 44.♗e1 ♖b5 45.♗f2 ♖b7 46.♖d1 ♖f7 47.♔h2 ♔d7 48.♖dc1 ♖f5 49.♖c5 ♘e7 50.♖5c4 ♖d5 51.♗c5 ♘f5 52.♖1c2 ♖d3 53.♖4c3 ♖d5 54.♖e2 ♘d6 55.g4 ♖e8 56.♔g3 e5 57.♔f2 ♖e6 58.♔g3 ♖e8 59.♖ce3 ♘b7 60.♗b6 ♘d6 61.♖c3 ♘b5 62.♖ce3 ♘d6 63.♖c2 ♖b8 64.♗a7 ♖a8 65.♗c5 ♖e8 66.♗xd6 ♔xd6 67.♖ec3 ♖c8 68.♔f2 a5 69.bxa5 ½–½, Blübaum, M. (2433) – Heinig (2304), Nürnberg 2012

2) 12.0–0 ♘c6 13.♖ad1 ♘xd4 14.♗xd4 dxc4 15.♗xc4 ♗e6 16.♗b5 ♖f8 17.♕f2 ♕a5 18.a3?!

(18.♖d2 ♖fd8 19.♖fd1 ♖ac8 20.♗e2=)

18...♖fd8

(18...♗b3 19.♖d2 ♖ad8 20.♖e1 a6 21.♗f1 ♖d6)

19.♔h1?!

(19.♗a4 ♖ac8 20.♖fe1=)

19...♘h5?!

(19...♗b3 20.♖d2 ♖d6 21.♖c1 a6 22.♗f1 ♖ad8∓)

20.♗xg7 ♔xg7 21.f4 ♘f6 22.♗d3 ♗b3 23.♖d2 ♖xd3 24.♖xd3 ♗c4 25.♕d4 ♗xd3 26.♕xd3 ♖d8 27.♕f3 b6 28.♖d1 ♖xd1+ 29.♕xd1 ♕c5 30.♕d2 ♘g4 31.g3 h5 32.♘e4 ♕c4 33.♕c3+ ♕xc3 34.♘xc3 ♔f6 35.♔g2 ♔e6 36.b3 ♘e3+ 37.♔f3 ♘f1 38.♘b5?

(38.♔g2 ♘d2 39.b4 a6 40.♔h3=)

38...a5 39.b4 axb4 40.axb4 ♘xh2+ 41.♔e4 ♘f1 42.♘d4+ ♔d6 43.♘e2 f6 44.♔d4 ♔c6 45.♔e4 ♔d6 46.♔d4 ♔c6 47.♔e4 ♔b5 48.♔d5 ♔xb4 49.♔e6 f5 50.♔f6 ♔c4 51.♔xg6 ♔d3 52.♘c1+ ♔d2 0–1, Blübaum, M. (2424) – Van Kampen (2565), Athen 2012

10...d5 11.exd5 cxd5 12.0–0 ♘c6 13.c5

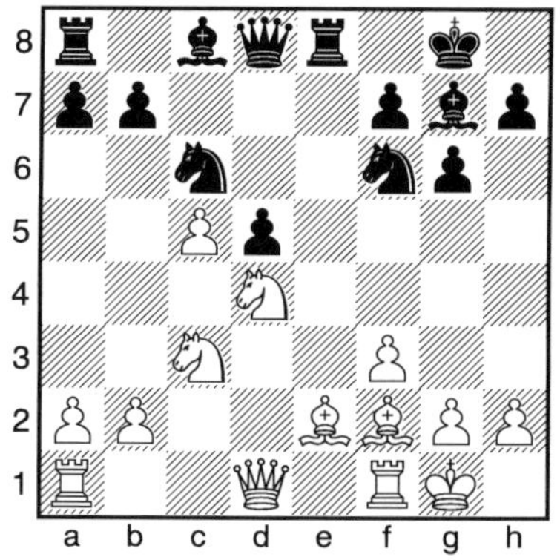

Dies ist eine Tabija in der Königsindischen Verteidigung. Diese wurde populär, nachdem Richard Réti sie in den zwanziger Jahren analysiert hatte. Diese konkrete Position entstand zum ersten Mal in einer Partie zwischen den sowjetischen Großmeistern Taimanow und Stein im Jahr 1965. Sie ist bis heute eine wichtige Stellung in der Königsindischen Verteidigung und es gab in den letzten 50 Jahren Hunderte von Partien. Bis heute ist nicht klar, ob Weiß hier einen Vorteil hat oder nicht. Auf jeden Fall ist die Position sehr interessant, denn beide Seiten haben Chancen und es gibt viele Möglichkeiten.

Vor seiner zweiten Partie gegen den Weltmeister hatte Matthias in dieser Stellung bereits zahlreiche Erfahrungen sammeln können. Er spielte hier seit 2013 schon fünf Partien, von denen drei remis und zwei mit einem Sieg für ihn endeten. Auch Carlsen hat diese Position schon mit Weiß gespielt. Er gewann 2012 eine unklare Partie gegen Grischuk.

Strategisch geht es in dieser Stellung um die Frage, ob der weiße Bauer auf c5 stark oder schwach ist bzw. ob der schwarze Bauer auf d5 eher ein Trumpf oder ein Problem ist. In einigen Partien gewann Schwarz den Bauern c5, doch Weiß erhielt dafür gute Kompensation, in anderen gewann Weiß den Isolani auf d5, aber Schwarz konnte die Zeit, die man in den Gewinn des Bauern investieren muss, zur Aktivierung seiner Figuren nutzen. Da sich noch alle Figuren auf dem Brett befinden, ergibt sich eine spannungsgeladene Situation, die zu lebhaftem Spiel führt.

13...a6

Neben diesem Sicherungszug, der einer weißen Figur das Feld b5 verwehrt, wurden hier bereits mehrere andere aktivere Züge ausprobiert: 13...♘h5 (I), 13...♗f8 (II) und 13...♖e5 (III).

I) 13...♘h5 14.♕d2 (14.♗b5) 14...♗e5

A) 15.♖fe1 ♗f4 16.♕d1 ♕g5 17.♗f1 ♗d7 18.h4 ♕d8 19.♖xe8+ ♗xe8 20.♘de2 ♗e5

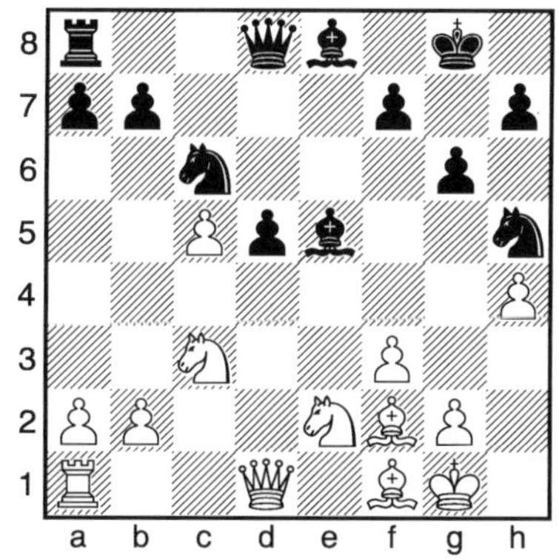

21.♕xd5 ♕e7 22.♖e1 ♗d7 23.f4 ♗g7 24.♕f3 ♖e8 25.♘g3 ♕xh4 26.♖xe8+ ♗xe8 27.♘xh5 ♕xh5 28.♕xh5 gxh5 29.♘e4 ♗xb2 30.♘d6 ♔f8 31.♘xb7 ♗c1 32.f5 ♗d7 33.♘d6 ♗f4 34.♗e2 ♔e7 1/2–1/2, Blübaum, M. (2521) – Jankovic (2559), Meißen 2013

B) 15.g3

1) 15...♗h3 16.♖fe1 ♘g7 17.♗b5 ♖c8 18.♖ad1 ♘xd4 19.♗xd4 ♗xd4+ 20.♕xd4 ♖xe1+ 21.♖xe1 ♘e6 22.♕xd5 ♕xd5 23.♘xd5 ♖xc5 24.♘c3 ♘d4 25.♗e2 ♗e6 26.♗d1 ♘b5 27.♘xb5 ♖xb5 28.b3 ♖d5 29.b4 ♖d2 30.♗b3 ♗xb3 31.axb3 ♖d3 32.♖e7 b5 33.♖xa7 ♖xb3 34.♖b7 ♖xb4 35.♔f2 g5 36.h4 gxh4 37.gxh4 h5 38.♔g3 f5 39.f4 ♖b1 40.♔f2 b4 41.♔e3 b3 42.♔d2 b2 43.♔c3 1/2–1/2, Taimanow – Stein, Tallinn 1965

2) 15...♘g7 16.♖fd1 ♗f5 17.♖ac1 ♗xd4 18.♗xd4 ♘e6 19.♗f2 d4 20.♘b5 ♘g5

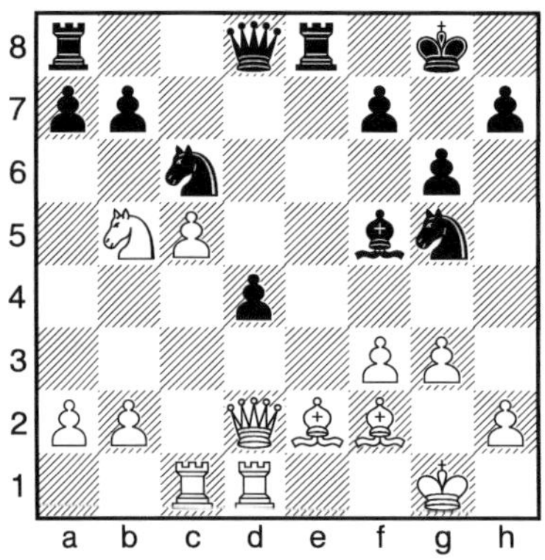

21.♘xd4 ♘xd4 22.♗xd4 ♕e7 23.♔f2 ♖ad8 24.♗f1 ♗e4 25.♗g2 ♗xf3 26.♗xf3 ♘xf3 27.♔xf3 ♖xd4 28.♕xd4 ♕e2+ 29.♔f4 h6 30.h4 h5 31.♔g5

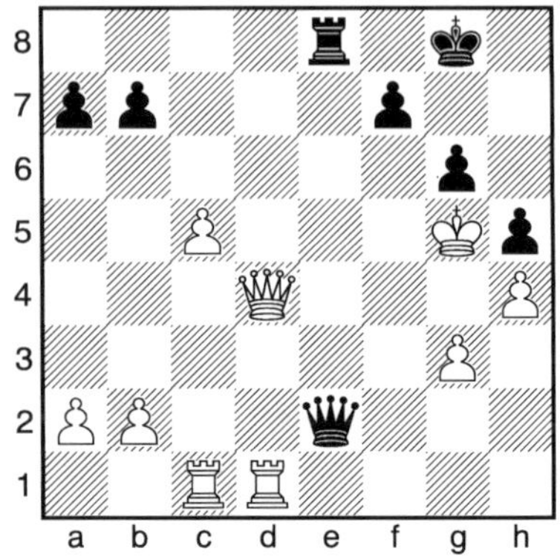

In dieser Stellung hat Matthias großes Glück, dass sein Gegner das Matt nicht findet.

31...♕e7+

(31...♔h7! 32.♖f1 ♖e5+ 33.♔f6 ♖f5+ 34.♖xf5 ♕e6+ 35.♔g5 ♕xf5#)

32.♕f6 ♕e3+ 33.♕f4 ♕e7+ 34.♕f6 ♕e3+ 1/2–1/2, Blübaum, M. (2600) – Bailet (2518), Zillertal 2015

II) 13...♖e5

A) 14.♘b3 ♘h5 15.♕d2 ♕f8 16.f4 ♗h6 17.♗e3 d4 18.♘xd4 ♕xc5 19.fxe5 ♗xe3+ 20.♕xe3 ♘xd4 21.♗xh5 1–0, Blübaum, M. (2529) – Liu (2236), Al Ain 2013

B) 14.a3 ♕f8 15.b4 ♗d7 16.♘xc6 bxc6 17.♗d4 ♖e6 18.♗d3 ♘h5 19.♗c2 ♖ae8 20.♕d2 ♗xd4+ 21.♕xd4 ♕h6 22.f4 ♖e3 23.f5 ♕g5 24.b5 ♖8e5 25.b6 ♕d8 26.♖ab1 axb6 27.cxb6 ♘g7 28.b7 ♕b8 29.♘a4 ♗xf5 30.♘c5 ♘e6 31.♕xe5 ♖xe5 32.♘d7 ♕a7+ 33.♔h1 ♔g7 34.b8♕ ♕xb8 35.♖xb8 ♖e3 36.♗xf5 gxf5 37.h3 f4 38.♖c8 ♖c3 39.a4 d4 40.♘e5 c5 41.a5 ♖a3 42.♖c1 ♖xa5 43.♘d3 f3 44.gxf3 ♖a3 45.♘xc5 ♘f4 46.♖g1+ ♔f6 47.♘e4+ ♔e6 48.♖e1 ♔d7 49.♖c4 ♖xf3 50.♖xd4+ ♔c7 51.♖c1+ ♔b6 52.♖b4+ ♔a5 53.♖b2

♖xh3+ 54.♔g1 1–0, Carlsen (2835) – Grischuk (2761) Moskau 2012

III) 13...♗f8

A) 14.♘b3 ♘h5 15.♕d2 ♘g7 16.♖ad1 ♗e6 17.♗b5 a6 18.♗a4 ♘f5

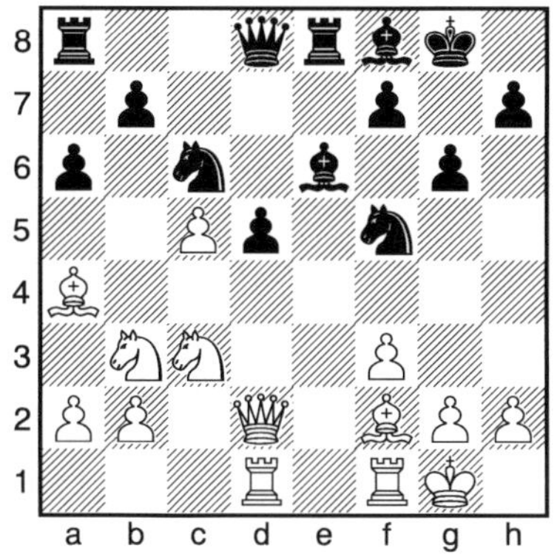

19.♘xd5 ♗h6 20.f4 ♗xd5 21.♕xd5 ♕xd5 22.♖xd5 ♖e4 23.♗xc6 bxc6 24.♖d7 ♗xf4 25.♘a5 ♖e2 26.♘xc6 ♖xb2 27.♘e7+ ♘xe7 28.♖xe7 ♗g5 29.♖xf7 ♔xf7 30.♗d4+ ♔g8 31.♗xb2 ♗e3+ 32.♔h1 ♗xc5 33.g3 ♖e8 1/2–1/2, Blübaum, M. (2514) – Lubbe (2350), Bremen 2013

B) 14.♗b5 ♗d7 15.♘b3 ♖c8

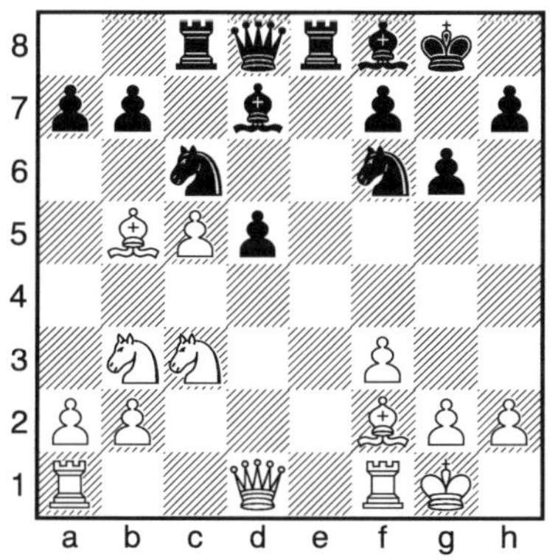

16.♘xd5 ♘xd5 17.♕xd5 ♗e6 18.♕xd8 ♖exd8 19.♗xc6 bxc6 20.♘d4 ♗xc5 21.♘xe6 ♗xf2+ 22.♖xf2 fxe6 23.♖c1 ♖b8 24.b3 ♖d6 25.♖fc2 ♖b6 26.♖c5 ♖a6 27.a4 ♖b6 28.♖1c3 a6 29.♔f2 ♔f7 30.a5 ♖b5 31.♖xb5 cxb5 32.♖c7+ ♔f6 33.♖xh7 ♖d3 34.♖a7 ♖xb3 35.♖xa6 ♖b2+ 36.♔g3 ♖a2 37.♖a8 b4 38.♖b8 ♖xa5 39.♖xb4 ♖a2 40.h4 ♖c2 41.♔h3 ♖c3 42.♔g4 ♖c2 43.g3 ♖c3 44.♔f4 ♖c5 45.♖e4 ♖f5+ 46.♔e3 ♖a5 47.g4 ♖a3+ 48.♔f4 ♖a5 49.♔g3 ♖b5 50.♖a4 ♖b7 51.♔f4 ♖c7 52.♔e4 ♖b7 53.♔f4 ♖c7 54.g5+ ♔f7 55.♔g4 ♔g7 56.♖e4 ♖c6 57.♖f4 ♖c1 58.♖b4 ♖c7 59.♖b6 ♖e7 60.f4 ♔f7 61.h5 gxh5+ 62.♔xh5 ♔g7 63.g6 ♖e8 64.♔g5 ♔g8 65.♖a6 ♔g7 66.♖a7+ ♔g8 67.♔f6 ♖f8+ 68.♖f7 ♖xf7+ 69.gxf7+ ♔f8 70.♔xe6 ♔g7 71.♔e7 1–0, Blübaum, M. (2530) – Loxine (2403), Deutschland 2015

14.♕d2 ♕a5

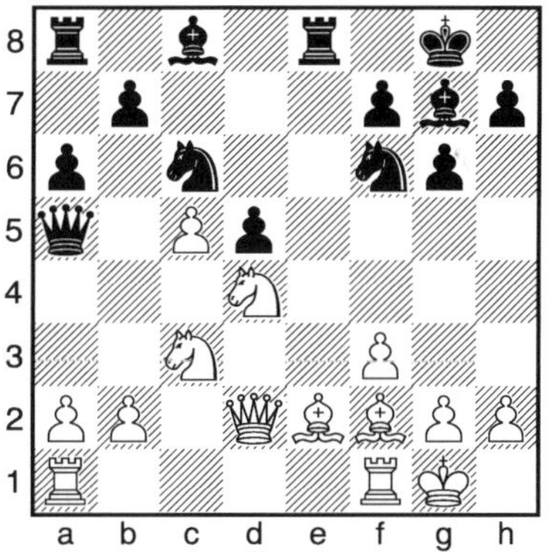

15.♖fe1

1) 15.a3 ♕xc5 16.♘e6 ♕d6 17.♘xg7 ♔xg7 18.♖ad1 ♗d7 19.♖fe1?

2) 15.♖fd1 ♕xc5 16.♘e6

a) 16...♕e7 17.♘xg7 ♔xg7 18.♗f1 ♗e6 19.♖ac1±

b) 16...♕a5 17.♘xg7 ♔xg7 18.♗f1 ♖d8

19.b3 d4 20.♘a4 ♕xd2 21.♖xd2 ♘d7 22.♖c1?

15...♕xc5 16.♘e6 ♕a5 17.♘xg7 ♔xg7 18.a3 d4 19.♗xd4 ♘xd4 20.♕xd4 ♖d8 21.♕e3 ♗d7 22.♖ad1 ♗e6 23.♖xd8 ♖xd8 24.♖d1 ♖xd1+ 25.♗xd1 ♕d8 26.♗e2 ♕d6 27.f4 ♗d7 28.♗f3 ♗c6 29.♗xc6

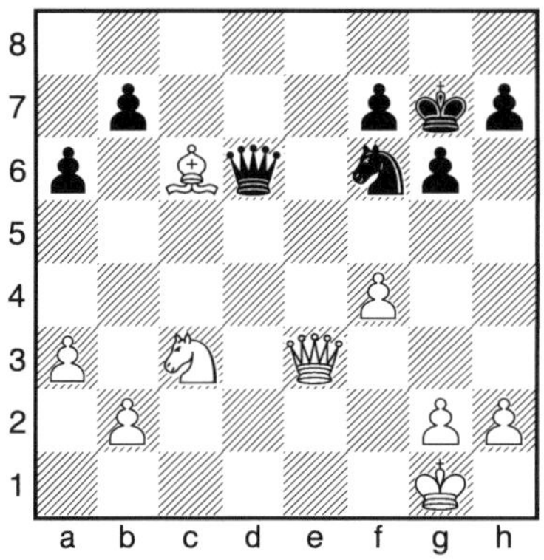

29...♘g4 30.♕g3 ♕c5+ 31.♔f1

31.♔h1?? ♘f2+ 32.♔g1 ♘e4+ −+

31...♘e3+ 32.♔e2 ♘f5 33.♕f2

33.♕d3 bxc6 34.♘e4 ♕g1 35.♕c3+ ♔h6 36.♕h3+ ♔g7 37.♕c3+ =

33...♕xc6 34.g4 ♕c4+ 35.♔d2 ♘d4 36.♕e3 ♘c6 37.♘e2 h5 38.h3 hxg4 39.hxg4 g5 40.fxg5 ♕xg4 41.♕c3+ ♔g8 42.♕f6 ♕g2 43.♔e3 ♕h3+ 44.♔d2 ♕d7+ 45.♔c2 ♘e7 46.♘c3 ♘g6 47.b4 ♘f8 48.♕e5 ♕e6 49.♕xe6 ♘xe6 50.♘e4 ♔g7 51.a4 b6 52.♔c3 ♔g6 53.♔c4 ♘xg5 54.♘d6 f5 55.♘xf5 ♔xf5 56.♔d5 ♘f3 57.♔c6 b5 58.axb5 ♘d4+ 59.♔c5 ♘xb5 60.♔b6 ½–½

EV 05

Matthias Blübaum (2576)
Shakhriyar Mamedyarov (2756)
Moskau 2015 (D48)

1.d4 d5 2.c4 c6 3.♘c3 ♘f6 4.e3 e6 5.♘f3 ♘bd7 6.♗d3 dxc4 7.♗xc4 b5 8.♗d3 ♗b7 9.0–0 a6 10.e4 c5 11.d5 c4 12.♗c2 ♕c7 13.♕xe6 fxe6 14.♘e2

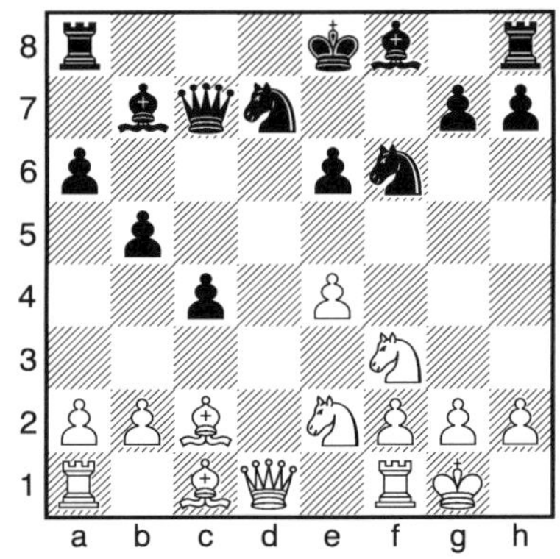

Dies ist eine wichtige Position in der Meraner Variante der Halbslawischen Verteidigung. Ihren Namen erhielt die Variante von der Stadt Meran in Südtirol. Hier wurde im Jahr 1924 die erste Partie zwischen Grünfeld und Rubinstein mit dieser Zugfolge gespielt. Ausgehend von dieser Stellung hat Matthias fünf Partien gespielt. Er gewann gegen drei schwächer bewertete Spieler und verlor gegen zwei stärker bewertete. Dies ist nicht verwunderlich, denn in dieser sehr komplexen Position setzt sich häufig der stärkere Spieler durch. Alle Figuren sind noch auf dem Brett und durch die asymmetrische Bauernstruktur ist viel Dynamik im Spiel. Weiß verfügt über die Königsflügelmehrheit und Schwarz über eine Damenflügelmehrheit. Schwarz hat einen schwachen Bau–

ern auf e6, den Weiß mit seinem letzten Zug ♘e2 anvisiert. Der Springer soll, wenn Schwarz es zulässt, nach d4 umgruppiert werden. Verhindert Schwarz dieses mit 14...e5, findet der Springer ein gutes Feld auf g3 und guckt von dort auf das soeben geschwächte Feld f5.

14...♗d6

1) 14...0–0–0

a) 15.♘ed4

– 15...♘c5 16.e5 ♘d5 17.b3=

– 15...♕b6 16.a4 e5 17.♘f5 ♘c5 18.♕e2 ♘cxe4=

b) 15.♕e1 ♗c5 16.b4 ♗b6 17.a4 ♖hf8 18.♗f4 e5 19.♗e3 ♘xe4 20.axb5 axb5 21.♗xe4 ♗xe4 22.♘g5 ♗b7 23.♘c3 ♕c6 24.♘ge4 ♗c7 25.f3 ♘f6 26.♘c5 ♘d5 27.♘xd5 ♖xd5 28.♖a7 ♖xc5 29.♗xc5 ♖d8 30.♕g3 ♖d7 31.♖aa1 ♕e6 32.♕f2 e4 33.fxe4 ♗xe4 34.♖fe1 ♕g6 35.♕e2 ♗d5 36.♕e8+ ♕xe8 37.♖xe8+ ♔b7 38.♖a7+ ♔c6 39.♖a6+ ♔b7 40.♖a7+ ♔c6= 41.♗e3 ♖f7 42.♗d4 c3

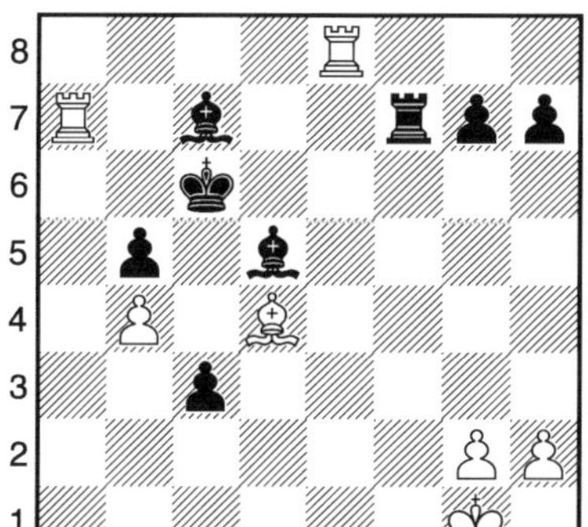

43.♖a3?!

(– 43.♖a6+ ♔b7 44.♖a7+ ♔c6 45.♖a6+ =

– 43.♖xc7+ ♖xc7 44.♗xc3 ♔d7 45.♖e3=)

43...♗c4 44.♖e1 c2 45.♖c3 ♖d7 46.♗e3 ♖d1 47.♔f2 ♗xh2 48.♖xc2 ♗g3+ 49.♔xg3 ♖xe1 50.♗c5 ♖e6 51.♖d2 ♗d5 52.♔f4 ♖f6+ 53.♔g3 ♖g6+ 54.♔h2 ♖g4 55.♔h3 h5 56.♔h2 ♖h4+ 57.♔g3 ♖c4 58.♗e7 ♖e4 59.♗c5 g5 60.♔h2 ♖h4+ 61.♔g3 ♖c4 62.♖e2 h4+ 63.♔h2 g4 64.♗e7 g3+ 65.♔h3 ♗e4 66.♗xh4 ♗f5+ 67.♔xg3 ♖g4+ 0–1, Blübaum, M. (2605) – Sasikiran (2637), Moskau 2016

2) 14...e5 15.♘g3 ♗c5 16.b3

a) 16...0–0 17.bxc4 bxc4 18.♕e2 ♔h8 19.♗e3 a5 20.♘g5 ♕c6 21.♗xc5 ♘xc5

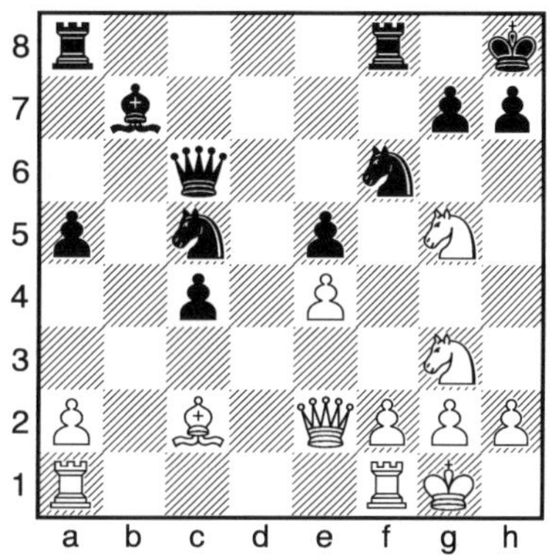

22.♕xc4

(22.h3 h6 23.♘f3 ♖fe8 24.♖fe1 ♗a6 25.♕e3±)

22...♗a6 23.♘f7+ ♔g8 24.♘h6+ ♔h8 25.♘f7+ ♔g8 26.♘h6+ ♔h8 27.♘f7+ ½–½, Blübaum, M. (2641) – Van Wely (2610), Deutschland 2019

b) 16...c3 17.a3 ♗a7 18.b4 h6 19.♘f5 0–0 20.♘3h4 ♔h7 21.♕f3 ♕c6 22.♘g6 ♖fe8 23.♘ge7 ♕e6 24.♘d5 ♖ac8 25.♕g3 g6 26.♘xh6 ♘xd5 27.exd5 ♗xd5 28.♘g4 ♖h8 29.♗e3 ♗b8 30.♖ad1 ♖cf8

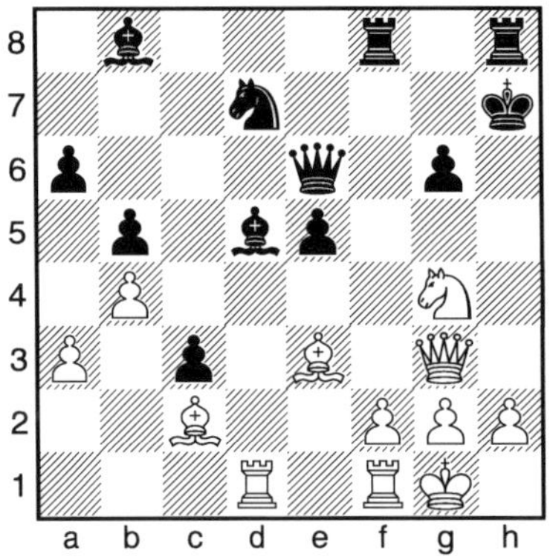

31.♖xd5! ♕xd5 32.♖d1 ♕e6 33.♕h3+ ♔g7 34.♗h6+ ♖xh6 35.♕xh6+ ♔g8 36.♖xd7 ♕xd7 37.♗b3+ 1–0, Blübaum, M. (2565) – Kollars (2410), Bad Zwischenahn 2015

3) 14...♘c5 15.♗f4 ♕b6 16.♗e3 ♖d8 17.♕e1 ♕c7 18.♘f4 e5

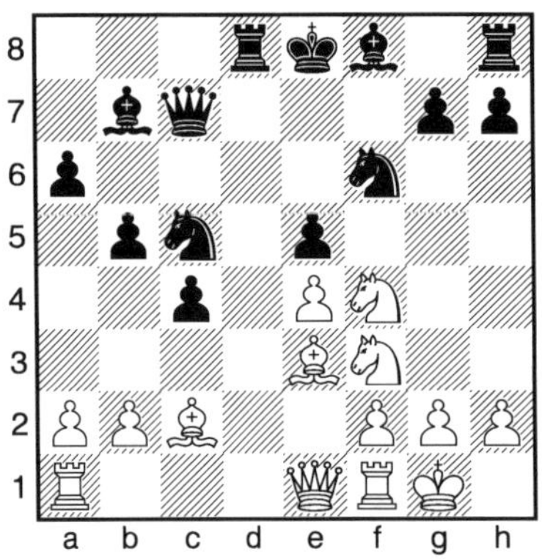

19.♗xc5!+– exf4 20.♗xf8 ♖xf8 21.e5 ♘g4 22.♗e4 g6 23.h3 ♘h6 24.♘g5 ♔e7 25.♕b4+ ♔d7 26.e6+ ♔c8 27.e7 ♗xe4 28.exf8♕ 1–0, Blübaum, M. (2433) – Lampert (2387), playchess.com INT 2012

15.♘ed4

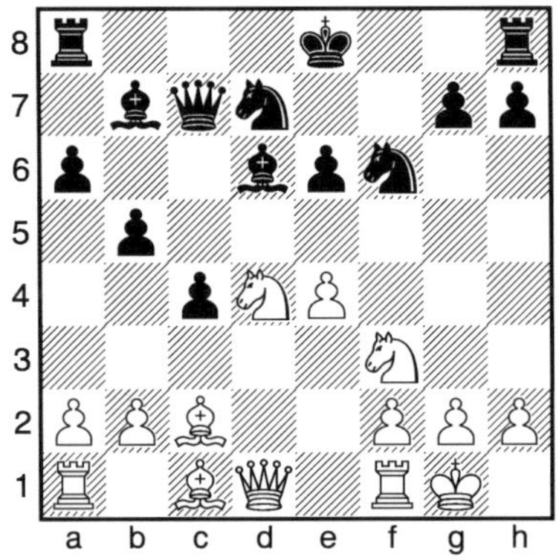

15...♘c5!

15...♘f8? 16.♕e2 0–0–0 17.a4 ♗xh2+ 18.♘xh2 ♖xd4 19.axb5 axb5 20.♗e3 ♖d8 21.b3 ♘g6 22.♖fc1 ♘f4 23.♕f1 ♘xe4 24.♗xe4 ♗xe4 25.bxc4 b4 26.♗xf4 ♕xf4

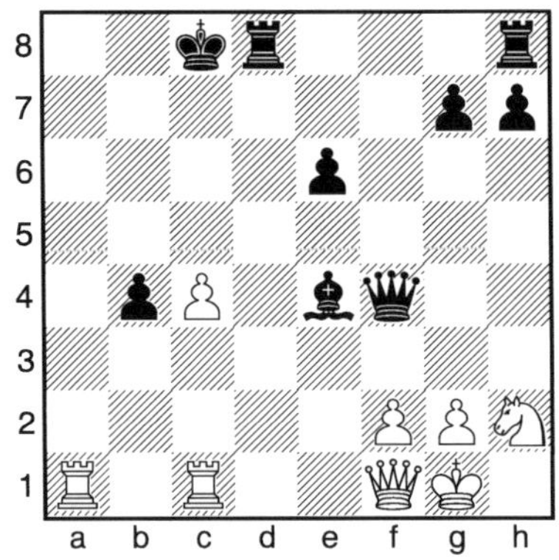

27.♕e1

(27.c5! ♗d3 28.♕d1 ♗b5 29.♕b3 ♖he8 30.c6+–)

27...b3 28.g3 ♕f5 29.♖a5 e5 30.♖c5+ ♔b8 31.♕a5 ♕d7 32.♖b5+ ♗b7 33.♖xb3 ♕c6 34.♘f3 ♖hf8 35.♖a1 g5 36.♖b6 ♕xf3 37.♕xe5+ ♔c8 38.♖a8+ ♗xa8 39.♕b8+ ♔d7 40.♕d6+ 1–0, Blübaum, M. (2521) – Eltigani (2261), Durban 2014

16.b4

16.a4 b4 17.♕e2 e5 18.♘f5 b3 19.♗b1 ♘cxe4

– 20.♘xd6+ ♕xd6 21.♕xc4 ♗d5 22.♕e2 0–0=

– 20.♘g5 ♘xg5 21.♗xg5 0–0 22.♘xd6 ♕xd6 23.♕xc4+ ♗d5=

16...♘cxe4 17.♘xe6 ♕d7 18.♘fd4

18.♗xe4 ♗xe4 19.♘xg7+ ♕xg7 20.♕xd6 ♗xf3 21.♖e1+ ♗e4 22.f3 ♖g8 23.g3 ♕e7 24.♕xe7+ ♔xe7 25.fxe4 ♖gc8=

18...♗xb4

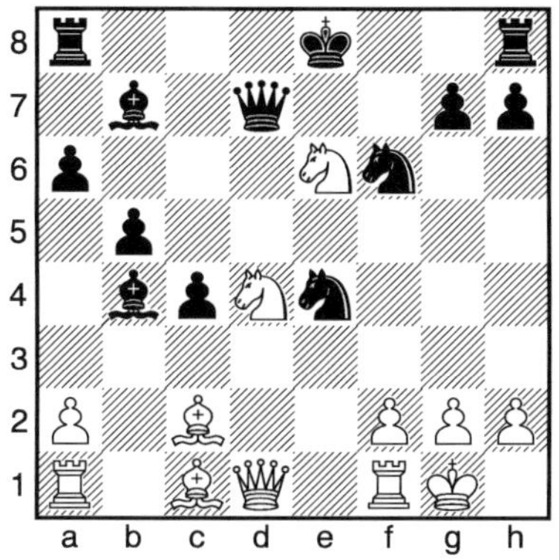

19.♗f4?

19.♕f3 ♘c5 20.♕e3 ♘xe6 21.♘xe6 ♔f7 22.♗f5 ♖he8 23.♘g5+ ♔g8 24.♕h3 ♕d5 25.♗xh7+ ♘xh7 26.♕xh7+ ♔f8 27.♕h3 ♔g8=

19...♗c3

19...♔f7! 20.f3 ♘c3 21.♕e1 ♘cd5 22.♗d2 ♗xd2 23.♕xd2 ♖he8 24.♖ae1 ♔g8∓

20.♘f5 ♕xd1

20...♔f7 21.♘exg7 ♕xd1 22.♖axd1 ♖hd8=

21.♖axd1 ♔f7

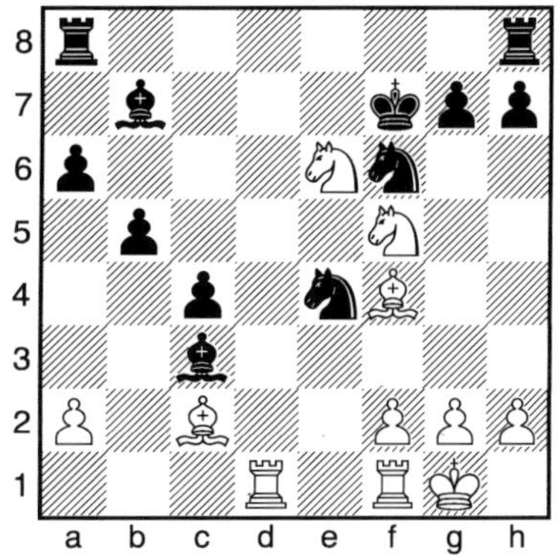

22.♘g5+?

22.♘c7 g5

1) 23.♗xg5 ♘xg5 24.♘h6+ ♔g7 25.♘f5+

a) 25...♔f7 26.♘h6+ =

b) 25...♔f8 26.♘xa8 ♗a5 27.♘b6 ♗xb6 28.♖d6±

c) 25...♔g6 26.♘d6+ ♔g7 27.♘f5+ =; 26...♔h5 27.♘xb7 ♖a7 28.♘d5±

2) 23.♗e3 ♖ad8 24.h4

a) 24...gxh4 25.♘h6+ ♔e7 26.♘f5+ ♔f7 27.♘h6+ =

b) 24...♖xd1 25.♖xd1 h6 26.f3 ♗e5 27.♗b6 ♘g3 28.♘d6+ =

22...♔g8?

22...♘xg5 23.♘d6+ ♔e7 24.♗xg5 ♗c6 25.♗e3 ♗b4 26.♘f5+ ♔f7 27.♘d6+ ♗xd6 28.♖xd6 ♗d5∓

23.♘e6 ♔f7 24.♘g5+?

24.♘c7!=

24...♘xg5 25.♘d6+ ♔f8

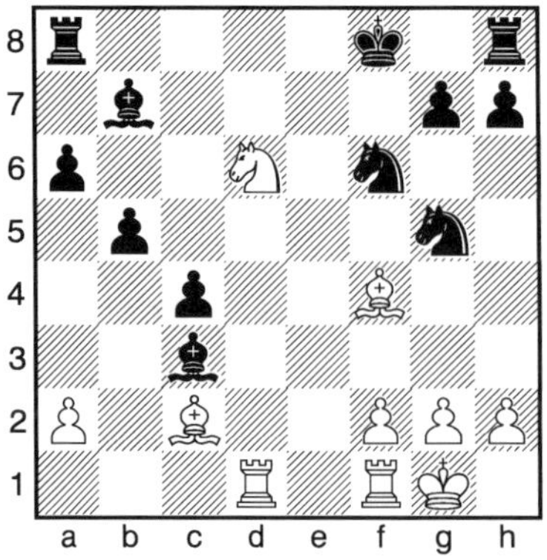

26.♘xb7?

(26.♗xg5 ♗c6∓)

26...♘e6–+ 27.♗e3 ♔e7 28.♗f5 g6 29.♗h3 ♖hb8 30.♖d6 ♘c7 31.♗c5 ♔f7 32.♖b6 ♔g7 33.♖c1 ♘cd5 34.♖xc3 ♘xc3 0–1

EV 06

Benjamin Gledura (2621)

Matthias Blübaum (2618)

Olympiade Batumi 2018 (C11)

1.e4 e6 2.d4 d5 3.♘c3 ♘f6 4.e5 ♘fd7 5.f4 c5 6.♘f3 ♘c6 7.♗e3 a6 8.♕d2

8.♘e2

I) 8...♕b6 9.♕c1

A) 9...♗e7

1) 10.g3 f6 11.c3 cxd4 12.cxd4 0–0

a) 13.♗h3 fxe5 14.♗xe6+ ♔h8 15.♗xd7 ♗xd7 16.♕xe5 d4 17.♘exd4 ♘xd4 18.♗xd4 ♕g6 19.0–0 ♗b5 20.♖f2 ♖ac8 21.♕e3 ♗c6 22.e6 ♖ce8 23.♖e1 ♗b4 24.♗c3 ♗d6 25.♘d4 ♗d5 26.f5 ♕g4 27.♕e2 ♕h3 28.♕f1 ♕h5 29.♖e3 ♔g8 30.♕e2 ♕g5 31.♕d2 ♗c5 32.♖e5 ♕d8 33.b4 ♗a7 34.♖fe2 ♖e7 35.♕e3 ♗b8 36.h4 ♗c4 37.♖e1 ♗xa2 38.♔h2 ♗xe5 39.♕xe5 ♕c8 40.♖e3 ♕c4 41.♕d6 ♖fe8 42.f6 ♖xe6 43.♘xe6 ♖xe6 44.♕d8+ ♔f7 45.♕d7+ 1–0, Motylew (2640) – Blübaum, M. (2644), Moskau 2019 (Blitz)

b) 13.♗g2 fxe5 14.fxe5 ♕b5 15.♘c3 ♕d3 16.♕d2 ♕xd2+ 17.♔xd2 b5 18.♖hf1 ♘b6 19.b3 ♗d7 20.♘e2 a5 21.♘f4 ♖fc8 22.♗h3 ♘d8 23.♘d3 ♘b7 24.♘g5 ♖c6 25.♖ac1 ♖ac8 26.♖xc6 ♖xc6 27.♖c1 ♖xc1 28.♔xc1 ♘d8 29.♘c5 ♗xc5 30.dxc5 ♘c8 31.♗d2 h6 32.♘f3 ♘c6 33.♗f1 b4 34.♔b2 ♘8e7 35.a3 ♘g6 36.axb4 axb4 37.h4 ♔f7 38.h5 ♘ge7 39.g4 ♘c8 40.♗d3 ♘8e7 41.♔c2 ♔g8 42.♔d1 ♘a5 43.♗xb4 ♘xb3 44.♔c2 ♗a4 45.♔c3 d4+ 46.♔c4 ♘d5 47.♗a3 ♘a5+ 48.♔xd4 ♘c6+ 49.♔e4 ♗d1 50.♗b2 ♘cb4 51.♗c4 ♔f7 52.♘d4 ♗xg4 53.c6 ♘b6 54.c7 ♘4d5 55.♗xd5 exd5+ 56.♔f4 ♗e6 57.♗a3 ♘c8 58.♗c5 ♗d7 59.♔e3 ♗g4 60.♔f4 ♗d7 61.♘e2 ♗e6 62.♘c3 ♔e8 63.♔e3 ♗f7 64.♔d4 ♗xh5 65.e6 ♗g4 66.♔xd5 h5 67.♘b5 ♗f3+ 68.♔e5 h4 69.♗f2 h3 70.♗g3 ♗b7 71.♘d4 g6 72.♔f6 ♘e7 73.♘b5 ♘c8 74.♔xg6 ♔e7 75.♔f5 ♗a6 76.♘d4 ♘d6+ 77.♔e5 ♘c4+ 78.♔d5 ♘e3+ 79.♔c6 ♗c8 80.♗d6+ ♔f6 81.e7 ♔f7 82.♘b5 ♘f5 83.♗h2 ♘xe7+ 84.♔d6 ♘f5+ 85.♔e5 ♔e8 86.♘a7 ♘e7 87.♔d6 ♗g4 88.♘b5 ♘c8+ 89.♔e5 ♔d7 90.♔f4 ♗e2 ½–½, Le, Q. (2713) – Blübaum, M. (2644) Moskau 2019 (Blitz)

2) 10.c3 0–0 11.h4 f6 12.h5 h6 13.♖h3

a) 13...♖f7 14.♔f2 fxe5 15.♕xe5 d4 16.cxd4 cxd4 17.♘exd4 ♗c5 18.♘b3 ♗xe3+ 19.♕xe3 ♖xf4=

b) 13...♕a5 14.♔f2

(14.♗d2 ♕c7 15.♕c2 cxd4 16.cxd4 ♘b6 17.♕g6±)

14...cxd4 15.cxd4 fxe5 16.fxe5 ♘dxe5 17.♕xe5 ♘xe5 18.♔g1 ♘g4 19.♖g3 e5 20.♖xg4 ♗xg4 21.♘xe5 ♗xh5 22.♘f4 ♖ac8 23.♕e1 ♕xe1 24.♖xe1 ♗b4 25.♖b1 d4 26.♗c1 ♗f7 27.♘xf7 ♖xf7 28.g3 g5 29.♘d5 ♗d6 30.b3 ♖f3 31.♗g2 ♖d3 32.♗b2 ♖c2 33.♘f6+ ♔f7 34.♘e4 ♗xg3 35.♗xd4 ♖xd4 36.♘xg3 ♖xa2 37.♖f1+ ♖f4 38.♗xb7 ♖xf1+ 39.♔xf1 a5 40.♘f5 h5 41.♘g3 h4 42.♘e4 g4 43.♗c8 g3 44.♔g1 ♔g6 45.♗h3 ♖b2 46.♘c5 ♔g5 47.♘e6+ ♔f6 48.♘d4 ♖f2 49.♘c6 ♖h2 50.♗d7 ♖a2 51.♗h3 ♔g5 52.♘e5 ♖b2 53.♘f3+ ♔f4 54.♘xh4 ♖xb3 55.♗d7 ♖b1+ 56.♔g2 ♖b2+ 57.♔g1 ♖a2 58.♘g2+ ♔g5 59.♘e3 a4 60.♘c4 ♔f4 61.♗c6 a3 62.♘xa3 ♖xa3 63.♔g2 ♖a2+ 64.♔g1 ♖c2 0–1 (79), Aronian (2781) – Blübaum, M. (2670) chess24.com INT 2021)

B) 9...f6 10.c3 ♗e7 11.exf6 ♘xf6 12.♕xc5 ♗xc5 13.♗xc5 ♕xc5 14.♘ed4 0–0 15.♗e2 ♗d7 16.0–0 ♖ae8 17.♕e3 ♘g4 18.♕d2 e5 19.fxe5 ♘gxe5 20.♘xe5 ♘xe5 21.♖xf8+ ♖xf8 22.♖e1 ♘c4 23.♗xc4 dxc4 24.♖e3 b5 25.a3 h6 26.♕e1 ♕g5 27.♕g3 ♕xg3 28.♖xg3 ♖f6 29.♖f3 ♖d6 30.♔f2 ♖d5 31.♔e3 ♖e5+ 32.♔f4 ♖e7 33.h4 ♗c8 34.♖f2 ♗b7 35.♖d2 ♖e4+ 36.♔g3 ♖e3+ 37.♔f2 ♖e4 38.g3 ♖e7 39.♖e2 ♖f7+ 40.♔e1 ♔h7 41.♖e5 ♗c8 42.♖e2 ♔g6 43.♖f2 ♖e7+ 44.♖e2 ♖f7 45.♖f2 ♖e7+ 46.♖e2 ♖f7 ½–½, So (2810) – Blübaum, M. (2646) Tiflis 2017

II) 8...♗e7 9.c3 0–0 10.g3 b5 11.♕xc5 ♘xc5 12.♘ed4 ♘xd4 13.♘xd4 ♕c7 14.♗g2 ♗d7 15.0–0 ♖ac8 16.♖c1 ♕b8 17.♕d2 ♘e4 18.♗xe4 dxe4 19.♘f5 exf5 20.♕xd7 ♗c5 21.♗xc5 ♖xc5 22.♕xf5 ♕b6 23.♔h1 ♕c6 24.♕h3 b4 25.♕g2 bxc3 26.♖xc3 ♖xc3 27.bxc3 f5 28.exf6 ♖xf6 29.♖e1 ♖e6 30.♖e3 ♕d5 31.♕c2 h5 32.♔g2 ♔h8 33.c4 ♕d4 34.♕e2 ♔g8 35.♖b3 ♕c5 36.♖b8+ ♔h7 37.♖d8 e3 38.♖d5 ♕c6 39.♕xh5+ ♔g8 40.♕e2 ♖e8 41.h4 ♕b7 42.h5 ♕e7 43.♔h2 ♕e4 44.h6 ♖e6 45.hxg7 ♖h6+ 46.♖h5 ♖d6 47.♖d5 ♖h6+ 48.♖h5 ♖d6 49.♖d5 ♖h6+ ½–½, Shankland (2691) – Blübaum, M. (2672) chess24.com 2020

8...b5

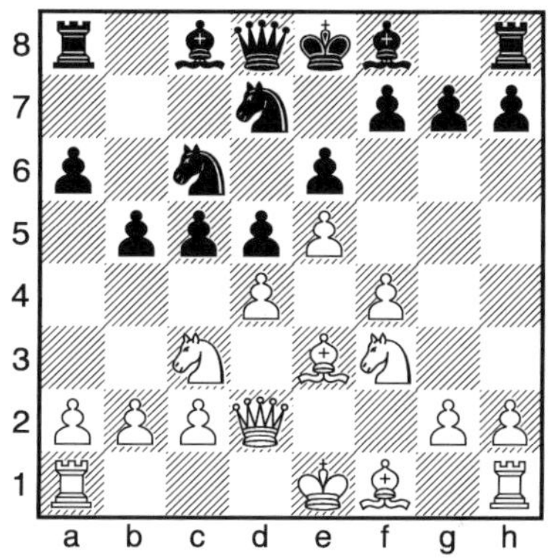

Dies ist eine moderne Tabiya in der Steinitz-Variante der Französischen Verteidigung. Mattthias Blübaum musste bereits gegen sehr starke Gegner ankämpfen, die die Fortsetzungen 9.dxc5, 9.♗e2 (I) und 9.a3 (II) anwandten. Aus fünf Partien holte Matthias aus dieser Stellung nur 1,5 Punkte. Allerdings hatten seine Kontrahenten im Durchschnitt eine Elozahl von mehr als 2700 Punkten.

9.dxc5

I) 9.♗e2

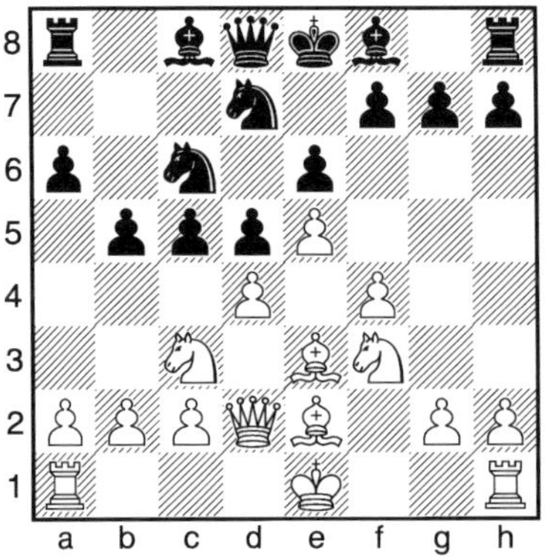

A) 9...♕b6!? 10.♘d1 cxd4 11.♘xd4 ♗c5 12.c3 0–0 13.♘xc6 ♕xc6 14.♗xc5 ♘xc5 15.♘e3=

B) 9...♗e7 10.0–0 0–0 11.a3 ♖b8 12.♔h1 ♕c7 13.dxc5 ♘xc5 14.b4 ♘e4 15.♘xe4 dxe4 16.♘d4 ♘xd4 17.♗xd4 ♗b7 18.c3 ♗d5 19.♕e3 ♕c6 20.g4

(20.♖ac1 ♗d8 21.♖fd1 ♗b6=)

20...f5 21.exf6 ♗xf6 22.♗c5 ♖f7 23.♖ad1 ♗e7 24.♗xe7 ♖xe7 25.f5

1) 25...♖c7 26.fxe6 ♗xe6 27.♕f4 ♗b3 28.♖d6 ♕b7 29.♕e5 ♖e7 30.♕d4 e3+ 31.♔g1=

2) 25...♖f7 26.a4 ♖c8 27.axb5 axb5 28.fxe6 ♖xf1+ 29.♗xf1 ♗xe6 30.♗g2 ♕xc3 31.♖d8+ ♔f7 32.♕f2+ ♕f6 33.♕a7+

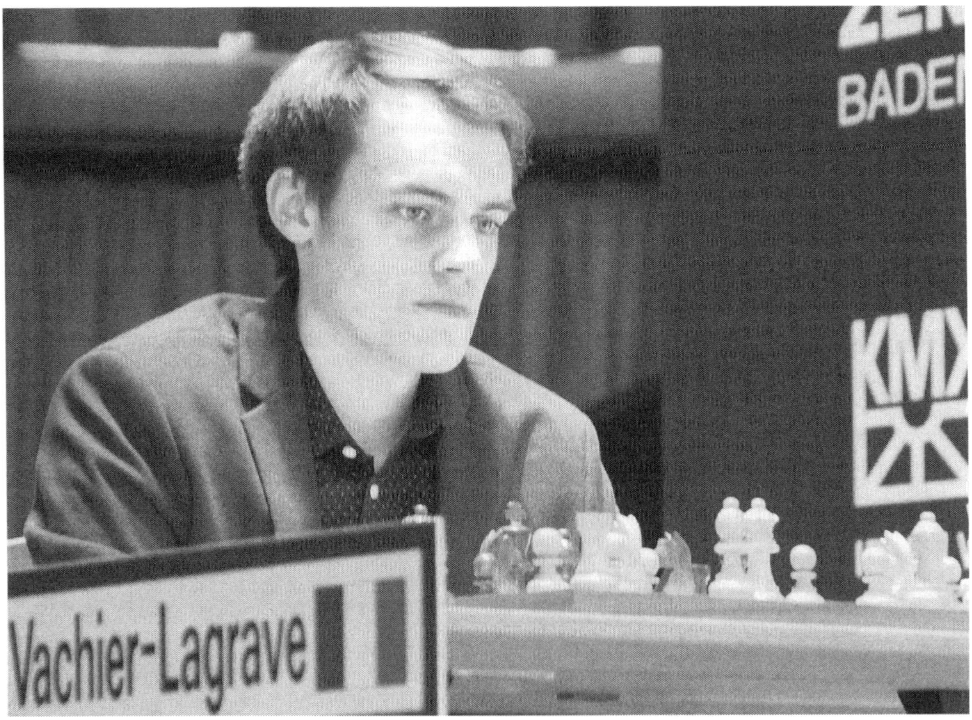

Matthias Blübaum – Vachier-Lagrave, Grenke Open 2017

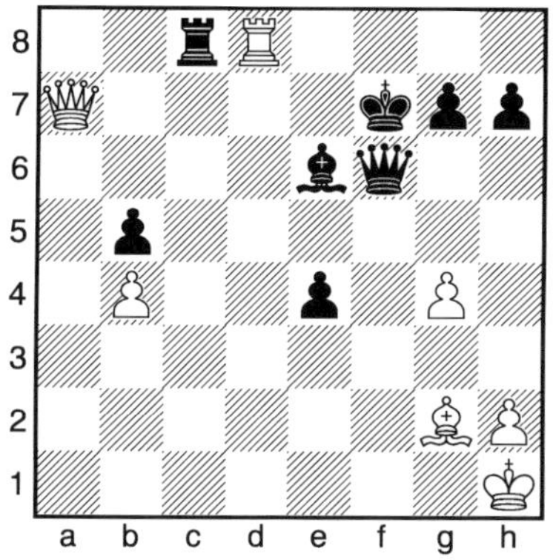

33...♕e7 34.♕f2+ ♕f6 35.♕a7+ ♕e7 36.♕f2+ ♕f6 1/2–1/2, Vachier–Lagrave (2791) – Blübaum, M. (2642), Dortmund 2017

II) 9.a3 ♕a5

A) 10.dxc5 ♗xc5 11.♗xc5 ♘xc5

1) 12.♘d4

a) 12...♘xd4 13.♕xd4 ♘a4 14.b4 ♕c7 15.♘xa4 bxa4 16.c4 dxc4 17.♕xc4 ♕xc4 18.♗xc4 ♗d7 19.♔f2 ♔e7 20.♖hd1 ♖hc8 21.♖ac1 ♗b5 22.♗e2 h6 23.♔e3 g5 24.g3 f6 25.♗f3 ♖ab8 26.♗e4 gxf4+ 27.gxf4 fxe5 28.fxe5 ♖xc1 29.♖xc1 ♖g8 30.♔f4 ♔d7 31.h4 ♖f8+ 32.♔e3 ♖g8 33.♔f4 ♖f8+ 34.♔e3 ♖g8 35.♔f4 ♖f8+ 1/2–1/2, Grischuk (2777) – Blübaum, M. (2670), chess24.com INT 2021

b) 12...♕b6 13.♘xc6 ♕xc6 14.b4 ♘e4 15.♘xe4 dxe4 16.♖c1 0–0 17.c4 bxc4 18.♕e3 a5 19.♖xc4 ♕d7 20.b5 ♗b7 21.♖c5 ♖ac8 22.♗e2 ♖xc5 23.♕xc5 e3 24.♕xe3 ♗xg2 25.♖g1 ♗d5 26.♖g3 f6 27.exf6 ♖xf6 28.♕d4 ♕e7 29.♗c4 ♖f5 30.♖g5 ♗xc4 31.♕xc4 ♖f8 32.♖g3 ♕d6 33.♕c3 ♕d7 34.♕c6 ♕f7 35.♕d6 e5 36.♕xe5 ♔h8 37.♕d4 ♕e7+ 38.♔f2 ♖d8 39.♕e5 ♕f7 40.♔g2 h6 41.♔h3 ♕d7+ 42.♔h4 ♖f8 43.♖g6 ♔h7 44.f5 ♖c8 45.♖g3 ♖c2 46.♔h3 ♖f2 47.♕e6 ♕b7 48.♕g6+ ♔h8 49.b6 ♖f3 50.a4 ♖xg3+ 51.♔xg3 ♕e4 52.♕e6 ♕d3+ 53.♔g4 ♕d1+ 54.♔g3 ♕d3+ 55.♔h4 ♕d2 56.♔g4 ♕d1+ 57.♔f4 ♕d4+ 58.♔f3 ♕d3+ 59.♔f2 ♕d2+ 60.♔f3 ♕d3+ 61.♔f2 ♕d2+ 62.♕e2 ♕f4+ 63.♕f3 ♕d2+ 64.♔f1 ♕c1+ 65.♔g2 ♕b2+ 66.♕f2 ♕b4 67.h3 ♕xa4 68.b7 ♕b5 69.♕f3 a4 70.f6 ♕g5+ 71.♔f1 ♕c1+ 72.♔f2 ♕d2+ 73.♕e2 ♕f4+ 74.♔g2 ♕g5+ 75.♔h2 ♕f4+ 76.♔h1 ♕c1+ 77.♔g2 ♕g5+ 78.♔f2 ♕f4+ 79.♕f3 ♕d2+ 80.♔g1 ♕c1+ 81.♔g2 ♕g5+ 82.♔h2 ♕d2+ 83.♕g2 ♕f4+ 84.♔h1 ♕c1+ 85.♔h2 ♕f4+ 86.♔g1 ♕c1+ 87.♕f1 ♕e3+ 88.♕f2 ♕g5+ 89.♔h2 ♕e5+ 90.♔g1 ♕g5+ ½–½, Heimann (2591) – Blübaum, M. (2642), Dresden 2017

2) 12.♘e2 ♕b6 13.♕e3 ♗d7 14.b4 ♘a4 15.♕xb6 ♘xb6 16.♘ed4 ♘xd4 17.♘xd4 ♔e7 18.♗d3 ♖hc8=

B) 10.♖b1 ♖b8 11.♘d1 ♕xd2+ 12.♔xd2

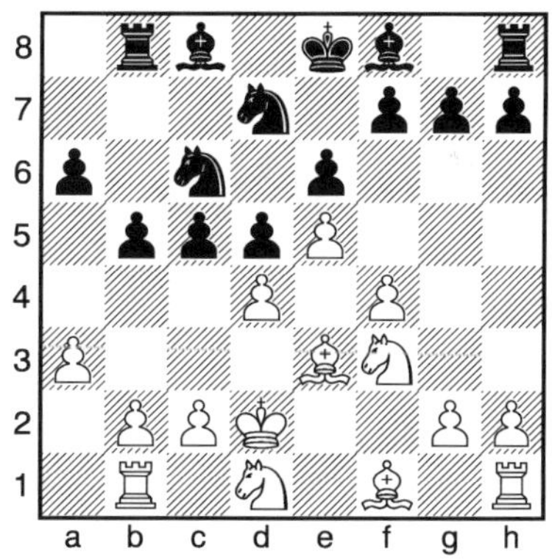

12...cxd4

(12...g5! 13.fxg5 cxd4 14.♘xd4 ♘dxe5∓)

13.♘xd4 ♘xd4 14.♗xd4 ♗e7 15.♗d3 0–0 16.♘f2

1) 16...♗c5 17.c3 f6 18.♖hf1 b4 19.♗xc5 bxc3+ 20.bxc3 ♖xb1 21.♖xb1 ♘xc5 22.exf6 ♗d7 23.c4 gxf6=

2) 16...♘b6 17.b3 ♗d7 18.♖a1 ♗c6 19.♗e2 a5 20.h4 ♘d7 21.♘d3 b4 22.axb4 axb4 23.♖a7 ♗b5 24.♗g4 g6 25.h5 ♖fd8 26.hxg6 hxg6 27.♘f2 ♗c5 28.♗xc5 ♘xc5 29.♗f3 ♖a8 30.♖c7 ♖ac8 31.♖xc8 ♖xc8 32.♖a1 ♗a6 33.♖a5 ♖c6 34.♔e3 ♔f8 35.♘g4 ♔e7 36.♔d4 ♘d7 37.♘e3 ♘b8 38.♗xd5 exd5 39.♘xd5+ ♔f8 40.♘xb4 ♖xc2 41.♘xa6 ♘xa6 42.♖xa6 ♖xg2 43.b4 ♖b2 44.♔c4 ♔e7 45.b5 ♖c2+ 46.♔b4 ♖b2+ 47.♔a5 ♖e2 48.♖c6 ♖a2+ 49.♔b6 ♖a4 50.♖f6 ♖e4 51.♔c7 g5 52.b6 gxf4 53.b7 ♖xe5 54.♖xf4 ♖b5 55.b8♕ ♖xb8 56.♔xb8 ♔e6 57.♔c7 f5 58.♖f1 ♔e5 59.♔d7 1–0, Swidler (2742) – Blübaum, M. (2641), Novi Sad 2016

9...♗xc5 10.♗d3 ♕b6 11.♗f2 h6 12.0–0

12.a3 0–0 13.0–0 ♖a7 14.♖ae1 b4 15.axb4 ♕xb4 16.f5 exf5 17.♗xf5 ♘b6 18.♗d3 ♗g4 19.♔h1

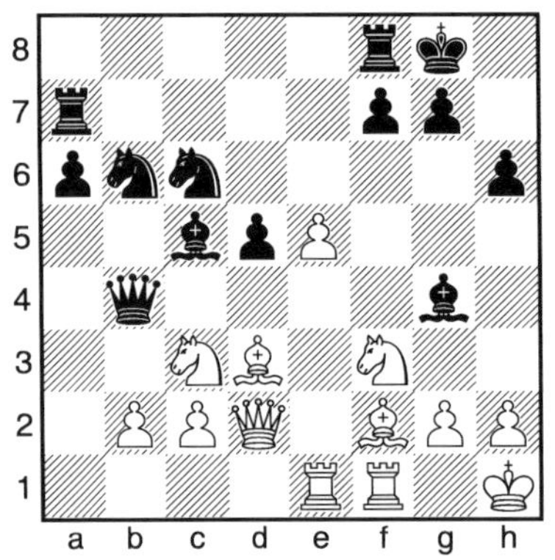

1) 19...♖e7 20.♖g1 ♖fe8 21.♗xc5 ♕xc5 22.h3 ♗h5∓ 23.♗xa6 ♗xf3 24.gxf3 ♘xe5 25.♕xh6 ♘g6 26.♖xe7 gxh6 27.♖xe8+ ♔g7 28.♗d3 ♕c6 29.♖ee1=

2) 19...♗xf2? 20.♕xf2 ♖b8 21.♘h4 ♗e6 22.♘f5

a) 22...♕f8 23.♘xh6+ gxh6 24.♖e3 ♘d7 25.♘xd5 ♘cxe5 26.♖g3+ ♔h8 27.♘f6 ♘xd3 28.♕xa7 ♘3c5 29.♖g8+ ♕xg8 30.♘xg8 ♔xg8 31.b3±

b) 22...♘d7?

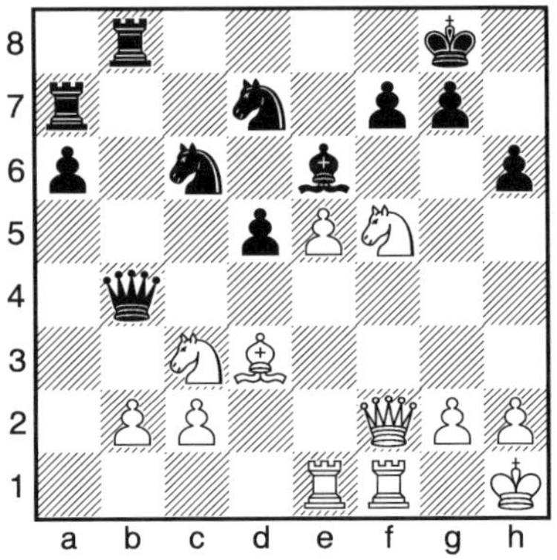

23..♘xd5! ♕c5

(23...♗xd5 24.♕g3 g6 25.♘xh6+ ♔g7 26.e6+–)

24.♘fe7+ ♘xe7 25.♘xe7+ ♔h8 26.♘c6 ♕xc6 27.♕xa7 ♖xb2 28.♕d4 ♖b6 29.♖b1 ♖xb1 30.♖xb1 1–0, Harikrishna (2768) – Blübaum, M. (2641), EU–Cup Novi Sad 2016

12...♗b7 13.a3

13.♖ae1 ♗xf2+ 14.♕xf2 ♕xf2+ 15.♖xf2 ♘c5 16.a3 b4 17.axb4 ♘xb4 18.♗f1 ♔e7 19.♘d4 ♘c6 20.♖d2 ♘xd4 21.♖xd4 a5 22.♗b5?! 1/2–1/2, Mareco (2650) – Blübaum, M. (2646), Tiflis 2017

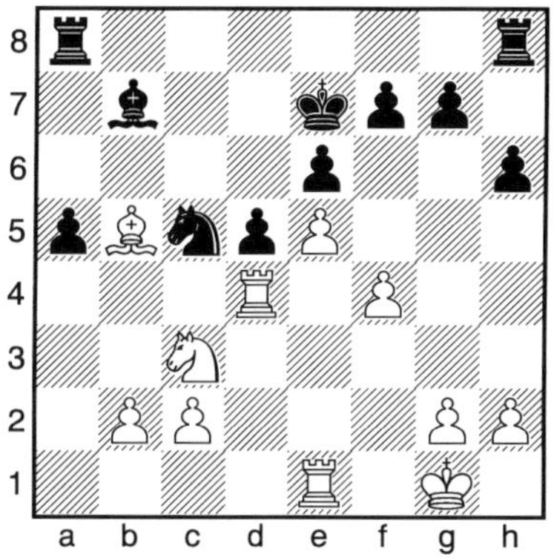

Nach 22...♗a6 23. ♗xa6 ♘xa6 steht Schwarz aufgrund der kompakteren Bauernstruktur etwas besser.

13...♗xf2+ 14.♕xf2 ♕xf2+ 15.♔xf2 g5 16.g3 ♖g8

16...g4 17.♘d2 h5 18.♘b3 ♔e7 19.♘e2 h4 20.♖g1 d4 21.♗e4 hxg3+ 22.hxg3 f5 23.♗g2 ♖h2 24.♔f1 ♖d8 25.♘exd4 ♘xd4 26.♘xd4 ♘c5 27.♗xb7? ♖xd4–+ 28.♗g2 ♖d2 29.♖c1 ♘e4 0–1, Krause (2425) – Blübaum, M. (2647), Magdeburg 2020

17.♘e2 ♔e7 18.♔e3 f6 19.♘ed4?! gxf4+ 20.gxf4

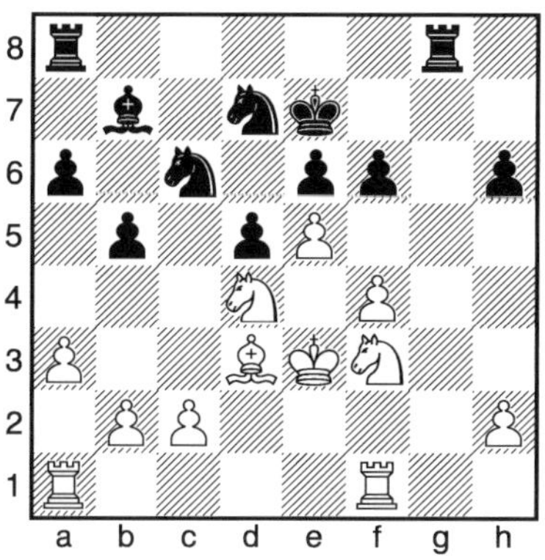

20...♘cxe5!

Ein starkes Scheinopfer. Schwarz bekommt die Figur zurück und erhält die etwas besseren Chancen.

21.fxe5 fxe5 22.♘b3 d4+ 23.♘bxd4 exd4+ 24.♘xd4 ♘f6 25.♖ae1 ♖g2 26.♖e2

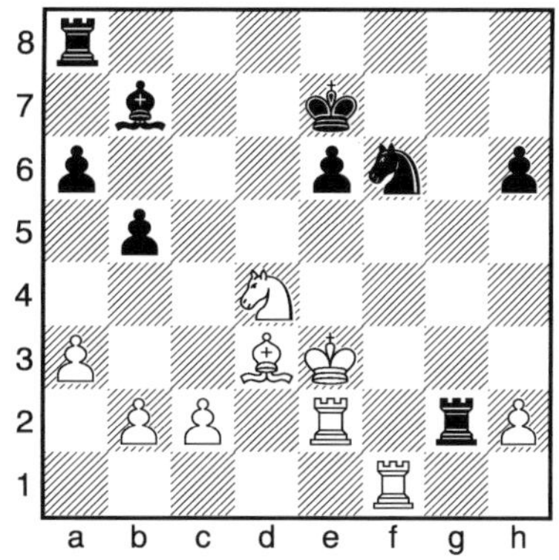

26...♘g4+

26...♖ag8 wäre eine sinnvolle Alternative gewesen. Bei bestem Spiel sollte sich Weiß aber auch hier behaupten können; z.B. 27.♔d2 ♖xe2+ 28.♘xe2 ♖g2 29.♖g1=.

27.♔d2 ♖xh2 28.♘xe6 ♖xe2+ 29.♗xe2 ♔xe6 30.♗xg4+ ♔e7 31.♔e3 ♖g8 32.♖f4 ♖g5 33.c4 bxc4 34.♖xc4 ♔d6 35.♖b4 ♖b5 36.♖xb5 axb5 37.♔d4 ♗c6 38.b3 ♗e8 39.a4 bxa4 40.bxa4 ♗xa4 41.♔e4 ½–½

EV 07
Richard Rapport (2686)
Matthias Blübaum (2643)
Bundesliga 2018 (C01)

1.e4 e6 2.d4 d5 3.exd5 exd5 4.♘f3

Die Abtauschvariante mit 4.♘f3 ist nicht zu unterschätzen. Starke Spieler haben sich ihrer bedient, unter anderem Garri Kasparow, Vladimir Kramnik und Magnus Carlsen.

4.♗d3

Die Abtauschvariante in der Französischen Verteidigung mit 4.♗d3 gilt als ungefährlich für Schwarz. Oft wenden Weißspieler sie an, wenn sie gegen einen stärkeren Gegner auf Remis spielen wollen.

4...♘c6 (4...c5 5.♘f3 ♘c6) 5.c3 ♗d6 Dies ist der Standardaufbau, den Matthias Blübaum regelmäßig gespielt hat. Weiß hat nun mehrere Möglichkeiten: Mit 6.♘e2 (I), 6.♘f3 (II) und 6.♕f3 (III) musste sich Matthias bereits auseinandersetzen. Gegen 6.♕f3 verlor er eine Partie. Allerdings wurde in der Partie gegen Brüdigam Schnellschach gespielt und die Partie sollte nicht zu hoch bewertet werden.

I) 6.♘e2 ♘ge7 7.♗g5 ♗g4 8.♕c2 ♕d7 9.♘d2 h6 10.♗h4 ♘f5 11.♗g3 ♘xg3 12.hxg3 0–0–0 13.♘f1 ♘e7 14.♘e3 ♗e6 15.♘f4 ♔b8 16.0–0–0 c5 17.♘xe6 fxe6 18.♕xc5 ♗xc5 19.♘g4 ♕c7 20.♖he1 ♖d6 21.♖e2 ♖c8 22.♖de1 h5 23.♘e5 ♘c6 24.♘xc6+ ♕xc6 25.f3 ♗d4 26.♔b1 ♗f6 27.f4 a6 28.♖h1 ♕b6 29.♕b3 ♕a5 30.♕b4 ♕d8 31.♖c1 ♖b6 32.♕a3 ♕d7 33.♕a5 ♔a7 34.a4 ♗d8 35.♗b5 ♖xb5 0–1, Schulze (2209) – Blübaum, M. (2637) Riga 2018

II) 6.♘f3 ♘ge7 7.0–0 ♗g4 8.h3 ♗h5 9.♖e1 ♕d7 10.♘bd2 ♗g6 11.♗b5 0–0 12.♘b3 a6 13.♗f1 f6 14.♘h4 ♗f7 15.♗d3 ♖ae8 16.♗d2 g5 17.♘f3 ♗g6 18.♗f1 ♗e4 19.♘h2 ♘g6 20.c4 dxc4 21.♗xc4+ ♔g7 22.♗e3 ♗xg2 23.♕g4 ♗xh3 24.♕xd7+ ♗xd7 25.♘c5 ♗xc5 26.♕xc5 ♘ce5 27.♗e2 ♗c6 28.b4 ♘h4 29.♖ed1 ♘f5 30.♗c1 ♗a4 31.♖d2 ♗b5 32.♗h5 ♖e7 33.a4 ♗c6 34.f4 ♘c4 35.♖d1 ♘g3 36.b5 axb5 37.axb5 ♗xb5 38.♗f3 ♘e2+ 39.♔f2 ♘xc1 40.♖axc1 ♘b2 41.♖d4 ♘d3+ 42.♖xd3 ♗xd3 0–1, Havasi (2355) – Blübaum, M. (2600) Zillertal 2015

III) 6.♕f3 ♗e6

A) 7.♘e2

1) 7...♕f6 8.♕xf6 ♘xf6 9.♗f4 ♗xf4 10.♘xf4 ♗d7 11.f3 g5 12.♘e2 0–0–0 13.♘d2 ♘e7 14.♘g3 h5 15.h4 gxh4 16.♖xh4 ♘g6 17.♖h2 ♘f4 18.♗f5 ♖de8+ 19.♔f1 h4 20.♗xd7+ ♔xd7 21.♘f5 ♖e2 22.♘b3 h3 23.♖xh3 ♖xh3 24.gxh3 ♖h2 25.♘g3 ♖xh3 26.♔f2 ♖h2+ 27.♔e3 ♘e6 28.♖b1 b6 29.♘f1 ♖g2 30.♘c1 c5 31.♘d3 ♔d6 32.♘d2 ♘g7 33.♘f1 ♘f5+ 34.♔f4 ♘e7 35.♕xc5+ bxc5 36.b4 ♘h5+ 0–1, Gorjatschkina (2593) – Blübaum, M. (2670) chess.com INT 2021)

2) 7...♕d7 8.♗f4 ♗e7 9.♘d2 g5 10.♗g3 0–0–0 11.♕e3 ♘h6 (11...f5 12.f4 g4∓) 12.♘f3 f6 13.h4 ♘f5 14.♗xf5 ♗xf5 15.hxg5 fxg5 16.♘xg5 ♖de8 17.♘f3?

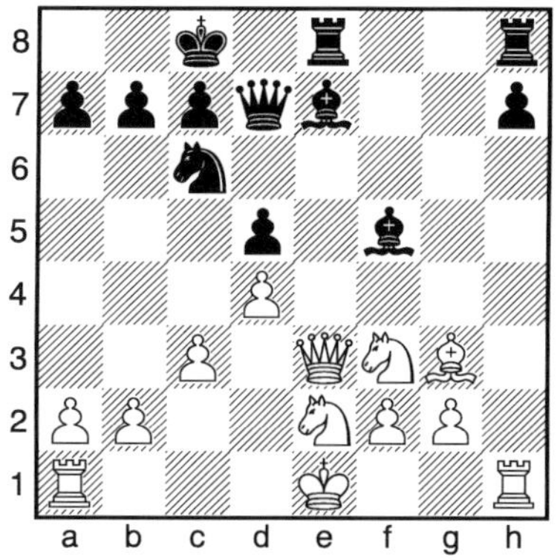

Dieser Fehler erlaubt einen kleinen taktischen Trick.

17...♘b4!∓ 18.0-0 ♘c2 19.♕d2 ♘xa1 20.♖xa1 h5 21.♘e5 ♕e6 22.♘f4 ♕g8 23.c4 h4 24.♗h2 ♗g5 25.♕a5 ♗xf4 26.♗xf4 ♗e4 27.f3 h3 28.g4 ♗xf3

(28...h2+! 29.♗xh2 ♕g5 30.♕e1 ♗xf3−+)

29.♔h2 ♕h7 30.♘xf3 ♖hf8 31.♖e1 ♖xe1 32.♕xe1 ♕f7 33.♕e5 ♕xf4+ 34.♕xf4 ♖xf4 35.♔g3 ♖f8 36.cxd5 ♖h8 37.♔h2 ♔d7 38.♘e5+ ♔e8 39.g5 ♖h5 40.g6 ♔f8 41.b4 ♔g7 42.b5 ♖h4 43.♘f3 ♖h5 44.♘e5 ♔f6 45.a4 b6 46.♘c6 ♔xg6 47.♘xa7 ♖xd5 48.♘c6 ♖h5 49.d5 ♔f6 50.d6 cxd6 51.a5 bxa5 52.b6 ♖b5 53.♔xh3 a4 0−1, Dauth (2349) – Blübaum, M. (2510), Pardubice 2014

B) 7.♗f4 ♗e7 8.♕g3 g5 9.♗xc7 ♕d7 10.♘a3 f5 11.♕e3 f4 12.♕e2 ♘f6 13.♘f3 ♘e4 14.♗e5 0−0 15.♘c2 g4 16.♘d2 ♘xd2 17.♕xd2 ♘xe5 18.♕xe5 ♕c7 19.♕e2 ♖ae8 20.♘d4 ♗g5 21.♘xe6 ♖xe6 22.♕xg4 ♕xe5+ 23.♔f1 f3 24.h4 ♖h6 25.♖e1 ♕f6 26.♖h3 fxg2+ 27.♕xg2 ♕f4 28.♖g3 ♖xh4 29.♖xg5+ ♔h8 30.♔g1 ♕d2 31.♖e3 ♖hf4 32.♖h3 ♖4f7 33.♕g3 ♕e1+ 34.♗f1 ♕xf2+ 35.♕xf2 ♖xf2 36.♗d3 ♖8f7 37.♖xh7+ ♖xh7 38.♔xf2 ♖h3 39.♗e2 1−0, Brüdigam (2375) − Blübaum, M. (2588) Berlin 2015 (Rapid−WM)

4...♘c6

4...♗d6

I) 5.c4 ♘f6 6.♘c3 0−0 7.cxd5 h6 8.♗c4 ♖e8+ 9.♗e3 ♘bd7 10.0−0 ♘b6 11.♗b3 ♗g4 12.h3 ♗h5 13.♕d3?!

(13.♗d2 ♕d7 14.a4=)

13...♗xf3 14.gxf3

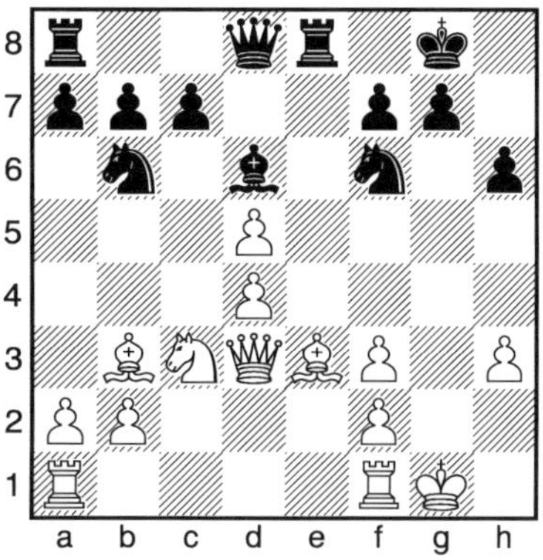

14...♕d7

(14...a5 15.♖ae1 ♕d7 16.♔g2 a4∓)

15.♔g2 ♘h5 16.♖ae1 ♗f4 17.d6 ♗xe3 18.fxe3

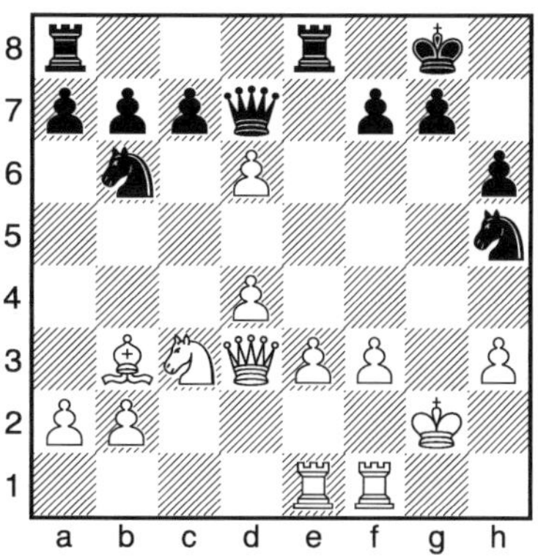

18...cxd6 (18...♕xd6=) 19.♕b5 ♕xb5 20.♘xb5 ♖ed8 21.♖c1 a6 22.♘c7 ♖ab8 23.♘d5 ♘xd5 24.♗xd5 ♘f6 25.♗b3 ♖bc8 26.♔f2 ♔f8 27.e4 ♘h5 28.♔e3 g5 29.♗d5 ♘f4 30.♗xb7 ♖b8 31.♗xa6 ♖xb2 32.d5 ♖xa2 33.♖c8 ♖xc8 34.♗xc8 ♔e7 35.♖b1 ♔f6 36.♖b7 ♖c2 37.♗f5 ♖h2 38.♖d7 ♘xd5+ 39.exd5 ♔xf5 40.♖xd6 ♖xh3 41.♔e2 h5 42.♖h6 ♖h2+ 43.♔e3 ♖h1 44.d6 ♖e1+ 45.♔f2 ♖d1 46.♖xh5 ♔f4 47.♖h6 f5 48.♔e2 ♖d5 49.♖g6 ♖d4 50.♖e6 ♔g3 51.♖g6 g4 52.fxg4 f4 53.♖f6 ♔xg4 54.♖g6+ ♔f5 55.♖g8 ♖xd6 56.♖f8+ ♔e4 57.♖e8+ ♔d4 58.♔f3 ♖f6 59.♖e4+ ♔d5 60.♖xf4 ♔e5 61.♖xf6 ♔xf6 1/2–1/2, Kowaljowskaja(2438) – Blübaum, M. (2576) Moscow 2015

II) 5.♗d3 ♘c6 6.0–0 ♘ge7 7.♘c3

A) 7...♗g4 8.♗e3 (8.♘b5!? h6 9.c3±) 8...a6 9.a3 ♕d7 10.h3 ♗h5 11.b4 f6 12.b5 axb5 13.♘xb5 0–0 14.♘xd6 ♕xd6 15.g4 ♗g6 16.♘h4 ♖xa3 (16...♗e4 17.c3 f5∓) 17.♘xg6 ♘xg6 18.♖xa3 ♕xa3 19.♕b1 b6 20.c4 dxc4

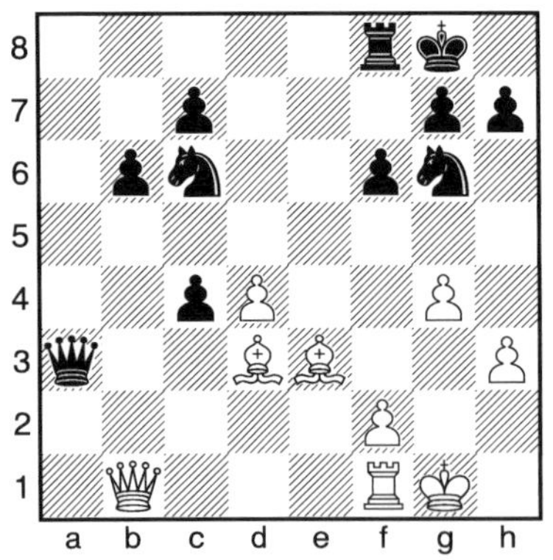

21.♗xg6? (21.♗xc4+ ♔h8 22.♕e4=) 21...hxg6 22.♕xg6 ♘e7 23.♕e4 ♕d6 24.♗f4 ♕d7 25.d5 ♘xd5 26.♖d1 c6 27.♕xc4 ♕e6 28.♗d2 b5 29.♕c5 ♕e2 30.♕c1 ♕f3 0–1, Hofmann (2118) – Blübaum, M. (2618), Helsingor 2016

B) 7...a6 8.♖e1 ♘b4 9.♗g5 f6 10.♗h4 ♗g4 11.h3 ♗h5 12.a3 ♘xd3 13.♕xd3

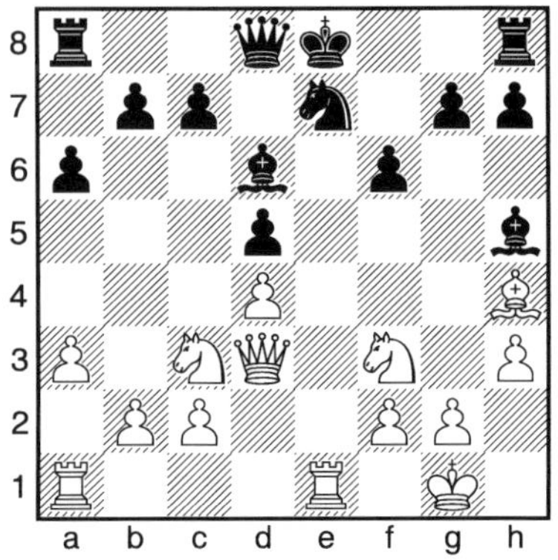

13...0–0= 14.♗g3 ♗xg3 15.fxg3 ♕d6 16.g4 ♗g6 17.♕d2 ♖ae8 18.♖e3 h5 (18...♘c8 19.♖xe8 ♖xe8 20.♘h4 c6=) 19.♘h4

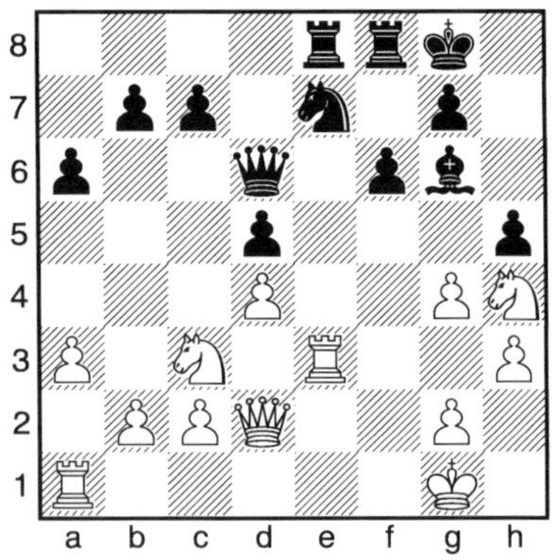

19...♕f4?

(19...♗f7 20.gxh5 ♗xh5 21.♖ae1 ♘c6=) 20.♖ae1± ♕g5??

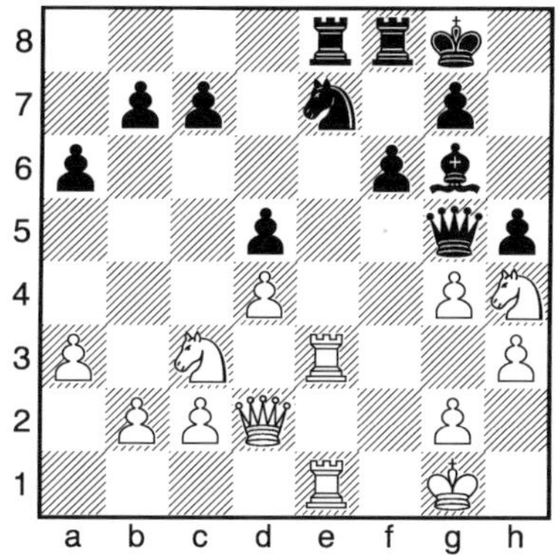

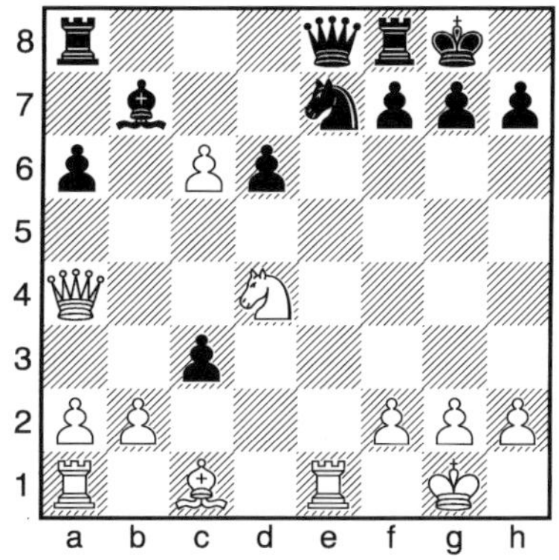

(20...♗e4 21.♕e2±) 21.♘f3+− 1−0, So (2810) − Blübaum, M. (2646) Tiflis 2017 (Weltcup Rapid Tiebreak)

5.♘c3

1) 5.♗b5 ♗d6 6.c4 dxc4 7.d5 a6 8.♗a4 b5 9.♕xc6 bxa4 10.0−0 ♘e7 11.♘bd2 c3 12.♘e4 0−0 13.♕xa4 ♕e8 14.♘xd6 cxd6 15.♘d4 ♗b7 16.♖e1

16...♗xc6= 17.♕a3 ♕d7 18.♕xc3 ♗b7 19.♕g3 ♖ac8 20.b3 ♖fe8 21.♗b2 ♘g6 22.h3 f6 23.♕g4 ♕xg4 24.hxg4 ♘e5 25.f3 g6 26.♗a3 ♖ed8 27.♖ac1 ♖xc1 28.♖xc1 ♖d7 29.♖c3 a5 30.♘b5 ♘f7 31.♔f2 ♔g7 32.♔g3 g5 33.♗c1 ♔g6 34.♗d2 ♘e5 35.♘d4 ♗d5 36.a4 h5 37.gxh5+ ♔xh5 38.♖e3 ♔g6 39.♗xa5 f5 40.♖c3 f4+ 41.♔f2 g4 42.♗c7 ♔g5 43.a5 g3+ 44.♔g1 ♘c6 45.♘b5 ♖e7 46.♔f1 ♖h7 47.♗xd6 ♖h1+ 48.♔e2 ♖g1 49.♖c5 ♖xg2+ 50.♔f1 ♖f2+ 51.♔g1 ♖xf3 52.♘c3 ♖xc3 53.♖xc3 ♘d4 54.♖xg3+ 1/2−1/2, Meier, G. (2644) − Blübaum, M. (2642), Dresden 2017

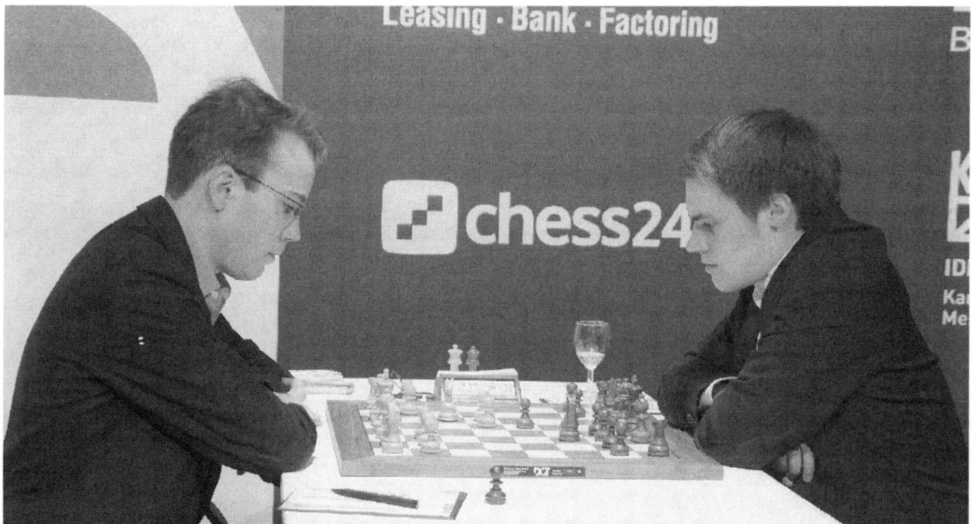

Georg Meier – Matthias Blübaum, Grenke Open 2017

8.♘bd2 ♕d7 9.♕c2 ♕e6+ 10.♔f1 f6 11.♗h4 0–0–0 12.b4? (12.♗g3=) 12...♗f5 13.b5 ♗xd3+ 14.♕xd3 ♘a5 15.♘b3 ♘c4 16.♘c5 ♗xc5 17.♕xc5 ♕e4–+ 18.♕xe4 dxe4 19.♘d4 ♖d5 20.♘b3 ♖d3 21.♖e1 ♘f5 22.♗g3 ♖xc3 23.♖e2 ♖d8 24.♔e1 ♘a5 25.♗f4 ♘xb3 26.axb3

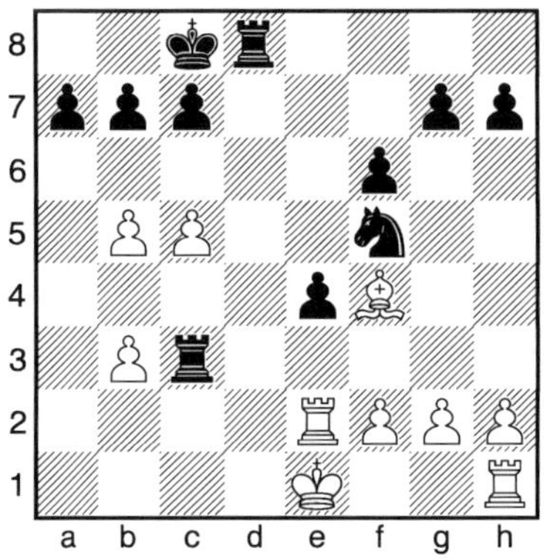

26...e3! 0–1, Cordts (2306) – Blübaum, M. (2388) Bad Wiessee 2011

5...♗b4 6.♗d3 ♘ge7 7.0–0 ♗g4 8.h3 ♗h5 9.a3 ♗d6

9...♗xc3 10.bxc3 ♕d7 11.♖e1 0–0–0 12.a4 ♖de8 13.♗a3 ♔b8 14.♗b5 ♘g6 15.♗xc6 ♕xc6 16.g4 ♘f4 17.gxh5 ♕d7=

10.♖e1

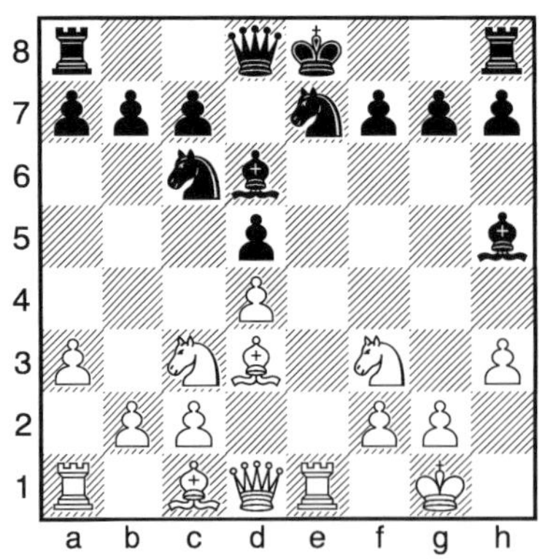

10...♗xf3??

10...0–0 11.♗xh7+ ♔h8 12.g4 ♗xg4 13.hxg4 ♔xh7 14.♘g5+ ♔g8 15.♕d3 ♘g6 16.♗d2± bzw. 16.♕h3 ♖e8 17.♕h7+ ♔f8 18.♖d1 ♕d7 19.♕h5±

11.♕xf3 ♘xd4 12.♕xd5 c6

12...0–0 13.♕xb7 ♖b8 14.♕e4+–

13.♕h5 ♕d7 14.♘e4 ♘e6

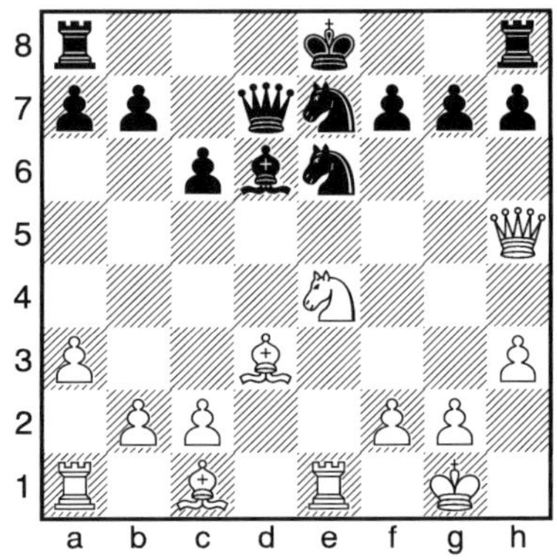

– 14...♗c7 15.♗e3 0–0–0 16.♘c5 ♕e8 17.♗xd4 ♖xd4 18.♕g5 ♗d6 19.♘e4 ♗c7 20.♘g3+–

– 14...0–0–0 15.♘xd6+ ♕xd6 16.♕xf7+–

15.♗h6! ♕c7 16.♗c4 ♗h2+ 17.♔h1 ♕e5

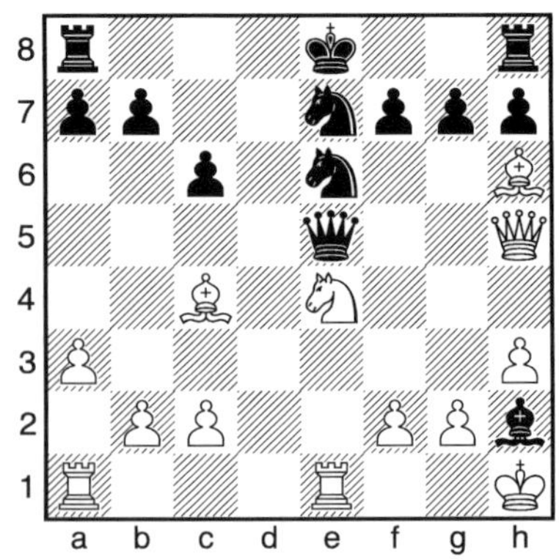

18.♘g5 1–0

IV) Matthias Blübaum kommentiert eigene Partien

Vladimir Kramnik (2812)
Matthias Blübaum (2642)
Dortmund 2017 (A07)

Nach einem für mich bisher recht guten Turnier musste ich in der letzen Runde noch mit Schwarz gegen Kramnik spielen. Auch wenn ich zu diesem Zeitpunkt bereits gegen einige Topspieler gespielt hatte, war diese Begegnung trotzdem etwas Besonderes, zumal Kramnik ja seine aktive Schachkarriere wenig später beendet hat.

1.♘f3

Die erste kleine Überraschung. Natürlich kann Kramnik alle Eröffnungen spielen, aber ich hatte hauptsächlich mit 1.e4 gerechnet.

1...d5 2.g3 ♗g4 3.♗g2 e6 4.0-0 ♘f6 5.d3 ♗e7 6.h3 ♗h5 7.c4 c6 8.♕b3 ♕c8

Bis hierhin schien mir alles recht normal, aber ich war längst in eine gegnerische Vorbereitung gelaufen. Diese Stellung hatte ich bereits bei der Olympiade 2016 gespielt, allerdings ohne den Einschub von h3 und ♗h5 – und genau dieser Einschub ermöglicht es Weiß nun, durch Vorstoß des g-Bauern in Vorteil zu kommen.

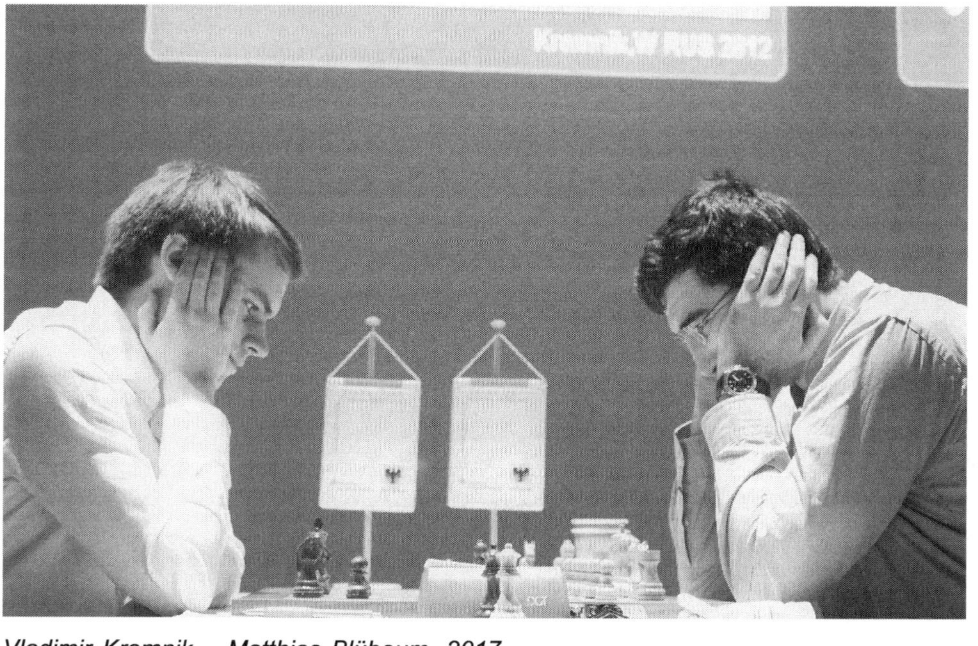

Vladimir Kramnik – Matthias Blübaum, 2017

9.g4!? ♗g6 10.cxd5 cxd5

Die logische Fortsetzung, da der Springer noch nicht auf d7 steht und somit noch nach c6 entwickelt werden kann.

10...exd5 gefiel mir überhaupt nicht, denn nach 11.♘d4± wird der Läufer auf g6 Probleme bekommen, sobald Weiß f4 spielt.

11.♗f4 ♘c6 12.♘c3 0–0 13.♖ac1

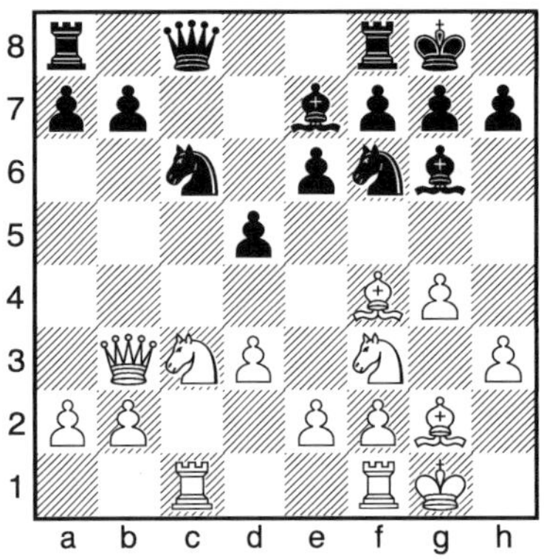

Bis hierhin spielte Kramnik alles sehr schnell und mir wurde bewusst, dass ich einige Probleme habe. Falls ich mich mit ♕d7 zu Ende entwickle, kann Weiß Ideen mit e2–e4 einsetzen. Gruppiere ich stattdessen mit ♘d7 meine Figuren um, folgt ♘a4 und meine Dame muss vorerst auf dem nicht wirklich guten Feld c8 stehen bleiben. Nach langem Überlegen habe ich nichts Besseres als ♕d7 gefunden.

13...♕d7

Nach 13...♘d7 14.♘a4± ist es sehr schwer, einen guten Plan für Schwarz zu finden.

14.♘e5

14.e4 sieht gefährlich aus und tatsächlich muss Schwarz sehr genau spielen, um auszugleichen; z.B. 14...h5! 15.g5 dxe4 16.♕xe4 ♘xe4

1) 17.♘xe4 ♗xe4 18.♘e5 ♕d5 19.♕xd5 ♗xd5 20.♗xd5 ♘xe5 21.♗e4 ♘c6= bzw. 21.♗xb7 ♖ab8 22.♗g2 ♗d6=

2) 17.♖fd1 ♕e8 18.♘xe4 ♗xe4 19.♕xb7 ♖d8 20.♖xd8 ♕xd8= und da 21.♖xc6? an 21...♕d1+ 22.♔h2 ♗xf3–+ scheitert, hält die schwarze Stellung.

Da Kramnik aber selbst all das noch kannte und wusste, dass e4 nur zum Ausgleich führt, spielte er den Textzug ♘e5.

14...♘xe5 15.♗xe5 h5

Dieser Hebel ist wichtig, um Gegenspiel zu bekommen. Ab hier fühlte ich mich in der Stellung wieder etwas wohler.

16.g5 ♘e8 17.f4

Dieser Vorstoß stellt mich vor die nächste schwierige Entscheidung.

17...♗c5+

Dieses Herangehen gefiel mir letztlich am besten, da es das Spiel etwas forciert. Zwar hatte ich das bald folgende Qualitätsopfer hier schon kurz angeschaut, aber noch unterschätzt.

1) 17...f6 sah mir während der Partie zu riskant aus, obwohl es in Verbindung mit der Idee ♘g7 durchaus spielbar zu sein scheint, z.B. 18.gxf6 gxf6 19.♗d4 ♘g7=.

2) 17...♘d6 sieht natürlich aus, aber nach 18.e4 bleibt der Läufer auf g6 schlecht und auch der Springer auf d6 steht etwas merkwürdig.

18.d4

Dies ist forciert, denn nach 18.♔h2 gewinnt 18...♗e3 ein Tempo und danach gerät der Läufer e5 ins Gedränge; z.B. 19.♖cd1 f6 20.f5 fxe5 21.fxg6 ♘c7∓.

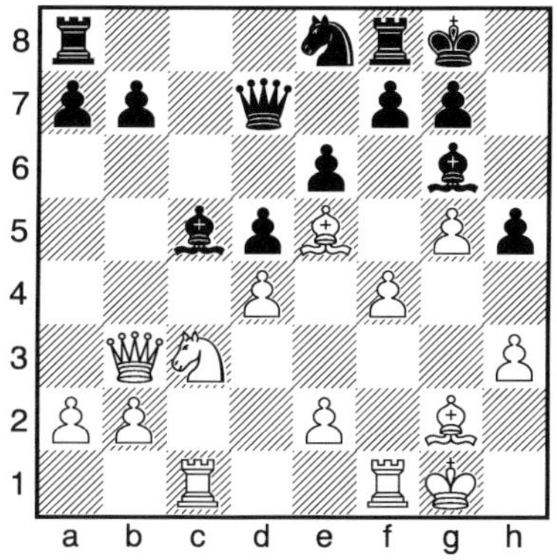

18...♗b6

Die Aufrechterhaltung des Drucks auf d4 zwingt Weiß praktisch zur Partiefortsetzung, denn wenn Schwarz sich mit ♘d6 konsolidiert und Kontrolle über die Felder f5 und e4 erlangt, steht er einfach besser.

19.f5!

Die Einleitung zu einem instruktiven Qualitätsopfers, für das Weiß lang anhaltende Kompensation bekommt. Während der Partie fand ich die Stellung schwer einzuschätzen, aber vermutlich ist sie für Weiß einfach leichter zu spielen, auch wenn sie objektiv im Gleichgewicht bleibt.

19.♘a4?! bringt Weiß nicht wirklich weiter.

1) Während der Partie hatte ich darauf 19...♘d6 Δ20.♘xb6 axb6 21.♕xb6 ♘c4∓ geplant.

2) 19...♗f5! ist sogar noch etwas stärker – und zwar mit der Idee, nach Verhinderung von f4–f5 den Läufer auf e5 zu fangen.

19...♗xf5 20.♖xf5 exf5 21.♘xd5 ♕e6

21...♗d8 habe ich recht schnell wegen 22.g6 verworfen. Die Stellung fühlte sich für mich einfach zu gefährlich an und es fällt einem während der Partie auch schwer, noch eine weitere Figur zurück auf die Grundreihe zu stellen.

22.♔h1

Auch das Endspiel nach 22.♘xb6 Δ22...♕xb3 23.axb3 axb6 24.♗xb7 ♖d8= wäre interessant gewesen, aber mein Gegner war deutlich mehr interessiert daran, einen Angriff zu starten.

22...♖d8 23.♕f3 g6

Diese Lockerung schwächt zwar das Feld f6 und die gesamte Diagonale sehr stark, aber ich sah mich dazu gezwungen, da ich den Bauern auf h5 nicht einfach verlieren wollte.

24.e3

24.♘xb6 wäre objektiv die beste Wahl gewesen, hätte meine Lage allerdings aus praktischer Sicht angesichts des umfangreichen Figuranabtauschs 24...♕xb6 25.♕xb7 ♕xb7 26.♗xb7 f6 27.gxf6 ♘xf6 einfacher gemacht. Schwarz steht schlechter, aber bleibt in der Partie; z.B. 28.♖c6 ♖f7 29.♗a6 ♘d7 30.♖xg6+ ♔h7 31.♖d6 ♖ff8 und Schwarz kann entweder einen Läufer abtauschen oder mittels ♖f6 ein Turmpaar.

24...♔h7

Nach einigem Nachdenken entschied ich mich für diese Fortsetzung – und zwar mit der Idee, ♖c8 vorzubereiten. Da all meine Figuren etwas komisch stehen, dachte ich, es müsste sinnvoll sein, mich auf diese Weise zu entlasten.

24...♖d7! mit der Idee der Umgruppierung ♗d8 usw. wäre hier sehr stark gewesen; z.B. 25.h4 ♗d8∓. Leider ist mir dieses Manöver in der Partie völlig entgangen.

25.♘f4 ♕e7

Den Textzug habe ich gewählt, um nach ♘xh5 die Antwort ♕xg5 zu haben.

Allerdings würde ♘xh5 gar kein großes Problem darstellen.

Es wäre konsequent gewesen, mit 25...♕d7!? weiterhin auf ♖c8 zu spielen; z.B. 26.♕xb7

(Oder 26.♘xh5 ♖c8∓, und wenn Weiß den Turm nicht tauscht, kann Schwarz sich mit ♗c7 entlasten.)

26...♕xb7 27.♗xb7 ♘d6 28.♗c6 ♘e4= mit genug Gegenspiel. Außerdem wäre ich in der Partie angesichts knapper Bedenkzeit auch froh gewesen, die Damen vom Brett zu bekommen.

26.♕g3

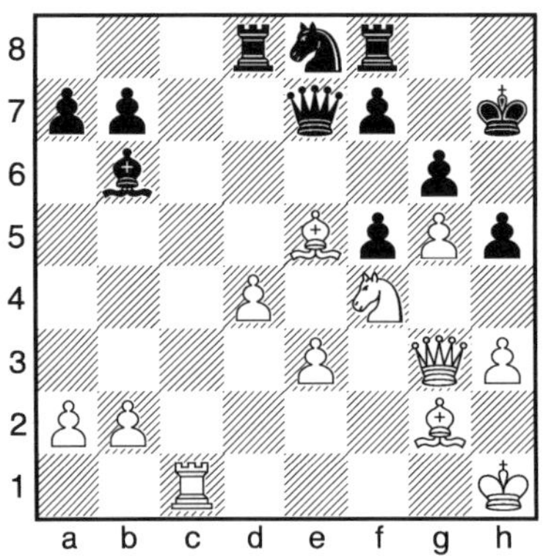

26...♗c7

Der Versuch, weitere Figuren abzutauschen, ist nur natürlich. Ich hatte ♖xc7 schon erwartet, aber habe auch nichts Besseres als den Textzug gefunden.

26...♖d7!? ist immer noch möglich, aber dieser Zug kam mir auch hier überhaupt nicht in den Sinn; z.B. 27.♕h4 ♔g8

1) Nach 28.♘xh5? gxh5 29.♕xh5 f6 30.gxf6 ♕h7! 31.♕g5+ ♔f7 32.♗f1 ♘d6 überlebt Schwarz den Angriff und bleibt mit mehr Material übrig. Am Brett ist die ganze Abwicklung ab ♖d7 meiner Meinung nach aber kaum zu überblicken bzw. einzuschätzen.

2) 28.♗d5 ♖xd5! 29.♘xd5 ♕d7=

27.♖xc7!

Weiß opfert eine zweite Qualität und behält somit den sehr wichtigen Läufer auf e5.

27...♘xc7 28.♗f6 ♕b4

Hierauf hatte ich mich bei ♗c7 verlassen, aber die schwarze Stellung ist sehr wackelig.

29.♘xh5!

29.♕h4 gibt mir Zeit für 29...♕d2 mit genug Gegenspiel; z.B. 30.♗f3 ♕c1+ 31.♔h2 ♕d2+ mit Dauerschach.

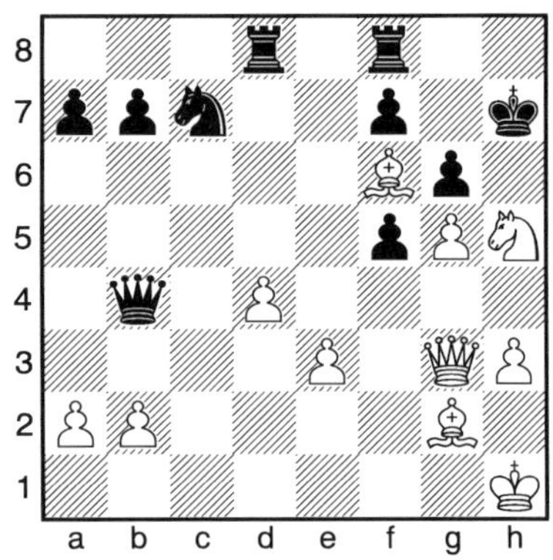

29...gxh5

29...♘e8! ist der beste Zug, aber in Zeitnot kaum zu finden. Schwarz überlebt in allen Varianten, aber die Stellung bleibt extrem gefährlich; z.B. 30.♗xd8 gxh5= bzw. 30.♕h4 ♔g8 31.♗xd8 gxh5 32.♗f6 ♕xb2=.

30.g6+ ♔g8 31.♕g5

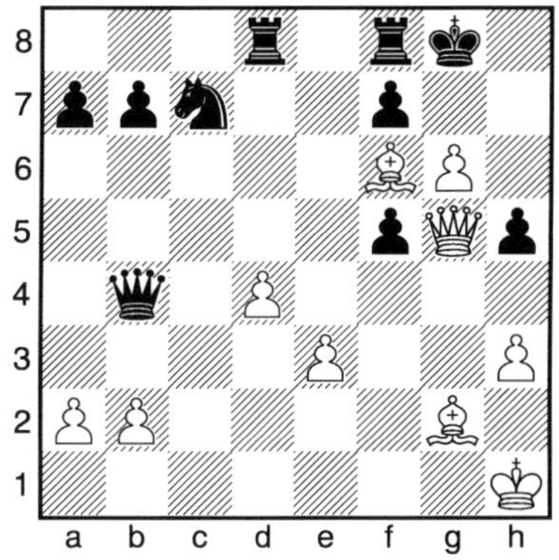

31...h4?

In meiner Zeitnot halluzinierte ich hier ein Dauerschach.

31...♘d5 war die letzte Chance. Nach 32.♗xd8 ♕d6 33.gxf7+ ♔xf7 34.♕xh5+ ♔g8 ist die schwarze Stellung objektiv in Ordnung, aber praktisch gesehen würde wohl kein Mensch hier gerne mit Schwarz spielen.

32.♕h6 ♕e1+ 33.♔h2 ♕g3+ 34.♔g1 ♕e1+ 35.♗f1 ♕g3+ 36.♔h1 ♕f3+ 37.♗g2 ♕d1+ 38.♔h2 1–0

Schwarz hat keine Schachs mehr und wird einfach matt gesetzt. Es ist etwas schade, dass ich die Partie mit 31...h4 endgültig eingestellt habe. Allerdings ist es auch kaum verwunderlich, dass mir in einer so komplizierten Stellung mit wenig Zeit früher oder später ein Fehler passieren kann. Alles in allem eine sehr starke Partie von Kramnik, der mich von Anfang an immer wieder vor praktische Probleme gestellt hat, die ich letztendlich nicht alle lösen konnte.

Jan Nepomnjaschtschi (2789)
Matthias Blübaum (2670)
Opera Euro Rapid 2021 (C11)

1.e4 e6 2.d4 d5 3.♘c3 ♘f6 4.e5 ♘fd7 5.f4 c5 6.♘f3 ♘c6 7.♗e3 a6 8.a3 ♕b6

Nachdem ich am Vortag hier cxd4 gegen Dominguez gespielt hatte, habe ich mich entschieden, mit ♕b6 abzuweichen.

9.♘a4 ♕a5+ 10.c3 c4 11.♗e2?

Der Zug hat mich geschockt, da ich mich noch recht sicher erinnern konnte, dass b4 laut Engine mit Abstand der beste Zug ist. Nach kurzem Überlegen fand ich den etwas ungewöhnlichen Trick mit 12...♘xd4 und war sehr glücklich, den Bauern zu gewinnen, auch wenn das erstaunlicherweise nicht einmal die beste Fortsetzung ist.

Tatsächlich ist 11.b4 der einzig sinnvolle Zug. Nach 11...cxb3 12.♕xb3 b5 13.♘b2 ♖b8= kann Weiß zwar nicht unbedingt auf Eröffnungsvorteil hoffen, aber die Stellung bleibt sehr komplex.

11...b5 12.♘c5

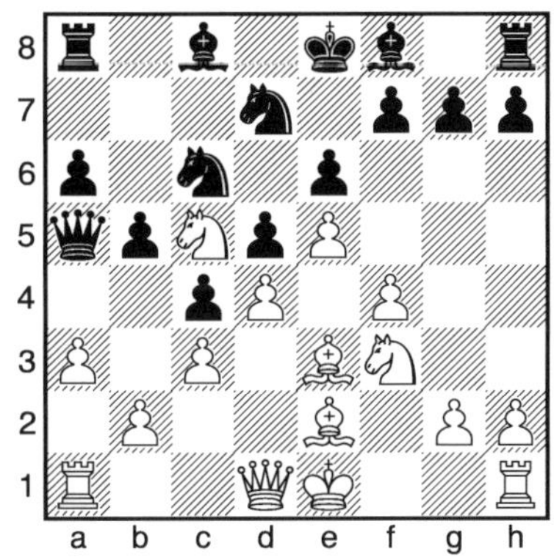

12...♘xd4

Nachdem ich diesen Zug gesehen hatte, habe ich überhaupt nicht mehr nach Alternativen gesucht.

Tatsächlich ist 12...♘xc5!? wohl präziser, aber vor allem in einer Schnellschachpartie kaum zu finden. Schwarz wird den Bauern auch hier früher oder später gewinnen, aber 13.♕xc5 ♕c7 14.♘d4 (14.♕d2 ♘a5 15.♗d1 ♗xc5∓) 14...♘a5 15.c6 ♘xc6 16.♘xc6 ♕xc6 17.♕d4∓ ist eine etwas bessere Version als die in der Partie. Allerdings hat Weiß auch hier zumindest noch Kompensation für den Bauern und kann noch kämpfen.

13.♘xd7 ♘xf3+ 14.♗xf3 ♗xd7 15.f5 ♕c7

Bis hierhin waren die letzten Züge recht forciert.

16.♗d4

Der automatische Zug, den ich ehrlich gesagt auch erwartet hatte.

Nach 16.♕d4!? steht Weiß trotz des Minusbauern überraschenderweise kaum schlechter; z.B. 16...♖c8 17.♕f4

1) Nach 17...exf5 18.0–0–0 ♗e7 19.♕g3! g6 20.♗h6 bzw. 19...0–0 20.♗h6 hat Weiß starke Kompensation.

2) Und nach 17...♗c5 18.f6 g6 19.♔d2 hat Schwarz nur noch den Hebel mit a6–a5 und b5–b4, aber in der Zwischenzeit spielt Weiß auf den schwarzen Feldern und auch Endspiele sind aufgrund des schlechten Läufers alles andere als einfach für Schwarz.

16...♗c5 17.fxe6 fxe6

Nach der genauso gut spielbaren Alternative 17...♗xe6 hat Schwarz eine Schwäche auf d5, aber dafür etwas mehr Königssicherheit und der weißfeldrige Läufer ist etwas stärker als in der Partie.

18.♗h5+ g6 19.♗g4 ♗xd4?

In Schnellschachpartien kommen naturgemäß einige Fehler vor, aber ich kann selber nicht verstehen, warum ich hier direkt auf d4 getauscht habe.

19...0–0 ist viel simpler und gewinnt einfach Zeit, da Weiß kaum etwas Besseres als 20.♕d2 hat.

(20.h4? geht wegen 20...♖f4–+ überhaupt nicht.)

20...♗xd4 21.♕xd4 h5 22.♗h3 ♕a7 23.♕xa7 ♖xa7–+ sollte technisch gewonnen sein.

20.♕xd4 0–0 21.♔d2!?

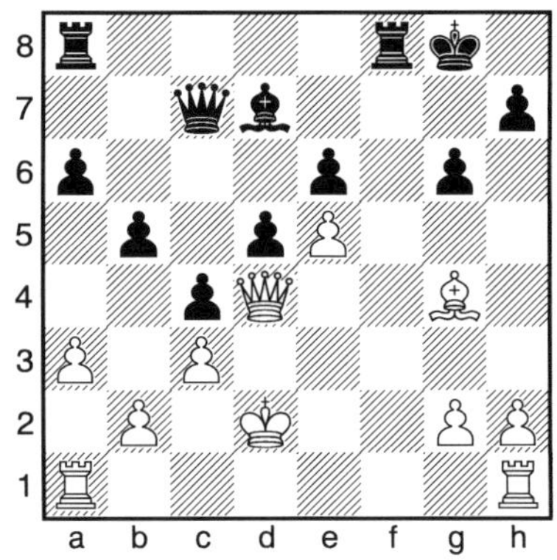

Der König steht deutlich besser in der Mitte, da er nach 21.0–0–0 geradewegs in den Angriff mit a6–a5 und b5–b4 laufen würde.

21...♖f7

21...♕a7 habe ich zuerst überlegt, aber mit dem aktiven weißen König sind die Endspiele nach 22.♕xa7 ♖xa7 23.♖hf1= überhaupt nicht besser für Schwarz.

22.♖af1 ♖af8 23.♖xf7 ♖xf7 24.h4 ♕d8

Dies verhindert fürs Erste den weiteren Vorstoß h4–h5 und lockt den weißen König Richtung Damenflügel.

25.♔c2 a5 26.♔b1 ♕b8 27.g3?!

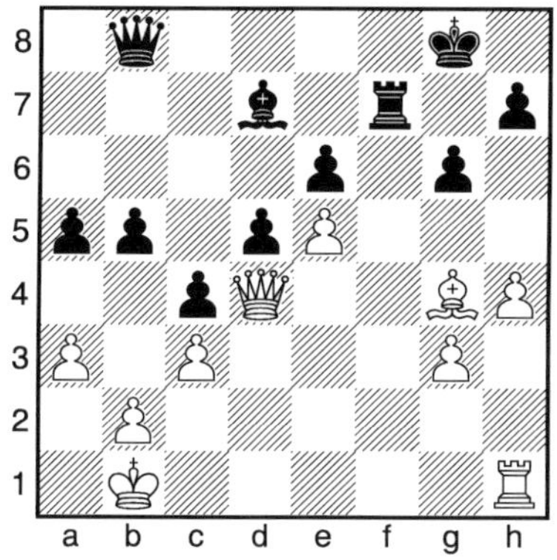

Das ist deutlich zu langsam. Ich vermute einfach, Weiß hat genau wie ich die Idee mit h6 und ♕c5 übersehen, aber wie auch immer ist es jetzt zu einfach für mich.

Nach 27.h5!? hatte ich 27...g5 geplant und dachte, die Drohung ♖f4 gibt mir ausreichend Zeit, um mit b4 meinen Angriff entscheidend fortzusetzen, aber nach 28.h6! ♖f4?! 29.♕c5 wird die Stellung auf einmal sehr gefährlich für Schwarz; z.B. 29...♖xg4 30.♕e7 ♕xe5 31.♕xd7 ♔f8= und Schwarz überlebt um ein Haar, obwohl ♔f8 in einer praktischen Partie natürlich schwer zu finden ist.

27...b4 28.cxb4 axb4 29.a4

Weiß versucht zwanghaft, den Damenflügel geschlossen zu halten, aber sein Angriff ist jetzt viel zu langsam.

29...h5 30.♗h3 ♕a8 31.g4 ♕xa4 32.gxh5 b3 33.♖g1

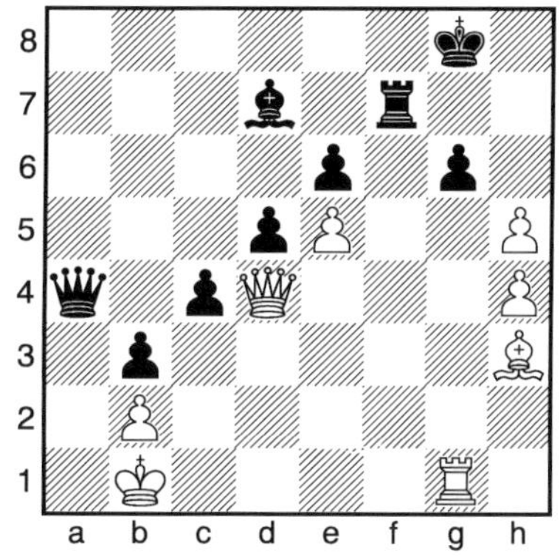

33...♖f3

Es gibt natürlich viele Gewinnwege, aber ich hielt den Textzug für recht forciert. Schwarz droht 34...♕a2+ 35.♔c1 ♕a1+ 36.♔d2 ♖d3+ und nach 37.♕xd3 ♕xb2+. Also muss Weiß Schachs geben, aber diese sind stark limitiert.

34.♖xg6+ ♔h7 35.♖g7+ ♔xg7 36.♕g4+ ♔h8 37.♕xf3 ♕a2+ 38.♔c1 ♕a1+ 39.♔d2 ♕xb2+ 40.♔e1

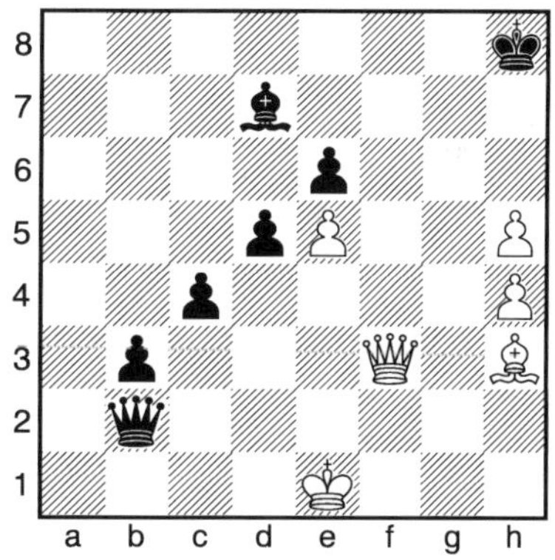

40...♕xe5+

Natürlich muss man mit wenigen Sekunden auf der Uhr noch ein wenig auf Dauerschachs aufpassen, aber mit dieser Bauernkette ist die schwarze Stellung so simpel gewonnen, dass der Rest nicht mehr kommentiert werden muss.

41.♔f2 b2 42.♕f8+ ♔h7 43.♕e7+ ♕g7 44.♕b4 ♕d4+ 45.♔g2 ♕e4+ 46.♔h2 ♕e5+ 47.♔g2 ♕e2+ 48.♔g3 ♕d3+ 49.♔h2 ♕c2+ 50.♗g2 b1♕ 51.♕e7+ ♔g8 52.♕d8+ ♔f7 53.♕xd7+ ♔f6 54.♕d8+ ♔e5 55.h6 ♕h7 56.♕f8 ♕bb7 57.♔g3 ♕bf7 58.♕b8+ ♕c7 59.♕f8 ♔d4+ 0–1

Matthias Blübaum (2647)
Liviu Dieter Nisipeanu (2655)
Magdeburg 2020 (A85)

1.d4 d5 2.c4 e6 3.♘c3 ♘f6 4.♘f3 c6 5.e3 ♘e4!?

Die erste große Überraschung in der Eröffnung. Nachdem mein Gegner zuerst von der Zugfolge her Damengambit spielte, kommt nun ein Übergang zu Stonewall-Strukturen.

6.♗d3 f5 7.♘e5 g6 8.0–0 ♘d7 9.f4

Die natürliche Reaktion, um den Springer auf e5 zu festigen. Andrerseits nimmt sich Weiß damit allerdings die Möglichkeit, den Springer e4 irgendwann mit f2–f3 zu vertreiben.

9...♘xe5 10.fxe5 ♗e7

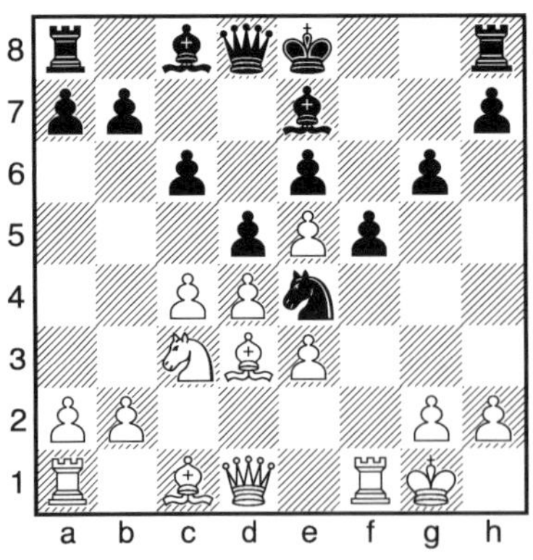

11.♘xe4?!

Während der Partie ist mir leider nur die für diese Strukturen eher übliche Möglichkeit in den Sinn gekommen, mit dem Springer auf e4 zu schlagen. Es scheint mir jedoch, dass Weiß danach zu viel Zeit verliert und die schwarze Stellung in Ordnung sein sollte.

11.♗xe4!? ist die von der Engine vorgeschlagene Methode, denn zum einen verliert Weiß in der Folge kein Tempo und zum anderen hat Weiß die Möglichkeit, mit a4, b3, ♗a3 die schwarzfeldrigen Läufer zu tauschen, um mit dem „guten Springer“ gegen den „schlechten Läufer“ auf c8 übrig zu bleiben; z.B. 11...♕xe4 12.a4± usw.

11...dxe4 12.♗e2 c5?!

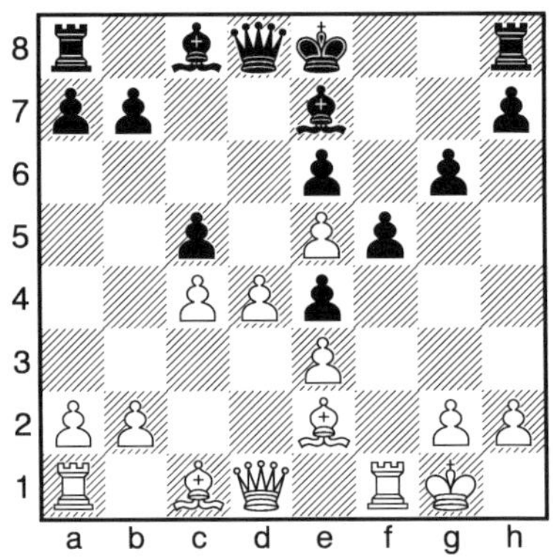

Dieser Vorstoß erleichtert das weiße Spiel drastisch. Schwarz hätte besser zuerst rochieren und Weiß die Entscheidung überlassen sollen, wie er sich am Damenflügel aufbaut; z.B. 12...0–0!? 13.a3 a5=.

13.b4!

Angesichts der gegebenen Bauernstruktur muss Weiß am Damenflügel spielen, und dabei war es mir wichtig, keine Zeit zu verlieren. Außerdem erhält Weiß für den vorübergehenden Bauernverlust viele offene Linien und Schwarz wird keine Zeit bekommen, seine Bauernmajorität am Königsflügel jemals in Bewegung zu setzen.

Nach 13.d5 erhält Weiß zwar einen gedeckten Freibauern, aber mit13...a5! kann Schwarz den Damenflügel erstmal zusammenhalten.

13...cxb4 14.a3 bxa3 15.♗xa3 0–0 16.d5

Nun kann Weiß endlich den gedeckten Freibauern bilden und sein Spiel am Damenflügel zwingt Schwarz (ungeachtet des Mehrbauern) in eine sehr passive und unangenehme Lage.

16...♗xa3 17.♖xa3 b6 18.♕d4 ♗d7

Mit 18...♖f7!? war wohl am meisten Widerstand zu leisten.

19.♖fa1 ♕c7 20.d6 ♕b7 21.c5

Die starke Alternative 21.♖a6! habe ich während der Partie gar nicht gesehen. Ich hatte Angst, Schwarz könnte mit 21...♖fc8 den Durchbruch c5 verhindern, aber dann gewinnt Weiß sofort dank des Manövers 22.♖1a3 nebst ♕a1.

21...bxc5 22.♕xc5 ♖fc8 23.♕d4 a5

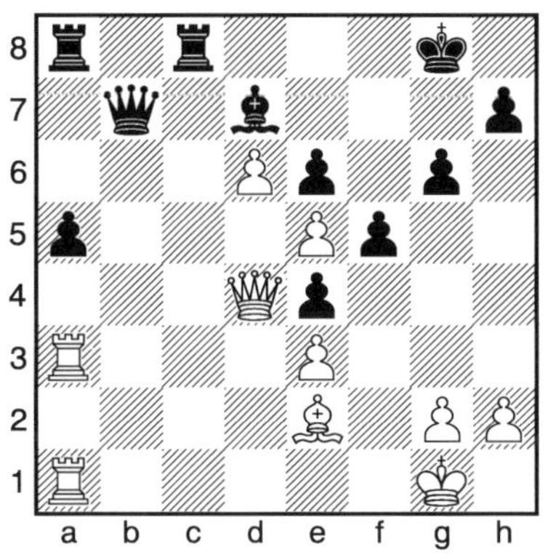

24.h3!

Diese Stellung hatte ich im Auge, als ich 21.c5 zog. Mir ist aufgefallen, dass Schwarz im Prinzip überhaupt keinen sinnvollen Zug hat, während Weiß seine Stellung mit h3 nebst ♔h2 durchaus sinnvoll verbessern kann.

Schlecht war natürlich 24.♖xa5, denn nach 24...♖xa5 25.♖xa5 ♖c1+ 26.♔f2 ♕b1 erhält Schwarz starkes Gegenspiel gegen den weißen König.

24...a4?

Dies ist letztlich wohl der Verlustzug. Ich selbst habe während der Partie für Schwarz allerdings auch keine gute Idee gesehen, derweil die Engine die schwarze Stellung noch problemlos zusammen hält; z.B. 24...♕c6 25.♖xa5 ♖xa5 26.♖xa5 ♕c1+ 27.♔h2 ♕e1= bzw. 27.♗f1 f4! 28.♕xe4 fxe3= mit ausreichendem Gegenspiel.

25.♗d1

Jetzt holt Weiß sich den Bauern auf a4 ab und sollte angesichts des gedeckten Freibauern eine technische Gewinnstellung haben.

25...♖a5 26.♗xa4 ♗xa4 27.♖xa4 ♖d5 28.♕a7 ♕g7!?

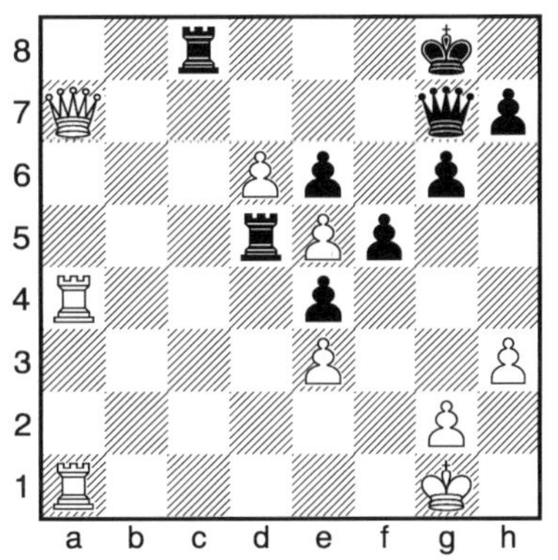

Dies ist in einer praktischen Partie noch ein guter Versuch, denn das Turmendspiel ist überraschenderweise gar nicht besser für Weiß, wenn Schwarz den König nach h6 bringt.

29.♕a8

– 29.♕xg7+? ♔xg7 30.♖a7+ ♔h6=

– 29.♕b6 Δ29...♕xe5 30.♕b7!, was noch klarer gewinnt als die Partiefortsetzung. habe ich während der Partie nicht gefunden.

29...♖dc5 30.♖a7 ♕h6

30...♕xe5 31.d7+–

31.♖c7

31.♖1a3+– deckt einfach den Bauern auf e3 und gewinnt ohne Gegenspiel. In der Partie war ich zu fokussiert auf die konkreten Varianten mit ♖c7 und habe diese Alternative gar nicht in Erwägung gezogen.

31...♕xe3+ 32.♔h1 ♖c1+

Die einzige Chance.

33.♖cxc1 ♖xa8 34.♖xa8+ ♔g7 35.♖d1?!

Meine Bedenkzeit wurde knapper und bei Ausführung des Textzuges habe ich nur die tatsächlich folgende Variante mit 35...f4 36.♖a7+ gesehen. Dann ist mir jedoch plötzlich aufgefallen, dass Schwarz auch 35...♕e2 ziehen kann, wonach ein anderer Gewinnweg her muss.

Deutlich einfacher war 35.♖ac8 mit der möglichen Folge 35...f4 36.d7 f3 37.d8♕ fxg2+ 38.♔xg2+–.

35...f4

35...♕e2!? bereitet Weiß aus praktischer Sicht noch mehr Probleme, obwohl er nach wie vor gewinnt; z.B. mit 36.♖da1 f4 37.d7 f3 38.♖g8+ ♔h6 39.♖g1, denn nach 39...fxg2+ 40.♔h2+– hat Schwarz kein Dauerschach.

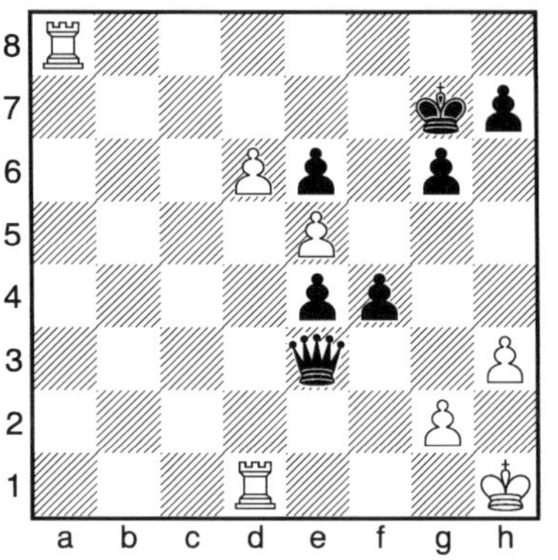

36.♖a7+!

Ein wichtiges Detail, um den König nach h6 zu zwingen.

36...♔h6 37.d7 ♕xa7

37...f3 38.♖a2! fxg2+ 39.♖xg2 ♕xh3+ 40.♖h2 war die Idee, warum der König nach h6 gezwungen werden musste.

38.d8♕ ♕f2 39.h4 und **1–0** angesichts des drohenden Damentauschs auf g5.

Alles in allem bin ich sehr zufrieden mit der Partie, da es mir gelungen ist, meinem starken Gegner allerlei praktische Probleme zu bereiten, die er am Ende nicht alle lösen konnte.

Matthias Blübaum (2670)
Niclas Huschenbeth (2604)
Magdeburg 2021 (E51)

Nach einer unglücklichen Erstrunden-Niederlage war diese Partie in der zweiten Runde natürlich sehr wichtig, um noch vernünftig in das Turnier starten zu können.

1.d4 ♘f6 2.c4 e6 3.♘f3 d5 4.♘c3 ♗b4

Die erste Überraschung, denn in meiner Vorbereitung hatte ich mir zwar einige

Fortsetzungen nach 4.♘c3 angesehen, aber mit Ragosin hatte ich nicht gerechnet. Nach etwas Überlegen entschied ich mich dazu, mit 5.e3 nebst ♗d2 ein System zu wählen, das ich schon sehr oft gespielt habe und in dem ich mich wohlfühle. Natürlich war mir klar, dass ich nun in eine Vorbereitung laufen werde.

5.e3 0–0 6.♗d2 b6 7.cxd5 exd5 8.♗d3 ♗d6 9.0–0 ♖e8

Wahrscheinlich eine der genaueren Zugfolgen gegen dieses System. Da ich mich für diese Partie auch nicht darauf vorbereitet hatte, musste ich jetzt am Brett überlegen, was ich spielen sollte.

10.♘b5

– Ich wusste, dass gegen die Systeme mit dem Läufer auf d6 auch 10.♕b1 häufig eine interessante Idee ist, um sowohl b4 als auch e4 anzudrohen. Hier gefiel es mir jedoch nicht, nach 10...♗g4 11.♘e5 ♗xe5 12.♕xe5 ♖xe5 einen Bauern zu opfern, da ich vermutete, dass mein Gegner noch in seiner Vorbereitung war. Weiß sollte Kompensation haben, aber mehr wohl auch nicht. Nach beispielsweise 13.h3 ist 13...♗c8 etwas überraschend der einzig gute Zug (13...♗h5? 14.f4 ♖e6 15.g4!±) 14.e4 d4 15.♗f4 ♘bd7∞

– Der andere natürliche Zug 10.♖c1 läuft direkt in 10...c5, wonach Schwarz bequem ausgleicht, da der Läufer nicht mehr nach b7 muss; z.B. 11.♗b5 ♗d7=.

10...♗f8 11.♘e5

Das ist der einzig logische Anschlussplan von ♘b5. Weiß gewinnt kurzzeitig wieder die Kontrolle über e5 und ist jetzt schnell genug, den Springer mit f4 zu unterstützen.

11...c5 12.f4 a6 13.♘c3 b5

Bis hierhin blitzte mein Gegner alles runter, während ich schon etwas Zeit für die Entscheidung 10.♘b5 verbraucht hatte.

14.♕f3 c4

Über diese äußerst zweischneidige Fortsetzung habe ich mich sehr gefreut, da die Stellung nun sehr kompliziert wird.

14...♗b7!? ist der deutlich einfachere Zug, den ich eigentlich auch erwartet hatte. Schwarz hält sich die Option offen, im geeigneten Moment auch auf d4 tauschen zu können, um die Stellung zu öffnen. Somit fällt es Weiß hier deutlich schwerer, einen Angriff zu starten; z.B. ist 15.g4 nach 15...♘c6 16.g5 ♘e4! 17.♘xe4 dxe4 18.♗xe4 ♘xe5 19.fxe5 ♕xg5+ 20.♔h1 ♗xe4 21.♕xe4 gut für Schwarz, da er mit 21...cxd4∓ das Zentrum öffnen kann.

15.♗c2

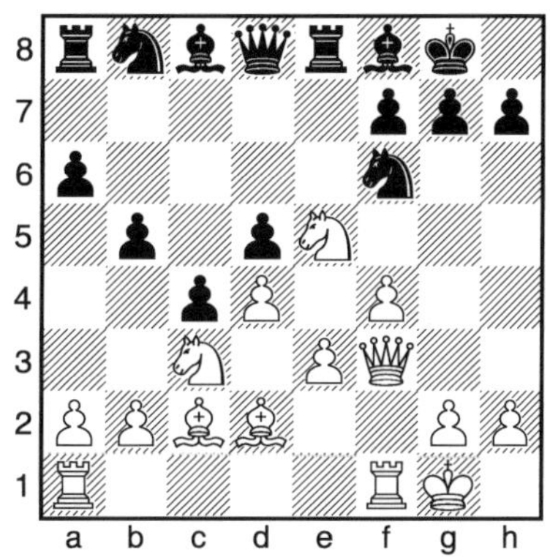

15...♗b7?

Im Prinzip schon der entscheidende Fehler. Nach dem vorangegangenen c5–c4 hätte Schwarz unbedingt mit 15...b4! fortsetzen müssen, um genug Gegenspiel zu erhalten. Danach war ich mir noch nicht ganz sicher, wohin mein Springer gehört. Ich hätte vermutlich 16.♘e2 Δ16...a5 17.♗e1∞ gespielt, um ihn irgendwann nach späterem g2–g4 nach g3 zu stellen.

Die Engine bevorzugt allerdings 16.♘d1!? mit der möglichen Folge 16...a5 17.♘f2 gefolgt von g4. Weiß hat wohl leicht bessere Chancen, aber die Stellung bleibt extrem unklar.

16.a3!?

Ein Hinweis darauf, dass das schwarze Gegenspiel zu langsam ist, denn um a5 und b4 durchzusetzen, müsste zuerst der Bauer auf b5 überdeckt werden, was in allen Varianten ein entscheidendes Tempo verliert.

16...♘bd7 17.g4

Die weiße Stellung spielt sich wie von selbst.

17...g6 18.♗e1

Mit der Doppeldrohung ♗h4 und g5.

18.g5?! erlaubt noch 18...♘e4!? 19.♘xe4 dxe4 20.♗xe4 ♘xe5, da der Bauer auf d4 gefesselt ist. 21.fxe5 ♕xg5+±

18...♘e4!?

Mein Gegner hat nichts Besseres gesehen, als den Bauern e4 sofort zu opfern, was aus praktischer Sicht wohl auch der beste Versuch ist.

19.♘xe4 dxe4 20.♗xe4 ♗xe4 21.♕xe4 ♘f6

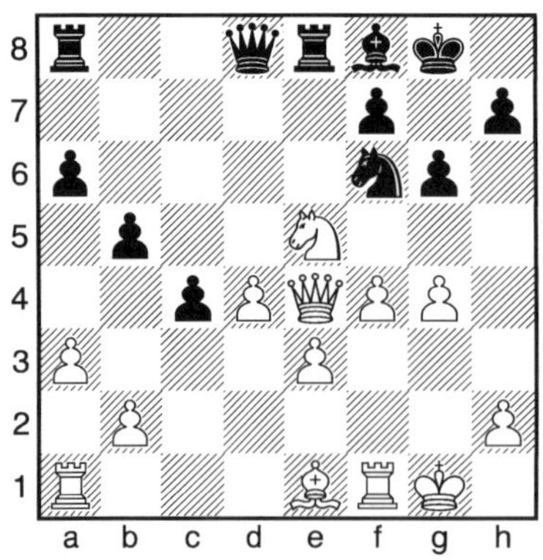

22.♕c6!?

Ich habe hier auch etwas auf die inzwischen herrschende Zeitnot meines Gegners gespielt, denn ich ging davon aus, dass er mit diesem Damenzug nicht rechnen würde.

22.♕f3 ist der natürlichste Zug, allerdings hat mir nach 22...♕d5 23.g5 (23.♕xd5? ♘xd5 24.♗d2 f6=) 23...♘e4 nicht gefallen, dass Damentausch hier unmöglich ist, so dass sich der weiße König mitunter etwas unwohl fühlt.

22...♕d6?

Ohne den Einschub von ♘d5 und ♗a5 (siehe Abspiel 2) ist dieses Endspiel klar gewonnen.

1) 22...♖c8! wäre der richtige Zug gewesen und hier muss Weiß wohl tatsächlich doch zurückgehen. In der Partie war ich mir noch nicht sicher, ob ich auf a6 nehmen könnte, aber glücklicherweise hat sich mein Gegner hier nicht getraut, noch einen Bauern zu opfern.

23.♕xa6

(Nach 23.♕f3 ♕d5 24.g5 ♘e4 macht es keinen großen Unterschied, ob der Turm auf a8 oder c8 steht. Allerdings denke ich immer noch, dass diese Stellung alles andere als leicht zu gewinnen ist, auch wenn Weiß natürlich über einen glatten Mehrbauern verfügt, aber es ist sehr schwierig, hier weiterzukommen.)

23...♘d5 und Schwarz hat sehr gutes Gegenspiel. Ein kleines aber wichtiges Detail ist 24.♗a5? ♖a8!∓.

2) 22...♘d5 23.♗a5! hierauf hatte ich mich in der Partie verlassen, als ich ♕c6 spielte, allerdings ist mir dann aufgefallen, dass das Endspiel nach 23...♕d6 nicht ganz so leicht ist.

24.♕xd6

(24.♕b7!? ist der stärkere Zug mit der Idee 24...♗e7 25.♗b4! ♘xb4

(25...♕d8 26.♘c6 ♕c8 27.♘xe7+ ♘xe7 28.♕f3+−)

26.axb4+− Wenn es Weiß gelingt, den Läufer gegen den Springer auf d5 abzutauschen ist die Stellung leicht gewonnen. Nun kann der weiße Angriff entscheidend fortgeführt werden.)

24...♗xd6 25.e4 ♘e3 26.g5!?± Das Qualitätsopfer bietet Weiß gute Chancen, war aber nicht meine ursprüngliche Idee.

26.♖f3? ♘c2 27.♖d1 ♘xd4 hatte ich eingestellt, als ich ♕c6 gespielt habe; z.B. 28.♖xd4 ♗c5 29.♗c3 ♖xe5! 30.fxe5 ♖d8∓.

23.♕xd6+− ♗xd6 24.g5 ♘e4 25.h4

Weiß droht einfach, mit ♔g2–f3 den Springer von e4 zu vertreiben, also muss Schwarz irgendwie Gegenspiel schaffen.

25...h6 26.gxh6

26.♘g4!? wäre leichter gewesen; z.B. 26...hxg5 27.hxg5+− bzw. 26...h5 27.♘e5+−.

26...♖a7

Die letzte Chance bestand in 26...f6, denn hier wäre 27.♘xg6?! tatsächlich nicht so einfach gewonnen. (⌓27.♘g4!?) So hatte ich beispielsweise nach 27...♔h7 28.h5 die Fortsetzung 28...♖ab8! gar nicht auf der Rechnung.

(28...♔xh6 29.♘h4? ♖g8+ =; ⌓29.♔g2! ♔xh5 30.♘h4+−)

Danach ist die simple Drohung b4 schwer zu verhindern; z.B. 29.♔g2 b4±.

27.♔g2

Mit dem Mehrtempo ♔g2 funktionieren alle Varianten wieder sehr gut für Weiß.

27...♖c7 28.♗a5 ♖cc8 29.♖fc1

29.♔f3 wäre deutlich simpler gewesen. Ich hatte plötzlich Angst, das Gegenspiel mit c3 zuzulassen, obwohl das letztlich gar nicht funktioniert; z.B. 29...c3 – 30.♔xe4 cxb2 31.♖ab1 ♗xa3 ist auch klar gewonnen, aber so viel Gegenspiel wollte ich Schwarz nicht gewähren.

– Hingegen ist 30.♗xc3 ♘xc3 31.bxc3 ♖xc3 32.♖g1+− Δh5 komplett und ohne jedes Gegenspiel gewonnen.

29...f6 30.♘xg6 ♔h7 31.h5 ♔xh6 32.♘h4 ♔xh5

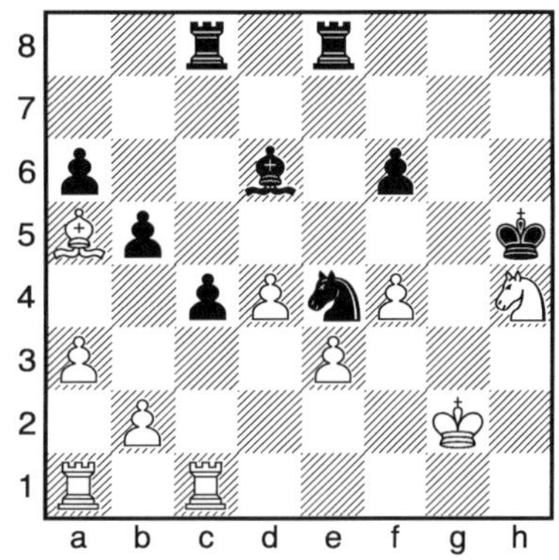

33.♔f3!

Nach diesem entscheidenden Detail ist der schwarze König plötzlich in einem unparierbaren Mattangriff.

33...♖g8 34.♔xe4 ♔xh4 35.♖h1+ ♔g3 36.♖ag1+ ♔f2 37.♗e1+ ♔e2

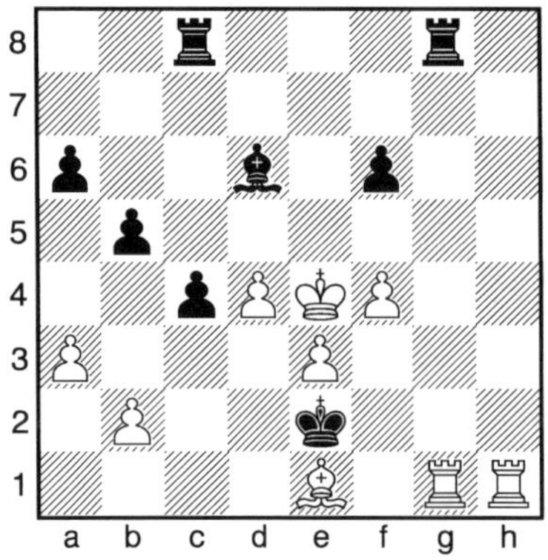

38.♖h2+ 1–0 (38...♔d1 39.♗g3#)

Auch wenn ich in der Eröffnung in eine Vorbereitung gelaufen bin, gelang mir nach dem großen Fehler meines Gegners (der Auslassung von 15...b4) eine recht glatte Partie, mit der ich wieder gut in das Turnier zurückkam.

Alexey Schirow (2704)
Matthias Blübaum (2642)
Rapid–WM Warschau 2021 (B12)

Zu Beginn der letzten Runde war für jeden von uns beiden klar, dass er einen Sieg brauchte, um noch in die Preisränge zu kommen. Da es Schirow bekanntermaßen sowieso nie an Kampfgeist fehlt, war mein Plan, mit Schwarz erstmal möglichst solide zu spielen. Für Vorbereitung war natürlich keine Zeit mehr, aber da ich schon einige Partien gegen ihn gespielt hatte, wusste ich, dass sowohl gegen Französisch als auch gegen Caro–Kann die Vorstoßvariante kommen würde. Am Brett entschied ich mich dann direkt vor der Partie für Caro–Kann.

1.e4 c6 2.d4 d5 3.e5 ♗f5 4.♘f3 e6 5.♗e2 c5 6.♗e3 ♕b6

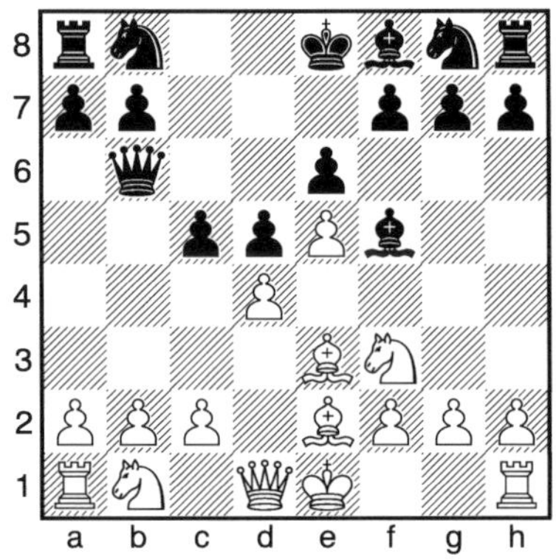

Und sodann für die Bauernraub–Variante mit ♕b6. Nach meinem aktuellen Theoriestand zum Zeitpunkt der Partie gilt diese als mehr oder weniger forcierte Remis–Variante, auch wenn Schwarz sehr viele Varianten kennen muss.

7.♘c3 ♘c6 8.0–0 ♕xb2 9.♕e1 cxd4 10.♗xd4 ♘xd4 11.♘xd4 ♗b4 12.♖b1 ♗xc3 13.♖xb2 ♗xe1 14.♖xe1 b6 15.h4

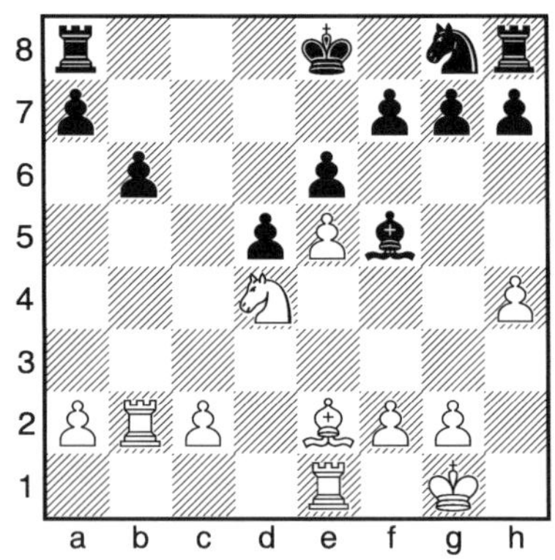

Mein Gegner entschied sich nach kurzem Nachdenken für eine der trendigeren Varianten gegen dieses System. Weil ich diese Stellung erst etwa einen Monat vorher in einer klassischen Partie auf dem Brett hatte, war ich sehr zuversicht–

lich, hier noch alle Varianten gut zu kennen.

15...h5 16.♘xf5 exf5 17.c4 ♘e7 18.♖d2

18.♖d1

1) 18...0–0–0 19.c5 bxc5 20.♖b5= mit ausgeglichenem, aber komplexem Endspiel war meine erwähnte Vorgängerpartie gegen Hovhannisyan.

2) Nach 18.♖d1 (statt 18.♖d2) ist 18...♕xc4!? wohl noch etwas präziser; z.B. 19.♗xc4 0–0 20.♖d7 ♘g6=.

18...0–0–0 19.cxd5

Diesen Zug spielte mein Gegner nach einem für eine Schnellpartie sehr langen Nachdenken. Ich nehme an, dass er 19.♖ed1 d4 ausweichen wollte, weil auch er wusste, dass die entstehenden Varianten als komplett ausgeglichen gelten; z.B. 20.f4 ♘g6 21.g3 ♘f8 22.♖xd4 ♖xd4 23.♖xd4 ♘e6 24.♖d6 g6=. Schwarz wird das letzte Turmpaar abtauschen und Weiß kann nicht durchbrechen, wie sich unter anderem in der Partie Navara – Duda, Terme Catez 2021, zeigte.

Ich kannte den Textzug nicht, aber da ich vorerst sowieso nur einzige Züge machen kann, gab es keinen Grund, hier lange nachzudenken.

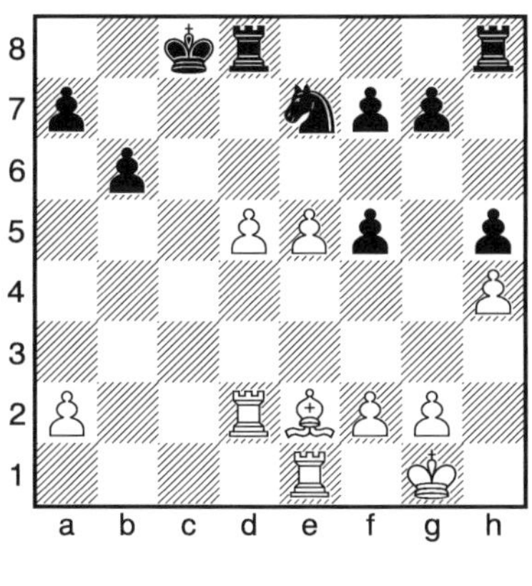

19...♖xd5

19...♘xd5?? verliert nach 20.♗a6+ ♔c7 21.♖c1+ ♔b8 22.♖cd1+– einfach den Springer.

20.♖xd5 ♘xd5 21.♗c4 ♖d8 22.♖c1 ♔b7 23.♖d1 ♔c6

Bis hierhin waren all meine Züge im Prinzip forciert, sodass ich zu diesem Zeitpunkt noch etwa 16 Minuten auf der Uhr hatte (bei 15 Minuten Startbedenkzeit), während meinem Gegner bereits hier nur noch etwa 3 Minuten blieben. Weiß könnte hier eine Zugwiederholung forcieren, was aufgrund der drastisch unterschiedlichen Restbedenkzeit und der objektiv ausgeglichenen Stellung wohl auch angebracht gewesen wäre. Glücklicherweise ging mein Plan auf, denn Schirow wollte lieber weiter auf Sieg spielen.

24.a4

Nach 24.♖c1 ♔b7 25.♖d1= kann Schwarz der Zugwiederholung nicht ausweichen.

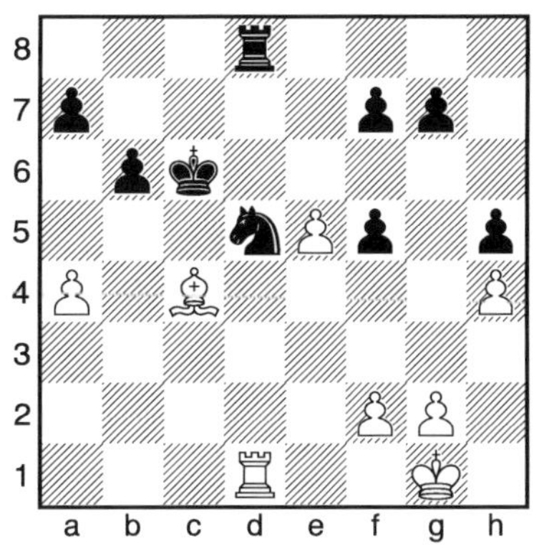

24...♔c5

Ab hier hat Weiß keinen klaren Remisweg mehr und ich war recht zuversichtlich, hier gut auf Gewinn spielen zu können, auch wenn die Fesselung auf der d-Linie ziemlich lästig ist.

25.♗b3 f4!

Meiner Ansicht nach ist es wichtig, Weiß daran zu hindern, selber f4 und g3 zu spielen und somit alle schwarzen Bauern am Königsflügel auf weißen Feldern festzulegen. Würde er das nämlich schaffen, hätte Schwarz vermutlich gar keine Gewinnchancen mehr, da der Läufer nach eventuellem Turmtausch zu viele Schwächen angreifen kann.

26.♔f1 ♖d7 27.♔e1 a5!?

Mein Plan besteht jetzt in b5 nebst ♘b6, um aus der Fesselung herauszukommen. Insofern macht es Sinn, den a-Bauern vorher möglichst weit nach vorne zu bringen.

28.♗a2 g6

Dies basiert auf der Idee, nach Turmtausch auf d7 gefolgt von ♗xf7 mit ♘xe5 sicherzustellen, dass all meine Bauern am Königsflügel erhalten bleiben.

Die Alternative besteht in 28...b5!? 29.axb5.

1) Hier hatte ich nur 29...♘b6?! mit der Folge 30.♖xd7 ♘xd7 31.♗xf7 ♘xe5 32.♗xh5= berechnet. Da ich dieses Endspiel korrekterweise als Remis einschätzte (der weiße König ist im Quadrat des a-Bauern), verwarf ich 28...b5 und entschied mich stattdessen für den Textzug 28...g6.

2) Die starke Fortsetzung 29...a4! ist mir aus irgendeinem Grund völlig entgangen. Da Schwarz ein wichtiges Tempo für ein eventuelles Leichtfigurenendspiel gewinnt, muss Weiß die Türme auf dem Brett behalten. Nach beispielsweise 30.♖d3 ♘b6 31.♖f3

(31.♖xd7?? ♘xd7 32.♗xf7 ♘xe5–+ verliert hier einfach.)

31...♖e7 32.♔d1 ♖xe5 33.♗xf7∓ sollte Weiß objektiv in der Lage sein, die Stellung zu halten. Allerdings ist das Defensivmanöver ♖d1-d3-♖f3 mit nur einer Minute nicht gerade einfach zu finden – und mehr hatte mein Gegner hier nicht mehr auf der Uhr.

29.♖d2 b5 30.axb5 ♘b6 31.♖e2

Nach der Alternative 31.♖xd7 war es sehr schwer, alles genau durchzurechnen, aber da es für Weiß sehr gefährlich aussieht, war der Textzug eine recht natürliche Entscheidung.

Hier ein Blick auf die möglichen Folgen:

31...♘xd7 32.♗xf7 ♘xe5 33.♗e8

1) Da 33.♔d6 hier auf die Antwort 33...b6 trifft, war mein erster Gedanke, den Läufer mit 33...♔b6 34.♔d2 ♔c7 35.♔c3 ♔d8 zu gewinnen. Das entstehende Bauernendspiel konnte ich nicht sofort richtig einschätzen, aber da auch Weiß sich nach einem Durchbruch mit g5 immer eine Dame holt, ist es objektiv einfach Remis; z.B. 36.♔d4 ♘f3+ 37.gxf3 ♔xe8 38.♔c4 ♔d7 39.♔b3 ♔c7 40.♔a3 ♔b7=.

2) Nach der besten Chance 33...f3!? hätte Weiß (mit wenig Zeit auf der Uhr) eine schwere Verteidigung bevorgestanden; z.B. 34.g3 a4 35.♔d2 a3 36.♔c3 ♘d3 37.♔b3 ♘xf2 38.♗c6 ♘h1 39.♗xf3 ♘xg3 40.♗c6 ♘f5 41.♔xa3 ♘xh4 42.♗e8=. Allerdings hatte ich diesen Zug gar nicht gesehen, da ich mich erstmal nur mit dem oben erwähnten Bauernendspiel beschäftigte.

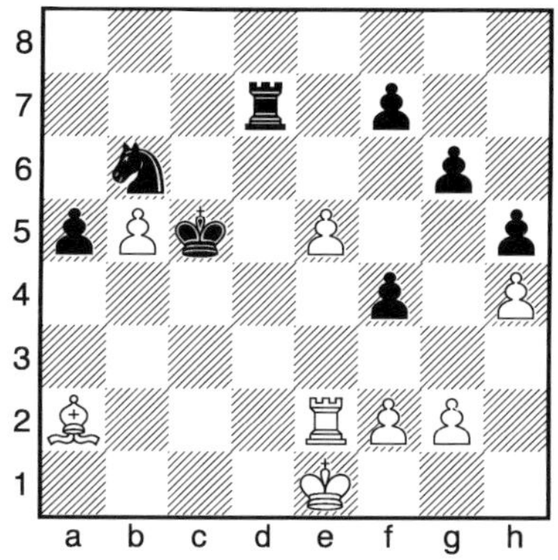

Hier habe ich mir erstmals in der Partie wirklich viel Zeit genommen, da mir zum ersten Mal vernünftige Alternativen zur Wahl standen. Aus menschlicher Sicht ist klar, dass der weiße Schlüsselzug e5–e6 lauten muss, wonach der Bauer auf g6 sehr schwach wird. Weil dies weder mit ♖e7 noch mit sofortigem a4 zu entkräften ist, verbrauchte ich hier einige Minuten.

Der Versuch, den a–Bauern laufen zu lassen, ist sehr natürlich, aber in allen Varianten, die ich berechnete, reichte das nicht wirklich, um sich reelle Gewinnchancen zu verschaffen. Auf der Suche nach Alternativen fand ich schließlich die Mattidee mit ♘a4, die Weiß vor große praktische Probleme stellt.

31...♔xb5

1) Nach 31...♖e7 32.e6 fxe6 33.♖xe6 ♖xe6+ 34.♗xe6 a4 35.♔d2= kann Schwarz nicht mehr viel ausrichten; z.B. 35...♔xb5 36.♗f7 ♘c4+ 37.♔c3 ♘e5 38.♗e8+ ♔a5 39.f3 und Schwarz ist im Zugzwang.

2) Und nach 31...a4 32.e6 fxe6 33.♖xe6 ♘d5

(33...♖d6 34.♖xd6 ♔xd6 35.♔d2=)

34.♖xg6 funktioniert die Idee 34...♘c3 nicht so gut, da Weiß jetzt 35.♖c6+ hat. Zwar muss er nach der weiteren Folge 35...♔b4 36.♖c4+ ♔a3 37.♖xc3+ ♔xa2 38.♖c5 ♔b2 39.♖xh5= wahrscheinlich den Turm opfern, aber danach ist er mit den eigenen Freibauern schnell genug.

32.e6

Nach 32.♖e4!? mit der möglichen Folge 32...♖e7 33.♔d2 ♘d7 34.♗xf7 ♘xe5 35.♗b3∓ hätte Weiß wohl objektiv gute Remischancen behalten, aber mit nur wenigen Sekunden auf der Uhr ist das sehr schwer zu finden.

32...fxe6 33.♖xe6 ♘a4!

Der Springer steht auf c3 sehr stark.

34.♖xg6 ♘c3 35.♗b3 a4 36.♗xa4+

Nach 36.♗c2 a3 37.♖g8 a2 38.♖a8 ♔b4 kann Weiß gegen den Plan ♖d7–d5–♖a5 wenig machen, also entschied er sich dafür, den Läufer zu opfern.

36...♔xa4

Ab hier sollte die Stellung technisch gewonnen sein, aber da der König auf a4 sehr weit weg ist, muss Schwarz noch aufpassen, damit es Weiß nicht gelingt, alle Bauern abzutauschen.

37.f3 ♖d1+ 38.♔f2 ♖d2+ 39.♔e1 ♖d1+ 40.♔f2 ♔b3 41.♖g5

41.g3 fxg3+ 42.♖xg3 ♖d5 43.♖g5 ♔c4 44.♔e3

41...♖d2+ 42.♔e1 ♖d5 43.g4

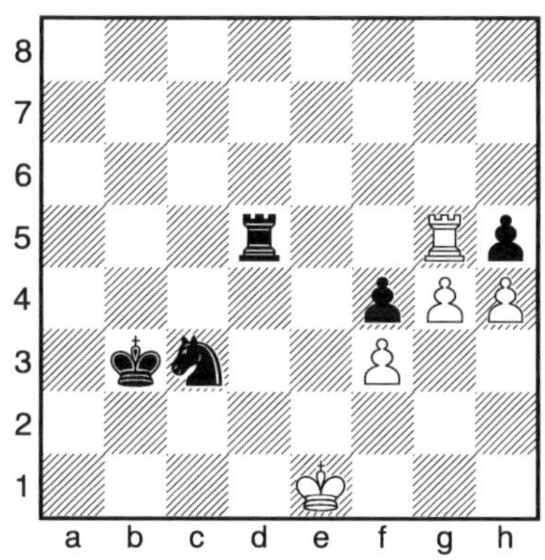

43...♖xg5!

Glücklicherweise hatte ich hier noch genug Bedenkzeit, um die Variante nach dem Turmtausch bis zum Gewinn durchzurechnen.

43...fxg3 44.♖xg3 gefiel mir nicht, da Weiß hier noch lange kämpfen kann und Schwarz auch noch ein wenig aufpassen muss, um die Stellung tatsächlich zu gewinnen.

44.hxg5 hxg4 45.fxg4 ♘d5 46.♔f2

46.g6 hilft auch nicht, da der schwarze König nach 46...♘e7 47.g7 ♔c4 48.♔f2 ♔d4 49.♔f3 ♔e5 rechtzeitig kommt, um den Bauern auf f4 zu decken. Während der Springer sich um die g-Bauern kümmert, bringt Schwarz den Freibauern bis nach f2 und hat dann die Tempozüge ♘e7-♘g8, um dessen Verwandlung zu bewerkstelligen.

46...♘e7 0-1

Dieser Sieg war für mich ein schöner Abschluss der Schnellschach-WM, aber an dieser Stelle auch ein Dank an Schirows stets kämpferisches Schach, das mir bereits beim Grenke Open 2016 geholfen hat.

Können Sie kombinieren wie Matthias Blübaum?

Zum Abschluss können Sie Ihre taktischen Fähigkeiten selbst testen. Dazu habe ich insgesamt 49 Stellungen aus Matthias Blübaums Partien herausgesucht. Sie sind nach Themen geordnet und in zwölf verschiedene Teile mit jeweils vier Aufgaben gegliedert. Es beginnt mit relativ einfachen Aufgaben, die teilweise aus Blitz- oder Schnellpartien stammen. Die Aufgaben zur Verteidigung oder zur Dominierung der gegnerischen Figuren sind am schwierigsten. Am Ende des Tests gibt es eine Königsaufgabe, die selbst Matthias Blübaum nicht bewältigen konnte. In seiner Partie gegen den starken Amerikaner Xiong fand er in einer chaotischen Stellung nicht den richtigen Weg zur Verteidigung. Wenn Sie ihn finden, sind Sie zweifellos auf dem Weg zum Großmeister.

In der folgenden Übersicht sind alle 49 Partien aufgelistet. Hinter den Namen der Spieler finden Sie einen, zwei oder drei Sterne. Ein Stern bedeutet, dass die Aufgabe einfach ist und vom Diagramm aus zu lösen sein sollte. Zwei Sterne signalisieren Ihnen, dass es etwas komplizierter ist. Wenn Sie kein erfahrener Turnierspieler sind, macht es durchaus Sinn, die Stellung auf einem Schachbrett oder einem elektronischen Gerät aufzubauen. Bei drei Sternen schließlich sollten Sie, wenn Sie nicht gerade ein Meisterspieler sind, die Figuren unbedingt aufstellen. Bedenken Sie, dass die beteiligten Spieler in der Regel Großmeister sind. Der Gegner von Matthias Blübaum hat den Zug, den Sie finden sollen, oft nicht gesehen, er wird also nicht direkt auf der Hand liegen.

Wenn Sie den ersten Zug gefunden haben, können Sie sich die entsprechende Punktzahl für die Aufgabe gutschreiben. Das ist ein sehr pragmatischer Ansatz, den ich im Folgenden mit einer kleinen Geschichte begründen möchte:

1999 berichtete GM Christopher Lutz auf einem A-Trainer-Lehrgang von einem Training der Deutschen Nationalmannschaft mit dem legendären Trainer Mark Dworetski. Dieser gab den Spielern Kombinationen zum Lösen. Christopher fand regelmäßig den ersten und von Dworetski als besten bezeichneten Zug. Dworetski verteilte aber nicht die volle Punktzahl, weil Lutz nicht die weiteren Pointen im dritten oder fünften Zug gesehen hatte. Lutz, der sich selbst zu diesem Zeitpunkt als „Schachpraktiker" bezeichnete, fand das unlogisch. Er meinte, als Spieler müsse man eigentlich in jeder Stellung nur einen Zug finden und zwar den besten. Wenn man den besten gefunden hätte, könne man zwei oder vier Züge weiter ja wieder neu überlegen, was denn nun der beste Zug sei.

Ich fand diese Argumentation sehr originell und sie fließt auch in die Bewertung der Testaufgaben ein. Schreiben Sie sich also ruhigen Gewissens zwei Punkte gut, wenn Sie den ersten Zug in einer „Zwei-Sterne-Aufgabe" gefunden haben, auch wenn Sie den endgültigen Knockout drei Züge später nicht gesehen haben. Wir gehen einfach davon aus, dass Sie ihn gefunden hätten, wenn die Stellung auf dem Brett gestanden hätte.

Bei einigen Aufgaben gibt es neben den von Matthias Blübaum gespielten Zügen auch andere oft gleichwertige Möglichkeiten. In den Kommentaren habe ich dann Formulierungen verwendet wie z.B. „hier gewinnt auch" oder „ebenfalls funktioniert". Sie erhalten die gleiche Punktzahl, auch wenn Sie nicht den tatsächlichen Zug, sondern eine „Nebenlösung" gefunden haben.

Für die „Königsaufgabe" erhalten Sie fünf Punkte. An dieser Aufgabe scheiterte Matthias Blübaum. Mit der Stellung kann man sich stundenlang beschäftigen. Finden Sie den richtigen Weg?

Für alle Aufgaben zusammen gibt es 100 Punkte.

1. Teil – Zum Warmwerden (6 Punkte)

TT01.01 Blübaum–Ghosh *

TT01.02 Blübaum–Kislinsky **

TT01.03 Blübaum–Motylev *

TT01.04 Blübaum–Baldauf **

2. Teil – Schnellschach mit Weiß (7 Punkte)

TT02.01 Blübaum–Oparin **

TT02.02 Blübaum–Rustemov *

TT02.03 Blübaum–Donchenko **

TT02.04 Blübaum–Gharibyan **

3. Teil – Schnellschach mit Schwarz (9 Punkte)

TT03.01 Shankland–Blübaum ***

TT03.02 Harikrishna–Blübaum **

TT03.03 Caruana–Blübaum **

TT03.04 Lenderman–Blübaum **

4.Teil – Königsangriff mit Weiß (7 Punkte)

TT04.01 Blübaum–Thesing **

TT04.02 Blübaum–Flick **

TT04.03 Blübaum–Dragnev *

TT04.04 Blübaum–Alonso Rosell **

5.Teil – Königsangriff mit Schwarz (9 Punkte)
TT05.01 Loetscher–Blübaum ***
TT05.02 Rahman–Blübaum **
TT05.03 Dardha–Blübaum **
TT05.04 Morawietz–Blübaum **

6.Teil – Figurenfang (9 Punkte)
TT06.01 Blübaum–Vishnu **
TT06.02 Blübaum–Feygin **
TT06.03 Blübaum–Abdumalik **
TT06.04 Blübaum–Shirov ***

7.Teil – Mattsetzen (6 Punkte)
TT07.01 Blübaum–Iovcov **
TT07.02 Blübaum–Beerdsen *
TT07.03 Blübaum–Mierins *
TT07.04 Blübaum–Kvetny **

8.Teil – Materialgewinne (7 Punkte)
TT08.01 Havasi–Blübaum *
TT08.02 Blübaum–Meskovs **
TT08.03 Dragnev–Blübaum **
TT08.04 Froewis–Blübaum **

9. Teil – Gefährliche Springer (9 Punkte)
TT09.01 Blübaum–Trent **
TT09.02 Blübaum–Zysk **
TT09.03 Huber–Blübaum **
TT09.04 Blübaum–Li ***

10.Teil – Tödliche Diagonalen (7 Punkte)
TT10.01 Blübaum–Belezky *
TT10.02 Rozum–Blübaum **
TT10.03 Blübaum–Mendonca **
TT10.04 Blübaum–Leniart **

11.Teil – Verteidigung (9 Punkte)
TT11.01 Blübaum–Burg **
TT11.02 Blübaum–Carlstedt **
TT11.03 Blübaum–Rathnakaran **
TT11.04 Blübaum–Bosiocic ***

12.Teil – Dominierung (10 Punkte)
TT12.01 Nay–Blübaum **
TT12.02 Blübaum–Mareco ***
TT12.03 Blübaum–Parvanyan ***
TT12.04 Blübaum–Votava **

13.Teil – Die Königsaufgabe (5 Punkte)
TT13.01 Blübaum–Xiong *****

Über die Sinnhaftigkeit von Tests lässt sich vortrefflich diskutieren. Hauptsächlich sollte es Spaß machen, die richtigen Lösungen zu finden. Mir hat die Formulierung von Goethe „Schach ist ein Probierstein des Gehirns“ immer sehr gut gefallen. Also ärgern Sie sich nicht, wenn Ihre Lösungen nicht mit den von Computern gefundenen Lösungen übereinstimmen. Die Auswertung des Tests ist definitiv nicht ernst gemeint.

100–91	Punkte:	Sind Sie schon Großmeister?
90–81	Punkte:	Oder Internationaler Meister?
80–71	Punkte:	Fidemeister können Sie schaffen
70–61	Punkte:	Der nächste Verbandsmeistertitel lockt
60–51	Punkte:	Stadtmeister ist auch ein schöner Titel
50–31	Punkte:	Wie wäre es mit Clubmeister?
30–11	Punkte:	Meistertitel werden überschätzt
10–0	Punkte:	Wie gefiel Ihnen “Das Damengambit“?

V) Der große Taktiktest (TT)

Die Anzahl der Sternchen gibt den ungefähren Schwierigkeitsgrad an.

(Besprechung der Stellungen ab Seite 238)

TT01.01 *

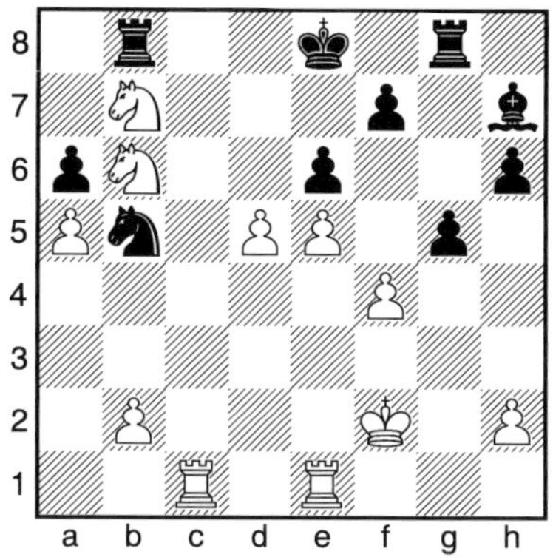

Weiß am Zug

TT01.02 **

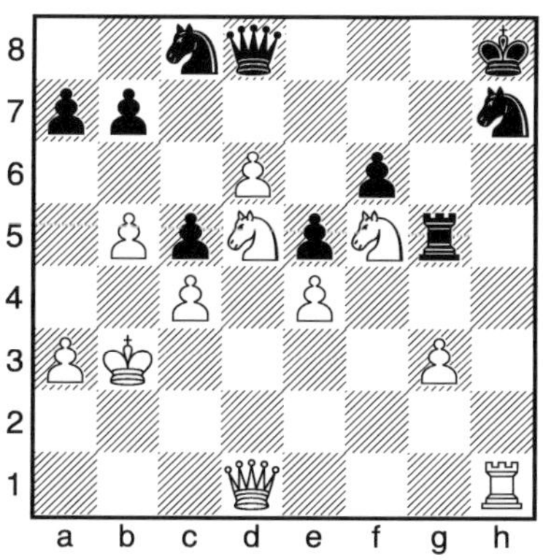

Weiß am Zug

TT01.03 *

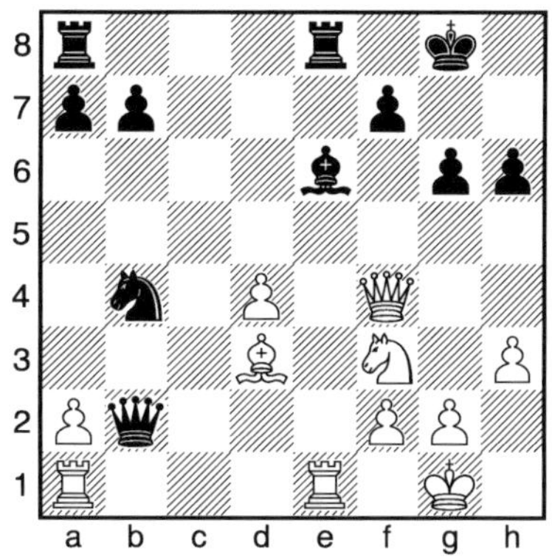

Weiß am Zug

TT01.04 **

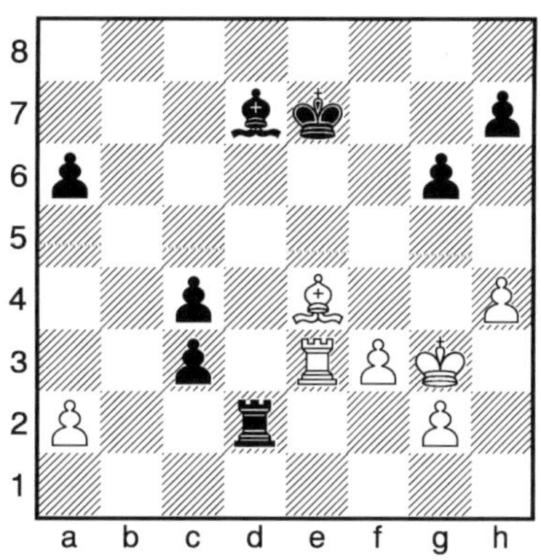

Weiß am Zug

TT02.01 **

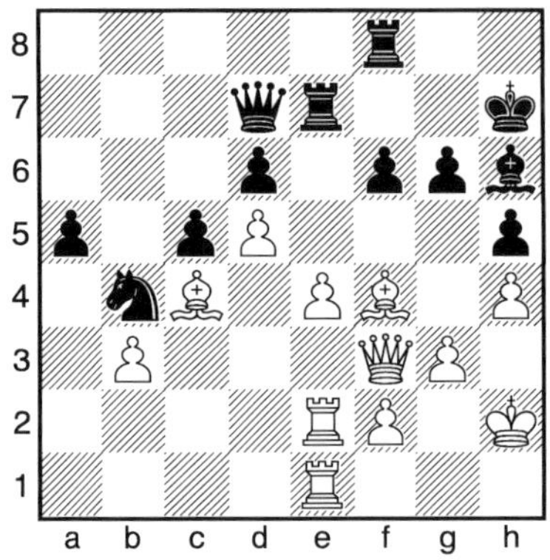

Weiß am Zug

TT02.02 *

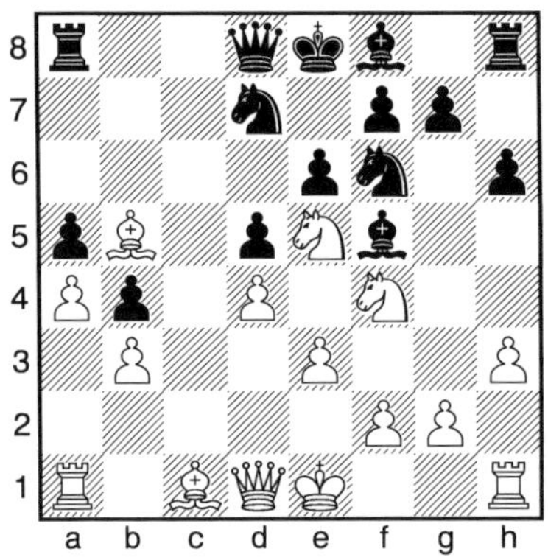

Weiß am Zug

TT02.03 **

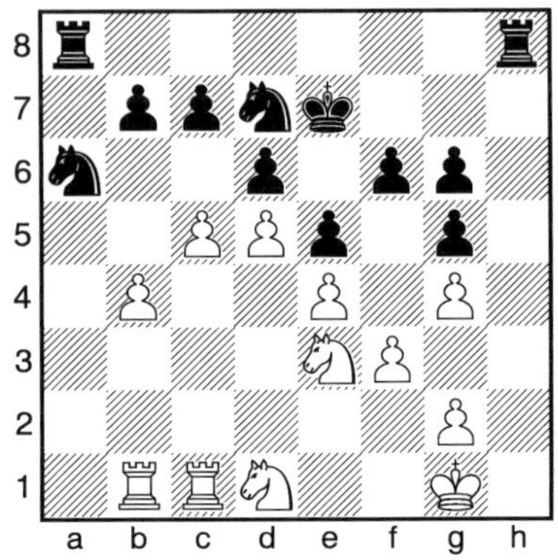

Weiß am Zug

TT02.04 **

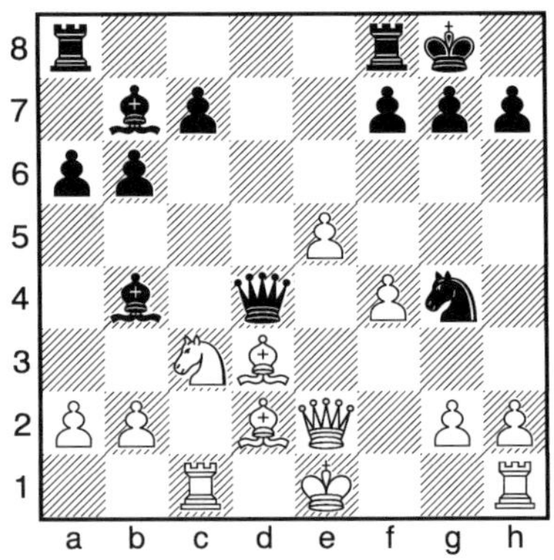

Weiß am Zug

TT03.01 ***

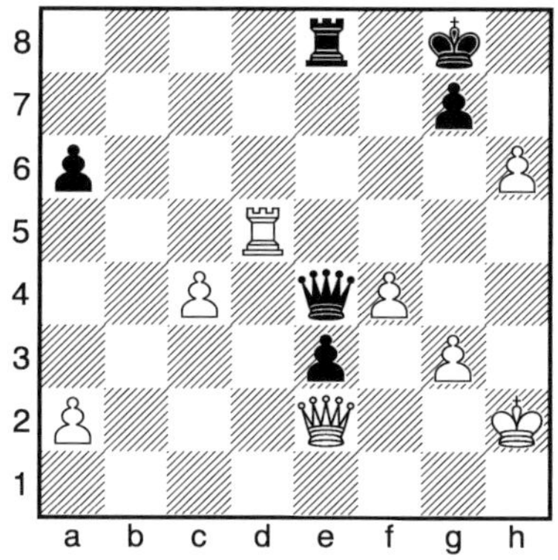

Schwarz am Zug

TT03.02 **

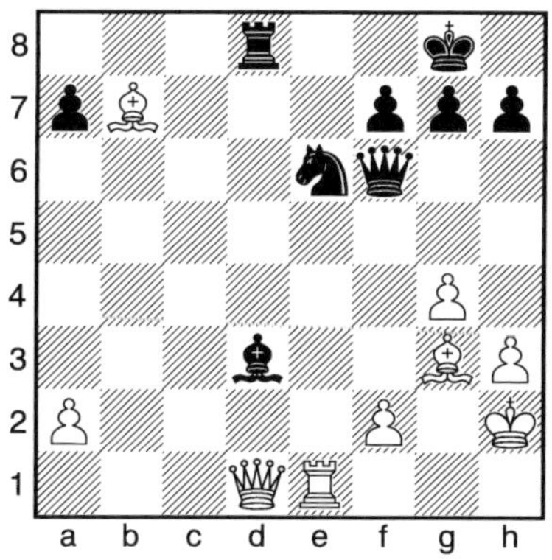

Schwarz am Zug

TT03.03 **

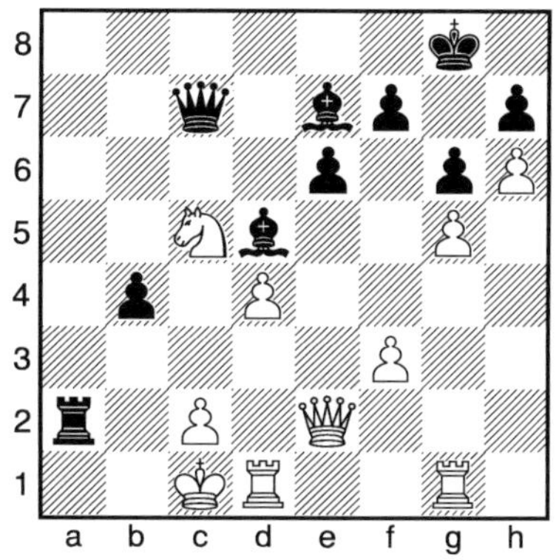

Schwarz am Zug

TT03.04 **

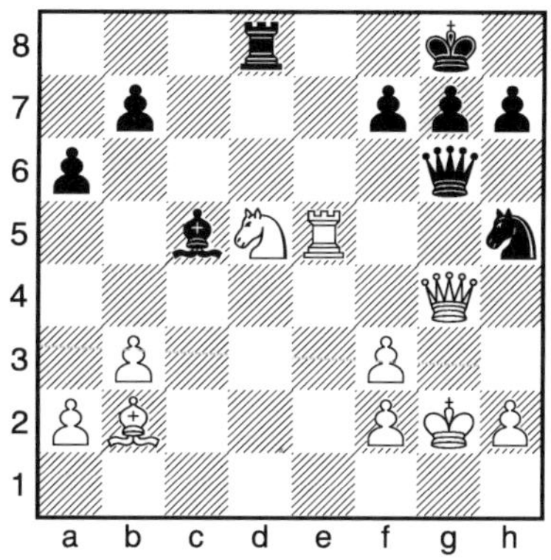

Schwarz am Zug

TT04.01 **

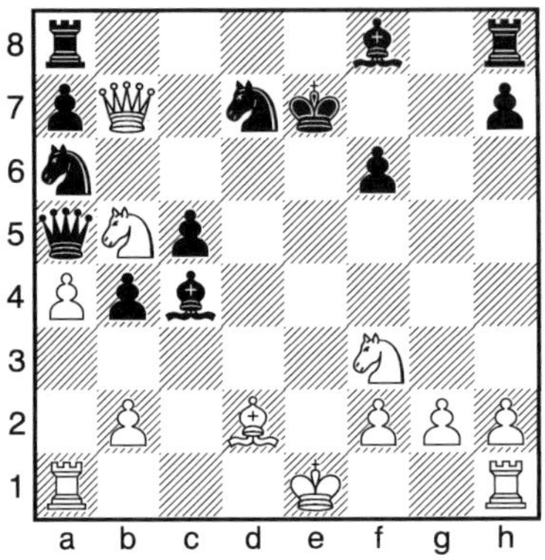

Weiß am Zug

TT04.02 **

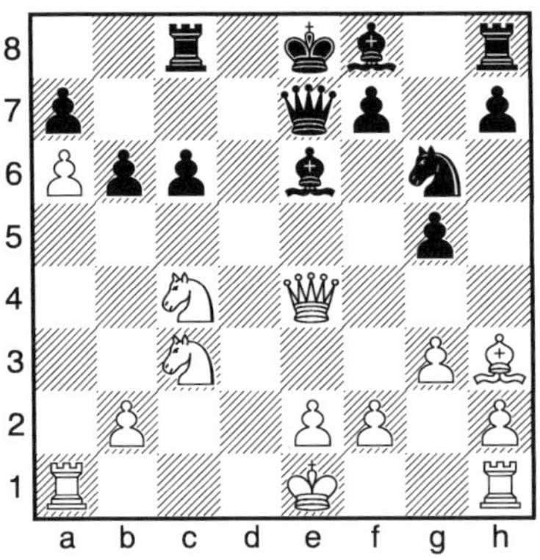

Weiß am Zug

TT04.03 *

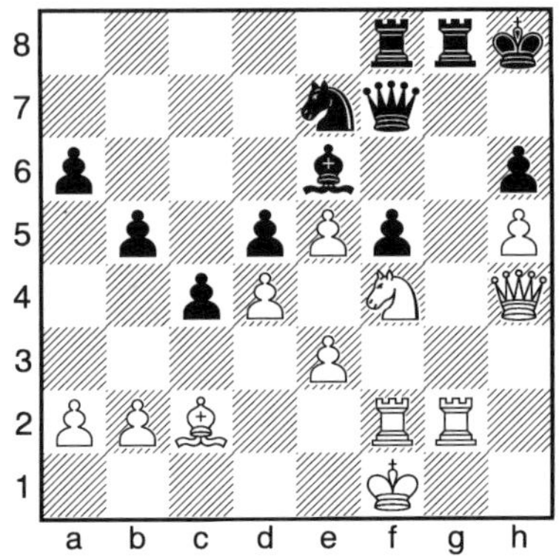

Weiß am Zug

TT04.04 **

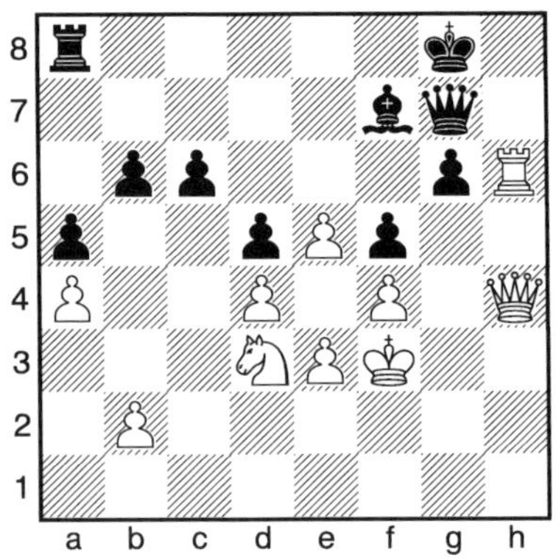

Weiß am Zug

TT05.01 ***

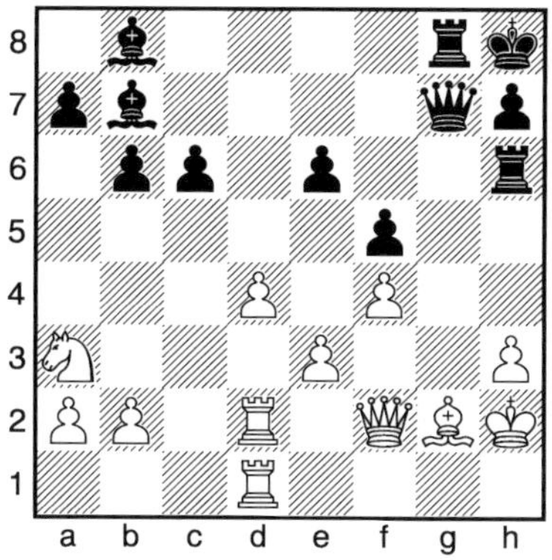

Schwarz am Zug

TT05.02 **

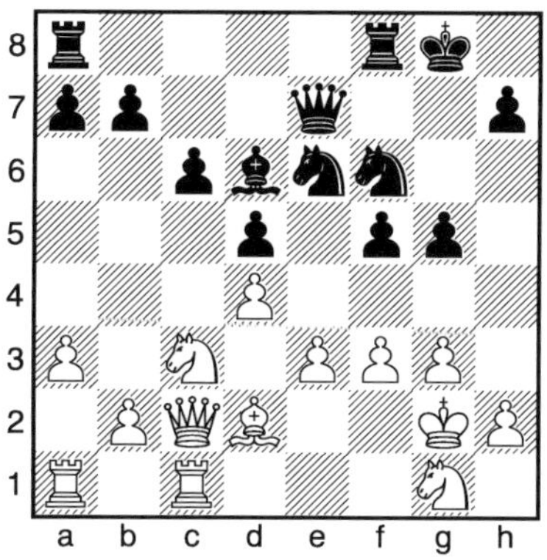

Schwarz am Zug

TT05.03 *

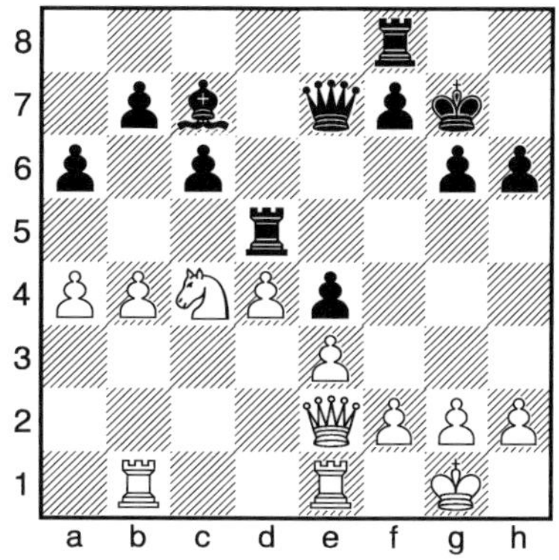

Schwarz am Zug

TT05.04 **

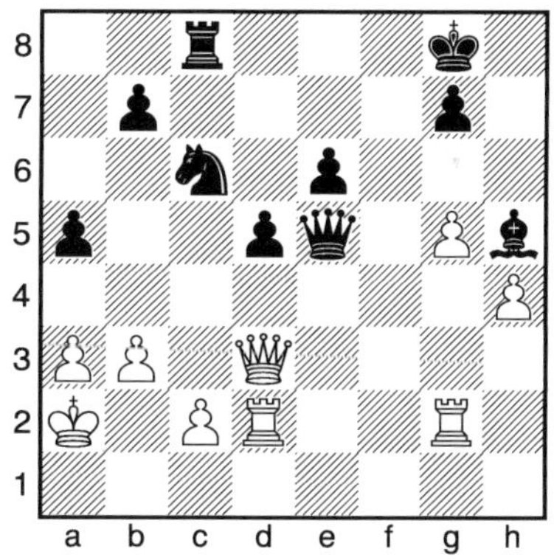

Schwarz am Zug

TT06.01 **

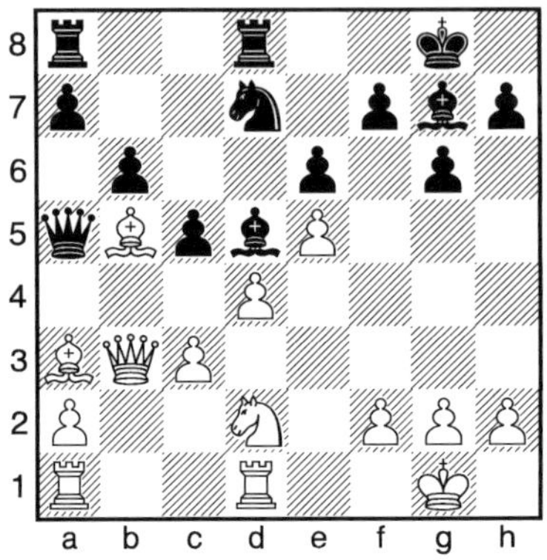

Weiß am Zug

TT06.02 **

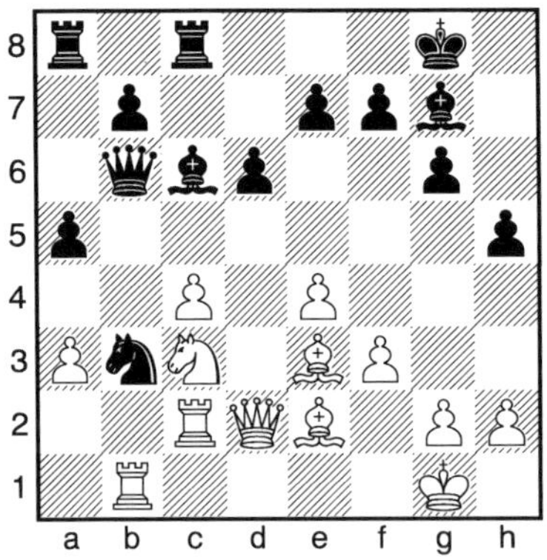

Weiß am Zug

TT06.03 **

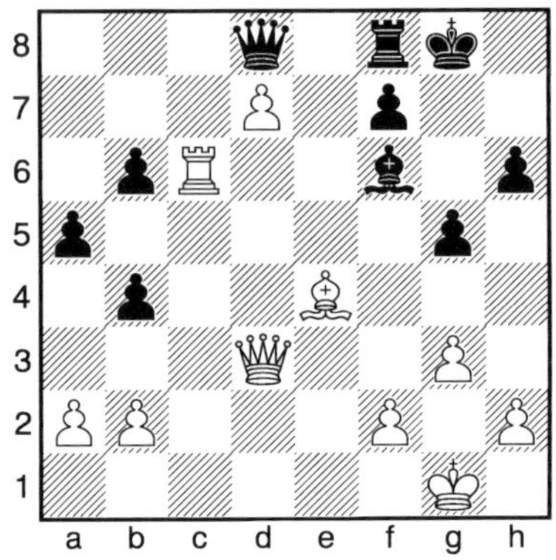

Weiß am Zug

TT06.04 ***

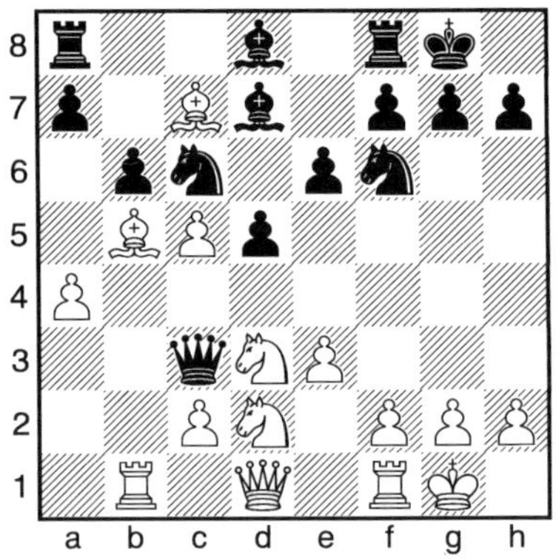

Weiß am Zug

TT07.01 **

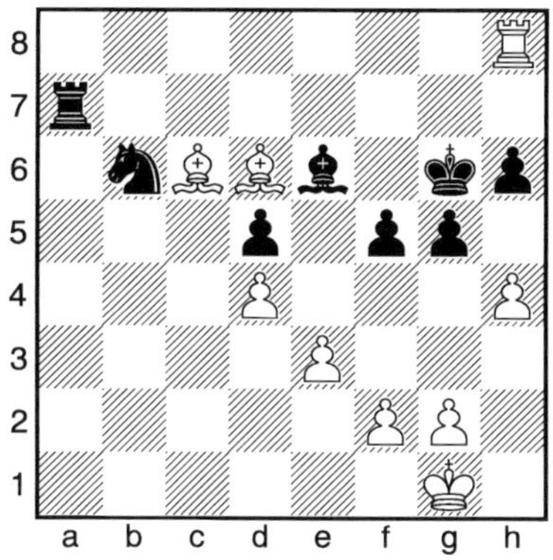

Weiß am Zug

TT07.02 *

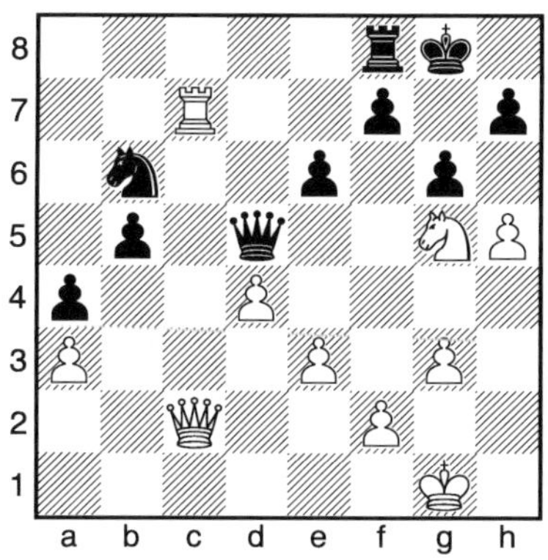

Weiß am Zug

TT07.03 *

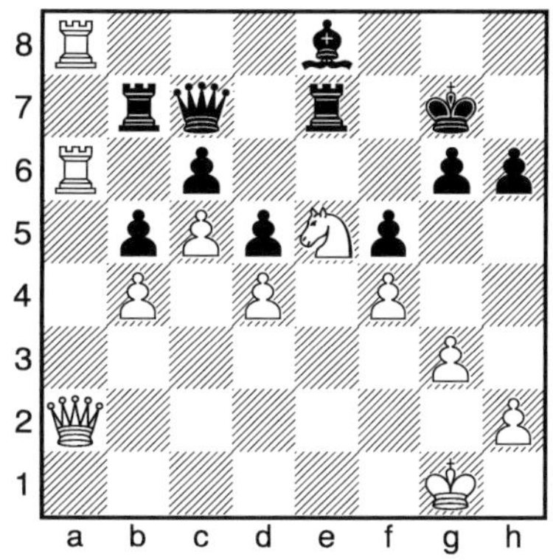

Weiß am Zug

TT07.04 **

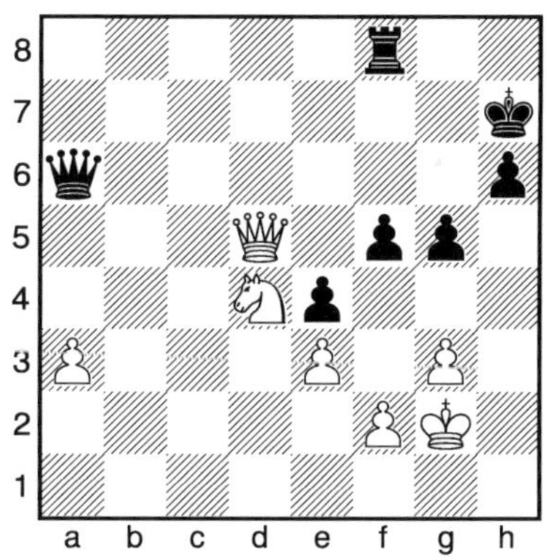

Weiß am Zug

TT08.01 *

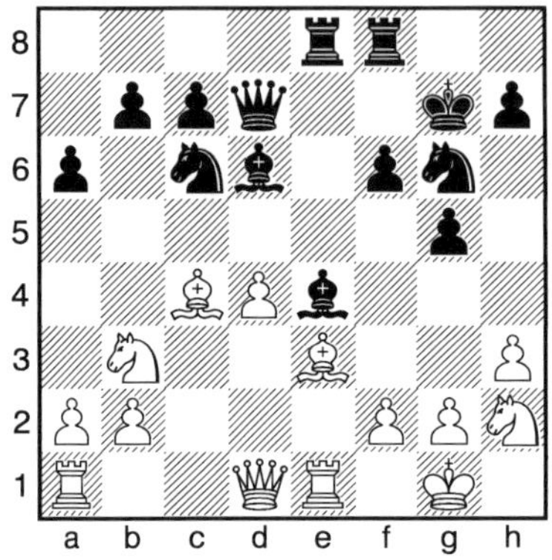

Schwarz am Zug

TT08.02 **

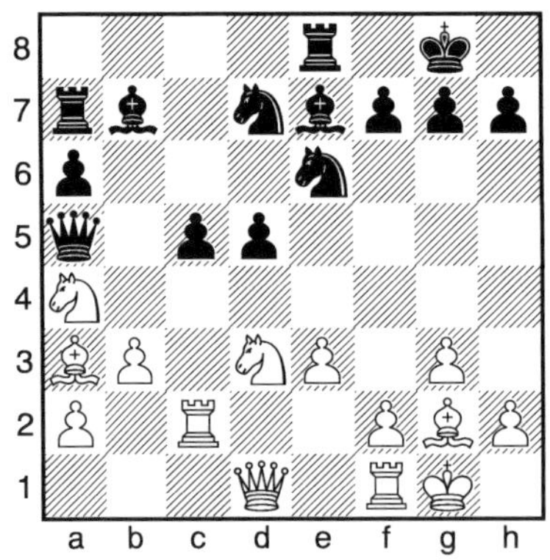

Weiß am Zug

TT08.03 **

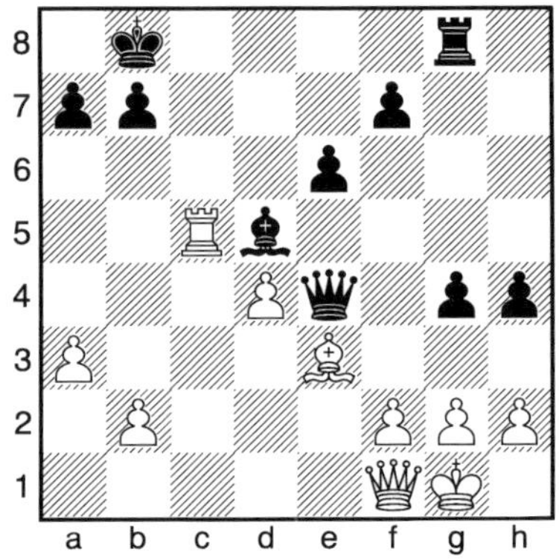

Schwarz am Zug

TT08.04 **

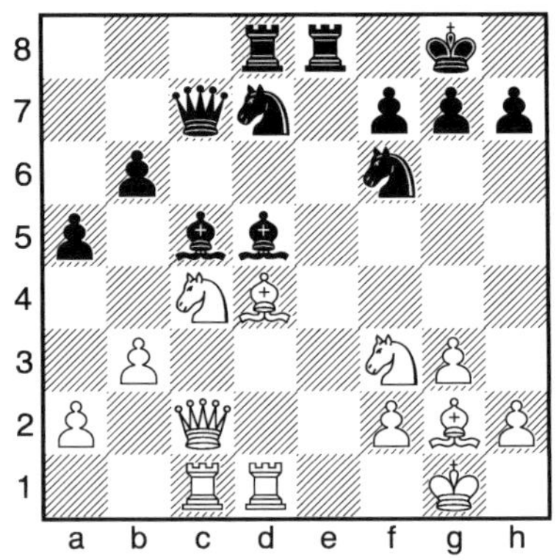

Schwarz am Zug

TT09.01 **

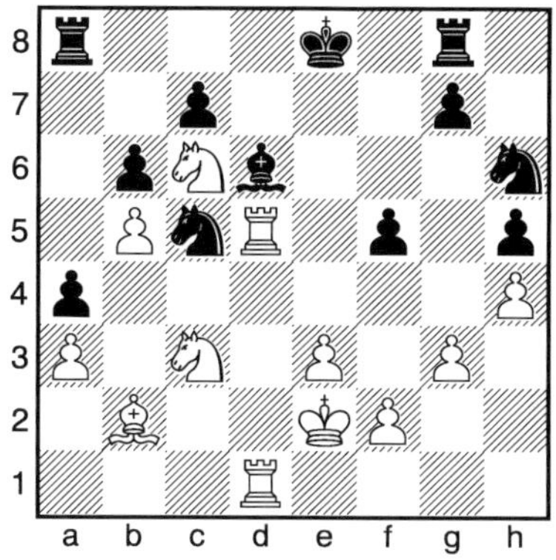

Weiß am Zug

TT09.02 **

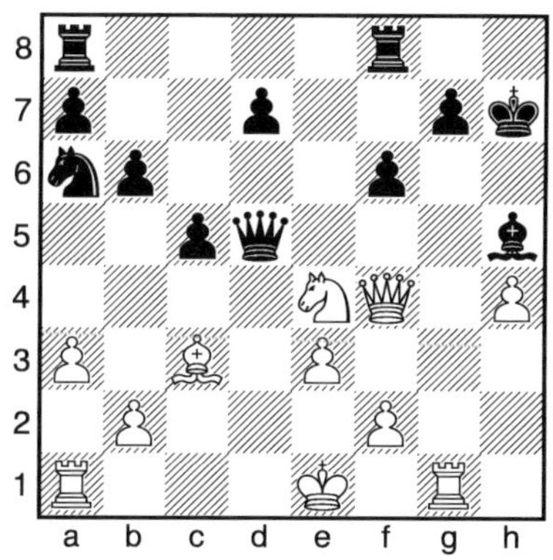

Weiß am Zug

TT09.03 **

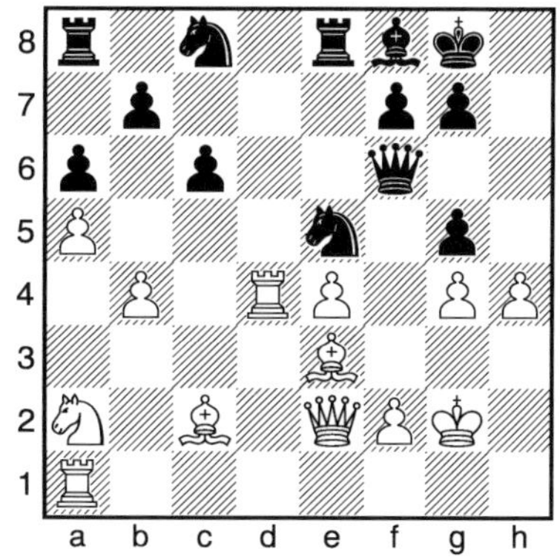

Schwarz am Zug

TT09.04 ***

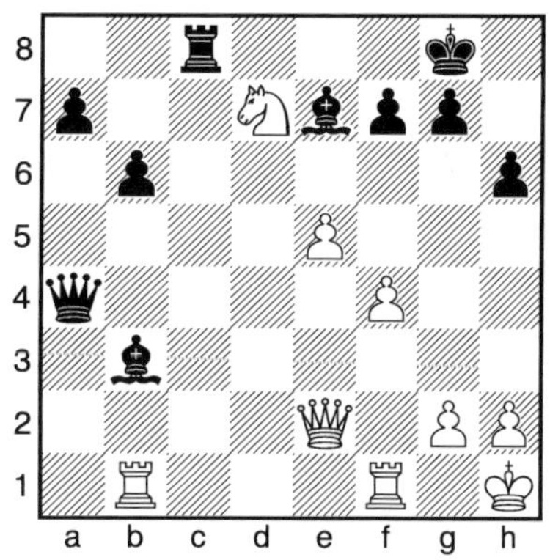

Weiß am Zug

TT10.01 *

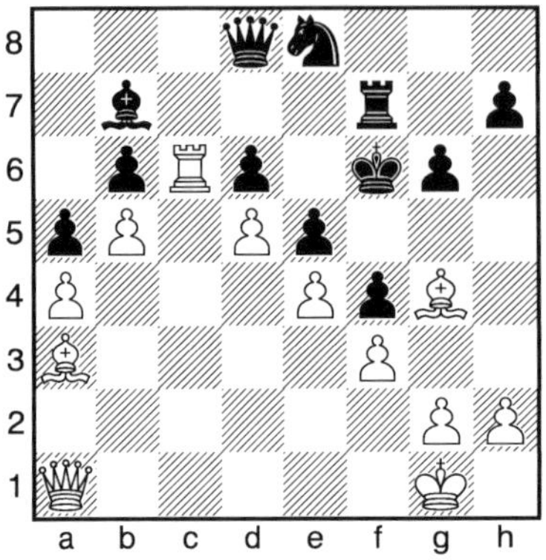

Weiß am Zug

TT10.02 **

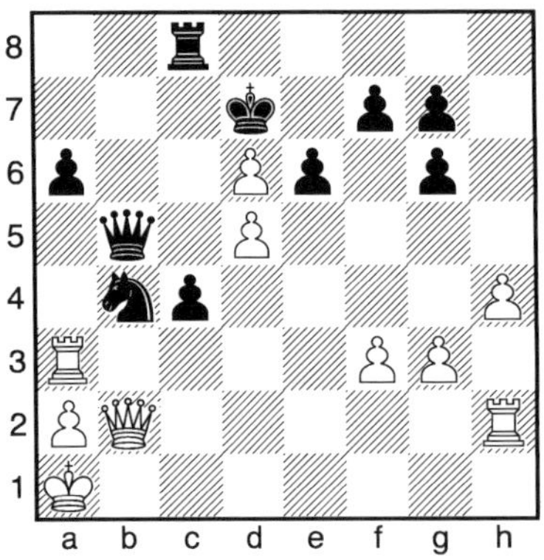

Schwarz am Zug

TT10.03 **

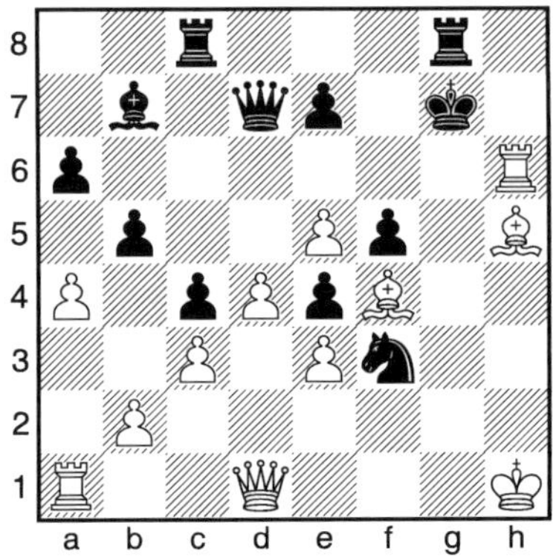

Weiß am Zug

TT10.04 **

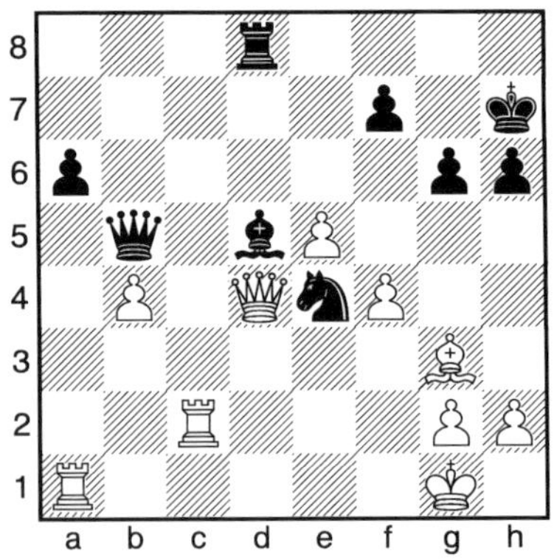

Weiß am Zug

TT11.01 **

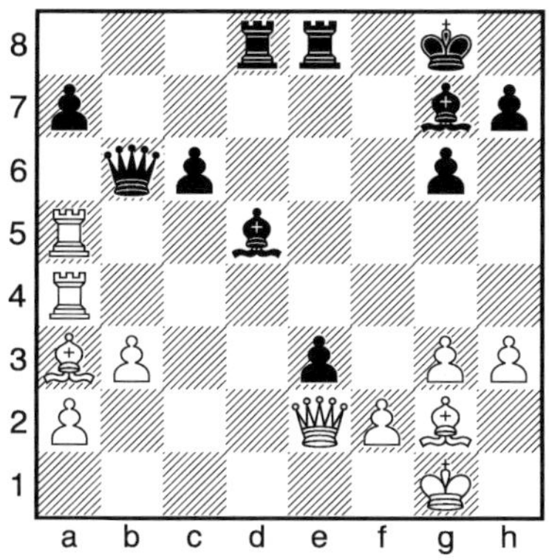

Weiß am Zug

TT11.02 **

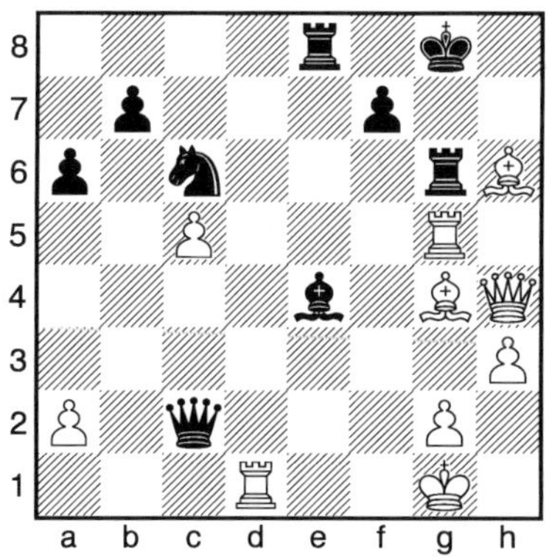

Weiß am Zug

TT11.03 **

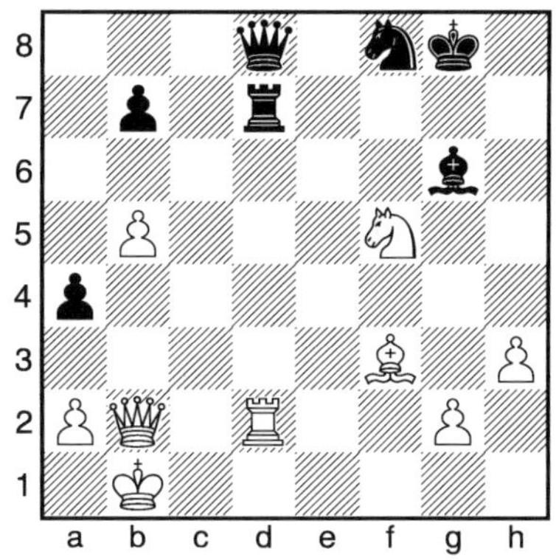

Weiß am Zug

TT11.04 ***

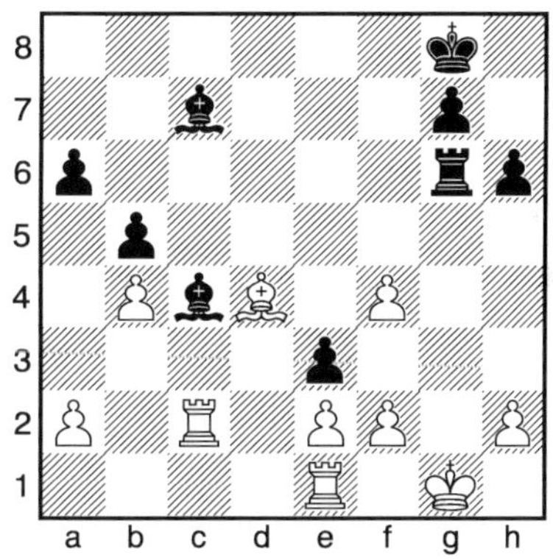

Weiß am Zug

TT12.01 **

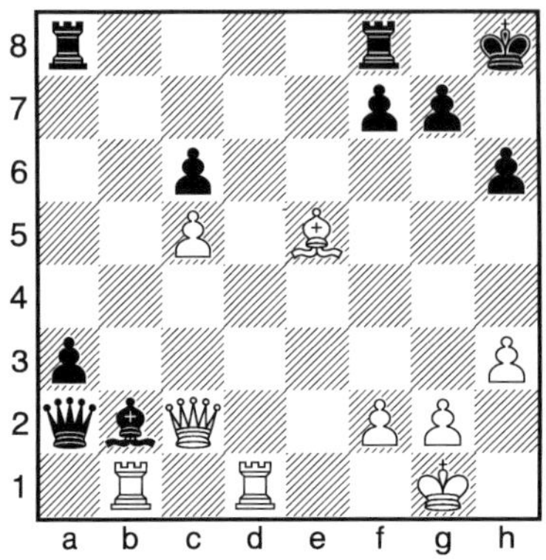

Schwarz am Zug

TT12.02 ***

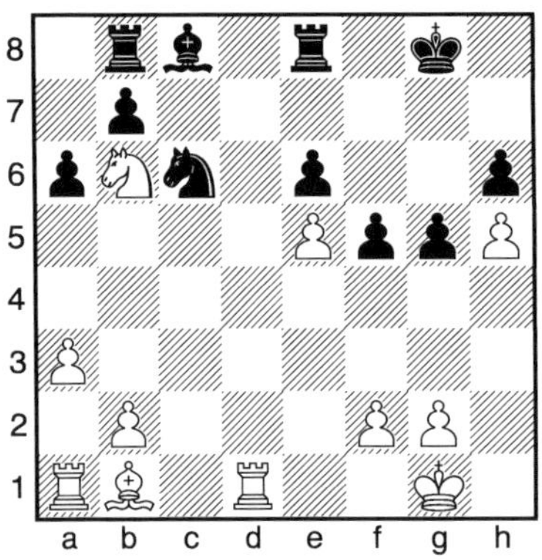

Weiß am Zug

TT12.03 ***

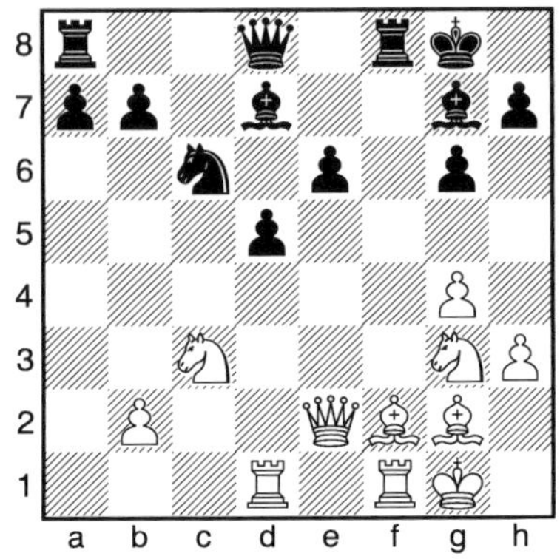

Weiß am Zug

TT12.04 **

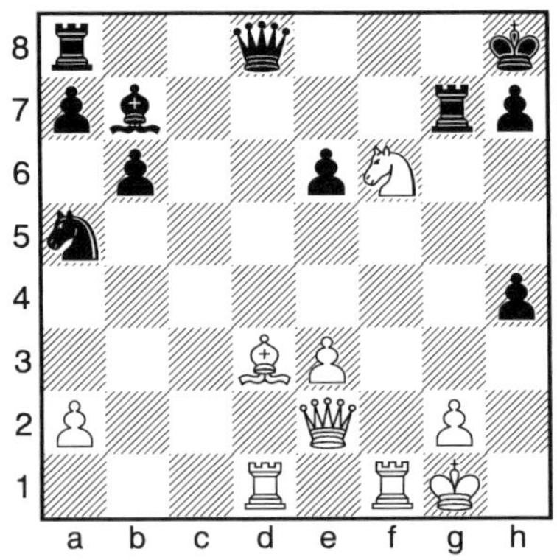

Weiß am Zug

TT13.01 ***

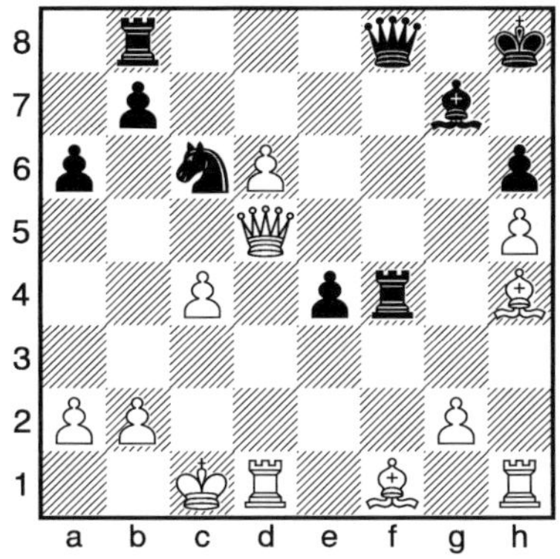

Weiß am Zug

Besprechung der Taktikaufgaben

TT01.01

In bereits deutlich überlegener Stellung gefällt der Abschluss **31.d6!** am besten. Es gibt jedoch auch andere Gewinnwege.

– Nach 31.♘d6+ ♘xd6 32.exd6 ♖d8 33.♕xe6 ♖xd6 34.♖c8+ ♔e7 35.♖xg8+– gewinnt Weiß einen ganzen Turm.

– Und nach 31.♘c5 exd5 32.♘bd7 – „nur“ eine Qualität.

31...gxf4

31...f6 32.♖c7!

32.♖c8+ ♖xc8 33.d7+ 1–0, M. Blübaum – Ghosh, WM U20 Athen 2012

TT01.02

52.d7!

1) 52.♘de7 (mit der Drohung ♖xh7+ nebst #) ist auch sehr stark.

a) 52...♖xf5 53.♘xf5 ♕d7 54.♕g4 ♕f7 55.♘h6+–

b) 52...♘xe7 53.♕xe7 ♕e8 54.♕d2 a5 55.♕h2+–

2) Und 52.♘xf6 ♕xf6 53.d7 ♘d6 54.♕xd6 funktioniert ebenfalls.

52...♕xd7 53.♖xh7+ ♕xh7 54.♘xf6 1–0, M. Blübaum – Kislinsky, Legnica 2013

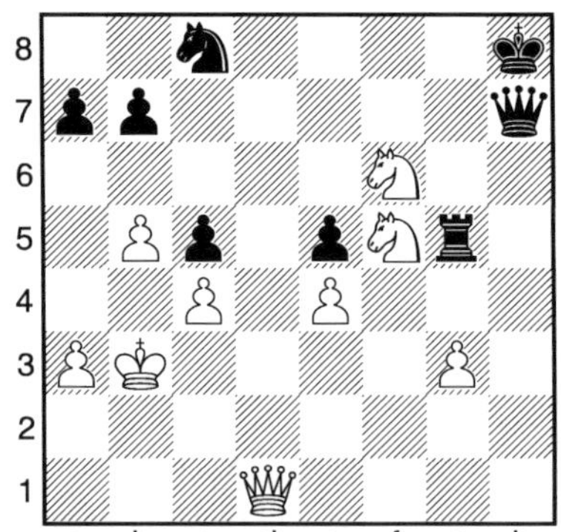

Die weiße Dame setzt entweder auf der h–Linie oder auf der 8.Reihe matt.

TT01.03

Wohin mit dem angegriffenen Läufer?

20.♗xg6! fxg6 21.♕xh6 ♕c2 22.♘g5 ♘d3

22...♕c7 23.♕xg6+ ♕g7 24.♖xe6+–

23.♕xg6+ ♔f8 24.♘h7+ 1–0, M. Blübaum – Motylew, chess.com INT 2020

TT01.04

Die schwarzen Freibauern in der c–Linie sehen gefährlich aus, aber Weiß behält den Überblick.

37.♗xg6+

– 37.♗d5+? ♔d6 38.♗xc4 c2 39.♖c3 ♗f5 40.♗b3 ♔e5∓

– 37.♖xc3 ♖d4 38.♔f4 ♔d6∓

37...♔d6

37...♗e6 38.♗xh7 ♖xa2 39.♖xc3±

38.♗xh7 ♔c5 39.♖xc3 ♖xa2?

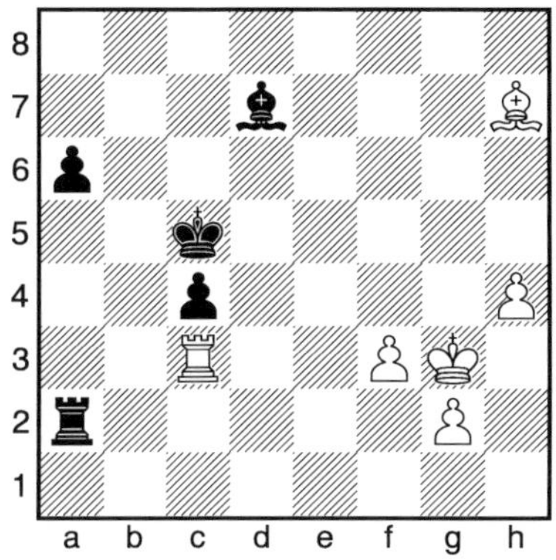

– 39...♔b4 40.♖c1 c3 41.♖b1+ ♖b2 42.h5+–

– 39...♗e6 40.♗g6 ♖xa2 41.h5+–

40.♖xc4+ 1–0, M. Blübaum – Baldauf, Karlsruhe 2019

Einfach, aber hübsch!

TT02.01

30.♗xh6 ♔xh6 31.e5!

Ein typischer Bauerndurchbruch, um sich in der d–Linie einen gefährlichen Freibauern zu verschaffen und den bislang passiven weißfeldrigen Läufer zu aktivieren.

31...♕xe5 32.♖xe5 ♖xe5

32...♖ef7 33.♖5e2 ♔g7 34.♕e3±

33.♖xe5 ♘c2

33...♔g7 34.♖e6 ♖f7 35.♕e4 ♕b7 36.♖e8 ♔h7 37.♕e6 ♕d7 38.d6+–

34.♖e6 ♕d8 35.d6 ♖f7 36.♕e4 ♘d4

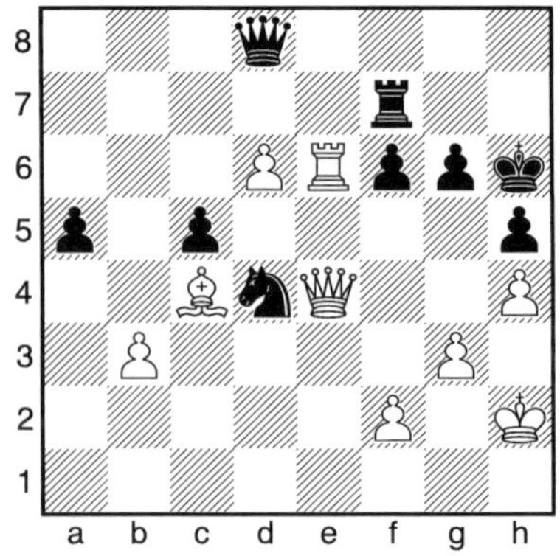

37.♖e8 1–0, M. Blübaum – Oparin, chess24.com 2020

TT02.02

Mit dem vorangegangenen Randbauernzug 13...h6? (⌓13...♗d6 14.g4 ♗g6 15.♘fxg6 hxg6 16.f3 ♖c8 17.♗b2±) wollte Schwarz den drohenden Tempovorstoß g2–g4–g5 parieren, aber er kommt vom Regen in die Traufe.

14.♘h5!

Durch die Ablenkung des lebenswichtigen Verteidigers von d7 ist die Partie im höheren Sinne bereits entschieden.

Natürlich gewinnt dieses Motiv auch in der Version 14.g4 ♗e4 15.f3 ♗h7 16.♘h5+–
.

14...♖a7 15.♘c6 ♕b6 16.♘xa7 1–0, M. Blübaum – Rustemow, chess.com INT 2020

TT02.03

33.c6!

Durch diesen Vorstoß wird nicht nur die Freilegung des Traumfelds d5 für einen weißen Springer erzwungen, sondern auch die Möglichkeit zur Freibauernbildung am Damenflügel.

33...bxc6 34.dxc6 ♘b6 35.♘c3 ♔e6

35...♔f7 36.♘ed5 ♘xd5 37.♘xd5 f5 38.b5 ♘c5 39.♘xc7+–

36.♘cd5 ♘xd5 37.♘xd5 ♖a7

(siehe Diagramm)

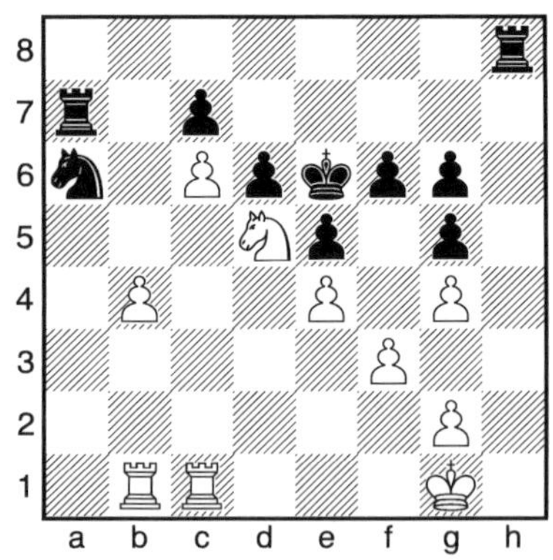

38.♖a1 1–0, M. Blübaum – Donchenko, chess.com INT 2020

TT02.04

15.h3?

Weiß konnte auf gleich zweierlei Weise ausgleichen.

1) 15.♗f5 h5 16.a3 ♗c5 17.b4 ♗e7 18.♗e4 ♗xe4 19.♘xe4=

2) 15.a3 ♗c5 16.♘e4 ♗xe4 17.♕xe4

a) 17...♖fd8 18.♕xd4 ♖xd4 19.♗e2=

b) 17...♕f2+ 18.♔d1 g6 19.♖e1=

15...♘xe5!

Dieses starke Figurenopfer hat Matthias unterschätzt. Zwar findet er in der Folge noch allerlei einzige Züge, aber da Schwarz deutlich besser steht, überlebt er letztlich nur um Haaresbreite.

16.fxe5 ♖fe8 17.♔d1 Tad8 18.♔c2 ♖xe5 19.♕f1 ♗xg2

19...♖c5 20.♖e1 ♗c6 21.♖e7 ♗a4+ 22.♔b1 ♗xc3 23.♗xh7+ ♔xh7 24.♗xc3 ♕d6∓

20.♗xh7+ ♔xh7 21.♕xg2

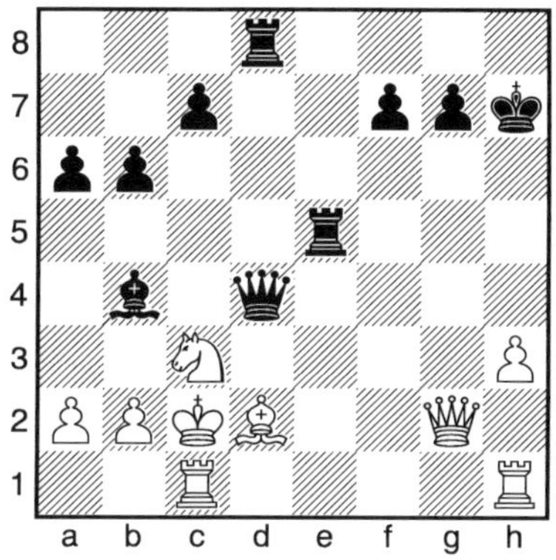

21...♗xc3

21...♕d3+! 22.♔d1 (22.♔b3?? ♖b5−+) 22...♗xc3 23.bxc3 ♖b5 24.♖g1 g6 25.♖e1 ♖b2 26.♖e2 ♖xa2∓

22.♗xc3 ♕d3+ 23.♔b3 ♖b5+ 24.♔a3 ♖a5+ 25.♔b3 ♕b5+ 26.♔c2 ♕f5+ 27.♔b3 ♕b5+ 28.♔c2 ♕a4+ 29.♔b1 ♕xa2+ 30.♔c2 ♕a4+ 31.♔b1 ♕a2+ 32.♔c2 ♕a4+ 33.♔b1 ♕a2+ ½−½, M. Blübaum − Gharibyan, EU−ch Online Chess.com 2020

TT03.01

44...♖e6!

44...♕h7 45.♖d6 ♕f5 46.c5 ♕xc5 47.♕g4 ♕c7 48.♕g6+−

45.hxg7 ♖h6+ 46.♖h5 ♖d6

46...♖xh5+! 47.♕xh5 ♔xg7 48.♕e2 ♕h7+ 49.♔g1 ♕b1+ 50.♔g2 ♕e4+ ist remis.

47.♖d5

Der Computer erkennt die versteckte weiße Möglichkeit, mit 47.♔h3! auf Gewinn zu spielen. In einer Schnellpartie hingegen ist dies für einen Spieler aus Fleisch und Blut, und zwar selbst vom Kaliber eines Sam Shankland, fast unmöglich.

Es hätte folgen können 47...♖d2 (47...♕h1+ 48.♔g4 ♖g6+ 49.♖g5+−) 48.♕f1 e2? 49.♕a1!

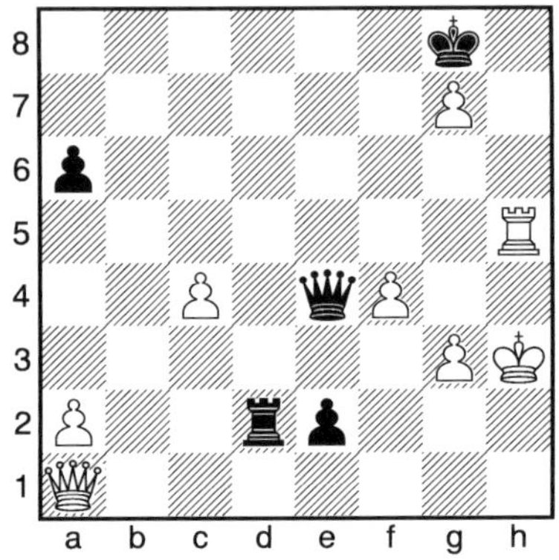

49...♖d4 50.♕b2 ♔xg7 51.♕b8 e1♕ 52.♖g5+ ♔f6 53.♕f8+ ♔e6 54.f5+ ♔d7 55.♖g7+ ♕e7

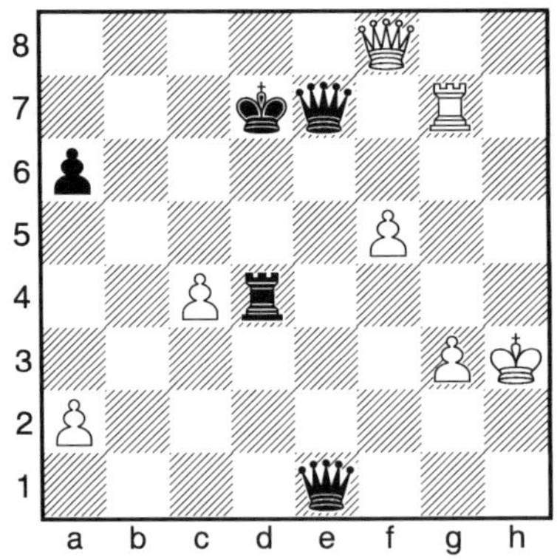

56.♕xe7+! ♕xe7 57.f6+−

47...♖h6+ 48.♖h5 ♖d6 49.♖d5 ♖h6+ und Matthias reklamierte dreimalige Stellungswiederholung – ½–½, Shankland – M. Blübaum, chess24.com 2020.

TT03.02

26...♗e4!

Im Zweifelsfall immer das zentralere Feld wählen – das ist auch im Schnellschach für Matthias selbstverständlich.

26...♗a6 27.♕f3=

27.♕b3

27.♗xe4 ♖xd1 28.♖xd1 g6 29.♖d6 a5∓

27...♘d4 28.♕e3 ♘f3+ 29.♔h1 ♘xe1+∓

Schwarz hat eine Qualität gewonnen, aber Weiß schaffte in einem sehr langen Endspiel noch ein Remis, Harikrishna – M. Blübaum, Online Olympiade Chess.com 2020.

TT03.03

35...b3!

In einer Blitzpartie ist es auch in klar besserer Stellung wichtig, einen Knockout zu finden. Das gilt natürlich umso mehr, wenn der Gegner so stark ist wie Caruana, denn bekanntlich sind die absoluten Weltklassespieler in verlorenen Stellungen noch unglaublich zäh.

1) Nach dem alternativen Ansatz 35...♗xc5 36.♕xc5 ♕xc5 37.♕d3 b3 ...

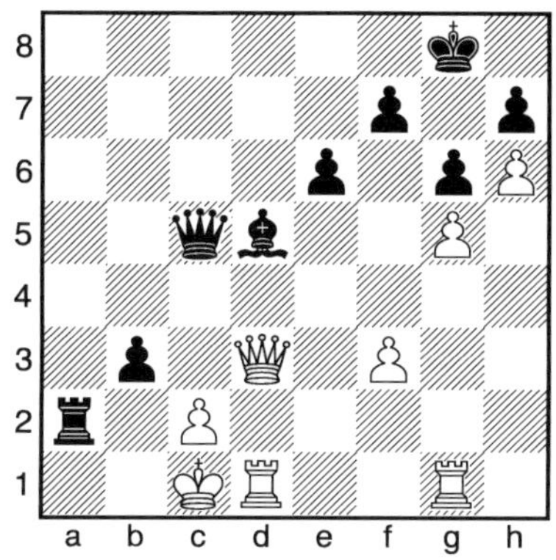

... 38.♕xb3 ♗xb3 39.♖d8+ ♕f8 40.♖xf8+ ♔xf8 41.♖g2 kann die Gewinnführung noch viele Züge dauern.

2) Auch 35...♕a7 führt zu einem unparierbaren Mattangriff; z.B. 36.♕d3 b3

a) 37.♘xb3 ♗b4 38.♘d2 ♖a1+ 39.♘b1 ♖xb1+ 40.♔xb1 ♕a2+ 41.♔c1 ♕a1#

b) 37.♔d2 ♖xc2+ 38.♔e3 ♖xc5 (38...♗c4–+) 39.♕xc5 ♗xc5+ 40.♔e2 ♗xg1 41.♖xg1 ♕xg1 42.♕c3–+

36.♕b5 bxc2 37.♖d3 ♕f4+ 38.♖d2 ♖a1+ 39.♔xc2 ♖a2+ 40.♔b1 ♕xd2 0–1, Caruana – M. Blübaum, Banter Blitz Cup Final chess24.com 2020

TT03.04

23...♖xd5! (Δ24.♖xd5 ♘f4+) **24.♖e8+**

Hat Schwarz etwa in der Hektik einer Blitzpartie die schwache Grundreihe nicht beachtet?

24...♗f8 25.♗a3 ♕xg4+ 26.fxg4 ♘f4+ 27.♔f3 ♘e6 0–1

Nein keineswegs! Schwarz hat weiter gerechnet und behauptet die Mehrfigur, Lenderman – M. Blübaum, Speed Chess chess.com 2020.

TT04.01

20.♕e4+!

– 20.0–0–0 funktioniert laut *Stockfish 13* ebenfalls, aber welcher Mensch macht so einen Zug?

– Und 20.♕xa8 ♗xb5 21.♖a3 ♗h6 22.axb5 ♗xd2+ 23.♘xd2 bxa3 24.♕xh8 a2 25.♕xh7+ ♔e8 26.♔e2± ist ungleich komplizierter als der Textzug.

20...♗e6

20...♔d8 21.♕xc4 ♘c7 22.0–0 a6 23.♘xc7 ♕xc7 24.♗f4 ♗d6 25.♕d5+–

21.♕xa8 ♗g7 22.♕e4

Das Feld e4 hat sich für die Dame bewährt. Sie dominiert hier derart, dass Schwarz komplett hilflos ist. Weiß holt in aller Ruhe seine Kräfte heran.

22...♕b6 23.0–0 ♘ab8 24.♖fe1 ♘f8

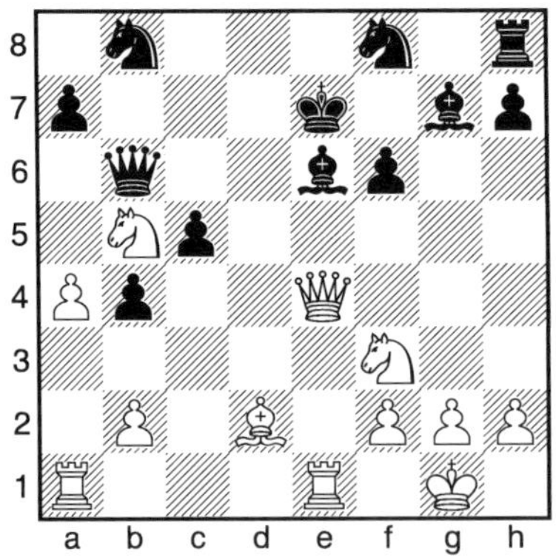

25.♗f4 1–0

Weiß hat weder Materialvorteil noch unmittelbare Drohungen, und doch stellte Schwarz seinen Widerstand bereits ein, M. Blübaum – Thesing, Bundesliga 2013.

TT04.02

18.♖d1!

– 18.♗xe6 ♕xe6 19.♕xe6+ fxe6 20.♘e4 ♗b4+ 21.♔f1 ♔e7 22.♘xg5 b5 ergibt nur etwas Vorteil für Weiß,

– Und 18.0–0–0 ♕f6 19.♔b1 geht auch, ist aber aufgrund des luftigen weißen Königs nicht so einfach.

18...♗xh3??

Dieser Zug funktioniert einfach nicht und führt zu einem schnellen Matt.

Allerdings sind auch die Varianten nach 18...♕f6 19.0–0 für Schwarz verloren.

1) 19...b5 20.♘d6+ ♗xd6 21.♖xd6+–

2) 19...♖c7

a) 20.♘xb6 axb6 21.a7 ♖xa7 22.♕xc6+ ♔e7 23.♕d6+ ♔e8 24.♕b8+ ♕d8 25.♕xd8#

b) 20.♕d3 ♗xc4 21.♕xc4 ♕e5 22.♖d7+–

3) 19...h5 20.♕e3 ♗c5 21.♘e4!+–

19.♘d6+ ♔d8 20.♘xc8+ ♔xc8 21.♕xc6+ ♔b8

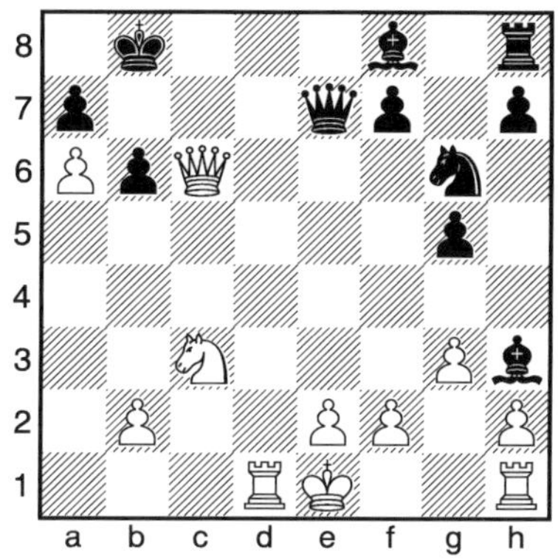

22.♖d8+ 1–0, M. Blübaum – Flick, Helsingor 2016

TT04.03

Alle weißen Figuren stehen aktiv, alle schwarzen passiv – da muss einfach irgendetwas gehen! Und tatsächlich ist die Sache nach entsprechender Vorbereitung ganz leicht.

38.♖xg8+ ♔xg8

Nach 38...♖xg8 39.♕f6+ gewinnt Weiß eine Figur.

39.♖g2+ ♔h7 40.♘g6

40.♖g6 ♗c8 41.e6 ♕e8 42.♖g2 ♖g8 43.♕f6+–

40...♖e8 41.♘xe7 1–0

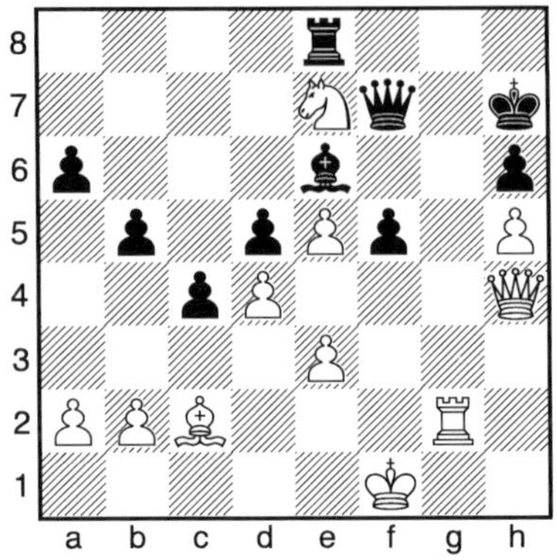

Auf 41...♕xe7 folgt 42.♕f4 ♖f8 43.♖g6+−, M. Blübaum − Dragnev, Skopje 2019.

TT04.04

Nach dem entscheidenden Durchbruch **35.e6!** erreicht der weiße Springer sein Traumfeld e5 und Schwarz ist verloren.

35.♘f2 ♗e8 36.♘h3 ♖a7 37.♘g5 ♖e7 38.♖h7 ♕xh7 39.♘xh7 ♖xh7 40.♕d8 gewinnt ebenfalls.

35...♗e8

35...♗xe6 36.♘e5

− 36...♗f7 37.♘xf7 ♔xf7 38.♖h7+−

− 36...g5 37.fxg5 ♗f7 38.g6 ♗e8 39.♖h7+−

36.♘e5 ♖a7 37.♘f7 ♗xf7

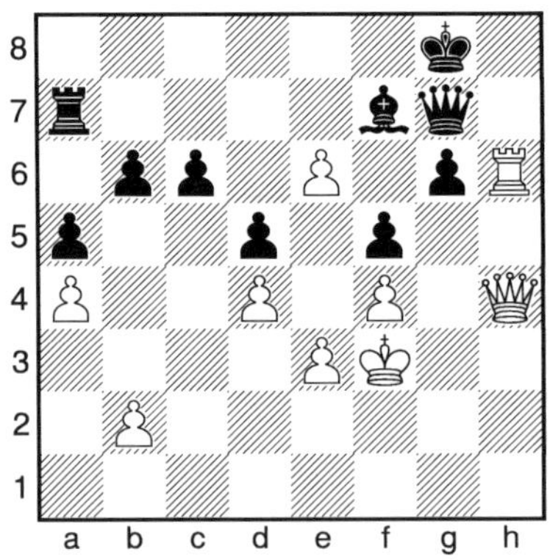

38.♕d8+! 1−0, M. Blübaum − Alonso Rosell, Europameisterschaft (Einzel) 2017

TT05.01

Mit **27...c5!** öffnet Schwarz zunächst eine Diagonale für seinen weißfeldrigen Läufer.

Auch 27...♖g6 28.♘c4 b5 29.♘e5 ♗xe5 30.♕xe5 c5 31.♗xb7 ♕xb7 ist deutlich besser für Schwarz, aber nicht so gut wie der Textzug.

28.♕xc5

– 28.♗xb7? ♖xh3+ 29.♔xh3 ♕g4+ 30.♔h2 ♕h5+ 31.♕h4 ♕xh4#

– 28.♖g1 ♖g6 29.♘c2 ♕h6–+

– 28.d5 e5 29.♘c4 ♖g6 30.♔h1 exf4 31.exf4 ♕h6 32.♘e3 ♖g3–+

28...e5!

Und gleich noch eine für den schwarzfeldrigen Läufer.

29.♖d8 exf4 30.♖xb8 ♖xb8 31.♗xb7

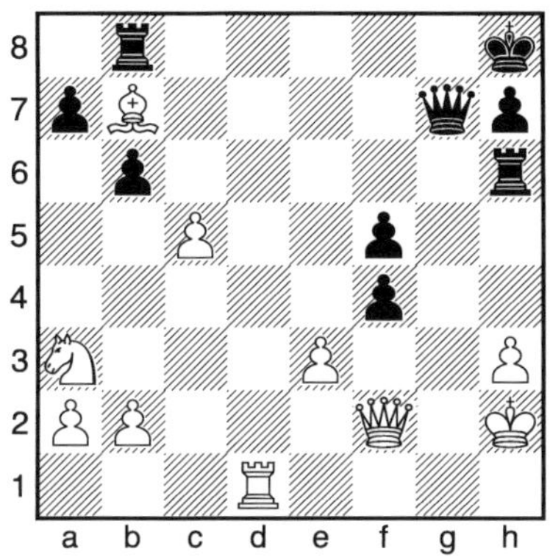

31...♖xh3+! 32.♔xh3 ♕g4+ 33.♔h2 ♕h5+ 34.♔g1 ♕xd1+ 35.♔h2 ♕h5+ 36.♔g1 ♖g8+ 0–1, Lötscher – M. Blübaum, Bad Ragaz 2016

TT05.03

Der Hebel **22...f4!** verschafft Schwarz starken Königsangriff.

22...♘h5 23.♘ce2 f4 24.♖f1 fxe3 25.♗xe3 Sef4+ 26.♗xf4 gxf4 27.g4 ♘g7 28.♖ae1 ♕f6∓

23.♖e1

Auch nach 23.♘ce2 ♖f7 24.exf4 gxf4 25.♘h3 fxg3 26.hxg3 ♘h5 27.♖g1 ♔h8 hat Schwarz sehr starken Königsangriff.

23...♖ae8 24.♘a4

24.♘ge2 fxg3 25.hxg3 g4 26.f4 ♘g7 27.♖h1 ♕e6 28.♖h2 ♘f5∓

24...♕g7 25.♘c5 ♘xc5

25...fxg3 wäre noch konsequenter gewesen; z.B. 26.♘xe6 ♖xe6 27.hxg3

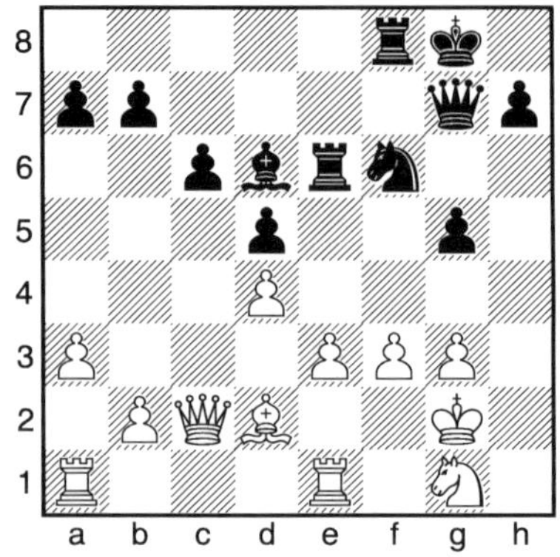

27...♗xg3!

1) 28.♗b4 ♕h6 29.♔xg3 ♕h1 30.♖e2 ♘h5+ 31.♔f2 ♕h2+ −+

2) 28.♔xg3 ♘e4+ 29.fxe4 ♕h6

a) 30.♘f3 ♖xf3+ 31.♔xf3 ♕h5+ 32.♔g3 ♖f6 33.♖f1 ♕h4+ 34.♔g2 ♕g4+ 35.♔h2 ♖h6#

b) 30.♗b4 ♕h4+ 31.♔g2 ♕g4+ 32.♔h1 ♖h6+

26.♕xc5 ♗e5∓

Schwarz setzte sich überzeugend durch, Rahman – M. Blübaum, Schacholympiade Baku 2016.

TT05.03

Das typische Läuferopfer **24...♗xh2+** führt hier zwar nicht zum Matt, aber Schwarz bekommt außer dem Bauern auch noch zwangsläufig die gegnerische Dame für Turm und Läufer.

25.♔xh2 ♕h4+ 26.♔g1 ♖h5 27.f4 exf3 28.♕xf3 ♕h2+ 29.♔f2

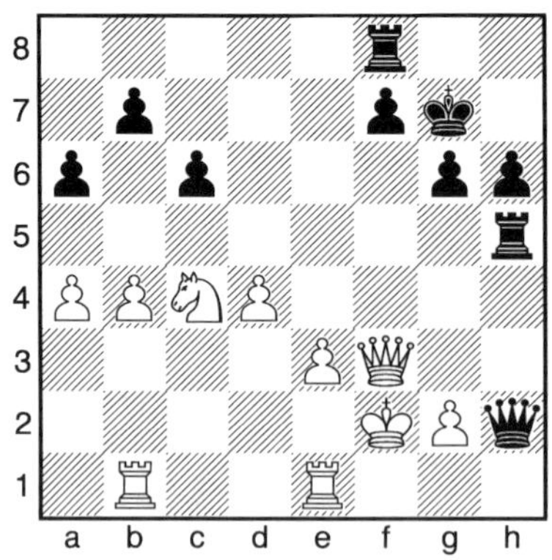

29...♖f5 und Schwarz verwertete seinen materiellen Vorteil, Dardha – M. Blübaum, Bad Wiessee 2020.

TT05.04

Wann sind zwei Figuren besser als Turm und Bauer?

37...♘b4+!

Im Königsangriff!

Allerdings sollte auch 37...a4 38.bxa4 ♘a5 39.g6 ♘c4 40.♕d4 ♕d6 41.♕c3 ♖c6 42.♖df2 ♖a6 auf Dauer gewinnen.

38.axb4 axb4 39.♕d4

39.♔b1 ♖a8 40.♕d4 ♕e1+ 41.♔b2 ♕a1#

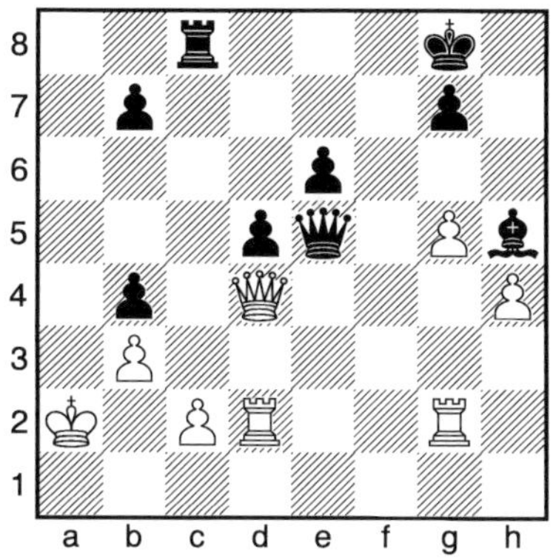

39...♖xc2+ 0–1, Morawietz – M. Blübaum, Bad Wiessee 2013

TT06.01

Der Vorstoß **16.c4!** ist wegen der Schwächung der Bauernkette c3–d4–e5 zwar antipositionell, aber dafür taktisch höchst wirksam.

16...♗b7 17.♕b2! und **1–0**, denn es gibt hier keine Verteidigung gegen ♘b3 mit Damengewinn, M. Blübaum – Vishnu, Sharjah 2017.

TT06.02

Schwarz hatte im vorigen Zug dreist einen Bauern auf b3 geschlagen und wurde dafür mit **19.♘d5!** auf tief durchdachte Weise bestraft.

– Natürlich nicht 19.♗xb6? wegen 19...♘xd2 20.♖d1 ♘b3∓.

– Und 19.♘a2 ♘xd2 20.♖xb6 ♘xe4 21.fxe4 ♗xe4 ist nur etwas besser für Weiß.

19...♗xd5

19...♘xd2 20.♖xb6 ♘xc4 21.♗xc4 ♗xd5 22.exd5 ♖c7 23.♗b3 ♖xc2 24.♗xc2 ♖c8 25.♗b3+–

20.exd5 ♗h6 21.♗xb6 ♘xd2 22.♖bb2 1–0

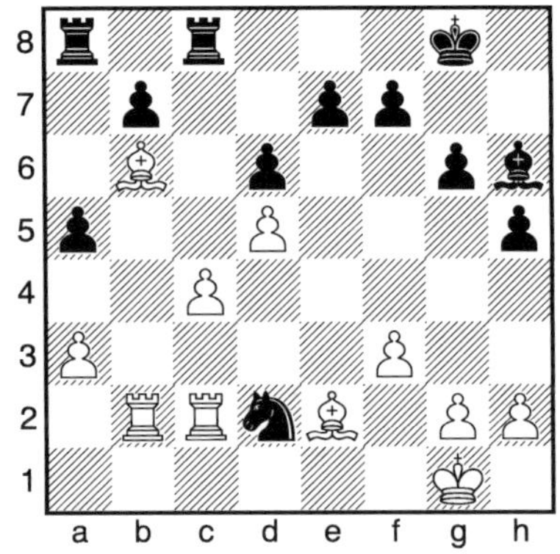

Zum guten Schluss ist der schwarze Springer ist im weißen Lager gefangen, M. Blübaum – Feygin, Dortmund 2013.

TT06.03

27.♕d6

Noch überzeugender gewinnt 27.♕d5 (oder 27.♕f3) 27...♔g7 28.♕f5 ♖h8 29.♖c8 mit Damengewinn.

27...♔g7 28.♖c8 ♕e7 29.♕xe7 ♗xe7 30.♖e8 ♗d8 31.g4 f6 32.b3 b5 33.♗f5 a4 34.♔g2 1–0

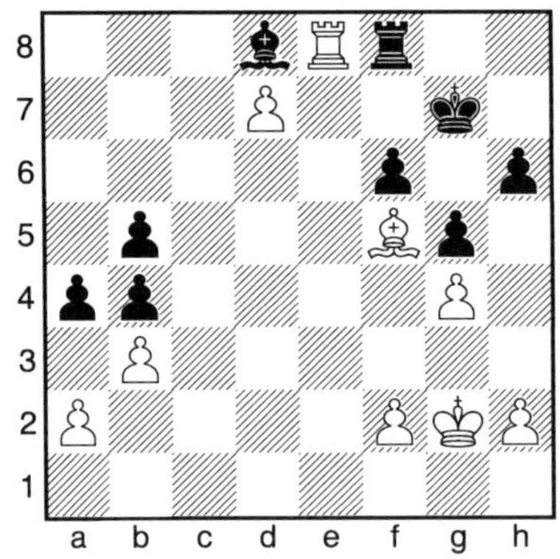

Der weiße König läuft bis nach c8, wogegen Schwarz hilflos ist, M. Blübaum – Abdumalik, Sharjah 2017.

TT06.04

14.♗e5?!

1) In dieser Blitzpartie übersah Matthias die versteckte taktische Abwicklung 14.♗d6! ♖e8 15.♗xc6 ♗xc6 16.cxb6 ...

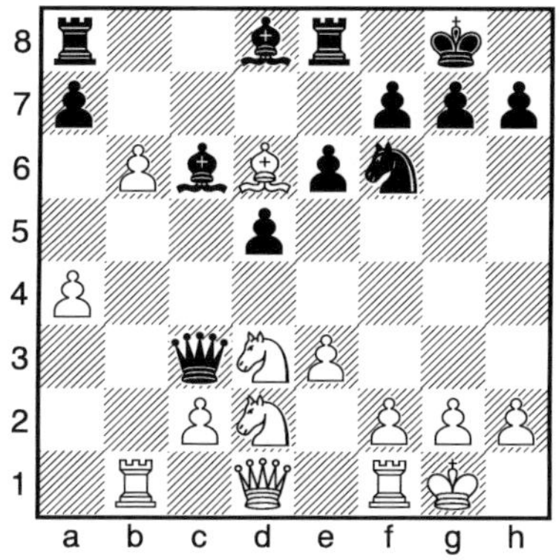

... und angesichts der Drohung, mit ♗b4 die Dame zu fangen, erlangt Weiß großen Vorteil; z.B.

a) 16...♗b7 17.♘c5 axb6 18.♖b3+−

b) 16...♘e4 17.♘xe4 dxe4 18.♗e5 ♕a5 19.b7+−

2) Übrigens wäre die Stellung nach 14.♖b3 ♕a5 15.♗d6 ♗e7 16.c4 ♗xd6 17.cxd6 a6 bzw. 16.♗xc6 ♗xd6 17.♗xa8 bxc5 noch spielbar für Schwarz.

14...♘xe5 15.♖b3 ♕a5 16.♘xe5 ♗xb5 17.axb5 bxc5∓, M. Blübaum − Schirow, chess.com INT 2020

TT07.01

Mit **43.h5+!** wählte Matthias die schönste Lösung, die den gegnerischen König in ein Mattnetz zieht, das nur durch sinnlose Figurenopfer zerrissen werden kann.

Hier ein Blick auf zwei weniger spektakuläre Nebenlösungen.

1) 43.♗f8

a) 43...♖a1+ 44.♔h2 ♔f7 45.♗xh6 gxh4 46.♗e8+ ♔e7 47.♗g5+ ♔d6 48.♖h7

b) 43...♘d7 44.h5+ ♔f6 45.♗d6 ♔g7 46.♗xd7 ♖xd7 47.♗e5+ ♔f7 48.♖xh6

2) 43.♗e8+ ♗f7 44.♗xf7+ ♖xf7 45.♗f8 ♖f6 46.♖xh6+ ♔f7 47.hxg5

43...♔xh5 44.♗f8 ♖a1+

44...♔g4 45.♖xh6 ♗g8 46.f3+ ♔g3 47.♖h3#

45.♔h2 ♔g6

(siehe Diagramm)

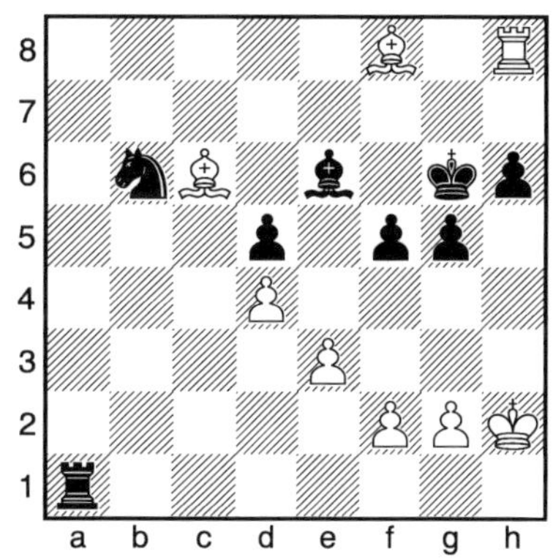

46.♗e8+ 1−0, M. Blübaum − Iovcov, Karpacz 2015

TT07.02

Mit dem Hineinziehungsopfer **34.♘xh7!** wird der schwarze König auf die siebte Reihe genötigt, wo es ihm schlecht ergehen wird.

Der Ansatz 34.♖c5 ♕d7 35.♘e4 ♕e7 36.♖xb5 ♖c8 37.♘c5 führt „nur“ zu deutlichem Vorteil.

34...♔xh7 35.♕xg6+ ♔h8 36.♕f6+ ♔g8 37.h6 1–0, M. Blübaum – Beerdsen, Titled Tuesday Chess.com 2018

TT07.03

Der brutale Springer e5 dominiert den passiven Läufer e8, der sich momentan jedoch zumindest dadurch nützlich macht, dass er die schwarze Stellung zusammenhält. Aber nicht mehr lange, denn mit **42.♖xe8!** eliminierte Matthias diesen wichtigen Verteidiger.

42...♖xe8 43.♖xc6 ♕d8 44.♖xg6+ ♔h7 45.♕a6 ♖ee7 46.♖xh6+ 1–0, M. Blübaum – Mierins, Riga 2018

TT07.04

55.♘e6!

Weiß spielt mit dem gefährlichen Dame/Springer–Team auf Matt, wobei der Turm bekanntlich ein schlechter Verteidiger ist.

1) 55.♘xf5 ♕f6 56.g4 h5 57.♔g3 ♕a1 führt nur zum Ausgleich.

2) Und 55.♕d7+ ♔g6 56.♘c6 f4 57.exf4 gxf4 58.♘e5+ ♔f6 59.♘g4+ ♔g6 bringt Weiß auch nicht entscheidend weiter.

55...♕a8

1) Nach 55...♖f7 56.♘xg5+ hxg5 57.♕xf7+ gewinnt Weiß das Damenendspiel.

2) Und auf 55...♕c8 ...

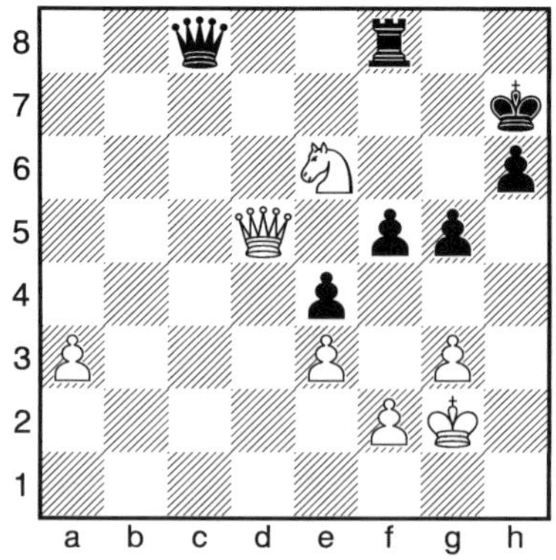

...hatte Matthias das raffinierte Hinlenkungsopfer 56.♕d7+! als eigentliche Pointe vorbereitet, die aber leider nicht aufs Brett kam.

56.♕d7+ ♔g6 57.♕g7+ ♔h5 58.♕xf8 1–0, M. Blübaum – Kvetny, Österreich 2019

TT08.01

Vier schwarze Figuren zielen auf die weiße Königsstellung, die nur von einem Springer verteidigt wird. Da muss ja etwas gehen.

22...♗xg2!

22...♘h4 23.♗f1 ♗xh2+ 24.♔xh2 ♕d5 25.♕g4 h5 26.♕g3 ♘f5 27.♕xc7+ ♖f7 28.♕b6 ♘h4 29.♕c5 ♗xg2 ist ebenfalls deutlich besser für Schwarz.

23.♕g4

23.♔xg2 ♘h4+ 24.♔f1 ♕xh3+ 25.♔e2 ♕xh2–+

23...♗xh3 24.♕xd7+ ♗xd7–+ 0–1, Havasi – M. Blübaum, Zillertal 2015

TT08.02

21.♗xc5!

– 21.♘axc5 ♕xa3 22.♘xd7 ♖d8 ist besser für Weiß, aber nicht so gut wie die Partiefolge.

– Und auch 21.♘dxc5 Sexc5 22.♗xc5 ♘xc5 23.♕d4 ♘xa4 24.♕xa7 ♕b6 ist weniger überzeugend.

21...♘dxc5 22.♘axc5 ♘xc5

22...♗xc5 23.♘xc5 ♘xc5 24.♕d4 ♖c8 25.♖fc1+–

23.b4

Die einfachste taktische Operation überhaupt, die Bauerngabel, sieht man in Großmeisterpartien relativ selten.

23...♕a3 24.bxc5 ♖c8 25.♕d2 ♗a8 26.♖b1 Tac7 27.♖b3 ♕a4 28.♕b4 ♕e8

28...♕xb4 29.♖xb4 ♗c6 30.♖d4 ♗f6 31.♖xd5 ♗xd5 32.♗xd5±

29.♕a5 ♗c6 30.♗h3 d4 31.exd4 ♗f6 32.♘e5 ♗xe5 33.♖e2

Zuerst eine Fesselung ...

33...♕d8 34.♖xe5 ♕xd4

(siehe Diagramm)

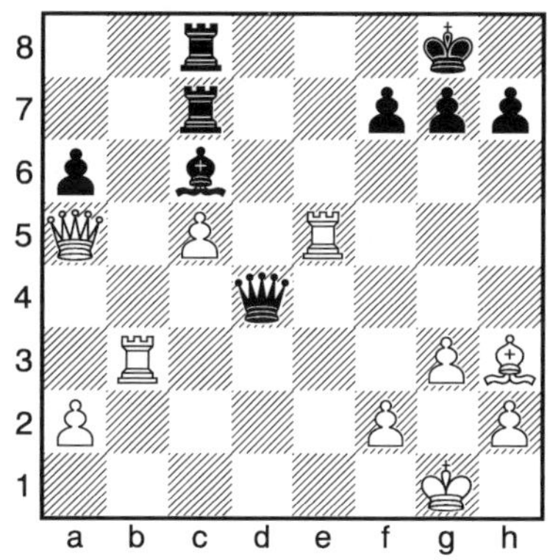

35.♕xc7 und zum guten Schluss eine Ablenkung. **1–0**, M. Blübaum – Meskovs, Bundesliga 2017

TT08.03

Hier wählte Matthias mit **28...g3!** eine konkrete Fortsetzung.

1) Der Computer würde anders spielen: 28...f5 29.♗d2 f4 30.♖c1 ♔a8 31.♖e1 ♕xd4 32.♗c3 ♕b6−+.

2) Aber 28...h3 29.♖c3 f5 bzw. 29.♗d2 ♕xd4 30.♕c1 e5 gewinnt ebenfalls.

29.hxg3 hxg3 30.♖c3 gxf2+ 31.♔xf2 e5

– 31...♕h4+ 32.♔e2 ♖xg2+ 33.♔d1 ♗f3+ 34.♔c1 ♖e2 35.♗d2 ♕xd4−+

– 31...♖xg2+ 32.♔e1 a6 33.♕f4+ ♕xf4 34.♗xf4+ ♔a7∓

– 31...a6 32.♔e1 ♔a7 33.g4 ♖h8−+

32.♕xe5

32.♔e1 ♕b1+ 33.♖c1 ♕xb2 34.♕xe5 b6 35.♗f4 ♔a8−+

32...♕h4+ 0−1, Dragnev – M. Blübaum, Zalakaros 2015

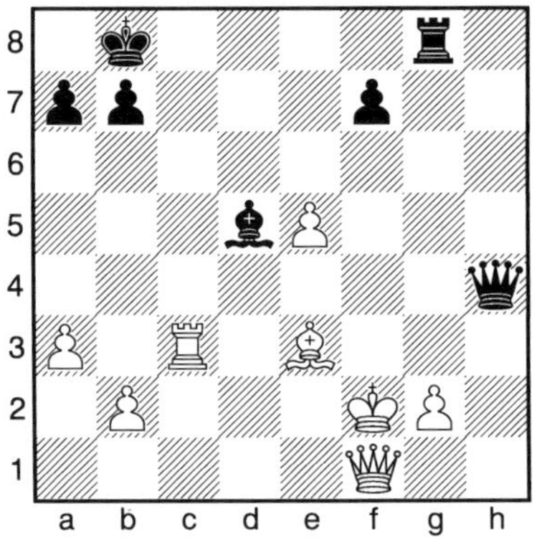

TT08.04

Vermutlich hat Weiß die mit **19...♗xf3!** eingeleitete Kombination übersehen, weil er überhaupt nicht damit rechnete, dass Schwarz seinen starken Läufer gegen einen Springer abtauschen würde.

20.♗xf6

Nach 20.♗xf3 ♗xd4 21.♖xd4 ♘e5! bringt das drohende Zwischenschach auf f3 Schwarz in Vorteil.

– 22.♖xd8? ♘xf3+ 23.♔g2 ♕xd8−+

– 22.♖f4 ♘d3 gewinnt die Qualität.

– 22.♘xe5 ♕xc2 23.♖xc2 ♖xd4−+

20...♗xd1 21.♗xd8

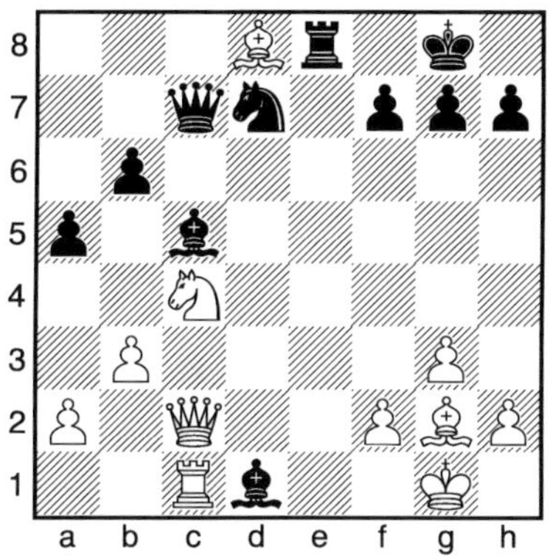

21...♖e1+

Auch in dieser Variante entscheidet ein Zwischenschach.

21...♗xc2?? 22.♗xc7=

22.♗f1 ♗xc2 0–1, Froewis – M. Blübaum, Österreich 2017

TT09.01

Mit **29.♖xd6** wählte Matthias eine relativ einfache, aber hübsche Abwicklung, in deren Verlauf das Springerduo die behäbigen gegnerischen Türme gekonnt austanzt.

Auch 29.♖5d2 ♔f7 30.♘d5 ♘e4 31.♖c2 ♘g4 ist besser für Weiß, aber nicht so klar.

29...cxd6 30.♘d5 ♔f7 31.♘xb6 Tae8 32.♖xd6 ♘g4

32...♖e6 33.♖d5 ♘e4 34.f3 ♘xg3+ 35.♔d3+–

33.♖d5 ♘e4 34.♖d7+ ♔e6 35.♘d4+ ♔f6 36.♘d5+ ♔g6 37.♘e7+ ♖xe7 38.♖xe7 ♘gxf2 39.♘c6 ♖c8

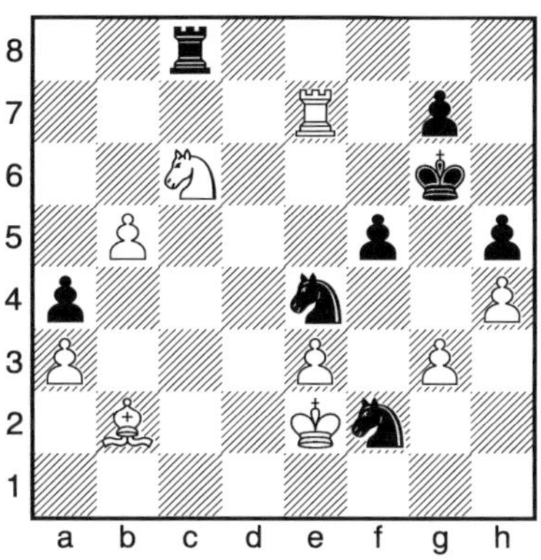

40.♖xe4 1–0, M. Blübaum – Trent, Bundesliga 2018

TT09.02

Nach dem Zertrümmerungsopfer **22.♖xg7+!** ist der schwarze König dem glänzend kooperierenden Team ♕+♗+♘ hilflos ausgeliefert.

Allerdings führt auch ist die positionelle Behandlungsweise 22.f3 ♕f7 23.♖d1 d5 24.♘d6 ♕g8 25.♘f5 zum Ziel.

22...♔xg7 23.♘xf6 ♕h1+

23...♕e6 24.♕g5+ ♔f7 25.♘xh5 ♕g6 26.♕d5+ ♕e6 27.♕d3+−

24.♔d2 ♕g2

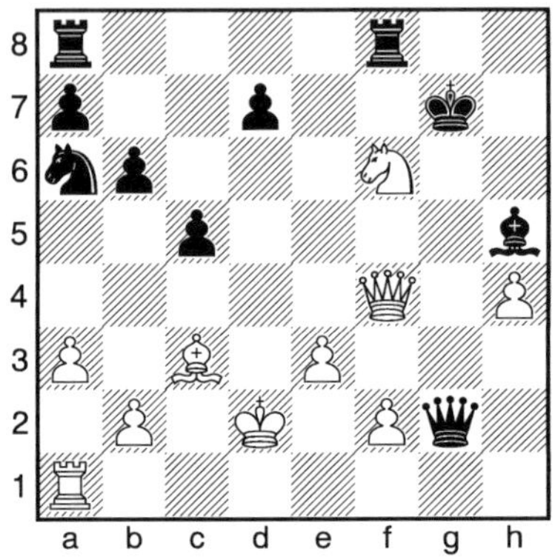

25.♘g4+ 1−0, M. Blübaum – Zysk, Zürich 2019

TT09.03

Den Springerrückzug **27...♘g6!** mitsamt der Anschlussdrohung eines Damenscheinopfers dürfte Weiß übersehen haben.

27...gxh4? 28.f4=

28.hxg5

Es gibt keine sinnvolle Alternative.

28...♕xd4 29.♗xd4 ♘f4+ 30.♔f3 ♘xe2∓

Und Schwarz verwertete seinen kleinen Vorteil, Huber – M. Blübaum, Bad Gleichenberg 2014.

TT09.04

35.♘f6+ ist die einzige Möglichkeit, um gegen das starke schwarze Läuferpaar auf Vorteil spielen zu können.

35.f5 ♗d5 36.f6 ♕xd7 37.fxe7 ♕xe7∓

35...♔h8 36.♕g4 ♖d8

36...♖c3 37.♘h5 g6 38.♘f6 ♗xf6 39.exf6 ♕d4 40.♕h4 ♔h7 41.♖fe1 g5=

37.♖a1 ♕b5 38.♘h5 ♗f8 39.♖fe1 ♕b4 40.♕g3 a5 41.f5 ♗c2

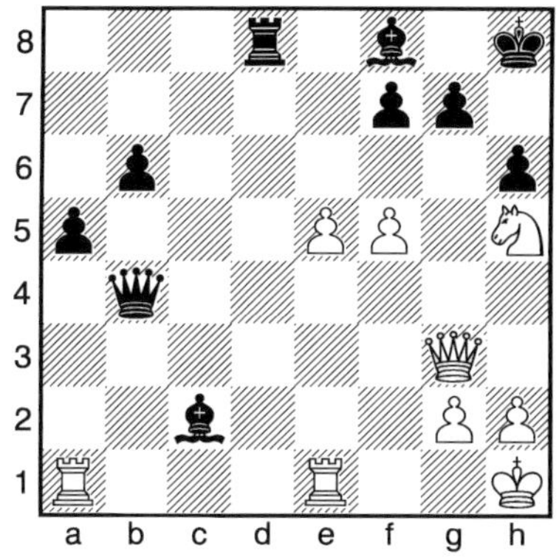

42.f6!

Wie in vielen seiner Partien nutzt Matthias die Bauernmehrheit am Königsflügel, um den gegnerischen Monarchen anzugreifen.

Übrigens führt auch 42.e6 fxe6 43.fxe6 ♖e8 44.♕f2 ♕c5 45.♕f7 ♕e7 46.♘f4 a4 47.♕h5 ♔h7 48.♖ac1 ♗b3 49.♕f5+ ♔g8 50.♘g6 zu großem Vorteil.

42...gxf6

42...g5 43.e6 fxe6 44.♘g7±

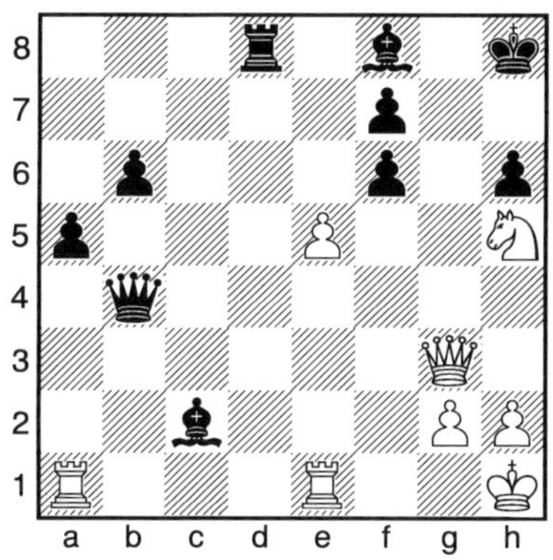

43.♕f2!+– ♖d2 44.♕xf6+ ♔g8 45.e6 fxe6

45...♕e7 46.♕c3 ♕b4 47.♕g3+ ♗g6 48.exf7+ ♔h7 49.♘f6+ +–

46.♕xe6+ ♔h8 47.♕f6+ ♔g8 48.♖e8 1–0, M. Blübaum – Li, Doha 2015

TT10.01

Hier fand Matthias mit **28.♕xe5+! (1–0)** ein Hineinziehungsopfer, welches trotz seiner Einfachheit sehr ästhetisch wirkt.

Nach 28...♔xe5 29.♗b2# entsteht ein Mattbild, für das man eigentlich nur einen Läufer, drei eigene und zwei gegnerische Bauern benötigt, M. Blübaum – Belezky, Bundesliga 2016.

TT10.02

Nach dem Räumungsopfer **36...c3!** droht die schwarze Dame, nach f1 zu gelangen.

Eine Nebenlösung bestand in 36...exd5 37.♕xg7 ♔xd6 38.♕f6+ ♔c5 39.♕e7+ ♔c6 40.♕xf7 ♖c7 41.♕xg6+ +–.

37.♕xe6+

– 37.♖xc3 ♕f1+ 38.♕b1 ♕xb1+ 39.♔xb1 ♖xc3–+

– 37.♕c1 ♕xd5 38.♖b3 ♕d4–+

37...fxe6 38.♕c1 c2! 39.♖d2?

39.f4 ♕c4 40.♖d2 ♘xa2 41.♕xc2 ♕xc2 42.♖xc2 ♖xc2–+

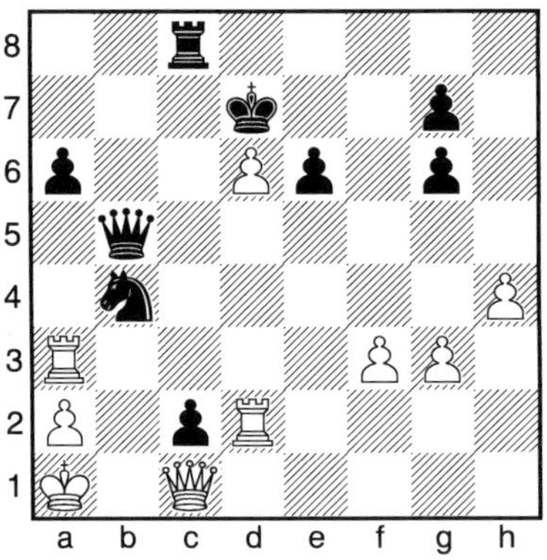

39...♕e5+ 0–1, Rozum – M. Blübaum, Chess.com INT 2020

TT10.03

33.♕f1

33.e6 ♕d5 34.♗f7 gewinnt ebenso.

33...♖c6 34.♕h3 ♖xh6 1–0

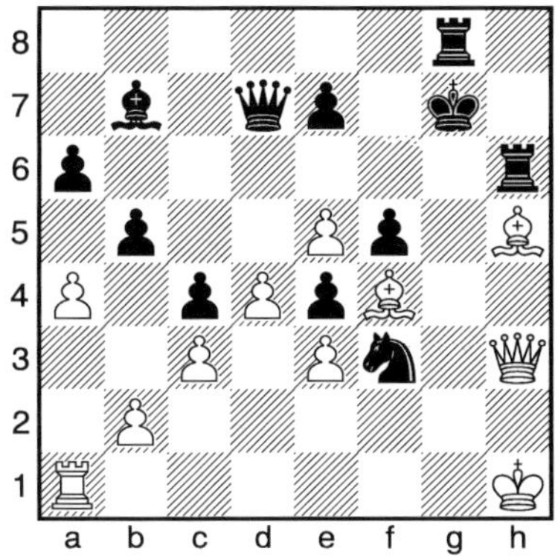

Schwarz gab auf, ohne die offensichtliche Folge 35.♗xh6+ ♔h7 36.♗xf3 gxf3 37.♗f4+ nebst Mattsetzung abzuwarten, M. Blübaum – Mendonca, Bad Wiessee 2020.

TT10.04

34.e6!

Weiß steht auch ohne diesen Zug auf Gewinn, allerdings beschleunigt er das Ende der Partie.

34.♖c7 ♖b8 35.♗e1 ♖b7 36.♖c8 ♗e6 37.♖d8+–

34...♕e8

Nach der Annahme dieses Räumungsopfer mit 34...fxe6, folgt 35.♖xa6! (um die Dame von der Kontrolle des Feldes d7 abzulenken) mit unparierbarem Mattangriff; z.B. 35...♖d7 36.♖c8 ♖g7 37.♖a7 ♗b7
38.♖b8 ♕d5
(siehe Diagramm)

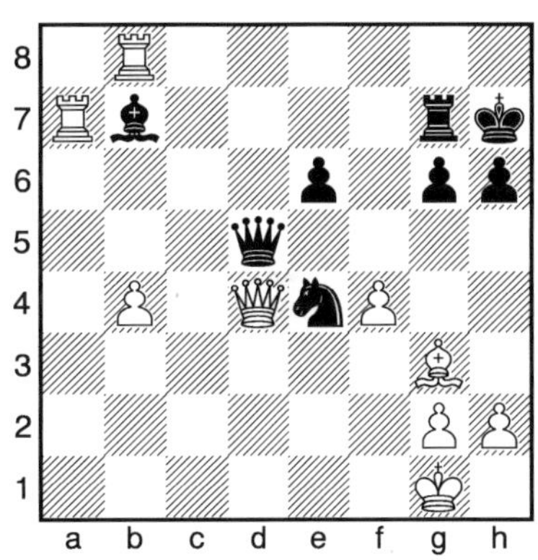

39.♕xg7+ ♔xg7 40.♖bxb7+

35.exf7

35.f5 ♘xg3 36.hxg3 ♗xe6 37.fxg6+ ♔xg6 38.♕e4+ +–

35...♗xf7 36.♕e5 ♖d5 37.♕xe8 ♗xe8 38.♖c7+ ♔g8 39.♖e7 ♘xg3 40.♖xe8+ ♔f7 41.♖e5 1–0, M. Blübaum – Leniart, Katowice 2019

TT11.01

Mit **31.♗c5!** blockt Weiß alle schwarzen Angriffsträume cool ab und gewinnt einen Bauern.

Nach dem bösen Missgriff 31.♖xa7? hätte Schwarz hingegen auf Gewinn gestanden; z.B. 31...♗f8! 32.♖7a6 (32.♖4a6 ♕d4–+) 32...♕b5

– 33.♗f1 ♗xa3 34.♖xa3 ♕c5–+

– 33.♕xb5 cxb5 34.♗xd5+ ♖xd5 35.♖a8 ♖de5–+

31...exf2+ 32.♕xf2 ♕b8 33.♖xa7 ♕e5 34.♗d4 ♕e1+ 35.♕xe1 ♖xe1+ 36.♔f2 ♗xd4+ 37.♖xd4 ♖de8

37...♖e5 38.♗xd5+ Texd5 39.♖xd5 ♖xd5 40.a4+–

38.♗xd5+ cxd5 39.♖d2 ♖1e3 40.♖a8 1–0, M. Blübaum – Burg, Niederlande 2016

TT11.02

34.♖d2!

Dieser Zug gewinnt ein Tempo für die Anschlussdrohung ♗h5 und ist deshalb deutlich stärker als die Alternative 34.♕f2 ♕xf2+ 35.♔xf2 ♖xg5 36.♗xg5 ♘b4 und Weiß hat nur Minimalvorteil.

34...♕c3 35.♗h5 ♕e3+ 36.♖f2 ♘e5?

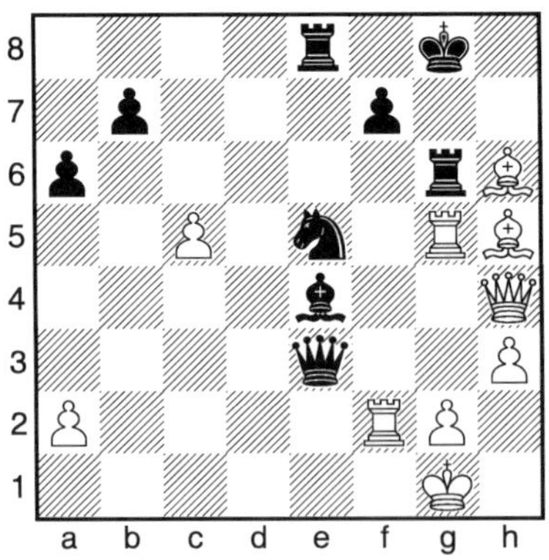

Schwarz stellt die Dame ein, aber andere Züge hätten die Stellung auch nicht gerettet; z.B. 36...♕d4 37.♕f4 ♖e7 38.♗xg6 ♗xg6 39.♖xg6+ fxg6 40.♕f8+ ♔h7 41.♗g5+–.

37.♖xg6+ ♘xg6 38.♗xe3 1–0, M. Blübaum – Carlstedt, Lüneburg 2014

TT11.03

35.♗d5+!

Auch 35.♖d5 ♕h4 36.g4 ♗xf5+ 37.gxf5 ♕f4 38.♗g2 behauptet den weißen Vorteil.

35...♔h7 36.♗e4 ♘e6

36...♕e8 37.♖xd7+ ♕xd7 38.♕f6 ♕d1+ 39.♔b2 ♕d2+ 40.♔a3 ♕c1+ 41.♔xa4 ♕c4+ 42.♔a3 ♕c5+ 43.♔b2 ♕b4+ 44.♔a1 ♕e1+ 45.♗b1+–

37.♖xd7+ ♕xd7 38.♗c2

38.♕e5 ♘c7 39.♕f4 ♕xb5+ 40.♔a1+–

38...♘f4

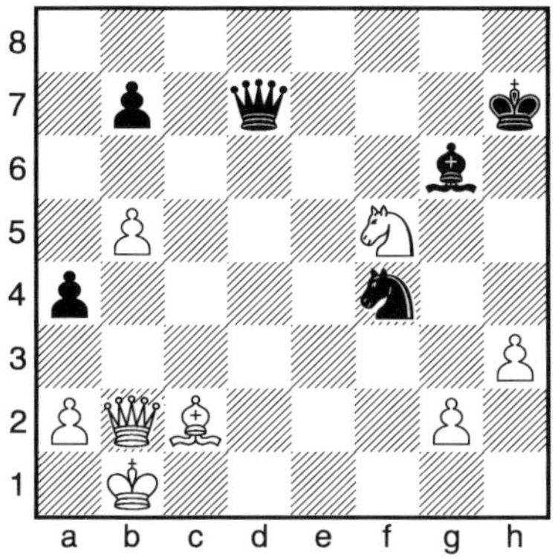

39.♕e5 und Weiß führte seine beiden Mehrbauern zum Partiegewinn, M. Blübaum – Rathnakaran, Sharjah 2017.

TT11.04

1) Hier hätte Matthias den coolen Zug **35.♔h1!** wagen müssen. Zwar sieht dieser aufgrund der offenen Diagonalen und des fehlenden weißfeldrigen Läufers falsch aus, aber der weiße König steht hier bombensicher.

35...♗xf4

– 35...exf2 36.♗xf2 ♗xf4 (36...♗d5+? 37.e4+–) 37.e4±

– 35...♗d5+ 36.f3 ♗xf4 37.♖g1+–

36.♖xc4 bxc4 37.fxe3 ♗g5 38.♖c1 ♖e6 39.♖xc4 ♗xe3 40.♗b2 mit einem gesunden Mehrbauern.

2) Leider spielte er jedoch **35.♔f1? ♗e6 36.fxe3**

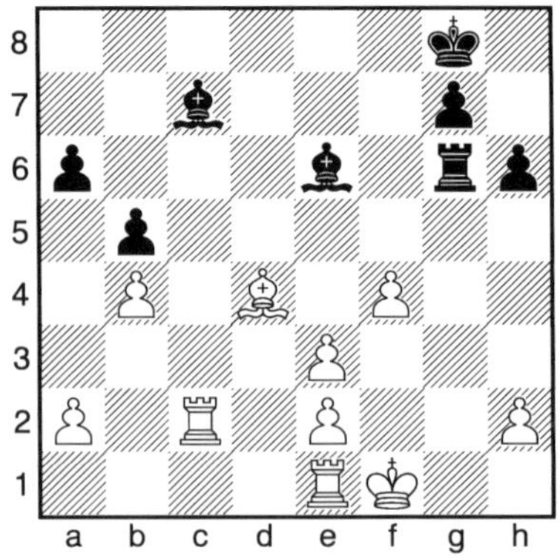

36...♗d8!

Schwarz startet einen Mattangriff mit Turm und Läuferpaar, dessen Abwehr Weiß einen ganzen Turm kosten wird.

37.e4 ♗h3+ 38.♔f2 ♗h4+ 39.♔f3 ♗g2+ 40.♔e3 ♗xe1–+, M. Blübaum – Bosiocic, Europa-Mannschaftsmeisterschaft 2017

TT12.01

Nach der schönen Abwicklung mit **32...♕xb1!** ist die weiße Dame dem schwarzen Team aus Turm, Läufer und Freibauer unterlegen.

Auch 32...♖fd8 33.♖xd8+ ♖xd8 34.♗xb2 ♔g8! 35.♔h2 ♖b8 36.♕e4 axb2 hält den schwarzen Vorteil fest.

33.♕xb1 ♗xe5 34.♕a2 ♖fb8 35.♖d2

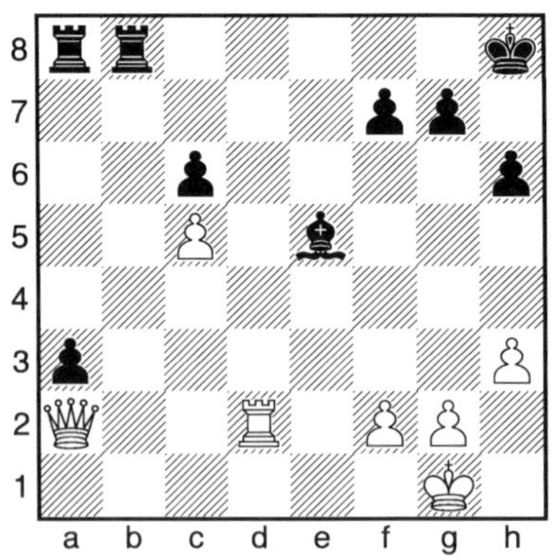

35...♖a7! 36.g3 ♖b2 37.♖d8+ ♔h7 38.♕c4 a2 39.♕e4+ g6 0–1, Oo Kyaw Tun Nay – M. Blübaum, Schacholympiade 2018

TT12.02

Weiß opfert mit **24.♗a2!** einen Bauern und spielt auf Dominanz der gegnerischen Figuren.

Nach dem Deckungszug 24.♖e1 kann Schwarz mit 24...♖d8 seinen Turm aktivieren und die Stellung ist nicht so klar; z.B. 25.♗a2 ♔f7 26.♖ad1 ♖xd1 27.♖xd1 ♘xe5 28.♖d8+−.

24...♘xe5 25.♖e1 ♘f7

25...♘d3 26.♖e3 ♘f4 27.g3 ♘xh5 28.♘xc8+−

26.♖ac1 ♔f8 27.♖c7 f4

27...g4 28.♖ec1 ♘d6 29.♖h7 ♖e7 30.♖h8+ ♔g7 31.♖d8+−

28.♗b3 ♘d6 29.♖d1

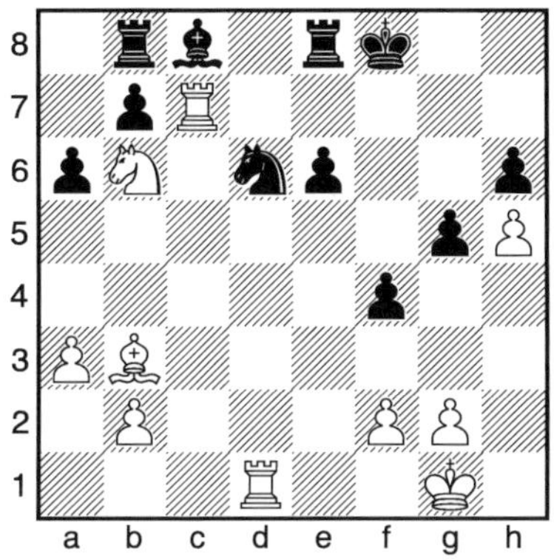

In dieser Stellung dominieren die aktiven weißen Figuren die passiven gegnerischen. Was Schwarz hier auch zieht, er ist verloren.

29...♘f5

- 29...♖d8 30.♘c4 ♖d7 31.♖xd7 ♗xd7 32.♖xd6+−
- 29...♘b5 30.♖h7 ♔g8 31.♖xh6 ♘c7 32.♘d7+−
- 29...♖e7 30.♖cc1

30.♗a4 ♖e7 31.♖xc8+ ♖xc8 32.♘xc8 ♖c7 33.♖d8+ ♔g7 34.♘d6 ♖c1+ 35.♔h2 ♘h4 36.♘e4 b5 37.♖d7+ ♔f8 38.♗b3 ♖e1 39.♘c5 ♖e2 40.♘xe6+ ♔e8 41.♖h7 ♖xf2 42.♗d5 ♖c2 43.♗e4 ♖c1 44.♗g6+ 1−0, M. Blübaum − Mareco, FIDE World Cup Tiflis 2017

TT12.03

Schwarz hat drei Bauern für einen Springer. Mit **23.♘b5** spielt Weiß positionell auf die Aktivierung seiner Leichtfiguren, aber es gibt hier auch eine taktische Lösung.

23.♘xd5! exd5 24.♗xd5+ ♔h8 25.♗e6

- 25...♗xe6 26.♖xd8 ♘xd8 27.♖d1±

– 25...♖xf2 26.♕xf2 ♗xe6 27.♖xd8+ ♖xd8 28.♕e2±

– 25...♖e8 26.♖xd7 ♕f6 27.♖e1 ♘d8 28.♗d4 ♕xd4+ 29.♖xd4 ♗xd4+ 30.♔h1 ♖xe6 31.♕f1±

23...♕b8?

23...♕e7 24.♔h1 a5 25.♗e1±

24.♘e4! ♘e5

24...♕e5 25.♖fe1 dxe4 26.♖xd7 ♖xf2 27.♕xf2 ♖f8 28.♕e2 ♕g3 29.♕e3 ♕xe3+ 30.♖xe3 a6 31.♘c3 ♗d4 32.♖xd4 ♘xd4 33.♖xe4+–

25.♘c5 ♗c8

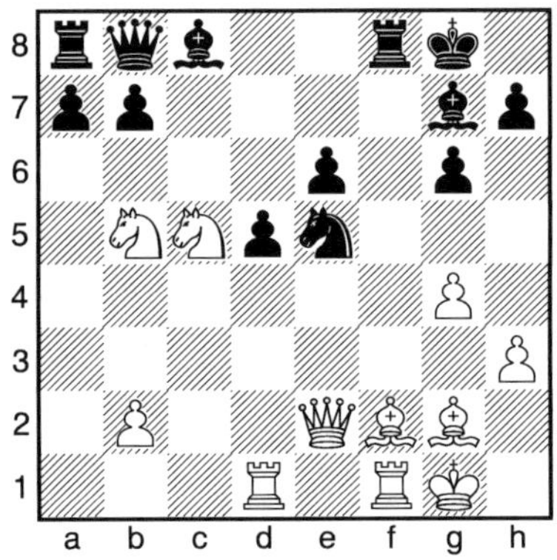

26.♗g3 1–0

Komplette Dominanz der weißen Figuren!

M. Blübaum – Parvanyan, Bad Wiessee 2020

TT12.04

24.♗xh7

24.♗b5 ist laut *Stockfish 13* stärker; z.B. 24...♕c7 25.♖d7 ♕g3 26.♖f2 ♗c6

(26...♖xd7 27.♗xd7 h3 28.♕h5 ♕g6 29.♕xh3±)

27.♘h5 ♗xd7 28.♘xg3 hxg3 29.♖f3 und Weiß steht besser.

24...♕c7?

Das führt zu einen schnellen Ende, aber die Alternativen belassen Weiß ebenfalls deutlichen Vorteil.

– 24...♖xg2+ 25.♕xg2 ♗xg2 26.♖xd8+ ♖xd8 27.♔xg2 ♘c4 28.♖f4 ♘xe3+ 29.♔f3 ♘d5 30.♘xd5 ♔xh7 31.♖xh4+ ♔g7 32.♘e3±

– 24...♕xd1 25.♖xd1 ♖xg2+ 26.♕xg2 ♗xg2 27.♔xg2 ♖f8 28.♘d7 ♘c4 29.♖e1 ♖d8 30.♗d3±

25.♗g6 ♕e5

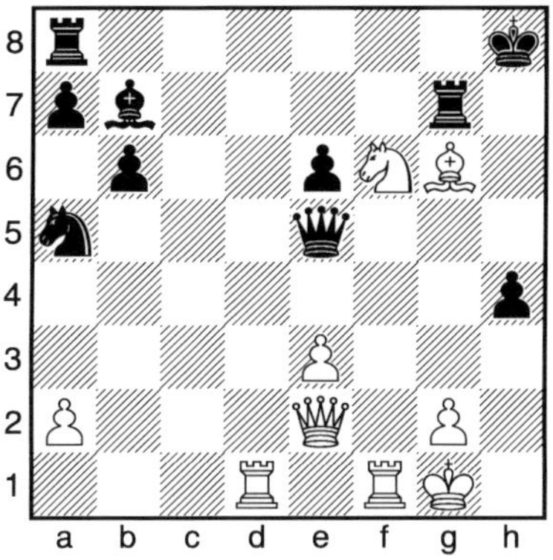

26.♖f5!

Ein hübscher Sperrzug.

26...♕xf5 27.♗xf5 ♖xg2+ 28.♕xg2 ♗xg2 29.♖d7 1–0, M. Blübaum – Votava, Österreich 2020

TT13.01

Die Lage ist sehr unübersichtlich. Weiß hat einen starken Freibauern auf d6, aber sein König ist ungeschützt und die aktiven schwarzen Figuren garantieren starken Angriff. Wie würden Sie sich in dieser Situation verteidigen?

I) In der Partie folgte fehlerhaft **29.♗g3? ♕f6 30.♕d2 e3 31.♕c3 ♕e6 32.♕a3?**

32.♕d3 ♖g4 33.♗e1 ♘d4 34.♗c3 e2 35.♖e1 exf1♕ 36.♖hxf1 ♕xd6 37.♔b1 ♖f8∓

32...♖g4 33.♗e1 e2–+ 34.♗xe2 ♕xe2 35.♗c3 ♕xc4 36.♖h3 ♖xg2 37.d7 ♘d4 38.♕d6 ♘e2+ 39.♔b1 ♘xc3+ 40.♖xc3 ♖xb2+ 0–1, M. Blübaum – Xiong, Tata Steel-B Wijk aan Zee 2018

II) 29.g4! ist der beste Zug, denn danach kann der Punkt b2 (und somit die Achillesferse der weißen Stellung) gegebenenfalls längs der zweiten Reihe verteidigt werden.

A) 29...♖xg4? 30.♕d2 e3

30...♗d4 31.d7 e3 32.♕h2±

31.♕xe3 ♖e8 32.♕f2 ♖f4 33.♕g3 ♖e6 34.d7 ♖d6 35.♗h3 ♗e5 36.♔b1 ♖fd4

(siehe Diagramm)

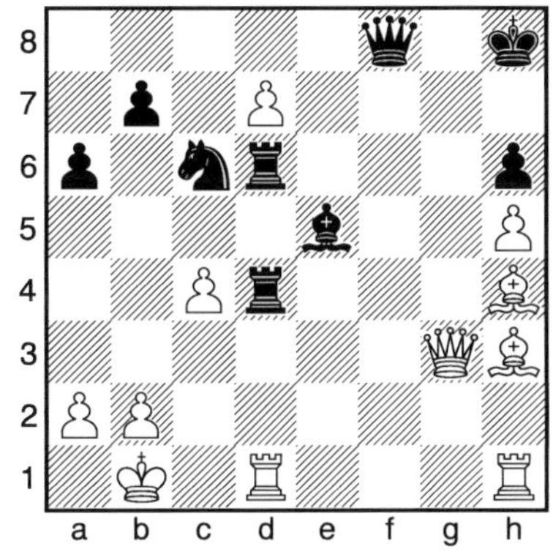

37.♖xd4! ♗xg3 38.♖f1

1) 38...♕g7 39.♖xd6 ♗xh4 40.♖g6+–

2) 38...♕xf1+ 39.♗xf1 ♘xd4 40.d8♕+ ♖xd8 41.♗xd8+–

B) 29...e3!

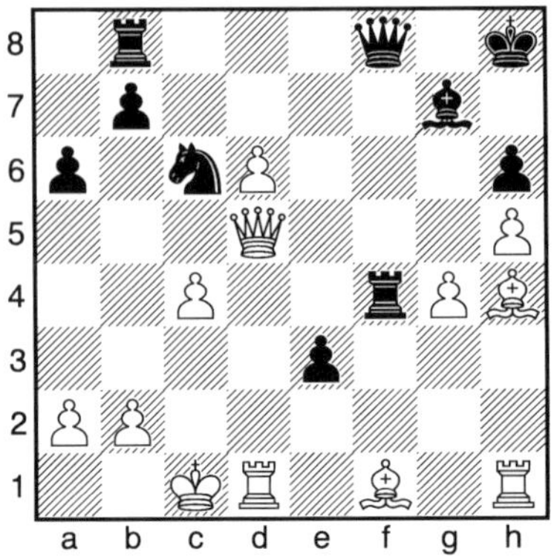

Auf diesen Angriffszug richtete Weiß sich mit der schwer durchschaubaren Maßnahme 29.g4! ein, denn nun ist der Weg frei für die Dame.

Hier aber zunächst ein Blick auf drei alternative Ansätze.

– 30.d7 ♗xb2+ 31.♔xb2 ♕b4+ 32.♔a1 ♕c3+ 33.♔b1 ♕b4+ =

– 30.a3 ♖xg4 31.♗e1=

– 30.♗e2 ♗xb2+ 31.♔xb2 ♕g7+ 32.♔b1 b5 33.c5 ♖b4+ 34.♕b3 ♖xb3+ 35.axb3?

30.♕g2!

Diagonale Damenrückzüge sind besonders schwer vorauszusehen. Auf g2 steht die Dame optimal.

– Sie verteidigt die schwachen Bauern b2 und g4.

– Sie überwacht die zweite Reihe, steht aber nicht so sehr im Weg wie auf c2, d2 oder e2, wo sie außerdem leicht Angriffen ausgesetzt sein kann.

– Schließlich kontrolliert sie weiterhin die große Diagonale h1/a8, und dass dies in einer zentralen Variante wichtig ist, werden wir im nächsten Zug sehen.

30...b5!

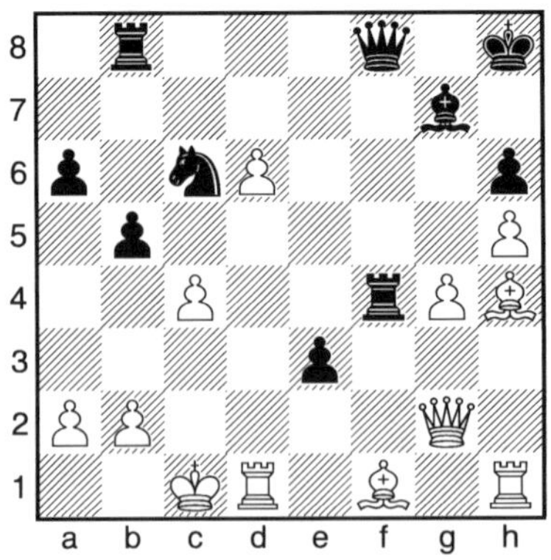

31.♕xc6!

Jetzt muss die Dame wieder nach vorn, was für einen Menschen natürlich alles sehr schwer zu finden ist.

31...bxc4 32.♗xc4

1) 32...♗xb2+ 33.♔c2 ♖c8 34.d7 ♖xc4+ 35.♕xc4 ♖xc4+ 36.♔b1 ♖b4 37.d8♕ ♗f6+ 38.♔c2 ♖c4+ 39.♔b1=

2) 32...♖c8 33.♕d5 ♖fxc4+ 34.♔b1 ♖c2 35.♖d4 e2 36.♖e1 ♕f1 37.a3 ♕h3

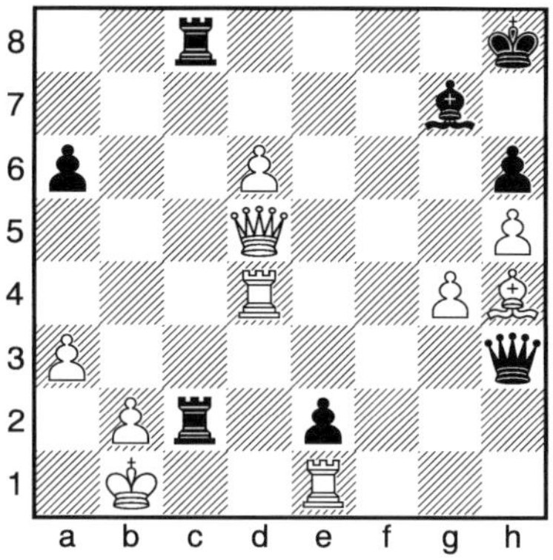

38.♖d2! ♕xh4 39.♖exe2=

III) Die Alternative **29.♕d2** wäre auch spielbar gewesen, ist aber wohl etwas schwächer, weil sie Schwarz mehr praktische Chancen eröffnet. Der Computer kommt nach irrationalen Verwicklungen jedoch stets zum Urteil: Ausgleich; z.B. **29...e3**

A) 30.♕xe3 ♖xh4 31.♖xh4 ♕f6 32.♖d2 ♕xh4 33.♗e2 ♘e5∓

B) 30.♕c2

1) 30...♘d4 31.♕g6 b5 32.♗e7 ♕g8 33.d7 bxc4 34.g3 ♖xf1 35.♖dxf1 ♘e2+ 36.♔d1 ♘f4 37.♕d6 e2+ 38.♔d2 exf1♕ 39.♖xf1 c3+ 40.bxc3 ♕xa2+ 41.♔e3 ♕e2+ 42.♔xf4 ♕xf1+ 43.♔e3 und trotz eines Mehrturms kann Schwarz nicht gewinnen.

2) 30...♘b4 31.♕b3 b5 32.c5 ♖c8 33.a3 ♖xc5+ 34.♔b1 ♖d5 35.g4

a) 35...♕xd6 36.♖xd5 ♕xd5 37.♕xd5 ♘xd5=

b) 35...♖xd1+ 36.♕xd1 ♖d4 37.♕c1 ♖xg4 38.axb4 ♖xb4 39.♗h3 ♗xb2 40.♕c8 ♕xc8 41.♗xc8 ♗f6+ 42.♔c2 ♖xh4∓

3) 30...b5 31.c5 ♖b4 32.♗e2 ♖xb2 33.♕xb2 ♗xb2+ 34.♔xb2 ♕f4 35.d7 ♕b4+ 36.♔a1 und hier will *Stockfish 13* mit ♕c3 und ♕b4 Dauerschach geben.

VI) Schach in Zeiten der Pandemie

Ein Interview mit Matthias Blübaum im Juli 2021

Frage: Im Jahr 2020 konnten Sie nur zwei Turniere am Brett spielen, das „German Masters“ in Magdeburg und das „Tegernsee Masters“. Immerhin kamen noch Mannschaftskämpfe in der Deutschen und Österreichischen Bundesliga sowie in der Polnischen Extraliga hinzu, sodass Sie 2020 insgesamt ca. 40 Turnierpartien am Brett ausgetragen haben. Doch in den Jahren vor der Pandemie haben Sie viel mehr gespielt. Haben Sie 2020 den Kampf „face to face“ vermisst?

M. B.: Das Jahr 2020 war in vielerlei Hinsicht anders und vor allem die monatelange Turnierpause im ersten Lockdown hat sich sehr ungewohnt angefühlt. Natürlich konnte ich in der Pause zumindest online spielen, allerdings ist es definitiv ein anderes Gefühl, einem Gegner am Brett gegenüberzusitzen. Umso schöner war es, als sich die Lage im Sommer so gebessert hat, dass ich das „German Masters“ und danach sogar noch weitere klassische Partien spielen konnte.

Frage: Fiel es Ihnen schwer, unter Corona-Bedingungen zu spielen?

M. B.: Damit hatte ich grundsätzlich wenig Probleme. Alle Turniere, die ich in dieser Phase gespielt habe, waren so konzipiert, dass man als Spieler im Turniersaal eine Maske tragen musste, diese allerdings am Brett ablegen durfte. Insofern fand ich den Unterschied nicht so gravierend, lediglich der Verzicht auf einen Handschlag war anfangs noch etwas seltsam, aber auch daran habe ich mich nach wenigen Partien gewöhnt.

Frage: Zwischen der letzten Turnierpartie im November 2020 beim „Tegernsee Masters“ und der ersten Partie im April 2021 bei der „Kader Challenge“ in Magdeburg lagen beinahe fünf Monate. Wie erhält man sich über so eine lange Zeit die Motivation?

M. B.: Zum einen gab es in der Zwischenzeit einige Online-Turniere, sodass ich in diesen Monaten nicht komplett auf Schach verzichten musste. Zum anderen liefen eigentlich alle Turniere vor dieser Pause recht gut, was hilft, die Motivation zu behalten. Nach schlechten Turnieren wäre so eine lange Pause deutlich frustrierender, da einem die Möglichkeit fehlt, diese Ergebnisse auszugleichen.

Frage: Haben Sie in der Zeit der Pandemie mehr oder anders trainiert?

M. B.: Da ich aktuell meist alleine am Schach arbeite, hat sich an meinem Training während der Pandemie nicht wirklich viel geändert. Der Hauptunterschied ist, denke ich, die fehlende Spielpraxis am Brett, die ich durch Online-Schach zu ersetzen versucht habe, auch wenn es natürlich nicht das Gleiche ist.

Frage: Sie haben im Netz viele Blitzturniere online gespielt. Ist das gutes Training?

M. B.: Tatsächlich hat die Pandemie meiner Meinung nach gezeigt, dass Online-Blitzturniere durchaus auch sinnvolles Training sein können. Durch die kurze Bedenkzeit und die vielen Partien schärft man definitiv den taktischen Sinn und zudem kann man auch einfach mal andere Eröffnungen bzw. Stellungstypen ausprobieren, da man meistens im Vergleich zum klassischen Schach weniger zu verlieren hat.

Frage: Im Februar 2021 konnten Sie an der „Champions Chess Tour" teilnehmen – einem Schnellschach-Online-Turnier mit Magnus Carlsen und anderen Weltklassespielern. Schildern Sie uns Ihre Erfahrungen!

M. B.: Die Einladung kam für mich überraschend und ich war natürlich sehr froh, diese Chance zu bekommen. Auch wenn es „nur" Online-Schnellschach war, war das Turnier vom Teilnehmerfeld sicherlich das stärkste, an dem ich bisher teilgenommen habe.

In der Vorrunde hat man fünf Runden am Tag gespielt und dadurch, dass es in der Regel nur etwa zehn Minuten Pause zwischen den Runden gab und ich es auch nicht gewohnt war, absolut jede Runde gegen einen Topspieler zu spielen, fand ich das Turnier anstrengender, als ich vorher gedacht hätte. Mir persönlich fiel es schwer zu entscheiden, ob ich mich in den Pausen noch kurz auf die nächste Partie vorbereiten oder lieber einfach kurz komplett abschalten sollte. Ich glaube, in der Hinsicht hatte ich bis zum Schluss Probleme, einen optimalen Rhythmus zu finden.

Ergebnistechnisch war ich sehr froh, als ich gegen Aronian meine erste Partie gewinnen konnte, und ich bin grundsätzlich nicht unzufrieden mit dem Schach, das ich in dem Turnier gezeigt habe. Allerdings habe ich in einigen Partien leider zum Ende der Partie insgesamt zu viele Chancen vergeben, sodass ich alles in allem nicht zufrieden mit dem Ergebnis sein kann.

Frage: Ein zweites wichtiges Schnellschach-Online-Turnier 2021war der Europapokal im März, bei dem Ihr Verein „Schachfreunde Deizisau" überraschend den Sieg davontrug. Welche Gründe sehen Sie für diesen Erfolg? Wie bewerten Sie Ihre eigene Leistung?

M. B.: Ich denke, alle aus unserer Mannschaft sind gerade bei kürzeren Bedenkzeiten bzw. allgemein im Online-Schach sehr stark, sodass unsere Mannschaft sicherlich nicht zu unterschätzen war. Im Finale lief dann für uns so ziemlich alles optimal. Wir hatten viel Glück mit der Punkteaufteilung, sodass wir unsere Matches meistens knapp mit 2,5:1,5 gewinnen konnten, und zudem hatten alle Favoriten-Teams im Finale Probleme, ihre Form zu finden.

Persönlich habe ich am ersten Finaltag recht gut gespielt, hatte allerdings am zweiten Finaltag einfach einen Tag zum Vergessen. Bei Online-Turnieren bin ich allgemein etwas anfälliger für einen schlechten Lauf und zudem hatte ich an Brett 1 natürlich auch wieder nur starke Gegner. Glücklicherweise hat der Rest der Mannschaft am zweiten Tag umso besser gepunktet und meine Leistung wieder ausgeglichen.

Frage: Spielen Sie in Schnellschach-Online-Turnieren anders als in Turnierpartien? Bereiten Sie sich auf diese Turniere speziell vor?

M. B.: Gerade wenn die Bedenkzeit knapper wird, spiele ich im Online-Schach definitiv mehr auf Chance bzw. nach Intuition als in klassischen Turnierpartien. Es bleibt teilweise einfach keine Zeit, Varianten konkret durchzurechnen, und insofern muss man dann darauf vertrauen, dass der erste Instinkt häufig richtig ist. Ansonsten unterscheidet sich mein Spiel aber meiner Meinung nach nicht grundlegend.

Zum Vorbereiten spiele ich einerseits vorher vermehrt Online-Blitz, um mich auf daran zu gewöhnen, schnell Entscheidungen zu treffen und unter Zeitdruck zu rechnen. Dazu gehe ich vor dem Turnier noch einmal mein Eröffnungsrepertoire durch und prüfe teilweise auch etwas unseriösere Eröffnungen, die vermehrt im Blitz- oder Schnellschach anzutreffen sind.

Frage: In Schnellschachturnieren wenden Sie mit Weiß andere Eröffnungen an. Warum tun Sie das? Wie sind Ihre Ergebnisse mit den „Schnellschach-Eröffnungen"?

M. B.: Für die „Champions Chess Tour" hatte ich beschlossen, dass einfach nicht genügend Zeit vorhanden ist, um sich auf jeden Gegner einzeln vorzubereiten. Insofern war mein Plan, mit Weiß ein System für das ganze Turnier zu finden, auf das meine Gegner sich möglichst auch nicht gegen mich vorbereiten würden. Für das Turnier fiel meine Wahl dabei auf das Colle-System, da Schwarz hier recht wenig Möglichkeiten hat abzuweichen und ich in den Partien somit relativ sicher auch meine Vorbereitung auf das Brett bekommen sollte.

Mein Ergebnis damit war in der „Champions Chess Tour" letztendlich von der Punkteausbeute ziemlich schlecht, auch wenn ich nach der Eröffnung durchaus oft gute Stellungen bekommen habe, aber diese dann nicht optimal behandelt habe. Im Nachhinein kann man somit wohl sagen, dass ich vielleicht einfach bei meinen normalen Eröffnungen hätte bleiben sollen, aber das lässt sich bekanntlich nachher immer leicht sagen.

Frage: 2020 wurden Sie Deutscher Blitzmeister. Spielen Sie lieber Blitz- oder Schnellschachpartien – und warum?

M. B.: Ich spiele generell lieber Blitzschach. Im Schnellschach finde ich es persönlich oft nicht leicht, einen guten Rhythmus bezüglich der Zeiteinteilung zu finden.

Frage: Wie sehen Sie die Zukunft der Online-Turniere?

M. B.: Schon vor der Pandemie haben Online-Turniere immer mehr an Bedeutung gewonnen und die Pandemie hat diese Entwicklung letztendlich einfach nur deutlich beschleunigt. Ich denke, dass auch in Zukunft Online-Turniere vermehrt vorhanden sein werden, auch wenn die wichtigsten Turniere sicherlich nach wie vor im klassischen Format bleiben werden.

Frage: Im April 2021 mussten Sie sich dann komplett umstellen, denn die „Kader Challenge" fand „over the board" statt. Wie waren Ihre Erfahrungen mit dem „Präsenz-Schach" in Magdeburg nach der langen Pause?

M. B.: Ich war sehr froh, mal wieder klassisches Schach spielen zu können, auch wenn ich natürlich sehen musste, wie meine Form nach dieser längeren Pause sein wird. Leider habe ich direkt in der ersten Runde der „Kader Challenge" in der Partie gegen Frederik Svane in der Eröffnung einige Ungenauigkeiten gemacht und bin so in eine sehr schlechte Stellung geraten, die ich einfach nicht verteidigen konnte. Glücklicherweise bin ich danach ab der 2. Runde gut in das Turnier gekommen und konnte das Turnier mit einem vernünftigen Ergebnis abschließen.

Frage: Ende Mai wurde die Europäische Hybrid-Qualifikation für den „Fide World Cup online" mit langer Bedenkzeit gespielt. Was ist Ihre Meinung zu den Austragungsbedingungen?

M. B.: Ich hätte ein Qualifikationsturnier in Präsenz bevorzugt, aber da die aktuelle Lage nur eine solche Hybrid-Umsetzung ermöglichte, musste ich versuchen, mit diesem neuen Modus zurechtzukommen.

Frage: Wie bewerten Sie Ihr Spiel bei diesem Turnier?

M. B.: Insgesamt nicht wirklich gut. Aufgrund meines hohen Setzlistenplatzes war ich direkt in der 2. Runde gesetzt, in welcher ich gegen Mihajlov auch noch sehr klarer Favorit war. In dem Match konnte ich in der ersten Runde mit Schwarz ein Turmendspiel gewinnen und dann mit Weiß den Matchsieg recht leicht sichern.

In der 3. Runde musste ich dann gegen Ivanisevic spielen. Ich konnte in der ersten Runde mit Weiß keinen Eröffnungsvorteil herausholen, habe aber unnötigerweise versucht, weiterhin auf Gewinn zu spielen, was letztendlich dazu führte, dass ich verloren habe. Dann musste ich mit Schwarz auf Gewinn spielen, und auch wenn ich immerhin eine komplizierte Partie bekommen habe, gelang es mir nicht, entscheidenden Vorteil zu bekommen.

Auch wenn mir das Hybrid-Format sowieso nicht zusagte, war ich dementsprechend nicht wirklich zufrieden mit dem Ergebnis und der Qualität meiner Partien, denn ich habe letztendlich in der 3. Runde verdient verloren.

Frage: Als Vorbereitung für den World-Cup im Juli nahmen Sie im Juni bei den französischen Mannschaftsmeisterschaften teil. Was gibt es von diesem Turnier zu berichten?

M. B.: Das war bis heute letztendlich das einzige Turnier, an dem ich teilgenommen habe, bei dem es eine vorgeschriebene Maskenpflicht auch am Brett gab. Das hat sich während der ersten Runde noch etwas ungewohnt angefühlt, aber es hat mich auch nicht großartig gestört.

Ich habe zumindest vor dem World-Cup noch einige Spielpraxis am Brett bekommen und dabei auch gute Gegner gehabt, u.a. Siege gegen Lagarde und van Wely, aber auch eine Niederlage gegen Jones. Insgesamt gesehen lief das Turnier ganz gut für mich, ich konnte noch ein paar Elopunkte gewinnen und nach dem Turnier meinen bisherigen Elohöchststand von 2674 erreichen, sodass ich recht motiviert für den World Cup war.

Frage: Der World-Cup in Sotschi war einer der Höhepunkte des Schachjahres 2021. Wie sind Ihre Erfahrungen mit diesem Turnier? Sind Sie mit Ihrem Abschneiden zufrieden?

M. B.: Der World-Cup ist natürlich immer ein besonderes Turnier, da es so ziemlich das einzige Turnier im Knockout-Format ist. Nach dem World Cup in 2017, bei dem ich in der zweiten Runde gegen Wesley So verloren habe, war dies meine zweite Teilnahme bei einem World-Cup.

Aufgrund meines hohen Setzlistenplatzes wurde ich direkt in die zweite Runde gesetzt, in der ich gegen Erdos spielen musste. In der ersten Partie hatte ich mit Weiß immer einen leichten Vorteil, aber konnte nicht gewinnen, und in der zweiten Partie war es genau umgekehrt, aber ich konnte die Partie halten und so ging es in den Tiebreak. Nach einem Remis in der ersten Schnellschachpartie entstand in der zweiten Partie eine komplexe Mittelspielstellung, in der ich positionell recht riskant auf Angriff gespielt habe und meinen Gegner am Ende tatsächlich unter Damenopfer mattsetzen konnte und so die nächste Runde erreichen konnte.

In der dritten Runde spielte ich dann gegen Ivic, von dem ich bis zu dem Zeitpunkt nicht viel gehört hatte. Da er aber in der vorherigen Runde bereits Vallejo Pons ziemlich glatt besiegt hatte, war mir klar, dass es kein einfaches Match werden würde.

Wie gegen Erdos spielte ich mit Schwarz Caro-Kann, lief aber in eine Vorbereitung und kam direkt nach der Eröffnung in eine schwierige Stellung. Ich konnte meine Probleme nicht wirklich lösen und kam schnell in eine objektiv verlorene Stellung, die mein Gegner eine ganze Zeit lang auch sehr gut spielte. Nach ein paar Fehlern meines Gegners bekam ich jedoch wieder Chancen. Da ich allerdings bereits einiges an Zeit verbraucht hatte und meine Stellung immer noch schwieriger zu spielen war, stellt ich die Partie in der Zeitnotphase wieder ein und verlor.

Somit musste ich in der zweiten Partie mit Weiß scharf auf Gewinn spielen und bekam einen Königsinder mit h4. Partien unter Siegzwang sind aus psychologischer Sicht immer sehr schwierig zu spielen, und obwohl ich nach der Eröffnung durchaus noch eine vielversprechende Stellung hatte, traf ich ein, zwei falsche Entscheidungen und konnte irgendwann nur noch zusehen, wie meine Stellung immer schlechter wurde. Als ich schließlich überhaupt keine Gewinnchancen für mich mehr sah, habe ich Remis gemacht und mich in dem Match geschlagen gegeben.

Ich war sehr froh, einen starken Gegner wie Erdos zu besiegen, aber da ich mit meinem darauffolgenden Match nicht wirklich glücklich war, kann ich mit meinem Abschneiden insgesamt nicht ganz zufrieden sein.

Abseits vom Schach gab es natürlich auch hier die Corona-Thematik und es gab auch tatsächlich einige wenige Corona-Fälle beim Turnier. Da diese aber konsequent aus dem Turnier genommen wurden und alle Spieler sehr regelmäßig getestet wurden, fand ich persönlich die Bedingungen in der Hinsicht in Ordnung. Bei so einem internationalen Event war zu dieser Zeit natürlich klar, dass es mit Corona Probleme geben kann, aber letztendlich konnte das Turnier danach auch ohne weitere Zwischenfälle zu Ende gebracht werden.

VII) Blübaum bei der Europameisterschaft 2022

Matthias Blübaum ist Europameister 2022

Der deutsche Nationalspieler triumphiert bei der EM in Terme Catez (Slowenien)

Nach einem für ihn glücklich zustande gekommenen Auftakt-Remis gegen den slowenischen IM Jernej Spalir (Elo 2373) startete Matthias Blübaum eine Siegesserie. Nach dem Turnier gab er in einem Interview zu, in der ersten Runde auf Verlust gestanden zu haben. Danach besiegte der deutsche Nationalspieler den Kroaten Boris Golubovic (Elo 2393) in einer „wackeligen" (M. Blübaum) Partie – sowie nach einer souveränen Vorstellung einen weiteren Vertreter des Gastgeberlandes, Matej Sebenik (2510). In der vierten Runde stand Matthias gegen den Spanier Alvar Alonso Rosell (2565) nach seiner eigenen Einschätzung ebenfalls auf Verlust, aber es gelang ihm, seinen Gegner aus gedrückter Stellung heraus noch zu überspielen. Damit war die Startphase mit 3,5 Punkten aus vier Partien mehr als gelungen. Jetzt begann der Deizisauer Bundesligaspieler nicht nur erfolgreich, sondern auch qualitativ richtig niveauvoll zu spielen.

In der fünften Runde musste Matthias gegen den jungen Großmeister Velimir Ivic (2610) antreten. Dieser schien sich für den Deutschen zu einem Angstgegner zu entwickeln, denn im vergangenen Jahr hatte er zweimal gegen ihn verloren. Doch dieses Mal konnte er den talentierten Serben in einem originell geführten Grünfeld-Inder im Endspiel besiegen. Vier Partiegewinne hintereinander, doch das war noch nicht das Ende. In der nächsten Runde gegen den Türken Emre Can (2578) gelang es Matthias, ein gleich stehendes Endspiel, das aus der französischen Eröffnung entstanden war, zu seinen Gunsten zu entscheiden. Auch Can hatte seine Chancen, aber Matthias hat sehr viel Erfahrung in diesen typischen Endspielen mit verteilten Bauernmehrheiten.

Nach sechs Runden war Matthias Blübaum mit 5,5 Punkten alleiniger Spitzenreiter und spielte mit Weiß am ersten Brett gegen den Ukrainer Yuriy Kuzubov (2639). Nun kam es zum ersten Höhepunkt in „seinem" Turnier. Es entwickelte sich eine spannende Partie in einer Nimzo-indischen Verteidigung. Matthias war besser vorbereitet und verzeichnete im späteren Verlauf großen Zeit- und bald auch Stellungsvorteil. Man konnte spüren, wie der routinierte Kuzubov ins Schwimmen geriet. Und tatsächlich gab der Ukrainer fehlerhafterweise seinen schwarzfeldrigen Läufer ab. Danach stand er auf der Diagonale a1/h8 so sehr unter Druck, dass er sich zu einem Qualitätsopfer entschloss. Doch Matthias ließ sich davon nicht irritieren und beendete die Partie stilvoll im Mattangriff. Sechs Siege *en suite*! Wann hat man dies von einem deutschen Spieler in einem hochklassigen Turnier das letzte Mal gesehen?

Matthias sagte nach dem Turnier, zu diesem Zeitpunkt habe er zum ersten Mal davon geträumt, Europameister zu werden.

In der siebten Runde war der Bielefelder in seiner Schwarzpartie gegen Gabriel Sargissian (2681) zum ersten Mal nominell in der Außenseiterrolle. Doch als der Armenier, der einen halben Punkt Rückstand aufwies, in der katalanischen Eröffnung mit einem kleinen Eröffnungstrick konfrontiert wurde, bot er Matthias bereits nach 11 Zügen remis an. Es gab keinen Grund, dies abzulehnen, denn der Deutsche konnte damit seine Führung im Gesamtklassement behaupten.

Danach kam es zum innerdeutschen Duell mit Liviu-Dieter Nisipeanu (2652). Matthias hatte Weiß, doch Nisipeanu ist als sehr sicherer und schwer zu besiegender Spieler bekannt. Der Deutsch-Rumäne überraschte mit dem Budapester Gambit und Matthias kam besser aus der Eröffnung. Doch als Liviu-Dieter bereits im zehnten Zug Remis anbot, nahm Matthias den Spatz in der Hand. Der Bielefelder sagte dazu, in den letzten drei Runden sei er „mental nicht in der Verfassung gewesen, richtig gut Schach zu spielen“. Mit dem Weiß-Remis setzte er sich für den folgenden Tag jedoch selbst unter Druck. Es war klar, dass in der Vorschlussrunde noch einmal ein starker Gegner auf ihn warten würde und dass er mit den schwarzen Steinen spielen musste.

Mit 7,5 Punkten aus neun Partien führte Matthias vor den beiden Schlussrunden. Mit sieben Punkten folgte das Trio Gabriel Sargissian, Maxim Lagarde aus Frankreich sowie die große Überraschung des Turniers, der Aserbaidschaner Abdullah Gadimbayli. Sargissian besiegte Gadimbayli mit Weiß schnell und überzeugend. Matthias gewann in seiner Schwarzpartie gegen Lagarde kurz vor der Zeitkontrolle eine Qualität gegen einen Bauern, aber aufgrund des reduzierten Materials konnte der Franzose sich ins Remis retten.

Also sah der Stand vor der Schlussrunde wie folgt aus: Blübaum und Sargissian mit je acht Punkten vor Ivan Saric (Kroatien), Jaime Santos Latasa (Spanien) und Lagarde mit je 7,5 Punkten. Alle anderen Spieler konnten in den Kampf um den Europameistertitel nicht mehr eingreifen. Die Paarungen lauteten: Saric – Blübaum, Santos Latasa – Sargissian und Cheparinov – Lagarde. Sargissian machte nach wenigen Zügen remis und sicherte sich damit den zweiten Platz. Lagarde verlor gegen Cheparinov und war aus dem Rennen.

Doch wer würde Europameister werden? Blübaum oder Saric? Dem Deutschen reichte ein Remis, doch Saric musste für den Titel gewinnen. Der Europameister von 2018 spielte die königsindische Verteidigung, um eine möglichst komplexe und zweischneidige Partie aufs Brett zu bekommen. Matthias reagierte darauf mit der Abtauschvariante und bot früh Remis an. Diese Variante ist nicht seine erste Wahl gegen Königsindisch, und ein frühes Remis anzubieten ist auch nicht sein Stil. Der Kroate, dem dieses Angebot zu frühzeitig war, lehnte ab. Nach der Partie bekannte Matthias, er habe einfach vergessen, wie man auf den schwarzen Bauernzug nach h5 hätte reagieren sollen. Seiner Ansicht nach spielte er „grauenhaft“. Zufrieden war er mit seiner Idee, den Bauern e4 nach e5 vorzurücken und danach mit Springer e4 fortzusetzen.

Trotz des Damentauschs und einer gewissen Vereinfachung der Stellung erhielt der Kroate die leicht bessere Stellung. Matthias musste sich genau verteidigen. Im Interview meinte er, es habe sich „ein bisschen gefährlich angefühlt". Saric versuchte alles und quälte seinen Gegner in einem Turm/Läufer-Endspiel. Doch nach der Zeitkontrolle konnte Matthias alle schwarzen Gewinnideen abwehren und der Kroate bot selbst die Punkteteilung an. Matthias akzeptierte und war Europameister!

Sechs Siege und fünf Remis bei einem Rating-Durchschnitt seiner Gegner von knapp 2600 Elo-Punkten, eine Elo-Performance von 2775 – wahrlich ein verdienter Titel! Für seinen Erfolg erhielt Matthias 17.500 € Preisgeld. Außerdem wird er 20 Elopunkte hinzugewinnen und auf den zweiten Platz der deutschen Rangliste klettern.

2005 siegte Liviu-Dieter Nisipeanu bei der Europameisterschaft in Warschau – allerdings spielte er zu dieser Zeit noch für Rumänien. Somit ist Matthias Blübaum der erste Deutsche, der den seit dem Jahr 2000 ausgespielten Europameistertitel erringen konnte.

Partien von der Europameisterschaft

Kommentar: Matthias Blübaum (M.B.), Matthias Krallmann (M.K.)

Emre Can (2578)
Matthias Blübaum (2642)
Europameisterschaft 2022 (C13)

1.e4 e6 2.d4 d5 3.♘c3 ♘f6 4.♗g5

M.B. Da mein Gegner normalerweise 3.♘d2 gegen Französisch spielt und ich vor der Partie nicht einmal mit 1.e4 gerechnet hatte, überlegte ich hier, welche Variante ich spielen sollte und entschied mich für ein System, das vermutlich nicht komplett korrekt ist, das ich aber vor einigen Jahren mal etwas länger mit der Engine angesehen hatte und das mir damals halbwegs spielbar zu sein schien.

4...dxe4 5.♘xe4 ♘bd7 6.♘f3 ♗e7 7.♘xf6+ ♗xf6 8.h4 h6 9.♗xf6 ♕xf6 10.♕d3 0-0

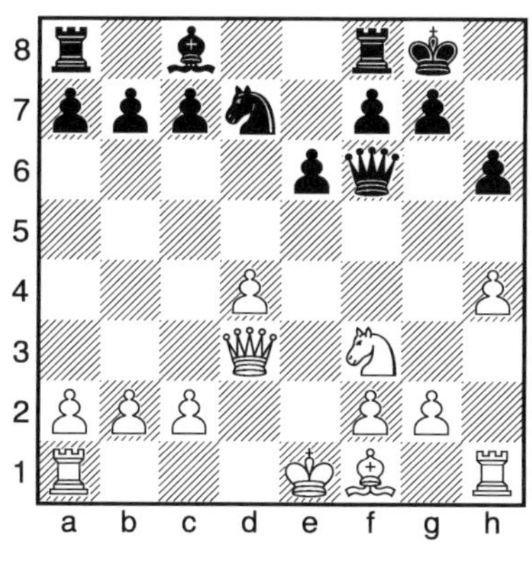

11.♕e3

11.♕e4 ♕e7 12.♗d3 ♘f6 13.♕e2 b6 14.0–0–0 ♗b7 15.♘e5 ♘d7 16.♖h3 ♘xe5 17.♕xe5 ♕d6 18.♕xd6 cxd6 19.g4 g6 20.f4 ♔g7 21.♖e1 ♔f6 22.♖e2 ♖ac8 23.♔d2 ♗d5 24.b3 ♗b7 25.♖f2 a5 26.g5+ hxg5 27.hxg5+ ♔g7 28.♖fh2 ♖h8 29.♖xh8 ♖xh8 30.♖xh8 ♔xh8 31.c4 ♔g7 32.a3 f6 33.b4 axb4 34.axb4 ♔f7 35.♔e3 ♗c6 36.c5 dxc5 37.dxc5 bxc5 38.bxc5 e5 39.fxe5 fxe5 40.♗e4 ♗d7 41.♗d5+ ♔e7 42.♔e4 ♗b5 43.♔xe5 ♗d7 44.♗e4 1–0 (44), Sevian, S. (2578) – Salomon, J. (2438) Stockholm 2016

11...b6 12.0-0-0 ♗b7 13.♗e2 c5 14.g4 ♖ac8

M.B. Bis hierhin spielte mein Gegner die logischsten Züge und ich wusste noch, dass ♖ac8 spielbar ist und dass direkt g5 hier nicht der gefährlichste Zug ist. 15.c3 bereitet Schwarz vermutlich mehr Probleme, allerdings ist es als Mensch wohl schwer zu widerstehen, hier direkt g5 zu spielen.

15.g5 (15.c3!?) **15...♕f5 16.c3**

– 16.dxc5 ♖xc5 17.♘d4 ♕e5 18.♖hg1 hxg5 19.♕xe5 ♘xe5 20.♖xg5 ♖fc8=

– 16.gxh6 ♕xc2+! ist das entscheidende Detail. 17.♔xc2 cxd4+ 18.♔b1 dxe3 19.♖xd7 ♗e4+ 20.♔a1 ♖c2 21.♗d3 ♗xf3 22.♖g1 exf2 23.♖xg7+ ♔h8 24.♖h7+ ♔g8 25.♖g7+ =

16...h5

Im Gegensatz zu 15.c3 hat Schwarz hier die Möglichkeit, den Königsflügel mit h5 zu schließen.

17.♖hg1 g6 18.dxc5 ♘xc5 19.♘d4 ♕e4 20.♕xe4 ♘xe4 21.f4?

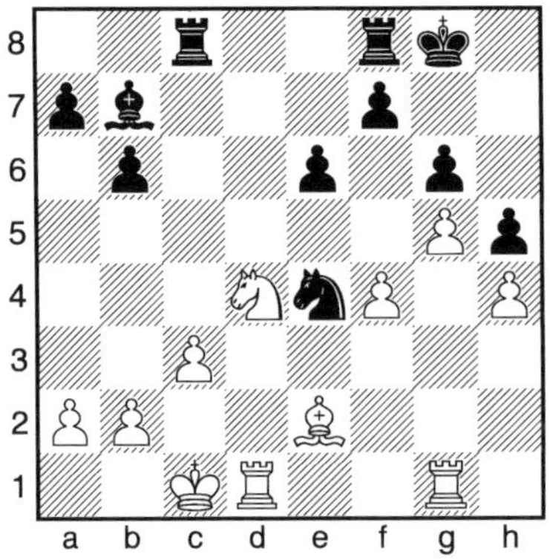

M.K. Ein typischer Fehler: Weiß zieht seinen angegriffenen Bauern und glaubt, damit hätte er die Drohung abgewehrt. Aber Schwarz droht nicht nur, einen Bauern zu schlagen, sondern auch, das Feld zu besetzen, auf dem dieser Bauer stand.

21.♖gf1=

21...♖fd8?

M.K. Sehr ungewöhnlich – Matthias entgeht eine einfache Taktik.

M.B. Nachdem ich ♖fd8 ausgeführt hatte, ist mir kurze Zeit später aufgefallen, dass ♘f2 doch funktioniert hätte. Ich habe einfach vergessen, dass es am Ende die Idee mit e5 gibt. Das hat mich ab jetzt auch noch die nächsten Züge geärgert, da ich nun eher leicht schlechter stehe.

21...♘f2!

– 22.♖d2 ♘h3 23.♖f1 ♗g2 24.♖e1 ♘xf4∓

– 22.♖df1 ♘h3 23.♖g3 ♘xf4 24.♖xf4 e5 25.♖f6 exd4∓

22.♗f3 ♘c5 23.♗xb7 ♘xb7 24.♔c2 ♘d6 25.♖d3 ♘e4 26.♖e1 ♘c5 27.♖dd1 a6 28.♘f3 b5 29.♘e5 ♔g7 30.b3

30.b4 ♘a4 31.c4 ♘b6 (31...bxc4? 32.♖xd8 ♖xd8 33.♘xc4+–) 32.♖xd8 ♖xd8 33.c5 ♘d5 34.a3±

30...♔f8 31.c4 bxc4 32.bxc4 ♔e8 33.♔c3?

Hier konnte Can in Vorteil kommnen, aber er geht an seiner Chance vorbei.

33.♖xd8+ ♖xd8 34.♖b1 ♘e4 35.♖b6 a5 36.♔b2 ♖d2+ 37.♔a3 ♖h2 38.♖b8+ ♔e7 39.♖b7+ ♔d6 40.♖xf7 ♖xh4 41.♘xg6±

33...♘e4+

M.K. Nach diesem kleinen Trick ist für Matthias wieder alles im Lot.

M.B. Nachdem die letzten Züge alles andere als optimal verliefen und ich gespürt habe, dass ich vorhin noch nah am Verlust war, bot ich mit diesem Schach Remis an. Auch wenn es objektiv kein Problem mehr für Schwarz gibt, wäre ich hier noch froh gewesen, wenn ich die Stellung nicht mehr hätte sehen müssen. Zumal ich nicht ganz sicher war, ob nach 34.♔c2 tatsächlich alles in Ordnung ist. Mein Gegner spielte weiter und wollte scheinbar zu viel, denn er verlor ab hier völlig die Kontrolle.

34.♔b4 ♖b8+ 35.♔a5 ♘d2

M.B. Ich vermute, ♘d2 war der Zug, den mein Gegner übersehen hatte. Ab hier hat Schwarz zumindest aus praktischer Sicht in der Zeitnotphase die besseren Chancen.

36.♔a4

M.K. Kaum zu glauben, aber der dreiste Bauernraub 36.♔xa6 funktioniert noch. Doch es ist verständlich, dass Can kein Vertrauen zu diesem Zug hatte. 36...♖b2 37.♔a7 ♖xa2+ 38.♔b6 ♖b2+ 39.♔c7 ♖bb8

– 40.♖xd2 ♖dc8+ 41.♔d6 ♖b6+ 42.♘c6 ♖bxc6+ 43.♔e5 ♖c5+ 44.♔e4 ♖xc4+∓

– 40.♘xf7 ♖dc8+ 41.♔d6 ♔xf7 42.♖xd2 ♖xc4 43.♖ed1 ♖xf4 44.♔e5 ♖f5+ 45.♔e4 ♖b4+ 46.♖d4=

36...♖b2

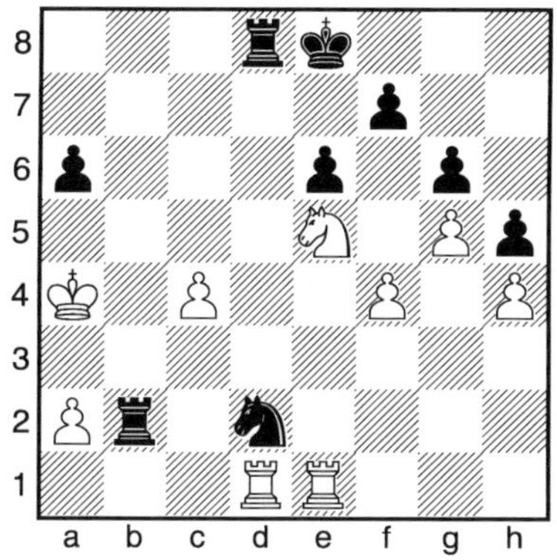

37.♔a3??

M.K. Das ist allerdings ein schwerer Fehler. Nun ist der weiße König Mattgefahren ausgesetzt.

37.a3

M.K. Dies wäre gerade noch gegangen. Aber auch in der folgenden Variante hätte Can einige einzige Züge finden müssen: 37...♖c8 38.♖c1 ♘b3 39.♖b1 ♘c5+ 40.♔a5 ♖a2 41.♔b6 ♖xa3 42.♘c6 ♘d3 43.♖e3 ♖c3 44.♖xd3 ♖xd3 45.♔b7=.

37...♖db8 38.♖a1 ♖8b4 39.♖ed1 a5 40.♖ac1

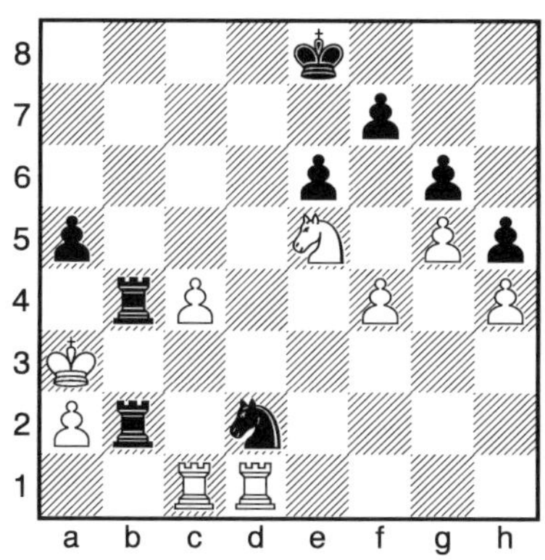

Dank seines Mattangriffs gewinnt Schwarz nun die Qualität und letztlich auch die Partie.

40...♘b1+ 41.♖xb1 ♖xb1 42.♖d3 ♖b7 43.c5 ♖c1 44.c6 ♖b4 45.♖b3 ♖xb3+ 46.axb3 ♔e7 47.♔a4 ♖c5 48.b4 axb4 49.♔xb4 ♔d6 50.♘xf7+ ♔xc6 51.♘h8 ♔d5 52.♘xg6 ♖c1 53.♘e7+ ♔e4 54.g6 ♖g1 55.♔c5 ♔xf4 56.♔d6 e5 57.♔e6 e4 58.♔f6 e3 59.g7 e2 60.♘g6+ ♖xg6+ 61.♔xg6 e1♕ 62.g8♕ ♕g3+ 63.♔h6 ♕xg8 0-1

Matthias Blübaum (2642)
Jernej Spalir (2373)
Europameisterschaft 2022 (A11)

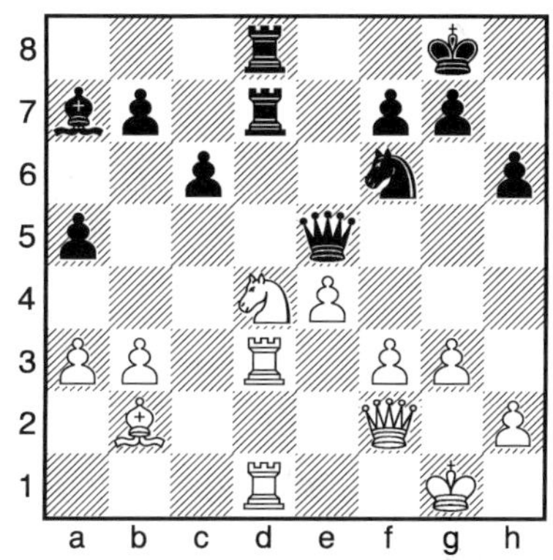

Weiß ist hier in eine böse Fesselung geraten. Wenn Schwarz auf das typische Springermanöver ♘f6-h7-f8-e6 kommt, muss er gewinnen. Weiß ist dagegen hilflos.

29...♕e8

Schwarz hat die Idee c5. Es ist die falsche. Glück gehabt! Matthias hielt die Partie remis.

29...♘h7 30.♔g2 ♘f8 31.h4 ♘e6 32.♘xc6 ♕h5 33.♘xd8 (33.♖xd7 ♖xd7 34.♖xd7 ♗xf2−+) 33...♖xd3 34.♖xd3 ♗xf2 35.♘xe6 fxe6 36.♔xf2 ♕c5+ −+

M.B. In der Partie rechnete ich nur mit der Springerwanderung über c7 nach e6. Meine Idee war 29...♘e8 30.♔g2 ♘c7 31.♘xc6, jedoch übersah ich hier 31...♕g5!–+, wonach Weiß einfach Material verliert.

30.b4 axb4 31.axb4 ♕f8 32.♕d2= ½-½

Matthias Blübaum (2642)
Ivan Saric (2687)
Europameisterschaft 2022 (E97)

1.d4 d6 2.♘f3 ♘f6 3.c4 g6 4.♘c3 ♗g7 5.e4 0-0 6.♗e2 e5 7.0-0 ♘c6 8.dxe5 dxe5 9.♗g5 ♕xd1 10.♖fxd1

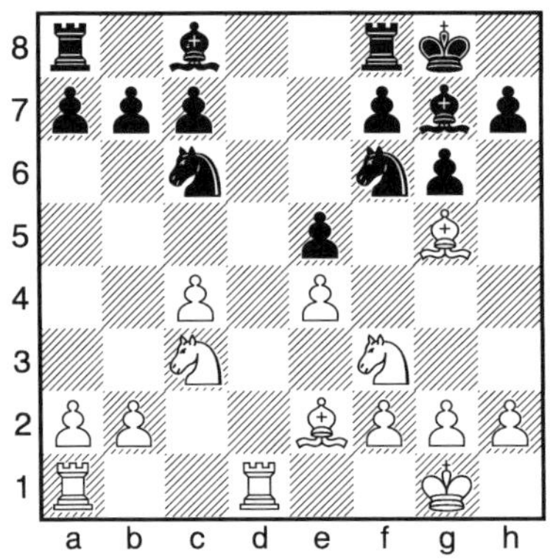

10...h5

Ein origineller Zug, der die Idee hat, mit ♘h7 den Läufer g5 anzugreifen.

M.B. Tatsächlich hatte ich diesen Zug mal vor einiger Zeit in einer Trainingspartie auf dem Brett und ärgerte mich jetzt, dass ich in der Vorbereitung für diese Partie völlig vergessen hatte, dass dieser Zug existiert und dass ich mich auch nicht entsinnen konnte, was ich hier spielen wollte.

11.h3

11.♗e3 ♗g4 12.h3 ♗xf3 13.♗xf3 ♖fd8 14.♘d5 ♘e8 15.c5±

11...♘d4 12.♘xd4 exd4 13.♗xf6

13.♖xd4 ♘h7 Das ist die Idee von h5 14.♗e3 ♗xd4 15.♗xd4 c6

M.K. Dies gibt Weiß mit dem starken schwarzfeldrigen Läufer und dem Mehrbauern genügend Kompensation für die Qualität.

M.B. Dies wäre aus praktischer Sicht vermutlich viel einfacher zu spielen als die Partie, aber bei der Ausgangssituation, dass mir ein Remis reicht, fiel es mir trotzdem schwer, hier direkt die Qualität zu opfern.

13...♗xf6 14.♘d5 ♗d8 15.♖xd4 c6 16.♘c3 ♗e6 17.♖dd1

M.B. Auch wenn ich mir recht sicher war, dass ich hier vermutlich objektiv nicht schlechter stehe, gefiel mir die Stellung am Brett überhaupt nicht, da Weiß einfach keinen aktiven Plan hat. Während der Partie war ich froh, dass mein Gegner hier ♔g7 und nicht ♗c7 spielte und mir somit die Chance gab, e5 zu spielen. Objektiv gesehen war ♔g7 aber wohl auch der bessere Zug.

17...♔g7

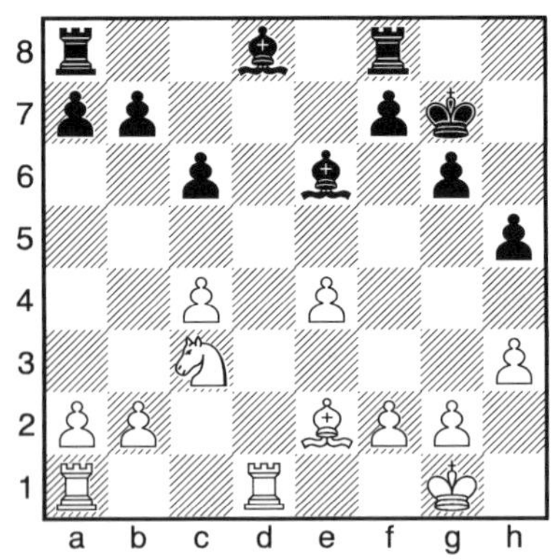

M.K. Hier hat Schwarz mit dem Läuferpaar ausreichend Spiel für den geopferten Bauern.

17...♗c7 gibt Weiß die Chance für 18.h4!?, was mir während der Partie allerdings noch gar nicht aufgefallen war.

18.e5

Ein riskanter Zug: Weiß gibt seinen Mehrbauern zurück, doch damit kann er das starke gegnerische Laüferpaar halbieren. Auch danach steht Schwarz etwas angenehmer und Matthias sagte nach der Partie, er habe „extrem gelitten“.

18.b3 ♗a5 19.♖ac1 ♖ad8 20.♘a4 ♗d2 21.♖b1 ♗c8 22.♘c5 ♖fe8=

18...♗c7 19.♘e4

19.f4 f6 20.exf6+ ♖xf6 21.g3 ♗xh3 22.♘e4 ♖ff8 23.♔h2 ♗f5 und Schwarz hat eine leichte Initiative.

19...♗xe5 20.♘c5 ♗f5 21.g4 hxg4

21...♗c8 22.♔g2 ♖e8 23.♗f3 ♖e7 24.gxh5 gxh5 25.♖e1 ♗d6∓

22.hxg4 ♗c8 23.♘d7 ♖e8

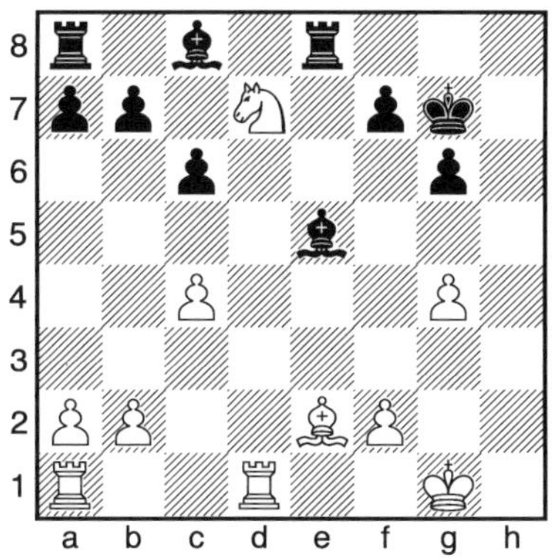

24.♘xe5

M.K. Das war die Idee: Endlich ist Weiß den schwarzfeldrigen Läufer seines Gegners los. Doch Saric lässt nicht locker. Schwarz hat trotz des identischen Materials immer noch das leicht bessere Spiel.

24...♖xe5 25.♖d2 ♗e6 26.♔g2 ♖e8 27.♔g3

M.B. Ab hier fühlte ich mich eigentlich recht sicher. Die Stellung ist optisch natürlich immer noch leicht besser für Schwarz, aber ich dachte, solange ich hier normal spiele, kann ich eigentlich nicht verlieren.

27...a5 28.♖c1 g5 29.♗f3 ♔f6 30.b3 ♔e7 31.a3 ♖a8 32.♖d3 ♖d8 33.♖xd8 ♔xd8 34.b4 ♔c7 35.c5 a4 36.♖d1 ♗b3 37.♖h1

M.B. Ich überlegte hier eine Weile, ob ich mir die sofortige Befreiung mit 37.♖d6 leisten kann, aber die Varianten sahen mir etwas zu gefährlich aus und ich dachte, ♖h1 ist deutlich sicherer; z.B. 37...♖e1 38.b5 cxb5 39.♖b6 ♗c4 40.♖xb7+ ♔c8 41.c6 ♖a1 42.♗e4!

M.B. Weiß gibt den Bauern a3 mit Schach, bekommt aber den b5-Bauern zurück, und das hatte ich nicht richtig gesehen. 42...♖xa3+ 43.f3=

37...♔b8 38.♖h8+ ♔c7 39.♖h6 ♗c4 40.♖d6 ♖e1 41.♖d1 ♖e8 42.♖d4 ♗b3 43.♖e4

43.♗e4 b6 44.cxb6+ ♔xb6 45.f3 ist ebenfalls ausgeglichen.

43...♗e6 44.♖d4 ♗b3 ½-½

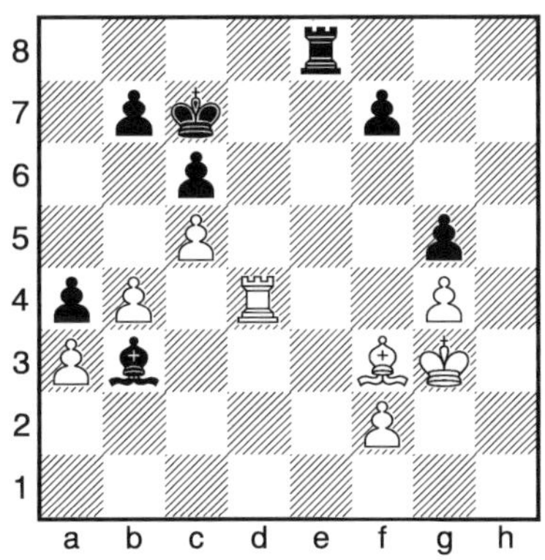

M.K. Hier sah Saric ein, dass er diese Stellung gegen Matthias Blübaum nicht gewinnen kann.

Matthias Blübaum (2642)
Velimir Ivic (2610)
Europameisterschaft 2022 (D85)

1.d4 ♘f6 2.c4 g6 3.♘c3 d5 4.cxd5 ♘xd5 5.e4 ♘xc3 6.bxc3 ♗g7 7.♘f3 c5 8.♗b5+ ♘c6 9.0-0 0-0 10.♗xc6 bxc6 11.♕c2 cxd4 12.cxd4 ♗g4 13.♘e5 ♕xd4 14.♗b2 ♕b6 15.♖ab1 ♗xe5 16.♗xe5 ♕a5 17.♗c3 ♕c5 18.♕b2 a5 19.♗d4 ♕b4 20.♕a1

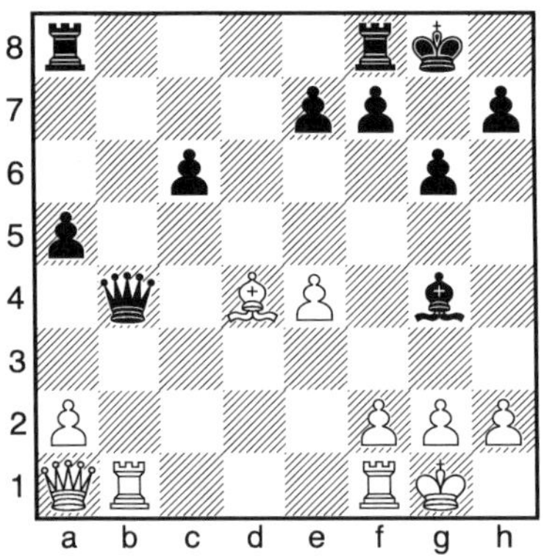

20...♕d6N

20...♕a4 21.♗c5 ♖fe8 22.♖fe1 ♖ad8 23.♕e5 f6 24.♕g3 ♗e6 25.a3 ♖d7 26.h4 ♖ed8 27.h5 ♖d1 28.♕c7 ♖1d7 29.♕g3 und Remis durch Zugwiederholung in Sevian, S. – Antipov, M., Saint Louis 2022.

21.♕c3 ♗e2 22.♖fe1 ♗b5 23.a4 ♗xa4

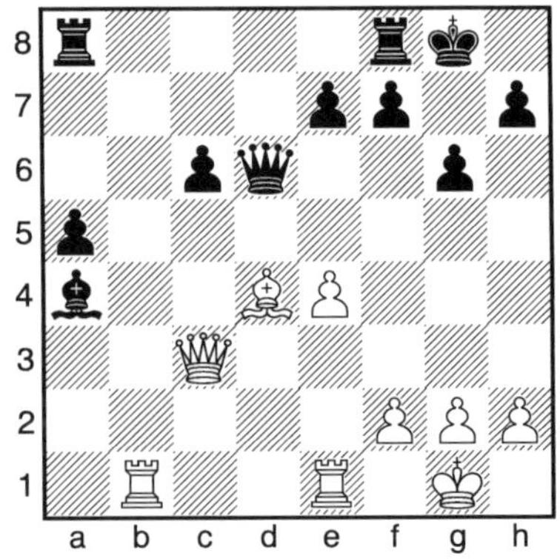

24.♗h8!

M.K. An dieser Stelle musste Weiß mindestens vier Züge vorausberechnen oder kennen, denn der weiße Läufer wird nun mit f6 eingesperrt. Allerdings hat Weiß durch die Hinlenkung des schwarzen Läufers nach a4 nun immer das Damenschach auf c4 zur Verfügung und kann den gegnerischen Läufer auf a4 gewinnen, wenn er den eigenen Läufer auf h8 verliert.

M.B. Tatsächlich war diese gesamte Variante bis 29.h4 Vorbereitung. Vor der Partie hatte ich gehofft, dass mein Gegner das Manöver mit 21...♗e2 nach b5 nicht mehr kennt oder am Brett nicht findet, denn danach hat Weiß objektiv keine richtige Chance auf Vorteil. Also entschied ich mich dafür, mit 23.a4 meinen Gegner noch für einige Züge zu testen und glücklicherweise griff er dann auch mit 29...♕d6 fehl.

24...f6 25.e5 ♕d8 26.exf6 exf6

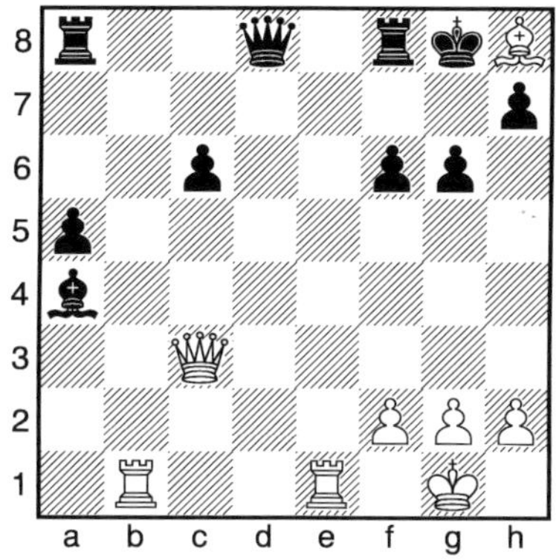

27.♖b7! ♖f7

27...♔xh8?? 28.♕h3 h5 29.♕e3 g5

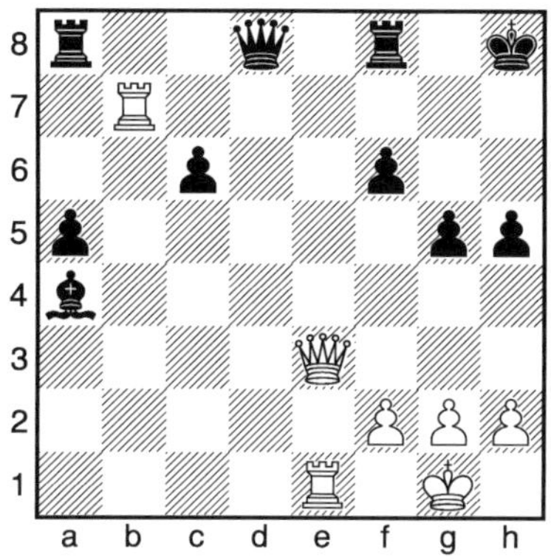

30.♕h3! (30.♕f3! funktioniert ebenso.) 30...♗c2 31.♕xh5+ ♔g8 32.♖ee7+−

28.♖xf7 ♔xf7 29.h4 ♕d6?!

– 29...♕xh8 30.♕c4+ ♔f8 31.♕xa4 ♖e8 32.♖b1 ♕g7 33.♕xc6 ♕e7=

– 29...♗b5 30.♕b3+ ♕d5 31.♕e3 ♕e5 32.♕b3+ ♕d5=

30.♕c4+ ♔f8 31.♖e6

Jetzt ist Weiß im Vorteil.

31...♕d5 32.♖xf6+ ♔e7

32...♔g8 33.♕c3 ♖a7 34.♕g3 ♕d8 35.♕f4 ♕e8 36.♖d6±

33.♕e2+

33.♕c3

M.B. Tatsächlich meinte mein Gegner nach der Partie, dass er hier mit ♕c3 gerechnet hat, aber ich selber habe den Zug ehrlich gesagt nicht gesehen. Weiß gewinnt die Dame, allerdings ist die Stellung aus praktischer Sicht vermutlich gar nicht so leicht zu spielen für Weiß; z.B. 33...♖xh8 34.♖f4 ♖a8 35.♕f6+ ♔d7 36.♖d4 und Weiß spielt mit seiner Dame gegen Turm, Läufer und zwei Bauern.

33...♔d7 34.♕g4+?!

34.♕e3 c5 (34...♖xh8? 35.♕a7+ +−) 35.♕h6 ♖e8 36.♕xh7+ ♔c8 37.♖xg6±

34...♔e7 35.♕xa4 ♖xh8 36.♖f3

Das Damenendspiel nach 36.♖xc6 ♖d8 37.♖c7+ ♖d7 38.♖xd7+ ♕xd7 39.♕xa5 h5= ist remis.

36...♖d8

M.B. Während der Partie dachte ich, dass 36...♖b8 nicht wirklich funktioniert, da ich den König nun zum Damenflügel treiben kann, allerdings wäre dies aus Engine-Sicht die beste Fortsetzung für Schwarz gewesen; z.B. 37.♖e3+ ♔d8 38.♕f4 ♖b4 39.♕f8+ ♔c7 40.♖e7+ ♔b6=.

37.♕a3+ ♔e6 38.♕e3+ ♕e5 39.♕b3+ ♕d5 40.♕c3 ♕d1+ 41.♔h2 ♕d4 42.♕b3+

42.♕xc6+? ♕d6+∓

42...♖d5 43.g3 ♕d1

M.B. Ich denke, mein Gegner hat mit ♕d1 das resultierende Damenendspiel völlig unterschätzt. Ich habe zwar während der Partie auch erwartet, dass es objektiv remis ist, aber mit der schlechten Bauernstruktur von Schwarz ist es in einer praktischen Partie deutlich gefährlicher, als man zuerst annehmen würde.

43...a4 44.♕b7 ♖f5 45.♕xc6+ ♔f7 46.♕b7+ ♔f8=

44.♕c3± ♖f5 45.♕xc6+ ♔f7 46.♕c7+ ♔f6 47.♕b6+ ♔g7 48.♖xf5 gxf5 49.♕xa5±

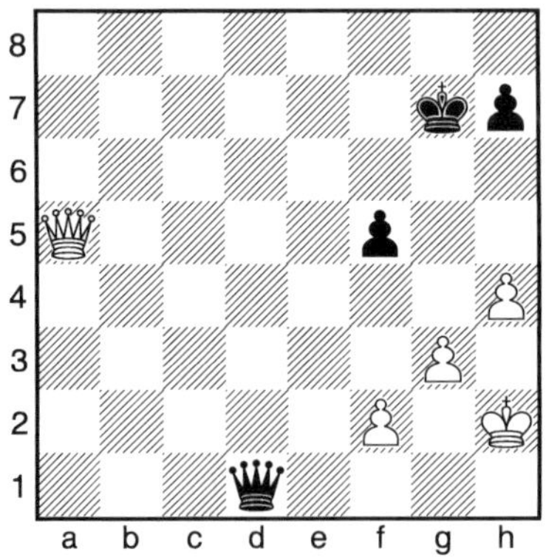

M.K. Dieses Damenendspiel ist klar besser für Weiß, weil der Bauer f5 schwach werden kann.

49...♕f3 50.♕e5+ ♔f7 51.♔g1 h5 52.♔f1 ♕d1+ 53.♔g2 ♕d3 54.♕f4 ♕c2 55.♕f3 ♔g6 56.♕d5 ♔f6 57.♕d6+ ♔f7 8.♕d7+ ♔f6 59.♕e8 ♕d1 60.♕f8+ ♔e6 61.♕g8+ ♔e5 62.♕g7+ ♔e6 63.♕g6+

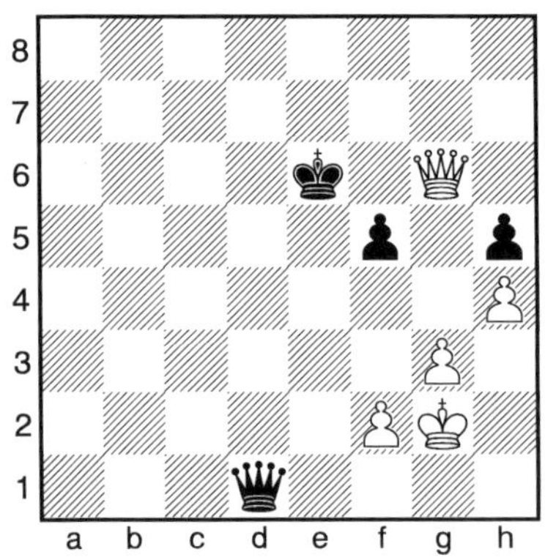

63...♔e7

63...♔e5 64.f4+ ♔d5 65.♕xf5+ ♔d6 66.♕e5+ ♔c6 67.f5+−

64.♕xf5 1-0

Alvar Alonso Rosell (2565)
Matthias Blübaum (2642)
Europameisterschaft 2022 (E04)

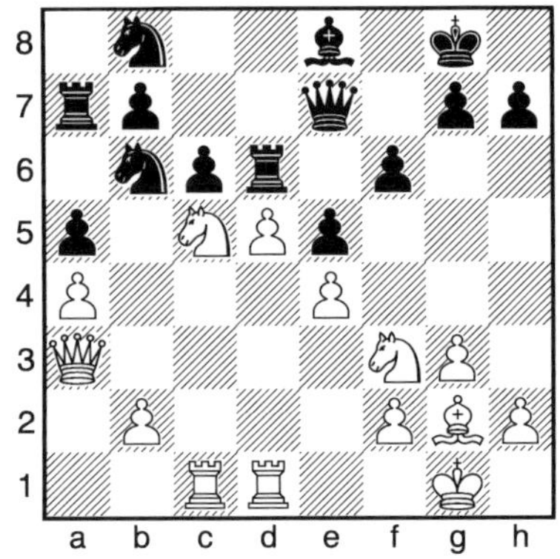

M.K. In dieser Stellung konnte Weiß deutlich in Vorteil kommen.

23.b4

M.B. In der Partie hatte ich ehrlich gesagt auch b4 erwartet. Nach 23.♕e3 dachte ich, ich könnte einfach wieder ♖a8 ziehen, und habe zumindest konkret nicht gesehen, was Weiß machen soll, auch wenn die gesamte schwarze Stellung natürlich sehr verdächtig aussieht.

23.♕e3!

1) 23...cxd5 24.exd5 ♘xd5 25.♕b3 ♗f7 26.♘h4 ♘f4 27.♘f5+−

2) 23...♗f7 24.♘e6 ♘8d7 25.♗h3 ♖a8 26.♘h4 g6 27.♕h6 ♗e8 28.dxc6 ♖xd1+ 29.♖xd1 bxc6 30.♘c7 ♖d8 31.♖d6!!

a) 31...♕xd6? 32.♗e6+ ♗f7 33.♗xf7+ ♔xf7 34.♕xh7+ ♔f8 35.♘xg6#

b) 31...♘f8 32.♖xd8 ♕xd8 33.♘xe8 ♕xe8 34.♕d2+−

3) 23...♖a8 24.♖d2 g6 25.♕a3 ♖a7 26.♕b3 cxd5 27.exd5 f5 28.♖e2 e4 29.♘d2 ♗f7 30.♘cxe4 fxe4 31.♘xe4+−

23...cxd5 24.♘h4 g6 25.exd5

M.B. Mein Gegner war hier bereits in starker Zeitnot und ich habe eine Weile überlegt, was mir die meisten Chancen bietet.

25...♗xa4

25...axb4 26.♕xb4 ♘a6? funktioniert hier leider nicht, da der Springer nach 27.♘xa6 bxa6 28.a5+− keine sinnvollen Felder hat.

26.♖d2?

Dies läuft in den einen Trick, auf den ich mit ♗xa4 gehofft hatte.

26.bxa5! war der Zug, vor dem ich am meisten Angst hatte. Nach 26...♗xd1 27.♘e4 hängen sehr viele Figuren bei Schwarz, aber mit 27...♗g4 28.♘xd6 ♘c8 hält er sich noch so gerade in der Partie.

26...axb4∓

Und Schwarz verwertete seinen Vorteil.

27.♕xb4 ♘a6 und nach **28.♕a5 ♘xc5 29.♕xa7 ♘b3** gewinnt Schwarz mit der Springergabel die Qualität zurück.

0–1 im 46.Zug

Matthias Blübaum (2642)
Yuriy Kuzubov (2639)
Europameisterschaft 2022 (E48)

1.d4 ♘f6 2.c4 e6 3.♘c3 ♗b4 4.e3 0-0 5.♗d3 d5 6.cxd5 exd5 7.a3 ♗d6 8.♕c2 c6 9.♘ge2 ♖e8 10.♗d2 ♘bd7 11.f3 c5

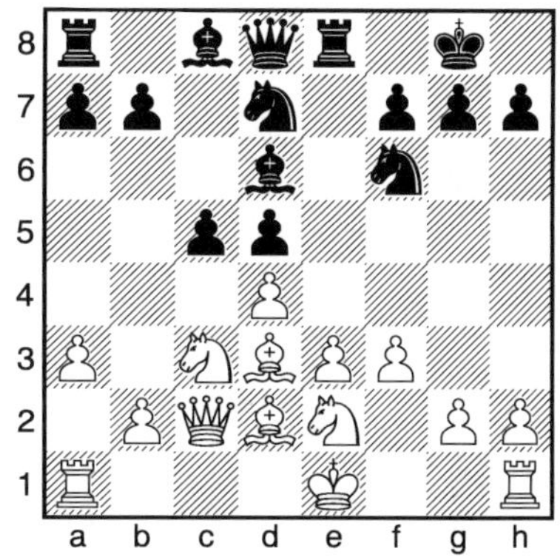

M.B. Diese sehr moderne Variante gegen Nimzoindisch war mir vor allem durch die Partien von Alexandr Predke aufgefallen, der hier zweimal im Blitzen 12.h4 zog. Die weiße Idee besteht sowieso darin, lang zu rochieren und einen Angriff zu starten. Ich entschied mich in der Vorbereitung dafür, sofort lang zu rochieren.

12.0-0-0

M.K. Mit diesem Zug wird deutlich, dass Matthias in diesem Duell zweier gleich starker Gegner kein Interesse an einer ruhigen Partie und an einem eventuellen Remis hat. Es entsteht ein kompromissloser Kampf.

Nach 12.0–0 nahm die Partie Darini, P. (2540) – Hosseinipour, M. (2281) Tabriz 2013, folgenden Verlauf: 12...a6 13.♖ad1 ♕c7 14.♔h1 g6 15.♕c1 b5 16.dxc5 ♘xc5 17.♗c2 ♗b7 18.♗e1 ♖ad8 19.♗h4 ♗e7 20.♘f4 ♕e5 21.♗g3 ♘h5 22.♘xh5 ♕xh5

23.♘e2 ♘e6 24.♗b3 ♗f6 25.♕d2 ♕h6 26.♘f4 ♗e5 27.♖fe1 ♘xf4 28.exf4 ♗f6 29.♖xe8+ ♖xe8 30.♕f2 d4 31.♕c2 ♕h5 32.♕c7 ♖e7 33.♕d6 ♔g7 34.♗f2 ♗xf3 35.♗xd4 ♗xg2+ 36.♔g1 ♗xd4+ 37.♕xd4+ ♔h6 38.♕d8 ♕e2 39.♕f8+ ♔h5 40.♕g7 ♗f3 0–1 (40).

12...g6 13.dxc5 ♘xc5 14.g4 ♗d7 15.♘d4 ♖c8 16.♔b1

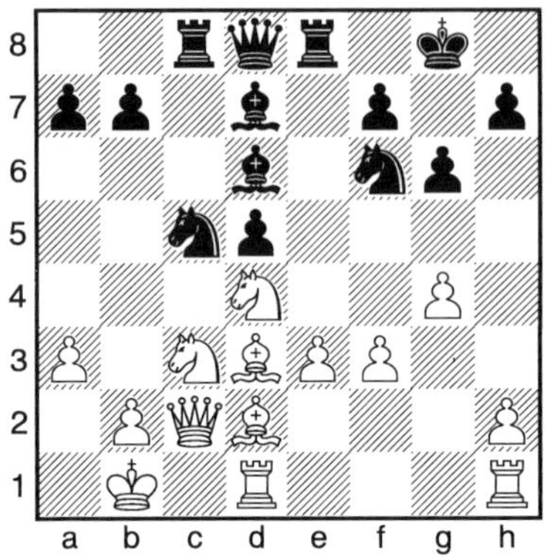

M.B. Bis hierhin war mir die Stellung noch bekannt und ich wusste, dass Schwarz hier wahrscheinlich ♘a4 ziehen sollte. Insbesondere wusste ich auch, dass die Engine ♕b6 nicht als guten Zug anbietet, und insofern lag es recht nahe, dass 17.g5 funktionieren sollte, auch wenn es recht viel zu rechnen gab.

16...♕b6

M.K. Schwarz dachte hier sehr lange nach, aber sein Zug ist nicht der beste.

Nach 16...♘a4 17.♘db5 ♘xc3+ 18.♗xc3 ♗c5 19.h4 ♖xe3 20.h5 hat Weiß Kompensation für den geopferten Bauern.

17.g5 ♘h5

M.B. ♗e5 war der Zug, den ich hier eigentlich erwartet und den ich hauptsächlich berechnet hatte, da die Stellung für mich nicht ganz leicht einzuschätzen war.

1) 17...♗e5!? 18.gxf6 ♗xd4 19.exd4 ♘xd3 20.♕xd3 ♗f5 21.♕xf5 gxf5 22.♘xd5

Diese Stellung nach dem Damenopfer versuchte ich die ganze Zeit richtig einzuschätzen, war mir aber auch nicht ganz sicher, wie viel besser sie für Weiß ist. Beruhigend war für mich in der Vorausberechnung auch, dass ich hier, egal wo die schwarze Dame hingeht, immer ♗h6 spielen kann, wonach das Dauerschach-Motiv mit ♖g1+ nicht verhindert werden kann.

22...♕d6 23.♘e7+

(23.♗h6 ♕xd5 24.♖hg1+ ♔h8 25.♗g7+ ♔g8 26.♗h6+ =)

23...♔h8 24.♗b4 ♕b6 25.♘xc8 ♖xc8 26.d5± und Weiß sollte risikofrei auf Gewinn spielen können.

2) 17...♘xd3 18.♕xd3 ♗xa3 19.♘cb5 ♗xb2 20.♔xb2 ♖c5 war mir lange Zeit auch nicht klar, bis mir irgendwann auffiel, dass ich hier 21.♕b3! habe, wonach Schwarz keine richtige Kompensation mehr hat.

(21.gxf6 ♗xb5 22.♕b3 ♕xf6± fand ich sehr unklar.)

21...♗xb5 22.♖c1+–

18.♘xd5 ♕d8 19.♗b5

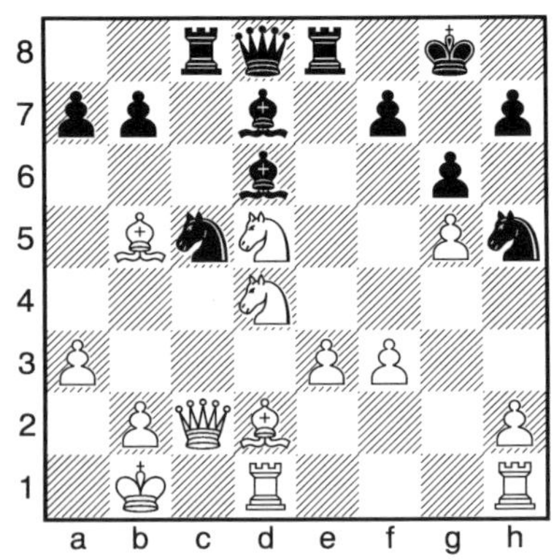

19...♗e5?

Die Idee, die hinter diesem Zug steckt, gefällt mir nicht. Schwarz erkennt, dass der weiße Springer auf d4 sehr stark ist und er will ihn gegen seinen schwarzfeldrigen Läufer abtauschen. Aber dies führt aufgrund des bereits geschehenen Bauernzuges g6 zu einer tödlich geschwächten Diagonale a1–h8. Besser wäre es gewesen, den Versuch zu unternehmen, den weißen Springer auf d4 gegen den schwarzen auf c5 abzutauschen.

19...♘e6 20.♕a4

(20.♕d3 ♘xd4 21.♗xd7 ♕xd7 22.♕xd4 ♕f5+ 23.♔a2 ♗c5 (23...♗e5? 24.♕g4+–) 24.e4 ♗xd4 25.exf5 ♖e5 und Schwarz kann sich behaupten.)

20...♘c5 21.♕a5 b6 22.♕b4 ♖e5

(22...♘e4 23.♕a4 ♘c5 24.♕c2 ♘e6 25.♘c6 ♕xg5 26.♗b4 und Weiß steht etwas besser.)

23.♕c4 ♘e4 24.♕b3 ♘f2 25.e4 ♘xh1 26.♖xh1±

20.♗c3 ♗xd4

Konsequent, aber schlecht.

21.♗xd7 ♘xd7 22.♖xd4 ♕xg5 23.♖dd1

23.e4 ♕h4 24.♖hd1 ♕h3 25.♕f2 ♕e6 26.♕e3 ♕h3 27.♖4d3 b6 28.♕g5 mit unparierbarem Angriff.

23...♕h4 24.♖hg1 ♕h3 25.♕a4 ♘e5 26.♖g5!

Die Entscheidung.

26...b5 27.♕b3

M.B. Als mein Gegner hier ♖xc3 antwortete, habe ich mich geärgert, weil ich einfach vergessen hatte, dass Schwarz diese Option hat und zumindest noch ein wenig weiterspielen kann. Natürlich hätte ich stattdessen ♕d4 spielen sollen, allerdings habe ich den Gewinn nach ♕xf3 nicht gesehen.

Nach 27.♕d4! ♕xf3 28.♖xe5 ♖xe5 war 29.♘e7+!+– der Zug, den ich in der Vorausberechnung nicht gefunden hatte. Nun gewinnt Weiß einfach den Turm auf c8.

(Nicht jedoch 29.♕xe5? ♕xd1+ 30.♔a2 ♖xc3= und Schwarz überlebt.)

27...♖xc3

Ein verzweifeltes Qualitätsopfer für den dominanten Läufer.

28.♘xc3 a6

28...♘xf3 29.♖xb5 ♘f6 30.♖b7+–

29.f4 ♘g4 30.♘d5 ♔g7 31.♕c3+ ♔h6 32.♖g1 f5

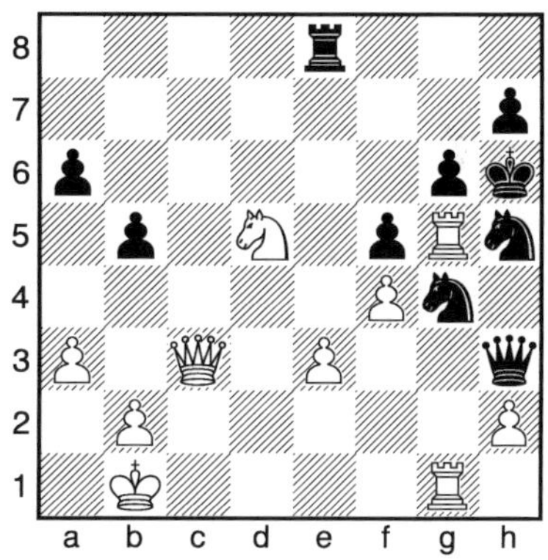

33.♖xf5! ♕xh2

33...gxf5 34.♕c6+ ♔g7 35.♕xe8+–

34.♖xg4 ♕h1+ 35.♔a2 1-0

VIII) Turniertabellen

GRENKE Chess Classic 2014

Rang		Name	Land	Elo	Punkte
1	GM	Naiditsch Arkadij	GER	2715	5
2	GM	Baramidze David	GER	2599	4
3	GM	Fridman Daniel	GER	2633	4
4	GM	Nisipeanu Liviu-Dieter	GER	2672	3,5
5	IM	Blübaum Matthias	GER	2521	3,5
6	GM	Meier Georg	GER	2652	3,5
7	IM	Wagner Dennis	GER	2499	2,5
8	GM	Schlosser Philipp	GER	2582	2

FIDE World Junior U20 Championship (Open) 2015

Rang		Name	Land	Elo	Punkte
1	GM	Antipov Mikhail Al.	RUS	2538	10
2	GM	Duda Jan-Krzysztof	POL	2645	10
3	GM	Blübaum Matthias	GER	2580	9
4	IM	Loiseau Quentin	FRA	2419	8,5
5	GM	Bajarani Ulvi	AZE	2535	8
6	IM	Van Foreest Jorden	NED	2541	8
7	GM	Bok Benjamin	NED	2586	8
8	IM	Rambaldi Francesco	ITA	2540	8
9	IM	Akash Ganesan	IND	2382	8
10	IM	Yuffa Daniil	RUS	2476	8

GRENKE Open 2016

Rang		Name	Land	Elo	Punkte	Wertung
1	GM	Blübaum Matthias	GER	2605	7,5	54
2	GM	Fedoseev Vladimir	RUS	2664	7,5	53,5
3	GM	Vitiugov Nikita	RUS	2721	7,5	53
3	GM	Perunovic Milos	SRB	2620	7,5	53
5	GM	Ni Hua	CHN	2691	7,5	52,5
6	GM	Vallejo Pons Francisco	ESP	2677	7,5	50,5
7	GM	Ragger Markus	AUT	2694	7	54
7	GM	Predojevic Borki	BIH	2647	7	54
9	GM	Saric Ivan	CRO	2651	7	51,5
10	GM	Buhmann Rainer	GER	2636	7	50
10	IM	Fedorovsky Michael	GER	2463	7	50

Accentus Young Masters 2016

Rang		Name	Land	Elo	Punkte
1	GM	Blübaum Matthias	GER	2628	7
2	GM	Gledura Benjamin	HUN	2550	6,5
3	GM	Studer Noel	CHE	2438	6,5
4	GM	Hera Imre Jr.	HUN	2622	6
5	GM	Demuth Adrien	FRA	2550	5
6	IM	Vuilleumier Alexandre	CHE	2370	4,5
7	IM	Froewis Georg	AUT	2452	3,5
8	IM	Lötscher Roland	CHE	2435	3,5
9	IM	Gähwiler Gabriel	CHE	2359	2,5
10	GM	Keymer Vincent	GER	2352	0

Xtracon Chess Open 2016

Rang		Name	Land	Elo	Punkte	Wertung
1	GM	Blübaum Matthias	GER	2618	8	55,5
2	GM	Shirov Alexei	LAT	2674	8	55
3	GM	Amin Bassem	EGY	2654	8	55
4	IM	Carlstedt Jonathan	GER	2457	8	52
5	GM	Marin Mihail	ROU	2576	8	50,5
6	GM	Hammer Jon Ludvig	NOR	2652	8	50,5
7	GM	Degraeve Jean-Marc	FRA	2579	8	50
8	GM	Dreev Aleksey	RUS	2664	7,5	55,5
9	GM	Maze Sebastien	FRA	2628	7,5	54,5
10	GM	Timman Jan Hendrikus	NED	2559	7,5	54,5

GRENKE Chess Classic 2017

Rang		Name	Land	Elo	Punkte
1	GM	Aronian Levon	ARM	2774	5½
2	GM	Carlsen Magnus	NOR	2838	4
3	GM	Caruana Fabiano	USA	2817	4
4	GM	Hou Yifan	CHN	2649	3½
5	GM	Vachier-Lagrave Maxime	FRA	2803	3½
6	GM	Naiditsch Arkadij	AZE	2702	3½
7	GM	Blübaum Matthias	GER	2634	2
7	GM	Meier Georg	GER	2621	2

Dortmunder Sparkassen Chess Meeting 2017

Rang		Name	Land	Elo	Punkte	Wertung
1	GM	Wojtaszek Radoslaw	POL	2736	4,5	14.75
2	GM	Fedossev Vladimir	RUS	2726	4	13.75
3	GM	Vachier-Lagrave Maxime	FRA	2791	4	13.50
4	GM	Kramnik Vladimir	RUS	2812	3,5	11.75
5	GM	Blübaum Matthias	GER	2642	3	11.25
6	GM	Andreikin Dmitry	RUS	2712	3	10.50
7	GM	Wang Yue	CHN	2699	3	9.75
8	GM	Nisipeanu Liviu-Dieter	GER	2683	3	10.25

GRENKE Chess Classic 2018

Rang		Name	Land	Elo	Punkte
1	GM	Caruana Fabiano	USA	2784	6½
2	GM	Carlsen Magnus	NOR	2843	5½
3	GM	Aronian Levon	ARM	2794	5
4	GM	Vitiugov Nikita	RUS	2735	5
5	GM	Vachier-Lagrave Maxime	FRA	2789	5
6	GM	Blübaum Matthias	GER	2631	4½
7	GM	Anand Viswanathan	IND	2776	3½
8	GM	Hou Yifan	CHN	2654	3½
9	GM	Naiditsch Arkadij	AZE	2701	3½
10	GM	Meier Georg	GER	2648	3

German Masters 2020

Rang		Name	Land	Elo	Punkte
1	GM	Blübaum Matthias	GER	2647	5
2	GM	Nisipeanu Liviu-Dieter	GER	2655	4
3	GM	Huschenbeth Niclas	GER	2605	4
4	GM	Donchenko Alexander	GER	2657	3,5
5	GM	Meier Georg	GER	2621	3,5
6	GM	Kollars Dmitrij	GER	2586	3
7	GM	Heimann Andreas	GER	2622	3
8	GM	Fridman Daniel	GER	2615	2

42. Olympiade Baku 2016 Open

Runde		Name	Land	Elo	Ergebnis
1	FM	Teerapabpaisit Wisuwat	THA	2248	1 (w)
2	GM	Stojanovic Dalibor	BIH	2505	1 (s)
3	GM	Kryvoruchko Yuriy	UKR	2693	½ (s)
4	GM	Roiz Michael	ISR	2605	1 (w)
5	GM	Rahman Ziaur	BAN	2512	1 (s)
6	GM	Tomashevsky Evgeny	RUS	2731	½ (w)
7	GM	Stupak Kirill	BLR	2561	½ (s)
8	GM	Fressinet Laurent	FRA	2664	0 (s)
10	GM	Vakhidov Jahongir	UZB	2583	1 (w)
11	IM	Seeman Tarvo	EST	2407	1 (w)

43. Olympiade Batumi 2018 Open

Runde		Name	Land	Elo	Ergebnis
1		Chekh Adm Khedr Aram	SYR	2171	1 (w)
2	IM	Nay Oo Kyaw Tun	MYA	2389	1 (s)
3	GM	Zajic Milan	SRB	2497	½ (w)
4	GM	Gledura Benjamin	HUN	2621	½ (s)
5	GM	Iordachescu Viorel	MDA	2591	½ (s)
6	GM	Rodshtein Maxim	ISR	2674	½ (w)
7	GM	Van Wely Loek	NED	2642	½ (w)
9	GM	Bacrot Etienne	FRA	2678	½ (s)
10	GM	Tran Tuan Minh	VIE	2491	½ (s)
11	GM	Melkumyan Hrant	ARM	2660	½ (w)

IX) Matthias Blübaums Elo–Entwicklung

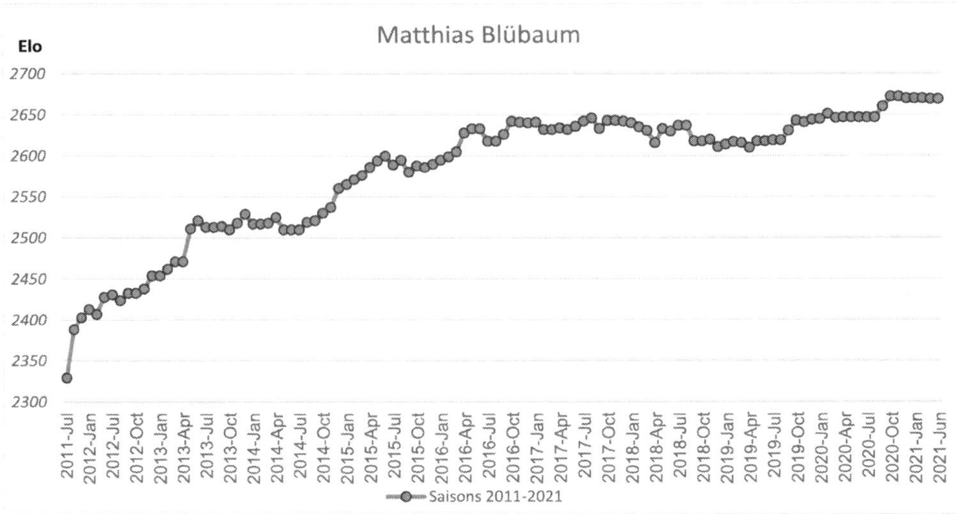

Jahr	Elo
2011-Jul	2329
2011-Sep	2388
2011-Nov	2403
2012-Jan	2413
2012-Mar	2407
2012-May	2428
2012-Jul	2431
2012-Aug	2424
2012-Sep	2433
2012-Oct	2433
2012-Nov	2438
2012-Dec	2454
2013-Jan	2454
2013-Feb	2462
2013-Mar	2471
2013-Apr	2471
2013-May	2511
2013-Jun	2521
2013-Jul	2513
2013-Aug	2513
2013-Sep	2514
2013-Oct	2510
2013-Nov	2518
2013-Dec	2529
2014-Jan	2517
2014-Feb	2517
2014-Mar	2518
2014-Apr	2525
2014-May	2510
2014-Jun	2510
2014-Jul	2510
2014-Aug	2519
2014-Sep	2521
2014-Oct	2530
2014-Nov	2537
2014-Dec	2560
2015-Jan	2565
2015-Feb	2571
2015-Mar	2576
2015-Apr	2586
2015-May	2594
2015-Jun	2600
2015-Jul	2589
2015-Aug	2595
2015-Sep	2580
2015-Oct	2588
2015-Nov	2586
2015-Dec	2590
2016-Jan	2595
2016-Feb	2599
2016-Mar	2605
2016-Apr	2628
2016-May	2633
2016-Jun	2633
2016-Jul	2618
2016-Aug	2618
2016-Sep	2626
2016-Oct	2642
2016-Nov	2641
2016-Dec	2640
2017-Jan	2641
2017-Feb	2632
2017-Mar	2632
2017-Apr	2634
2017-May	2632
2017-Jun	2636
2017-Jul	2642
2017-Aug	2646
2017-Sep	2633
2017-Oct	2643
2017-Nov	2643
2017-Dec	2642
2018-Jan	2640
2018-Feb	2635
2018-Mar	2631
2018-Apr	2616
2018-May	2633
2018-Jun	2630
2018-Jul	2637
2018-Aug	2637
2018-Sep	2618
2018-Oct	2618
2018-Nov	2620
2018-Dec	2611
2019-Jan	2614
2019-Feb	2617
2019-Mar	2616
2019-Apr	2610
2019-May	2618
2019-Jun	2618
2019-Jul	2619
2019-Aug	2619
2019-Sep	2631
2019-Oct	2643
2019-Nov	2641
2019-Dec	2644
2020-Jan	2645
2020-Feb	2651
2020-Mar	2646
2020-Apr	2647
2020-May	2647
2020-Jun	2647
2020-Jul	2647
2020-Aug	2647
2020-Sep	2660
2020-Oct	2672
2020-Nov	2672
2020-Dec	2670
2021-Jan	2670
2021-Feb	2670
2021-Mar	2670
2021-Apr	2670
2021-May	2669
2021-Jun	2669

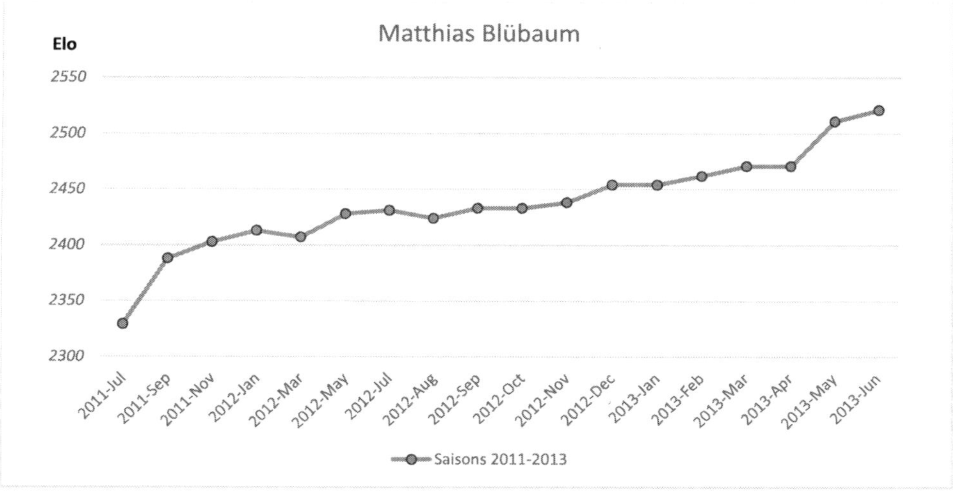

Jahr	Elo
2011-Jul	2329
2011-Sep	2388
2011-Nov	2403
2012-Jan	2413
2012-Mar	2407
2012-May	2428
2012-Jul	2431
2012-Aug	2424
2012-Sep	2433
2012-Oct	2433
2012-Nov	2438
2012-Dec	2454
2013-Jan	2454
2013-Feb	2462
2013-Mar	2471
2013-Apr	2471
2013-May	2511
2013-Jun	2521

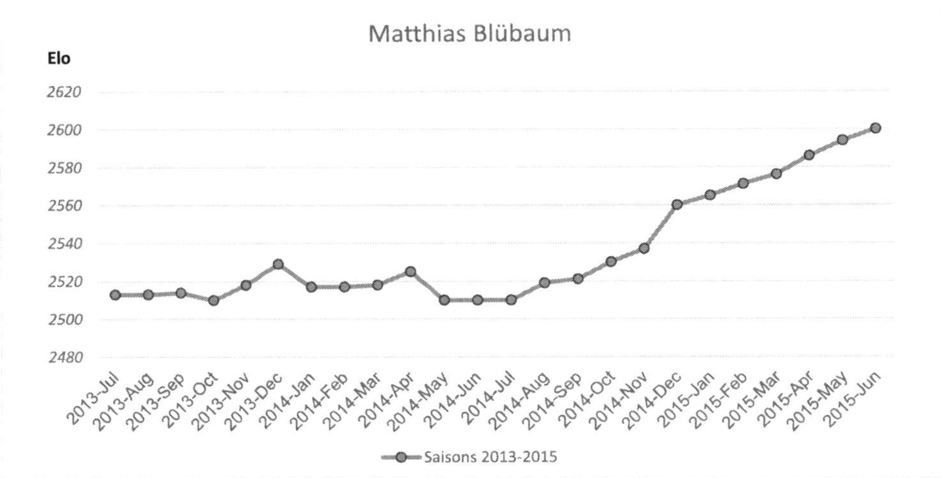

Jahr	Elo
2013-Jul	2513
2013-Aug	2513
2013-Sep	2514
2013-Oct	2510
2013-Nov	2518
2013-Dec	2529
2014-Jan	2517
2014-Feb	2517
2014-Mar	2518
2014-Apr	2525
2014-May	2510
2014-Jun	2510
2014-Jul	2510
2014-Aug	2519
2014-Sep	2521
2014-Oct	2530
2014-Nov	2537
2014-Dec	2560
2015-Jan	2565
2015-Feb	2571
2015-Mar	2576
2015-Apr	2586
2015-May	2594
2015-Jun	2600

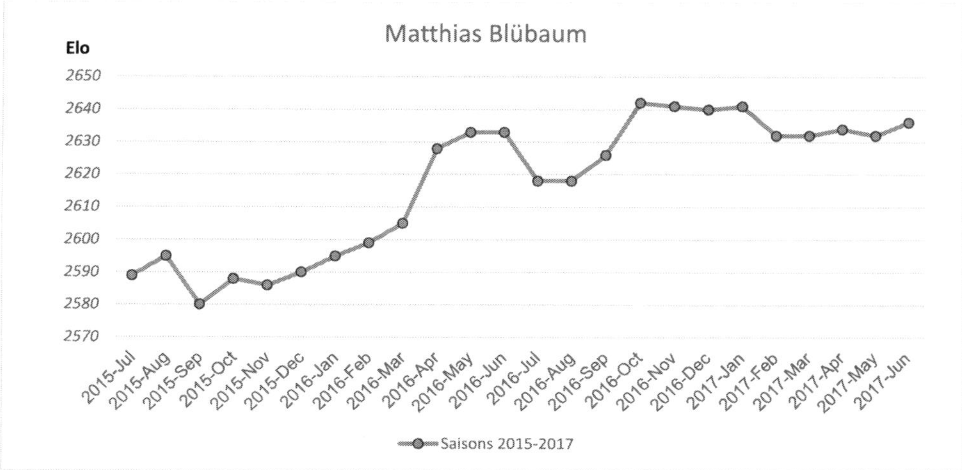

Jahr	Elo
2015-Jul	2589
2015-Aug	2595
2015-Sep	2580
2015-Oct	2588
2015-Nov	2586
2015-Dec	2590
2016-Jan	2595
2016-Feb	2599
2016-Mar	2605
2016-Apr	2628
2016-May	2633
2016-Jun	2633
2016-Jul	2618
2016-Aug	2618
2016-Sep	2626
2016-Oct	2642
2016-Nov	2641
2016-Dec	2640
2017-Jan	2641
2017-Feb	2632
2017-Mar	2632
2017-Apr	2634
2017-May	2632
2017-Jun	2636

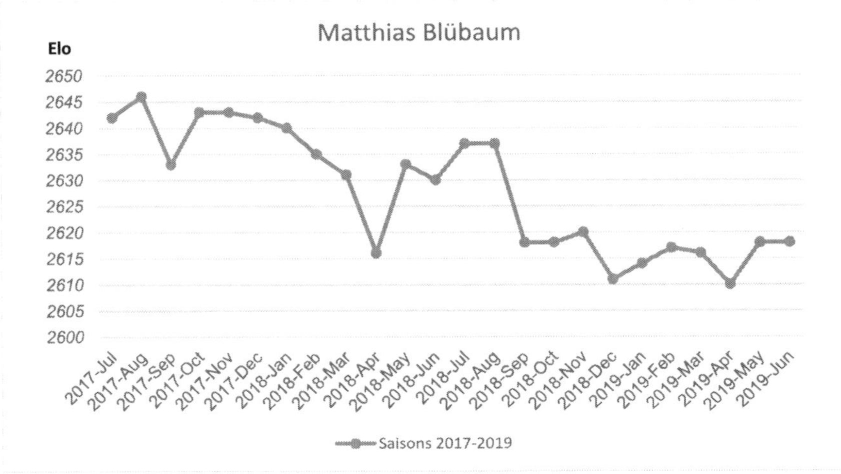

Jahr	Elo
2017-Jul	2642
2017-Aug	2646
2017-Sep	2633
2017-Oct	2643
2017-Nov	2643
2017-Dec	2642
2018-Jan	2640
2018-Feb	2635
2018-Mar	2631
2018-Apr	2616
2018-May	2633
2018-Jun	2630
2018-Jul	2637
2018-Aug	2637
2018-Sep	2618
2018-Oct	2618
2018-Nov	2620
2018-Dec	2611
2019-Jan	2614
2019-Feb	2617
2019-Mar	2616
2019-Apr	2610
2019-May	2618
2019-Jun	2618

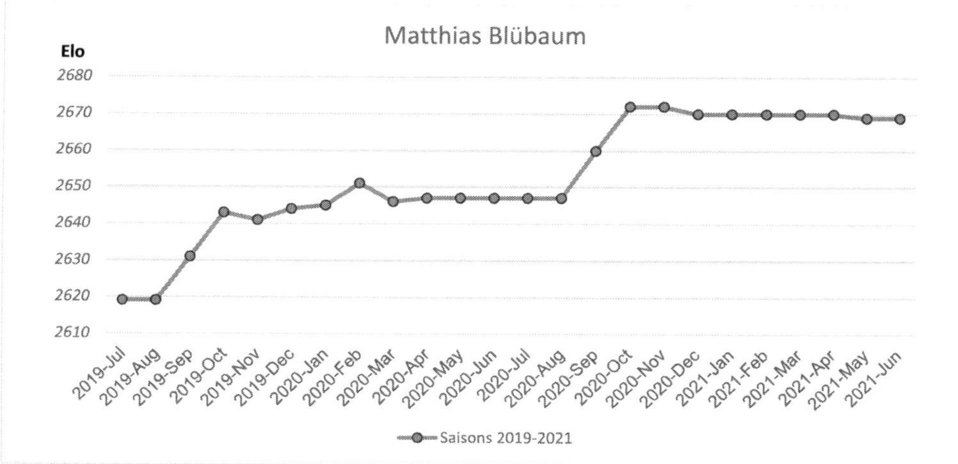

Jahr	Elo
2019-Jul	2619
2019-Aug	2619
2019-Sep	2631
2019-Oct	2643
2019-Nov	2641
2019-Dec	2644
2020-Jan	2645
2020-Feb	2651
2020-Mar	2646
2020-Apr	2647
2020-May	2647
2020-Jun	2647
2020-Jul	2647
2020-Aug	2647
2020-Sep	2660
2020-Oct	2672
2020-Nov	2672
2020-Dec	2670
2021-Jan	2670
2021-Feb	2670
2021-Mar	2670
2021-Apr	2670
2021-May	2669
2021-Jun	2669

X) Alphabetisches Gegnerverzeichnis

(Die Zahl nach dem Namen ist die Seitenangabe)

XI) Dankeschön!

Besonderer Dank gebührt meiner ehemaligen Schülerin Anastasia Erofeev, die meine Analysen mit *Stockfish* gecheckt hat und für zahlreiche Verbesserungen verantwortlich ist. Außerdem hat sie in Windeseile Tabellen und Grafiken erstellt.

Der mit mir befreundete frühere Bundesligaspieler Dr. Ulrich Tamm hat mir bei ChessBase-Problemen geholfen und ein erstes Feedback gegeben.

Dank auch an Matthias' Vater Karl-Ernst Blübaum für Hintergrund-Informationen und Familienfotos!

Die Schachjournalisten IM Georgios Souleidis und FM Hartmut Metz haben Fotos von Matthias Blübaum bei seinen Turnierteilnahmen in Baden-Baden, Dortmund und Magdeburg zur Verfügung gestellt. Frank Müller hat ein Foto von Johanna Blübaum beigesteuert. Danke!

Dank auch an die Teilnehmer der A-Trainer-Online-Fortbildung 2021 (stellvertretend für alle – die Leistungssportreferentin WFM Olga Birkholz, IM Matthias Dann und IM Herbert Bastian) für geduldiges Zuhören und konstruktive Diskussion über das zu diesem Zeitpunkt noch in Arbeit befindliche Buch!

Vielen Dank an den Bundesnachwuchstrainer IM Bernd Vökler für das Verfassen des Vorworts!

Last but not least – ein großes Dankeschön an meine Frau Anke Wulfmeyer für das Korrekturlesen der Texte und die moralische Unterstützung, am Projekt festzuhalten.

Matthias Krallmann